Vernunft und Temperament

Logi Gunnarsson

Vernunft und Temperament

Eine Philosophie der Philosophie

BRILL | mentis

Umschlagabbildung: Zeichnung von Þórður Þórðarson:
Der Kutter »Björn Ólafsson«

Bibliografische Information der Deutschen Nationalbibliothek

Die Deutsche Nationalbibliothek verzeichnet diese Publikation in der Deutschen Nationalbibliografie; detaillierte bibliografische Daten sind im Internet über http://dnb.d-nb.de abrufbar.

Internet: www.mentis.de

Einbandgestaltung: Anna Braungart, Tübingen
Herstellung: Brill Deutschland GmbH, Paderborn

ISBN 978-3-95743-181-3 (paperback)
ISBN 978-3-95743-740-2 (e-book)

»Das Philosophieren ist die Erkundung des eigenen Temperaments und doch zugleich der Versuch, die Wahrheit zu entdecken.«

Iris Murdoch, *The Sovereignty of Good*

Vorbemerkung

Ich habe seit Jahren mit meinem Kollegen Wilhelm Kornblum gemeinsam an einem Buchprojekt gearbeitet. Wir wollten ausgehend von William James zwischen Vernunft und Empfindsamkeit vermitteln. Wir wollten zeigen, dass die Vernunft selbst Empfindsamkeit beinhaltet, ohne dadurch weniger objektiv zu werden. Nun ist Kornblum aus dem Projekt ausgestiegen. Er hat mich jedoch gebeten, unsere Ergebnisse zu veröffentlichen.

Sein Ausstieg und die Bitte um Veröffentlichung haben mich in eine sehr schwierige Lage gebracht. Das Buch war aus meiner Sicht nicht fertig, aber ich hatte viel wertvolle Zeit meiner professionellen Karriere in dieses Vorhaben investiert. Mir war trotzdem nicht wohl dabei, nach Kornblums Ausscheiden am Buch weiterzuschreiben. Ich habe mich also nach reichlicher Überlegung dafür entschieden, unser Buchmanuskript und die Korrespondenz chronologisch in genau dem Zustand zu veröffentlichen, in dem sie zu diesem Zeitpunkt waren. Ich habe lediglich einige wenige Fußnoten, zwei Inhaltsverzeichnisse und die Bildunterschriften und -nachweise hinzugefügt. Da der erste Entwurf bei Kornblums Entschluss aber bereits fertig gestellt war, liegt dem Leser ein komplettes Buch vor, obwohl es meines Erachtens noch hätte revidiert werden müssen.

Ich hätte das Buch gerne gemeinsam mit Kornblum abgeschlossen. Aber ich suche Trost in Ludwig Wittgensteins Vorwort zu seinen *Philosophischen Untersuchungen,* in dem er schreibt: »Nach manchen missglückten Versuchen, meine Ergebnisse zu einem solchen Ganzen zusammenzuschweißen, sah ich ein, dass mir dies nie gelingen würde. [...] Die philosophischen Bemerkungen dieses Buches sind gleichsam eine Menge von Landschaftsskizzen [...]. Die gleichen Punkte, oder beinahe die gleichen, wurden stets von neuem von verschiedenen Richtungen her berührt und immer wieder neue Bilder entworfen.« Er schließt dann die Einleitung mit folgenden Worten ab: »Ich hätte gerne ein gutes Buch hervorgebracht. Es ist nicht so ausgefallen; aber die Zeit ist vorbei, in der es von mir verbessert werden könnte.«[i] Wittgensteins Buch ist eines der wichtigsten Werke der Philosophie, das

i Ludwig Wittgenstein, *Philosophische Untersuchungen,* in: Werkausgabe, Bd. 1, Frankfurt am Main 1984, S. 231–233. Alle Zitate wurden den heutigen Rechtschreibregeln angepasst. Die Fußnoten habe ich in meiner Funktion als Herausgeber des Buchs und der Korrespondenz verfasst. Die Endnoten stammen entweder von Kornblum oder von mir als den Autoren der jeweiligen Buchabschnitte und Briefe.

vorliegende Buch ist dies natürlich nicht. Aber ich darf hoffen, dass es besser ist als gedacht.

Cambridge, Massachusetts, im Dezember 2019
Bill Headstrong

Inhaltsverzeichnis zum Buchmanuskript

Vernunft und Empfindsamkeit. Eine Abhandlung für und gegen William James
von Bill Headstrong und Wilhelm Kornblum [ii]

---

ii Das vorliegende Buch hat zwei Inhaltsverzeichnisse: eines zum Buchmanuskript von Kornblum und mir, das zweite zu unserem Briefwechsel. Ich habe entschieden, es so zu machen, da das Buch für sich – abgesehen von der Existenz von zwei Kapiteln 5 – eine kohärente Einheit bildet. Da es zwei Inhaltsverzeichnisse gibt, war es nötig, die Länge der Kapitel mit Seitenangaben wie »19–37« klarzumachen.

iii Jedes Kapitel ist ausschließlich entweder von Kornblum oder mir verfasst worden. Welches Kapitel von wem stammt, kann man unserer Korrespondenz entnehmen. Da es aber gezwungenermaßen zwei Kapitel 5 gibt, wurde in diesem Fall in Klammern angemerkt, wer das jeweilige Kapitel geschrieben hat. Warum es zwei fünfte Kapitel gibt, kann man im Briefwechsel nachlesen.

Inhaltsverzeichnis zum Briefwechsel
zwischen Bill Headstrong und Wilhelm Kornblum[iv]

iv Die Überschriften der jeweiligen Abschnitte des Briefwechsels stammen von mir als Herausgeber. Damit kann aber natürlich immer nur *ein* wesentliches Thema der jeweiligen Briefe suggeriert werden.

Lieber Bill,

kennst du das deutsche Wort »seelenverwandt«? Ich gebrauche es nicht leichtfertig, aber in dir, wenn ich es sagen darf, habe ich eine verwandte Seele gefunden. Du erinnerst dich eventuell, dass James dieses deutsche Wort in seiner Korrespondenz oft verwendet. Während ich diese Zeilen schreibe, frage ich mich, warum James nicht das englische Wort »soulmate« verwendet hat. War das Wort im 19. Jahrhundert nicht geläufig? Jedenfalls bist du auch mein *soulmate*! Welch ein Glück, dass ich dich gleich am ersten Tag der Bostoner Tagung getroffen habe. Noch nie habe ich mich getraut, von einer Konferenz für mehrere Tage schlicht gänzlich zu verschwinden. Zusammen haben wir den Mut gehabt! Ich werde noch sehr lange von den wunderbaren gemeinsamen Stunden und langen Spaziergängen in Cambridge und Concord zehren und ewig von unseren intensiven Gesprächen inspiriert werden.

Wie du weißt, will ich eigentlich schon lange ein Buch über James schreiben. Die abgründige Arroganz deutscher Berufsphilosophen gegenüber jeglicher Philosophie, die in verständlicher Alltagssprache verfasst wird, hätte mich sogar dazu motivieren können, aber das bodenlose Desinteresse der deutschsprachigen Leserschaft an James hat mich bisher davon abgehalten. Dein Vorschlag, dass wir *gemeinsam* ein Buch »für und gegen James« schreiben, ist für mich nicht nur eine Ehre, sondern gibt mir neuen Mut und macht mich unendlich glücklich.

Aber ich will dich nicht langweilen. Also zur Sache: Im Anhang findest du einen Entwurf vom Anfang unseres gemeinsamen(!) Werks. Man sollte Bücher am besten stets mit einer möglichst kurzen Einleitung beginnen, um das Interesse des Lesers zu wecken. Ich habe diesen Kurztext auf Deutsch geschrieben und »Prolog« genannt. Wir haben uns in Concord und Cambridge zwar eingehend über den Inhalt unseres geplanten Werks unterhalten, aber bei der ganzen Begeisterung haben wir schlicht vergessen zu besprechen, ob das Buch auf Deutsch oder Englisch erscheinen soll! Meine Beiträge zu unserem Buch werde ich auf jeden Fall stets zuerst auf Deutsch schreiben müssen. In meinem dürftigen *science-speak*-Englisch würde der Text sonst zu hölzern werden. Ich könnte meine Beiträge gegebenenfalls übersetzen lassen. (Ich habe mir zudem erlaubt, diese Mail auf Deutsch zu schreiben. Ist das in Ordnung? Ich weiß zwar, dass du gut Deutsch kannst, aber die Muttersprache zu lesen geht schneller und ich will dir zukünftig nicht die Zeit stehlen.)

Wenn du mit der Lektüre meines Prologs (wirklich *sehr* kurz!) fertig bist, sag mir bitte so schnell wie möglich Bescheid. Ich kann es kaum erwarten zu hören, was du darüber denkst. Können wir unser Buch in etwa so anfangen? Ich habe zwar schon mit der Arbeit an Kapitel 1 begonnen – es war ja abgemacht, dass ich den Anfang mache – aber ich hätte gerne eine Reaktion von dir, bevor ich weiterschreibe. Auch wenn ich weiß, dass du sehr beschäftigt bist, hoffe ich auf ein schnelles und positives Signal.

Sincerely yours,
dein seelenverwandter
Wilhelm

P.S. Wie geht es deinem Rücken?

Prolog

In der Philosophie geht es darum, als ganzer Mensch der Welt zu begegnen. Wahre Philosophie besteht nicht in wahren Sätzen oder Theorien. Wahre Philosophie besteht in einer richtigen philosophischen Haltung. Und Haltung nimmt ein Mensch mit seinem ganzen Wesen ein. Deswegen findet man die Wahrheit nicht, indem man sich mit Theorien der Philosophiegeschichte beschäftigt. Man muss sich auf die *Menschen* einlassen, die diese Theorien formuliert haben. Die Frage ist nicht: »Was sagt uns diese Theorie?«, sondern »Welche Haltung hat dieser Mensch mit Hilfe dieser Theorie eingenommen?« Nur so kommt man an die Wahrheit heran.

William James (1842–1910) ist der Philosoph, der das am besten verstanden hat. Er formuliert treffend: »Was auch immer zu sein wir vorgeben, der ganze Mensch in uns ist am Werk, wenn wir unsere philosophischen Meinungen bilden.« Um die Wahrheit in James' Philosophie zu entdecken, darf man sich nicht nur mit seinen Formulierungen und Theorien beschäftigen. Man muss sich mit *ihm* beschäftigen. Man muss sich beispielsweise mit seiner schweren Krise um 1870 befassen. Das war nicht bloß eine biographische Krise, sondern eine philosophische Krise mit psychischer Dimension: Wie kann man damit leben, dass es auf die Frage nach der Willensfreiheit des Menschen keine theoretische Lösung gibt? James' Antwort ist, dass der Mensch die Lösung nur mit seiner ganzen Natur finden kann. So findet James den Weg aus der Krise, indem er eine Lösung in seinem Leben prüfen will: »Meine erste Tat aus freiem Willen sei dies: an den freien Willen zu glauben.«

Deswegen geht es in diesem Buch um William James. Man muss sich – vorübergehend – mit ihm als Menschen identifizieren, um sich selbst darüber hinaus mit dem ganzen eigenen Wesen die richtige Antwort auf philosophische Fragen der Willensfreiheit, des Sinns des Lebens und der Objektivität der Moral zu erarbeiten. Der Weg kann nur über James führen. Lernen können wir nur, wenn wir die Haltung eines Menschen wie James nachvollziehen. Aber es geht letztlich um unsere eigene Haltung. Daher handelt es sich auch um ein Buch »für und gegen« James – ein Werk, das von ihm ausgeht, aber zugleich über ihn hinaus. Es werden all diese philosophischen Fragen besprochen. So soll jedem von uns ermöglicht werden, unter Einsatz seiner ganzen Person für sich eine Lösung dieser philosophischen Probleme zu erarbeiten.

Lieber Wilhelm,

besten Dank für deine Mail und den Anhang. Ich muss mich heute extrem kurz fassen. Auf meinem Tisch stapeln sich Essays, die ich bis morgen benoten und kommentieren muss. Ja, du kannst deine Mails und Beiträge gerne auf Deutsch schreiben. Ich kann Deutsch problemlos lesen, aber ich werde selbst immer auf Englisch schreiben.[v] Wir müssen einfach zu einem späteren Zeitpunkt entscheiden, in welcher Sprache das Buch (zuerst) erscheinen soll. Englisch wäre für meine Aussichten auf Festanstellung sicher besser, aber reden wir später darüber.

Dein Prolog ist inhaltlich genau in meinem Sinne. Wir hatten uns ausführlich über den Inhalt und den groben Fahrplan des Buchs unterhalten. Gemäß unserer Absprache würde ich dir also überlassen, das erste Kapitel zu schreiben. Ich hätte nur eine kleine Anmerkung. Obwohl wir beide James für seinen informellen Stil lieben, könntest du das erste Kapitel bitte etwas weniger »assoziativ« und etwas »argumentativer« halten als den Prolog? Natürlich haben wir in unseren Gesprächen davon geredet, kein trockenes philologisches Werk zu schreiben. Aber am Ende des Tages müssen wir für das Buch einen angesehenen Verlag finden (ich brauche das für meine Publikationsliste). Ich verlange keine radikale Änderung deiner Vorgehensweise, aber vergiss bitte nicht, dass die Akademiker, die wir beide kritisch betrachten, schließlich unsere Leser sein werden.

Wir beide sind auf einer Wellenlänge. Dir gefällt sicher auch folgende Aussage von James: »Die Häufigkeit, mit der jemand die Worte *streng wissenschaftlich* [dt. im Orig.] zu verwenden beliebt, wird für mich allmählich zum Maß für die Oberflächlichkeit seines Wahrheitssinns.« (Brief an Stumpf vom 26. Mai 1893.) Trotzdem will ich dich daran erinnern, in Kapitel 1 klarzumachen, dass wir eine Philosophie der Philosophie entwickeln wollen,

v Alexander Mahldorf hat in Kornblums Auftrag meine Mails und Beiträge kontinuierlich ins Deutsche übersetzt. Ich möchte ihm hier ausdrücklich für seine Übersetzung danken. Es sollte aber hier erwähnt werden, dass ich in meinen englischen Texten immer bemüht war, Personalpronomina geschlechtsneutral zu formulieren. Ich habe z. B. immer »s/he« für die dritte Person Singular verwendet. Nun sind im Deutschen im Gegensatz zum Englischen Substantive wie »Philosoph« bzw. »Philosophin« oder »Leser« bzw. »Leserin« nicht geschlechtsneutral. In Mahldorfs Übersetzung wurde immer die männliche Variante gewählt. Ich bitte den Leser darum, die relevanten Personalpronomina und Substantive in meinen Beiträgen geschlechtsneutral zu lesen, wenn sie nicht auf bestimmte Personen wie James verweisen.

die *objektiv gültige* Antworten auf philosophische Fragen wie die Frage nach der Willensfreiheit ermöglicht. Darüber hatten wir ausführlich gesprochen.

Danke der Nachfrage, nachdem ich wieder jeden Tag jogge, ist der Rücken wie neu. Wie steht es mit deinem Schwindel? Ich habe aber bereits viel zu viel geschrieben. Ich muss gleich Joggen gehen und dann den Riesenstapel Essays abarbeiten.

Yours,

Bill

*

Lieber Bill,

ich danke dir für deine freundliche Mail und die wertvollen Hinweise. Nein, mein Schwindel ist nicht weg, aber ich habe gelernt, ihn jeden Morgen wie einen Freund zu begrüßen. Es ist genau genommen kein Schwindel, sondern ein Schleier, den mein Denken durchdringen muss. Jeden Morgen, wenn ich mich an den Schreibtisch setze, ist er da. Ich dachte lange Zeit »heute wird es nichts«, aber fast jedes Mal löst der Schleier sich durch den Schreibfluss auf wie ein Morgennebel. Ist er möglicherweise notwendig, damit ich mich genügend anstrenge? Jedenfalls ist er noch da und ich würde ihn fast vermissen, wenn ich ungefiltert auf die Welt blicken müsste.

Unter diesen Umständen entsteht auch mein erstes Kapitel. Ich hoffe, es wird dir gefallen!

Herzlichst grüßt

dein Wilhelm

*

Lieber Bill, es ist vollbracht (siehe Kapitel 1 im Anhang)! Ich bin auf deine Reaktion mehr als gespannt. Herzlichst, Wilhelm.

KAPITEL 1

Der Philosoph als Mensch

Ludwig Wittgenstein sagt über William James: »Das ist es, was ihn zu einem guten Philosophen macht; er war ein wahrer Mensch.« Wittgenstein hat Recht – nicht nur bezüglich James, sondern auch im Allgemeinen: Wenn jemand ein guter Philosoph ist, dann nur deswegen, weil er ein »wahrer Mensch« ist. Damit bringt Wittgenstein die wichtigste aller tiefen philosophischen Wahrheiten zum Ausdruck. Davon bin ich mehr als von allen anderen philosophischen Sätzen überzeugt. Es ist aber schwer zu erklären, warum es wahr ist: Warum ist jemand deswegen ein guter Philosoph, weil er ein wahrer Mensch ist? Wie wird man überhaupt ein guter Philosoph? Und inwiefern stimmt es, dass *James* ein guter Philosoph ist, weil er ein wahrer Mensch war? Diese Fragen werde ich in diesem Buch beantworten. Im vorliegenden Kapitel sollen meine Antworten bloß skizziert werden.

1.1 Warum ein guter Philosoph ein wahrer Mensch sein muss

James schreibt in der ersten Vorlesung seines *Pragmatism*:

> Die Geschichte der Philosophie ist weitgehend die Geschichte eines gewissen Zusammenpralls menschlicher Temperamente. [...] Welches Temperament ein professioneller Philosoph auch haben mag, beim Philosophieren versucht er, das Vorhandensein seines Temperaments zu verschleiern. Temperament ist kein gemeinhin anerkannter Grund, weshalb er ausschließlich unpersönliche Gründe für seine Schlussfolgerungen bemüht. Nichtsdestotrotz beeinflusst sein Temperament die Ausrichtung seiner Gedanken stärker als jede seiner strengen objektiven Prämissen. Es reichert die Evidenz für ihn auf diese oder jene Weise an, was zu einer sentimentaleren oder hartherzigeren Sicht des Universums führt, genauso wie diese Tatsache oder jenes Prinzip es tun würde. Er *vertraut* seinem Temperament. Weil er ein Universum will, das dazu passt, glaubt er an jede Repräsentation des Universums, die wirklich dazu passt. Er hat das Gefühl, dass Menschen von gegensätzlichem Temperament nicht mit der Beschaffenheit der Welt harmonieren, und in seinem Herzen hält er sie im philosophischen Geschäft für inkompetent und »außen vor«, obwohl sie ihn an dialektischen Fähigkeiten übertreffen mögen. Öffentlich jedoch kann er bloß auf Grundlage seines Temperaments weder überlegenes

> Urteilsvermögen noch Autorität für sich beanspruchen. Daher entsteht eine gewisse Unaufrichtigkeit in unseren philosophischen Diskussionen: Die wirksamste unserer Prämissen wird nie benannt.

Jeder, der mit philosophischen Debatten vertraut ist, muss, wenn er ehrlich ist, zugeben, dass James Recht hat. Ich gebe Ihnen ein Beispiel. Seit Jahrhunderten streiten die Philosophen über die Frage nach der Freiheit des menschlichen Willens. In der Debatte stehen sich zwei Hauptpositionen unversöhnlich gegenüber: Inkompatibilismus und Kompatibilismus. Nach dem Inkompatibilismus ist Freiheit des Willens mit Determinismus unvereinbar. Nach dem Determinismus steht es bereits *vor* jeder menschlichen Entscheidung fest, wie die Entscheidung ausfallen wird. Wenn sie bereits vorher feststeht, gilt nach dem Inkompatibilismus, dass jede menschliche Entscheidung *unfrei* ist. Wenn es bereits vor der Entscheidung eines Menschen feststeht, wie er sich entscheiden wird, ist diese Entscheidung nicht frei. Man kann genau genommen nicht sagen, dass er überhaupt entschieden hat. Es stand ja bereits vorher fest, wie die Sache ausgeht. Dem Inkompatibilismus zufolge muss der Determinismus also falsch sein, damit der menschliche Wille frei sein kann.

Nach dem Kompatibilismus liegt in diesem Gedankengang eine Fehlinterpretation des Freiheitsbegriffs. Auch wenn der Determinismus wahr ist – auch wenn es vor jeder Entscheidung bereits feststeht, wie die Entscheidung ausfallen wird – kann die relevante Entscheidung nach dem Kompatibilismus dennoch frei sein. Es kommt nicht darauf an, ob es vor der Entscheidung feststand, wie sie ausfallen wird. Der springende Punkt ist vielmehr, wie die Entscheidung zustande gekommen ist: Wenn die Entscheidung beispielsweise unter Hypnose gefällt wurde, ist sie nicht frei. Wurde sie hingegen nach reichlicher und eigenständiger Überlegung der Person gefällt, ist sie frei. Für die Frage, ob die Entscheidung frei ist, ist es irrelevant, ob es vor der Hypnose und dem Überlegungsprozess bereits feststand, wie die Entscheidung ausfallen wird. Dass die Entscheidung durch den eigenen Überlegungsprozess der Person gefällt wurde, bedeutet, dass die Entscheidung frei ist.

Damit ist der strittige Punkt in der Willensfreiheitsdebatte im Kern beschrieben worden. Zur Verteidigung des Inkompatibilismus und des Kompatibilismus sind aber Hunderttausende von Seiten geschrieben worden und diese Produktion ist noch im vollen Gang. Dabei verfahren die Philosophen genauso, wie James es beschreibt. Sie verwenden ihre ganze Intelligenz und Vorstellungskraft dazu, immer raffiniertere Versionen ihrer Positionen zu entwickeln, um sich gegen die Angriffe der Gegenseite zu immunisieren. Und sie entwickeln immer verfeinertere Waffen, um die Gegner zu attackieren. Diese Waffen nennen sie »Gründe« und nehmen stillschweigend an, dass diese Gründe in dem Sinne »unpersönlich« sind, dass sie rein an die Vernunft des Menschen appellieren. Wenn der Gegner nur vernünftig genug wäre, würde er begreifen, dass er bereits verloren hat, denken sie. Die Gegenseite denkt aber genauso und so geht der Kampf ewig weiter.

Diese Vorgehensweise der Philosophen ist aber, wie James betont, grundlegend verlogen. Sie tun, als ob die Debatte mit rein unpersönlichen Gründen entschieden werden kann, um sie ewig weiterführen zu können. Dabei hat sich jeder Philosoph aus ganz anderen Gründen für die jeweilige Position entschieden. »Wenn es bereits vor meiner Entscheidung feststeht, wie ich mich entscheiden werde«, denkt der Inkompatibilist, »bin ich in meiner Entscheidung nicht frei.« Er *denkt* aber nicht nur so, er *fühlt* sich so. Wenn er sich vorstellt, die Welt wäre vollständig determiniert, fühlt er sich wie ein Rad in einem riesigen Getriebe, das sich zwar bewegt, aber dessen Bewegungen nicht vom Rad selbst bestimmt werden. »Unter diesen Umständen wäre kein Unterschied zwischen mir und einem Rad im Getriebe«, denkt er und drückt dabei seine Gefühlslage aus.

Mit der emotionalen Lage des Kompatibilisten verhält es sich ganz anders. Er befürchtet, dass der Determinismus wahr sein könnte. Wenn sowohl der Determinismus als auch der Inkompatibilismus wahr sind, sind wir tatsächlich alle unfrei. Um sich gegen diesen Fall emotional abzusichern, muss er den Inkompatibilismus ablehnen. Man kann es auch so beschreiben, dass der Kompatibilist zu den Philosophen mit einem ausgeprägten Sicherheitsbedürfnis gehört. Solche Philosophen tun alles, um ihre Praktiken und Emotionen zu schützen. Für gewöhnlich unterscheiden wir zwischen Menschen, die soweit frei sind, dass wir uns über ihre verbrecherischen Taten entrüsten können, und Menschen, deren Freiheit vorübergehend (beispielsweise durch Hypnose) oder dauerhaft (beispielsweise durch krankhafte Wahnvorstellungen) so begrenzt ist, dass wir ihnen ihre Taten nicht übel nehmen können. Wenn sowohl der Determinismus als auch der Inkompatibilismus wahr sind, wären diese Menschen *alle* grundsätzlich unfrei. Die Unterscheidungen, die unseren Emotionen und Praktiken zugrunde liegen, wären damit anscheinend passé. Um ihre Emotionen und Praktiken zu schützen, nehmen solche Philosophen die Position des Kompatibilismus ein. Sie geben dafür zwar »unpersönliche Gründe« an, aber eigentlich geht es dabei um ihr Bedürfnis, nichts an ihrer Praxis und ihren emotionalen Einstellungen ändern zu müssen.

Ich habe an dieser Stelle das Thema der Willensfreiheit relativ ausgiebig erörtert, um James' allgemeine Behauptung konkret zu erläutern. Man hätte sie auch beispielsweise anhand der philosophischen Debatte um die Objektivität der Moral erläutern können. Beide Themen werden in späteren Kapiteln eingehend besprochen, wobei die emotionalen Gründe für den Inkompatibilismus und den Kompatibilismus differenzierter erklärt werden. An dieser Stelle geht es mir nur um James' allgemeine These. Er hat Recht. Philosophische Debatten sind im Kern verlogen. Es werden unpersönliche Gründe vorgestellt, die die Debatte aber gar nicht entscheiden können, wobei die eigentlichen Gründe für die jeweiligen Positionen emotionaler oder temperamentsmäßiger Art sind.

Wenn das aber so ist, ist die Philosophie in ihren Grundfesten erschüttert. Wenn unpersönliche Gründe über die Richtigkeit philosophischer Positionen nicht entscheiden können, wenn Philosophen sich aus ihren Temperamenten oder Gefühlen heraus für ihre jeweiligen Theorien entscheiden, wenn unpersönliche Gründe dennoch von den Philosophen als die bestimmenden Gründe angegeben werden, ist die Philosophie sowohl ein *sinnloses* als auch ein *verlogenes* Unternehmen.

James hat Recht, habe ich gesagt. Diese Schlussfolgerungen sind aber voreilig. Ja, James hat Recht, dass philosophische Positionen auf Emotionen oder Empfindungen und nicht auf rein unpersönlichen Gründen beruhen. Daraus folgt aber nicht, dass die Philosophie ein sinnloses und willkürliches Unterfangen ist. Es folgt nur, dass wir philosophische Gründe anders auffassen müssen. Mit diesem Buch soll eine solch neue Auffassung vorgelegt werden. Der Buchtitel *Vernunft und Empfindsamkeit* deutet das Vorhaben an. Man hätte ihm auch den Titel »Vernünftige Empfindungen« oder »empfindsame Vernunft« geben können. Es geht darum zu zeigen, wie philosophische Gründe auf Temperamenten oder Empfindungen beruhen können, ohne ihre objektive Gültigkeit einzubüßen. Wie eine solche Position am Ende aussieht, kann in diesem Kapitel nur angedeutet werden, indem die Wahrheit in Wittgensteins Satz erläutert wird, dass ein Philosoph deswegen gut ist, weil er ein wahrer Mensch ist. Zur Erläuterung möchte ich weitere Aussagen von James aus der ersten Vorlesung von *Pragmatism* erörtern:

> Temperamente mit ihren Sehnsüchten und Verweigerungen legen Menschen tatsächlich in ihren Philosophien fest und werden das auch immer tun. Systemdetails mögen Stück für Stück ausgetüftelt werden und, während der Forscher ein System erarbeitet, mag er den Wald vor lauter Bäumen nicht sehen. Aber wenn die Arbeit abgeschlossen ist, führt der Geist immer seinen großen zusammenfassenden Akt durch und das System steht einem gegenüber wie etwas Lebendiges mit dieser sonderbar einfachen Note der Individualität, welche unsere Erinnerung heimsucht, wie der Geist eines Menschen, wenn

> ein Freund oder Feind von uns gestorben ist. Nicht nur Walt Whitman konnte schreiben »Wer dieses Buch berührt, berührt einen Menschen«. Die Bücher aller großen Philosophen entsprechen genauso vielen Menschen.

Ein philosophisches System basiert auf detaillierter Kleinarbeit: Das System muss möglichst lückenlos sein – es muss eine Antwort auf alle wesentlichen Fragen zum Thema haben. Die wichtigsten Thesen müssen in aller Deutlichkeit formuliert werden, und ihr Zusammenhang mit anderen Thesensätzen des Systems muss freigelegt werden – welche Sätze dienen als Prämissen für andere Sätze, welche als Schlussfolgerungen aus anderen Sätzen? Das System sollte keine Widersprüche enthalten. Es sollte zudem größtmögliche Kohärenz aufweisen – die Sätze des Systems sollten optimal zueinander passen und in Begründungsverhältnissen zueinander stehen. Zudem muss für möglichst viele Sätze eine Begründung angeboten werden. Viele philosophische Theoretiker scheitern an der Kleinarbeit. Es fehlt an Deutlichkeit, Begründungen und Vollständigkeit. Mit anderen Worten: Sie scheitern am Handwerk.

Es gibt aber viele handwerklich perfekt gemachte Systeme, die dennoch schlechte Philosophie sind. Woran liegt das? Was fehlt diesen Systemen? James liefert uns den richtigen Hinweis: »Wenn die Arbeit abgeschlossen ist, führt der Geist immer seinen großen zusammenfassenden Akt durch und das System steht einem gegenüber wie etwas Lebendiges«. Seine an und für sich richtige Äußerung ist an dieser Stelle in einer Hinsicht irreführend. Es ist sicher nicht so, dass ein philosophisches System zuerst als perfekte Maschine gebaut wird, der am Ende der Lebensgeist eingehaucht wird. Das Entscheidende ist nicht die Reihenfolge, sondern dass das ganze System etwas zum Ausdruck bringen muss, das in den Details nicht zu finden ist. Darauf verweist James in seiner Rede von den Temperamenten und dem Satz: »Die Bücher aller großen Philosophen entsprechen genauso vielen Menschen.« In einem philosophischen System kommt der Mensch, der Autor des Systems, zum Ausdruck. Diese Gedanken hatte James bereits 1876 in einer Rezension etwas anders zum Ausdruck gebracht (es geht in diesem Zitat um die Frage des Determinismus):

> Die ganze Natur eines Menschen – intellektuell, affektiv, volitional – zeigt sich (erklärtermaßen oder nicht) in der theoretischen Einstellung, die er bezüglich solch einer Frage einnimmt.

Damit ein philosophisches System gelingt, muss dessen Autor mehr als ein guter Handwerker sein. Da es ihn als Menschen zum Ausdruck bringt, muss der Mensch – wie Wittgenstein über James sagt – ein wahrer Mensch sein.

Wann aber ist ein Mensch in dem Sinne ein wahrer Mensch, dass das philosophische System, in dem er sich ausdrückt, ein gutes oder gelungenes System ist? Darüber habe ich bisher nicht viel gesagt, nur so viel: Ein philosophisches System bringt den *ganzen Menschen* zum Ausdruck: nicht nur seinen Intellekt oder Verstand, sondern auch seine affektive oder temperamentale Seite. Auch wenn eine angemessene Antwort auf die Frage nur im Gesamtverlauf des Buchs gegeben werden kann, möchte ich in diesem Kapitel einige Anmerkungen dazu machen. Dafür muss zunächst das Verhältnis von System und affektiver Einstellung näher erläutert werden. Zu diesem Zweck ist es hilfreich, von einem weiteren James-Zitat auszugehen (aus »Rationality, Activity and Faith«):

> [...] so vage ein Philosoph das ultimativ universell Gegebene auch definieren mag, kann man nicht sagen, dass er uns darüber im Unklaren lässt, solange er auch nur im Mindesten vorgibt, dass unsere emotionale und aktive Einstellung dazu eher so als so sein sollte. Wer sagt »Das Leben ist echt, das Leben ist ernst«, gibt – so viel er auch über die fundamentale Rätselhaftigkeit der Dinge redet – eine bestimmte Definition dieser Rätselhaftigkeit, indem er ihr das Recht zuschreibt, von uns eine bestimmte Stimmung zu verlangen, die man Ernsthaftigkeit nennt – das heißt, die Bereitschaft tatkräftig zu leben, auch wenn die Tatkraft Schmerz mit sich bringt. Dasselbe trifft auf denjenigen zu, der sagt, alles ist eitel. Denn, so undefinierbar das Prädikat »eitel« an sich [*in se*] auch sein mag, es ist klar genug, dass es etwas ist, das Betäubung, die schiere Flucht vor Leid, als unsere Lebensregel erlaubt.[vi]

Die Äußerung »Alles ist eitel« ist Teil eines philosophischen Systems, das Ausdruck einer gewissen emotionalen Einstellung oder Stimmung ist. Es ist das philosophische System der Sinnlosigkeit. Die emotionale Einstellung könnte man als »philosophische Gleichgültigkeit« bezeichnen. Worin besteht nun der Inhalt dieses philosophischen Systems? Was ist die Position des Vertreters der Sinnlosigkeit? Sicherlich kann man das System nur verstehen, wenn man die Bedeutung der einzelnen Sätze des Systems und den Zusammenhang zwischen ihnen mit dem Verstand oder Intellekt erfasst. Es reicht aber nicht aus, um das philosophische System wirklich zu verstehen. Mit diesem System wird von uns eine bestimmte emotionale Reaktion verlangt: philosophische Gleichgültigkeit. Nur über diese emotionale Haltung

vi In den Übersetzungen steht an manchen Stellen in eckigen Klammern kursiv die Formulierung der Originalsprache. I.d.R. wird es sich um Englisch handeln. In diesem Fall ist »an sich« eine Übersetzung von der lateinischen Phrase »in se«, die James hier in seiner ansonsten auf Englisch verfassten Passage verwendet.

kann man überhaupt verstehen, was das philosophische System bedeutet. Umgekehrt ist das philosophische System eine Artikulation dieser affektiven Einstellung. Ohne diese Artikulation bleibt die emotionale Haltung unbestimmt.

Ähnliches wie für das *Verständnis* eines philosophischen Systems gilt auch für dessen *Beurteilung*: Um die Richtigkeit des philosophischen Systems der Sinnlosigkeit zu beurteilen, reicht es nicht aus, es rein mit dem Intellekt auf den Prüfstein zu stellen. Stattdessen muss man fragen, ob man mit der emotionalen Haltung der philosophischen Gleichgültigkeit der Wirklichkeit auf die Spur kommt oder nicht. Gewisse Aspekte der Realität können nur mit Hilfe einer affektiven Haltung zum Ausdruck gebracht werden. Manche emotionalen Haltungen werden aber an der Wirklichkeit vorbeigehen und es bleibt offen, ob philosophische Gleichgültigkeit zu diesen Haltungen gehört oder nicht. Um dies zu prüfen, braucht man nicht nur Verstand, sondern muss ein »wahrer Mensch« sein – ein Mensch mit Emotionen oder Empfindungen, die die Wirklichkeit für uns entschlüsseln können.

Das Zitat aus »Rationality, Activity and Faith« macht noch etwas anderes deutlich. Indem man ein philosophisches System vertritt, positioniert man sich als Person im eigenen Leben. Die philosophische Gleichgültigkeit, die von der philosophischen Theorie der Sinnlosigkeit verlangt wird, ist nicht nur ein subjektives Gefühl, sondern auch eine persönliche Haltung dem Leben gegenüber. Mit dem Vorwurf der Verlogenheit klagt James in *Pragmatism* die Philosophie seiner Zeit an. Die Zeiten sind aber nicht besser geworden, sondern schlimmer. Es stehen sich in der akademischen Philosophie auf jedem Gebiet unterschiedliche Systeme unversöhnlich gegenüber. Die professionellen Philosophen gehen zur Arbeit, tüfteln am eigenen System und tun – wenn sie analytische Philosophen sind – als ob sie die anderen Systeme rein durch den Intellekt widerlegen könnten. Oder sie behandeln – wenn sie postmoderne Philosophen sind – die unterschiedlichen Systeme wie Spielzeuge, mit denen man abwechselnd spielen kann. Beide gehen aber mit philosophischen Systemen wie Arbeitskleidung um, die man nach getanem Tagwerk ablegt. Diese Philosophen tun, als ob sie nach der Arbeit in ihr privates Leben zurückkehren könnten – ein Leben, das angeblich mit dem System nichts zu tun hat. Darin besteht die Verlogenheit der Gegenwartsphilosophie. Ein philosophisches System – wenn man es wirklich vertritt – kann man nicht nach der Arbeit ablegen. Ein philosophisches System ist nichts anderes als die Deutung der Welt, in der man lebt. Als eine solche Deutung ist das System der grundlegende Leitfaden des eigenen Lebens.

Anhand dieser Überlegungen kann man eine weitere Bedeutungskomponente von »wahrer Mensch« erläutern. Für den wahren Menschen stellt das

Leben dringliche Fragen – Fragen, die man beantworten muss, um weiterleben zu können. Der Zweck philosophischer Systeme besteht ausschließlich darin, solche Fragen zu beantworten. Philosophische Systeme sind für den wahren Menschen der Leitfaden seiner Lebensführung. Zugleich gilt für den wahren Menschen die Lebensführung als Test für diese Systeme. Indem er nach diesen Theorien lebt, werden die Theorien geprüft. Jemand ist ein guter Philosoph, weil er ein wahrer Mensch ist. Er ist ein guter Philosoph, weil für ihn Philosophie nicht aus vom Leben losgelösten Rätseln besteht. Er ist ein guter Philosoph, weil für ihn Philosophie aus dem Leben selbst entsteht, weil die Philosophie die Lebensführung erst ermöglicht und im Leben selbst getestet wird. Dazu mehr in den folgenden Kapiteln.

1.2 Wie man ein guter Philosoph wird

Handwerk reicht nicht, um ein guter Philosoph zu werden. Es ist zwar notwendig und man kann es lernen. Dafür gibt es viele Lehrbücher und viele gute Lehrer an den Universitäten. Aber das alles reicht nicht. Man muss auch ein Mensch werden, der mit seinem ganzen Wesen spürt, wie die Welt zu deuten ist, und diese Deutung in einem System artikulieren kann. Wie wird man ein solcher Mensch? Dafür gibt es keine Regeln. Es reicht nicht, wenn man die Regeln der Logik und die Künste des Argumentierens beherrscht. Es reicht nicht, wenn man weiß, wie man erfolgreich einen philosophischen Aufsatz verfasst und in *journals* unterbringt. Die Formeln dafür sind einfach: Man nehme ein Argument und zeige seine Fehler auf. Oder: Man nehme zwei Positionen, lege ihre Mängel offen und entwickle eine dritte, die die Probleme der ersten beiden löst. Das gibt es alles im Überfluss und ist dabei keine gute Philosophie.

Was dann? Wie wird man ein guter Philosoph? Da es darum geht, ein bestimmter Mensch zu werden, bleibt nichts anderes übrig, als sich an einem anderen *Menschen* zu orientieren. Oder, um es mit Nietzsche in *Schopenhauer als Erzieher* etwas vorsichtiger zu formulieren: »[...] es gibt wohl andere Mittel [...] aber ich weiß kein besseres, als sich auf seine Erzieher und Bildner zu besinnen.« Nietzsche redet von Erziehern und Bildnern. Aber wird man ein guter Philosoph durch Erziehung und Bildung? Ich denke, nein. Aber gehen wir systematisch vor. Wie soll man sich an einem anderen Menschen orientieren, um ein guter Philosoph zu werden? Ich werde zuerst einige Modelle kritisieren, um danach mein eigenes vorzustellen.

Zuerst zum *Bildungsmodell*. Nach diesem Modell wird man ein guter Philosoph, indem man sich an einem großen Philosophen der Vergangenheit insofern orientiert, dass man alles über ihn, seine Werke und seine Zeit weiß, seine Argumente und Thesen perfekt auslegen kann, usw. James selbst hat zu Recht dieses Modell kritisiert, auch wenn es ihm im folgenden Brief an seine Schwester aus dem Jahr 1873 um Kunst und Kultur geht:

> Italien ist ein *entzückender* Ort für eine Stippvisite, aber mehr auch nicht. Ich kann mir nicht vorstellen, wie man – außer man studiert irgendwie ernsthaft Geschichte – vermeiden kann, mit der Zeit all seine Tatkraft zu schwächen: Das Gewicht der vergangenen Welt hier ist fatal – man wird schließlich bloß zu ihrem Parasiten und nicht zu ihrem gleichwertigen Gegenüber. Diese Ehrerbietung, diese Abhängigkeit von anderen Menschen ist nicht normal. Die Alten haben Dinge vollbracht, indem sie sich um die Angelegenheiten ihrer eigenen Zeit gekümmert haben, nicht indem sie die Gräber ihrer Großväter angestarrt haben – und der normale Mensch heutzutage wird es ihnen gleich tun.

Niemand wird ein guter Philosoph dadurch, dass er sich bildet, wenn damit gemeint ist, dass man sich Wissen über die Vergangenheit aneignet. Das gilt speziell, wenn es um die Deutung eines anderen Denkers geht. In diesem Fall liegt das Hauptinteresse auf der Korrektheit der Auslegung. Jeder eigenständige Gedanke muss der Rücksicht auf den zu interpretierenden Denker weichen. Was meint er an dieser Stelle? Was hat ihn dazu bewogen? Nach einer gewissen Zeit wird man das eigenständige Denken lang genug vernachlässigt haben, sodass man nie zu einem guten Philosophen werden kann.

Das *Imitations- oder Identifikationsmodell* krankt an einem ähnlichen Problem. Im Gegensatz zum Bildungsmodell widmet man sich nach diesem Modell dem großen toten Philosophen nicht in einer philologischen oder interpretierenden Haltung. Stattdessen soll man sich mit ihm als Philosophen identifizieren und versuchen, sein Denken in heutiger Zeit möglichst treu umzusetzen. Dieses Modell stellt sicher einen Fortschritt gegenüber dem Bildungsmodell dar. Nach dem Identifikationsmodell soll man sich eher dem Denker als seinen Schriften zuwenden und versuchen, ihn in heutiger Zeit zu verkörpern. Damit legt dieses Modell zu Recht den Schwerpunkt auf das Ziel, ein bestimmter Mensch zu werden. Das Problem ist aber, dass das Vorbild nicht in Frage gestellt wird. Man übt sich in Imitationskunst und dabei bleibt das eigenständige Denken zwangsläufig auf der Strecke.

Nietzsche schreibt über Schopenhauer als Erzieher:

> [...] Schopenhauer redet mit sich: oder, wenn man sich durchaus einen Zuhörer denken will, so denke man sich den Sohn, welchen der Vater unterweist. Es ist ein redliches, derbes, gutmütiges Aussprechen, vor einem Hörer, der mit Liebe hört.

Das Sprechen mit sich selbst werde ich im nächsten Abschnitt erörtern. Ich denke, man sollte sich an einem Menschen wie an einem Vater orientieren, wenn man ein guter Philosoph werden will. Bevor ich diese Gedanken positiv erläutere, müssen aber zwei weitere Modelle abgelehnt werden. Nach beiden Modellen soll man sich an einem Menschen orientieren, wie an einem Vater, der einen »unterweist«. Beide Modelle sind also *Erziehungsmodelle*. Man betrachtet den Menschen, an dem man sich orientiert, als einen Erzieher. Nach der ersten Version dieses Modells geht es um Erziehung zur *Tugendhaftigkeit*, nach der zweiten um Erziehung zur *Autonomie*.

Mit »*Tugendhaftigkeit*« meine ich nicht einfach moralische Tugenden, sondern Tugenden im Allgemeinen, auch Tugenden des Intellekts. Oder anders ausgedrückt: Die Erziehung hat den Zweck, dass die Person nach der Erziehung soundso wird. Wenn man sich an einem Menschen in dieser Hinsicht orientiert, hofft man, von ihm genau zu lernen, wie man sein soll. Man sucht ein Muster, ein Modell, eine Blaupause für das eigene Sein. Es liegt auf der Hand, dass mit dieser Haltung niemand ein eigenständiger Philosoph werden kann.

Das Modell der Erziehung zur *Autonomie* kommt der Sache näher: Man erhofft sich von dem Menschen, an dem man sich orientiert, dass er einem die notwendige Hilfestellung zur Autonomie gibt. Als Vater soll er einen nicht bevormunden, sondern das autonome Denken fördern. Eine solche Haltung einem Denker der Vergangenheit gegenüber ist nicht falsch, aber sie bietet einem nicht genügend Anhaltspunkte. Hier ist das Problem genau das Gegenteil zum Problem der Erziehung zur Tugendhaftigkeit. Letztere eifert einem starren Vorbild nach, erstere liefert gar kein Vorbild. Man soll zu einem autonomen Denker werden, aber wie?

Die Lösung liegt in einem anderen Verständnis der Orientierung am Vater. Das richtige Modell der Orientierung an einem großen Denker der Vergangenheit gewinnt man, wenn man sie mit dem Umgang mit dem eigenen verstorbenen Vater vergleicht. Man muss nicht mehr um den Vater trauern, wenn er weiter mit einem lebt. Leben kann er aber nur mit einem, wenn man ihn am Leben erhält. Es reicht nicht, dass man erkennt, dass man ihm ähnelt. Oder dass man sich lebhaft an ihn erinnert. Leben kann er nur, wenn man ihn durch sich leben lässt. Das geht nur, wenn man das, was man von ihm in sich zu finden glaubt, pflegt und in sich selbst wieder aufleben lässt. So fängt man an, den Vater zu deuten: Er war passiv und das war nicht gut. Aber es hatte doch etwas Gutes, er war kontemplativ und das bin ich auch. So halte ich ihn am Leben. Indem ich selbst meine kontemplative Seite pflege. Aber auf meine Weise. Ferner: Wenn ich ihn nur imitiere, lebe ich nicht wirklich. Und in dem Fall würde er auch nicht leben. Er kann also nur in mir weiterleben, wenn ich ihn mir anverwandle – sein Wesen in mir pflege, aber es transformiere und es zu meinem eigenen mache. Seine Eigenständigkeit will und kann ich aber nicht eliminieren. Er wird in mir wie ein zweites Selbst leben, mit dem ich Gespräche führe.

Zu einem großen Philosophen der Vergangenheit muss man ein Verhältnis wie das zum eigenen verstorbenen Vater pflegen, wenn man ein guter Philosoph werden will. Ich würde dieses Modell das »Vaterlebenserhaltungsmodell« nennen, wenn es nicht ein solch hässliches Wort wäre. Lassen Sie mich das Modell etwas systematischer ausführen. Erstens muss man den richtigen Philosophen der Vergangenheit finden. Nietzsche spricht von »Vertrauen« zu Schopenhauer und schreibt: »Ich verstand ihn, als ob er für mich geschrieben hätte.« Ich würde die Beziehung etwas anders beschreiben. Sie ist wie die zum verstorbenen Vater. Ich muss mich in ihm finden. Ich muss ihn lesen und spüren, dass er mit denselben philosophischen Fragen an das Leben ringt wie ich. Ich muss seine Antworten lesen und dabei fühlen: »Das denke ich auch.« Ich werde aber nicht alles verstehen. Er ist ein bedeutender Philosoph, ich nicht. Und ob ich mich einmal in seine Richtung entwickeln werde, das muss ich noch sehen. Aber ich habe mein Temperament in seinem gefunden.

Es reicht selbstredend nicht, sich in einem verstorbenen Philosophen zu finden. Sich in ihm zu finden, erfordert einen Akt der Identifikation. Beim eigenen Vater liegt die Sache etwas anders. Durch die biologische Vererbung oder die Erziehung ist der Vater sowieso »in mir« und das kann ich einfach feststellen. Bei einem vorangegangenen Philosophen ist dieser Einfluss nicht vorhanden. Ich muss mich deswegen gewissermaßen in ihn hineinprojizieren. Das ist aber immer noch ziemlich wenig. Man liest einen Unterhaltungsroman und identifiziert sich mit einer der Figuren. Man liest das Buch fertig und das war's dann. Damit man durch die Orientierung am verstorbenen Philosophen selbst ein guter Philosoph werden kann, ist viel mehr notwendig.

Somit komme ich zum zweiten Punkt. Man muss es sich vornehmen, den toten Philosophen am Leben zu erhalten, genauso wie man es beim verstorbenen Vater tut. Nur so hat man die richtige Mischung aus Anleitung und Autonomie. Man eignet sich Elemente des vorangegangenen Philosophen an. Dadurch hat man die richtige Anleitung. Aber der verstorbene Philosoph bleibt ein totes Vorbild, wenn man ihn nur imitiert. Man kann nur durch ihn selbst ein guter Philosoph werden, indem man ihn durch Aneignung transformiert. So kommt man zum autonomen Denken durch den verstorbenen Philosophen als Vater. Man erhält ihn am Leben auf die einzig mögliche Weise – nämlich, indem man ihn transformiert in sich selbst weiterleben lässt.

Aber ist das alles nicht etwas vermessen? Warum sollte ein Philosoph wie James *mich* brauchen, damit er weiterlebt? Es mag sein, dass mein eigener Vater mich braucht, um nach seinem Tod weiterzuleben. Ein großer Philosoph braucht mich aber nicht! Dieser Einwand stimmt nur bedingt. Selbstredend braucht James nicht *mich*. Wenn andere durch ihre Beschäftigung mit ihm sein Weiterleben sichern, genügt das. Aber *jemand* muss es machen. Wenn niemand ihn durch Identifikation mit ihm und Transformation seines Denkens und Wesens in unserer Zeit verkörpert, lebt er nicht mehr wirklich. In dem Fall ist es egal, wie oft seine Werke gedruckt werden oder ob er in der Schule als Pflichtlektüre dient. Wenn niemand ihn in unserer Zeit verkörpert, so ist es wie das Foto vom verstorbenen Vater an der Wand: für alle als Objekt der Betrachtung sichtbar, aber nicht am Leben.

Drittens: Um ein guter Philosoph zu werden, darf ich die Verkörperung des großen Philosophen nicht rein instrumentell anstreben. Selbst ein guter Philosoph werden zu wollen, darf nicht mein einziges Motiv sein. Über meine Identifikation mit dem verstorbenen Philosophen hinaus muss ich ihn auch *lieben*. Wenn ich mich nur mit ihm identifizieren würde, würde er als Gegenpart verschwinden. Ich könnte ihn mir so hinbiegen, wie ich wollte. So kann ich aber nicht von ihm lernen. Ich muss den Philosophen und sein Werk lieben. Dies geht über den Respekt für sein Werk hinaus. Respekt für ein Werk kann einen kalt lassen. Durch die Liebe brennt in mir ein Feuer für seine Person und sein Werk. So wird es für mich ein *Muss*, ihn durch meine Person weiterleben zu lassen.

Dies bringt mich zum vierten Punkt. Wenn ich ein guter Philosoph werden will, muss ich mir meinen philosophischen Vater soweit aneignen und transformieren, dass er in meiner Person weiterlebt. Das geschieht zum einen dadurch, dass ich die Merkmale des Vaters so transformiert und integriert habe, dass sie Teil meiner Identität als Philosoph geworden sind. Zum anderen – und das ist der vierte Punkt – darf ich den vorangegangenen Philosophen nicht so restlos in meiner Identität aufgehen lassen, dass er in mir keine eigenständige Existenz mehr führen kann. Zusätzlich zur Entwicklung meiner eigenen Identität als Philosoph muss ich den toten Philosophen zu meinem zweiten Selbst machen. Er muss weiterhin in mir als Stimme sprechen, die nicht in meiner Identität aufgeht. Nachdem ich den philosophischen Vater integriert habe, ist er gewissermaßen kein väterliches Vorbild mehr, aber ich brauche ihn weiterhin als Dialogpartner. Ein guter Philosoph braucht eine innere Stimme, die ihm widerspricht. Auf diese Weise erhalte ich meinen philosophischen Vater auf zweifache Weise am Leben: als jemanden, der in meiner philosophischen Identität aufgeht, und als mein zweites Selbst, mit dem ich debattiere. Der eigene verstorbene Vater existiert ebenfalls auf diese zweifache Weise in einem, aber im Fall des philosophischen Vaters ist das zweite Selbst auf eine gewisse Weise noch stärker: Der tote Philosoph hat Texte hinterlassen, die gegen meine eigene philosophische Orientierung immer Widerstand leisten werden.

Zur Verdeutlichung meines Modells ist ein kurzer Vergleich mit Harold Blooms Theorie der Dichtung aus *The Anxiety of Influence* nützlich. Er schreibt in diesem Werk:

> Mir geht es nur um starke Dichter, große Persönlichkeiten, die genug Durchhaltevermögen besitzen, um mit ihren starken Vorläufern zu ringen, sogar bis auf den Tod. Schwächere Talente idealisieren; Persönlichkeiten mit geeigneter Imaginationskraft eignen sich Dinge an. Aber man bekommt nichts umsonst, und Selbstaneignung beinhaltet ungeheure Ängste davor, in jemandes Schuld zu stehen; denn welcher starke Schöpfer wünscht sich die Einsicht, dass er daran gescheitert ist, sich selbst zu erschaffen?

Meine Auffassung davon, wie man ein guter Philosoph wird, teilt mit Blooms Theorie der Dichtung einen wichtigen Punkt: Um ein guter Philosoph zu werden, darf man die Vorgänger nicht idealisieren, sondern muss sie sich aneignen. Aber Bloom versteht das Verhältnis als Kampf darum, wer besser ist, den man verlieren, aber auch erfolgreich mit dem Vatermord abschließen kann. Mein Modell geht von einer vollkommen anderen Beziehung zum Vorgänger aus. Das Ziel der Beschäftigung mit dem philosophischen Vater ist von Anfang an ein ganz anderes als bei Bloom. Das Ziel ist nicht der Sieg über den Vater. Im Gegenteil: Das Ziel ist, den Vater am Leben zu erhalten, indem man ihn sich aneignet. Dieses Ziel kann man nur erreichen, indem man seine Eigenständigkeit behauptet, und der Vater wirklich transformiert wird. Sonst bleibt der Vater bloß ein Idol und damit tot. Das Ziel wird also nicht durch den Vatermord erreicht, sondern durch seine Wiederbelebung.

Wie bei jedem Ziel kann man selbstredend auch darin scheitern. Wenn es einem misslingen sollte, die notwendige Eigenständigkeit für eine Transformation des Vaters aufzubringen, wäre man gescheitert. Vor jedem Scheitern darf man sich fürchten. Bei dieser Furcht geht es aber nicht darum, ob der Vater einen beeinflusst oder nicht. Das soll er sogar. Es geht auch nicht darum, ob man kleiner oder größer als der Vater ist. Es geht darum, ein guter Philosoph zu werden. Philosophen kann man zwar danach vergleichen, wie »gut« sie sind. Beim Ziel, ein guter Philosoph zu werden, geht es aber um einen Philosophen als Menschen und sein Verhältnis zur Welt und zu seinem Leben. Er ist ein guter Philosoph, wenn er überzeugende

Deutungen der Welt als Antwort auf seine philosophischen Lebensfragen findet. Davor, dieses Ziel nicht zu erreichen, kann man Angst haben. Das ist aber Existenzangst, keine Profilneurose.

Am Ende müssen wir feststellen, dass ein gewichtiger Unterschied zwischen dem Verhältnis zum verstorbenen Vater einerseits und zu toten Philosophen andererseits besteht. Den Vater kannte man, vom toten Philosophen hat man nur die Texte. Das stellt ein Problem dar, wenn es darum geht, sich am Philosophen als Menschen zu orientieren. Nietzsche schreibt über Schopenhauer:

> [...] ich ahnte, in ihm jenen Erzieher und Philosophen gefunden zu haben, den ich so lange suchte. Zwar nur als Buch: und das war ein großer Mangel. Um so mehr strengte ich mich an, durch das Buch hindurch zu sehen und mir den lebendigen Menschen vorzustellen, dessen großes Testament ich zu lesen hatte, und der nur solche zu seinen Erben zu machen verhieß, welche mehr sein wollten und konnten als nur seine Leser: nämlich seine Söhne und Zöglinge.

Wie soll man diesen Mangel beheben? Es geht ja nicht darum, das Privatleben des Philosophen zu kennen. Aber wir müssen wissen, wie er sich als Mensch mit den philosophischen Lebensfragen beschäftigt hat. Wir wollen nicht nur wissen, wie er die Fragen und Antworten in seinen theoretischen Schriften niedergelegt hat. Wir müssen erfahren, wie diese Fragen für ihn als Menschen entstanden sind und wie er sie über die Philosophie als Mensch beantwortet hat. Nur dann werden wir wirklich wissen, wer er als Philosoph war und wie wir ihn mit unserer Identifikation mit ihm am Leben erhalten können. Wie dieser Mangel im Falle von James zu beheben ist, wird in den folgenden Kapiteln deutlich werden.

1.3 Mein Vater, William James

Ich habe nun erklärt, warum man einen Philosophen wie einen Vater am Leben erhalten muss, um selbst ein guter Philosoph zu werden. Damit ist aber nicht gezeigt worden, warum *James* dieser Philosoph sein sollte. Es wäre sicher zu weit gegriffen, wenn jeder sich an James als Vater orientieren sollte. Jeder muss die Identifikationsfigur finden, die ihn weiterbringt. Ich kann also nur zu erläutern, warum James der Richtige für mich ist. (Die Identifikation mit dem richtigen Philosophen ist selbstredend nur *notwendig*, damit man selbst ein guter Philosoph wird. Ich beanspruche also nicht für mich, bereits ein guter Philosoph zu sein.)

Nietzsche erklärt, warum er sich Schopenhauer als Erzieher aussucht, unter anderem mit folgender Anmerkung: »er schreibt für sich.« James schreibt ebenfalls für sich. Die Texte von James, die mich besonders beschäftigen, sind zwar meist öffentliche Vorträge, die auf ein bestimmtes Publikum zielen. Dennoch hat James genau genommen für sich geschrieben. Entscheidend ist aber weniger, *dass* er für sich geschrieben hat, als das *Warum*.

Wenn ich James unterrichte, sage ich meinen Studenten immer, dass man keine schwere philosophische Krise haben muss, um ein guter Philosoph zu werden. Ich kann nicht verantworten, dass Studenten versuchen, sich in eine Krise zu stürzen, um besser zu philosophieren. Fakt ist aber, dass man sich einen Philosophen zum Vater wählen muss, der selbst schreibt, um die eigene philosophische Melancholie zu bekämpfen. Später werde ich die philosophische Melancholie und Krise von James eingehend erörtern. An dieser Stelle soll nur skizziert werden, warum man sich an einem Philosophen als Vater orientieren muss, der gegen die eigene Krise anschreibt.

Selbstredend geht es dabei nicht um das sogenannte »therapeutische« Schreiben gegen die eigene Lebenskrise. Viele Autoren sagen, sie hätten ihr Buch schreiben müssen, um ihre schlimmen Erlebnisse zu verarbeiten. Davon spreche ich selbstredend nicht.

Um das alles besser zu erklären, lassen Sie mich einige Punkte aus James' *The Varieties of Religious Experience* heranziehen. James unterscheidet zwischen »gesunden Geistes sein« (*healthy-mindedness*) und der »kranken Seele« (*sick soul*). Der mit dem gesunden Geist ist glücklich und sieht in allem nur das Gute. Die kranke Seele hält die Welt für essentiell böse und leidet unter Melancholie. James unterscheidet ferner zwischen dem »einmal Geborenen« und dem »zweimal Geborenen«. Die zweimal Geborenen sind die kranken Seelen, denen es gelingt, ihre Melancholie zu überwinden und zum Glück vorzudringen. Mehr als diese skizzierten Unterscheidungen von James brauche ich an dieser Stelle nicht. Ich möchte in der Folge seine Unterscheidungen frei verwenden, um meine Gedanken zu erläutern. Deswegen werde ich darüber hinwegsehen, dass es James um Gutes und Böses, Glück und Unglück in einem religionstheoretischen Kontext geht.

James betrachtet die zweimal Geborenen in gewisser Hinsicht als den einmal Geborenen überlegen. Die gesunden Seelen – die nur einmal Geborenen – sind für gewisse Aspekte der Wirklichkeit einfach blind. Diese Aspekte mögen nach James »der beste Schlüssel zur Bedeutung des Lebens sein und möglicherweise die einzigen Augenöffner für die tiefsten Schichten der Wahrheit«. Melancholie ist also notwendig, um die tiefsten aller Wahrheiten überhaupt erkennen zu können.

Folgende Aspekte sind dabei wichtig. Erstens handelt es sich um *philosophische* Melancholie. Gemeint ist also nicht – in heutiger Terminologie – »klinische Depression«, sondern eine Melancholie, die durch eine gewisse Art des Philosophierens hervorgerufen wird. Die Melancholie wird nicht zufälligerweise durch solches Philosophieren verursacht, sondern es besteht zwischen den beiden ein innerer Zusammenhang. Zweitens: Nur derjenige, der tatsächlich eine solche philosophische Melancholie erlebt hat, kann diesen inneren Zusammenhang begreifen. Drittens besteht die Melancholie nicht in einem rein kognitiven Zustand. Man spürt sie auch. Viertens: Es steckt zwar in der Melancholie eine Wahrheit, die man aber überwinden muss, um die tiefere Wahrheit in ihrer Komplexität zu begreifen. Fünftens: Zur grundlegenden Wahrheit kann nur gelangen, wer gegen die Melancholie anschreibt. Im Schreiben artikuliert man, was an der philosophischen Melancholie falsch ist. So gelingt es einem, die Melancholie zu überwinden und zugleich zu einer tieferen Wahrheit zu gelangen. Mit anderen Worten: Die tiefe Wahrheit kann nur der erfahren, der durch eine gewisse Art des Philosophierens in eine Melancholie verfällt, um sie durch die Artikulation ihrer Falschheit zu überwinden und so eine tiefere Wahrheit zu gewinnen.

James selbst litt regelmäßig unter melancholischen Zuständen. Um in *The Varieties of Religious Experience* die »schlimmste Art der Melancholie« – nämlich die in »Form panischer Angst« – zu erläutern, beschreibt er seine eigene Erfahrung, auch wenn er im Buch diese Erfahrung einer französischen Quelle zuschreibt. Er macht die Erfahrung, nachdem er bereits – so schreibt er – in einem »Zustand des philosophischen Pessimismus und der allgemeinen geistigen Niedergeschlagenheit bezüglich meiner Aussichten« war. Diese Beschreibung zeigt, dass James die eigene Melancholie so versteht, dass sie sowohl philosophische als auch biografische Gründe hat. Die Erfahrung, die er unter diesen Umständen macht und die ich an dieser Stelle nicht näher ausführen werde, hat für ihn folgende Konsequenzen:

> [...] es war, als ob etwas bis dahin Stabiles in meiner Brust vollständig nachgegeben hätte, und ich wurde ein Häufchen schlotternder Angst. Danach veränderte sich das Universum für mich gänzlich [...]. Es war wie eine Offenbarung; und obwohl die unmittelbaren Gefühle vorüber gingen, hat mich die Erfahrung für immer empfänglich gemacht für die morbiden Gefühle anderer. [...] Ich erinnere mich, wie ich darüber nachgedacht habe, wie andere Menschen leben können, wie ich selbst jemals gelebt hatte, ohne mir dieser Grube der Unsicherheit unterhalb der Oberfläche des Lebens bewusst zu sein.

James ist wohl der Meinung, durch die eigene Melancholie Dimensionen der Wirklichkeit erfahren zu können, die ihm vorher verschlossen waren.

In *The Varieties of Religious Experience* beschreibt James auch die Melancholie von Lew Tolstoi (anhand Tolstois *Meine Beichte*) und unterscheidet sie von der Melancholie von John Bunyan, die dieser in seiner Autobiografie *Grace Abounding to the Chief of Sinners* schildert. Tolstoi litt unter einer »objektiven Form von Melancholie«, in der »die Tatsache, dass es dem Universum und jedenfalls dem Leben an rationaler Bedeutung mangelt, die Bürde ist, die auf einem lastet. Nach James ist John Stuart Mills Melancholie, die Mill in seiner *Autobiography* beschreibt, ein weiteres Beispiel für objektive Melancholie: »ein weiterer intellektueller und allgemein metaphysischer Fall.« Bunyans Melancholie hingegen ist »subjektzentriert«: »Die Sorgen des armen Bunyan bezogen sich auf die Verfassung seiner eigenen Person.« Wie gerade umrissen, hat James' Melancholie immer zugleich »objektive« und »subjektive« Gründe.

Aber eigentlich geht es mir nicht vorrangig um die Unterschiede zwischen Tolstois und Bunyans melancholischen Befindlichkeiten. Ich führe sie an dieser Stelle ein, um auf einen weiteren Grund hinzuweisen, warum ich ausgerechnet James als philosophischen Vater wähle. Im Kapitel »The Divided Self« in *The Varieties of Religious Experience* schreibt James:

> Aber weder Bunyan noch Tolstoi konnten geistig gesund werden, wie wir es genannt haben. Sie hatten zu tiefe Schlucke aus dem Kelch der Bitterkeit genommen, als dass sie den Geschmack jemals hätten vergessen können, und fanden ihre Erlösung in der Tiefe eines zweischichtigen Universums. Jeder von ihnen hat etwas für sich gewonnen, das der Kante ihrer Traurigkeit die Schärfe genommen hat; und doch blieb die Traurigkeit als kleiner Bestandteil im Kern des Glaubens, durch den sie überwunden wurde.

Anders gesagt: Bunyans und Tolstois Überwindung der Melancholie mündet nicht in Integration, sondern in einem gespaltenen Selbst. Die Melancholie muss zwar überwunden werden, aber um den Wahrheitskern der Melancholie zu bewahren, muss die Melancholie auf gewisse Weise in der Person weiterexistieren. So ist es auch um James bestellt. Er blieb eine gespaltene Persönlichkeit, die die Spuren der philosophischen Melancholie in sich bewahrte. Nur so, denke ich, wird man ein guter Philosoph. Die Philosophie selbst ist ein mit Spannung behaftetes Unternehmen und nur eine gespaltene philosophische Persönlichkeit kann dieser Spannung gerecht werden. Auch deswegen mache ich James zu meinem philosophischen Vater.

Wenn aber Tolstoi unter philosophischer Melancholie litt und mit seiner Melancholie als zweitem Selbst lebte, warum mache ich *James* und nicht etwa ihn zu meinem philosophischen Vater? Um deutlich zu machen, warum ich James als Vater wähle, muss die Art *seiner* Krise präzise bestimmt werden: Was führt zu seiner Krise? Worin besteht genau die philosophische Melancholie von James? Ebenso wichtig ist zu klären, worin James' Lösung seiner Krise und Melancholie besteht und wie sie sich von anderen Lösungen unterscheidet. Meine Identifikation mit James beruht sowohl auf der Art seiner Krise als auch auf seiner speziellen Lösung. Dieses Thema werde ich später eingehend erörtern. Zur vorläufigen Verdeutlichung meiner Orientierung an James an dieser Stelle nur ein kurzer zusätzlicher Vergleich mit Nietzsches Äußerungen zu Schopenhauer als Erzieher.

Nietzsche schreibt über die Gefahren, »in deren Schatten Schopenhauer heranwuchs«, und nennt die zweite Gefahr »Verzweiflung an der Wahrheit«. Er schreibt weiter: »Diese Gefahr begleitet jeden Denker, welcher von der Kantischen Philosophie aus seinen Weg nimmt, vorausgesetzt, dass er ein kräftiger und ganzer Mensch in Leiden und Begehren sei und nicht nur eine klappernde Denk- und Rechenmaschine.« Um diese Gedanken zu erläutern, zitiert Nietzsche Heinrich von Kleists Beschreibung seiner Krise – einer Krise, die in der heutigen Forschung als Kleists »Kant-Krise« bezeichnet wird:

> Wir können nicht entscheiden, ob das, was wir Wahrheit nennen, wahrhaft Wahrheit ist oder ob es uns nur so scheint. Ist's das Letztere, so ist die Wahrheit, die wir hier sammeln, nach dem Tode nichts mehr, und alles Bestreben, ein Eigentum zu erwerben, das uns auch noch in das Grab folgt, ist vergeblich. – Wenn die Spitze dieses Gedankens dein Herz nicht trifft, so lächle nicht über einen andern, der sich tief in seinem heiligsten Innern davon verwundet fühlt. Mein einziges, mein höchstes Ziel ist gesunken und ich habe keines mehr.

Die Krise von Kleist ist in einer Hinsicht allgemeiner als James' Krise. James geht von bestimmten Fragen aus, die das Leben selbst ihm aufdrängt. Im Leben kann man nicht umhin zu fragen, ob das eigene Tun einen anderen Sinn hat, als nur Bewegungen eines Körpers zu sein. Wenn man danach fragt, entstehen verschiedene konkrete Fragen. Wenn ich etwas tue, sind meine Handlungen frei? Können meine Handlungen einen solchen Sinn haben, dass man von einem sinnvollen oder wertvollen Leben sprechen kann? Können sie einen solchen Sinn haben, dass man von objektiv richtigen und falschen Handlungen sprechen kann? Mit solchen Fragen sieht der junge James sich in seinem Leben konfrontiert. Die Quellen seiner Krise sind wie bei Tolstoi und Mill bestimmte philosophische Lebensfragen. Andererseits ist der Grund für die Krise allgemein. Das Problem ist, dass er die Philosophie nicht in der Lage sieht, eine verbindliche Antwort auf solche Fragen zu geben. In dieser Hinsicht ist die Krise allgemeiner Natur, aber anders als bei

Kleist. Bei Letzterem geht es allgemein um das Problem, sich der Wahrheit gewiss zu sein, egal in welcher Frage.

Man könnte James' Krise als Verzweiflung an der Philosophie oder der Vernunft bezeichnen. Man philosophiert, wenn man versucht, die eigenen Handlungen und deren Sinn zu verstehen. Dabei weckt die Philosophie die Hoffnung, die Fragen, die sie selbst aufwirft, lösen zu können. Wenn sie die Fragen nicht beantworten kann, muss man an der Vernunft selbst zweifeln. Das macht James' Krise so tiefgreifend: Das Vermögen, das am Werke ist, wenn wir diese Fragen stellen, kann die eigenen Fragen nicht lösen. James' Lösung ist radikal und unterscheidet ihn von anderen wichtigen Denkern. Wir müssen das Vermögen neu denken. Das Vermögen, mittels dessen wir die Fragen stellen, ist kein rein theoretisches Vermögen. Die Fragen entstehen für den ganzen Menschen und nur so können sie auch gelöst werden. Mit anderen Worten: Philosophische Fragen können nur auf der Grundlage von Emotionen oder Empfindungen beantwortet werden. Anders als Kant geht es James nicht darum, der Vernunft Grenzen zu ziehen. Nein, die Vernunft muss anders verstanden werden. Dann kann der Mensch als vernünftiges Wesen die Probleme tatsächlich lösen. Aber ich habe bereits zu viel und doch zu wenig gesagt. Es ist die Aufgabe dieses Buchs, eine Konzeption der Philosophie vorzulegen, die an James' Lösung anschließt.

Lieber Bill,

du hast sicherlich gemerkt, dass ich das ganze erste Kapitel in der ersten Person *Singular* geschrieben habe. In meiner Begeisterung ist es mir selbst leider erst mittendrin aufgefallen und ich wollte den Schreibfluss nicht unterbrechen. Über James zu schreiben, ist für mich eine solch persönliche Angelegenheit, dass ich einen fast unwiderstehlichen Drang verspüre, in der »Ichform« zu schreiben. Ich denke stets, dass die Sache *mich* direkt angeht und muss mich dementsprechend ausdrücken. Als Koautoren sollten wir aber wahrscheinlich am besten in der ersten Person *Plural* schreiben. Da unser Text sowieso am Ende revidiert und auf Konsistenz geprüft werden muss, lasse ich den Text vorübergehend so stehen und nehme mir vor, von nun an in der »Wirform« zu schreiben.

Übrigens: Wenn es deinem Knie nicht gut geht, willst du nicht einfach im Wald spazieren gehen? Ich bin vom Joggen sowieso nicht so überzeugt. Kannst du dabei überhaupt denken? Oder du nimmst Frau und Kinder (denen es allen hoffentlich gut geht) mit. Bitte grüße sie herzlich von mir. Von meiner Kameradin kann ich leider nur ein »Wuff« ausrichten …

Viele liebe Grüße,

dein

Wilhelm

———— * ————

Lieber Wilhelm,

vielen Dank. Bei der Lektüre wurde mir klar, dass wir uns nicht auf die Form der Referenzen geeinigt hatten. Du hast sie manchmal ganz weggelassen und in anderen Fällen unvollständig angegeben, sicher weil es sich um die erste Version handelt. Um uns Arbeit zu ersparen, würdest du bitte die Referenzen immer gleich anführen? Ist »Chicago Style« in Ordnung (nicht das »author-date system«)? Im Fall von deinem Wittgenstein-Zitat wäre die Endnotenreferenz also M. O'C. Drury, »Conversations with Wittgenstein«, in Ludwig Wittgenstein, *Personal Recollections*, ed. Rush Rhees (Oxford: Blackwell, 1981), 121. Aber du hast sicher das *Chicago Manual of Style*.

Ich finde es schwierig, dass du aus *Pragmatism* und *The Varieties* zitierst, obwohl wir vereinbart hatten, dass es in unserem Buch um den »jungen James« gehen und *The Will to Believe* die letzte Publikation sein sollte, die wir berücksichtigen. Ich bitte dich ausdrücklich darum, ab jetzt keine

Schriften nach *The Will to Believe* zu zitieren oder auf sie als Quelle hinzuweisen!

Es geht uns doch um den jungen James. Es ist zwar gar nicht so einfach festzulegen, bis wann James als jung gelten sollte. Endet die Jugend von James mit dem Tod seiner Cousine im Jahr 1870? Wie du weißt, schreibt Henry James im allerletzten Satz von *Notes of a Son and Brother* über sich und seinen Bruder William zu diesem tragischen Tod: »Wir haben ihn gemeinsam als das Ende unserer Jugend empfunden.« (H. James, *Notes*, 479). Oder endet sie mit der »Krisennotiz«, die kurz nach Minny Temples Hinscheiden geschrieben wurde (also auch 1870) und vielleicht den ersten Schritt zur Bewältigung seiner Krise markiert? Oder soll James erst nach weiteren Schritten in der Krisenbewältigung nicht mehr als jung gelten: seiner Erstanstellung an der Harvard University (1873) oder der Heirat mit Alice (1878)? Oder ist James noch jung, bis er 1890 sein erstes großes Werk, *The Principles*, veröffentlicht? Wir haben uns für den einzig sauberen Schnitt entschieden: die Fertigstellung von *The Will to Believe* (1896). James ist zwar zu diesem Zeitpunkt bereits 54 Jahre alt, aber in *The Will to Believe* sind die Texte versammelt, die er in seinen jungen Jahren geschrieben hat. Diese Texte behandeln außerdem Themen, die Teil seiner Krise in den 1860ern und 1870ern waren. Nach der Veröffentlichung von *The Principles* greift er dann – auch krisenhaft – diese Themen wieder auf, um einige Vorträge zu schreiben, die in *The Will to Believe* veröffentlicht werden. Er ist also in den 1890ern noch intensiv und in ähnlichem Tenor mit diesen Themen beschäftigt. Maßgeblich ist aber, dass es uns im Kern um den James der philosophischen Lebenskrise geht. Dieser James ist »jung«, egal wie alt er ist. Sein Jungsein besteht darin, dass er energisch im Schreiben gegen die eigene Krise kämpft. Aber man muss irgendeinen Endpunkt setzen und die Fertigstellung von *The Will to Believe* ist der sauberste Schnitt. (Man könnte natürlich auch seinen Herzschaden im Jahr 1899 als Zäsur gelten lassen, aber diese Festsetzung wäre vom Standpunkt der Texte nicht eindeutig genug.)

Aufgrund dieser Definition von James' Jungsein, ist es vielleicht trotz allem in Ordnung, dass du aus der ersten Vorlesung von *Pragmatism* und aus *The Varieties* zitiert hast. Wir sind uns doch einig, dass wir nicht über den Pragmatisten James schreiben wollen. Der Pragmatismus ist nur eine von mehreren Richtungen, in die er sein junges Denken hätte entwickeln können. Und man könnte sagen, dass die erste Vorlesung von *Pragmatism* noch den jungen James repräsentiert. In den restlichen Vorlesungen von *Pragmatism* legt er den Pragmatismus als Antwort auf die Problemlage vor, die er in der ersten Vorlesung skizziert.

Mit *The Varieties* verhält es sich ein wenig anders. Ich denke, man könnte deine Vorgehensweise so begründen, dass du dieses Buch nicht als Quelle für James' Position verwendest, sondern als ein quasi-autobiografisches Dokument. Er berichtet hier über seine Melancholie und darüber, wie er meint, selbst durch die teilweise erfolgreiche Überwindung seiner Melancholie zu tieferen Einsichten gekommen zu sein.

Trotz dieser Einschränkungen bitte ich dich eindringlich davon abzusehen, dich noch einmal auf spätere Quellen als *The Will to Believe* zu beziehen. Wir müssen einfach sauber vorgehen.

Dies bringt mich zu einer weiteren kritischen Anmerkung. Mir ist aufgefallen, dass du keine klare Unterscheidung zwischen deiner eigenen Meinung und dem Ansatz von James machst. Du zitierst James, um dann unmittelbar und ausschließlich von deinen eigenen Ansichten zu sprechen. Wir sind uns natürlich einig, dass wir ein Buch schreiben wollen, das James nicht nur interpretiert, sondern einen philosophischen Ansatz entwickelt, der von James ausgeht. Dazu gehört aber meines Erachtens eine strikte Trennung der beiden Unternehmen. Wir müssen glasklar machen, wann wir James rein philologisch interpretieren und wann wir über ihn hinausgehen, um eigene Ansätze zu vertreten. Diese Trennung sucht man in deinem Text vergebens.

Ein zusätzlicher Punkt betrifft deine »Argumentationsweise«. Wir beide mögen James' Stil. Wir lieben und verehren ihn. Aber müssen wir nicht zugeben, dass er oft nicht klar genug argumentiert? Ich finde, du hast dich diesbezüglich von James zu sehr anstecken lassen. Wir wollen, denke ich, die Inhalte von James' Theorie in philologisch klarer Sprache wiedergeben und seine Gedanken mit maximaler Klarheit in den Kontext der gegenwärtigen analytischen Philosophie übersetzen, damit seine Relevanz auch klar wird. Nicht wahr?

Wir hatten uns bei den Gesprächen in Cambridge und Concord grob auf eine Richtung für das Buch geeinigt. Ich halte es aber für ratsam, jetzt einen klaren Plan schriftlich festzuhalten. Wie du in meinem Entwurf zu Kapitel 2 siehst, schlage ich vor, das Buch in zwei Teile zu gliedern. Hier eine Übersicht, die ich in Kapitel 2 näher erläutere:

Prolog

Teil I

Kapitel 1: Der Philosoph als Mensch

Kapitel 2: Thema, Thesen, Methode

Kapitel 3: Philosophische Fragen und Lebensfragen

Kapitel 4: Intellekt und Emotion

Kapitel 5: Die Begründung philosophischer Systeme

Teil II

Kapitel 6: Willensfreiheit

Kapitel 7: Moralität

Kapitel 8: Der Sinn des Lebens

Kapitel 9: Religion

Hast du Einwände? Trotz meiner kritischen Anmerkungen schlage ich vor, dass wir versuchen, unser Buch in der ersten Runde im »Ping-Pong-Verfahren« zu schreiben. Du würdest also Kapitel 3 schreiben, ich Kapitel 4 und wir können dann sehen, wer welches Kapitel in welcher Reihenfolge schreibt. Jeder von uns hat natürlich das Recht, Einwände zu erheben, wenn er mit etwas nicht einverstanden ist. Diese könnten wir dann in der zweiten Schreibrunde berücksichtigen. Einverstanden?

Ich bitte dich also, klarer zu argumentieren und deine bzw. unsere Position deutlicher von James abzugrenzen. (*Ich* weiß, was du meinst, aber unsere Leser sollten es auch erfahren dürfen!) Im Anhang mein erster Entwurf von Kapitel 2, das an dein erstes Kapitel anschließt. In diesem Kapitel trenne ich James klar von uns und gehe argumentativ auf Einwände ein. Kapitel 1 und 2 müssten dann mehr oder weniger als Einheit fungieren können, obwohl wir manche Unsauberkeit in der Revisionsrunde beseitigen müssen. Ich wäre aber in den restlichen Kapiteln ungern alleine für Klarheit, Sauberkeit und Diskussion von Einwänden zuständig.

Zum Schluss etwas zu deiner Gesundheit: Mit Schwindel muss man nicht leben! Es gibt Übungen und Medikamente. Schau doch mal im Internet nach oder geh zum Arzt. Aber vielleicht musst du einfach laufen! Es gibt nichts Schöneres als einen klaren Kopf, wie man ihn nach einer Stunde Joggen hat! Du magst deinen »Schleier« mögen, aber den wirst du freiwillig ablegen, nachdem du mit dieser Klarheit Bekanntschaft gemacht hast. (Das kannst du auch im Wald machen, wenn du unbedingt willst.)

Von jedem Mitglied meiner Familie ein herzliches »Wuff« zurück!

Yours,

Bill

KAPITEL 2

Thema, Thesen, Methode

Um das Bisherige zu erläutern und das Vorhaben unseres Buchs klarzumachen, wollen wir in diesem Kapitel auf das Thema, die Thesen und die Methode des Buchs systematisch eingehen (§ 2.1) und auf einige Einwände gegen die Thesen aus Kapitel 1 antworten (§ 2.2).

2.1 Worum geht es in diesem Buch?

Wir müssen einen Schritt zurückmachen. Worum geht es eigentlich in diesem Buch? Wir wollen darin zwei Ziele verfolgen: Erstens wollen wir ausgehend von James eine bestimmte philosophische Position verteidigen. Zweitens wollen wir eine bestimmte Interpretation von James präsentieren. Unsere erste methodische Regel lautet, streng zwischen diesen zwei Zielen zu unterscheiden: unser Projekt ist sowohl *philosophisch* als auch *philologisch*. Die strikte Trennung der beiden Anliegen wird im Buch dadurch aufrecht erhalten, dass wir an den relevanten Stellen signalisieren werden, ob es sich um unsere Interpretation von James oder um unsere eigene philosophische Position handelt. Wir beginnen mit einer Erläuterung des philologischen Anliegens.

Die Interpretation von James ist sowohl *thematisch* als auch *zeitlich* eingegrenzt. Grob gesprochen, geht es uns um bestimmte Positionen des *frühen* James. Die hier relevante Schaffensphase von James kann grob in drei Abschnitte unterteilt werden. Vom Beginn seiner intellektuellen Reife bis 1878 findet James' schriftliche Auseinandersetzung mit diversen Themen vor allem in persönlichen Notizen, Briefen, Rezensionen und anderen kurzen Publikationen statt. Diese Periode kann man die »Krisenphase« nennen. Diese Bezeichnung ist ein wenig irreführend, da James währenddessen zwar schwere Zeiten durchlebte, aber seine schwerste Krise fällt eher in die späten 1860er und frühen 1870er Jahre. Trotzdem möchten wir an dieser Bezeichnung festhalten, um auf die bereits angesprochene Verbindung zwischen James' Philosophie und seinem Leben hinzuweisen. Obwohl James nicht immer in einer akuten Krise war, dient seine Beschäftigung mit der Philosophie immer der Lebensführung.

Dies ändert sich zwar nicht, aber in den folgenden Jahren findet seine Beschäftigung mit den relevanten Themen zunehmend in systematischen Aufsätzen statt. Wir bezeichnen die Zeit zwischen 1878 und 1884 als »Kreativphase«, da James in dieser Zeit viele bahnbrechende systematische Texte veröffentlicht. (Aufgrund seiner Vorarbeiten ist der Übergang aber fließend.) Wir setzen 1884 als Endpunkt dieser Periode, da im September dieses Jahres »The Dilemma of Determinism« erscheint. Aus unserer Sicht sind mit der Veröffentlichung dieses Artikels die philosophischen Auffassungen von James, um die es im vorliegenden Buch geht, im Wesentlichen formuliert worden. James ist zu diesem Zeitpunkt 42 Jahre alt. Danach entwickelt er natürlich Theorien zu anderen Themen, aber zu den Themen, um die es hier geht, ändert sich seine Position bis zur Fertigstellung der Aufsatzsammlung *The Will to Believe* im Jahr 1896 nicht wesentlich.

In dieser Sammlung werden u. a. die Vorträge »The Will to Believe« (1896) und »Is Life Worth Living?« (1895) aufgenommen. Wenn man sich mit den hier diskutierten Ansätzen von James beschäftigt, muss man sich auf diese wichtigen Texte beziehen können. Da diese und andere Beiträge aus der Zeit von 1884 bis 1896 die Auffassung von James, die bereits 1884 fertig war, nicht wesentlich ändern, nennen wir diese Phase »die Nachbearbeitungsphase«. Wenn wir sagen, dass wir uns auf den jungen James konzentrieren, meinen wir eigentlich James bis zu seinem 42sten Lebensjahr (1884). Da diverse Beiträge aus der Nachbearbeitungsphase interessante Details zu James' grundlegender Position hinzufügen, wollen wir nicht auf die Verwendung dieser Quellen verzichten. Die Frage, ob James 1896, also als 54-Jähriger, noch als »jung« gelten kann, wollen wir beiseite lassen. Wir möchten betonen, dass wir im vorliegenden Buch kein Werk von James, das nach der Fertigstellung von *The Will to Believe* verfasst wurde, als Quelle verwenden werden. Auf diese Einschränkung werden wir gleich wieder zu sprechen kommen.

Man kann nur dann mit Recht behaupten, dass die Auffassungen von James, die er noch 1896 vertritt, im Jahr 1884 bereits im Wesentlichen formuliert waren, wenn man sich auf bestimmte Themen von James beschränkt. Um welche handelt es sich? In einem Brief an seinen Freund Thomas Wren Ward im März 1869 beschreibt James, welche Themen ihn gerade beschäftigen:

> Ich bin versumpft in empirischer Philosophie – ich spüre, dass wir durch und durch Natur sind, dass wir *gänzlich* bedingt sind, dass keine Regung unseres Willens geschieht außer als Ergebnis physikalischer Gesetze und dass wir den-

> noch in Verbindung mit der Vernunft stehen. – Wie soll man das verstehen? wer weiß? [...] Es ist nicht so, dass wir ganz und gar Natur sind *bis auf* einen Punkt, die Vernunft, sondern es ist alles Natur *und* ebenso alles Vernunft. Wir werden sehen, verdammt noch mal, wir werden sehen.[1]

James ist zu diesem Zeitpunkt offenbar intensiv mit Themen beschäftigt, zu denen er keine eindeutige Position hat. Wir können uns diesen Themen anhand von folgendem Beispiel nähern: Eine Person, nennen wir sie »Paula«, hat gerade eine gute Tat vollzogen. Es war für Paula nicht selbstverständlich, diese Tat zu vollziehen, da es Verlockungen gab, die – hätte sie ihnen nachgegeben – ihr Verhalten moralisch verwerflich gemacht hätten. Paula freut sich, dass sie so gehandelt hat. Sie denkt, sie hätte anders handeln können, und ist über ihre moralische Willensstärke froh. Paula glaubt, dass es eine objektiv gültige Moral gibt, an die man sich zu halten hat. Es erfüllt ihr Leben außerdem mit Sinn, dass sie sich – jedenfalls weitgehend – daran hält. Diesen Sinn schöpft Paula außerdem aus ihrem religiösen Glauben. Sie glaubt daran, dass sie mit ihrem Leben einen göttlichen Zweck erfüllt.

Wenn man den Gedanken, »dass wir durch und durch Natur sind« – den Gedanken, der James 1869 beschäftigt hat – in einem bestimmten Sinne versteht und akzeptiert, muss man Paulas Meinungen auf der ganzen Linie für einen Irrtum halten. Nach dieser »naturalistischen« Interpretation ist Paulas Tat nichts anderes als ein Vorgang in der Natur. Dies hat – nach diesem naturalistischen Weltbild – diverse Konsequenzen. Vorgänge in der Natur sind determiniert. Es stand also bereits vor Paulas Handlung fest, dass sie sich dafür entscheiden würde. Vorgänge in der Natur haben außerdem keinen Wert. Dies bedeutet, dass entgegen Paulas Überzeugung die Rede von objektiver Gültigkeit der Moral sinnlos ist. Was in der Natur passiert, passiert einfach. Keine Handlung, die Paula vollzieht, ist wertvoller als eine andere. Gleiches gilt für den Sinn, den Paula empfindet, und den religiösen Plan, an den sie glaubt. Nach diesem Weltbild sind Paulas Empfindungen und Überzeugungen zwar echt, aber ihnen entspricht nichts in der Welt. Es gibt keinen objektiven Sinn der Ereignisse und keinen göttlichen Plan.

Mit diesem naturalistischen Weltbild wird also Position zu vier wichtigen philosophischen Themen bezogen, die man stichwortartig wie folgt formulieren könnte: 1. Sind menschliche Handlungen determiniert? Sind sie frei? 2. Haben moralische Forderungen und Regeln objektive Gültigkeit? 3. Hat das menschliche Leben einen Sinn? 4. Gibt es religiöse Wahrheiten? James' Antworten auf diese Fragen werden schließlich alle eindeutig von diesem naturalistischen Weltbild divergieren. Zu seinen Antworten werden wir erst in späteren Kapiteln kommen.

Dies sind also vier Themen, die James in seiner Krisenphase beschäftigt haben. Wir haben sie in den Kontext von James' Nachdenken über die Zugehörigkeit des Menschen zur Natur gesetzt, um klarzumachen, dass es sich hier nicht um vier unabhängige Themen handelt und dass seine Beschäftigung mit diesen Fragen sich immer in Auseinandersetzung mit dem naturalistischen Weltbild vollzogen hat. Das Nachdenken über diese vier Themen ist gleichzeitig ein Nachdenken über den Platz des Menschen in der Natur. Kann man den Platz des Menschen in der Natur so denken, dass seine Handlungen nicht determiniert sind, dass die Handlungen objektive moralische Gültigkeit und objektiven Sinn haben und außerdem tatsächlich einen göttlichen Plan erfüllen? Im oben zitierten Brief an Ward war die Verbindung der Zugehörigkeit zur Natur mit dem Thema der Determiniertheit am deutlichsten. Im folgenden Zitat aus einer Rezension von James (1875) kommt die Verbindung mit den drei anderen Themen zum Ausdruck:

> Aber die Behauptung, dass die physikalische Welt *auch* moralische Bedeutung und einen moralischen Plan hat, ist eine Behauptung, die kein Argument, das sich ausschließlich auf physikalische Wahrheit stützt, begründen oder in Abrede stellen könnte. Trotzdem ist es eine Behauptung, die entweder wahr oder nicht wahr ist und die, wenn sie wahr ist, aufgrund der Natur der Sache dazu bestimmt sein mag, von uns ausschließlich jene innerliche, freie, moralische Einwilligung, oder vielmehr Zustimmung, zu verlangen, in welcher die subjektive Methode besteht.[2]

Mit der Formulierung »moralische Bedeutung« wird auf die Fragen objektiver moralischer Gültigkeit und des objektiven Sinns hingewiesen, während mit »moralischer Plan« der religiöse Zweck angesprochen wird. James sagt in aller Klarheit, dass es entweder wahr oder nicht wahr ist, dass die physikalische Welt »eine moralische Bedeutung und einen moralischen Plan hat«. Die Frage, die er gleichzeitig aufwirft, besteht darin, wie man entscheiden kann, was tatsächlich wahr ist. Dies ist zusätzlich zu den vier konkreten Fragen ein Thema, das für James von maßgeblicher Bedeutung war. Man könnte es als »Metathema« bezeichnen, da es verhandelt, wie man die ersten vier Fragen überhaupt beantworten kann. Aus unserer Sicht liegt James' große Bedeutung in seiner Beantwortung dieser »Metafrage«. Darauf werden wir gleich zurückkommen. Wenn im Zitat von »subjektiver Methode« die Rede ist, ist damit seine Antwort auf diese Metafrage gemeint – eine Antwort, die er später ausführlich entwickelt hat.

Der Gegenstand des vorliegenden Buchs sind diese fünf Fragen: die vier Fragen und die Metafrage. Wenn wir sagen, dass James von 1884 bis 1896 seine Meinung im Wesentlichen nicht geändert hat, meinen wir seine Antwort auf die Metafrage, die für uns auch die wichtigste Frage ist. Aber es kommt uns nicht hauptsächlich darauf an, die These der Vollständigkeit seiner Antworten um 1884 zu verteidigen. Durch die Behauptung, seine Thesen seien bereits 1884 vollständig gewesen, wollten wir vor allem plausibel machen, dass unser Fokus auf dem *jungen* James liegt.

Maßgeblich für unser Projekt ist aber, dass wir uns nicht auf Texte von James nach 1896 beziehen. Spätestens 1896 hat James auf die Metafrage eine hochinteressante Antwort entwickelt. Nach James gibt es auf die vier Fragen objektiv richtige Antworten. Der Wille ist entweder frei oder nicht frei; die Moralität hat entweder objektive Gültigkeit oder sie hat sie nicht usw. Seine geniale Antwort auf die Metafrage besteht darin, dass *emotionale Gründe* darüber entscheiden, welche Antworten auf diese vier Fragen objektiv richtig sind. Unserer Meinung nach ist die Antwort unabhängig von vielen Ansätzen, die James später entwickelt hat, z. B. von der pragmatischen Wahrheitstheorie, von der ontologischen Idee eines pluralistischen Universums und von der Idee mystischer Einsichten. Deshalb ist es wichtig, diese Antwort von Ideen rein zu halten, die James später entwickelt hat. Außerdem lässt James' Antwort auf die Metafrage, die spätestens 1896 vorliegt, viele Fragen offen. Diesen Fragen wollen wir in unserem eigenen philosophischen Ansatz nachgehen. Aber wir werden Antworten entwickeln, die von wesentlichen Aspekten von James' Philosophie nach 1896 abweichen, obwohl sie, wenn wir Recht haben, mit seiner Philosophie bis 1896 vereinbar sind. Wir wollen James nicht nur interpretieren und Anerkennung zollen, sondern auch kritisch über ihn hinausgehen. Das Buch soll ein Essay »für und gegen William James« sein.

Viele Interpreten, die sich mit James' Frühwerk beschäftigen, zitieren zur Unterstützung ihrer relevanten Auslegungen durchaus aus dem Spätwerk. Warum verhängen wir ein Zitationsverbot? Der Grund ist: Wir wollen sauber vorgehen. Welchen Zweck könnte es haben, aus der Zeit nach 1896 zu zitieren? Erstens könnte es den Zweck haben, Ansichten, die James bereits vor 1896 hatte, im späteren Werk wiederzufinden, vielleicht in einer reiferen Form. Man könnte diese Zitate heranziehen, um die früheren Meinungen zu erläutern oder die Interpretation der früheren Schriften zu untermauern. Da wir aber der Auffassung sind, dass viele der Ansätze von James nach 1896 mit den früheren Ansätzen nicht vereinbar sind, wollen wir ganz darauf verzichten, die Passagen zu zitieren, die anscheinend zu der Zeit vor 1896 gut passen. Es lässt sich nicht vermeiden, diese Passagen im Lichte des Frühwerks (= bis 1896) zu lesen. Deshalb kann man sich von den späteren Passagen keine neutrale Bestätigung oder Erläuterung des Frühwerks erhoffen. Die einzig saubere philosophische Praxis besteht deshalb darin, gänzlich auf Zitate aus dem Spätwerk (= nach 1896) zu verzichten. Zweitens könnte man im Spätwerk explizite Interpretationen von James zu seinem Frühwerk suchen. Da wir der Meinung sind, dass Autoren kein interpretatorisches Privileg bezüglich der eigenen früheren Auffassungen haben, verzichten wir darauf lieber ebenfalls.

Man könnte jetzt einwenden, dass diese Vorgehensweise nur den Zweck hat, Einwände gegen unsere Interpretation auszublenden. Schließlich findet man im Frühwerk einige Formulierungen, die sich als erste Entwicklungen der Gedanken des Spätwerks verstehen lassen. Wenn man gänzlich auf Zitate aus dem Spätwerk verzichtet, können diese Formulierungen aus dem Frühwerk nicht mehr im Lichte des Spätwerks gelesen werden. Dadurch ist es nicht mehr möglich, auf der Grundlage dieser frühen Formulierungen unsere Behauptung zu kritisieren, dass James um 1896 auf unsere Fragen Antworten hatte, die von der späteren Theorie unabhängig sind. Dass es solche Formulierungen gibt, wollen wir nicht leugnen. Aber wir sind der Auffassung, dass die Entwicklung, die James nach 1896 eingeschlagen hat, nicht zwingend war. Er hätte seine Theorie nach 1896 in eine andere Richtung entwickeln können und diese Entwicklung wäre genauso vereinbar mit seinen Äußerungen bis 1896 gewesen. Wir selbst wollen eine philosophische Weiterentwicklung von James' Gedanken verteidigen, die seiner eigenen Entwicklung nach 1896 nicht entspricht. Natürlich müssten wir diese interpretatorischen Thesen ausführlich untermauern. Aber in dem Fall würden wir ein anderes Buch schreiben, als wir es schreiben wollen. Bezüglich des Verhältnisses von Frühwerk und Spätwerk muss es bei diesen Behauptungen bleiben.

Das Thema des vorliegenden Buchs sind, wie gesagt, die vier Fragen und die dazu gehörige Metafrage. Das ist aber nicht ganz richtig. Das Buch hat zwei Teile. Nur der zweite Teil widmet sich ausschließlich diesen Fragen. Das Thema des gesamten Buchs ist allgemeiner: Das Buch ist eine Philosophie der Philosophie.[3] Es soll Fragen beantworten wie: Worum geht es in der Philosophie? Was ist gute Philosophie? Worin bestehen philosophische Gründe? Eine Hauptthese des Buchs lautet: Die Gründe, die über die Richtigkeit und Falschheit philosophischer Theorien entscheiden, sind nicht rein theoretisch, sondern praktisch bzw. emotional oder empfindungsbezogen. Diese Hauptthese ist in dieser Form natürlich erläuterungsbedürftig. Was heißt »theoretisch«? Außerdem haben wir die Hauptthese an dieser Stelle bewusst offen formuliert, indem wir von praktischen Gründen, Emotions- oder Empfindungsgründen sprechen. Diese Themen werden in Kapitel 4 und 5 des ersten Teils bearbeitet. Im vierten Kapitel werden die zentralen Begrifflichkeiten wie *Empfindung*, *Empfindsamkeit*, *Emotion*, *Theorie*, *praktische* und *theoretische Gründe* untersucht werden. Vor diesem Hintergrund werden in Kapitel 5 diese Hauptthese und die dazu gehörige Philosophie der Philosophie erläutert und verteidigt. Im zweiten Teil wird dann konkret auf die vier Themen eingegangen: Willensfreiheit, Objektivität der Moral, Sinn des Lebens und Wahrheit der Religion (Kapitel 6–9). Für all diese Themen soll diskutiert werden, inwiefern die Antwort auf die jeweilige Frage von praktischen bzw. emotionalen Gründen abhängt. In jedem dieser Kapitel wird die philologische Interpretation von James streng von unseren eigenen philosophischen Positionen klar getrennt sein.

Im nächsten Kapitel – Kapitel 3 – wollen wir rein philologisch vorgehen, indem wir eine erste Annäherung an James' Auffassung von der Begründung philosophischer Theorien sowie von der Verbindung zwischen Lebensfragen und philosophischen Fragen präsentieren. Zunächst müssen wir aber einige mögliche Einwände gegen unsere Überlegungen in diesem und dem vorangegangenen Kapitel ausräumen.

2.2 Einwände und Antworten

Einwand 1: Im Buch soll es um vier Themen gehen, die grob gesprochen alle Sinnfragen verhandeln. Gleichzeitig wird behauptet, dass in diesem Buch eine Philosophie der Philosophie präsentiert wird. Außerdem wird die These vertreten, dass die Richtigkeit philosophischer Antworten von emotionalen Gründen abhängt. Es gibt aber offensichtlich philosophische Fragen, bei denen die Richtigkeit der Antwort nicht von emotionalen Gründen abhängen kann. Dies gilt z. B. für die Philosophie der Mathematik oder die philosophische Logik.

Antwort: Es gibt offensichtlich Fragen, deren Antwort von Emotionen oder praktischen Gründen unabhängig ist. Dies gilt z. B. für viele Fragen des Alltags oder für wissenschaftliche Fragen der Biologie oder Chemie. Da wir hier keine Grenze zwischen Philosophie und anderen Untersuchungsformen ziehen wollen, wollen wir nicht ausschließen, dass dies auch für manche Fragen der Philosophie gilt. Uns ist es lediglich wichtig zu zeigen, dass die Richtigkeit der Antwort auf einige zentrale Fragen der Philosophie von emotionalen oder praktischen Gründen abhängt. Dass dies so ist, hat mit dem Inhalt dieser Fragen zu tun. Wir wollen den Inhalt der Philosophie in diesem Werk aber nicht willkürlich so definieren, dass die Antwort auf *alle* philosophischen Fragen von solchen Gründen abhängt.

Einwand 2: Weiter wird im Buch die These vertreten, dass man ein »wahrer Mensch« werden muss, um ein guter Philosoph zu werden. Diese zweite These ist aber absurd. Selbst wenn die Richtigkeit philosophischer Theorien von emotionalen Gründen abhängig sein sollte, werden diese Gründe allgemeiner Art sein. In der Philosophie geht es also ausschließlich um die Beurteilung und Produktion von allgemeinen Wahrheiten. Dies hat mit »wahrem Menschsein« – was auch immer das heißen soll – nichts zu tun.

Antwort: Es geht in der Philosophie natürlich um allgemeine Wahrheiten. Aber um philosophische Ansätze beurteilen zu können, reicht es nicht aus, sich allgemeine Regeln anzueignen. Die Philosophie gleicht in dieser Hinsicht der Moralität. Um beurteilen zu können, ob eine moralische Frage so oder so beantwortet werden soll, reichen keine allgemeinen Regeln. M. a. W.: Der vollkommen tugendhafte Mensch wird die richtigen Antworten auf moralische Fragen kennen, aber seine vollkommene Tugend kann nicht auf eine Liste von Regeln reduziert werden.[4] Der »wahre Mensch« – wie wir ihn nach Wittgenstein genannt haben – spielt für die Philosophie die Rolle, die der vollkommen tugendhafte Mensch für die Moralität spielt. Man muss ein wahrer Mensch werden, um die allgemeinen philosophischen Wahrheiten zu erkennen. Dabei unterscheidet der wahre Mensch sich vom tugendhaften Menschen nicht nur im Thema – in der Philosophie geht es nicht um Moralität – sondern auch in der Art seiner Fähigkeiten. In der Philosophie spielt Kreativität eine andere und größere Rolle als in der Moralität.

Einwand 3: Man muss streng zwischen einem Menschen und seinem philosophischen System unterscheiden. Viele Menschen, die persönlich langweilig und uninteressant waren, haben faszinierende philosophische Systeme entwickelt. Man könnte darüber streiten, ob einer der wichtigsten Denker in der Geschichte der Philosophie, Immanuel Kant, als Person langweilig oder interessant war. Diese Frage hat aber offensichtlich gar nichts mit der Bedeutung von Kants philosophischem System zu tun. Deshalb kann es nicht sein, dass der Wert einer philosophischen Theorie davon abhängt, ob deren Autor ein »wahrer Mensch« ist oder nicht.

Antwort: Es ist selbstverständlich durchaus möglich, dass man keinen Nachmittag mit einem großen Philosophen verbringen möchte, wenn man sich schnell langweilt. Aber uns geht es nicht um den Philosophen als Privatperson. Außerdem haben wir bereits zugegeben, dass viele Vorteile eines philosophischen Systems handwerklicher Natur sind. Ein handwerklich perfektes philosophisches System kann tatsächlich durchaus interessant sein. Wenn das System aber nur Handwerk ist, fehlt etwas. Der Mensch muss selbst im System aufgehen. Es muss ihn ausdrücken. Aber daraus wird nur ein gutes philosophisches System, wenn es sich um einen »wahren Menschen« handelt. Dafür muss er als Privatperson aber nicht interessant sein. Wenn das System ihn zum Ausdruck bringt und wenn er ein »wahrer Mensch« ist, dann sind er und das System interessant, selbst wenn er nicht unbedingt als Privatperson unterhaltsam sein sollte.

Einwand 4: Selbst wenn es nicht um den Philosophen als Privatperson geht, ist der Einwand nicht ausgeräumt, dass es bei der Bewertung eines philosophischen Systems ausschließlich um die einzelnen Sätze, die Begründungen für die Sätze und den Wert der Theorie als Ganzes geht. Bei dieser Bewertung spielt der Mensch, der die Theorie entwickelt hat, einfach keine Rolle.

Antwort: Es geht in der Tat um die Evaluation der Sätze, der Argumente und der gesamten Theorie. Die maßgebliche Frage ist aber, wie man diese bewertet. Es zeichnet einen intelligenten Menschen aus, dass er die Sätze, die Argumente und die Theorie schnell begreift. Dieses Begreifen macht ihn aber noch nicht zu einem guten Philosophen. Um ein guter Philosoph zu sein, muss man auch beurteilen können, ob die Sätze wahr sind und die Argumente gut. Dafür braucht man philosophische Sensibilität. Ein Vergleich aus dem Bereich der Moral ist hier wieder hilfreich: Jemand ist moralisch blind, wenn er ganz genau versteht, was er tut, aber nicht versteht, warum es moralisch falsch ist. Genauso ist es in der Philosophie: Jemand ist philosophisch blind, wenn er die Argumente perfekt versteht, aber nicht begreift, dass sie gegen die eigene Theorie sprechen. Dafür braucht man philosophische Sensibilität, die über reine Logik hinausgeht. Philosophische Sensibilität hat man als Mensch, nicht als Technokrat. Als Antwort auf den Einwand müssen diese Behauptungen hier reichen. Es ist das Anliegen des ganzen Buchs zu zeigen, wie über die Richtigkeit philosophischer Theorien entschieden wird.

Einwand 5: Man mag noch akzeptieren, dass ein guter Philosoph ein »wahrer Mensch« sein muss, so romantisierend diese Behauptung auch ist. Aber es ist übertrieben dramatisch und unverantwortlich zu behaupten, dass man eine Krise durchleben muss, um ein guter Philosoph zu werden. Dies macht aus einer strengen und kühlen Wissenschaft wie der Philosophie einen Selbstfindungstrip. Warum sollte jemand, der mit einer perfekten Sensibilität für philosophische Wahrheiten ausgestattet ist, beim Einsatz dieser Sensibilität eine Krise durchleben müssen? Ist es nicht gerade das Zeichen von großen Denkern, dass sie mit ihrer Sensibilität der Wahrheit ins Auge sehen können, ohne dabei psychisch labil zu werden?

Antwort: Wir behaupten nicht, eine Krise sei logisch notwendig, um ein guter Philosoph zu werden. Aber es muss klar sein, warum wir Krisen überhaupt ins Spiel bringen. Die Gründe liegen im Sinn und Zweck der Philosophie und in der Begründung philosophischer Theorien. Philosophie hat u. a. die Aufgabe, eine sinnvolle Lebensführung zu ermöglichen. Zudem werden philosophische Theorien dadurch getestet, dass man nach ihnen lebt. Diese Thesen werden wir im Laufe des Buchs ausführlich erläutern und begründen. Hier ist nur wichtig darauf hinzuweisen, dass jemand, der philosophische Theorien testet, indem er nach ihnen lebt, für Krisen anfällig sein muss. Für ihn werden philosophische Krisen automatisch zu Lebenskrisen, da eine Krise der eigenen Philosophie gleichzeitig eine Krise des eigenen Lebens ist. In der Krise werden also die Schwächen der jeweiligen Philosophie sichtbar.

Einwand 6: Es ist höchst fragwürdig, dass hier immer nur die Rede von einem Vater ist.

Antwort: James ist unsere philosophische Identifikationsfigur. Nur deshalb sprechen wir immer von einem Vater. Unsere Identifikation mit James hat aber mit seinem Geschlecht nichts zu tun. Außerdem muss jeder für sich eine passende Identifikationsfigur finden, die natürlich eine Frau oder eine Person eines anderen Geschlechts oder Genders sein könnte. Darüber hinaus möchten wir betonen, dass es selbstverständlich vom Geschlecht und Gender unabhängig ist, ob jemand ein guter Philosoph ist.

Lieber Bill,

herzlichen Dank für deinen prächtigen Brief und das wunderbare Kapitel! Ich habe in dir bereits meinen Seelenverwandten erkannt. Darf ich erneut pathetisch werden und dich meinen Retter nennen, meinen seelenverwandten Retter? Wo wäre ich mit meinen Ungenauigkeiten und Ausschweifungen ohne deine Hinweise und Korrekturen? Wir werden am Ende in diesem Sinne mein Kapitel 1 überarbeiten.

Wir müssen übrigens irgendwann besprechen, welche Bilder wir in das Buch aufnehmen. In Büchern, in denen es zumindest teilweise um das Leben von James geht, ist es üblich, dass man Fotos aufnimmt. Ich bin dafür, dass wir nur James' Zeichnungen von sich selbst aufnehmen. In unserem Buch geht es ja darum, inwiefern die Philosophie dem Menschen dazu dient, das eigene Verhältnis zur Welt zu fassen. Selbstbildnisse haben eine ähnliche Funktion. Das kann man von Fotos weniger sagen, auch wenn James es durchaus verstanden hat, sich selbst in Szene zu setzen. Was meinst du? Ich schlage konkret vor: das berühmte Selbstbildnis und die Skizze »Sorrow sit«.

Kapitel 3 ist in Bearbeitung. Ich kann es dir nicht zu oft sagen, wie viel Freude es mir bereitet, mit dir gemeinsam an diesem Projekt zu arbeiten.

Mit herzlichen Grüßen aus Deutschland

dein Wilhelm

*

Lieber Bill,

ich wollte schon länger Texte schreiben, in denen meine philosophischen Herzensangelegenheiten zum Ausdruck gebracht werden. Ich habe damit in Kapitel 1 begonnen und nun in Kapitel 3 (Anhang) fortgesetzt. Ich hoffe, dein scharfes Auge findet an meinem Text Gefallen.

Von Herzen grüßt dich

Wilhelm

KAPITEL 3

Krise, Einsicht und Melancholie

Wir müssen mit William James durch seine Krise hindurch. Wir müssen sie mit ihm miterleben. Sonst wird es uns nicht gelingen, James am Leben zu erhalten, indem wir uns mit ihm identifizieren. Sonst werden wir nicht verstehen, warum wir uns mit *James* identifizieren müssen. Sonst werden wir nicht verstehen, wie Philosophie aus dem Leben entsteht. Sonst werden wir nicht verstehen, wie eine philosophische Theorie am Leben scheitert oder sich im Leben bewährt. Sonst werden wir nicht verstehen, warum der Philosoph James ein wahrer Mensch ist. Und last but not least: Wir werden sonst selbst als Philosophen nie wahre Menschen werden.

3.1 Mills philosophische Lebenskrise

James hat den englischen Philosophen John Stuart Mill (1806–1873) bewundert und ihm sein Werk *Pragmatism* gewidmet: »Im Andenken an John Stuart Mill, von dem ich zuallererst die pragmatische Offenheit des Geistes lernte und den ich mir in meiner Fantasie gerne als unseren Anführer vorstelle, würde er heute noch leben.«[5] Für die Belange dieses Kapitels eignet sich aber eine viel frühere Aussage von James über Mill aus einer Rezension aus dem Jahr 1876 als Ausgangspunkt:

> Es würde zu weit führen, die Ursprünge der englischen Voreingenommenheit zugunsten des psychischen Determinismus zu diskutieren. Jeder Leser von Mills *Autobiography* wird sich an die bemerkenswerte Passage erinnern, in welcher er von der Hypochondrie erzählt, die diese Lehre in seinem jugendlichen Geist verursacht hat.[6]

Mit »Hypochondrie« ist der Zustand gemeint, den Mill in seiner *Autobiography* im Kapitel mit der Überschrift »Eine seelische Krise« mit Wörtern wie »Melancholie«, »Niedergeschlagenheit«, »geistiges Leiden« und »Depression« beschreibt.[7] Die Aspekte von Mills Krise, die heute am bekanntesten sind, betreffen gewisse Gedanken zum Utilitarismus. Diese Gedanken und den Beginn seiner mehrjährigen Krise datiert Mill auf 1826. Die »Hypochondrie«, über die James spricht, geht aber von anderen Gedanken aus und soll nach Mill später (»während der späteren Rückfälle in die Niedergeschlagenheit«) aufgetreten sein.

»Die bemerkenswerte Passage« der *Autobiography* Mills, von der James spricht, beginnt damit, dass Mill darüber redet, wie all sein »neues Denken«, das aus seiner andauernden Krise entstanden ist, das »Fundament« für »die Wahrheiten« in »seinen früheren Ansichten« gelegt hat: »So diente all mein neues Denken [...] dazu«, das »Fundament« der Wahrheiten in den früheren Ansichten »tiefer zu legen und zu festigen«, und es »beseitigte Missverständnisse und Verwechslungen von Ideen, die deren Wirkung verdorben hatten.« Mill erläutert dies daraufhin beispielhaft:

> So lastete zum Beispiel während der späteren Rückfälle in die Niedergeschlagenheit die Lehre von der sogenannten philosophischen Notwendigkeit wie ein Alb auf meinem Dasein. Es war mir, als sei mir wissenschaftlich bewiesen worden, dass ich nur der hilflose Sklave von vorausgegangenen Umständen sein könne und dass mein Charakter wie der von allen anderen Menschen durch Wirkungen gebildet worden sei, die völlig außer unserer Macht lagen. [...] Der Gegenstand lag peinlich schwer auf mir, bis mir allmählich ein Licht aufging. Ich bemerkte, dass das Wort »Notwendigkeit« als Bezeichnung der Lehre von Ursache und Wirkung, sofern sie auf das menschliche Handeln angewendet wird, eine irreleitende Assoziation herbeiführt und dass diese Assoziation die wirksame Kraft war im niederdrückenden und lähmenden Einfluss, den ich erfahren hatte. Ich sah, dass, wenn auch unser Charakter durch die Umstände gebildet wird, doch unsere eigenen Wünsche viel tun können, um diese Umstände zu gestalten, und dass das begeisternde und veredelnde Element in der Lehre vom freien Willen in der Überzeugung besteht, dass wir echten Einfluss auf die Bildung unseres Charakters haben; dass unser Wille durch Beeinflussung einiger der Umstände unsere künftigen Gewohnheiten oder das Willensvermögen zu modifizieren vermag. All dies vertrug sich recht gut mit der Lehre von den Umständen oder besser gesagt: darin besteht die Lehre, wenn sie richtig verstanden wird. Von dieser Zeit an unterschied ich stets genau zwischen der Lehre von den Umständen und dem Fatalismus, indem ich das irreleitende Wort »Notwendigkeit« ganz aufgab. Die Theorie, welche ich jetzt zum ersten Mal richtig begriff, war nicht mehr entmutigend, und abgesehen von der seelischen Erleichterung litt ich nicht länger unter der für einen künftigen Reformer von Ansichten so schweren Last, eine Doktrin für wahr und die entgegengesetzte für moralisch förderlich halten zu müssen. Die Gedankenkette, welche mir aus dieser Klemme herausgeholfen hatte, [...] bildet nun das Kapitel über Freiheit und Notwendigkeit im letzten Buch meines *System of Logic*.[8]

Der Leser mag sich wundern, warum ich mit Mill anfange, wenn es mir um James geht. Möglicherweise ist es ein Fehler, so zu beginnen. Ein Auftakt mit James würde eventuell mehr Wucht haben. Aber ein Kapitel kann nicht zwei Anfänge haben, und ich möchte systematisch vorgehen. Um systematisch vorzugehen, will ich zuerst einige Verbindungen zwischen Leben und Philosophie erörtern, die man auch bei anderen Autoren als James findet, um später die radikalen und spezifischen Merkmale von James' Krise und Denken verdeutlichen zu können. Da die Krisen von Mill und James einige Gemeinsamkeiten haben, passt Mill für diesen Zweck. Zudem eignet sich Mill pragmatisch als Einstieg gut, da er ein ganzes Kapitel seiner Autobiografie seiner geistigen Krise widmet, während man sich ein Bild von James' Krise aus verschiedenen Dokumenten zusammenstückeln muss. Aber nun zu Mills Beschreibung seiner Krise im Zitat.

Das, was auf Mills Seele während seiner »Niedergeschlagenheit« wie »ein Alb« lastet, ist eine philosophische »Lehre«. Manch einer könnte sagen, dass Mill schlicht hypersensibel gewesen sei. Eine philosophische Theorie dürfe für niemanden solche psychischen Konsequenzen haben. Es sei zwar eine *theoretisch* interessante Frage, ob der Wille frei ist oder nicht. Aber es ändere für die *praktische Lebensführung* einer Person nichts, ob der Wille frei ist oder nicht. Ich sehe das ganz anders. Ich bewundere Mill für seine Sensibilität und seine geistige Krise. Wie ich nun erläutern werde, reagiert Mill richtigerweise darauf, dass die Frage der Willensfreiheit nicht nur eine theoretisch interessante Frage ist.

Sollte jemand tatsächlich zu dem Schluss kommen, dass der Wille nicht frei ist, mag ihm die Unfreiheit des Willens dennoch letztlich gleichgültig sein. Ich kann mir zwei Möglichkeiten vorstellen, wie die Unfreiheit jemandem gleichgültig sein könnte. Die eine Möglichkeit wird vom rein akademischen Philosophen realisiert. Nach dem Frühstück begibt er sich in sein Büro, um sich dort am Computer oder Schreibtisch mit der Willensfreiheitsproblematik zu beschäftigen. Für diesen Philosophen ist das Problem der Willensfreiheit ein rein akademisches Problem. Nachdem er in seinem Dienstzimmer zu seiner Zufriedenheit bewiesen hat, dass der Wille nicht frei ist, wird er das Büro verlassen, ohne sich zu fragen, ob er sein Leben angesichts dieses Ergebnisses ändern müsste. Er setzt die Resultate seiner philosophischen Untersuchungen in kein Verhältnis zu seinem eigenen Leben. Es ist, als ob er über einen Bereich geforscht hätte, der mit ihm als Mensch gar nichts zu tun hat – beispielsweise über die Verdauungsorgane von Schafen. Aus Ignoranz gegenüber dem Thema ist es ihm einfach gleichgültig, dass sein eigener Wille unfrei ist. Das ist die lebensfremde Art, Philosophie zu betreiben, die ich im Namen von James im ersten Kapitel angeklagt habe.

Der zweite Weg zur Gleichgültigkeit gegenüber unserer Unfreiheit ist ein ganz anderer. Der erste Weg war genau genommen kein *Weg*: Man ist der eigenen Unfreiheit deswegen gleichgültig gegenüber, weil man das Thema schlicht ignoriert. Auf dem zweiten Weg erarbeitet man sich die Gleichgültigkeit. Auf diesem Weg fragt man sich, wie man dazu stehen sollte, dass man keinen freien Willen hat. Die Frage, ob der Wille frei ist, ist eine philosophische Frage, aber die Frage, wie man sich dazu verhalten sollte, dass man unfrei ist, ist ebenfalls eine philosophische Frage. Es bedarf einer philosophischen Argumentation, um sich die Gleichgültigkeit zu erarbeiten. Folgendes wäre beispielsweise der Beginn einer solchen Argumentation: »Da alle meine Entscheidungen sowieso nicht frei sind, würde meine Entscheidung, mein Leben radikal zu ändern, als Reaktion auf die Erkenntnis, dass mein Wille nicht frei ist, auch keine freie Entscheidung sein. Deswegen hat diese Erkenntnis schlicht keine Relevanz für die eigene Lebensführung und man kann dem Thema der Willensfreiheit im Leben gleichgültig gegenüber stehen.« Ich möchte nicht darüber urteilen, ob diese Argumentation überzeugend ist oder nicht. Entscheidend ist nur, dass solche Argumentationen der Frage nach der Willensfreiheit nicht als rein theoretischer Frage begegnen, sondern als Frage, die eine philosophische Haltung zum eigenen Leben fordert.

Dem rein akademischen Philosophen ist es gleichgültig, dass sein Wille nicht frei ist. Diese Haltung hat er sich aber philosophisch nicht verdient. Er schließt die Augen schlicht für die philosophische Frage, wie er sich in seinem Leben zur Unfreiheit seines Willens verhalten sollte. Indem es ihm gleichgültig ist, dass der eigene Wille unfrei ist, führt er aber sein Leben auf eine gewisse Art und Weise. Damit ignoriert der rein akademische Philosoph eine *philosophische Frage* der *Lebensführung*, die sich natürlich aus der Feststellung der Unfreiheit seines Willens ergibt.

Mill verschließt nicht die Augen vor philosophischen Fragen der Lebensführung, die zum Thema der Willensfreiheit dazugehören. Das hat er mit James gemeinsam. Für James sind Fragen wie die nach der Willensfreiheit auch immer Fragen der Lebensführung. Indem man solche philosophischen Fragen beantwortet, muss man immer auch Fragen der Lebensführung beantworten. James und Mill verstehen den Zusammenhang zwischen der Frage nach der Willensfreiheit und der Frage nach der Lebensführung aber ganz anders.

Mill unterscheidet im Zitat deutlich zwischen zwei Fragen: der Frage danach, ob eine Doktrin »wahr« ist, und der Frage danach, inwiefern diese Doktrin »moralisch förderlich« ist. Die moralischen Vorteile der Lehre der Willensfreiheit beschreibt er im Zitat folgendermaßen: »Ich sah, [...] dass das begeisternde und veredelnde Element in der Lehre vom freien Willen in der Überzeugung bestand, dass wir echten Einfluss auf die Bildung unseres Charakters haben.« Passend zu seiner Unterscheidung zwischen diesen zwei Fragen ist seine Unterscheidung zwischen dem Verständnis von »Ideen« und den »Wirkungen«, die die Ideen auf uns haben. Er kann an der Wahrheit der Doktrin festhalten, die nach Mill zu seiner Zeit die Doktrin von »philosophischer Notwendigkeit« genannt wurde, indem er linguistische Analyse betreibt. Das »Wort ›Notwendigkeit‹« bringt eine »irreleitende Assoziation« mit sich. Es war diese Assoziation, die »die wirksame Kraft war im niederdrückenden und lähmenden Einfluss, den ich erfahren hatte.« Nachdem man diese »Missverständnisse und Verwechslungen von Ideen« beseitigt hat, kann man die »Wirkung« dieser Ideen vermeiden, die durch diese Missverständnisse der Ideen »verdorben« war. Durch die Bedeutungsklärung einer Doktrin bleibt also die Wahrheit dieser Doktrin bestehen, aber die Doktrin wird von Mill nicht mehr mit dem »irreleitenden Wort ›Notwendigkeit‹« bezeichnet. Mit anderen Worten: Mill geht davon aus, dass die »Lehre von Ursache und Wirkung, sofern sie auf das menschliche Handeln angewendet wird« wahr ist. Er zeigt durch eine linguistische Analyse, dass diese Doktrin mit Willensfreiheit vereinbar ist. Dadurch bleiben die unerwünschten Wirkungen dieser Lehre aus.

Für Mill gibt es also zwei Fragen. Zum einen wird gefragt, ob der Wille frei ist. Nachdem diese Frage entschieden worden ist, wird gefragt, welche Konsequenzen für die Lebensführung sich aus dieser Beantwortung der Frage ergeben. Bei James gibt es diese Trennung nicht. Ich bin auf James' Seite. Aber es war mir zu Beginn dieses Kapitels wichtig, die Gemeinsamkeiten zwischen James und Mill zu betonen. Auch Mill geht von einer gewissen Verbindung zwischen der Frage der Willensfreiheit und Fragen der Lebensführung aus, die nicht von allen Philosophen akzeptiert wird. Deswegen war es mir wichtig, auf diese Verbindung hinzuweisen. James geht von einer engeren Verbindung der Fragen aus. James' Auffassung ist radikaler, interessanter und kontroverser. Sie wird im Laufe des Buchs eingehend erläutert werden.

Nachdem ich auf James' Krise eingegangen bin, werde ich weitere Unterschiede zwischen James und Mill erörtern. Bevor ich zu James komme, möchte ich aber mit Hilfe des Zitats von Mill verdeutlichen, warum Berichte über *philosophische Lebenskrisen* so wichtig sind. In einer philosophischen Lebenskrise versucht der Philosoph, den philosophischen Grund für seine Lebenskrise auszumachen. Es handelt sich ja nicht nur um eine philosophische Krise: Der Philosoph steht nicht nur vor einem schwierigen philosophischen Problem. Genauso wenig geht es lediglich um eine Lebenskrise ohne philosophische Dimension. Jemand ist in einer *philosophischen Lebenskrise*, wenn er *deswegen* in einer Lebenskrise ist, *weil* er gewisse philosophische Annahmen macht. Mill befindet sich in einer solchen Krise: Er hat eine Lebenskrise, weil er gewisse philosophische Annahmen über Kausalität macht. Die Krise zwingt ihn dazu, den Verbindungen zwischen diesen philosophischen Annahmen und Fragen der Lebensführung auf den Grund zu gehen. Mill schreibt diesbezüglich: »Ich sah, [...] dass das begeisternde und veredelnde Element in der Lehre vom freien Willen in der Überzeugung bestand, dass wir echten Einfluss auf die Bildung unseres Charakters haben.« Es geht hier nicht darum, ob Mill mit seiner Erklärung Recht hat. Entscheidend ist, dass seine philosophische Lebenskrise ihn zum Versuch zwingt, für sich zu klären, welche Relevanz die Annahme von Willensfreiheit für die Lebensführung hat. Deswegen sind Berichte über philosophische Lebenskrisen philosophisch so interessant. Da sie in existentieller Not bzw. nachträglich über eine frühere existentielle Not verfasst werden, findet man in ihnen emotional vorgetragene Überlegungen, die man weder vom Inhalt noch vom Pathos her in philosophischen Abhandlungen findet.

3.2 James' philosophische Lebenskrise

Für James' philosophische Lebenskrise gibt es verschiedene Quellen. Das wichtigste Dokument ist aber sicherlich folgender Tagebucheintrag vom 30. April 1870 (ich nenne den Eintrag »die Krisennotiz«):

> Ich glaube, gestern war eine Krise in meinem Leben. Ich habe den ersten Teil von Renouviers zweitem Essay zu Ende gelesen und keinen Grund gesehen, warum seine Definition des freien Willens – einen Gedanken aufrechtzuerhalten, *weil ich mich dafür entscheide*, wenn ich andere Gedanken haben könnte – die Definition einer Illusion sein sollte. In jedem Fall werde ich erst einmal – bis nächstes Jahr – annehmen, dass es keine Illusion ist. Meine erste Tat aus freiem Willen sei dies: an den freien Willen zu glauben. Für den Rest des Jahres werde ich mich der bloßen Spekulation & der kontemplativen Grübelei [dt. im Orig.] enthalten, an denen meine Natur sich so erfreut, und vorsätzlich das Gefühl der moralischen Freiheit kultivieren, indem ich dafür förderliche Bücher lese und indem ich handle. Nach dem ersten Januar, etwas weniger feucht hinter den Ohren, darf ich eventuell zu metaphysischen Studien & Skeptizismus zurückkehren, ohne dadurch meine Handlungskräfte zu gefährden.
> Was die Gegenwart angeht, denke also daran:
> Hab' wenig übrig für Spekulation
> Viel für die *Form* meiner Handlungen
> Vergegenwärtige dir, dass man nur dann zu wirklich interessanten Bereichen des Handelns voranschreiten kann, wenn man strukturierte Gewohnheiten erworben hat – und sammle folglich, ganz wie ein Geizhals, Sandkorn für

> Sandkorn Willensentscheidungen an – und vergiss dabei niemals, wie eine einzige verlorene Masche eine unendliche Anzahl anderer auflösen kann. Wehre den Anfängen [*Principiis obsta*] – Der heutige Tag hat den außergewöhnlich leidenschaftlichen Vorstoß hervorgebracht, von dem Bain postuliert, er sei für den Erwerb von Gewohnheiten notwendig. Ich werde für die Fortsetzung sorgen. Nicht in Maximen, nicht in Anschauungen [dt. im Orig.], sondern in angesammelten *Akten* des Denkens liegt die Erlösung. Also weiter [*Passer outre*].
> Wenn ich bisher einen Vorstoß aus freien Stücken machen wollte, es zum Beispiel wagen wollte, originell zu handeln, ohne sorgsam darauf zu warten, dass die Betrachtung [*contemplation*] der externen Welt alles für mich bestimmt, schien mir Suizid die männlichste Art und Weise zu sein, dieses Wagnis einzugehen; jetzt werde ich einen Schritt weiter gehen mit meinem Willen und nicht nur durch ihn handeln, sondern auch glauben; glauben an meine individuelle Wirklichkeit und kreativen Kräfte. Mein Glaube *kann* selbstverständlich *nicht* optimistisch sein – aber ich werde das Leben (das wirkliche, das gute) postulieren im selbstbestimmenden *Widerstand* des Egos gegen die Welt. Das Leben soll [gemacht werden aus] Tun & Leiden & Schaffen.[9]

James schreibt gleich am Anfang dieses Tagebucheintrags, er »glaube«, er habe eine »Krise« gehabt und das »gestern«. Man darf diesen Eintrag aber nicht so verstehen, dass James sich darin nur mit etwas beschäftigt, das am Vortag passiert ist. Verschiedene Dokumente zeigen eindeutig, dass James Ende der 1860er und Anfang der 1870er über mehrere Jahre eine schwere Lebenskrise hatte. Man muss den Eintrag also so verstehen, dass James sich darin erneut mit seiner langjährigen Krise beschäftigt. Am Vortag hat er eine Einsicht gehabt und nun nimmt er sich vor, an dieser Einsicht festzuhalten, um »Erlösung« zu erlangen.

Worin besteht James' Krise, wenn sie sich nicht auf ein Ereignis am Vortag beschränkt? In den ersten Zeilen der Krisennotiz spricht er von Willensfreiheit. Diese Zeilen sind selbstredend von entscheidender Bedeutung, und ich werde später zu ihnen zurückkehren. Hinweise auf den Charakter seiner Krise findet man aber in den Zeilen danach. Er nimmt sich vor, »für den Rest des Jahres« auf »bloße Spekulation« und »kontemplative Grübelei« zu verzichten, auch wenn seine »Natur« sich so an ihnen »erfreut«. Die Quelle seiner Krise scheint also in irgendeiner Weise in Spekulation zu liegen. Ich denke, so ist es auch.

Deutungshilfe findet man in James' Essay »Is Life Worth Living?«, der ursprünglich als Vortrag 1895 gehalten wurde. James erwähnt in diesem Text kurz »Melancholie« als Symptom einer mentalen Verfassung, die von Philosophie weder verursacht noch geheilt werden kann: »Wir sind keine

Zauberer, die allen ein optimistisches Temperament verleihen können; und neben den befreienden Effekten des temperamentsmäßigen Optimismus gegenüber dem Leben werden immer diejenigen des temperamentsmäßigen Pessimismus existieren [...]. In dem, was man ›manisch-depressives Irrsein‹ [*circular insanity*] nennt, folgen Phasen der Melancholie auf Phasen der Manie, ohne dass wir eine äußere Ursache entdecken können.«[10] Diese Befindlichkeit unterscheidet er von »philosophischer Melancholie«[11]:

> Meine Aufgabe [...] ist, praktisch betrachtet, begrenzt und meine Worte sollen nur jene Art des metaphysischen Lebensüberdrusses [*taedium vitae*] behandeln, die nachdenklichen [*reflecting*] Menschen eigen ist. Die meisten von Ihnen haben sich wohl oder übel dem kontemplativen [*reflective*] Leben verschrieben. Viele von Ihnen haben sich dem Studium der Philosophie gewidmet und haben bereits am eigenen Leib den Skeptizismus und die Unwirklichkeit erfahren, die durch zu viel Wühlerei in den abstrakten Wurzeln der Dinge erzeugt werden. Dies ist in der Tat eine der Früchte eines übermäßig gelehrsamen Werdegangs. Zu viel Hinterfragen und zu wenig aktive Verantwortung führen [...] an den Rand des Abhanges, an dessen Grund der Pessimismus liegt und die albtraumhafte oder selbstmörderische Auffassung des Lebens. Aber den Krankheiten, die durch Nachdenken [*reflection*] erzeugt werden, kann weiteres Nachdenken wirksame Heilmittel entgegensetzen; und es sind durch Nachdenken erzeugte Melancholie und Weltschmerz [dt. im Orig.], über die ich jetzt sprechen werde.[12]

Was meint James mit philosophischer Melancholie, die »durch Nachdenken« erzeugt ist? Sie wird von ihm durch eine gewisse Art von Urteil, eine gewisse Handlung und eine gewisse Sorte Gefühl bzw. »*sentiment*« gekennzeichnet.[13] Das Urteil, das philosophische Melancholie charakterisiert, ist das Urteil, dass das Leben nicht lebenswert ist; die Handlung, zu der der philosophische Melancholiker neigt, ist Selbstmord.[14] Das relevante Gefühl bzw. »*sentiment*« kann man charakterisieren als »Melancholie und Weltschmerz«, als Gefühl von »Unwirklichkeit«, als Traurigkeit[15], als ein »*sentiment*« von »Lebensüberdruss«[16] und als Gefühl der »Unheimlichkeit«.[17]

James' Beschreibung der zwei Arten von Melancholie, im Jahr 1895 verfasst, muss man als Bemerkungen über sein eigenes Leben und seine mentale Verfassung vor allem Ende der 1860er und Anfang der 1870er lesen. Wenn James vom »manisch-depressiven Irrsein« spricht, ist selbstredend damit die mentale Konstitution gemeint, die heute als manisch-depressive oder bipolare Störung bezeichnet wird. Einen solchen Wechsel zwischen Depression und Manie schreibt er sich selbst 1873 im Brief an seinen Bruder

Henry zu: »Ich wechsele zwischen Anfällen extremster Mattigkeit & Depression, Schwäche des Körpers & Kopfes & Rückenschmerzen, die zwischen 4 oder 5 Tage und drei Wochen dauern, [...] und Anfällen von großer Heiterkeit des Geistes, Rastlosigkeit und vergleichsweise großer körperlicher & geistiger Aktivität, die von ebenso unregelmäßiger Dauer sind.«[18]

Andere Dokumente belegen ebenfalls seine depressiven Zustände. Er schreibt im Januar 1868 aus Berlin, dass er »den ganzen letzten Winter [...] fortwährend am Rande des Suizides« war.[19] Nicht nur in der Krisennotiz, sondern in anderen Briefen aus den Jahren 1867 und 1868 werden seine Selbstmordgedanken erwähnt.[20] Er hatte sein Medizinstudium unterbrochen, um im April 1867 nach Europa zu reisen, um in Deutschland Physiologie zu studieren, aber auch um Heilung für seine diversen gesundheitlichen Probleme – unter anderem seine chronischen Rückenprobleme – in europäischen Heilbädern zu suchen. Spätestens von da an beginnt er unter depressiven Zuständen zu leiden. Diese Europareise kann man als den Beginn einer psychischen Krise bezeichnen, die sich nach der Rückkehr nach Cambridge (November 1868) und dem Abschluss seines Medizinstudiums (Juni 1869) nicht bessert und mindestens bis 1873 andauert. In den Tagebucheinträgen und Briefen aus diesen Jahren versucht er, für sich und für seine Ansprechpartner Worte für seine Befindlichkeit zu finden: Er schreibt, er sei »in einem erbärmlich trägen Geisteszustand«[21] (1867); er zitiert Heine: »Ich weiss nicht was soll es bedeuten, dass ich so traurig bin [dt. im Orig.]«[22]; er erzählt über »die einsame Schwermut«, die ihn »letzten Sommer für einige Monate befallen hat«[23]; er berichtet: »vor recht langer Zeit habe ich nahezu den Tiefpunkt erreicht«[24]; er spricht von seiner »Apathie«[25]; er sagt, er sei »demoralisiert«[26]; er fühlt »einen unaussprechlichen Ekel davor«, dass sein »eigenes Leben seit einiger Zeit tot herumtreibt«[27] (alle 1868); er teilt mit: »ich fühle mich, was meine Nervenkraft angeht, völlig ausgelaugt«[28]; »mein Wille ist gelähmt«[29] (beide 1869); er sagt: »heute habe ich fast den Tiefpunkt erreicht«[30]; er schreibt, er sei »geistig & körperlich gänzlich demoralisiert«[31]; und er berichtet: »ich fühle mich melancholisch wie eine Nachtschwalbe«[32] (alle 1870).

An seine zukünftige Frau Alice Howe Gibbens sendet er 1877 einige seiner Notizen, die teilweise mit »16. Mai 1873« datiert sind und auf die James als Nachricht an Gibbens notiert hat: »Dieses hier wurde vor vielen Jahren während meiner pessimistischen Krise geschrieben.«[33] Diese Notizen sollen Gibbens helfen, ihn besser zu »interpretieren«, auch wenn sie »zum Teil« einen »überwundenen Standpunkt«[34] repräsentieren.[35]

Ich hatte bereits in Kapitel 1 aus James' Beschreibung (in *The Varieties of Religious Experience*) seiner eigenen Erfahrung der »schlimmsten Art der

Melancholie« zitiert. Dort hatte ich aber einige Teile seiner Schilderung weggelassen, die ich nun anführen möchte:

> Während ich mich in diesem Zustand des philosophischen Pessimismus und der allgemeinen geistigen Niedergeschlagenheit bezüglich meiner Aussichten befand, [...] befiel mich ohne jede Vorwarnung, ganz so, als ob sie aus der Dunkelheit gekommen wäre, eine schreckliche Angst um meine eigene Existenz. Gleichzeitig stieg vor meinem Geiste das Bild eines epileptischen Patienten empor, den ich in der Anstalt gesehen hatte: eines schwarzhaarigen Jugendlichen mit grünlicher Haut, gänzlich idiotisch, der den ganzen Tag auf einer der Bänke oder eher Ablagen gegen die Wand gedrückt zu sitzen pflegte und dabei seine Knie bis an sein Kinn angezogen hatte und mit dem groben, grauen Unterhemd, das sein einziges Kleidungsstück war, bedeckte, sodass seine ganze Gestalt davon eingeschlossen war. Er saß da wie eine aus Stein gemeißelte ägyptische Katze oder eine peruanische Mumie: völlig bewegungslos, von den schwarzen Augen abgesehen, und von absolut nicht-menschlichem Aussehen. Dieses Bild und meine Angst gingen eine Art von Verbindung ein. Ich fühlte: *diese Gestalt bin ich* potentiell. Nichts von dem, was ich besitze, kann mich vor diesem Schicksal bewahren, wenn mir die Stunde schlägt, so wie sie ihm schlug. Mir graute so vor ihm und ich nahm den Unterschied zu ihm als so flüchtig wahr, dass es war, als ob etwas bis dahin Stabiles in meiner Brust vollständig nachgegeben hätte, und ich wurde ein Häufchen schlotternder Angst.[36]

Man weiß nicht, wann dieses Erlebnis stattgefunden hat. Sein Sohn Henry kommentiert folgendermaßen: »Das Datum dieser Erfahrung kann nicht und muss nicht genau bestimmt werden. Es war zweifellos später als der Winter in Berlin und nach seiner Rückkehr nach Cambridge. Vielleicht war es der Winter 1869–70.«[37] Mir ist es auch nicht wichtig, dieses Erlebnis zu datieren. Ich will damit auf James' labilen Zustand hinweisen, aber auch auf seine Sorge um die eigene geistige Gesundheit und seine Angst vor dem Wahnsinn. 1868 schreibt er an seinen Bruder: »Ich fürchte, du wirst bald genauso im Zweifel über meine geistige Gesundheit sein wie die meisten Menschen über Hamlets.«

Es ist nicht entscheidend, ob man die bisher zitierten Äußerungen von James über seine Befindlichkeit als Ausdruck von »manisch-depressivem Irrsein« oder von philosophischer Melancholie versteht. Es steht auf jeden Fall fest, dass James sich selbst philosophische Melancholie zuschreibt. In »Is Life Worth Living?« verwendet er das Wort »Hypochondrie«[38] offenkundig für philosophische Melancholie. In der im letzten Abschnitt zitierten Rezension bezieht er sich auf Mills Krise als »Hypochondrie« und in *The Varieties* beschreibt er – wie ich im ersten Kapitel erwähnt habe – Mills Krise als »einen weiteren intellektuellen und allgemein metaphysischen Fall«. Anfang der 1870er schreibt er sich in einigen Dokumenten selbst »philosophische Hypochondrie« zu. Im Brief an seinen Bruder Henry formuliert er 1872, dass seine Lehrtätigkeit in der Physiologie ihm auch deswegen gut tut, weil sie ihm »Ablenkung von jenen introspektiven Studien, die eine Art philosophischer Hypochondrie in mir hervorgerufen haben«, verschafft.[39] Dass er das Angebot, Anatomie zu unterrichten, angenommen hat, kommentiert er 1873 in seinem Tagebuch: »Zu dieser Entscheidung kam ich hauptsächlich durch das Gefühl, dass philosophische Tätigkeit als *Beruf* für die meisten Menschen nicht normal ist und nicht für mich. Für eine vollständige Auffassung der Dinge verantwortlich zu sein, übersteigt meine Kräfte. Die *Form* allen möglichen Denkens zum beherrschenden *Gegenstand* der eigenen Gedanken zu machen, erzeugt Hypochondrie.«[40]

Der Bericht des Vaters 1873 im Brief an seinen Sohn Henry über James' Zustand ist in diesem Kontext besonders bemerkenswert:

> Er [William James] kam neulich an einem Nachmittag vorbei, während ich alleine war, und nachdem er einen Moment lang lebhaft auf und ab gegangen war, brach es aus ihm heraus: »Gesegnet sei meine Seele, welch ein Unterschied zwischen mir, wie ich jetzt bin, und mir, wie ich letzten Frühling zu dieser Zeit war! Damals so hypochondrisch« – er verwendete dieses Wort, wenngleich vielleicht weniger inhaltlich als der Form nach – »und jetzt mit einem so aufgeräumten und wieder geheilten Geist. Es ist der Unterschied zwischen Leben und Tod.« Es strömte nur so aus ihm heraus. Ich hatte Angst, einzugreifen oder ihn womöglich zu bremsen, aber ich wagte zu fragen, was vor allem seiner Meinung nach die Veränderung hervorgerufen habe. Er nannte einige Dinge: die Lektüre von Renouvier (insbesondere von seinem Nachweis der Willensfreiheit) und von Wordsworth, von dem er jetzt schon seit einer guten Weile zehrte; aber mehr als alles andere, dass er die Annahme aufgegeben hätte, dass jede mentale Störung eine physische Basis haben müsse. Dies ist für ihn vollkommen unwahr geworden. Er sah, dass der Geist unabhängig von materiellem Zwang handelt und man somit direkt mit ihm umgehen könne, und das stärkte seine Knochen.[41]

Man darf die Worte des Vaters nicht für bare Münze nehmen, da er darin eine Abwendung seitens des jungen James von materialistischer Wissenschaft in Richtung des väterlichen Denkens sieht.[42] Dennoch passt sein Bericht gut ins Bild, das bisher aus anderen Quellen entstanden ist. Sein Vater berichtet, James hätte gesagt, dass nicht »*jede* mentale Störung« (meine Hervorhebung) eine »physische Basis« brauche. Damit hat James die Möglichkeit, seine eigene mentale Befindlichkeit als etwas zu verstehen, das er selbst durch Einsichten und Entschlüsse (wie in der Krisennotiz) ändern kann. In seiner späteren Terminologie wäre seine eigene Befindlichkeit beeinflussbar, insofern sie philosophische Melancholie und nicht »manisch-depressives Irrsein« betrifft. James versteht also seine eigene Befindlichkeit als philosophische Melancholie – als »Hypochondrie«. Das bedeutet, wenn man seine Äußerungen zu »Hypochondrie« in »Is Life Worth Living?« und in den Texten aus den frühen 1870ern betrachtet, dass er die Quelle seiner Krise irgendwie in Philosophie oder Spekulation sieht.

Wenn das so ist, wäre es eine Bestätigung meines bisherigen Deutungsvorschlags zur Krisennotiz. Ich bin in den Erläuterungen dieses Vorschlags aber noch nicht sehr weit gekommen. Mein Leser muss sich etwas gedulden, bis ich die Krisennotiz detailliert erörtern kann. An dieser Stelle möchte ich kurz festhalten, dass man vorsichtig mit seinen Äußerungen darüber sein muss, wie Philosophie zu philosophischer Melancholie führt. Einige von James' Äußerungen über Philosophie und philosophische Hypochondrie legen nahe, dass philosophische Aktivität *als solche* philosophische Melancholie verursacht. Der Bericht seines Vaters deutet aber in eine andere Richtung. Er berichtet darüber, dass James die Ursache seiner Besserung unter anderem in der Preisgabe zweier miteinander verbundener Annahmen sieht: der Annahme, der Wille sei nicht frei, und der Annahme, alle mentalen Störungen seien rein materiell verursacht. Wenn das stimmt, wäre nicht die Philosophie als solche die Ursache für seine philosophische Melancholie, sondern *eine gewisse Art zu philosophieren*. So werde ich auch die Krisennotiz interpretieren, wenn wir zu ihr zurückkehren.

Bevor ich mich aber mit der Krisennotiz direkt befassen kann, muss ich auf einen möglichen Einwand gegen mein Vorgehen antworten. Dieser Einwand lautet folgendermaßen: »Nach Ihrer Interpretation bestanden James' psychische Probleme mindestens teilweise in philosophischer Melancholie. Das bedeutet, dass philosophische Annahmen mindestens teilweise die Ursache für seine psychischen Probleme waren. Daraus wollen Sie die besondere Relevanz dieser philosophischen Annahmen ableiten. Die Prämisse Ihrer Argumentation ist aber falsch. Philosophische Annahmen sind nie die Ursache für psychische Probleme. Sie haben ja selbst zugegeben, dass James vermutlich manisch-depressiv war und dass sogar nach James die Ursachen für manische Depression nicht philosophischer Art sind. Wenn das aber so ist, kann man die Relevanz der philosophischen Annahmen des manisch Depressiven aus seiner Beschäftigung mit diesen Annahmen nicht ableiten. Wie andere psychisch Kranke wollte James gerne glauben, dass seine Befindlichkeit philosophische Ursachen hat oder zu philosophischen Einsichten führt. Seine psychischen Probleme hatten aber rein biologische Ursachen (oder wenn Sie nicht so weit gehen wollen: biologische und psychologische Ursachen). Sie haben schlicht keine philosophische Relevanz.«

Mit diesem Einwand wird ein Standpunkt vertreten, der im Wesentlichen mit dem »medizinischen Materialismus«[43] identisch ist, den James zu Recht in der ersten Vorlesung der *Varieties* kritisiert. Der medizinische Materialist diskreditiert bestimmte Überzeugungen und Erfahrungen, indem er sie als »›nichts anderes als‹ Ausdruck unserer organischen Disposition« beschreibt.[44] So soll beispielsweise die Wahrheit religiöser Visionen in Frage gestellt werden, indem sie kausal auf organische Fehlfunktionen zurückgeführt werden.[45] James spielt zudem damit, dass man diesen materialistischen Einwand gegen ihn – James – persönlich wenden könnte: »Williams Melancholie bezüglich des Universums wird von Verdauungsproblemen verursacht – wahrscheinlich hat er eine Unterfunktion der Leber.«[46] (James litt tatsächlich unter »Verdauungsproblemen«.) James begegnet diesem Einwand, indem er offen zugesteht, dass die zahlreichen Berichte über religiöse Erfahrungen, die er in seinen Vorlesungen erörtert, in vielen Fällen von Erfahrungen psychisch schwer gestörter Menschen handeln. So zitiert er gleich auf den ersten Seiten der *Varieties* ausgiebig den Bericht einer religiösen Erfahrung von George Fox, wobei das Zitat von Fox Folgendes nahelegen sollte: »Unter dem Aspekt seiner nervlichen Verfassung war Fox ein Psychopath oder ›Gestörter‹ [*détraqué*], wie er im Buche steht.«[47] James sagt zu Recht, dass die geistige Störung der betreffenden Person kein Grund dafür ist, an der Korrektheit ihrer Überzeugungen oder Erfahrungen zu zweifeln.[48] Er geht sogar weiter:

> Im psychopathischen Temperament finden wir die Emotionalität, die die unverzichtbare Voraussetzung [*sine qua non*] für moralische Wahrnehmung ist; wir finden die Intensität und den Hang zur Nachdrücklichkeit, welche das Wesen praktischer moralischer Energie ausmachen; und wir finden die Liebe zu Metaphysik und Mystizismus, welche die eigenen Interessen über die Grenzen der wahrnehmbaren Welt hinausträgt. Was könnte also natürlicher sein, als dass dieses Temperament einen mit Bereichen religiöser Wahrheit in Kontakt bringt, mit Ecken des Universums, welche das robuste, philisterhafte Nervensystem, das seinen Bizeps zur Schau stellt, sich auf die Brust klopft und dem Himmel dankt, dass es keine einzige morbide Faser in sich hat, mit Sicherheit für immer vor seinem selbstzufriedenen Besitzer verbergen würde?[49]

James gibt also selbst die Antwort auf den Einwand. Auch wenn seine philosophische Melancholie auf manische Depression – oder wie er selbst spielerisch in den *Varieties* sagt, auf seine »Verdauungsprobleme« bzw. auf seine Leber – kausal zurückzuführen ist, ist das kein Grund, an der Wahrheit der Überlegungen, die James aus seiner Lebenskrise gewinnt, zu zweifeln. Möglicherweise ist sogar das Gegenteil der Fall, so wie James es für religöse Wahrheiten vorschlägt. Ähnliches hatte er bereits um die Zeit des Vortrags »Is Life Worth Living?« vorgeschlagen. Damals notierte James in Vorbereitung auf seine Vorträge über »Exceptional Mental States«: »Melancholie! gibt einem wahrere Werte. Ein im Ganzen gesundes Leben muss ein paar morbide Elemente enthalten.«[50] Wie ich ab dem nächsten Abschnitt argumentieren werde, hat James tatsächlich Recht: Nur über philosophische Melancholie gewinnt man gewisse Wahrheiten.

Die Krisennotiz muss man also so lesen, wie James selbst die Berichte in *The Varieties of Religious Experience* gelesen hat: Es mag sein, dass die Person, die den relevanten Bericht geschrieben hat, wahnsinnig ist. Es mag sein, dass ihr Wahnsinn rein biologische Ursachen hat. Daraus folgt aber nicht, dass in diesem Bericht keine tiefen Wahrheiten stecken. Es kann sogar sein, dass der rein biologisch verursachte Wahnsinn uns in die Lage versetzt, Wahrheiten zu erkennen, die dem normalen Menschen entgehen. James wollte nicht unbedingt sagen, dass die Verfasser der Berichte in *The Varieties* wahnsinnig waren. Das will ich selbstredend auch nicht über James sagen. Aber wie ich ab dem nächsten Abschnitt argumentieren werde, war James bei der Abfassung der Krisennotiz in einer Verfassung, die ihm ermöglichte, gewisse Wahrheiten zu erkennen, die ihm und anderen sonst verschlossen geblieben wären.

Im Essay mit dem Titel »Is Life Worth Living?« hatte James bereits von der Leber gesprochen. Er beginnt dieses Essay folgendermaßen: »Als Mr. Mallocks Buch vor fünfzehn Jahren mit diesem Titel erschienen ist, hatte die scherzhafte Antwort, dass ›es von der Leber [*liver*] abhängt‹, Hochkonjunktur in den Zeitungen.«[51] James bedient sich später im Aufsatz der Ambivalenz der englischen Sprache, indem er in seiner eigenen Antwort auf die Frage, ob das Leben lebenswert sei, sagt: »In der Tat hängt es ab von dir, *Leber* [*the liver*].«[52] In dieser Ambivalenz von »Leber« klingt die Unterscheidung zwischen »manisch-depressivem Irrsein« und philosophischer Melancholie an, aber auch die Irrelevanz von biologischen Ursachen für die Fragen des philosophischen Melancholikers. James will in diesem Text nicht einfach eine theoretische Antwort auf die Titelfrage geben. Er will den philosophischen Melancholiker als Leber, also als Lebenden, ansprechen.

Es ist daher nicht überraschend, dass James in »Is Life Worth Living?« aus dem ihm aus seiner Jugend so vertrauten *Sartor Resartus* von Thomas Carlyle zitiert, um einige Überlegungen zu erläutern, von denen philosophische Melancholiker ausgehen. In *Sartor Resartus* präsentiert ein Herausgeber die Kleiderphilosophie von »Professor Teufelsdröckh aus Weissnichtwo [dt. im Orig.]«.[53] Aber er hält es auch für nötig, im Werk die Biografie von Teufelsdröckh zu erzählen: »Die Kleiderphilosophie ohne den Philosophen, die Ideen von Teufelsdröckh ohne Darstellung seiner Persönlichkeit darlegen, führte das nicht unvermeidlich zu einem völligen Missverständnis beider?«[54] An mehreren Stellen in *Sartor Resartus* kommt Teufelsdröckh selbst durch autobiografische Bemerkungen zu Wort. Eine solche zitiert James, um die Befindlichkeit des philosophischen Melancholikers zu verdeutlichen:

> »Ich lebte«, schreibt der arme Teufelsdröckh, »in einer andauernden, unbestimmten, zehrenden Angst; bibbernd, verzagt, besorgt über ich weiß nicht was: es schien, als ob alle Dinge oben im Himmel und unten auf der Erde mich peinigen würden; als ob Himmel und Erde nichts wären als die unermesslichen Kiefer eines gefräßigen Monsters, von dem verschlungen zu werden ich zitternd erwartete.«[55]

Dadurch, dass James nicht aus einem theoretischen Werk zitiert, sondern explizit aus den autobiografischen Überlegungen des Teufelsdröckh, macht er deutlich, dass sein Essay »Is Life Worth Living?« an Leber adressiert ist – an Personen, die im eigenen Leben unter philosophischer Melancholie leiden. Auch in der Krisennotiz spricht er mit sich selbst als Leber. Teufelsdröckhs biografische Anmerkungen sind wie James' Krisennotiz: Wie James versucht Teufelsdröckh sich mittels philosophischer Überlegungen von der durch Philosophie erzeugten Melancholie zu befreien. Zudem vollbringt Teufelsdröckh, um dem »*Zentrum der Gleichgültigkeit*« zu entkommen, wie James in der Krisennotiz, einen »moralischen Akt«.[56] Aber ich greife meiner Auslegung der Krisennotiz vor. Zu ihr müssen wir endlich zurückkehren, um zu sehen, was James sich selbst als Person, die ein Leben führt, zu sagen hat.

Die Krisennotiz ist unser zentrales Dokument und die Leser sollten nicht ständig zu ihr zurückblättern müssen. Ich zitiere sie daher wieder in voller Länge:

> Ich glaube, gestern war eine Krise in meinem Leben. Ich habe den ersten Teil von Renouviers zweitem Essay zu Ende gelesen und keinen Grund gesehen, warum seine Definition des freien Willens – einen Gedanken aufrechtzuerhalten, *weil ich mich dafür entscheide*, wenn ich andere Gedanken haben könnte – die Definition einer Illusion sein sollte. In jedem Fall werde ich erst einmal – bis nächstes Jahr – annehmen, dass es keine Illusion ist. Meine erste Tat aus freiem Willen sei dies: an den freien Willen zu glauben. Für den Rest des Jahres werde ich mich der bloßen Spekulation & der kontemplativen Grübelei [dt. im Orig.] enthalten, an denen meine Natur sich so erfreut, und vorsätzlich

> das Gefühl der moralischen Freiheit kultivieren, indem ich dafür förderliche Bücher lese und indem ich handle. Nach dem ersten Januar, etwas weniger feucht hinter den Ohren, darf ich eventuell zu metaphysischen Studien & Skeptizismus zurückkehren, ohne dadurch meine Handlungskräfte zu gefährden.
> Was die Gegenwart angeht, denke also daran:
> Hab' wenig übrig für Spekulation
> Viel für die *Form* meiner Handlungen
> Vergegenwärtige dir, dass man nur dann zu wirklich interessanten Bereichen des Handelns voranschreiten kann, wenn man strukturierte Gewohnheiten erworben hat – und sammle folglich, ganz wie ein Geizhals, Sandkorn für Sandkorn Willensentscheidungen an – und vergiss dabei niemals, wie eine einzige verlorene Masche eine unendliche Anzahl anderer auflösen kann.
> Wehre den Anfängen [*Principiis obsta*] – Der heutige Tag hat den außergewöhnlich leidenschaftlichen Vorstoß hervorgebracht, von dem Bain postuliert, er sei für den Erwerb von Gewohnheiten notwendig. Ich werde für die Fortsetzung sorgen. Nicht in Maximen, nicht in Anschauungen [dt. im Orig.], sondern in angesammelten *Akten* des Denkens liegt die Erlösung. Also weiter [*Passer outre*].
> Wenn ich bisher einen Vorstoß aus freien Stücken machen wollte, es zum Beispiel wagen wollte, originell zu handeln, ohne sorgsam darauf zu warten, dass die Betrachtung [*contemplation*] der externen Welt alles für mich bestimmt, schien mir Suizid die männlichste Art und Weise zu sein, dieses Wagnis einzugehen; jetzt werde ich einen Schritt weiter gehen mit meinem Willen und nicht nur durch ihn handeln, sondern auch glauben; glauben an meine individuelle Wirklichkeit und kreativen Kräfte. Mein Glaube *kann* selbstverständlich *nicht* optimistisch sein – aber ich werde das Leben (das wirkliche, das gute) postulieren im selbstbestimmenden *Widerstand* des Egos gegen die Welt. Das Leben soll [gemacht werden aus] Tun & Leiden & Schaffen.

Die bisherigen Ergebnisse meiner Interpretation der Krisennotiz müssen zunächst festgehalten werden. Genau genommen habe ich bis jetzt nicht viel gezeigt. Ich habe mit meiner bisherigen Argumentation nur bestätigt, dass James die Krise, mit der er sich in dieser Notiz beschäftigt, irgendwie auf »bloße Spekulation« und »kontemplative Grübelei« zurückführt.

Warum ist »bloße Spekulation« ein Problem? Das Problem besteht darin, dass »bloße Spekulation« zentrale philosophische Fragen wie die der Willensfreiheit nicht entscheiden kann. Dabei müssen diese Fragen entschieden werden. Sie sind keine intellektuellen Spielereien, sondern Fragen, die sich einer Person in ihrer Lebensführung aufdrängen. Sie betreffen das Verständnis, das eine Person von sich selbst und ihrem Verhältnis zur Welt hat, sowie die Bedeutung, die die eigenen Handlungen und das eigene Leben für eine Person haben. Wer keine Antwort auf diese Fragen hat, kann nicht wissen, wie und ob er das eigene Leben weiter führen soll. Wenn man eine Antwort auf diese Fragen dringend braucht und keine anderen Mittel zur Beantwortung als »bloße Spekulation« hat – »bloße Spekulation« aber keine Antwort geben kann –, reagiert man natürlicherweise damit, dass man in philosophische Melancholie verfällt: »Wenn ich bisher einen Vorstoß aus freien Stücken machen wollte, es zum Beispiel wagen wollte, originell zu handeln, ohne sorgsam darauf zu warten, dass die Betrachtung [*contemplation*] der externen Welt alles für mich bestimmt, schien mir Suizid die männlichste Art und Weise zu sein, dieses Wagnis einzugehen.« Die »Betrachtung der externen Welt« kann nicht »für« James die Antworten auf seine Fragen liefern. Wenn seine Fragen nicht »für« ihn gelöst werden können, hat er »bisher« nur im Selbstmord einen Weg gesehen, selbst »einen Vorstoß aus freien Stücken« zu machen.

Die philosophische Lebenskrise, in der James dadurch steckt, ist tiefgreifender als Mills Lebenskrise. Mills Krise ist in zwei Hinsichten weniger bedrohlich. Sie ist zum einen *punktuell*: Sie bezieht sich nur auf das Problem der Willensfreiheit. Mill bespricht zwar in seiner *Autobiography* auch andere philosophische Aspekte seiner Krise, aber dabei vermehren sich nur die punktuellen Probleme. Zum anderen beruht Mills Krise auf der angeblichen *Wahrheit* der philosophischen *Doktrin*, dass der Wille nicht frei sei. James' Problem hingegen entspringt nicht einzelnen philosophischen Fragen. Es ist ein systematisches Problem. Es entstammt dem Anspruch und dem Unvermögen philosophischer Vernunft. Philosophische Vernunft tritt mit dem Anspruch auf, Fragen lösen zu können, die sie selbst aufgeworfen hat, aber zeigt sich zugleich unfähig, diese Fragen lösen zu können. Die Unmöglichkeit, gewisse philosophische Fragen lösen zu können, hat also einen systematischen Grund: die Unfähigkeit der philosophischen Vernunft, den eigenen Anspruch einzulösen. Das bedeutet auch, dass James' Krise nicht von der Wahrheit irgendeiner philosophischen Doktrin abhängt. Sie entsteht durch den Versuch, philosophische Antworten auf die Fragen zu geben, die das Leben selbst aufwirft. James' Krise ist also tiefgreifender als Mills Schwierigkeiten und fordert eine radikalere Lösung. In der Krisennotiz ist James auf der Suche nach einer Lösung und findet einen gewissen Anfang.

Als James früher »einen Vorstoß aus freien Stücken« machen wollte, war Selbstmord seine »männlichste« Reaktion darauf, dass es der »Betrachtung [*contemplation*] der externen Welt« nicht gelungen war, seine Fragen »für« ihn zu lösen. Nun will James »mit meinem Willen [...] einen Schritt weiter« gehen. Er will mit seinem Willen nicht nur »handeln«, sondern auch »glauben [*believe*]«. Darin sind einige wichtige Einsichten enthalten. James realisiert, dass es ein Fehler war zu denken, dass »Betrachtung der externen Welt« bzw. »bloße Spekulation« ausreicht, um philosophische Fragen zu entscheiden. Wenn man sich nur auf »bloße Spekulation« verlässt, wird man nie eine bestimmte Antwort auf irgendeine philosophische Frage erhalten können. Man wird also ohne bestimmte Überzeugung bzw. ohne bestimmten Glauben bezüglich dieser Fragen bleiben. Um zu einer Überzeugung zu gelangen, muss man sich auf etwas stützen, was über »bloße Spekulation« hinausgeht. Indem man das tut, übt man aber seine Freiheit (»Vorstoß aus freien Stücken«) aus. Sich auf eine Meinung festzulegen, ist ein Akt der Freiheit. Freiheit bezieht sich auch auf Überzeugungen, nicht nur auf Handlungen. Das entspricht selbstredend der Einsicht am Anfang des Zitats, dass Willensfreiheit im Folgenden besteht: »einen Gedanken aufrechtzuerhalten, *weil ich mich dafür entscheide*, wenn ich andere Gedanken haben könnte«.[57]

James sagt, dass er über »bloße Spekulation« hinausgeht, indem er entscheidet, an den freien Willen zu glauben. Er sagt zudem, dass er seinen freien Willen ausübt, wenn er entscheidet, an den freien Willen zu glauben: »Meine erste Tat aus freiem Willen sei dies: an den freien Willen zu glauben.« Er sagt aber nicht, worauf er sich in dieser Entscheidung stützt: Worauf stützt er sich über »bloße Spekulation« hinaus, wenn er sich für den Glauben an den freien Willen entscheidet?

Einen Hinweis findet man in der erwähnten Rezension aus dem Jahr 1876, in der James von der vom »psychischen Determinismus« ausgelösten »Hypochondrie« Mills spricht. Es handelt sich um eine Rezension über Bücher von Alexander Bain und Charles Renouvier, also von den beiden Autoren, die James positiv in der Krisennotiz aufgreift. Ungefähr eine Seite nach der Erwähnung Mills geht es in der Rezension um das Thema, wie man zwischen Determinismus und Indeterminismus entscheidet. Darauf antwortet James:

> […] welche dieser Lösungen man auch wählt, der eigene Zustand ist das Resultat anderer Faktoren als der reinen Rezeptivität des Intellekts [*pure receptivity of intelligence*]. Die ganze Natur eines Menschen – intellektuell, affektiv, volitional – zeigt sich (erklärtermaßen oder nicht) in der theoretischen Einstellung, die er bezüglich solch einer Frage einnimmt.[58]

Diese Passage ergänzt die Antwort in der Krisennotiz: Was in der Krisennotiz noch »bloße Spekulation« hieß, wird an dieser Stelle »reine Rezeptivität des Intellekts« genannt. Sie reicht nicht, wenn es darum geht, sich bezüglich der philosophischen Frage des Determinismus festzulegen. Darüber hinaus muss man sich auch auf andere Elemente der »ganzen Natur eines Menschen« stützen, nämlich auf die Teile, die er in diesem Zitat als »affektiv« und »volitional« bezeichnet. Es ist die Aufgabe des ganzen vorliegenden Buchs, diese Antwort von James zu erläutern, zu verteidigen und weiter zu entwickeln.

Mill ist in Fragen der Willensfreiheit Vertreter des Kompatibilismus, während James eine inkompatibilistische Position vertritt. Darum geht es an dieser Stelle aber nicht, sondern um das Thema, wie man solche philosophischen Fragen überhaupt beantworten kann. James hebt die strikte Trennung auf, die Mill zwischen den Gründen für die Wahrheit einer philosophischen Doktrin einerseits und den »moralischen« Vorteilen dieser Theorie andererseits zieht. Nach Mill ist die Frage nach der Willensfreiheit eine rein theoretische Frage, deren Beantwortung mehr oder weniger erfreuliche Konsequenzen haben kann. Wenn Mill dieser Frage als Philosoph begegnet, ist es nur des Philosophen rein theoretische Seite, die sich mit der Beantwortung der Frage beschäftigt. Die praktische Seite des Philosophen muss sich dann mit den praktischen Konsequenzen der theoretischen Antwort befassen. James hat selbstredend gar nichts gegen rein theoretische Analyse. Er denkt aber, dass sie nur dazu dienen könne, die *Kohärenz* einer philosophischen Position nachzuweisen. Ob die Position richtig ist, ist damit nicht entschieden. Nach James begegnet der Philosoph der Frage nach der Willensfreiheit und anderen entscheidenden philosophischen Fragen mit seinem ganzen Wesen. Die Fragen berühren ihn als ganzen Menschen und er nimmt als ganzer Mensch dazu Stellung.

Die Krisennotiz wendet sich also im Allgemeinen dagegen, philosophische Fragen als Sache der reinen »Spekulation« zu betrachten. Die Frage nach der Willensfreiheit ist die Frage, die er ausdrücklich erwähnt. Wie ich in späteren Teilen des vorliegenden Buchs eingehend erläutern werde, ist die Beantwortung der Frage nach der Willensfreiheit für James mit anderen Themen eng verbunden. Das wird in der Krisennotiz nur durch die Erwähnung von »moralischer Freiheit« und im letzten Satz angedeutet: »Ich werde das Leben (das wirkliche, das gute) postulieren im selbstbestimmenden *Widerstand* des Egos gegen die Welt.« Nach James ist Willensfreiheit mit Determinismus unvereinbar und nach James ist eine determinierte Welt eine Welt ohne Bedeutung – eine Welt, in der das Leben nicht lebenswert wäre. James ist also durch die Frage nach der Willensfreiheit in zweifacher Hinsicht von philosophischer Melancholie bedroht: durch die Unmöglichkeit, die Frage überhaupt zu beantworten, und durch die Möglichkeit, dass die wahre Antwort auf die Frage den Determinismus und somit die Unfreiheit des Willens und die Bedeutungslosigkeit des Lebens impliziert.

3.3 Einsicht und Emotion

Ich habe am Kapitelanfang gesagt, dass wir mit James durch seine philosophische Lebenskrise hindurch müssen. Dafür müssen wir aber wissen, wie er die Krise und ihre Lösung erlebt hat. An mehreren Stellen habe ich geschrieben, dass James in der Krisennotiz eine *Einsicht* formuliert hat, die die Grundlage für seine Philosophie und die Lösung seiner Krise war. Was soll man unter einer »Einsicht« verstehen? Um dies zu erläutern, wende ich mich einigen Überlegungen von Dieter Henrich über die Rolle der Einsicht in der Entwicklung philosophischer Theorien zu. In *Werke im Werden. Über die Genesis philosophischer Einsichten* unterscheidet er vier Stadien dieser Entwicklung. Henrich will damit nicht sagen, dass jede philosophische Theorie bzw. jede wichtige philosophische Theorie auf diese Weise entstehen muss.[59] Er will aber sehr wohl die Entwicklung vieler bedeutender philosophischer Werke beschreiben. In der ersten Phase »gelangen bedeutende Autoren zu der Diagnose eines grundlegenden Defizits, welches die in ihrer Zeit vorherrschenden Lehren [...] allesamt durchzieht.«[60] Im zweiten Stadium hat der Philosoph die Einsicht, die ihm erlaubt, dieses Defizit zu beheben. Die dritte Stufe besteht in der Prüfung und Entwicklung der Einsicht, ohne dass der Denker so weit ist, diese Einsicht in einem Werk angemessen ausbreiten zu können. Erst im vierten Stadium gelingt ihm dies.[61] Im Folgenden werde ich vor allem die zweite und die vierte Phase erörtern.

Die Einsichten der zweiten Phase bestehen aus drei Komponenten: einer »archimedischen«, einer »kontemplativen« und einer »lebenspraktischen Komponente«.[62] Für »alle genuin philosophischen Grundansichten« ist »die innere Verbindung aller drei Komponenten miteinander konstitutiv«.[63] Mit der archimedischen Komponente ist der »Heureka«-Aspekt von Einsichten gemeint: Etwas geht dem Denker plötzlich auf. Das haben die philosophischen Einsichten der zweiten Phase nicht nur mit Entdeckungserlebnissen in den Wissenschaften gemeinsam, sondern auch mit manchen philosophischen Erfahrungen der plötzlichen Erkenntnis, die sich aber auf die Lösung einzelner Probleme beschränken.[64] Für Letzteres gibt Henrich als Beispiele »Carnaps Entwurf zu einer Syntax der Sprache und Russells plötzliche Erkenntnis, dass der ontologische Gottesbeweis schlüssig sei«.[65]

Philosophische Einsichten haben im Unterschied zu reinen Heureka-Erlebnissen mit religiösen Erfahrungen gemeinsam, dass »nicht nur ein Problem gelöst wird, sondern sich die Gesamtverfassung des Bewusstseins verändert«. Zudem dringen philosophische Einsichten und religiöse Erleuchtungen »mit ihrem verwandelnden Bedeutungsgewicht in alle Dimensionen des Lebens« ein.[66] Damit sind die beiden anderen Dimensionen philosophischer Einsichten bereits angedeutet: die kontemplative und lebenspraktische. Diese Dimensionen sind in der Einsicht »intern miteinander verbunden«:

> In den ursprünglichen Einsichten der Philosophen verbindet sich die Lösung eines theoretischen Grundproblems damit, dass sich eine Lebensperspektive eröffnet – nicht zusätzlich und kumulativ, sondern so, dass der Weg zu einer Grundlehre und der Weg zu der Begründung einer Lebensweise ein und derselbe Weg ist.[67]

Ich werde später eingehend erörtern, was mit dieser internen Verbundenheit der kontemplativen und lebenspraktischen Dimension von Einsichten gemeint sein kann. Die philosophische Einsicht unterscheidet sich von der religiösen Erleuchtung durch die kontemplative Komponente. Durch beide ändert sich »die Gesamtverfassung des Bewusstseins«. Die philosophische Einsicht bietet aber die Lösung eines theoretischen Problems. Anders als bei Heureka-Erlebnissen handelt es sich dabei um kein Einzelproblem, sondern ein »theoretisches Grundproblem« – das Problem, das in der Phase vor der philosophischen Einsicht durch die »Diagnose eines grundlegenden Defizits« entstanden ist.

Ich überspringe die dritte Phase, um direkt zum vierten Stadium zu gehen – zur Bearbeitung der Einsicht in einem philosophischen Werk. Die Herausforderung für das Verfassen eines solchen Werks besteht nach Henrich darin, die interne Verbundenheit der kontemplativen und lebenspraktischen Komponenten angemessen zu berücksichtigen. Da die »theoretische Begründung« die »Kriterien« erfüllen muss, »die für eine wissenschaftliche Argumentation« gelten,[68] besteht zwischen der Berücksichtigung beider Komponenten in einem Werk eine Spannung – »eine Spannung zwischen der Form der theoretischen Untersuchung und der Erschließung eines Lebenswegs«. Diese Spannung erklärt, warum es nur recht wenigen philosophischen Werken gelingt, die interne Verbundenheit der beiden Komponenten im Werk widerzuspiegeln. Eine rein theoretische Untersuchung kann »bedeutend genannt werden«.[69]

> Von solchen Werken unterscheidet sich aber noch einmal die sehr viel kleinere Zahl derjenigen Werke, in denen die Grundlegungsidee mit der Perspektive auf eine Lebensführung zusammengeht, wobei diese Perspektive in einem Aufschluss über das bewusste Leben gegründet ist, der von der Grundlegungsidee ausgeht und ebenso tief reicht wie deren Potential zur Lösung von Theorieproblemen.[70]

Eine »Verbindung solcher Art« gelingt aber nur in Werken, deren »Werkidee« und »Werkform« es ermöglichen, »dass sich die verschiedene Anlage beider Ziele und die Spannung zwischen ihnen ungehindert entfalten, dass aber dennoch die Perspektive auf eine Lebensweise in der Gesamtanlage der Werkform deutlich zu erkennen und durchgängig wirksam bleibt.« Nach Henrich haben »solche Werke […] den höchsten Rang.«[71]

Unterschiedliche philosophische Einsichten verlangen von philosophischen Werken unterschiedliche Formen.[72] Ist es James gelungen, seiner Einsicht in seinem Werk die angemessene Form zu verleihen? Diese Frage werde ich gleich erörtern, aber zuerst muss besprochen werden, ob Henrichs Modell von den verschiedenen Entwicklungsstadien philosophischer Werke eine passende Interpretation von James' philosophischer Lebenskrise und ihrer Lösung liefert.

Hat James vor der Formulierung seiner Einsicht in der Krisennotiz eine »Diagnose eines grundlegenden Defizits« der philosophischen Theorien seiner Zeit geliefert? Ja, seine philosophische Lebenskrise bestand gerade im Ringen mit diesem Defizit. Seine Situation vor seiner Einsicht war sogar viel extremer als von jemandem, der schlicht ein Defizit festgestellt hat. Er war in einer philosophischen Krise. Aber noch radikaler: Er war nicht nur philosophisch in einer Krise, sondern diese philosophische Krise war zwingend für ihn zugleich eine Lebenskrise. Das Defizit der philosophischen Lehren seiner Zeit, mit dem er in seiner Krise ringt, besteht darin, dass die Mittel, die diese Theorien uns an die Hand geben, nicht ausreichen, um Fragen zu beantworten, die nicht nur zentrale Fragen der Philosophie sind, sondern auch beantwortet werden müssen, damit ein Mensch sein Leben bewusst führen kann. Ohne die Beantwortung dieser Fragen bleiben wir ohne Orientierung und können nicht ausschließen, dass die richtigen Antworten auf diese Fragen darauf hinauslaufen, dass das Leben sinnlos ist.

Aber hat James in der Krisennotiz überhaupt eine originelle Einsicht? Er berichtet ja anfangs von *Renouviers* »Definition des freien Willens«. Ich möchte an dieser Stelle nicht erörtern, inwiefern James' Auffassung von Willensfreiheit sich von Renouviers unterscheidet. Die Einsicht, um die es mir geht, handelt auch nicht von Willensfreiheit, sondern von der Grundlage der Beantwortung philosophischer Fragen. »Meine erste Tat aus freiem Willen sei dies: an den freien Willen zu glauben.« Philosophische Fragen können nicht auf der Grundlage von »bloßer Spekulation« beantwortet werden. Stattdessen muss die Grundlage etwas mit unserem Willen zu tun haben. Nur so gelangt man bezüglich dieser Fragen zu einer Position. In der Krisennotiz sagt er nichts mehr über diese Grundlagen. So muss man aber erste Grundeinsichten auch verstehen. Sie sind »Erfahrungen des Durchblicks und Durchbruchs«[73], aber noch keine ausformulierten Theorien.

James' Einsicht erfüllt perfekt Henrichs Bedingung der internen Verbundenheit der kontemplativen und lebenspraktischen Komponenten. In ein und demselben Gedanken werden theoretische und lebenspraktische Probleme gelöst. Indem James davon ausgeht, dass die Grundlage für die Beantwortung philosophischer Fragen über »bloße Spekulation« hinausgehen muss, durchschlägt er einen theoretischen Knoten. Es wird plötzlich möglich, philosophische Fragen tatsächlich verbindlich zu beantworten. Dieser Gedanke – dass die Grundlage der Beantwortung breiter sein muss – liefert zugleich einen Leitfaden für die Lebensführung. Wenn man sich fragt, ob das eigene Leben einen Sinn hat, kann man sich auf eine reichhaltigere Grundlage als »bloße Spekulation« verlassen.

Die *Einsicht* von James erfüllt also Henrichs Bedingung von der Verbundenheit der beiden Komponenten. Ein philosophisches Werk von »höchstem Rang« muss aber auch in seiner »Werkidee« und »Werkform« der internen Verbundenheit der Komponenten gerecht werden. Ist James auch das gelungen? Leider muss diese Frage mit Nein beantwortet werden. James hat seine Einsicht immer nur rein theoretisch zum Ausdruck gebracht. Auch wenn er in seinen Vorträgen versucht, praktischen Einfluss auf seine Zuhörer zu nehmen, redet er immer nur direkt auf sie ein und sagt ihnen, worin die Einsicht besteht. Dabei war er selbst der Überzeugung, dass die Wahrheit in der Einsicht nicht rein theoretisch zu begreifen ist. Die Wahrheit dieser Einsicht ist selbst praktischer und emotionaler Natur. Deswegen kann sie nur auf praktischem und emotionalem Weg erfahren werden. James hätte eine Werkform entwickeln müssen, die den Leser auf diesen Weg bringt. Das ist ihm leider nicht gelungen.

Aus diesen Anmerkungen entstehen für mich zwei Aufgaben. Ich habe gerade behauptet, die Wahrheit in James' Einsicht sei praktischer und emotionaler Natur. Darüber muss mehr im Kontext einer weiteren Erörterung von Henrichs Begriff der Einsicht gesagt werden. Dieser Aufgabe wende ich mich im restlichen Verlauf dieses Abschnittes zu. Eine weitere Frage ist: Welche Werkform hätten James' Werke haben müssen, um seiner Einsicht angemessenen Ausdruck zu verleihen? Es ist zugleich eine Frage nach der angemessenen Werkform für das vorliegende Buch. Dieses Buch sollte uns ermöglichen, James' Einsicht nachzuvollziehen. Dafür müsste es die Form haben, die James versäumt hat, seinem eigenen Werk zu geben. Dieser Frage wende ich mich im nächsten Abschnitt zu.

Wie ist die interne Verbindung zwischen den kontemplativen und lebenspraktischen Komponenten einer Einsicht zu verstehen, von der Henrich ausgeht? Folgendes Zitat ist an dieser Stelle aufschlussreich:

> Die Philosophie eröffnet dadurch Lebensperspektiven, dass sie an eine Konzeption angeschlossen und in ihr gestützt sind, mit der eine theoretische Problemlage in eigenständigen Begründungsgängen eine Auflösung erfährt. Insofern bleibt ihre konzeptionelle Begründungsleistung immer Voraussetzung für die lebenspraktische Bedeutung der Philosophie. Doch daraus folgt nicht, dass die lebenspraktische Perspektive nur irgendeine Implikation ihres Theoriegebäudes ist. Dass sich aus der Konzeption diese Folgerung herleiten lässt, kann vielmehr gerade eine Quelle für ihre Überzeugungskraft sein.[74]

Falls man nur die beiden ersten Sätze betrachten würde, könnte man zu folgender Deutung von Henrichs Auffassung der internen Verbindung zwischen den kontemplativen und lebenspraktischen Komponenten kommen: Diese interne Verbindung hat nur mit den *Konsequenzen* zu tun, die sich aus dem *Gehalt* einer philosophischen Theorie für die Lebensführung ergeben. Die Theorie wird in »eigenständigen Begründungsgängen« untermauert, die selbst rein theoretisch sind und sich nicht auf die mögliche lebenspraktische Anwendung der Theorie stützen. Mit anderen Worten: Die *Gründe* für die philosophische Theorie sind von ihrer lebenspraktischen Relevanz unabhängig. Deswegen ist die »konzeptionelle Begründungsleistung immer *Voraussetzung* für die lebenspraktische Bedeutung« (meine Hervorhebung). Wenn man Henrich so auslegen würde, müsste man folgern, dass bei Mill die relevante interne Verbindung zwischen den kontemplativen und lebenspraktischen Komponenten durchaus bestehen kann. Bei Mill sind die *Gründe* für die Wahrheit einer bestimmten Theorie zur Willensfreiheit rein theoretischer Art. Dennoch mag es sein, dass Mills Theorie mit Blick auf ihre *Konsequenzen* für die Lebensführung konzipiert ist.

Wenn man das ganze Zitat betrachtet, muss man Henrich aber anders verstehen. Er hält zwar anscheinend daran fest, dass eine philosophische Theorie eine Begründung braucht, die von der lebenspraktischen Relevanz unabhängig ist. Er scheint aber von einer philosophischen Theorie zu erwarten, dass sie *zusätzliche* Begründungskraft aus ihrer lebenspraktischen Relevanz zieht. Da es im vorliegenden Buch um James und nicht um Henrich geht, möchte ich an dieser Stelle nicht entscheiden, wie Henrich diese Kombination aus theoretischer und praktischer Begründung versteht. Eine Möglichkeit wäre, dass die Wahrheit einer philosophischen Theorie rein aus den theoretischen Gründen ersichtlich wird. Die lebenspraktische Relevanz der Theorie soll nur zusätzliche Motivation für die Akzeptanz der Theorie im Kampf der unterschiedlichen philosophischen Auffassungen bieten. James versteht die Begründung einer philosophischen Theorie anders. Nach James haben die theoretischen Gründe zwar eigenes Gewicht. Sie sind beispielsweise wichtig, um eine kohärente Theorie aufzubauen. Eine Einsicht darin, warum eine philosophische Theorie wahr ist, gewinnt man aber erst aus einer Perspektive, die nicht rein theoretisch ist.

In diesem Buch wird es um philosophische Fragen wie die folgenden gehen: Ist der menschliche Wille frei? Hat das menschliche Leben einen Sinn? Hat die Sittlichkeit objektive oder subjektive Gültigkeit? James' Einsicht in der Krisennotiz besteht darin, dass diese Fragen sich nicht rein theoretisch entscheiden lassen. Im Buch wird ferner eingehend erörtert werden, in welchem Sinne die Einsichten in die wahren Antworten auf diese Fragen auf praktischer bzw. emotionaler Grundlage beruhen. Im nächsten Abschnitt werde ich aber nicht diese Fragen besprechen, sondern die Einsicht aus der Krisennotiz selbst: dass solche Fragen sich nicht rein theoretisch entscheiden lassen. Diese Einsicht selbst lässt sich nur aus einer Perspektive gewinnen, die nicht rein theoretisch ist. Im nächsten Abschnitt werde ich erörtern, inwiefern philosophische Melancholie – eine praktische und emotionale Einstellung – für diese Perspektive konstitutiv ist. Zudem wird besprochen, welche literarische Form ein philosophisches Werk annehmen muss, damit durch seine Lektüre diese praktische und emotionale Einstellung eingenommen werden kann. Da es dabei um das Nachvollziehen und die Begründung der Einsicht aus James' Krisennotiz geht, ist das Thema zugleich die Frage, welche literarische Form ein Werk über James haben müsste, damit man seine philosophische Krise durchlebt und dadurch in die Lage versetzt wird, seine Gedanken weiterzuentwickeln.

3.4 Philosophische Melancholie und literarische Form

Ein guter philosophischer Text muss einem helfen, ein wahrer Mensch zu werden. Dabei meine ich nicht, dass der Text dazu beitragen muss, dass man ein guter Mensch wird. Ein wahrer Mensch ist nicht notwendigerweise ein guter Mensch. Mein Thema ist jedenfalls nicht die Güte eines Menschen, sondern der wahre Mensch als Philosoph. Mit anderen Worten: Es geht mir darum, dass jemand deswegen ein guter Philosoph wird, weil er ein wahrer Mensch ist. Dabei lasse ich offen, ob es andere Aspekte eines wahren Menschen gibt, die die Qualität seiner philosophischen Fähigkeiten nicht betreffen. Da ich mich an James orientiere, geht es mir zudem darum, wie man ein wahrer Mensch wie James wird. Die Frage ist also, wie einem ein philosophischer Text hilft, ein wahrer Mensch wie James zu werden.

Um ein wahrer Mensch wie James zu werden, muss man eine gewisse Entwicklung durchlaufen. Man muss in philosophische Melancholie verfallen, man muss sie aus Einsicht in die Falschheit dieser Melancholie überwinden, aber man muss zugleich die Wahrheit der philosophischen Melancholie in sich bewahren.

Um die Entwicklung, die man mit James mitmachen muss, besser zu verstehen, ist ein Vergleich mit der Romanfigur Antoine Roquentin aus Jean-Paul Sartres *La nausée* aufschlussreich. Roquentins Entwicklung hat mit der von James einiges gemeinsam. Der Roman besteht aus den Tagebucheinträgen von Roquentin. Indem er Tagebuch führt, will er die Natur und die Implikationen der beunruhigenden emotionalen Reaktionen verstehen, die Dinge in letzter Zeit in ihm hervorgerufen haben. Wie James befürchtet Roquentin, dass die Reaktionen Zeichen des Wahnsinns sein könnten.[75] Und genauso wie bei James sind diese emotionalen Reaktionen wesentlicher Teil seiner philosophischen Auseinandersetzung mit der Welt. Beide Charaktere – Roquentin und James – erwarten letztendlich, dass sich ihnen wichtige philosophische Wahrheiten durch Emotionen erschließen werden. Roquentin beschreibt die emotionale Reaktion, die ihn beunruhigt hat, in seinen Tagebucheinträgen als Ekel, was dem Buch seinen Titel verleiht. Sartre wollte das Buch aber ursprünglich »Melancholia« nennen.[76] Auch wenn man Roquentins Ekel und Melancholie sicherlich nicht miteinander gleichsetzen kann, ist Roquentin fraglos ein philosophischer Melancholiker.

Roquentin mokiert sich über William James im folgenden Dialog mit dem sogenannten Autodidakten:

> »Sie sind fröhlich«, sagt der Autodidakt vorsichtig.
> »Weil ich daran dachte«, sage ich lachend zu ihm, »dass wir hier sitzen, alle, wie wir hier sind, und essen und trinken, um unsere kostbare Existenz zu erhalten, und dass es nichts gibt, nichts, keinen Grund zu existieren.«
> Der Autodidakt [...] wiederholt langsam:
> »Keinen Grund zu existieren ... Sie wollen wahrscheinlich sagen, dass das Leben ohne Zweck ist. Nennt man das nicht Pessimismus?«
> Er denkt noch einen Augenblick nach, dann sagt er sanft:
> »Ich habe vor einigen Jahren ein Buch von einem amerikanischen Autor gelesen, es hieß: *Ist das Leben wert, gelebt zu werden?* Ist das nicht die Frage, die Sie sich stellen?«
> Natürlich nicht, das ist nicht die Frage, die ich mir stelle. Aber ich will nichts erklären.
> »Er sprach sich«, sagt der Autodidakt in tröstlichem Ton, »für den willentlichen Optimismus aus. Das Leben hat einen Sinn, wenn man ihm nur einen geben will. Man muss zuerst handeln, sich in ein Unternehmen werfen. Wenn

> man anschließend nachdenkt, sind die Würfel gefallen, man ist engagiert. Ich weiß nicht, was Sie davon halten?«
> »Nichts«, sage ich.
> Oder vielmehr, ich glaube, dass das genau die Art von Lüge ist, die sich der Vertreter, die beiden jungen Leute und der weißhaarige Herr ständig erzählen.[77]

»Das Leben hat einen Sinn, wenn man ihm nur einen geben will.« Das ist die These, die James in dieser Passage zugeschrieben wird.[78] Nach Roquentin ist dies eine »Lüge« – eine Lüge, die sich die Leute, die im Café sitzen, in dem er auch gerade sitzt, »ständig erzählen«. Zu glauben, dass das Leben einen Sinn hat, mag Menschen »glücklich« machen, wie Roquentin über die jungen Menschen sagt.[79] Sie erfinden diese Lügen, »um die ungeheure Absurdität ihrer Existenz zu verschleiern«, und damit sie selbst nicht merken, dass sie existieren. Im Gegensatz zu ihnen weiß Roquentin, dass er existiert und dass es »keinen Grund zu existieren« gibt.[80] Roquentins Thesen zur Existenz sollen an dieser Stelle nicht näher erläutert werden, aber dazu gehört auf jeden Fall die These, dass es in der Welt keine Bedeutung bzw. keinen Sinn gibt. Der entscheidende Punkt ist, dass Roquentin meint, dies einfach zu wissen. Diese These sei schlicht wahr. Das Tragikomische an James und den Menschen im Café bestehe darin, dass sie etwas glaubten, das sie zwar glücklich mache, aber schlicht falsch sei.

Roquentin denkt, die metaphysische Natur der Welt wäre ihm durch seinen Ekel offenbart worden. Zudem denkt er, dass man die tiefsten metaphysischen Wahrheiten *nur dann* entdecken kann, wenn man zuerst eine gewisse emotionale Offenbarung gehabt und verstanden hat:

> Die Existenz ist nichts, was sich von weitem denken lässt: das muss einen plötzlich überkommen, muss sich auf einem niederlassen, muss sich einem schwer aufs Herz legen wie ein dickes, regloses Tier.[81]

Durch den Ekel überkommt Roquentin die Existenz. Indem er den Ekel versteht, versteht er die Existenz und sein eigenes Leben.[82]

An dieser Stelle besteht zwischen Roquentin und James eine wichtige Gemeinsamkeit: eine richtige metaphysische Auffassung der Wirklichkeit ist nur durch eine emotionale Verbindung zur Wirklichkeit möglich. Es gibt aber ebenfalls entscheidende Unterschiede zwischen ihnen. Die Emotion, die Roquentin die Existenz offenbart, ist eine *passive* Emotion: etwas, das ihn überkommt. Diese Passivität mag auch ein Grund dafür sein, weshalb Roquentin denkt, der Ekel würde ihm etwas offenbaren: Wenn er diese Emotion hat, ist er in direktem Kontakt mit der Wirklichkeit. Er muss nur richtig verstehen, was sich so bemerkbar gemacht hat. An dieser Stelle würde James sagen, dass Roquentin die Rolle seines theoretischen Denkens falsch verstanden hat. Roquentin denkt, er würde sich theoretische Gedanken über eine Emotion machen, die unabhängig vom theoretischen Denken entstanden sei. Dabei – so könnte James fortfahren – ist genau das Gegenteil der Fall. Der Ekel – bzw. die Melancholie – wird vom theoretischen Denken selbst hervorgerufen (»durch Nachdenken [*reflection*] erzeugt«). Konkreter gesagt, diese Emotion entsteht durch die Annahme, dass wir nur über rein theoretisches Denken die Wahrheit über die Welt erfahren können. Wenn das theoretische Denken dann nicht in der Lage ist, bestimmte Antworten zu geben, mögen wir von dem gleichen Gefühl überwältigt werden wie Roquentin bei seiner Erfahrung der Existenz als einer ungeheuren und überflüssigen Präsenz, die ihn durch ihre Willkürlichkeit erstickt.[83] Solche Erfahrungen sind genau deswegen überwältigend, weil wir glauben, durch sie einen neutralen Zugang zur Beschaffenheit der Wirklichkeit zu gewinnen. Dabei werden sie erst von gewissen theoretischen Annahmen erzeugt.

Roquentin mokiert sich über James. James ist aber der Schlauere von beiden. Roquentin interpretiert seinen Ekel falsch. Er versteht nicht, dass der Ekel von seiner theoretischen Haltung erzeugt wird und sieht den Ekel deswegen als Beleg für die Bedeutungslosigkeit der Welt. Dabei begreift er nicht, dass dieser Anschein der Bedeutungslosigkeit ein Ergebnis seiner theoretischen Haltung ist. James durchschaut dagegen seine Melancholie. Er begreift, dass sie ein Resultat seiner bisherigen theoretischen Einstellung war. Er versteht aber auch, dass dieses Begreifen selbst keine rein theoretische Basis haben kann. Er weiß, dass er mit seiner neuen Haltung eine emotionale und praktische Einstellung einnimmt. Diese emotionale und praktische Einstellung muss sich im Leben bewähren. An dieser Stelle ist seine Vorgehensweise anders als die Roquentins. Roquentin ist mit der Deutung eines passiven Gefühls beschäftigt, das ihn überkommt. James weiß, dass die neue Haltung, die er in der Krisennotiz einnimmt, emotional bestimmt ist. Es ist aber eine Haltung, die er aktiv prüfen muss, indem er danach lebt. In dieser Prüfung werden emotionale und praktische Gründe eine Rolle spielen. Die Rolle der Emotionen ist dabei eine ganz andere als die des Ekels bei Roquentin. Der Ekel funktioniert für Roquentin wie eine mystische religiöse Erfahrung, die einem die metaphysische Struktur der Welt offenbart. Für James haben mystische Offenbarungen seit *The Varieties of Religious Experience* zwar eine wichtige Rolle gespielt, beim jungen James der Krisennotiz war dies aber nicht so. Welche Rolle die Emotionen beim jungen James spielen, wird erst in den nächsten Kapiteln im Detail erläutert werden können.

James lässt so die philosophische Melancholie hinter sich, aber wie Tolstoi ist er eine »kranke Seele« und ein »zweimal Geborener«. Daher wird die Melancholie ihn nicht verlassen. Sie ist jedoch nicht wie der Schaden eines Herzinfarkts, der nie vollständig verschwinden wird. Die philosophische Melancholie bleibt, aber in korrigierter Form. Sie kann nicht verschwinden und darf es auch nicht, damit der Philosoph wichtigen Wahrheiten nachspüren kann. Sie *kann* nicht verschwinden, da philosophische Melancholie von theoretischer Vernunft erzeugt, aber nicht von ihr geheilt wird. Lassen Sie mich diese etwas obskure Aussage näher erläutern. Philosophische Melancholie entsteht, weil der Mensch seine theoretische Vernunft überschätzt. Er mutet ihr die Beantwortung von Fragen zu, die sie nicht lösen kann. Da diese Überschätzung aber nicht von der reinen theoretischen Vernunft, sondern durch die Berücksichtigung von emotionalen und praktischen Gründen korrigiert wird, bleibt der Drang der theoretischen Vernunft, diese Fragen im Alleingang beantworten zu wollen.

Die philosophische Melancholie *darf* aber auch nicht verschwinden. Philosophie kann nur Philosophie bleiben, wenn sie den Versuch niemals aufgibt, jede Frage, die dem Philosophen begegnet, rein theoretisch beantworten zu wollen. Der Philosoph muss ständig die Grenzen der theoretischen Vernunft testen. Sonst bleibt er nicht Philosoph. Er wäre aber auch kein wahrer Philosoph, wenn er nicht bereit wäre, über die Grenzen der rein theoretischen Vernunft hinaus nach Lösungen zu suchen, wenn rein theoretische Antworten ausbleiben. Die Philosophie zeichnet sich daher durch eine innere Spannung aus, die nie vollkommen überwunden werden kann. Um dieser inneren Spannung der Philosophie gerecht zu werden, darf der wahre Philosoph seine philosophische Melancholie nie verlieren. Es ist aber nicht mehr die Melancholie der Suizidgedanken und des Weltschmerzes, sondern eine gewisse Form philosophischer Trauer. Der Philosoph muss zu einem gespaltenen Selbst werden, das einerseits um die nicht erreichte theoretische Lösung philosophischer Fragen trauert und andererseits aufgrund seiner emotionalen und praktischen Fähigkeiten eingesehen hat, dass die Lösungen philosophischer Fragen nicht immer rein theoretisch vollzogen werden können. Seine Trauer um die nicht erreichten rein theoretischen Lösungen wird sein Bemühen um solche Lösungen am Leben erhalten und so seine innere Spannung und Spaltung aufrechterhalten. William James ist das perfekte Beispiel für einen solchen Philosophen.

In Sartres *La nausée* wird eindrucksvoll erzählt, wie jemandem der Sinn des Lebens abhanden kommt. Genau genommen wird aber erläutert, wie jemandem der Sinn abhanden kommen *muss*. Uns – den Lesern – begegnet in Roquentin ein ganzer Mensch, um dessen Gesamthaltung es so bestellt ist, dass ihm der Sinn des Lebens abhanden kommen muss. Diesen zwingenden Zusammenhang zwischen der Gesamthaltung eines Menschen und seiner Melancholie kann nur eine *Erzählung* deutlich machen. Man kann die theoretischen Annahmen auflisten, die ein Mensch akzeptiert, dem dies passiert. Eine solche Auflistung wird aber nicht zwingend nachvollziehbar machen können, weshalb dieser Mensch in philosophische Melancholie wird verfallen müssen. Eine Biografie oder Autobiografie könnte das auch nicht. Biografien haben zwar eine narrative Struktur, doch sie müssen sich – wenn sie nicht zu rein fiktionalen Erzählungen werden sollen – an die kontingenten Begebenheiten eines Lebens halten. Die Frage ist aber, wie jemand *zwingend* in philosophische Melancholie verfallen muss. Dabei muss alles ignoriert werden, was nicht zu dieser Entwicklung beiträgt. Es muss in Reinform gezeigt werden, wie die philosophische Gesamthaltung eines Menschen ihn zwingend in die philosophische Melancholie treibt. Das geht nur in einer fiktionalen Erzählung.

Ein Text über James' philosophische Entwicklung vor und nach der Krisennotiz müsste daher genau genommen die Form einer fiktionalen Erzählung annehmen. Nur so kann man deutlich zeigen, inwiefern die philosophische Melancholie, ihre partielle Überwindung und ihre partielle Beibehaltung zwingend waren. Nur aus einer solchen Erzählung kann der Leser erfahren, wie man zu einem wahren Menschen wie James werden kann.

Eine solche fiktionale Erzählung drückt die betreffende Wahrheit besser aus als eine Biografie. Bei Fiktion geht es im Gegensatz zu einer Biografie darum, kontingente Faktoren auszublenden. Es geht darum, Elemente hinzuzufügen, die man biografisch nicht belegen kann, die aber der zwingenden Entwicklung von James Rechnung tragen: Insofern James von einer gewissen philosophischen Gesamthaltung geprägt war, *musste* sein Leben und seine Philosophie diese Entwicklung nehmen.

Diese fiktionale Erzählung muss aber auch eine *philosophische* Erzählung sein. Sie muss einen Protagonisten haben, der über das Leben, das er gerade führt, philosophiert. Seine philosophische Haltung muss auf sein Leben antworten und sein Leben muss von seiner philosophischen Haltung durchdrungen sein. Die Erzählung müsste also theoretische Überlegungen beinhalten. Die Krisennotiz von James ist ein Beispiel für eine solche theoretische Überlegung, die aus dem Leben erwächst und wieder im Leben mündet. Ich habe bisher abstrakt erklärt, wie die Krisennotiz eine Antwort auf philosophische Melancholie ist, wie die Melancholie partiell überwunden werden muss und wie das Leben danach von persönlicher Spaltung und vom Testen der in der Krisennotiz ausgedrückten Einsicht geprägt ist. Eine philosophische Erzählung mit James als Protagonisten müsste diese Entwicklung deutlich machen. Es wäre ein Werk, das sowohl *philosophisch* als auch *narrativ* wäre, da die narrative Entwicklung der philosophischen Notwendigkeit folgen müsste.

Sartres *La nausée* wäre sogar eine mögliche Blaupause für eine solche Erzählung. So wie Roquentin einsam durch die Straßen der Kleinstadt Bouville streift, könnte man sich James' einsame Spaziergänge durch Berlin und Dresden als Ausgangspunkt für eine philosophische Erzählung über James vornehmen. Oder man würde Carlyles Erzählungen über Professor Teufelsdröckh in *Sartor Resartus* zum Vorbild nehmen. Auf jeden Fall müsste die Erzählung über James der vorher ausgeführten philosophischen Entwicklung von James angepasst werden.

Ich bin also zu einer für viele eventuell überraschenden Lösung des Problems gekommen, welches Nietzsche bezüglich Schopenhauer plagte: Wie soll man sich an einem Menschen orientieren, wenn man nur seine Bücher kennt? Die Lösung ist: Man muss keine Biografie, sondern eine philosophische Erzählung über ihn schreiben. Eine philosophische Erzählung über James wäre also der ideale Text über den frühen James. Das Schreiben bzw. die Lektüre eines solchen Buchs würde einem ermöglichen, James' philosophische Krise mitzuerleben. Man würde miterleben, wie die Krise philosophisch entstanden ist, man würde die darin erlittene philosophische Melancholie miterleiden und man würde in der Lösung der Krise die partielle Überwindung und den partiellen Erhalt der Melancholie mit nachvollziehen.

Ich habe im letzten Abschnitt gesagt, dass James leider der philosophischen Einsicht seiner Krisennotiz nie in der Form eines philosophischen Werks gerecht geworden ist. Hätte James dieses Problem lösen können, indem er eine philosophische Erzählung über sich selbst geschrieben hätte? Mit anderen Worten: Ist James' ungeschriebenes Buch mit der Erzählung identisch, die über James verfasst werden müsste, damit man seine philosophische Krise miterleben kann? Ich würde gerne mit Ja antworten, da wir damit eine eindeutige Antwort hätten, aber die Antwort ist leider nein. Ein genuin philosophisches Werk muss über eine philosophische Erzählung hinausgehen. Es muss komplexe Gedanken und Argumente auf eine Art und Weise entfalten, wie es nicht in einer philosophischen Erzählung möglich ist. Selbstredend kann man sich vorstellen, dass die Theorieanteile einer solchen Erzählung ausführlicher ausfallen. Mit diesen Anteilen meine ich die Passagen, in denen theoretische Überlegungen in die Erzählung eingefügt werden, entweder als Überlegungen des Protagonisten oder als Gedanken anderen Ursprungs. Diese Maßnahme alleine kann aber keine Werkform erzeugen, die der Verbindung zwischen den theoretischen und den lebenspraktischen Aspekten einer Position gerecht wird. Die Theorieanteile einer Erzählung länger zu machen, bedeutet bloß, dass man etwas, das selbst die Form einer wissenschaftlichen Abhandlung hat, mehr Raum innerhalb der Erzählung gibt. Stattdessen muss ein Weg gefunden werden, diese Ausführung der Theorie im Buch selbst so zu gestalten, dass sich dadurch die Verbindung zwischen den theoretischen und lebenspraktischen Komponenten widerspiegelt. Es ist nicht ausgeschlossen, dass dies innerhalb einer philosophischen Erzählung möglich ist, allerdings nicht lediglich durch die Erweiterung der Theorieanteile.

Ich weiß nicht, welche Form ein Werk haben müsste, um James' Einsicht durch die Form gerecht zu werden. Aber ich muss mich wohl für meine Ratlosigkeit nicht schämen, da James selbst kein solches Werk vorgelegt hat. Ich hoffe aber, diese Vorüberlegungen tragen dazu bei, dass man diesem Ziel etwas näher kommen kann. Möglicherweise war es James nicht so wichtig, ein solches Werk zu schreiben. Er war ja der Überzeugung, dass eine Theorie sich letztlich im Leben bewähren muss. Sie muss im gelebten Leben getestet werden. Auch in dem perfektesten philosophischen Werk kann eine Theorie keine geschlossene Begründung finden. Darin sind James und Henrich einer Meinung: »Insofern ist die Philosophie von dem Wissen gar nicht abzuschneiden, dass auch ihre tiefsten Konzeptionen in dem bewussten Leben, das sie orientieren wollen, immer noch ihre Bestätigung und Bewährung zu finden haben.«[84]

Lieber Wilhelm,

besten Dank für Kapitel 3. Ich werde später ausführlicher schreiben.

Ich musste dir aber sofort nach Erhalt deines Kapitels schreiben. Ich bin über deinen letzten Abschnitt ziemlich empört. Er kann auf keinen Fall so bleiben. Ich kann nicht akzeptieren, dass du James deshalb ein Scheitern bescheinigst, weil er die richtige Form für seine philosophischen Werke angeblich nicht gefunden hat. Wenn du Recht hättest, wäre die Form von James' Schriften fundamental verkehrt. Ich dachte, dass wir beide James für die Art und Weise bewundern, wie er sein Publikum anspricht. Ich denke zwar, dass er präziser hätte schreiben können. Aber dies ist ein Mangel im Detail und kein grundsätzliches Problem. Wir wollen doch mit unserem Werk durch genauere und zeitgemäßere Argumentation diesen kleinen Mangel ausgleichen. Da du nicht einmal sagst, welche Form ein solches Werk annehmen könnte, bleibt deine Aussage ziemlich vage.

Ich bin mir aber nicht sicher, ob ich mich nicht *noch mehr* über deine andere These in § 3.4 ärgere. Du behauptest, dass ein Werk über den frühen James die Form einer philosophischen Erzählung haben müsste. Willst du ein solches Werk schreiben? Kannst du es überhaupt? Jedenfalls schreiben wir beide gerade an einem ganz anderen Buch. Soll in unserem Buch stehen, dass wir eigentlich ein ganz anderes Werk hätten schreiben müssen, aber es nicht konnten? Abgesehen davon sind philosophische Erzählungen sowieso grundsätzlich misslungen. Sie sind immer entweder schlechte Literatur oder schlechte Philosophie. Sind sie gute Philosophie, wirkt die Philosophie aufgesetzt. Sind sie gute Literatur, bleibt die Philosophie selbst feuilletonistisch. *L'âge de raison* von Sartre ist ein perfektes Beispiel dafür, *La nausée* ist etwas besser.

Best wishes,

Bill

———— * ————

Lieber Bill,

auch ich muss gleich antworten. Ich fühle mich ein wenig wie Henry sich gefühlt haben muss, wenn William ihn immer wieder für seine Romane und Erzählungen kritisiert und Verbesserungsvorschläge gemacht hat. Aber

William hat Henry dennoch geachtet. Ich lasse die Sache also, wie Henry es fast immer getan hat, schlicht auf sich beruhen.

Herzliche Grüße

Wilhelm

*

Lieber Wilhelm,

ich habe gesagt, dass ich nochmal ausführlicher schreiben würde. Ich habe einen konkreten Vorschlag. Ich denke, wir können § 3.4 einfach restlos streichen. Ich habe aber mit deinen Ausführungen in den anderen Abschnitten auch einige Probleme. Ich will zuerst versuchen, den Grund für die Probleme zu erläutern. Dann möchte ich kurz auf einige der Probleme eingehen, um schließlich einen weiteren Vorschlag zu machen.

In § 2.2 habe ich versucht, offensichtliche Einwände gegen deine Argumentation aus Kapitel 1 abzuwehren, da du dich gar nicht darum gekümmert hast. Ich dachte, ich hätte die Einwände in unserem Sinne beantwortet, und du hast mir in deiner Antwortmail auf mein Kapitel keinen Grund gegeben, etwas anderes zu denken. Nach der Lektüre von Kapitel 3 muss ich aber feststellen, dass du offenbar meine Antwort auf Einwand 5 nicht teilst. In meiner Antwort habe ich explizit gesagt, dass es nicht notwendig sei, in eine Lebenskrise zu verfallen, um ein guter Philosoph zu werden. Wir sind uns einig, dass philosophische Theorien unter anderem den Zweck haben, den Menschen ihre Lebensführung zu ermöglichen. Dies bedeutet, dass philosophische Krisen potentiell auch Lebenskrisen sind. Es zeichnet daher einen guten Philosophen aus, dass für ihn diese Dimension philosophischer Probleme lebendig ist. Ein philosophisches Problem wirft für ihn auch Probleme in der Lebensführung auf. Dies heißt aber *nicht*, dass man erst ein guter Philosoph wird, wenn man eine Lebenskrise erlitten hat, oder dass man sofort eine Lebenskrise hat, wenn ein philosophisches Problem auftaucht. Du schreibst aber: »Nur über philosophische Melancholie gewinnt man gewisse Wahrheiten.« Dies führst du im Detail in § 3.4 aus. Deshalb muss dieser Abschnitt in Gänze gestrichen werden. Natürlich darfst du dies glauben, aber wir müssen einen gemeinsamen Nenner finden, wenn wir zusammen ein Buch schreiben wollen. Diese deine These wird zwar am ausführlichsten in § 3.4 ausgeführt, aber sie beeinflusst meines Erachtens auch dein Vorgehen in den vorherigen Abschnitten. Dort verführt dich die These dazu, James' Krise zu überdramatisieren und zu überintellektualisieren. Das handelt uns diverse Probleme ein, zu denen ich gleich komme. Zuerst möchte ich einige Übereinstimmungen zwischen uns kurz formulieren, damit du mich nicht missverstehst.

Ich finde deinen Vergleich zwischen James und Mill in den ersten beiden Abschnitten extrem nützlich, um James' Verständnis vom Verhältnis zwischen Philosophie und Leben klarzumachen. (Für Mill ist das Verhältnis zwischen Philosophie und Praxis vermutlich enger als du behauptest. Aber uns geht es um James; dies kannst du vielleicht einfach kurz in einer Anmerkung mit Verweis auf solche Mill-Interpreten wie Elizabeth Anderson, Róbert Haraldsson und Candace Vogler richtig stellen.) Deine inhaltliche Interpretation der Krisennotiz ist auch exzellent. Außerdem finde ich den Kontrast zwischen der inneren Verbindung der kontemplativen und der lebenspraktischen Komponente bei James und Henrich in § 3.3 sehr hilfreich und freue mich darauf, später im Buch selbst mehr zu diesem Thema zu schreiben, obwohl es dort dann sicherlich nicht mehr schwerpunktmäßig um Henrich gehen wird. Nur die Anmerkungen zur Form unseres Buchs müssen hier auch revidiert werden.

Nun komme ich zum Problem deiner Überdramatisierung und Überintellektualisierung der Rolle der Krise für James und für die Philosophie. Es handelt sich dabei eigentlich nicht um eine Schwierigkeit, sondern um mehrere miteinander verbundene Probleme, die alle gelöst werden müssen. Ich gehe nur kurz auf die einzelnen Probleme ein:

1) Deine Darstellung der Krise von James ist zu vergeistigt und zu dramatisch: Obwohl dir das Problem offenbar bewusst ist, stellst du seine Krise schließlich so dar, als ob die wesentlichen Entwicklungen in James' Leben grundsätzlich auf philosophische Krisen zurückzuführen seien. Damit machen wir uns angreifbar für kritische James-Forscher. Wir müssen hier viel vorsichtiger vorgehen und uns mit Forschungen aus der Sekundärliteratur zu James' Leben beschäftigen, um klarzumachen, welches Verhältnis genau zwischen Lebenskrisen und philosophischen Krisen in James' Leben besteht. Insbesondere muss das Verhältnis von James' philosophischer Melancholie und seinen psychischen und biografischen Problemen viel ausführlicher und im Verhältnis zur Sekundärliteratur diskutiert werden.

2) Du schreibst überhaupt, als ob es gar keine Sekundärliteratur zu James gäbe. Wir können es uns einfach nicht leisten, sie zu ignorieren. Außerdem werden in der Sekundärliteratur interessante Punkte aufgeworfen, die wir diskutieren sollten.

3) Deine Verwendung der berühmten Beschreibung von James' dramatischem Erlebnis aus den *Varieties* bringt uns Probleme. Du nimmst das Problem der Datierung nicht ernst und beschäftigst dich nicht wirklich damit, in welchem Verhältnis dieses Erlebnis zu anderen Aspekten in James' Leben und Philosophie steht. Wenn man diese Passage aus den *Varieties* ins Spiel bringt, muss man sich mit diesen Fragen beschäftigen.

4) Es fehlt bei dir gänzlich eine adäquate theoretische Auseinandersetzung mit dem Krisenbegriff. Was hat James mit »Krise« gemeint? Ist es legitim, bedeutende Entwicklungen in James' Leben als das Durchleben einer Krise zu beschreiben?

Ich habe mich gefragt, was wir angesichts dieser vielfältigen Probleme machen können. Die ersten drei Abschnitte deines Kapitels möchte ich mit kleinen Revisionen gerne als Teil des Buchs beibehalten. Wir hatten auch gesagt, wir würden das Buch im »Ping-Pong-Verfahren« schreiben. Damit uns die Probleme, die uns dein Kapitel bereitet, nicht zum Verhängnis werden, müssen wir irgendwie mit ihnen umgehen. Wir müssen zeigen, dass wir über James und sein Leben philologisch korrekt arbeiten und keine Überdramatisierung oder Überintellektualisierung betreiben. Wir müssen außerdem zeigen, dass wir eine differenzierte Auffassung vom Krisenbegriff haben. Um diese Probleme zu lösen, habe ich beschlossen, ein kurzes biografisches Kapitel zu James zu schreiben. Ich hatte zwar wirklich nicht vor, ein solches Kapitel in unsere Monografie aufzunehmen, da ich sie als ein argumentativ orientiertes Werk verstehe. Unter den gegebenen Umständen ist dies aber meiner Ansicht nach der beste Weg. So können wir direkt den Verdacht ausräumen, wir würden nicht philologisch korrekt mit James' Leben oder den Quellen umgehen, und zusätzlich unsere Konzeption des Krisenbegriffs direkt anhand von James' Leben erläutern. Ich denke außerdem, ich entschädige dich mit einem biografischen Kapitel ein Stück weit für die Streichung von § 3.4. Du hast in § 3.4 gesagt, dir wäre es wichtig zu zeigen, wie James in philosophische Melancholie verfällt. Du meinst zwar, eine Biografie wäre nicht dafür geeignet, da in einer Biografie immer »kontingente Begebenheiten« eine Rolle spielen müssten und man daher in einer Biografie nicht zeigen könne, wie jemand »zwingend« in philosophische Melancholie verfallen muss. Ich bin aber – wie gesagt – nicht mit deiner These einverstanden, dass man zeigen muss, wie jemand »zwingend« in philosophische Melancholie verfällt. Das biografische Kapitel wird also in dieser Hinsicht für dich ein Kompromiss sein. Aber das ist es für mich auch. Ich wollte kein solches Kapitel schreiben und biete es nur an, um unsere Probleme zu lösen.

Also: Bist du damit einverstanden, dass ich ein kurzes biografisches Kapitel schreibe? Ich würde gerne bald Antwort erhalten, damit ich mit der Arbeit beginnen kann.

Best,

Bill

*

Lieber Bill,

selbstredend bin ich einverstanden! Ich bin mir sicher, dass dein biografisches Kapitel eine Bereicherung unseres Buchs darstellen wird. Damit kann man zwar nicht die Ziele, die ich in Abschnitt 3.4 anvisiert hatte, erreichen, aber ich bin mir sicher, dass das Kapitel – weil es von dir stammt, lieber Bill – ein Gewinn für unser Buch sein wird.

Ich möchte kurz anmerken, dass ich die Sekundärliteratur zur Kenntnis nehme. Wenn man sich ausgiebig mit der Sekundärliteratur beschäftigt, verliert man aber zwangsläufig das Entscheidende aus dem Blick. Falls du wirklich darauf bestehen solltest, könnte ich mir aber vorstellen, beispielsweise in einer Endnote Sarin Marchettis Verteidigung der Wichtigkeit von James' Stil (»Style *And/As* Philosophy in William James«) kurz zu erörtern: Ich denke, James kann durch seinen Stil nicht ausgleichen, dass ihm nicht gelungen ist, die richtige Werkform für seine zentrale Einsicht zu finden.

Ich grüße dich herzlichst, und bitte sag deiner Familie, ich möchte sie unbedingt alle kennenlernen, wenn wir uns das nächste Mal sehen.

Dein Wilhelm

*

Lieber Wilhelm,

ich hoffe, es geht dir gut. Heute nur eine kurze Zwischenmeldung, da du dich sicher wunderst, wie lange das Schreiben des biografischen Kapitels dauert. Erstens stehe ich durch Verwaltung und Lehre ziemlich unter Druck und finde nicht genügend Zeit zum Schreiben. Zweitens wird das Kapitel immer länger. Ich hatte ein kurzes Kapitel geplant, aber ich finde, dass ich dem Stoff nicht gerecht werden kann, ohne ins Detail zu gehen. Ich hoffe, ich werde in nächster Zeit fertig, aber du musst etwas Geduld mit mir haben.

All best,

Bill

*

Lieber Bill, das ist selbstverständlich kein Thema, ich freue mich ganz einfach auf dein Kapitel. Viele liebe Grüße, Wilhelm

*

Lieber Wilhelm,

im Anhang jetzt endlich das biografische Kapitel. Ich hoffe, es gefällt dir.

Ich habe heute außerdem ein wichtiges Anliegen. Ich denke, mein ursprünglicher Plan für das Buch lässt sich nicht durchhalten. Dafür gibt es zwei Gründe: Der erste Grund liegt in der bisherigen Entwicklung unseres Manuskripts. Der andere Grund ist eher privater bzw. beruflicher Art. Ich beginne mit dem ersten.

Ursprünglich hatte ich geplant, dass du nach dem jetzigen Kapitel 2 ein Kapitel 3 zum Thema »Philosophische Fragen und Lebensfragen« hinzufügst. Dann sollten im Teil I noch zwei Kapitel folgen: ein Kapitel zu Begriffen wie *Temperament*, *praktische* vs. *theoretische Gründe* usw. und ein weiteres zur Begründung philosophischer Systeme. Dann sollte Teil II aus vier Kapiteln bestehen zu den Themen Willensfreiheit, Moralität, Sinn des Lebens und Religion. Aber dann hast du ein Kapitel 3 geschrieben, das anders ausgefallen ist, als ich es erwartet hatte. Als Reaktion darauf habe ich in Absprache mit dir jetzt das biografische Kapitel 4 geschrieben (Anhang). Daraus ergibt sich eine neue Situation. Das Buch darf nicht zu lang werden, sonst wird es niemand lesen. Ich mache dir dazu unten einen Vorschlag, aber zuerst möchte ich auf meinen zweiten Grund eingehen.

Ich stehe beruflich ziemlich unter Druck. Ich hatte dir bei unseren ersten Gesprächen erzählt, dass unser Buch für die Entscheidung über meine Festanstellung relevant sein könnte. Ich muss spätestens im nächsten Jahr die Texte zusammen haben, die ich der Universitätskommission zur Evaluation einreiche. Ich wollte gerne unser Buch einreichen und natürlich kennzeichnen, welche Kapitel aus meiner Feder stammen. Das Buch als Ganzes ist trotzdem für die Evaluation wichtig, da die Teile zusammen ein Gesamtbild ergeben, das für das Urteil der Kommission sicher nicht unwichtig sein wird. Mir geht es zwar nicht schlecht (meine Frau wurde gerade in ihrer Professur verstetigt), aber wenn ich hier keine Festanstellung bekomme, dann müsste ich an einer anderen Universität Arbeit suchen und pendeln. Das wäre mit den Entfernungen in den USA und unseren beiden Kindern nicht einfach.

Jetzt also zu meinem Vorschlag. Ich denke, wir können es nicht mehr durchhalten, vier Kapitel zu den Themen Willensfreiheit usw. zu schreiben. Ich denke, wir müssen die Diskussion dieser Themen einfach in die Kapitel, die wir noch schreiben werden, einbauen. Jetzt meine Bitte an dich: Wärest du bereit, ein rein philologisches Kapitel zu den Publikationen des frühen James zu schreiben? Ich denke hier vor allem an die Texte aus *The Will to Believe* und ihren Vorläufern. Du bist ein exzellenter Philologe. Ich kenne – die ganze Welt kennt – deine früheren philologischen Arbeiten. Deine bisherigen Beiträge zu unserem Buch waren anders. Aber wärest du nicht bereit, dein außergewöhnliches philologisches Talent für unser Projekt erneut einzusetzen? Ich habe im angehängten biografischen Kapitel Interpretationen von Texten von James formuliert. Aber dort liegt der Schwerpunkt auf Tagebüchern, Notizen, Briefen und Publikationen, die in direktem biografischem Bezug zu James stehen. Wir brauchen unbedingt noch eine systematische Interpretation der frühen Veröffentlichungen. Dies würde den Boden für meine philosophische Auseinandersetzung mit James' Position in diesen Schriften bereiten: für den Teil unseres Buchs, der über James hinausgeht. Ich stelle mir vor, dass meine philosophischen Untersuchungen ein langes Kapitel oder zwei mittellange Kapitel umfassen und unsere Philosophie der Philosophie systematisch ausbuchstabieren würden – immer mit Bezug auf die Themen Willensfreiheit, Moralität, Sinn des Lebens und vielleicht auch noch die Religion. Diese philosophischen Kapitel sollten systematischer, argumentativer Art sein. Das machst du nicht gerne, wenn ich dich richtig verstehe. Das Buch erfordert es aber. Und ich brauche solche Texte für die Evaluation.

Bist du dazu bereit? Ich wäre dir dafür unendlich dankbar. Es würde mir wegen der anstehenden Evaluation ein Stein vom Herzen fallen und wir hätten mit deinem philologischen Kapitel und meinem philosophischen Teil Beiträge, die die bisher bestehenden Kapitel zu einem sinnvollen Ganzen ergänzen würden.

Ich hatte in einem früheren Brief versucht, dich vom Joggen zu überzeugen. Für mich stellt sich nach dem Sport im Geist eine Klarheit her, die ich sonst nicht habe. Es ist, als ob ich in einem runden Flur stehe und plötzlich alle darin mündenden Türen aufspringen und mir sämtliche Verbindungen klar werden. Dies muss eine biologische Grundlage haben. Ich habe nicht darüber geforscht, aber mir wurde vor kurzem das Buch *Running with the Pack* des Philosophen Mark Rowlands empfohlen. Ich habe es nicht gelesen, aber vielleicht kann es dich vom Joggen überzeugen, wenn ich es nicht kann. Du könntest mit deinem Hund – wie heißt er noch gleich? – laufen!

Ich hoffe, du kannst meiner Bitte entsprechen. Wir müssen uns wirklich Gedanken darüber machen, wie wir unser Buch erfolgreich zu Ende schreiben.

Ich übermittle dir meine herzlichsten Grüße, auch von meiner Frau und den Kindern. Obwohl Martha dich nicht kennt, spürt sie wohl, wie sehr ich unsere Freundschaft und Zusammenarbeit schätze, yours, Bill

P.S. Du hattest in einer früheren Mail vorgeschlagen, wir sollten nur Zeichnungen von James von sich selbst im Buch abbilden. Da es jetzt dieses biografische Kapitel gibt, kann ich dem nicht zustimmen. Wie du im Text sehen wirst, wird auf einige Abbildungen im Kapitel verwiesen. Wir brauchen aber auch Fotos von James. In einer biografischen Erzählung gibt es Berichte anderer über James. Fotos sind in ihrer Funktion für den Leser ähnlich wie solche Berichte und sollten aufgenommen werden. Ich schlage konkret die Abbildungen vor, die ich dir gleich kommentarlos in einer weiteren Mail schicken werde.

KAPITEL 4

Philosophie und Biografie

Das vorliegende Werk ist eine argumentativ orientierte Abhandlung. Wie wir bereits erläutert haben (§ 2.1), trennen wir dabei streng zwischen unserem philologischen und unserem philosophischen Anliegen: Wir wollen eine philologisch korrekte Interpretation von James anbieten und philosophisch über ihn hinausgehen, obwohl wir an ihn anschließen. Es stellt sich die Frage, was Interpretationen von biografischen Krisen in einer solchen Monografie zu suchen haben. Muss ein philosophisches Werk nicht von biografischen Überlegungen absehen? Wir sind der Meinung, dass es nicht so ist. Eine philosophische Biografie kann für das Verständnis des Denkens eines Philosophen ungeheuer wertvoll sein. Dies wollen wir in § 4.1. in Anlehnung an James Conant und Ray Monk klarmachen.

Nun haben wir bereits von der sogenannten Krise von James gesprochen. In der Sekundärliteratur zu James ist es eine sehr umstrittene Frage, inwiefern es gerechtfertigt ist, von einer solchen Krise zu sprechen. Selbst wenn man diese Redeweise zulässt, ist es umstritten, worin seine Krise bestand. Ist es vorrangig eine biografische bzw. psychische Krise oder vorrangig eine philosophische bzw. intellektuelle Krise, oder beides? Diese Frage nach der Krise ist mit der allgemeineren Frage verwandt, wie man Fakten oder Behauptungen über die Person James und sein Leben in Verhältnis zu seinem Denken setzen darf und soll. Wir haben Behauptungen über die Krise von James und andere Aspekte seines Lebens aufgestellt. Um philologisch korrekt vorzugehen, müssen wir diese Fragen daher behandeln (§ 4.4).

Unser Anliegen dabei ist es aber nicht nur, solche Fragen aus der Sekundärliteratur zu beantworten. Wir wollen folgende These über das philosophische Denken von James verteidigen: Eine wesentliche Pointe seines philosophischen Denkens besteht darin, dass für ihn philosophisches Denken immer gleichzeitig eine Beschäftigung mit Fragen der Lebensführung ist. Er versteht die philosophischen Fragen, die ihn beschäftigen, als Fragen, die *als philosophische Fragen* gleichzeitig Fragen der Lebensführung sind. Umgekehrt sind für ihn wichtige Fragen der Lebensführung von philosophischen Themen durchdrungen. Wir hätten diese These anhand von seinen Publikationen nachweisen können, aber wir wollen sie stattdessen belegen, indem wir ein Stück seiner Biografie erzählen. Auf diese Weise können wir in einem Zug sowohl diese These untermauern als auch die Fragen aus der

Sekundärliteratur zum Verhältnis von der Biografie und dem Denken von James beantworten (§ 4.2–4.5).

4.1 Philosophische Biografien

Wir gehen in diesem Kapitel biografisch auf eine Periode im Leben von James ein: von 1868 bis 1873. Da es sich hier um einen kurzen Zeitraum handelt, wollen und können wir nicht beanspruchen, eine Biografie von James zu schreiben. Trotzdem müssen wir erläutern, was wir mit diesem biografischen Fragment erreichen wollen bzw. welche Art von Biografie von James wir würden schreiben wollen, wenn es unser Vorhaben gewesen wäre, eine solche Biografie zu verfassen.

James Conant unterscheidet zwischen zwei Auffassungen des Verhältnisses der Biografie eines Philosophen auf der einen Seite und der Interpretation des Werks bzw. des Denkens eines Philosophen auf der anderen Seite.[85] Nach der *reduktiven* Auffassung hat eine solche Biografie den Zweck, Fakten über das Leben oder den Charakter einer Person ans Licht zu bringen, die unabhängig vom philosophischen Denken der Person bestehen und als solche unabhängig von ihrem Denken verständlich sind. Diese Fakten sind aber der Schlüssel zum Verständnis der Werke bzw. des Denkens des Philosophen. Der Biograf eines Philosophen geht also in zwei Schritten vor: Im ersten Schritt sollen biografische Tatsachen über den Philosophen als Menschen entdeckt werden, die von seinem Denken unabhängig sind, die dann im zweiten Schritt als Erklärung für sein Denken eingesetzt werden – und zwar sowohl inhaltlich als auch kausal. Sie liefern eine *inhaltliche* Erläuterung, da nur durch diese biografischen Tatsachen das Denken des Philosophen inhaltlich richtig verstanden werden kann. Sie geben eine *kausale* Erklärung, da die Richtung seines Denkens kausal durch diese biografischen Tatsachen zu erklären ist. Die *Abschottungsauffassung*[86] hingegen besteht auf der Irrelevanz von Biografien für das Verständnis der Werke bzw. des Denkens eines Philosophen. Um das Denken eines Philosophen zu verstehen, müsse man rein werkimmanent verfahren und dürfe sich auf keine biografischen Fakten über die Person beziehen.

Da wir das Denken von James durch Beschäftigung mit seiner Biografie beleuchten wollen, lehnen wir natürlich die Abschottungsauffassung ab. Bevor wir auf unsere Ablehnung der reduktiven Position eingehen, müssen wir aber das Ziel unseres biografischen Fragments klarer machen: Wir wollen eine *philosophische Biografie* schreiben. Nach Ray Monk besteht der Zweck einer philosophischen Biografie darin, »einen Philosophen zu verstehen«.[87] Nach Conant ist eine philosophische Biografie »eine Art Repräsentation des Lebens eines einzelnen Philosophen, die ermöglichen soll, dieses Individuum als Philosophen zu verstehen«.[88] Darin besteht aus unserer Sicht die *erste* wichtige Komponente einer philosophischen Biografie: Der Gegenstand, dessen Verstehen die Biografie ermöglichen soll, ist ein *Individuum*, aber es ist dieses Individuum *als Philosoph*. Damit soll natürlich keineswegs gesagt werden, dass es nicht um das Denken oder das Werk des Philosophen geht. Aber das Verstehen des Denkens geschieht durch das Verstehen des Philosophen: Dies ist ein *zweiter* maßgeblicher Aspekt einer philosophischen Biografie. Wie Monk schreibt, ist »der Zweck einer solchen Biografie, [...] einen Philosophen zu verstehen und dabei ein stärkeres Licht auf dessen Denken zu werfen«.[89]

Eine philosophische Biografie unterläuft damit eine Dichotomie, die Robert D. Richardson in der Beschreibung seiner Biografie zu James anscheinend voraussetzt: »Dies ist eine intellektuelle Biografie von William James. Das bedeutet, dass sie versucht, sein Leben über sein Werk zu verstehen, und nicht anders herum.«[90] Richardson setzt hier vermutlich voraus, dass eine Biografie je nur eines bzw. eine von zwei Erklärungszielen und -richtungen haben kann. Entweder kann das Ziel darin bestehen, das Denken oder Werk einer Person auf der Basis ihres Lebens zu erklären, oder darin, das Leben oder vielleicht die Person durch das Werk zu erläutern. Richardsons Biografie hat erklärtermaßen das zweite Ziel. Mit einer philosophischen Biografie wird implizit die Annahme in Frage gestellt, dass die Erklärung nur in eine der beiden Richtungen laufen kann. Eine philosophische Biografie will eine *Person als Philosophen* verstehen. Eine solche Biografie kann nur erfolgreich sein, wenn die Erklärungen in beide Richtungen laufen. Der Philosoph ist wesentlich in seinem Werk tätig. Wenn man das Werk ignoriert, dann wird man ihn als Philosophen nicht verstehen. Das Leben der Person soll aber gleichzeitig ein Verstehen von ihr als Philosophen erbringen. Das Leben und das Werk der Person ermöglichen also *zusammen*, die Person als Philosophen zu verstehen. Wenn man sie als Philosophen verstanden hat, dann wird dadurch ein vertieftes Verständnis ihres Werks möglich. (Damit wird bereits eine Annahme der reduktiven Auffassung abgelehnt, nämlich die Annahme, dass in einer Biografie über einen Philosophen sein Leben sein Werk erläutern soll und nicht umgekehrt. Eine weitere Annahme der reduktiven Auffassung werden wir gleich ablehnen.)

Das *dritte* wesentliche Element einer philosophischen Biografie besteht in der Art des Verstehens, das die Biografie vermitteln soll. Man kann einen Menschen *als Philosophen* nur dann verstehen, wenn dieses Verstehen selbst philosophischer Art ist. Dementsprechend sagt Conant, dass eine philosophische Biografie *philosophisches Verstehen* zum Ziel hat: »Eine philosophische Biografie (oder Autobiografie) will über das Genre der Biografie (oder Autobiografie) – das heißt, über die Darstellung eines Lebens – eine Art Verstehen anbieten, das selbst den Anspruch hat, *philosophisch* genannt zu werden.«[91]

Die reduktive Auffassung geht – wie bereits erläutert – davon aus, dass die Biografie eines Philosophen in zwei logisch zu trennenden Schritten vorgeht. Es wird zuerst eine Interpretation des Lebens bzw. der Person eines Philosophen entwickelt, die logisch betrachtet von der Interpretation des Denkens des Philosophen unabhängig ist. Diese wird im zweiten Schritt eingesetzt, um das Denken des Philosophen zu erklären. Nach unserem Ansatz ist eine philosophische Biografie grundsätzlich ein nichtreduktives Unterfangen: Es wird ein Verstehen des Lebens des Philosophen gesucht, das *intern* mit seinem philosophischen Denken verbunden ist. Man kann keine Interpretation des Lebens der Person als Philosophen geben, die logisch betrachtet unabhängig vom Denken des Philosophen wäre und die Richtung des Denkens erklären könnte. Daher wird eine Beschreibung des Lebens gesucht, die es als *Ausdruck* des Denkens versteht. Conant formuliert dieses Vorhaben wie folgt: »Wir müssen dahin kommen, das Leben eines Philosophen auf eine Weise zu verstehen, die es uns erlaubt, dieses Leben (nicht als eine Wirkung von Kräften, die seiner Philosophie äußerlich sind, sondern vielmehr) als etwas zu sehen, das mit seiner Philosophie intern verbunden ist – als *Ausdruck* seiner Philosophie.«[92]

So wollen wir in unserem biografischen Fragment zu James vorgehen. Dieses methodische Vorgehen impliziert aber natürlich inhaltlich keine Interpretation von James. Wir werden James zwar so interpretieren, dass er philosophische Theorie als besonders eng mit Fragen der Lebensführung verbunden sieht. Es wäre aber durchaus möglich, eine philosophische Biografie eines Philosophen zu schreiben und sein Leben als Ausdruck einer Philosophie zu interpretieren, die theoretische Fragen von Fragen der Lebensführung streng trennen möchte.

Aber wie schreibt man eine gelungene philosophische Biografie? Auf diese Frage können wir hier nicht ausführlich eingehen. Da das vorliegende Werk aber eine argumentativ orientierte Abhandlung ist, wollen wir kurz erläutern, wie das biografische Fragment sich methodisch vom Rest der vorliegenden Monografie unterscheidet. Conant und Monk weisen mit Recht darauf hin, dass eine gelungene philosophische Biografie nicht thesenhaft das Denken eines Philosophen erläutert. Im Gegenteil: In einer gelungenen philosophischen Biografie *zeigt sich* die Person des Philosophen als Philosophen und wird nicht thesenhaft erklärt. Monk schreibt: »Biografie ist, glaube ich, eine nicht-theoretische Tätigkeit [...]. Die Einsichten, die sie anzubieten hat, müssen gezeigt statt behauptet werden.«[93] In diesem Sinne schreibt Conant über Monks Biografie zu Wittgenstein, dass diese Biografie das, was sie zeigt, auf eine Art zeigt, »wie es nur [...] eine Biografie kann – das heißt, indem sie es buchstäblich *zeigt*: indem sie uns ein Bild von Wittgensteins Leben präsentiert.«[94]

Dies wollen wir in unserem biografischen Fragment erreichen: dass sich Aspekte von James als Philosophen *zeigen*. In einer Hinsicht müssen wir aber vielleicht scheitern. Da wir nur kurz auf einen begrenzen Abschnitt des Lebens von James eingehen werden, ist fraglich, ob der Kontext unserer Erzählung reichhaltig genug ist, damit James als Philosoph sich in dieser Geschichte zeigt. Dieses Problem versuchen wir dadurch zu relativieren, dass wir nur einen bestimmten Aspekt von James als Philosophen zum Ausdruck bringen wollen.

Bevor wir dazu übergehen, muss ein letzter und maßgeblicher Punkt angesprochen werden, den diese Überlegungen zur erfolgreichen philosophischen Biografie für unsere Monografie aufwerfen. Unser Werk ist eine argumentativ orientierte Abhandlung und dieses Kapitel ist ein gewisses Intermezzo, indem es dem Werk ein biografisches Fragment hinzufügt. Dies wirft die Frage auf, ob das, was in diesem Kapitel über James als Philosophen gezeigt werden soll, *nur* in einer philosophischen Biografie vermittelt werden kann. Aus unserer Sicht ist die Antwort auf diese Frage eindeutig nein. Alles, was wir in diesem biografischen Fragment vermitteln wollen, hätte man durch eine Interpretation des Werks von James vermitteln können. Es ist alles im Werk von James zu erkennen, obwohl eine Biografie hilfreich sein kann, um einem dies zu vermitteln. Wir betrachten unser biografisches Fragment also wie Conant offenbar die Biografie von Monk zu Wittgenstein betrachtet: als (hoffentlich) hilfreich, aber nicht streng genommen notwendig: »So soll uns geholfen werden, etwas zu erkennen, was [...] ohne die Hilfe von Monks Biografie im Werk zu erkennen wäre. Aber es kann schwer zu erkennen sein.«[95] Wir haben also diesen biografischen Zugang in diesem Kapitel *nicht* deshalb gewählt, *weil* er *notwendig* gewesen wäre. Wir hätten alles genauso gut mit Hilfe des Werks von James in thesenhafter Präsentationsform vermitteln können. Die Form eines biografischen Fragments ist in unserem Fall nur besonders *hilfreich*, um bestimmte Themen wie die Frage nach der Bedeutung der Krisen von James für sein Denken angemessen zu behandeln.

4.2 Die Entscheidung vom 10. April 1873

Die Zeit von 1868 bis 1873 war sicher eine der schwierigsten Zeiten im Leben von James. Die Notiz, die wir vorher als »Krisennotiz« bezeichnet haben, wurde 1870 verfasst. Da aus der Krisennotiz wichtige Fragen nach dem Krisenbegriff entstehen und 1868–1873 im gängigen Sinne als eine Krisenzeit im Leben von James bezeichnet werden könnte, haben wir diesen Zeitraum gewählt. Es ist aber nicht möglich zu sagen, wann die Zeiten für James ernsthaft »krisenhaft« wurden (1868 oder vielleicht bereits vor oder nach der Abreise nach Europa 1867 oder noch früher?) und wann sein Leben wieder etwas leichter wurde (1873 oder vielleicht erst 1878 mit der Heirat mit Alice Gibbens?). Jede Entscheidung für einen bestimmten Zeitabschnitt wäre gewissermaßen willkürlich. Um trotzdem ein klares Kriterium zu haben, das mindestens so gut wie andere mögliche Parameter diese problematische Zeit im Leben von James umrahmt, wird die von uns untersuchte Periode als die Spanne vom Anfang bis zum Ende eines Tage- bzw. Notizbuchs (*Diary*) festgelegt, das James am 1. April 1868 in Dresden anfängt und dessen letzter Eintrag am 10. April 1873 gemacht wird. Dieses Tagebuch ist außerdem besonders aufschlussreich bezüglich der Verbindung von Leben und Philosophie für James. Da wir uns der Künstlichkeit dieser Eingrenzung bewusst sind, werden wir uns aber erlauben, auf Quellen zurückzugreifen, die nicht innerhalb dieser Zeitspanne liegen, wenn der Kontext dies verlangt.

Wir beginnen mit dem letzten Eintrag im Tagebuch. Aufgrund seiner Reichhaltigkeit zitieren wir ihn in seiner vollen Länge. Am Anfang dieses Tagebucheintrags spricht James von Eliot und vom Unterricht in Anatomie. Damit sind Charles W. Eliot, Präsident der Harvard University, und der Kurs »Natural History 3: Comparative Anatomy and Physiology of Vertebrates« gemeint, den James bereits seit Januar 1873 unterrichtet. Dieser Kurs war die erste Unterrichtserfahrung von James und brachte ihm sein bisher erstes festes Einkommen, obwohl es sich nur um eine temporäre Anstellung für eine Lehrveranstaltung handelte. Das Angebot von Eliot, worauf sich James im folgenden Tagebucheintrag vom 10. April 1873 (kurz: »Eliot-Eintrag«) bezieht, besteht darin, diesen Kurs ganz für das kommende akademische Jahr zu übernehmen:[96]

> Gestern habe ich Eliot mitgeteilt, dass ich den Anatomieunterricht im nächsten Jahr übernehme, falls gesund genug ihn abzuhalten, und dass ich wahrscheinlich am Institut bleibe. Zu dieser Entscheidung kam ich hauptsächlich durch das Gefühl, dass philosophische Tätigkeit als *Beruf* für die meisten Men-

schen nicht normal ist und nicht für mich. Für eine vollständige Auffassung der Dinge verantwortlich zu sein, übersteigt meine Kräfte. Die *Form* allen möglichen Denkens zum beherrschenden *Gegenstand* der eigenen Gedanken zu machen, erzeugt Hypochondrie. Natürlich werden die allgemeinsten Probleme nach wie vor Gegenstand meines innigsten Interesses bleiben. Weil aber mein stärkstes moralisches und intellektuelles Verlangen einer stabilen Realität gilt, auf die ich mich stützen kann, und da ein bekennender Philosoph sich öffentlich dazu verpflichtet, den Zweifel bezüglich dieser Fragen niemals aufzugeben, sondern jeden Tag dazu bereit zu sein, die Grundlagen seines Glaubens vom Vortag erneut zu kritisieren und in Frage zu stellen, fürchte ich, dass der vorsätzliche Glaube, den ich aufrecht erhalten kann, nicht ausreichen würde, um das ständige Gefühl der Haltlosigkeit, das durch eine solche Einstellung erzeugt wird, zu neutralisieren – und diese Traumauffassung, »Maya«, der Abgrund des Schreckens, würde trotz allem meine Vorstellungswelt besetzen und meine Vernunft in Gefahr bringen. Wofür wir Verantwortung übernehmen, wird für uns Realität – und die konkreten Tatsachen, die im Verantwortungsbereich eines Biologen liegen, bilden eine feste Basis, von der aus er, so viel er mag, emporstreben kann zur Bewältigung der universellen Fragen, wenn ihn eine hochherzige Stimmung überkommt; ebenso sind sie eine Basis, auf der er passiv treiben und über Zeiten der Schwäche & Depression hinweggleiten kann, während er die ganze Zeit blind auf die Wohltaten der Naturkräfte und die Rückkehr besserer Gelegenheiten vertraut. Ein »Philosoph« hat öffentlich das Privileg aufgegeben, *blind* zu vertrauen, was das Recht jedes einfachen Menschen ist – und mein Blick ist nicht immer klar genug für solch eine dauerhafte Verpflichtung. Natürlich könnte man sagen, mach aus der Psychologie im eigentlichen Sinne genau so eine Basis; aber das geht nicht, man kann Psychologie nicht von Introspektion trennen und so groß die Arbeit auch sein mag, die ihr rein objektiver, physiologischer Teil erfordert, ist es doch genau der andere Teil, für den ein Professor derselben öffentlich Verantwortung übernehmen soll. Es ist nicht notwendig, die universellen Probleme direkt und als solche in ihrer abstrakten Form anzugehen. Wir arbeiten an ihrer Lösung auf jede Weise – beim Leben und beim Lösen kleiner konkreter Fragen –, weil sie in allem stecken. Die Methode der Natur ist Geduld; und der locker sitzende Glaube, nicht festgeschnürt, sondern lächelnd und mit einer Prise Skepsis, der nicht daran verzweifelt, eine Lösung aufzuschieben, den Goethe in seiner Haltung zu Philosophie & Natur gezeigt hat, ist keine niedrige Einstellung und gehört vielleicht zu einer reicheren Lebensweise mit längerfristigen Versprechen als die hitzige, gebieterische, tragische Art des Angriffes. Die Zwecke der Natur werden alle durch Mittel erreicht, und vielleicht ist der beste Weg sie aufzudecken, sie durch alle Mittel aufzuspüren.[97]

Seit dem Beginn seiner Studienzeit im Jahr 1860 – also 13 Jahre vor diesem Tagebucheintrag – kann James nicht entscheiden, was er werden will. Diese

Unentschiedenheit zieht sich durch seine ganze »krisenhafte« Zeit hindurch. Die Entscheidung, über die James in diesem Tagebucheintrag spricht, ist also nicht einfach eine Entscheidung für oder gegen einen temporären Lehrauftrag. Es ist für James die Entscheidung, was und wer er werden will.

James notiert zuerst seinen Entschluss: Anatomie im nächsten Jahr zu unterrichten und bei diesem Fach – vermutlich – in Zukunft zu bleiben. Philosophie als Beruf muss er aufgeben. Danach führt er seine tiefgreifenden persönlichen Bedürfnisse an, die seinen Überlegungen zugrunde liegen. Auf der einen Seite, sagt er, liege sein »innigstes Interesse« bei den »allgemeinsten Problemen«. Damit meint er philosophische Themen. Auf der anderen Seite, formuliert er, sei sein »stärkstes moralisches und intellektuelles Verlangen« nach »stabiler Realität«, auf die er sich »stützen« könne. Er sieht keinen Weg, das zweite Bedürfnis direkt in der Philosophie zu befriedigen. Worin besteht aber dieses zweite Bedürfnis eigentlich? Er braucht eine belastbare »Realität«. Dies sei ein »Verlangen« sowohl »moralischer« als auch »intellektueller« Art. Mit »moralisch« meint er sicherlich nicht moralisch im engen Sinne, sondern bringt mit diesem Wort zum Ausdruck, dass es sich um eine Realität handle, die ihm nicht nur in seinen Überzeugungen, sondern auch in seinen Handlungen – in seinem Leben – Orientierung geben solle.[98] Er sucht also nach einer Realität, die ihm Orientierung im Denken und im Leben geben kann. Damit die Realität jemandem Orientierung geben kann, muss er sie kennen können. Erkenntnis der Realität wird von der Philosophie aber unmöglich gemacht. Als Grund dafür führt James zunächst an, dass ein Philosoph von Berufs wegen jegliche Meinung über die Realität ständig in Frage stellen muss und so nie zu einer Realität gelangen kann, auf die er sich stützen kann. (Seine Haltung zur Philosophie in diesem Tagebucheintrag ist aber noch komplexer; mehr dazu gleich.)

Bei der Berufswahl geht es James also nicht einfach um Vorlieben für eine berufliche Laufbahn, sondern um die tiefsten Bedürfnisse seiner Person. Er glaubt, seine zwei Bedürfnisse nicht beide befriedigen zu können und dem zweiten Bedürfnis Priorität geben zu müssen. Sein »innigstes Interesse« gilt zwar den »allgemeinsten Problemen«, aber er *braucht* eine Realität, auf die er sich stützen kann. Deshalb muss er dieses »innigste Interesse« aufopfern und die Philosophie zugunsten der Biologie aufgeben. So sieht es jedenfalls am Anfang des Eintrags aus. Als Biologe soll man »konkrete Tatsachen« herausfinden, die einem dann eine »feste Basis« geben. Diese Basis ermöglicht einem über »Zeiten der Schwäche & Depression« zu gleiten. Im Gegensatz dazu erzeugt die »philosophische Tätigkeit als *Beruf*« »Hypochondrie«. Mit diesem Entschluss hofft James aber auch einen Kompromiss gefunden zu haben: Die »feste Basis«, die die »konkreten Tatsachen« des Biologen liefern, soll eine Basis sein »von der aus er, so viel er mag, emporstreben kann zur Bewältigung der universellen Fragen, wenn ihn eine hochherzige Stimmung überkommt«. James hofft also, dass der Beruf des Biologen ihm konkrete Fakten liefern kann, auf die er sich stützen kann, aber auch eine Basis, die ihm gelegentliche philosophische Ausflüge ermöglicht, aber nicht als Beruf.

An diesem Punkt im Eintrag sieht es also so aus, als ob James sagen möchte, dass er als beruflicher Biologe die konkreten Fakten gewinnen kann, die er als Stütze braucht, um sich dann als Hobby manchmal auf dieser Grundlage Beschäftigung mit den allgemeinen Fragen erlauben zu können. Er ist aber offenbar mit dieser Lösung weder intellektuell noch emotional zufrieden. Jedenfalls nehmen seine Gedanken gegen Ende des Eintrags eine neue Wendung. Es sah bisher danach aus, dass James eine ernsthafte Beschäftigung mit den »universellen Fragen« hinter sich lassen müsste. Er fügt jetzt aber hinzu: »Es ist nicht notwendig, die universellen Probleme direkt und als solche in ihrer abstrakten Form anzugehen.« Mit dieser Aussage sagt er etwas über die allgemeinen Probleme selbst aus und wie man sie lösen kann. Es ist gar »nicht notwendig«, sie »direkt«, »als solche« und in ihrer »abstrakten Form« anzugehen, um sie zu lösen. Es sieht also danach aus, dass James gar nicht die Beschäftigung mit den allgemeinen Problemen aufgeben will. Er meint nur, dass man diese Probleme anders angehen kann, um sie zu lösen.

Will James damit sagen, dass die allgemeinen Probleme mit Mitteln der Biologie und nicht der Philosophie zu lösen sind? Da James sich in diesem Tagebucheintrag den Beruf des Biologen selbst empfehlen will, mag man versucht sein, es so zu lesen. Er hofft sicher, dass die Biologie zur Lösung dieser Fragen beitragen kann. Aber im nächsten Satz wird klar, dass sein Vorschlag viel radikaler ist: »Wir arbeiten an ihrer Lösung auf jede Weise – beim Leben und beim Lösen kleiner konkreter Fragen –, weil sie in allem stecken.« Diese Bemerkung ist radikaler, da sie sich nicht auf den Gegensatz zwischen zwei vorgegebenen Fächern wie Biologie und Philosophie bezieht, sondern auf eine Neukonzeption der allgemeinen Probleme und der Art, wie man diese Probleme löst. Da die allgemeinen Probleme philosophische Fragen sind, läuft es auf eine Neukonzeption der Philosophie hinaus. »Wir arbeiten«, sagt er, an »ihrer Lösung auf jede Weise«, da sie »in allem stecken«. Er erwähnt insbesondere, dass wir »beim Leben« an ihrer Lösung arbeiten. Die allgemeinen Fragen – die philosophischen Fragen – sind in allem, was wir im Leben tun, präsent und wir arbeiten an der Lösung dieser Probleme, indem wir leben.

Genauso wie in der Krisennotiz aus dem Jahr 1870 wendet James sich also auch hier nicht gegen die Beschäftigung mit philosophischen Problemen. Er wendet sich vielmehr gegen eine bestimmte Art, diese Probleme zu verstehen, die verlangen würde, dass man sie »direkt«, »als solche«, »in ihrer abstrakten Form« – also in vom Leben losgelöster philosophischer Reflexion – löst. Stattdessen sollen sie irgendwie u. a. im Leben – er sagt nicht genau wie – gelöst werden.

James ist in diesem Tagebucheintrag aber auch weiter als in seiner Krisennotiz. Bei seinem damaligen Entschluss, per Willensakt an den freien Willen zu glauben, hat er gesagt, er wolle »vorsätzlich das Gefühl der moralischen Freiheit kultivieren«.[99] Im vorliegenden Tagebucheintrag hingegen hat er Zweifel, dass »der vorsätzliche Glaube« genügt, die Zweifel zu »neutralisieren«, die notwendigerweise mit philosophischen Gedanken verbunden sind. Am Ende des Tagebucheintrags setzt er auf etwas anderes: auf den »locker sitzenden Glauben«, der die »Methode der Natur« ist. Da diese Rede von dem »locker sitzenden Glauben« gleich nach dem Satz kommt, in dem es um die Erarbeitung der Lösung der allgemeinen Fragen durch das Leben geht, kann damit nicht einfach die Methode der Biologie gemeint sein. James ist – denken wir – zu diesem Zeitpunkt nicht vollkommen klar, was er damit meint. Ihm geht es aber um etwas, das über Philosophie als Reflexion hinausgeht. Er hat die Idee vom »vorsätzlichen Glauben« nicht aufgegeben, aber ihm ist klar geworden, dass der »vorsätzliche Glaube« sich irgendwie bewähren muss – u. a. im Leben. Erst später wird dieser Gedanke von James reifer und weiter unten in der vorliegenden Untersuchung werden wir ihn anhand von späteren Schriften in seiner Reife erläutern.

Dieser Gedanke steckt auch im allerletzten Satz im Tagebucheintrag: »Die Zwecke der Natur werden alle durch Mittel erreicht, und vielleicht ist der beste Weg sie aufzudecken, sie durch alle Mittel aufzuspüren.« Der erste Satz drückt eine Trivialität aus: Ziele werden erreicht, indem man die Mittel zur Erreichung dieser Ziele ergreift. Der zweite Satz bezieht sich auf eine philosophische Frage – die Frage nach der Realität von Zwecken in der Natur – und bietet im Ansatz eine originelle Antwort. Wenn man den zweiten Satz mit den Äußerungen zur Lösung von philosophischen Problemen im Leben verbindet, dann kann man ihn so verstehen, dass die Frage nach der Realität von Zwecken in der Natur (und andere philosophische Fragen) weder durch abstrakte philosophische Reflexion noch über naturwissenschaftliche Experimente zu beantworten ist. Wie bereits oben zitiert, schreibt James doch in einer Rezension aus dem Jahr 1875: »Aber die Behauptung, dass die physikalische Welt *auch* moralische Bedeutung und einen moralischen Plan hat, ist eine Behauptung, die kein Argument, das sich ausschließlich auf physikalische Wahrheit stützt, begründen oder in Abrede stellen könnte.«[100] Stattdessen meint James mit »sie durch alle Mittel aufzuspüren«, dass man im Leben selbst den Zwecken auf die Spur kommt. Was dies heißt, ist James selbst aber zu diesem Zeitpunkt nicht vollständig klar und seine Lösung muss daher später im vorliegenden Buch diskutiert werden.

James ist am 10. April 1873 ein Mensch, dessen Leben und dessen Gedanken über sein Leben und die Philosophie auf komplexe Weise miteinander verschränkt sind. Er hat eine originelle Idee über die Lösung philosophischer Probleme und deren Verbindung mit der Lebensführung. Er hat ein konkretes berufliches Angebot, das ihm vielleicht eine sichere Zukunft ermöglichen könnte. Er entschließt sich für diese Laufbahn und entwickelt eine komplizierte philosophische Argumentation, um sich selbst von der Richtigkeit dieser Entscheidung zu überzeugen. Wie geht es ihm eigentlich dabei? Und wie ist er persönlich und philosophisch in diese Situation hineingeraten? Um dies in Erfahrung zu bringen, müssen wir von vorne mit dem allerersten Eintrag im Tagebuch anfangen, dem Eintrag vom 1. April 1868.

4.3 James in Europa 1868

Manche unserer Leser werden vermutlich nicht mit dem Leben von James bis 1868 vertraut sein. Daher geben wir hier in tabellarischer Form einen kurzen Überblick über sein Leben bis 1868:[101]

1842	Geburt (New York City), ältestes Kind von Henry James, Sr., und Mary Robertson Walsh.
1843	Geburt seines Bruders Henry, des später berühmten Schriftstellers; andere Geschwister: Garth Wilkinson (genannt »Wilky«, gb. 1845), Robertson (gb. 1846), Alice (gb. 1848).
1843–1844	Die James-Familie lebt in England und Frankreich.
1845	Die Rückkehr der Familie in die USA, zuerst Albany, dann New York.
Bis 1852	James wird von häufig wechselnden Hauslehrern und – lehrerinnen unterrichtet.
1852–1858	Schulunterricht, weiterhin häufiger Schulwechsel (mindestens neun Schulen), manchmal von Privatunterricht unterbrochen.
1855	Die James-Familie zieht nach London, dann nach Genf (James besucht Internate), dann wieder nach London.

1856	Die Familie zieht im Juni nach Paris. James ist u.a. auf einer Fourieristen-Schule, lernt aber auch im Atelier von Léon Cogniet.
1857	Im Juni zieht die Familie nach Boulogne-sur-Mer. James ist auf dem Collège Impériale.
1858	Im Frühjahr zieht die Familie nach Newport (Rode Island). James geht zur Schule im »Berkeley Institute«, treibt Selbststudium und lernt im Studio von William Morris Hunt zeichnen.
1859	Die James-Familie zieht im Oktober nach Genf. James bekommt Unterricht in den Wissenschaften an der Genfer Akademie (später Genfer Universität).
1860	Im Spätsommer bekommen James und Henry, Jr., Privatunterricht in Bonn. James teilt seinem Vater mit, er wolle Malerei bei Hunt in Newport studieren.
1860–1861	James studiert Malerei in Newport bei Hunt. Die Familie lebt auch dort.
1861–1862	James studiert drei Semester Chemie an der Lawrence Scientific School der Harvard University und lebt in Cambridge, Massachusetts.
1863	Selbststudium in Cambridge, Mass., ab September studiert er Anatomie und Physiologie an der Lawrence School. Im Juli wird sein Bruder Wilky im amerikanischen Bürgerkrieg schwer verwundet, aber er überlebt.
1864	Im Frühjahr führt James sein Studium der Anatomie und Physiologie weiter, im Herbst wechselt er zur Medizin an die Harvard Medical School. Die James-Familie zieht im Mai von Newport nach Boston.
1865–1866	Ende März 1865 unterbricht er das Medizinstudium, um im brasilianischen Amazonasgebiet an einer wissenschaftlichen Expedition unter der Leitung des berühmten Geologen Louis Agassiz teilzunehmen; im Januar 1866 Rückkehr nach Cambridge und Wiederaufnahme des Medizinstudiums. Die James-Familie zieht im November 1866 nach Cambridge.
1867	Im April 1867 unterbricht er das Medizinstudium wieder. Er reist nach Europa, in der Hoffnung Physiologie in Deutschland zu studieren und Besserung seiner persönlichen Situation (Rückenleiden, Depression, Leben im Schoß der James-Familie?) zu erreichen. Er reist über Paris (er gibt dort für Agassiz Proben aus der Brasilienexpedition ab) nach Dresden. Er verbringt den Frühling und den Frühsommer in Dresden. Im Au-

gust unternimmt er eine Wasserkur im Kurort Teplitz (heute Teplice in Tschechien). Ab September wohnt er in Berlin und besucht Emil Du Bois-Reymonds Vorlesungen über Physiologie.

1868 Mitte Januar bis Anfang März unternimmt er wieder eine Wasserkur in Teplitz. Er kehrt nach Dresden zurück und wohnt in der Pension von Frau Johanna Spangenberg. Am 1. April beginnt er sein Tagebuch wie folgt:

»Immer noch die gleiche Apathie & Unruhe, die seit über einem Monat auf mir lastet. – Als Gegenmittel Tasse Kaffee + 2 Zigarren, kurzsichtige Gewohnheit.«[102] Am 12. April heißt es im Tagebuch: »Ich werde hier demoralisiert.«[103] An Oliver Wendell Holmes, Jr., schreibt er am 15. Mai in einem Brief, der einen »Bericht meines geistigen Zustandes«[104] darstellen soll: »Seit 1. Feb. habe ich ein völlig planloses Leben geführt und war zeitweise ziemlich krank & schwach, sodass ich nicht studieren konnte, und die restliche Zeit demoralisiert.«[105] In einem Brief vom 24. Mai an seinen Freund, Thomas Wren Ward, der mit ihm auf der Brasilien-Expedition gewesen ist, erfahren wir aus der Sicht von James mehr über seine psychische und körperliche Verfasstheit zu dieser Zeit und in den letzten Monaten und über deren Ursachen. Er hatte im Januar aus Berlin einen Brief an Ward geschrieben, auf den wir später eingehen werden, und berichtet ihm jetzt über sein Leben seit diesem Zeitpunkt.

Er schreibt an Ward, er sei von Berlin nach Teplitz gefahren, um Linderung für die Rückenschmerzen zu suchen, die durch seine Tätigkeit in Berlin verursacht worden seien. In Teplitz habe er eine schwere Behandlung gewählt, die diesmal mit einer Elektrotherapie (Faradisation) kombiniert gewesen sei. Nach einem Monat sei es ihm schlechter gegangen und er habe es deshalb »für klug befunden, einen weiteren Monat zu bleiben«. Dann sei er einen Monat in Dresden gewesen und danach sei es ihm gesundheitlich genauso wie vor der Abreise aus Berlin ergangen. Er sei dann wieder nach Teplitz, um eine milde Kur zu »riskieren« und sei jetzt seit zwei Wochen wieder in Dresden. Er habe Zweifel an der Effektivität der milderen Kur, aber werde die nächsten zwei Monate sich ruhig verhalten, da er nach der Isolation bei der vorherigen Kur in Teplitz aus Unruhe und geistigem Hunger sich bei langen Besuchen des Dresdner Kunstmuseums verausgabt habe. Er habe aufgegeben, jemals etwas in Physiologie leisten zu können. (Damit meint James, dass er aufgrund seines Rückenleidens nie Laborarbeit werde leisten können.[106]) Außerdem sei er in den letzten beiden Monaten nicht mehr in der Lage gewesen, die Arbeitsroutine (»mechanical track«)

aufrechtzuerhalten, die in Berlin einigermaßen funktioniert hätte. Das Resultat von alldem sei Folgendes:

> Unzufriedenheit und allgemeine Antriebslosigkeit und Skepsis mit immerhin ein paar gelegentlichen Lichtblicken, die ich nicht gehabt hätte, hätte ich weiter Physiologie gelesen: 1. Ein besseres Verständnis davon, was die griechischen Sachen so eigenartig für uns macht. Ich habe mir die Skulpturen hier im Museum angesehen & erneut eine ganze Menge Homer gelesen (auf Holländisch). 2. Der Beginn einer echten Bekanntschaft mit Goethe als Individuum und die Bekanntschaft mit Schiller.[107]

In den ersten beiden Aprilwochen hat er in Tagebucheinträgen und in Briefen an seinen Bruder Henry aufgrund seiner Museumsbesuche und seiner Lektüre der *Odyssee* sich ausführlich mit dem Unterschied zwischen antiker und moderner Denkweise beschäftigt. Dies ist auch Thema in diesem Brief an Ward und wir werden gleich teilweise darauf eingehen. In den Tagebucheinträgen im April und Mai schreibt er außerdem ausführlich über seine Lektüre von Friedrich Schiller und Johann Wolfgang Goethe (er schreibt dort auch z. B. über sein Lesen von Charles Darwin, Viktor Cousin (über Kant), Gottlob Ephraim Lessing, Ernest Renan und Hippolyte Taine).

Wie äußert James sich über diese »gelegentlichen Lichtblicke«? Es ist bemerkenswert, dass seine Neuentdeckung von Goethe sich mehr auf Goethe als »Individuum« als auf seine Philosophie bezieht. (Es ist eine *Neu*entdeckung, da, wie er an Ward schreibt, Goethe ihm bisher »immer auf die Nerven gegangen« sei.[108]) James schreibt, er beginne gerade erst »die Haut von Goethes *Persönlichkeit* zu durchdringen und sie als Einheit zu begreifen« (Hervorhebung von uns). Er schreibt über Goethe:

> Der Mann lebte mit jeder Pore seiner Haut, und mit welcher ruhigen Klarheit und Lebendigkeit *alles* Eindruck auf seine Sinne machte […], muss eines der außerordentlichsten Phänomene gewesen sein, die auf diesem Planeten jemals zu beobachten waren […]. Aber über diese natürliche Begabung hinaus hatte er einen tiefen Glauben an die Wirklichkeit der Natur, wie sie entfaltet daliegt, und eine Verachtung für körperlose Formeln. Durch jede einzelne Tatsache kam er in Berührung mit der Welt & strebte und kämpfte, ohne jemals damit aufzuhören, seinen Geist weiter & weiter zu öffnen für die Lehren der Natur – mehr & mehr jene subjektiven Falten zu glätten, in die wir alle den objektiven Stoff, den die Natur uns gibt, in unserem Geist mit Zwang legen.[109]

Diese Äußerungen über Goethe bestätigen unsere Interpretation des Tagebucheintrags vom 10. April 1873, den wir oben ausführlich diskutiert haben.

Am Ende dieses Eintrags hat James Goethe erwähnt: »Die Methode der Natur ist Geduld; und der locker sitzende Glaube [...], den Goethe in seiner Haltung zu Philosophie & Natur gezeigt hat, ist keine niedrige Einstellung.« Im Tagebucheintrag steht dieser Verweis auf Goethe unmittelbar nach der Aussage von James, dass wir an der Lösung von den »universellen Problemen« »auf jede Weise« arbeiten, u. a. »beim Leben«, da diese Probleme »in allem stecken«. Wenn James also im Tagebucheintrag von 1873 über die Begründung seiner Entscheidung für den Beruf des Biologen spricht, muss man diese Begründung so verstehen, dass er sich dabei als Individuum mit dieser Entscheidung vornimmt, so wie Goethe zu leben, wobei dieses Leben den Weg zur Realität weist: Goethe »lebte mit jeder Pore seiner Haut«, »*alles*« machte »Eindruck auf seine Sinne«, »durch jede einzelne Tatsache kam er in Berührung mit der Welt«. Auf diesem Weg erreicht man mehr und mehr Objektivität, aber nicht durch »körperlose Formeln«.

Goethe spielt auch in »The Sentiment of Rationality« (1879/1896) die Rolle für James, die hier im Brief an Ward angedeutet wird. In der ursprünglichen Version von »The Sentiment of Rationality« aus dem Jahr 1879 geht es James an der relevanten Stelle um den Wert philosophischer Systeme. Er schreibt, »der praktische Mensch« würde die »leere und abstrakte Kargheit« eines solchen Systems »verachten«. Weiter schreibt er:

> Wir scheinen also zu dem Schluss zu kommen, dass ein System von Kategorien auf der einen Seite die einzig mögliche Philosophie ist, aber auf der anderen Seite ein äußerst erbärmlicher und unzureichender Ersatz für die Fülle der Wahrheit.[110]

Ein philosophisches System kann aufgrund seiner Abstraktheit unmöglich die vollständige Wahrheit zum Ausdruck bringen. In der 1896-Version von »The Sentiment of Rationality« aus *The Will to Believe*, die bekanntlich sich aus Elementen aus der 1879-Version von »The Sentiment of Rationality« und dem 1882-Aufsatz »Rationality, Activity and Faith« zusammensetzt, formuliert James diesen Satz etwas anders (unsere Hervorhebung):

> Wir kommen also zu dem Schluss, dass die einfache Klassifikation der Dinge auf der einen Seite die bestmögliche *theoretische* Philosophie ist, aber auf der anderen Seite ein äußerst erbärmlicher und unzureichender Ersatz für die Fülle der Wahrheit.[111]

Durch diese Änderung wird die Möglichkeit eröffnet, dass James im 1896-Text nicht die Grenzen der Philosophie als solcher ziehen möchte, sondern die Grenzen einer *rein theoretisch verstandenen* Philosophie. Wie oben erläutert, ist die Ambivalenz zwischen einer Kritik an Philosophie als solcher und einer Neukonzeption der Philosophie, die die Schwierigkeiten einer rein theoretisch verstandenen Philosophie vermeidet, im Tagebucheintrag vom 10. April 1873 auch zu finden. Wir werden später besonders daran interessiert sein, solche Anmerkungen als eine Neukonzeption der Philosophie weiterzuentwickeln. In beiden Versionen von »The Sentiment of Rationality« wird das, was der Philosophie bzw. der theoretischen Philosophie fehlt, anhand von einem Zitat aus Goethes *Faust* (auf Deutsch) erläutert:

> »Grau, theurer Freund, ist alle Theorie
> Und grün des Lebens goldner Baum«
> Der ganze Mensch, der abwechselnd alle Bedürfnisse fühlt, wird als Äquivalent des Lebens nichts akzeptieren außer der Fülle des Lebens selbst.[112]

Der eine »Lichtblick«, der nach James in seinem Brief an Ward von Goethe ausgeht und der James dann offenbar bis 1896 beschäftigt, besteht also in der Einsicht, dass ein objektiver Zugang zur Realität nur über das gelebte Leben eines Individuums in seiner ganzen Fülle möglich wird.

Dieser Gedanke ist aber nur ein Aspekt von Goethe, der ihn im Brief an Ward beschäftigt. Ein weiteres Element ist für James verbunden mit einem anderen »Lichtblick« – nämlich der Weltanschauung der Antike:

> Ich für meinen Teil habe genauso wenig Lust, der Gesamtheit von Goethes Philosophie, wie ich sie verstehe, zu folgen als sie zurückzuweisen. Ich spüre bloß viel besser als bisher, was für eine beachtliche Rundheit sie hat – und wie bedeutend ihre Behauptungen sein werden, wenn sich jemals herausstellen sollte, dass unser Standpunkt bei der Betrachtung der Welt immer mehr oder weniger voreingenommen [*parti pris*] ist. Teils durch Erziehung und Vorbild meines Vaters, teils durch einen natürlichen Hang wuchs ich mit einer sehr nichtoptimistischen Sicht auf die Natur auf, die so weit ging, dass ich vor einigen Jahren eine vollkommen leidenschaftliche Abneigung gegen jegliches moralische Lob etc. etc. hatte – kurz einen antinomistischen Hang. Ich habe die Angelegenheiten des menschlichen Lebens als Phantasmagorie betrachtet, die an anderer Stelle des Kosmos durch *Interpretation* zu ihrer wahren Bedeutung kommt. Aber in letzter Zeit haben der handfeste Realismus von G. & die unerbittliche Schönheit und der Charme der Griechen meine Sichtweise mehr als alles andere erschüttert. Wenn wir uns nur dazu durchringen könnten, das Böse als ultimative, unergründliche Tatsache zu akzeptieren, wäre der Weg für eine große praktische Reform auf Erden offen, weil unsere Ziele klar definiert wären und unsere Kräfte gebündelt.[113]

In dieser Passage kommen viele Kernelemente von der verzweifelten Beschäftigung von James mit seinem eigenen Leben und der Welt zum Ausdruck. Sie sind für den heutigen Leser aber nicht ohne weiteres sichtbar. Beginnen wir mit dem letzten Satz. Dieser Satz macht deutlich, dass die Frage nach dem richtigen Leben für James mit allgemeinen philosophischen Fragen intern verbunden ist. Um dies klarzumachen, müssen wir uns zwei anderen Briefen zuwenden: dem bereits erwähnten Brief an Holmes, der nur wenige Tage vor dem Brief an Ward verfasst wurde, und dem vorherigen Brief an Ward (vom Januar 1868). Im Brief an Holmes will er Holmes seinen »gegenwärtigen Zustand« erläutern. James fährt fort:

> Bei der Frage, die alle, die vorgeben, sich selbst zu kennen, beantworten können sollten, die aber wahrscheinlich wenige aus dem Stegreif beantworten könnten, – »welchen Grund hast du weiterzuleben? Warum sollte der Faden deiner Tage nicht *jetzt* gekappt werden?«[114]

Dass dies für James keine theoretische Frage ist, zeigen seine Äußerungen im Januar-Brief an Ward, in dem er sagt, er wäre »den ganzen letzten Winter [...] fortwährend am Rande des Suizides« gewesen.[115] Allerdings kann er Holmes die Frage nach dem Grund für das Weiterleben nicht sofort beantworten. Er unterbricht den Brief an diesem »bedeutsamen Punkt«, wie er es selbst zwei oder drei Tage später formuliert, da zu diesem Zeitpunkt das Dienstmädchen ihn zum Tee gerufen habe und er in der Zwischenzeit aus verschiedenen Gründen verhindert gewesen sei.[116] Aber er führt den Brief wenige Tage später fort. Er gibt dann eine Antwort, die auf den ersten Blick gar nicht philosophisch aussieht:

> Meine Antwort auf die Frage, die ich am Ende des 2. Blattes gestellt habe, wäre tatsächlich vage; sie würde schwanken einmal zwischen der Unterstellung eines hartnäckigen Wunsches, mich selbst zu behaupten, und ein andermal der unbestimmten Hoffnung, *irgendeine* Kerbe, wenn auch noch so winzig, zu hinterlassen in dem Stapel, den die Menschheit herstellt. [...] Wenn ich *immer* einen *bestimmten* und leidenschaftlichen Grund hätte für den Wunsch, 4 Stunden länger zu leben, hielte ich mich für einen sehr bemerkenswerten Mann und wäre sehr zufrieden. Aber zu Zeiten, in denen ein solcher Grund fehlt, wünschte ich, dass meine allgemeinen Gründe eindeutiger wären, als sie es sind. Ich hatte bis zum Ende meines Besuches im letzten Winter in Teplitz gehofft, dass ich in der Physiologie arbeiten könnte, [...] und wenn ich durch fleißiges Werkeln ein paar noch so bescheidene physiologische Tatsachen bestimmen könnte, hätte ich wohl das Gefühl, nicht ganz vergebens gelebt zu haben. Aber jetzt sehe ich, dass ich wahrscheinlich niemals Laborarbeit leisten kann und bin daher genötigt, auf etwas anderes zurückzugreifen. [...] das Einzige, das mir nun einfällt, ist eine Professur für »Moralphilosophie« an irgendeiner westlichen Akademie.[117]

Natürlich geht es James in dieser Passage darum, Gründe für *sein eigenes* Weiterleben zu geben. Diese sind als solche nicht philosophisch. Trotzdem können die Faktoren, die er hier erwähnt – z. B. »der unbestimmten Hoffnung, *irgendeine* Kerbe, wenn auch noch so winzig, zu hinterlassen in dem Stapel, den die Menschheit herstellt« – nur dann Gründe für sein eigenes Weiterleben liefern, wenn gewisse philosophische Fragen bestimmte philosophische Antworten erhalten. Dies ist James selbst nur allzu bewusst. Dies können wir uns klarmachen, wenn wir die Äußerungen aus dem Holmes-Brief mit bestimmten Äußerungen aus dem Januar-Brief an Ward verbinden, um dann auf die Passage aus dem Mai-Brief an Ward zurückzukommen, die uns gerade eigentlich beschäftigt. Im Januar-Brief an Ward geht es James auch um Gründe, mit denen er sich überzeugen kann, das eigene Leben nicht zu beenden, sondern es weiterzuführen:

> Ich gestehe, dass während der einsamen Schwermut, die mich letzten Sommer [also Sommer 1867 nach seiner Ankunft in Europa] für einige Monate befallen hat, das einzige, was mich davon abhielt aufzugeben, das Gefühl war, dadurch, dass ich abwarte und auf Biegen und Brechen weiterlebe, meine *Kerbe* (wie klein auch immer) im Rohmaterial, das das Menschengeschlecht zu formen hat, hinterlassen und so meine Wirklichkeit behaupten zu können.[118]

Der persönliche Grund, den James hier anführt, ist mit dem einen Grund aus dem Holmes-Brief identisch: einen Beitrag – wenn auch nur einen sehr kleinen – zu den Errungenschaften der Menschheit zu leisten. Damit ist nicht der Wunsch nach persönlichem Ruhm verbunden, sondern der Wunsch, einen Beitrag zum Wohlergehen anderer zu leisten und auf diesem Weg in eine »echte Beziehung« mit anderen Menschen zu treten.[119] Darin sieht James eine Möglichkeit, das eigene Leben lebenswert zu machen. Darum geht es James auch im letzten Satz aus der Passage aus dem Mai-Brief, der uns beschäftigt: »Wenn wir uns nur dazu durchringen könnten, das Böse als ultimative, unergründliche Tatsache zu akzeptieren, wäre der Weg für eine große praktische Reform auf Erden offen, weil unsere Ziele klar definiert wären und unsere Kräfte gebündelt.« Sein Leben kann lebenswert sein, wenn er einen kleinen Beitrag zu einer »großen praktischen Reform auf Erden« leisten kann.

Damit sind wir endlich beim philosophischen Thema, das für James untrennbar von der Frage nach dem Wert seines eigenen Lebens ist. Die Leistung eines positiven Beitrags zur Menschheitsgeschichte kann nach James das Leben nur dann lebenswert machen, wenn es Gutes und Böses gibt. Indem man nach einer »großen praktischen Reform auf Erden« strebt, stellt man sich auf die Seite des Guten im Kampf gegen das Böse. Dies ist auch, was James dem philosophischen Melancholiker in »Is Life Worth Living?« als ersten Schritt zur Überwindung seiner Melancholie empfiehlt: gegen das konkrete Böse zu kämpfen.[120] Die philosophische Frage, die positiv beantwortet werden muss, damit James' Antwort auf die Frage nach dem Wert seines eigenen Lebens befriedigend sein kann, ist also: »Gibt es Gutes und Böses wirklich?«

Aber was bedeutet diese philosophische Frage? Dies können wir uns klarmachen, indem wir klären, was es für James bedeutet, diese Frage positiv zu beantworten. Eine positive Antwort läuft auf eine Ablehnung von zwei sehr unterschiedlichen Positionen hinaus. Die eine Position ist dem heutigen Leser sicher wohl bekannt und diese Position wird von James oft als »Materialismus« bezeichnet. Nach dem Materialismus in diesem Sinne besteht die Welt nur aus Materie. Da das Gute und das Böse keine materiellen Gegenstände oder Prozesse sind, gibt es sie streng genommen nicht. Die Vorgänge der Welt sind als solche weder gut noch schlecht. Sie werden nur als gut oder böse von Menschen beschrieben. Auf James' Beschäftigung mit dieser Position werden wir später ausführlich zurückkommen.

Im Mai-Brief an Ward geht es um eine andere Möglichkeit, die Wirklichkeit von Gut und Böse zu leugnen, die dem gegenwärtigen Leser vielleicht nicht so vertraut ist. In der Passage aus dem Ward-Brief, die uns hier beschäftigt, wird diese Möglichkeit mit folgenden Worten suggeriert: »Ich habe die Angelegenheiten des menschlichen Lebens als Phantasmagorie betrachtet, die an anderer Stelle des Kosmos durch *Interpretation* zu ihrer wahren Bedeutung kommt.« James beschreibt hier eine philosophische Auffassung, die er erst selbst früher akzeptiert hat. Die zwei »Lichtblicke« – Goethe und die antiken Griechen – ermöglichen ihm, diese Position zu überwinden. Nach dieser philosophischen Position sind menschliche Handlungen als solche – beispielsweise der sinnlose Brockton-Mord aus »The Dilemma of Determinism« (1884)[121] – nicht gut oder böse. Im Gegensatz zum Materialismus leugnet diese Position aber nicht, dass diese Handlungen als solche Bedeutung haben. Nach dieser Position erschließt sich aber ihre Bedeutung – ihr Sinn – nicht innerhalb der menschlichen Verhältnisse, in denen die Handlungen vollzogen werden. Vom Standpunkt dieser menschlichen Verhältnisse sind diese Handlungen entweder gut oder böse. Dies ist aber eine »Phantasmagorie«. Ihre »wahre Bedeutung« erschließt sich nur im kosmologischen Kontext. James verwendet Termini zu verschiedenen Zeiten und in verschiedenen Schriften nicht sehr konsequent. Diese Position wird aber von ihm oft als »Monismus« bezeichnet. Nach dem Monismus sind gute und schlechte Handlungen als Teil einer Ganzheit zu betrachten und als Teil dieser Ganzheit haben sie eine andere Bedeutung: Sie sind nicht einfach gut oder böse im innerweltlichen Sinne. Von diesem Monismus gibt es grundsätzlich zwei Versionen: Optimismus und Pessimismus. Nach dem monistischen Optimismus sind böse Handlungen nicht wirklich böse oder schlecht, wenn man sie im Kontext des Ganzen – des Kosmos – betrachtet. Man könnte dies so ausdrücken: Die Ganzheit selbst ist gut und das innerweltlich Gute und Böse hat seinen Anteil daran, die Ganzheit zu dem Guten zu machen, das sie ist. Innerhalb eines Monismus kann der Kampf gegen das Böse nicht die Bedeutung haben, den er für James haben muss, damit dieser Kampf sein Leben lebenswert macht. Nach dem Monismus ist das innerweltlich Böse nicht etwas, das es zu beseitigen gilt, sondern es hat seinen kosmologischen Platz.

Die Position der Griechen, der sich James anschließen muss, damit der Kampf gegen das Böse das Leben lebenswert machen kann, wird von ihm oft »Optimismus« genannt. Es handelt sich um einen Optimismus in der Hinsicht, dass es wirklich konkretes Böses gibt, das durch gute Handlungen beseitigt werden kann. Diese guten Handlungen sind dann auch wirklich gut. Es ist ein *pluralistischer* Optimismus, der davon ausgeht, dass Gut und Böse beide wirklich existieren und nicht in ihrer Bedeutung durch den Bezug auf eine Ganzheit relativiert werden. Nach dem *monistischen* Optimismus ist dies ganz anders. Da das Böse nicht wirklich böse ist, sondern durch seinen kosmologischen Platz sogar gewissermaßen als gut durch seinen Beitrag zum guten Ganzen beschrieben werden kann, kann eine gute Handlung nicht einfach als gut gelten. Diese monistische Position beschreibt James im Brief an Ward wie folgt:

> Das naive natürlich Gute der Griechen ist nicht *das* Gute, sondern enthält ein subtiles Gift – die Gerechtigkeit des Gerechten ist keine letzte Tatsache, wie es für die Griechen der Fall war, sondern öffnet unter dem Namen der Selbstgerechtigkeit (oder sonst was) nur ein unendliches Reich des Bösen, das subtiler und stärker ist als jenes der Sinne.[122]

Der Kampf des Guten gegen das Böse wird also selbst zu einer anderen und »subtileren und stärkeren« Form des Bösen. Dieser monistische Optimismus ist offenbar eine philosophische Position, die abgelehnt werden muss, damit das Leben durch den Kampf gegen das Böse lebenswert sein kann. In der Passage vom Ward-Brief, mit der wir uns beschäftigen, wird dieser monistische Optimismus als »nichtoptimistische Sicht« bezeichnet, da James mit »Optimismus« den pluralistischen Optimismus der Griechen meint: »Teils durch Erziehung und Vorbild meines Vaters, teils durch einen natürlichen Hang wuchs ich mit einer sehr nichtoptimistischen Sicht auf die Natur auf, die so weit ging, dass ich vor einigen Jahren eine vollkommen leidenschaftliche Abneigung gegen jegliches moralische Lob etc. etc. hatte.« Sein Vater ist Vertreter eines monistischen Optimismus und Goethe und die antiken Griechen helfen James, sich von diesem Einfluss zu befreien. Es ist kein Wunder, dass James Goethe und die Griechen als »Lichtblicke« bezeichnet, da diese ihm ermöglichen, eine philosophische Position einzunehmen, ohne die seine Antworten auf seine Frage, ob sein eigenes Leben lebenswert sei, wirkungslos bleiben müssen. Ohne diese philosophische Position kann der Versuch, einen Beitrag zur Menschheitsgeschichte zu leisten und sich so auf die Seite des Guten gegen das Böse zu stellen, das Leben nicht lebenswert machen.

In seiner Einführung, die James 1884[123] zu den von ihm herausgegebenen posthumen Schriften seines Vaters schreibt, charakterisiert er diesen Dissens zwischen ihm und seinem Vater als »tiefste aller philosophischen Differenzen«: »Es scheint mir, dass die tiefste aller philosophischen Differenzen diejenige zwischen diesem Pluralismus und allen Formen des Monismus überhaupt ist.« Nach dem Monismus wird innerweltlich Gutes und Böses reduziert auf »Teile einer weniger fluktuierenden Einheit mit gemeinsamem Nenner, die eine weniger partielle und bestimmtere Form des Guten umfasst.«[124] Seine eigene Position ist eine pluralistische Position, die er als »Moralismus« bezeichnet und davon ausgeht, dass gute und böse Handlungen im innerweltlichen Sinne wirklich gut bzw. böse sind. Es sei der Verdienst seines Vaters gewesen, die unversöhnliche Opposition zwischen der religiös monistischen Auffassung des Vaters und diesem Moralismus – der Position seines Sohnes – gesehen zu haben und den Moralismus dementsprechend konsequent attackiert zu haben:

> Letzterer [der Moralist] will das empirisch Gute und Böse, aus deren Erkennen seine Handlungen hervorgehen, als *wirklich* Gutes und Böses spüren, wobei deren Unterschied unumschränkt erhalten bleibt. Also kann über Religion und Moralismus, den morbiden und den gesunden Standpunkt, gesagt werden, dass des einen Brot des anderen Tod ist. Jeder reine Moralismus ist ein Pluralismus; jede reine Religion ist ein Monismus. Es zeigt die Tiefe der religiösen Einsicht von Mr. James [damit ist der Vater gemeint], dass er von Anfang bis Ende und immer den Moralismus zum Ziel seiner schärfsten Attacken gemacht hat und diesen und die Religion als Feinde gegeneinander ausgespielt hat, von denen einer regelrecht sterben muss, wenn der andere in seiner wahren Form leben soll.[125]

Man könnte natürlich bezweifeln, dass James in dieser Passage oder an anderen Stellen seiner Schriften (oder in seinem Leben) sich eindeutig auf der Seite des Moralismus positioniert. Dies könnte man u. a. angesichts des

Gegensatzes zwischen den »morbiden« und »gesunden« Auffassungen tun, die ihren Niederschlag in *The Varieties of Religious Experience* finden. Wenige Zeilen vor der zitierten Passage hat James geschrieben: »Aber gesunden Geistes zu sein, ist nicht das ganze Leben; und der morbide Standpunkt [...] verlangt nach einer Philosophie, die sich sehr von dem des reinen Moralismus unterscheidet.« Viele von uns – wobei James sich selbst sicher auch meint – haben solche morbiden Elemente in sich: »Nun, wir sind alle *potentiell* solch kranke Menschen. Die Gesündesten [*sanest*] und Besten von uns sind aus dem selben Holz geschnitzt wie Wahnsinnige und Gefängnisinsassen.«

Da es hier um den jungen James geht, lassen wir *The Varieties of Religious Experience* und andere Spätschriften beiseite. Es mag sein, dass sich James auch zur Position des Monismus hingezogen fühlte. Die Tatsache, dass Goethe und die Griechen für ihn »Lichtblicke« sind, die ihm helfen, sich von seiner vom Vater beeinflussten Meinung zu befreien, bestätigt dies sogar. Trotzdem denken wir, dass der junge James Wege gefunden hat, seinen Moralismus mit einer religiösen Vorstellung zu verbinden, die nicht auf einen Monismus hinausläuft. Viele der Essays in *The Will to Believe* bestätigen dies.[126] Aber darum geht es hier nicht. Uns geht es gerade um James im Mai 1868 und darum, wie für ihn zu diesem Zeitpunkt Fragen seiner Lebensführung und bestimmte philosophische Fragen unzertrennbar sind. Der Weg, den er sich 1868 zurechtlegt, um sein Leben als lebenswert zu sehen, ist intern mit einer philosophischen Position verbunden: einem pluralistischen Moralismus. Dies wird von James klar erkannt und daher haben die philosophischen Überlegungen zum pluralistischen Moralismus und monistischen Optimismus solch eine existentielle Dringlichkeit für ihn.

Die existentiell bedeutsame Entscheidung für den pluralistischen Moralismus wird von James als eine Entscheidung gegen den monistischen Optimismus und den Pessimismus verstanden. Obwohl James hier terminologisch sicher schwankt, teilen der monistische Optimismus und der Pessimismus die monistische Annahme, dass innerweltlich Gutes und Böses als Teile eines Ganzen zu sehen sind. Nach dem Optimismus ist oder involviert das Ganze ein höheres Gut, das die Bedeutung vom innerweltlich Guten und Bösen relativiert. Nach dem Pessimismus sind böse Taten Ausdruck eines Ganzen, das als solches schlecht oder böse ist: »Der Pessimismus eines Schopenhauer sagt nicht mehr als dies – dass der Mord ein Symptom ist; und dass es ein bösartiges Symptom ist, weil es zu einem bösartigen Ganzen gehört, was seine Natur nicht anders ausdrücken kann, als gerade ein solches Symptom an gerade dieser Stelle hervorzubringen.«[127] Der Kampf gegen das Böse ist sinnlos, da er sich immer gegen konkretes Böses richtet, das bloß Ausdruck der tieferliegenden Schlechtheit des Ganzen ist, und an der Schlechtheit des Ganzen lässt sich nichts ändern.

Wie tief die philosophische Entscheidung für den pluralistischen Moralismus und gegen monistischen Optimismus und Pessimismus James zwischen 1868 und 1873 bewegt hat, kann man anhand von einer Notiz sehen, die James 1877 zusammen mit einem Brief in der Umwerbungsphase um seine zukünftige Ehefrau Alice Howe Gibbens an sie geschickt hat. Eine andere Aufzeichnung, die auch dem Brief beigelegt ist, ist mit »16. Mai 1873« datiert. Die Notiz, auf die wir gleich eingehen, sei geschrieben worden, als er »vor vielen Jahren« durch seine »pessimistische Krise« gegangen sei. Man kann daher vermuten, dass diese Notiz 1873 oder vielleicht zwischen 1868 und 1873 geschrieben wurde. James war es offenbar sehr wichtig, dass seine potentiell zukünftige Ehefrau versteht, auf wen sie sich bei einer eventuellen Ehe einlassen würde.[128] Am Anfang dieses Briefs von 1877 geht es darum, wie er am besten sein »wahres Ich« charakterisieren sollte.[129] Als es am Ende des Briefs um die Notizen geht, sagt James, sie repräsentierten »zum Teil« einen »überwundenen Standpunkt«[130], aber diese Aufzeichnungen könnten helfen, ihn zu *»interpretieren«* (im Original kursiv).[131] James schreibt in der relevanten beigelegten Notiz (der »Moralismusnotiz«):

> Kann man jemals mit vollem Wissen und aufrichtig sein eigenes Selbst dazu bringen, so den gesamten Lauf des Universums anzunehmen [*sympathize*], dass man beherzt in das Böse einwilligen kann, das seinen Details innezuwohnen scheint? Ist der Geist so ganz fließend und formbar? Wenn ja, ist Optimismus möglich. Sind andererseits die Privatinteressen und Sympathien des Einzelnen so wesentlich für sein Dasein, dass sie niemals in seinem Gefühl für den Gesamtverlauf aufgesaugt werden können – und sehnt er sich trotzdem dringlichst nach Versöhnung oder irgendeiner Einheit. So ist Pessimismus sein Los. Wenn aber, wie bei Homer, ein geteiltes Universum eine Vorstellung ist, in der sein Intellekt Ruhe finden kann, und er zugleich genug Willenskraft besitzt, ohne zu blinzeln dem universellen Tod ins Gesicht zu sehen, dann kann er das Leben des Moralismus führen. Eine kämpferische Existenz, nach der das Ich als Monade gesetzt ist, die das *Gute* als Zweck hat und den letzten Trost nur im unversöhnlichen Hass finden kann – selbst wenn das Böse mich niederstreckt, es kann mich nicht unterwerfen oder mich zwingen, es anzubeten. Die nackte Gewalt ist zwar ganz unter seinem Befehl, aber der letzte Widerstand meiner Seele, während es das Leben aus mir herausquetscht, macht mich immer noch in gewissem Sinne überlegen.[132]

James kann sein Leben als lebenswert empfinden, wenn er im Kampf des Guten gegen das Böse einen Unterschied machen kann. Er kann aber nur dann in diesen Kampf ziehen, wenn er »das Leben des Moralismus« führen kann. Ein solches Leben kann eine Person nur dann führen, wenn sie es vom Intellekt und Willen her kann: »Wenn [...] ein geteiltes Universum eine Vorstellung ist, in der sein Intellekt Ruhe finden kann, und er zugleich genug Willenskraft besitzt, ohne zu blinzeln dem universellen Tod ins Gesicht zu sehen, dann kann er das Leben des Moralismus führen.« Damit sie es vom Intellekt her kann, muss die Person in der Lage sein, den Moralismus für wahr zu halten. Sie muss den Moralismus im Gegensatz zu Optimismus und Pessimismus für wahr halten. Deshalb ist für James als Moralisten in diesen Jahren die metaphilosophische Frage (die natürlich selbst eine philosophische Frage ist), wie man über die Wahrheit des Moralismus entscheiden kann, von maßgeblicher Bedeutung. Der Tagebucheintrag vom 10. April 1873 ist hier relevant, aber auch die Äußerungen zu Goethe aus dem Mai-Brief an Ward. Wir werden nachher auf dieses Thema zu sprechen kommen.

Goethe und die Griechen sind zwei »Lichtblicke«, über die James am 24. Mai 1868 berichtet. Es gibt aber einen dritten Lichtblick – eine junge Frau: »3. Die Freundschaft einer jungen amerikanischen Dame hier im Haus, die Saiten angeschlagen hat in diesem verdorrten Herzen, das ich schon lange zu Staub geworden glaubte.« Wie hat diese junge Dame – Catherine Havens – »die Saiten angeschlagen« in James' »verdorrtem Herzen«? Er sagt, sie sei »ein Opfer ihrer Nerven« und »in einer Art hysterischem, hypochondrischem Zustand«.[133] Ähnliches hatte er am 14. Mai an seine Schwester Alice geschrieben, als er Havens erst 24 Stunden kannte: Er hätte sie Klavier spielen hören, sie hätte »ein außergewöhnliches musikalisches Talent« und sei – soweit er es aufgrund der erst kurzen Bekanntschaft beurteilen könne – »sehr intelligent«, aber »unglücklicherweise furchtbar krank und launisch & im höchsten Maße unglücklich.«[134] Am nächsten Tag habe er beim Essen mit der Leiterin der Pension und Havens ein »reizendes« Gespräch gehabt, und Havens sei »entschieden keine gewöhnliche Persönlichkeit und, hätte ich das Genie von *Arry* [sein Bruder Henry], würde ich sie in eine Novelle einbauen«.[135] Ein Biograph sagt über Havens, sie sei »sogar neurotischer als« James gewesen.[136] Ein anderer Interpret spekuliert, dass der labile psychische Zustand von Havens ein Grund für James' Zuneigung zu ihr gewesen sei: »Einer ihrer Reize lag für ihn darin, dass sie auch ›ein Opfer ihrer Nerven‹ war. [...] sich zu einem Leidensgefährten hingezogen zu fühlen, war sicher: beide konnten einen überwältigenden Sturm der Gefühle zurückhalten, indem sie sich auf ihre eigenen Probleme fokussierten.«[137]

Im Brief an Holmes vom 15. Mai wird Havens etwas anders eingeführt. James sagt, er habe seit seiner Abreise von zu Hause vor mehr als einem Jahr außerhalb von Büchern keinen Kontakt mit einer »von *Vernunft* erfassten

Seele« gehabt – mit der möglichen Ausnahme von Herman Grimm (Sohn von Wilhelm Grimm), bei dem James durch ein Schreiben von Ralph Waldo Emerson, das James bei Grimm einführte, in Berlin öfter zu Besuch war.[138] Aber aufgrund der Sprachbarriere sei es ihm nicht gelungen, sich näher mit ihm zu verständigen. Jetzt führt James Havens ein:

> Ich nenne es »Vernunft«, aber ich habe keine Ahnung, was es ist. Bei den Menschen ist es mir so schleichend aus dem Blick geraten, dass ich nicht erkannt habe, dass etwas Bestimmtes fehlte, bis ich vorgestern hier im Haus eine junge Frau aus New York kennengelernt habe, und plötzlich bemerkte ich, dass ein altes, lange vergessenes Element da war (ihre Art, die Welt anzunehmen, meine ich). Es war eine wohltuende Entdeckung, und so unerwartet und sozusagen unzweifelhaft, dass es einem beinahe die empirische Philosophie zertrümmert.[139]

Dies ist sicherlich kein geringes Lob für eine Frau, die er seit zwei Tagen kennt. Im Brief an Ward vom 24. Mai besteht die Überleitung von Havens als einem »Lichtblick« zu Goethe als einem anderen darin, dass »wenn die junge Dame (in einer Woche) abreist und ich sie in diesem Leben vermutlich nie wiedersehe, werde ich versuchen, meine lustlosen Sinne zu treten und anzuspornen, indem ich über die Leben von Goethe & Schiller nachdenken werde.«[140] Nachdem der anerkannte Intellektuelle Grimm als einziger Kontakt in Deutschland mit Havens mithalten kann, sind die Leben von Schiller und Goethe der einzige Ersatz für die lebendige Präsenz von Havens. Es ist aber nicht so einfach auszumachen, was James im Brief an Holmes über Havens sagen will, wenn er sagt, »dass ein altes, lange vergessenes Element da war« und dies dann mit »ihrer Art, die Welt anzunehmen« erläutert. Es liegt aber nahe, dass er mit »ihrer Art, die Welt anzunehmen« ein wichtiges Thema aus seiner philosophischen Beschäftigung mit der Welt meint. Goethe, der ihm als Ersatz für Havens dienen soll, beschreibt James im Brief an Ward als (pluralistischen) Optimisten und diese Beschreibung führt ihn zu den antiken Griechen,[141] die er auch als solche Optimisten versteht.[142] Wie wir gesehen haben, besteht dieser Optimismus im Kern darin, dass das Gute und Böse als grundsätzliche und gegensätzliche Elemente der Welt akzeptiert werden, die auf keiner höheren Einheit beruhen, sei diese Einheit selbst gut oder schlecht. Einen Aspekt dieses Optimismus beschreibt James im Brief an Henry vom 5. April 1868 mit den Worten »das Universum annehmen«:

> Die Griechen zu Zeiten Homers haben »das Universum angenommen«[143] – seine Vergänglichkeit war ihre einzige Vorstellung des Bösen – Wir sagen, die Welt sei im Grunde böse – sie sagen, das einzig Böse ist, dass alles darin einmal aufhört zu sein.[144]

Die Haltung, das Universum anzunehmen – wie von James hier verstanden – beinhaltet den pluralistischen Optimismus: das Gute und Böse an innerweltlichen Ereignissen und Handlungen wird nicht durch den Verweis auf eine höhere Einheit interpretiert bzw. relativiert. Diese Haltung läuft aber in zwei Hinsichten auf eine spezifische Version des pluralistischen Optimismus hinaus: Erstens wird das Böse auf die Vergänglichkeit zurückgeführt. Zweitens geht diese Haltung mit einem gewissen Fatalismus einher. Im Tagebuch vom 3. April heißt es, dass die Griechen zu Homers Zeit das Böse »annahmen [...] als Teil ihres unabwendbaren Unglücks«.[145] Ein solcher Fatalismus passt nicht zu James' Idee, einen Unterschied in der Menschheitsgeschichte machen zu wollen und gegen das Böse kämpfen zu wollen. In der sogenannten Pomfret-Notiz, die James vermutlich in Pomfret (Connecticut) im Sommer 1869 oder 1870 verfasst,[146] wird dies klar:

> »Das Universum annehmen«, gegen es protestieren, Alternativen des *Willens*. Bei einem vorgegebenen Fall des Bösen schwankt der Geist also zwischen der Bemühung, es zu verbessern und dadurch zu beseitigen, und Resignation [...]. Die Lösung kann nicht darin bestehen, das eine oder andere absolut zu setzen, sondern darin, die Resignation vorläufig (i.e. willentlich, bedingt) zuzulassen und den Wert des Verbesserungsversuchs in der Handlung und nicht im Ergebnis zu sehen. Dadurch bietet Resignation Grundlage und Spielraum dafür, zu neuen philanthropischen Handlungen vorzudringen. Also sollte die Resignation nicht sagen: es ist gut, »ein leichtes Joch«, und so weiter, sondern »ich bin bereit, es für den Moment zu ertragen«.[147]

James kann also die Haltung, das Universum anzunehmen, nur dann teilen, wenn sie so verstanden wird, dass darin der moralisch Handelnde die Erlaubnis sieht, sich in seinem Kampf gegen das Böse Auszeiten zu gönnen, um den Kampf später und besser weiterführen zu können.

Nun sagt James über Havens nicht, dass sie »das Universum«, sondern »die Welt« akzeptiert. Aber aufgrund von James' kontinuierlicher Beschäftigung mit der Haltung der Akzeptanz gegenüber weltlichen Ereignissen, ist es plausibel anzunehmen, dass James hier an diese Thematik denkt. Wenn dies stimmt, dann beschreibt er Holmes gegenüber Havens in erster Instanz als eine Frau, die eine bestimmte *philosophische* Haltung hat. Er sagt, die Entdeckung von diesem »lange vergessenen Element« in Havens hätte »einem beinahe die empirische Philosophie zertrümmert«. Angenommen wir haben richtig erläutert, was es heißt, das Universum anzunehmen, teilt James vermutlich diese Haltung inhaltlich nicht. Er ist aber offenbar davon sehr eingenommen, dass Havens ihr Leben auf eine Weise lebt, die von einer philosophischen Haltung geprägt ist. Genau dies ist es, was er an Goethe bewundert, der Havens ersetzen soll, wenn sie weg ist. Gleich nach der Äußerung, dass »es einem beinahe die empirische Philosophie zertrümmert«, fügt James Folgendes hinzu: »Aber wahrscheinlich kann es auch in ordinärere Elemente zerlegt werden.«[148] Meint James damit, dass ein »lange vergessenes Element« – »ihre Art, die Welt anzunehmen« – doch keine Bedrohung für eine »empirische Philosophie« ist, da es mit Hilfe der »ordinäreren Elemente« einer »empirischen Philosophie« interpretiert werden könnte? Oder will er an dieser Stelle zugeben, dass seine starke Zuneigung zu Havens vielleicht doch nicht auf ihrer philosophischen Haltung beruht, sondern erotische Gründe haben könnte? Diese Frage soll hier nicht geklärt werden.[149] Sieben Tage später, am 22. Mai, schreibt James in sein Tagebuch:[150]

> Heute Abend, während ich dem zauberhaften Spiel von Fräulein H & dem Gesang des Dr.s und der italienischen Dame zugehört habe, haben meine Gefühle eine Art Krise bekommen. Die Anschauung von etwas gewissermaßen Absolutem hier erregte in mir einen unaussprechlichen Ekel davor, dass mein eigenes Leben seit einiger Zeit tot herumtreibt. Vielleicht kann ich später das Gefühl wieder aufleben lassen, indem ich an geniale Menschen denke. Es sollte einen praktischen Effekt auf meinen eigenen Willen haben – der Graus vor einem verschwendeten Leben, da das Leben auch *so* sein kann – und, oh Gott, das unnütze, idiotische Versinken in *Vorstellungen* [dt. im Orig.] beenden, die in keinem Verhältnis zum Gegenstand stehen. Jede gute Erfahrung sollte in der Praxis interpretiert werden. Vielleicht können wir tatsächlich nicht immer den Effekt verfolgen, aber wir verlieren nicht, wenn wir *versuchen*, alles fallen zu lassen, bei dem das nicht geht. Bleibe die ganze Zeit kraftvoll – und arbeite jetzt mit mystischem Glauben an die irgendwie durch Menschlichkeit interpretierte Realität.[151]

Dieser Eintrag beginnt ähnlich wie die Krisennotiz von 1870: »Ich glaube, gestern war eine Krise in meinem Leben.« In beiden Fällen ist die Rede von einer »Krise«, die zu einem bestimmten Zeitpunkt stattgefunden hat. In der Krisennotiz geht es um etwas, das »gestern« war, in diesem Eintrag geht es um eine »Krise«, die »heute Abend« während des Konzerts vor sich ging. In der Krisennotiz wurde dies ausgelöst von der Lektüre von Renouvier, hier durch das Zuhören von Havens' »zauberhaftem Spiel« des Klaviers. Wir werden später auf die Interpretation von James' Verwendung von »Krise« in den beiden Einträgen zurückkommen (§ 4.4). Zuerst wollen wir andere Aspekte des Eintrags diskutieren.

Das Zuhören erweckt in ihm einen »unaussprechlichen Ekel davor«, dass sein »eigenes Leben seit einiger Zeit tot herumtreibt.« Sein »Ekel« bezieht sich sowohl darauf, dass er sein Leben als »tot« empfindet, als auch darauf, dass er sein Leben nicht in die eigene Hand genommen hat, sondern sich hat »herumtreiben« lassen. Sein Fehler ist aber nicht nur eine *persönliche* Verfehlung, sondern auch ein *philosophischer* Irrtum. Oder besser gesagt: Die persönliche Verfehlung ist intern mit einem philosophischen Irrtum verbunden. Er hat bisher versucht, durch Vorstellungen den Objekten auf die Spur zu kommen. Es ist aber nur durch Handlungen, dass man die Objekte richtig fassen kann. Was eine Erfahrung wirklich bedeutet, kann man nur herausfinden, indem man nach einer Interpretation dieser Erfahrung lebt. Wenn man nach ihr lebt, dann zeigen sich bestimmte Effekte, in denen sich die Bedeutung der Erfahrung zeigt. Man darf also nicht – wie Hamlet – erwarten, dass das Bedeutsame sich zeigt, in dem man sich überlegt, was die möglichen Interpretationen sind. Nur wenn man zur Handlung fortschreitet, hat man die Möglichkeit, eine Erfahrung zu verstehen, indem man nach einer Interpretation dieser Erfahrung handelt.

Nach dem Besuch einer *Hamlet*-Aufführung in Dresden zeigt sich James im Brief an den Bruder Henry (13. April 1868) und im Tagebucheintrag vom selben Tag vom Stück begeistert und schreibt im Kontext eines Vergleichs mit den Griechen Folgendes über die Figur Hamlet: »Der Gefühlsreichtum wird gegenüber allen möglichen Worten so überlegen, dass der *Versuch*, ihn adäquat auszudrücken, aufgegeben wird, [...] daher erscheint jede Art der Handlung für Hamlet inadäquat und irrelevant für seine Gefühle.«[152] Wie James im Eintrag zum Zuhören von Havens' Klavierspiel klarmacht, will er Hamlets Irrtum vermeiden: Nur wenn man auch danach *handelt*, kann ein Gefühl oder ein Gedanke den adäquaten Ausdruck finden. Deshalb nimmt er sich in diesem Tagebucheintrag vor, sich nicht auf »Vorstellungen« zu verlassen, da sie den Objekten nicht gerecht werden, sondern ihnen in Handlungen nachzuspüren. Wie James später in »Rationality, Activity and Faith« (1882) sagt: »Jede Frage ist bedeutungsvoll, bei der [...] gegensätzliche Antworten zu gegensätzlichem Verhalten führen.«[153]

Er schreibt auch im Brief an Ward vom 24. Mai über die Erfahrung bei Havens' Klavierspiel:

> Und als ich die Absolutheit in den Erscheinungen dieser jungen Person sah (als solche, deren Bedeutung sich nicht erschöpft durch ihren Platz in der Reihe der Erscheinungen, deren Teil sie sind), war ich entsetzt über die widerliche Verschwendung von Leben, in der ich schwelgte. »*So* ist das Leben! Und was habe *ich* daraus gemacht? Ungefähr! mein Herz, mein Hirn.« [...] Nichts ist so wirksam wie die tatsächliche sinnliche Anschauung dieser Teile des enthüllten Absoluten.[154]

Er spricht hier von einer »Absolutheit« in der Person von Havens in dem Sinne, dass es sich um etwas handelt, dessen »Bedeutung« sich in dessen Platz in »der Reihe der Erscheinungen, deren Teil sie sind« nicht ausschöpft. Er redet auch über »die tatsächliche sinnliche Anschauung dieser Teile des enthüllten Absoluten«. Im Tagebucheintrag hat er von der »Anschauung von etwas gewissermaßen Absolutem hier« gesprochen. Wenn er im Tagebucheintrag sagt, »jede gute Erfahrung sollte in der Praxis interpretiert werden«, macht er klar, dass die Bedeutung einer Erfahrung nicht erschöpfend in der inneren Prüfung dieser Erfahrung oder durch den Platz dieser Erfahrung in einer Reihe von Erfahrungen, sondern erst durch praktisches Handeln richtig verstanden werden kann. Er hat also eine Intuition beim Zuhören des Klavierspiels, die ihn etwas erahnen lässt, dessen Bedeutung aber nur durch praktisches Handeln adäquat zum Ausdruck gebracht und verstanden werden kann.

Diese Distanzierung von »Vorstellungen« im Eintrag zu Havens sollte uns übrigens an die Ablehnung von Anschauungen in der Krisennotiz erinnern: »Nicht in Anschauungen [dt. im Orig.], sondern in angesammelten *Akten* des Denkens liegt die Erlösung. [...] Wenn ich bisher einen Vorstoß aus freien Stücken machen wollte [...] ohne sorgsam darauf zu warten, dass die Betrachtung [*contemplation*] der externen Welt alles für mich bestimmt, schien mir Suizid die männlichste Art und Weise zu sein, dieses Wagnis einzugehen; jetzt werde ich einen Schritt weiter gehen mit meinem Willen und nicht nur durch ihn handeln, sondern auch glauben.« In der Krisennotiz geht es auch darum, dass nur in Handlungen etwas erreicht werden kann, das man nicht passiv durch »Anschauungen« oder »Betrachtung der externen Welt« erreicht. In der Krisennotiz geht es aber weniger um die *Bedeutung* der Willensfreiheitsannahme als darum, dass James diese Annahme auf eine nicht näher erläuterte Weise *testen* will, indem er glaubend nach ihr handelt.

Die Erfahrung von Havens' Klavierspiel, die er am 22. Mai im Tagebuch schildert, ist also für James nicht nur persönlich überwältigend, sondern auch philosophisch von maßgeblicher Bedeutung. Im Brief an Ward gibt es am 26. Mai einen Nachtrag, der besagt, er wäre gestern Nachmittag »unterbrochen worden durch eine Nachricht der jungen Dame, die eine Ausfahrt machen wollte und mich fragte, ob ich mitkommen wolle. Natürlich habe ich angenommen. [...] Was mich angeht, werde ich die junge Dame niemals aufgeben.«[155] Dieser Ausflug oder andere Begegnungen mit Havens führen James offenbar dazu, am 27. Mai den Überlegungen aus dem Tagebuch vom 22. Mai eine persönliche Deutung zu verleihen:

> Über »Vorstellungen [dt. im Orig.], die in keinem Verhältnis zum Gegenstand stehen« oder mit anderen Worten Ideen, die in keinem Verhältnis zu irgendeiner praktischen Anwendung stehen – wie zum Beispiel Liebesgefühle, in denen man schwelgt, auch wenn man nicht erwarten kann, den exklusiven Besitz der geliebten Person zu erlangen. In einem solchen Fall sind die einzig verhältnismäßigen Ideen die der reinen Freude, sooft die liebenswerte Eigenschaft zur Schau gestellt wird – aber nicht die der Anmaßung, irgendeine Art Anspruch auf sie zu verdienen, sodass sie sich zu unserem Nutzen zeige, sooft wir wollen. Wenn eine solche Anmaßung unmerklich im Herzen entsteht und die Umstände sie zurechtweisen, ist die Reaktion schmerzhaft; entweder das, was normalerweise Eifersucht genannt wird, oder etwas Ähnliches.[156]

Ist der frühere Eintrag vom 22. Mai also auch so zu verstehen gewesen, dass James mit »Vorstellungen, die in keinem Verhältnis zum Gegenstand stehen« seine eigenen Vorstellungen von seinem »exklusiven Besitz« von Havens meint, »die in keinem Verhältnis zu irgendeiner praktischen Anwendung stehen«, weil Havens nicht an ihm oder jedenfalls nicht exklusiv an ihm interessiert ist, oder weil sie vielleicht doch an ihm interessiert ist, aber aufgrund ihrer Abreise oder anderer Umstände nie seine Ehefrau werden kann? Wir denken, nein. Man muss es eher so verstehen: Aufgrund der Erfahrung vom Ausflug mit Havens (oder anderen Erfahrungen) nimmt James am 27. Mai seine philosophischen Überlegungen vom 22. Mai wieder auf. Er zitiert direkt aus dem Eintrag vom 22. Mai und interpretiert die Formulierung »Vorstellungen, die in keinem Verhältnis zum Gegenstand stehen«. Diese persönliche Wendung im Eintrag vom 27. Mai zeigt viel eher, dass für James persönliche und philosophische Überlegungen immer intern miteinander verbunden sind. Im Tagebucheintrag vom 22. Mai entstehen aus einer persönlich bewegenden Erfahrung philosophische Interpretationen dieser Erfahrung, die jetzt am 27. Mai im Moment der Enttäuschung oder der emotionalen Verwirrung persönliche Anwendung finden. Seine Kommentare zu »Vorstellungen, die in keinem Verhältnis zum Gegenstand stehen« am 27. Mai führen James in diesem Tagebucheintrag außerdem zu allgemeinen Überlegungen zu Liebe und Freundschaft, die als philosophische Gedanken beschrieben werden müssen und von uns in § 4.5 diskutiert werden.[157]

Havens reist, wie geplant, wenig später ab. Sie schreiben sich (es existieren Briefe von James vom 17. Juni, 29. August, 20. Oktober, 25. Dezember 1868 und vom 24. Februar 1869). Am 29. August geht er auf einen Brief von Havens ein, in dem sie James zufolge gesagt habe, sie sei »versucht« gewesen, »ausführlich zu schreiben und Erklärungen zu geben und ihr ›Bedauern‹ auszudrücken«. James sagt, er habe ihr »mehr als einmal, wenn die Stunden ungewöhnlich zäh verstrichen, wirklich eine Menge Unsinn geschrieben, den ich zum Glück nicht abgeschickt habe«. Er sei auch froh, dass ihre Briefe nicht geschrieben worden seien (dies nimmt er in einem »P.S.« zurück). Sie würden stattdessen, wenn sie sich das nächste Mal träfen, »lange über unsere Probleme spekulieren und uns selbst und einander dafür schmähen, was wir im Herzen tragen. Vorläufig [dt. im Orig.] glaub mir bitte, dass du es mit einem wesentlich gemeineren Wesen zu tun hast, als du vermutlich denkst.« Danach geht er dazu über zu versuchen, flirtend Havens eifersüchtig zu machen, indem er von einer anderen Frau berichtet, die an seinem jetzigen Aufenthaltsort sei – dem Kurort Divonne in Frankreich.[158]

Warum ist nichts aus James und Havens geworden? Man weiß es nicht. Sein Brief vom Weihnachtstag blieb unbeantwortet und am 24. Februar 1869 schreibt er (Havens ist noch in Europa): »Ich *erinnere mich* oft *zurück* [dt. im Orig.] an jene friedvollen vergangenen Tage bei Großmutter Spangenberg, an Fräulein von Boses lebhaftes Interesse an unserer amerikanischen Unterhaltung beim Tee, an unsere Diskussionen an lauen Abenden auf der Piazza hinten etc. etc., und ich frage mich, ob irgendetwas Ähnliches jemals wieder stattfinden kann.«[159] Ein Biograph berichtet, James hätte um diese Zeit ein Treffen mit Havens in New York arrangiert. Er hätte von der Leiterin der Dresdner Pension – Frau Spangenberg – dazu einen Brief erhalten:[160]

> Frau Spangenberg schrieb ihm, dass Havens »schwer« auf seinen Besuch »zählt«. Aber die großmütterliche deutsche Frau riet ihm, sie nicht zu besuchen, wenn er wolle, dass ihre Beziehung »nur freundschaftlich bleiben soll«, denn »im Vertrauen gesagt, wünscht sie sich mehr als Freundschaft« und »sie würde sicher wieder krank werden«, wenn sie enttäuscht würde. Bedauerlicherweise lässt sich nicht feststellen, was daraufhin geschehen ist. Wir wissen nur, dass Havens später schrieb: »Es lag an meiner anhaltenden Nervenschwäche, dass ich mich gezwungen fühlte, unsere Korrespondenz von 1869 bis 1872 abzubrechen, als sie wieder aufgenommen wurde…« Anscheinend war James gewillt, mehr als eine Freundschaft mit Havens zu riskieren, aber sie beendete ihre Korrespondenz abrupt.[161]

Während er durchaus zaudernd um seine zukünftige Frau wirbt, schreibt James regelmäßig an Havens. Es wird spekuliert, dass James sich bezüglich Havens noch nicht sicher war.[162] Im Sommer 1876 besucht er sie sogar kurz und schreibt an sie über diese Begegnung: »Jener gemeinsame Ausflug wird auf ewig wie eine Oase in der verdorrten Öde meiner Lebenserinnerung aufscheinen – ich hoffe auch in deiner, trotz meiner scheinbaren Unhöflichkeit, so schläfrig gewesen zu sein. Durch den Schleier des Schlummers, welcher den sichtbaren Mann einschloss, erfreute sich meine Seele & genoss ihre Gesellschaft […].«[163]

Nach der Abreise von Havens (Ende Mai oder Anfang Juni 1868[164]) steht James kurz vor einer Episode, die er gleich danach in Briefen an seine Eltern als die »Heidelberger Krise«[165] bzw. das »Heidelberger Fiasko«[166] beschreibt. James hatte bereits im Brief an Ward vom 7. November 1867 geschrieben, die Zeit wäre vielleicht gekommen, dass Psychologie zu einer Wissenschaft wird. Er nimmt sich vor, diesem Thema nachzugehen: »Ich studiere weiterhin das bereits Bekannte und kann vielleicht etwas dazu beitragen. Helmholtz & ein Mann namens Wundt arbeiten in Heidelberg daran und ich hoffe, wenn ich diesen Winter überstehe, im Sommer zu ihnen zu gehen.«[167] Seinem Vater kündigt er Ende Dezember die Absicht an, nach dem Ende der Berliner Vorlesungen im März erst nach Teplitz zu reisen, um danach nach Heidelberg zu gehen. Dort lehrten Helmholtz und Wundt, die »Experten auf dem Gebiet der Physiologie der Sinne« seien.[168] Wie bereits erzählt, bricht er den Berliner Aufenthalt bereits Anfang Januar ab, um nach Teplitz zu gehen. Diese Entscheidung begründet er seinem Vater gegenüber so, dass die Wasserkur ihm gesundheitlich ermöglichen soll, Physiologie in Heidelberg im Sommer zu studieren.[169] Es ist also kein Wunder, dass James seine Reise nach Heidelberg als »Krise« und »Fiasko« beschreibt. Er war dort offenbar nur für eine Woche Ende Juni: Er schreibt am 3. Juli aus Berlin an seinen Vater, er sei »unter dem Einfluss einer traurigen Verzweiflung, die mich eine Woche lang erfasst hatte,« aus Heidelberg »geflüchtet«. »Jetzt, da ich wieder frohgemut bin,« schreibt er, »glaube ich nicht, dass ich unklug gehandelt habe« und fährt fort, seine Flucht u. a. damit zu begründen, dass einer der zwei Männer, dessen Vorlesungen er hören wollte (Helmholtz oder Wundt), gerade keine Vorlesungen halte und dass die Heidelberger »Monotonie« in den zwei Monaten nach Vorlesungsende, das in sechs Wochen bevorstehe, für seine psychische Verfassung katastrophal wäre.[170]

Es geht James nach der Flucht aus Heidelberg aber sicher nicht besser als davor. Eher schlechter. Die Tagebücher und die Briefe der nächsten drei Monate lassen die intellektuelle Lebendigkeit der Dokumente vom April und Mai vermissen, obwohl er im Oktober berichtet, er habe Kants *Kritik der reinen Vernunft* angefangen und ein Werk von Charles Renouvier gelesen, von dem er bisher nichts gehört habe, der ihn aber beeindrucke.[171] Kurz nach der Rückkehr aus Heidelberg – jetzt wieder in Dresden – beginnt ein französischer Tagebucheintrag (vom 22. Juli) mit den Worten »Du willst sterben, was?«[172] Die Überlegungen im Eintrag führen zu einer negativen Antwort. Fast drei Monate später – am 9. Oktober vom Kurort Divonne – schreibt er an Ward und stellt sich wieder die Frage, ob er sich das Leben nehmen sollte: »Das Schlangengift des Utilitarismus hat mich vergiftet und manchmal, wenn ich daran verzweifle, ob ich jemals etwas leisten werde, sage ich mir ›warum nicht hinabsteigen ins grüne Dunkel?‹«[173] Es folgen Überlegungen in englischer und französischer Sprache, wobei die Äußerungen auf Französisch teilweise inhaltlich und sogar wörtlich mit den Überlegungen vom Tagebucheintrag vom 22. Juli übereinstimmen. Wieder entscheidet er sich für das Leben: »Also geb' ich mir einen Ruck und zieh' wieder los.«[174]

Nach der Flucht aus Heidelberg sind seine Pläne diffus: er will den nächsten Winter vermutlich in Wien verbringen oder vielleicht doch in Paris.[175] Er reist zuerst nach Berlin, dann Dresden, an den Genfer See und unternimmt dann schließlich für ungefähr zwei Monate eine Wasserkur im Kurort Divonne in der Nähe vom Genfer See. Er beschäftigt sich in den Briefen viel mit der Frage seines fehlenden Einkommens: Ihm ist vermutlich peinlich, dass sein Bruder Henry mehr als er verdient, und tatsächlich fragt er seine Mutter und Henry selbst, wie viel Henry verdient: »Wieviel Geld hast du im letzten Jahr verdient? Beantworte diese Frage.«[176] Während dieser Zeit macht er sich außerdem offenbar Sorgen, ob seine Eltern weiterhin seinen Auslandsaufenthalt finanzieren werden.[177] Vermutlich zu Recht. Jedenfalls scheinen seine Eltern ihn – aus welchen Gründen auch immer – am Ende nach Hause geordert zu haben. Am 14. Oktober schreibt er von Genf an seinen Freund Henry Pickering Bowditsch: »Folglich breche ich wahrscheinlich Freitag nach Paris auf [...] – meine weinende Frau und meine Familie haben mich dazu gedrängt, ohne Verzögerung nach Hause zurückzukehren.«[178] Am 7. November tritt er von Brest aus die Überfahrt an und kommt am 18. November in New York an.[179]

4.4 Eine philosophische Biografie über James

Wir haben James' Leben so präsentiert, dass darin philosophische Fragen und seine Beschäftigung mit der eigenen Lebensführung sich gegenseitig durchdringen. Wenn er im Jahr 1868 seinen Freunden und sich selbst die Frage beantwortet, warum er sich das Leben nicht nehmen sollte, sagt er, es gehe ihm darum, einen Beitrag zur Menschheitsgeschichte zu leisten und sich dabei auf die Seite des Guten im Kampf gegen das Böse zu schlagen. Dabei geht es ihm nicht nur um den Wert des eigenen Lebens, sondern um die Möglichkeit eines lebenswerten Lebens überhaupt, also um die philosophische Frage, ob das Leben überhaupt lebenswert sein kann. Das Leben kann lebenswert sein, denkt James, wenn der pluralistische Moralismus wahr ist – wenn es Gut und Böse gibt und man sich daher auf die Seite des Guten schlagen kann.

Die Frage nach seiner Berufswahl hat sicherlich damit zu tun, auf welchem Gebiet er erwartet, einen Beitrag leisten zu können. Wenn es um seine Entscheidung zwischen Philosophie und Biologie geht, über die er am 10. April 1873 berichtet, dann kann dies – falls wir Recht haben – aber nicht einfach als eine Entscheidung zwischen zwei Berufszweigen verstanden werden. Philosophie ist kein Fach, das James einfach aufgeben kann. Im Gegenteil: Philosophische Probleme »stecken« »in allem«.[180] Es ist also kein Wunder, dass wir im Tagebucheintrag vom 10. April einen Versuch finden, Philosophie so neu zu konzipieren, dass er mit seiner Entscheidung für die Biologie weiterhin an der Lösung philosophischer Probleme arbeiten kann. Es ist nicht die Philosophie als solche, die zu »Hypochondrie« führt, sondern die rein abstrakte Reflexion, die üblicherweise für Philosophie gehalten wird. Stattdessen schlägt James vor, dass man »beim Leben« zur Lösung philosophischer Probleme beiträgt, obwohl er nicht ausführt, wie dies geschieht. Seine Äußerungen zu Goethe in den Tagebüchern und Briefen von 1868 deuten auch in diese Richtung.

Die »Krise«, die er bei Havens' Klavierspiel 1868 erlebt, zeigt die Verschränkung von Fragen der Lebensführung und philosophischen Themen besonders klar. Das Erlebnis zeigt ihm, dass er – James – falsch gelebt hat. Diesem verfehlten Leben liegt aber – darin besteht die Einsicht, die James formuliert – ein philosophischer Irrtum zugrunde. Der Irrtum besteht in der Annahme, dass man Erfahrungen verstehen kann, indem man sich auf Vorstellungen konzentriert, ohne diese Erfahrungen durch Handeln zu interpretieren. Dies ist ein philosophischer Irrtum, aber auch – nach James selbst – eine zentrale Verfehlung seines eigenen Lebens: Um die Welt zu verstehen, muss er – James – handeln und so den Objekten der Erfahrung gerecht werden. Wie wir erläutert haben, ist diese »Krise« mit einer ähnlichen Einsicht verbunden wie die »Krise« der Krisennotiz vom 30. April 1870. In der Krisennotiz nimmt James sich vor, der Frage der Willensfreiheit nicht mehr durch »Anschauungen«, »bloße Spekulation« und »kontemplative Grübelei« nachzugehen, sondern im Glauben an die Willensfreiheitsannahme nach ihr zu handeln. Er will also probieren, ob er ein philosophisches Problem lösen kann, indem er anders lebt.

Sein Glaube an seine Willensfreiheit, seine Parteinahme für den pluralistischen Moralismus und sein Wunsch, einen Beitrag zur Menschheitsgeschichte zu leisten, fügen sich zu einem Gesamtbild zusammen, das am Ende der Krisennotiz zum Ausdruck gebracht wird: »jetzt werde ich […] glauben an meine individuelle Wirklichkeit und kreativen Kräfte. […] ich werde das Leben (das wirkliche, das gute) postulieren im selbstbestimmenden *Widerstand* des Egos gegen die Welt.« Willensfreiheit bedeutet, dass er als individuelle Person der Ursprung von etwas vollkommen Neuem sein kann, das im Dienste des Guten gegen das Böse steht. So werden die kreativen Handlungen ermöglicht, die sein Leben lebenswert machen können.

Gegen unsere biografische Erzählung, die wir gerade zusammengefasst haben, könnte man einwenden, dass sie zu kurz greift und dadurch ein völlig falsches Bild von James liefert. Wir haben James als jemanden beschrieben, der den Fragen seines Lebens grundsätzlich als philosophischen Fragen begegnet und darauf bestimmte philosophische Antworten gibt. Dabei haben wir angenommen, diese Haltung zum Leben sei selbst eine philosophische Haltung: Dass James so lebt, bringt zum Ausdruck, wer er als Philosoph ist. *Warum* James ein solcher Philosoph ist bzw. warum er die philosophischen Haltungen einnimmt, die er einnimmt, wird von uns nur *philosophisch* erklärt, indem wir die philosophische Sicht erläutern, die James' Position zugrunde liegt. Dies – so könnte man einwenden – greift zu kurz. Es gibt – so argumentieren die Vertreter einer psychologischen Auffassung – *psychologische* Gründe, die erklären, warum James auf die Fragen seines Lebens mit philosophischen Überlegungen reagiert hat und warum er auf sie bestimmte philosophische Antworten gegeben hat. Diese Erklärung würde *tiefer* als unsere Erklärungen greifen, da sie nicht bei den philosophischen Haltungen von James aufhören würde, sondern psychologisch erklären würde, warum er diese Haltungen eingenommen hat.

Wir werden unten auf diesen Einwand antworten. Um den Einwand sinnvoll diskutieren zu können, brauchen wir aber ein konkretes Beispiel für eine solche psychologische Erklärung von James und seinem Leben. Als Beispiel nehmen wir den psychologischen Ansatz von Howard M. Feinstein aus seinem *Becoming William James*, den wir aber natürlich verkürzt und vereinfacht darstellen müssen. In unserer eigenen bisherigen Erzählung haben wir uns auf sehr kurze Abschnitte in James' Leben konzentriert, vor allem auf Zeiträume in den Jahren 1868, 1870 und 1873. Um Feinsteins Auffassung zu erläutern, müssen wir auch auf seine Erzählungen von früheren Zeiten in James' Biografie eingehen.

1860 hat James gegen den Wunsch und Widerstand seines Vaters durchgesetzt, dass er Malerei studieren darf. 1861 bricht er diese Ausbildung ab, um – dem Willen des Vaters entsprechend – eine Wissenschaft zu studieren. In diesem Sachverhalt drücken sich zwei eng miteinander verbundene Konflikte aus, die für Feinstein eine Schüsselrolle in der Entwicklung von James spielen. Erstens geht es um einen verinnerlichten Konflikt zwischen James' innerstem Wunsch, Maler zu werden, und seinem Pflichtgefühl, den Willen seines Vaters umzusetzen. Zweitens geht es um den Konflikt zwischen zwei Menschen – zwischen Vater und Sohn – und um die Bemühungen des Sohnes, sich vom Vater als eigenes Individuum zu separieren. Feinstein spricht hier von »Individuation« bzw. »Loslösung« vs. »Symbiose«.[181] Beide Konflikte sind natürlich eng miteinander verbunden, aber es ist nützlich, sie getrennt darzustellen, um Feinsteins Ansatz zu erläutern.

Um den ersten Konflikt zu erläutern, bedient sich Feinstein eines Zitats von James aus »Great Men and Their Environment«, in dem er von einem »Selbst« spricht, das »ermordet« wurde:

> Ob ein junger Mann in die Geschäftswelt oder den geistlichen Stand eintritt, mag von einer Entscheidung abhängen, die vor einem bestimmten Tag gemacht werden muss. Er nimmt die Stelle in der Buchhaltung an und ist *festgelegt*. Schritt für Schritt werden die Gepflogenheiten, die Kenntnisse der anderen Laufbahn, die einst so nahelag, selbst als Möglichkeiten nicht mehr ernst genommen. Anfangs mag er manchmal zweifeln, ob das Selbst, dass er in dieser entscheidenden Stunde ermordet hat, nicht vielleicht das bessere der beiden gewesen wäre; aber mit den Jahren erlöschen solche Fragen selbst und das alte alternative *Ego*, das einst so lebendig war, verblasst, bis es weniger greifbar ist als ein Traum.[182]

James, schreibt Feinstein, »tötete einen Teil seiner selbst«, als er sich dem Studium der Wissenschaften widmete. Aber es sei für James nicht so gut ausgegangen, wie für den jungen Mann in seiner Geschichte: »Sein Maler-Selbst, das alternative Ego, das er unterdrückte, verschwand nicht. Stattdessen kehrte es beharrlich in den Symptomen wieder, die ihn für den Rest seines Lebens plagten.«[183] Feinstein geht also von einem Selbst aus, das James ständig unterdrückt und dessen Unterdrückung für viele seiner Symptome verantwortlich ist. Oft redet er aber nicht von einem in Symptomen »widerkehrenden« »Selbst«, sondern von »Wünschen«, die von der »Pflicht« »verschüttet« werden, oder von »Impulsen«, die »willentlich unterdrückt« werden müssen.[184]

Dieses Modell von unterdrückten Wünschen oder dem unterdrückten Selbst verwendet Feinstein, um viele Turbulenzen in James' Leben zwischen 1860 und 1873 zu erklären: James unterbricht ständig sein Studium, da er eigentlich Maler werden will, aber aus einem Pflichtmotiv heraus versucht, dem Wunsch seines Vaters nach einer wissenschaftlichen Karriere nachzukommen. (Ab 1870 weicht der Wunsch nach einer Künstlerkarriere gewissenmaßen der »Sirene« der Philosophie.[185]) So lassen sich auch die vielen Besuche von Heilbädern als Unterbrechungen seines Studiums erklären, vor allem wenn man diesen innerpsychischen Konflikt zusammen mit der Rolle von psychosomatischen Erkrankungen bei James und in der James-Familie betrachtet. Der Besuch eines Heilbads oder eine Europareise aufgrund einer Erkrankung erlaubt einem die Entspannung zu genießen, die als reiner Genuss für Neuengländer des 19. Jahrhunderts verpönt gewesen wäre, und ermöglicht den Kindern der James-Familie Anspruch auf das Vermögen der Familie zu erheben, der sonst nicht begründet gewesen wäre. So konkurrieren die Brüder William und Henry psychosomatisch um das Familienvermögen, um sich möglichst lange Europaaufenthalte zu ermöglichen.[186]

Noch wichtiger für unsere Themen ist Feinsteins Verwendung dieses Modells, um die Krisennotiz zu interpretieren. Dazu kommen wir nachher. Zuerst wollen wir auf den zweiten Konflikt – den Konflikt zwischen Vater und Sohn – und die damit verbundenen Bemühungen von James, sich von seinem Vater abzusondern, eingehen. Im Herbst 1867 in Berlin startet James in der Korrespondenz eine philosophische Debatte mit seinem Vater über die theologischen und philosophischen Ideen des Vaters. Diese Auseinandersetzung liest Feinstein als »einen verdeckten Kampf über Symbiose oder Individuation. Ist der Mensch tatsächlich von Gott losgelöst? Wenn die Freiheit des Willens lediglich eine Illusion ist, wie Henry es scheinbar suggeriert, dann ist der Versuch eines Sohnes hoffnungslos, sich von seinem geliebten Vater / Schöpfer zu befreien.«[187] Wir wollen hier nicht auf diese Korrespondenz eingehen, aber Feinsteins Interpretation kann ebenfalls auf James' Parteinahme für den pluralistischen Moralismus angewendet werden, die wir oben thematisiert haben.[188] Wir haben James' Stellungnahme oben einfach als eine *philosophische* Positionierung in Konfrontation mit dem Leben interpretiert. Feinsteins Ansatz liefert aber eine *psychologische* Erklärung für diese philosophische Festlegung: James muss sich von seinem Vater absondern. Deshalb muss er eine philosophische Position vertreten, die sich inhaltlich von der Position seines Vaters unterscheidet, und die dem Individuum die freie Fähigkeit zuschreibt, einen originären Beitrag im Kampf des Guten gegen das Böse leisten zu können.

Hier wird ein philosophischer Konflikt psychologisch erklärt. Manchmal geht Feinstein sogar weiter und interpretiert Stellen, die wie philosophische Äußerungen aussehen, rein psychologisch als Ausdruck des Konflikts mit dem Vater. Oben hatten wir folgende Stelle aus der Pomfret-Notiz aus dem Jahr 1869 (oder 1870) philosophisch interpretiert: »›Das Universum annehmen‹, gegen es protestieren, Alternativen des *Willens*. Bei einem vorgegebenen Fall des Bösen schwankt der Geist also zwischen der Bemühung, es zu verbessern und dadurch zu beseitigen, und Resignation […]. Die Lösung kann nicht darin bestehen, das eine oder andere absolut zu setzen, sondern darin, die Resignation vorläufig zuzulassen.« Uns ging es dabei vor allem um die Interpretation von der Haltung »das Universum annehmen«. Die Worte »das Universum annehmen« werden von Feinstein nicht zitiert. Dabei zitiert er andere Teile aus dieser Notiz, die wir oben nicht beachtet haben: »(a) Mensch = ein Bündel von Wünschen[189], mehr oder weniger zahlreich. Er lebt, sofern sie erfüllt werden, stirbt, sofern sie versagt werden.« James schreibt außerdem: »(c) Einschränkung im Ausmaß der Erfüllung (wie Nat.gesch., Malen).«[190] Dies interpretiert Feinstein als Erwähnung von »zwei Wünschen, die er [James] ›eingeschränkt‹ hatte: ›Naturgeschichte, Malen‹«. Feinstein interpretiert »Resignation« und James' »Lösung« ausschließlich persönlich und psychologisch: »Der resignierte Rückzug auf eine medizinische Laufbahn war ein deprimierender Schwindel gewesen und nur erträglich, weil er ihn für vorübergehend hielt.«[191] (Die Notiz wurde nach James' Abschluss seines Medizinexamens verfasst.) Feinstein zitiert dann Folgendes vom Ende der Notiz:

> Drei zu bestimmende Größen. (1) wieviel Schmerz werde ich aushalten; (2) wieviel Schmerz werde ich anderen zufügen (durch meine Existenz); (3) wie viel Schmerz Anderer werde ich »annehmen« ohne aufzuhören, mich ihrer Existenz zu freuen.[192]

Feinstein interpretiert dies ebenfalls als eine rein biographisch-psychologische Äußerung, die sich auf ihn selbst und seinen Vater bezieht: »Er hat es fertiggebracht, ein Jahrzehnt seines Lebens auf harte und sharfe Elemente zu reduzieren, vergleichbar mit Nägeln zum Versiegeln eines Sargs oder zum Befestigen eines Kreuzes. Er könnte leiden oder dem Vater Leid zufügen. Er könnte sich selber Schmerzen bereiten (Selbstmord war eine Versuchung). Er könnte seine Wünsche verwirklichen und seinen Vater enttäuschen, vielleicht so dessen Tod verursachen. Er könnte sich weiterhin fügen und riskieren, dass seine Liebe in Hass umschlägt.«[193]

Bevor wir zu Feinsteins Interpretation der Krisennotiz kommen, müssen wir ein weiteres Element erwähnen, das im Ansatz von Feinstein eine zentrale Rolle spielt: James' Angst vor dem Wahnsinn. Feinstein interpretiert einen Brief von 1861 so, dass James darin »Pole der Euphorie und Depression« beschreibe und sich selbst als »ein gespaltenes Selbst« darstelle.[194] Im Brief an seine Familie gehe es um den Unterschied, den es in seiner Erscheinung gibt, abhängig davon, ob er einen Brief von der Familie erhält oder nicht:

> Niemals hat ein und dasselbe Wesen so sehr wie zwei verschiedene ausgesehen wie ich beim Hineingehen und Herauskommen aus dem Postamt, wenn ich einen Brief mitbringe. Düster, mit von Verzweiflung gezeichneten

> bleiernen Augenbrauen stelze ich die Straße entlang zum Postamt, während Frauen, Kinder und Studenten sich unwillkürlich gegen die Wand drücken, wenn ich an ihnen vorbeigehe – ganz so, als ob mir das Kainsmal auf die Stirn geprägt wäre. Aber wenn ich mit einem Brief herauskomme, begleitet mich normalerweise eine riesige Menschenmenge zu meiner Unterkunft, angelockt durch meine aufgeregten wilden Gesten und Mienen.[195]

Im Brief illustriert James diese zwei Zustände mit zwei Zeichnungen (siehe Abbildung 2). Über diese Figuren schreibt Feinstein: »Eine Figur sieht mehr wütend als verzweifelt aus [...]. Die zweite tanzt. Ihr Gleichgewicht ist unsicher, ihr Gesicht trägt ein verrücktes Grinsen [...]. Wenn in dem Gesicht der einen das Kainsmal (Gewalt) geschrieben steht, stehen in dem Gesicht der anderen die Kosten geschrieben für das Verstecken der Gewalt mit einer Maske der Heiterkeit.«[196]

Hier sollte als kurze Zwischenbemerkung erwähnt werden, dass Feinstein in einer 1999 geschriebenen Einführung zu einer Neuauflage seiner ursprünglich 1984 veröffentlichten Biografie die Frage aufwirft, ob er jetzt – 15 Jahre später – die biologische Dimension von James' psychischer Konstitution stärker betont hätte, hätte er die Biografie neu geschrieben. Feinstein – ein praktizierender Psychiater – beschreibt wie er im Laufe der Jahre seit der Veröffentlichung des Buchs seine eigenen psychiatrischen Konsultationen geändert habe. Im Lichte der Forschungen, die die Psychiatrie »transformiert« hätten, würde er sich als ein »praktizierender Arzt der biologischen Psychiatrie« dem Symptom des Patienten jetzt weniger zuwenden als einem »Schlüssel zum Verstehen und Bewältigen eines inneren Konflikts«, sondern vielmehr als einem »Zeichen biologischer Dysregulation«. Er stellt sich die Frage, ob er im Lichte dieser Entwicklung der »vererbten Anfälligkeit für bipolare Gemütsstörung«, wie sie in der James-Familie vermutlich vorlag, einen wichtigeren Platz in seinem Buch geben würde (1984 war diese biologische Vermutung nur in einer Fußnote zu finden). Er beantwortet seine eigene Frage negativ: In der Psychiatrie gehe es um die Behandlung des Patienten und zum Zwecke der Behandlung dürfe man all die Komplexität ausblenden, die ein Biograf, der ein Individuum verstehen will, nicht ausblenden darf.

In dieser Einführung betont Feinstein außerdem Elemente seiner biografischen Interpretation, die wir in diesem Kapitel weitgehend ignorieren müssen: Seine psychologischen Erklärungen beziehen sich nicht nur auf den (verinnerlichten) Konflikt zwischen James und seinem Vater, sondern er betrachtet die James-Familie als »ein System, das mehr ist als die Summe ihrer Mitglieder«.[197] Daher spielen in seinem Buch auch der Konflikt zwischen Henry Senior und seinem Vater (also James' Großvater) und weitere dynamische Elemente innerhalb der Familie eine wichtige Rolle.[198]

Aber wir müssen auf Feinsteins Nachweis von James' Angst vor dem Wahnsinn zurückkommen. Dass James sich in einem Brief als eine Person in wechselnder Gemütsverfassung beschreibt, soll nur zeigen, dass Wahnsinn früh für James ein wichtiges Thema war.[199] Feinstein will James' Angst anhand von einigen anderen Quellen nachweisen. Im Brief vom September 1863 an seine Cousine Katharine James Prince, die ihren Psychiater Dr. William Henry Prince 1861 geheiratet hat, scherzt er, dass er sie nicht besucht habe, weil er nicht gewusst habe, »ob du mich in deiner Anstalt anketten würdest«.[200] Mit dieser Anstalt ist das »Northampton (Massachusetts) Hospital for the Insane« gemeint, in dem Dr. Prince arbeitet und in dem Katharine Prince als Patientin ihren zukünfigen Ehemann kennengelernt hat.[201] In diesem Brief erzählt James seiner Cousine von seinen Überlegungen, vielleicht Medizin zu studieren und sagt, das Fach von Dr. Prince – also Psychiatrie – wäre vermutlich innerhalb der Medizin der interessanteste Teil. Er würde daher gerne, bevor er sich für oder gegen ein Medizinstudium entscheidet, Dr. Prince »und seine Patienten in Northhampton« gerne besuchen.[202] Im Dezember desselben Jahres schreibt James wieder an seine Cousine, um ihr über seine Entscheidung für das Medizinstudium zu berichten, aber er sieht jetzt eine mögliche Karriere als Psychiater ganz anders (Katharine Prince hatte ihm als Antwort auf seinen ersten Brief die idealen Eigenschaften eines Psychiaters beschrieben[203]):

> Was »lebende Irre« angeht, fürchte ich sehr, dass ich mit meiner Veranlagung wenig geeignet bin, ihnen gut zu tun, und dein Tugendkatalog, mit dem jeder ausstaffiert sein sollte, der vorhat, sie zu »behandeln«, bestätigt meine Ängste eher. Ich glaube wahrlich, ich würde mir innerhalb einer Woche ihre ansteckende Krankheit einfangen & genauso verrückt werden wie jeder von ihnen, denn nicht lange, nachdem ich Dr. Winslows *On Obscure Diseases of the Mind* gelesen hatte, habe ich beinahe den Verstand verloren; so grob wurde ich von den bekannten Symptomen geschüttelt, die der Doktor dem Irrsinn zuschrieb.[204]

Seine Angst vor dem eigenen Wahnsinn kann James kaum klarer formulieren.[205]

Als zusätzliche Belege für diese Angst geht Feinstein auf weitere Briefe von James ein. Er diskutiert z. B. einen Brief vom November 1869 an James' Bruder Robertson, der sich heimlich mit seiner Cousine verlobt hatte, in dem James eindringlich vor einer Heirat zwischen nahen Verwandten warnt, die beide vererbbare Symptome hätten. Robertson habe bereits begonnen, Symptome im »Rückgrat« zu zeigen und die Cousine habe schon ein »schwaches Rückgrat«. Aus solchen Gründen habe er – James – sich vorgenommen, nie zu heiraten.[206] Feinstein weist hier darauf hin, er (Feinstein) würde »Wahnsinn« in diesem Kontext in der üblichen Bedeutung dieses Wortes im 19. Jahrhundert verwenden, wobei »jede nervliche Behinderung, nicht notwendigerweise Psychose« gemeint sei. Außerdem sagt er, James würde für Wahnsinn in diesem Sinne unterschiedliche Wörter verwenden, u. a. »dorsaler Kollaps«[207] und »schwaches Rückgrat«.[208] Feinstein erwähnt auch einen Brief an Bowditsch aus dem Jahr 1869[209], an den James 1867 (scherzhaft) geschrieben hatte, sie sollten gemeinsam eine Praxis aufmachen.[210] Im Januar 1869 schlägt er »ironisch«[211] eine Änderung des Plans vor: Bowditsch soll jetzt der Direktor von einer »großen staatlichen Irrenanstalt« werden, damit James dort »Zuflucht« in seinen »alten und hilflosen Tagen« finden kann.[212] Schließlich diskutiert Feinstein ausführlich die von uns oben thematisierte Erfahrung aus *The Varieties of Religious Experience*, die James dort ursprünglich zur Tarnung einer französischen Quelle zugeordnet hatte. Nennen wir die Beschreibung der ganzen Erfahrung die »*Varieties*-Passage«.[213] Feinstein versteht dies als eine Beschreibung von einem »Zusammenbruch«[214] von James selbst, den er auf den Herbst 1872 datiert. Wir zitieren wieder aus James' Darstellung:

> Gleichzeitig stieg vor meinem Geiste das Bild eines epileptischen Patienten empor, den ich in der Anstalt gesehen hatte: eines schwarzhaarigen Jugendlichen mit grünlicher Haut, gänzlich idiotisch [...] und von absolut nicht-menschlichem Aussehen. [...] Ich fühlte: *diese Gestalt bin ich* potentiell. Nichts von dem, was ich besitze, kann mich vor diesem Schicksal bewahren, wenn mir die Stunde schlägt, so wie sie ihm schlug.[215]

Feinstein kommentiert: »Für William vermengte der bedrohliche ›Andere‹ eine gefürchtete Möglichkeit – den Wahnsinn – mit einer gegenwärtigen Wirklichkeit – dem Zustand der Invalidität, von dem aus er passiv und unerbittlich zuschaute, während seine Gleichaltrigen im Leben weiterschritten.«[216]

Feinstein meint, die Krisennotiz sei »mit James' Angst vor dem Wahnsinn verknüpft«.[217] Feinstein scheint hier sagen zu wollen, in der Krisennotiz komme James' Angst zum Ausdruck, dass philosophische Spekulation die psychische Gesundheit gefährden könne.[218] So werden wir nachher Feinsteins Interpretation erläutern. Vorher gehen wir kurz auf drei weitere Ansätze aus der Forschungsliteratur ein, die erklären wollen, warum James in philosophischer Spekulation eine mögliche Ursache von Wahnsinn gesehen hat. Cushing Strout schlägt vor, James habe vielleicht das »bekannte« Buch von William Acton, *The Functions and Disorders of the Reproductive Organs*, gekannt, in dem ein zentrales Thema sei, »die moralische Notwendigkeit mit der Gewohnheit der Introspektion willentlich zu brechen, um der Versuchung der Masturbation zu widerstehen, die als schaurige Bedrohung für die geistige Gesundheit gewähnt wird.«[219] Wenn man »Spekulation« und »kontemplative Grübelei« in der Krisennotiz als Verweise auf die »Introspektion« versteht, an die Strout hier denkt[220], dann wäre philosophische Spekulation indirekt eine Bedrohung der geistigen Gesundheit, weil sie zur Masturbation führt, die direkt in den Wahnsinn führen kann.

Ein zweiter Ansatz beruht auf der psychiatrischen Diagnose »Neurasthenie« bzw. »nervliche Erschöpfung«, die James offenbar um die Zeit, um die es hier geht, auf sich selbst anwendet. Diese Störung wird prominent von Georg Beard mit dem Begriff »Nervenkraft« in Analogie mit Batterien erklärt. (Die Verbindung von Elektrizität und Nervenwesen wurde bereits in den 1840ern von du Bois-Reymond gemacht, dessen Vorlesungen James 1867 in Berlin besucht.)[221] So kann die Niedergeschlagenheit eines Menschen dadurch erklärt werden, dass er wie eine Batterie Energie verliert. Diese psychische Verfassung schreibt sich James am 2. Oktober 1869 eindeutig im Brief an seinen Bruder Henry zu: »Ich fühle mich, was meine Nervenkraft angeht, völlig ausgelaugt und habe mir vorgenommen, diesen Winter so wenig zu lesen wie irgend möglich und absolut nicht zu studieren, d.h. nichts zu lesen, wofür ich mich interessieren und worüber ich *nachdenken* kann.«[222] James liefert uns hier außerdem die Ursache für den Verlust an Nervenkraft: das Nachdenken über etwas, das einen interessiert. Diese Erklärung passt zur Auffassung von Beard, der speziell die Menschen als gefährdet sieht, unter »nervlicher Erschöpfung« zu leiden, die bei der Arbeit vor allem das Gehirn belasten.[223] Wenn man diese Äußerung von James – wie es der Interpret S.P. Fullinwider tut – mit folgender Darstellung (im Brief an Henry vom 24. August 1872) verbindet, dann kann man philosophische Spekulation als direkte Ursache für »Neurastenie« sehen:

> Die Einstellung als Physiologiedozent ist gerade jetzt ein ideales Gottesgeschenk für mich: Ein externes Motiv zu arbeiten, das mich trotzdem nicht strapaziert – mich mit Menschen zu beschäftigen statt mit meinem eigenen Geist & Ablenkung von jenen introspektiven Studien, die eine Art philosophischer Hypochondrie in mir hervorgerufen haben & die für ein Jahr aufzugeben, mir sicherlich gut tun wird.[224]

Wenn man »philosophisch« so versteht, dass es auf die Beschäftigung verweist, die die »Hypochondrie« verursacht, dann muss man nur die »Hypochondrie« mit »Neurastenie« gleichsetzen, um philosophische Spekulation als Ursache für »Neurastenie« zu verstehen.[225] Einen zusätzlichen Beleg für diesen Ansatz könnte man im Tagebucheintrag vom 10. April 1873 suchen, auf den wir in § 4.2 ausführlich eingegangen sind. Der Brief an Henry vom Spätsommer 1872 bezieht sich auf James' ersten Lehrauftrag in Physiologie und im Tagebucheintrag im Frühjahr 1873 geht es dann um das erneute und erweiterte Lehrbeschäftigungsangebot. Im Tagebucheintrag sagt James, Philosophie »übersteige« seine »Kräfte« und verursache »Hypochondrie«. Er befürchte das damit verbundene »ständige Gefühl der Haltlosigkeit«, die Gefährdung seiner »Vernunft«, während die Basis, welche Biologie als Beschäftigung liefere, ihm ermögliche, dass er »über Zeiten der Schwäche & Depression hinweggleiten kann«.[226]

Eine dritte Möglichkeit, James' Angst vor dem Wahnsinn mit philosophischer Spekulation zu verbinden, wird von Paul J. Croce vorgeschlagen. Im Brief an seine Cousine Katharine Prince hatte James seine Angst vor dem Wahnsinn direkt in Verbindung mit seiner Lektüre von Forbes Winslows' *On Obscure Diseases of the Brain and Disorders of the Mind* gesetzt. Nach Croce war Winslow der Ansicht, dass man bereits in Jugendlichen nach den Anfangsstadien von hirnbasierter Geistesstörung suchen sollte. Croce zitiert direkt aus Winslows Werk folgende Beispiele für solche Störungen: »akut morbide Sensibilität, körperlicher und geistiger Art, mit Aufmerksamkeitsproblemen«, »Anfälle von Apathie« und »launenhafte Entrücktheit [*moody abstraction*]«. Croce zitiert auch wörtlich Winslows Warnung, dass »das Schwelgen in einem Zustand krankhafter Träumerei oder die Neigung dazu, ›Luftschlösser zu bauen‹, eine ernsthafte Gefahr für den Geist« bergen, weil diese »die Schwächung des Gehirns einleiten« und auch häufig »als Symptome in den Anfangsstadien einiger Arten geistiger Störungen beobachtet« werden. Croce fügt dann selbst als Anmerkung hinzu, dass diese »klinischen Symptome oft« zu James' »eigenen temperamentsmäßigen Eigenschaften« passten.[227] An anderer Stelle schreibt Croce, dass James in seiner »Tendenz zu reflektierender Spekulation« eines der »Warnsignale« Winslows für das Einsetzen des »Wahnsinns« sieht.[228] Auf diese Weise stellt Croce eine direkte Verbindung her zwischen James' Lektüre von Winslow und seiner Angst davor, dass philosophische Spekulation zum Wahnsinn führen könne,[229] ohne diese Angst über die Diagnose der »Neurasthenie« erklären zu müssen.[230]

Wir kommen jetzt endlich zu Feinsteins Interpretation der Krisennotiz. Alle drei Elemente des Ansatzes von Feinstein – der innere Konflikt zwischen Pflicht und unterdrückten Wünschen, der Konflikt mit dem Vater und die Angst vor dem Wahnsinn – spielen in seiner Interpretation eine Rolle.[231] Feinstein schreibt: »Der Tagebucheintrag, der angeblich die Renouvier-Bekehrung markierte, zeigt eigentlich den Triumph von Bains moralisierender Meinung zur Gewohnheitsbildung über die Philosophie (Renouviers eingeschlossen) und war verknüpft mit James' Angst vor dem Wahnsinn.«[232] Nach Feinstein[233] wendet sich James in der Krisennotiz gegen philosophische Spekulation aus zwei Gründen: »[...] moralische Betätigung (seine Verantwortlichkeiten als pflichtbewusster Sohn, um eine wissenschaftliche Karriere bemüht, und der Wille, den Wahnsinn zu vermeiden) verlangte von William, sich von der geliebten philosophischen Spekulation loszureißen.«[234] Er muss sich von Philosophie abwenden, um die Wünsche seines Vaters zu erfüllen. Außerdem muss er sich von philosophischer Spekulation abwenden, da er befürchtet, sie könne ihn wahnsinnig machen. Die Entscheidung, die James in der Krisennotiz zum Ausdruck bringt – die Entscheidung für den Glauben an die Möglichkeit, sein Leben zu bestimmen – ist nach Feinstein nichts Neues für James, sondern eine erneute Instanz seiner Versuche, seine eigenen Wünsche per Willensakt zu unterdrücken. Obwohl er vor philosophischer Spekulation Angst haben mag, ist es sein eigentlicher Wunsch, philosophischer Tätigkeit im Gegensatz zu einer wissenschaftlichen Karriere nachzugehen. Er muss sich einreden, er wolle selbst sich von der Philosophie verabschieden und könne dies per Willensakt erreichen. Dabei handelt es sich eigentlich um eine vom Pflichtbewusstsein motivierte Unterdrückung seiner Wünsche.[235]

Die Verwendung des Wortes »Krise« untermauert nach Feinstein diese Interpretation. Er verweist auf den Tagebucheintrag zu Havens' Klavierspiel (»Havens-Eintrag«). Im Havens-Eintrag sagt James, dass seine »Gefühle eine Art Krise bekommen« haben. Er schreibt außerdem: »Vielleicht kann ich später das Gefühl wieder aufleben lassen, indem ich an geniale Menschen denke. Es sollte einen praktischen Effekt auf meinen eigenen Willen haben«. Nach Feinstein meint James mit »Krise« »einen Moment intensiver Emotion, der dem Zweck dient, sich moralisch zu bessern.«[236] Eine Krise ist also ein emotionaler Moment, den man verwenden sollte, um sich zu ändern. Deshalb redet James hier von seiner Hoffnung, dieses »Gefühl« wieder aktivieren zu können, indem er an Genies denkt. Der Verweis auf Bain in der Krisennotiz bestätigt nach Feinstein diese Auslegung von »Krise«: Auch in der Krisennotiz meint James mit »Krise« einen emotionalen Moment, den er verwenden möchte, um durch wiederholte Akte schließlich eine Gewohnheit zu bilden: »Der heutige Tag hat den außergewöhnlich leidenschaftlichen Vorstoß hervorgebracht, von dem Bain postuliert, er sei für den Erwerb von Gewohnheiten notwendig.« Der »außergewöhnlich leidenschaftliche Vorstoß« (»heute« geschehen) folgt unmittelbar auf den emotionalen Moment, in dem die Krise besteht (»gestern« geschehen). James will durch die weitere Kultivierung eines Gefühls und durch wiederholte Akte dafür sorgen, dass er die »Erlösung« erreicht, die sein Pflichtbewusstsein von ihm verlangt: »Für den Rest des Jahres werde ich mich der bloßen Spekulation [...] enthalten [...] und vorsätzlich das Gefühl der moralischen Freiheit kultivieren, indem ich dafür förderliche Bücher lese und indem ich handle. [...] Der heutige Tag hat den außergewöhnlich leidenschaftlichen Vorstoß hervorgebracht [...]. Ich werde für die Fortsetzung sorgen. Nicht in Maximen, nicht in Anschauungen [dt. im Orig.], sondern in angesammelten *Akten* des Denkens liegt die Erlösung.«[237]

Nach einer Zusammenfassung unserer kurzen philosophischen Biografie begannen wir diesen Abschnitt mit einem Einwand gegen unser Vorgehen. Der Einwand war, dass psychologische Erklärungen von James' Leben tiefgreifender als unsere philosophische Biografie seien. Nachdem wir Feinsteins psychologische Biografie skizziert haben, sind wir jetzt in der Lage, auf den Einwand zu antworten. Wir haben zwei Antworten: Die erste Antwort beruht auf James' Unterscheidung zwischen »manisch-depressivem Irrsein« und philosophischer Melancholie, die wir ausführlich in § 3.2 diskutiert haben. Die zweite Antwort besteht in einer allgemeinen und grundlegenden Einschränkung der Leistungsfähigkeit psychologischer Biografien.

James' Unterscheidung zwischen »manisch-depressivem Irrsein« und philosophischer Melancholie ist aus »Is Life Worth Living?« aus dem Jahr 1895. Man kann sicherlich nicht sagen, dass diese Unterscheidung ihm in der Krisennotiz oder dem Tagebucheintrag vom 10. April 1873 (dem »Eliot-Eintrag«) klar war. Trotzdem geht es James in beiden Einträgen klarerweise um die Rolle von philosophischer Reflexion. Nach »Is Life Worth Living?« gehört philosophische Melancholie zu »den Krankheiten, die durch Nachdenken erzeugt werden« und für diese Krankheiten gilt, dass »weiteres Nachdenken wirksame Heilmittel entgegensetzen« kann.[238] Wir verstehen die Krisennotiz und den Eliot-Eintrag so, dass sie zu James' Nachdenken über philosophische Reflexion gehören, dessen Resultat schließlich diese Aussage über philosophische Melancholie ist. In beiden Notizen arbeitet James sich am Begriff von philosophischer Reflexion ab. In beiden Einträgen ist klar, dass er die Gefahr sieht, dass Reflexion zur Melancholie führen kann. Aber wir haben dafür argumentiert, dass in beiden Einträgen Gedanken zu einer Neukonzeption von philosophischer Reflexion zu finden sind. Die beiden Einträge sind Beispiele für »weiteres Nachdenken«, das zu einer Neukonzeption philosophischer Reflexion führt, die »wirksame Heilmittel« gegen philosophische Melancholie liefert.

Philosophische Reflexion führt nach James zu philosophischer Melancholie, wenn man Reflexion auf rein theoretische Überlegungen begrenzt, da solche Überlegungen auf die maßgeblichen Lebensfragen, die gleichzeitig philosophische Fragen sind, keine verbindlichen Antworten liefern können. Erst wenn man philosophische Reflexion als etwas versteht, das den ganzen Menschen involviert, kann solche Reflexion solche Fragen beantworten. Damit werden philosophischer Melancholie ihre Grundlagen entzogen.

Wenn James davon spricht, dass Reflexion philosophische Melancholie »erzeugt«, meint er mit »erzeugt« keine rein kausale Verursachung, deren Vorliegen rein durch empirische Untersuchungen zu eruieren wäre. Er meint nicht, dass viele Menschen einfach so konstituiert sind, dass Melancholie rein kausal ausgelöst wird, wenn sie im Übermaß philosophische Reflexion betreiben. Er meint eine *logische* Verbindung: Reflexion »erzeugt« philosophische Melancholie, da die Reflexion *rational* dem reflektierenden Menschen einen *Grund* liefert, in philosophische Melancholie zu verfallen. Die Reflexion tut dies, indem sie in der Reflexion ihre eigene Ohnmacht rational zeigt: Eine rein theoretisch verstandene Reflexion kann wichtige Lebensfragen nicht beantworten. Somit hat der reflektierende Mensch einen *Grund* in philosophische Melancholie zu verfallen, obwohl nicht jeder Mensch unter diesen Bedingungen tatsächlich melancholisch wird. Mit der Neukonzeption von Reflexion, die von James entwickelt wird, entfällt dieser Grund für Melancholie. James' Angst vor dem Wahnsinn im Sinne philosophischer Melancholie und sein Umgang mit dieser Angst können nicht durch eine psychologische Erklärung erschlossen werden. Stattdessen muss man die philosophischen Gedanken nachvollziehbar machen, die James hier bewegen. Um dies zu tun, muss man philosophische Erläuterungen betreiben und nicht auf psychologische Motive verweisen, die dem philosophischen Gedankengang extern sind. In diesem Sinne ist eine psychologische Biografie nicht tiefgreifender sondern oberflächlicher als das Stück philosophischer Biografie, das wir verfasst haben.

Damit wollen wir natürlich nicht sagen, dass James nur vor dem Wahnsinn im Sinne philosophischer Melancholie Angst hat. Er hat vermutlich auch Angst vor Formen des Wahnsinns, bei denen die Ursachen für den Wahnsinn nicht durch philosophische Reflexion außer Kraft gesetzt werden können. Dies gilt vermutlich sogar für seine Angst vor der Philosophie. Philosophische Melancholie kann vermieden werden, wenn man seine Konzeption philosophischer Reflexion ändert. Dies heißt aber nicht, dass philosophische Reflexion als solche – auch in neuer Form – nicht eine Bedrohung der geistigen Gesundheit sein kann. Z. B. mag ein Aspekt von Philosophie, den James im Eliot-Eintrag thematisiert – dass in der Philosophie alles grundsätzlich immer in Zweifel gezogen werden kann – für manche Menschen psychisch zu belastend sein, um Philosophie zum Beruf zu machen. Genauso legen wir den Eliot-Eintrag aus: Auf der einen Seite hat James vor dem philosophischen Beruf als solchem Angst. Er beobachtet hier eine rein kausale Verbindung zwischen seinem eigenen Bedürfnis nach Sicherheit und dem Wesenszug der Philosophie, nichts dem Zweifel zu entziehen. Auf diese kausale Verbindung kann eine psychologische Biografie von James zu Recht hinweisen. Auf der anderen Seite beruht die Angst vor Philosophie auf einer bestimmten Konzeption von Reflexion. In der Krisennotiz und im Eliot-Eintrag arbeitet James sich an dieser Konzeption von Reflexion ab, um dann später im Laufe seiner philosophischen Entwicklung zu einer deutlichen Neukonzeption philosophischer Reflexion zu kommen, die nicht als Quelle des Wahnsinns im Sinne philosophischer Melancholie fungieren kann.

Unsere biografische Erzählung schließt also die Annahme ein, dass eine psychologisch zu erklärende Angst vor dem Wahnsinn ihren Platz in einer Biografie über James hat. Somit kommen wir zur zweiten Antwort auf den Einwand gegen unseren biografischen Ansatz. Bei der zweiten Antwort möchten wir uns aber *nicht* auf die Unterscheidung zwischen »manisch-depressivem Irrsein« (und anderen psychischen Krankheiten, bei denen eine Neukonzeption philosophischer Reflexion keine »wirksamen Heilmittel« liefert) und philosophischer Melancholie stützen. Außerdem nehmen wir – um des Arguments willen – an, dass Feinsteins biografische Erklärungen (oder andere psychologische Erklärungen) von James' Leben richtig sind: James hat z. B. die Position des pluralistischen Moralismus eingenommen, um sich von seinem Vater abzugrenzen. Unsere zweite Antwort auf den Einwand besteht darin, dass die Richtigkeit solcher psychologischen Erklärungen nicht die Richtigkeit von unseren Erläuterungen ausschließt. Im Gegenteil: Ein richtiges Bild von James' Leben erhalten wir erst dann, wenn die richtigen psychologischen Erklärungen mit unseren Erläuterungen ergänzt werden.

Wir haben in unseren Erläuterungen die interne Verbindung zwischen Lebensfragen und philosophischen Fragen für James betont. Die Frage, ob er einen Grund hat, weiterzuleben, ist für ihn gleichermaßen eine persönliche und philosophische Frage. Die philosophische Frage ist eine persönliche Frage und die persönliche Frage ist eine philosophische Frage. James drückt in seinem Leben diese interne Verbundenheit von philosophischen und persönlichen Fragen aus. Seine Parteinahme für den pluralistischen Moralismus ist ein Beispiel für eine philosophische Stellungnahme, die intern mit seinen Lebensfragen zusammenhängt. Nur wenn man dies versteht, versteht man William James. Dies schließt aber keineswegs aus, dass die Parteinahme für den pluralistischen Moralismus sein Bedürfnis der Abgrenzung von seinem Vater befriedigt. James war ein komplexer Mensch. Um ihn zu verstehen, muss man verstehen, dass sein Nachdenken über den monistischen Optimismus gleichzeitig eine Auseinandersetzung mit seinem Vater war. Man versteht James aber nur, wenn man begreift, dass diese Auseinandersetzung mit dem Vater – die auch ein Streit darüber ist, wie James leben darf und soll – für James immer gleichzeitig eine philosophische Auseinandersetzung mit den Fragen des Lebens ist. Wenn wir versuchen, kausal und inhaltlich James' philosophische Stellungnahmen ausschließlich – im Sinne der reduktiven Auffassung aus § 4.1 – dadurch zu erklären, dass diese Stellungnahmen James ermöglichen, sich von seinem Vater abzusondern, dann geht ein wesentliches Element für das Verstehen von James verloren. Wenn man psychologische Erklärungen aber nicht reduktiv, sondern als eine notwendige Ergänzung von anderen Erläuterungen versteht, dann können psychologische Erklärungen einen wichtigen Beitrag zum Verstehen von James und seinem Leben leisten.[239]

Diese Einschränkung vom legitimen Anspruch psychologischer Erklärungen lässt sich besonders gut anhand von Feinsteins Interpretation der Pomfret-Notiz verdeutlichen. Feinstein weist zu Recht darauf hin, dass diese Notiz einen persönlichen Bezug hat. Wenn er aber versucht, die Passage *ausschließlich* als eine Auseinandersetzung mit seinem Vater zu interpretieren, dann geht genau das verloren, was wir in unserer Interpretation betont haben – nämlich, dass James' Grübeln darüber, welche Richtung er seinem eigenen Leben geben sollte, gleichzeitig ein Nachdenken über die philosophische Frage ist, ob und wie ein Mensch seinem Leben überhaupt eine Richtung geben kann. Die Passage beginnt ganz allgemein:

> (a) Mensch = ein Bündel von Wünschen, mehr oder weniger zahlreich. Er lebt, sofern sie erfüllt werden, stirbt, sofern sie versagt werden.
> (b) Sie existieren durch reine Selbstaffirmation, und indem sie sich zur Legitimation auf kein zugrunde liegendes Prinzip berufen, sind sie die einfachsten Elemente, auf die der Mensch reduziert werden kann.[240]

Uns geht es hier nicht so sehr inhaltlich um James' Position, sondern darum, dass seine Überlegungen, die einen klaren persönlichen Bezug haben, mit allgemeinen philosophischen Thesen anfangen: Die Wünsche eines Menschen – also auch James' Wünsche – existieren durch die »Selbstaffirmation« des Menschen. In diesem Sinne hat ein Mensch – also James auch – das eigene Leben in seiner Hand: Die Wünsche, die sein Handeln bestimmen, existieren durch seine eigene »Selbstaffirmation«. James versucht also in seinen eigenen Bemühungen, seinem eigenen Leben eine Richtung zu geben, Fortschritte zu erzielen, indem er darüber nachdenkt, was es überhaupt heißt, für einen Menschen seinem Leben eine Richtung zu geben. Es bedeutet, dass er nach einem Wunsch handelt, der durch seine eigene »Selbstaffirmation« existiert. Es ist natürlich eine weitere Frage, ob diese philosophischen Überlegungen James in seinen persönlichen Überlegungen helfen, aber man würde James nicht verstehen, wenn man ausblenden würde, dass seine persönlichen Überlegungen in dieser Passage intern mit philosophischen Überlegungen verbunden sind. Dies heißt nicht, dass James' Überlegungen am Ende der Notiz dazu, »wieviel Schmerz werde ich anderen zufügen (durch meine Existenz)«, keinen direkten persönlichen Bezug haben. Feinstein denkt, James meine den Schmerz seines Vaters. Richardson, der die Pomfret-Notiz dem Jahr 1870 zuordnet, schreibt, James denke vielleicht an den Schmerz seiner Schwester Alice oder doch eher an den Schmerz von Minny Temple (zu Temple kommen wir im nächsten Abschnitt).[241] Es ist sehr wohl möglich, dass James hier an den Schmerz von einer dieser Personen denkt. Man sollte seine Gedanken aber nicht darauf reduzieren. Auch in der Pomfret-Notiz konzipiert er die Richtungsgebung seines Lebens in den Begrifflichkeiten einer philosophischen Position – als eine Parteinahme für das Gute im Kampf gegen das Böse. Wenn er sich überlegt, wie er Partei für das Gute ergreifen soll, dann muss er sich dabei überlegen, welche Schmerzen er sich und anderen dabei zufügt. Bei dieser Überlegung haben die Personen, die ihm wichtig sind, sicherlich eine besondere Relevanz. Feinsteins Hinweise auf die persönlichen Aspekte der Pomfret-Notiz können also wertvolle *Ergänzungen* zu unserer biografischen Erzählung sein. Seine Erklärungen müssen aber abgelehnt werden, wenn damit die *Reduktion* der Bedeutung der Passage auf psychologische Elemente gemeint ist. Dies wird in § 4.5 noch klarer, wenn wir auf weitere Aspekte der Pomfret-Notiz eingehen, die Feinstein vermutlich nicht kannte.[242]

Nachdem wir die Einwände der psychologischen Auffassung gegen unser Vorgehen beantwortet haben, wenden wir uns jetzt dem Krisenbegriff zu. Es ist geboten, zwei Fragen zu unterscheiden: Wie verwendet James selbst das Wort »Krise«? Ist es sinnvoll, Zeiträume oder episodische Erlebnisse im Leben von James als Krisen zu beschreiben und wenn ja, was ist dann dabei mit »Krise« gemeint? Wir wenden uns zunächst der ersten Frage zu. Charlene Haddock Seigfried schreibt, dass James (in seinem gesamten Leben) »drei Krisen, d.h. die Zuspitzung gewisser psychologischer/intellektueller Traumata, durchlebte«.[243] Man kann darüber debattieren, ob es sinnvoll ist, James' Leben so zu beschreiben, aber er selbst verwendet das Wort »Krise« in der Krisennotiz und im Havens-Eintrag nicht in der Bedeutung der Zuspitzung eines Traumas. In beiden Einträgen wird das Vorkommen der

Krisen nicht eindeutig negativ belegt. Im Havens-Eintrag ist James darauf hinaus, das Gefühl, das er in der Krise hatte, zu wiederholen: »Vielleicht kann ich später das Gefühl wieder aufleben lassen, indem ich an geniale Menschen denke.« In der Krisennotiz wird die Aussage, dass er »denkt«, er hätte »gestern« eine »Krise« gehabt, mit der Formulierung einer Einsicht erläutert: »Ich habe den ersten Teil von Renouviers zweitem Essay zu Ende gelesen und keinen Grund gesehen, warum seine Definition des freien Willens – einen Gedanken aufrechtzuerhalten, *weil ich mich dafür entscheide*, wenn ich andere Gedanken haben könnte – die Definition einer Illusion sein sollte.« Die ersten Verben in diesem Satz beziehen sich eindeutig auf den vorigen Tag; im Englischen stehen sie im Imperfekt (»finished«, »saw«). Es war also gestern, als er die Krise hatte, dass er Renouviers Buch »zu Ende gelesen« hat *und* die Einsicht gehabt hat, die er hier formuliert. Außerdem gibt James uns gar keine andere inhaltliche Erläuterung der Krise als diese Einsicht. Jedenfalls gibt uns James gar keinen Grund, seine gestrige Krise negativ zu sehen. Aus der Krise wurde unmittelbar eine Einsicht geboren und gleichermaßen (nicht »gestern«, sondern erst heute?) der Entschluss, an dieser Einsicht – vorübergehend – festzuhalten: »In jedem Fall werde ich erst einmal – bis nächstes Jahr – annehmen, dass es keine Illusion ist.«

Feinstein liefert uns eine mögliche Auslegung von James' Verwendung von »Krise«, die erklärt, warum keine eindeutige negative Bedeutung des Wortes in James' Notizen zu finden ist: Nach Feinstein ist eine Krise für James »ein Moment intensiver Emotion, der dem Zweck dient, sich moralisch zu bessern.«[244] Croce schlägt eine andere Interpretation vor, die die Verwendung von »Krise« bei den Wasserkuren, die James so vertraut waren, berücksichtigt. Von vielen Befürwortern im 19. Jahrhundert ist die Wasserkur so gedacht, dass bevor Besserung eintreten kann, zuerst eine vorübergehende Verschlechterung – als Krise beschrieben – vorkommen muss, die manchmal mit Freude erwartet wird, da erst danach der Zustand sich bessern kann.[245] Croce verweist auf einen Brief an den Bruder Henry vom Mai 1870, in dem James Henry anspornt, »sich ein Herz zu fassen«, da seine »gedrückte Stimmung« eine »Begleiterscheinung« sein könnte der »Krise, welche die Wasserkur herbeigeführt hat«, die Henry unternommen hatte.[246] Der Vorteil von Croces Interpretation besteht darin, dass eine Krise in James' Sinne durchaus als etwas Unerfreuliches erlebt werden kann, wenn sie in Isolation betrachtet wird, aber eine Krise gleichzeitig ein positives Ereignis ist, wenn sie als Teil eines Prozesses verstanden wird. Diese Interpretation passt gut zum Havens-Eintrag sowie zur Krisennotiz.[247]

Es ist aber schwer zu entscheiden, ob James »Krise« einheitlich so verwendet, wie Croce es vorschlägt. Croce selbst verweist auf James' Rede von der »Heidelberger Krise«, nachdem James 1868 aus Heidelberg flüchtete. Nach Croce verwendet James hier die Analogie zur Rede von Krise als einem Stadium in einer Therapie wie den Wasserkuren »im weiteren Sinne«. James wäre »darüber frustriert, seine beruflichen Ziele nicht zu erreichen«, aber die Krise wäre auch »ein Moment persönlicher Erkenntnis« gewesen.[248] Wie oben erwähnt, redet James auch vom »Heidelberger Fiasko«. Es soll hier nicht entschieden werden, ob James »Krise« konsequent verwendet. Kann die oben zitierte Erwähnung von der »pessimistischen Krise« aus dem Brief an Gibbens aus dem Jahr 1877 (über Ereignisse aus dem Jahr 1873) auch so verstanden werden? Oder die Verwendung von »der Krise«, die auf Minny Temples Haareschneiden verweist, aus seinem Brief von 1861 (auf diesen Brief gehen wir im nächsten Abschnitt ein)?[249] Aus unserer Sicht ist nur festzuhalten, dass James »Krise« in der Krisennotiz und im Havens-Eintrag *nicht* als eine Bezeichnung von einem traumatischem Erlebnis verwendet und die Krise in beiden Fällen von ihm als Teil einer Wendung zum Positiven interpretiert wird.

In dieser Hinsicht stimmen wir Feinsteins Auslegung vom Wort »Krise« zu, so wie es in der Krisennotiz verwendet wird. Dies heißt natürlich nicht, dass wir seiner Interpretation der Krisennotiz zustimmen. Unsere beiden Antworten auf den Einwand der psychologischen Auffassung gegen unseren Ansatz zeigen, dass man Feinsteins Interpretation in ihrer *reduktiven* Auslegung ablehnen muss. Man kann die Krisennotiz (und James) nur dann verstehen, wenn man sie als eine Formulierung einer philosophischen Einsicht liest, die James zum Zeitpunkt der Krise hat. Diese philosophische Einsicht hat für ihn unmittelbare Folgen für seine Lebensführung. Für James sind hier wieder philosophische Fragen und Lebensfragen intern miteinander verbunden. Wie wir oben ausführlich diskutiert haben, muss die Krisennotiz auch als ein Abarbeiten am Begriff philosophischer Reflexion und der Beginn einer Neukonzeption von Philosophie verstanden werden, die einem erlaubt – in James' späterer Terminologie – philosophischer Melancholie zu entgehen. Dies heißt nicht – wie oben erläutert – dass James nicht auch vor Philosophie als etwas Angst hat, das rein kausal zum Wahnsinn führen kann. Als *Ergänzung* unserer Interpretation kann Feinsteins Auslegung also zu ihrem Recht kommen.

Wir kommen zu unserer zweiten Frage bezüglich des Krisenbegriffs: Ist es sinnvoll, Zeiträume oder episodische Erlebnisse im Leben von James als Krisen zu beschreiben und wenn ja, was ist dann dabei mit »Krise« gemeint? Bei dieser Frage geht es dezidiert nicht um James' eigene Verwendung vom Wort, sondern darum, ob irgendein Begriff von einer Krise eine treffende Beschreibung von James' Leben ermöglicht. Erik H. Erikson beschreibt James'

Leben seit dem Aufgeben des Malereistudiums bis zur Akzeptanz von Eliots Angebot 1872 als eine »besonders langwierige Identitätskrise«.[250] Das Wort »Identitätskrise« erhält hier seine Bedeutung durch Eriksons eigenen psychologischen Ansatz. Dies heißt natürlich nicht, dass Eriksons Begriff nicht verwendet werden könnte, um James' Lebensweg zu beleuchten. Wir wollen aber hier nicht diskutieren, ob Eriksons Begriff oder andere Krisenbegriffe aus der Sekundärliteratur so zweckmäßig verwendet werden können. Uns geht es ausschließlich darum, zu erklären, warum *wir* in unserer Darstellung von James' Leben von Krise gesprochen haben.

Warum haben wir den Begriff *Krise* gewählt, um Aspekte von James' Leben und Philosophie richtig beschreiben zu können? Maßgeblich für unsere Interpretation ist, dass James philosophische Fragen nicht als abstrakte Probleme versteht, deren Lösung unabhängig von der eigenen Lebensführung erfolgen kann. Wenn eine philosophische Frage nicht beantwortet werden kann, dann steht man auch vor einem Lebensproblem. Deshalb haben wir den Begriff *Krise* gewählt. Wir haben von philosophischen Krisen und von Lebenskrisen gesprochen. In beiden Fällen ist mit »Krise« gemeint, dass man nicht weiter weiß und darüber verzweifelt. Uns scheint das Wort »Krise« passend, um klarzumachen, dass die Verzweiflung, die mit einem ungelösten philosophischen Problem verbunden ist, immer auch für James gleichzeitig eine Verzweiflung ist, die sich darauf bezieht, dass er in seinem Leben nicht weiter weiß.

Diese Begriffswahl darf aber nicht als eine Überdramatisierung von James' Leben und Philosophie verstanden werden. Die Zeit, die uns in diesem Kapitel beschäftigt (1868–1873), ist für James sicherlich eine Krisenzeit: eine Zeit, die ständig von philosophischen Krisen und Lebenskrisen im obigen Sinne begleitet ist. Es muss aber betont werden, dass wir *keine einzelne* Episode – z. B. das Ereignis, das in der Krisennotiz thematisiert wird – als *die* einschneidende Erfahrung beschreiben wollen, die James' Leben und Philosophie radikal verändert hat.

In unserem *philologischen* Vorhaben, James' Leben und Philosophie darzustellen, betreiben wir also keine Überdramatisierungen. Genauso wichtig ist es zu betonen, dass wir ebenfalls *philosophisch* keine Überdramatisierungen vertreten. Wie die Beschreibungen in diesem Kapitel nahelegen, war James während der Zeit 1868–1873 sicherlich teilweise in der psychischen Verfassung, die er selbst später als philosophische Melancholie beschrieben hat, und litt vermutlich teilweise unter anderen psychischen Störungen. Wir vertreten aber *nicht* die philosophische These, es sei notwendig, in philosophische Melancholie zu verfallen, um ein guter Philosoph zu werden oder um bestimmte philosophische Einsichten sich anzueignen. Außerdem denken wir *nicht*, dass James diese These vertreten hat. James' Ansichten aus seinen späteren Schriften zu den zweimal Geborenen dürfen nicht mit seinen Überlegungen zu philosophischen Wahrheiten verwechselt werden. James war der Meinung – wie später ausführlich diskutiert wird – dass nur der ganze Mensch (im Gegensatz zu einer rein theoretisch verstandenen Vernunft) in der Lage ist, zentrale philosophische Wahrheiten zu begreifen. Um ein solcher Mensch zu werden oder diese Wahrheiten zu begreifen, muss man aber nicht in philosophische Melancholie verfallen.

Die zweibändige Studie von Ralph Barton Perry, *The Thought and Character of William James*, aus dem Jahr 1935 ist die erste ausführliche Biografie von James gewesen, und dieses Werk hat die Rezeption von James' Leben und Philosophie nachhaltig geprägt. Perry betont die Wichtigkeit von Philosophie für James' Lebensführung. Feinsteins psychologische Interpretation in der oben diskutierten Biografie (aus dem Jahr 1984) ist Teil einer Gegenbewegung gegen die von vielen als zu intellektuell empfundene Interpretation von Perry gewesen.[251] Da unser Ansatz wie Perrys die Verzahnung von Philosophie und Lebensführung für James hervorhebt, müssen wir auf maßgebliche Unterschiede zwischen unserem Ansatz und Perrys hinweisen. Perrys Position ist für unsere Zwecke am besten mit einem langen Zitat vorgestellt, in dem er die Krisennotiz interpretiert:

> Auf diese Weise fühlte James, wie seine alten Zweifel durch eine neue und revolutionäre Einsicht ausgeräumt wurden. Es ist wichtig, zwei Punkte festzuhalten: Erstens, dass er eine persönliche Krise durchmachte, die nur durch eine *philosophische* Einsicht überwunden werden konnte; und zweitens die besondere Beschaffenheit der Philosophie, die seine Seelenkrankheit erforderte.
>
> Dass er überhaupt eine solche Krise erlebte, liefert den best möglichen Beweis für James' philosophische Geistesverfassung. Er hat viele Jahre über die Natur des Universums und das Schicksal des Menschen gebrütet. Wenngleich das Problem seine Neugier anregte und seinen Intellekt faszinierte, war es gleichzeitig ein lebenswichtiges Problem. Er suchte nach einer Lösung, die nicht nur nach wissenschaftlichen Maßstäben vertretbar, sondern zugleich vielversprechend genug sein sollte, um danach leben zu können. Die Philosophie war für James nie eine kühle und leidenschaftslose Untersuchung der Wahrheit; noch weniger war es eine Form der Unterhaltung. Es war eine Suche, deren Ergebnis eine vor Gericht stehende und auf ihr Urteil wartende Seele hoffnungsvoll und angsterfüllt vorausahnte. Es ist wahr, dass sich die Schwere seiner philosophischen Aufgabe mit seinen Stimmungen und seinem Gesundheitszustand veränderte. In seinen ausgelassenen Momenten genoss er das Spiel seiner spekulativen und kritischen Fähigkeiten, und während langer Perioden eifriger Produktivität entstand bei ihm, wie bei jedem anderen For-

> scher, das Interesse an Spezialproblemen um ihrer selbst willen, aber hinter alldem stand seine Gleichsetzung der Philosophie mit persönlicher Überzeugung, die sich mit jeder neuen Vertiefung seiner Gedanken bestätigte und den gesamten Ton und die Richtung seiner philosophischen Karriere bestimmte. Seine Philosophie war nie nur Theorie, sondern bestand immer in einer Reihe von Überzeugungen, die ihn mit dem Leben versöhnten und die er als jemand verkündigte, der den Weg zur Erlösung predigt.
>
> Es ist also erwähnenswert, dass James eine Philosophie brauchte, um sich zu retten. Nicht weniger wichtig ist die besondere Beschaffenheit der Philosophie, die seine besondere Seele nötig hatte. Für seine wesentlich interessierte und glühende Natur konnte die Stimme der Resignation nie mehr sein als eine vorübergehende Betäubung, und er war zu grundlegend menschlich, um Trost im Himmel zu finden. Er war zu feinfühlig, um das Böse zu ignorieren, zu moralisch, um es zu tolerieren und zu leidenschaftlich, um es als unvermeidlich zu akzeptieren. Optimismus war ebenso unmöglich für ihn wie Pessimismus. Eine Philosophie, die nicht aufrichtig das ungewisse Schicksal der Menschheit erkannt hat, und ihn nicht dazu ermutigte, als moralisches Individuum seine Rüstung anzulegen und in den Kampf zu ziehen, konnte unmöglich zu ihm passen. Mit anderen Worten: Um ihn von seiner Schwäche zu heilen, brauchte er das Heilmittel eines starken Mannes. Er *war* ein starker Mann, von Schwäche ereilt – ein Mann der Tat, von seinen Handlungen durch körperliche Unfähigkeit abgeschnitten, ein Mann, für den jede Lehre der Fügung oder des Ausweichens weder schmackhaft noch nahrhaft sein konnte.
>
> Was ist das Heilmittel des starken Mannes in verdünnter, seinem invaliden Zustand entsprechender Form? *Das Evangelium des Glaubens*. Denn Glaube ist Handeln, und sogar einer Art, die auch von einem kranken Menschen verlangt werden kann; und Glaube kann Handeln zum Gegenstand haben. *Durch* einen Akt des Willens *an* die Wirksamkeit des Willens zu glauben – das ist ein Evangelium, das zur Natur von Handlungen passt, und das verwendet werden kann, um den gebrechlichen Krieger wieder gefechtsbereit zu machen.[252]

Da wir wie Perry bei James eine interne Verbindung zwischen Philosophie und Lebensführung sehen, sind wir mit vielen Aussagen in den ersten beiden Absätzen einverstanden. Wir wollen aber auf einige mögliche Unterschiede hinweisen. Perry spricht von einer »persönlichen Krise«, die »nur durch eine *philosophische* Einsicht gelindert werden konnte«. Nach unserer Interpretation, die sich an James' Aussagen über philosophische Melancholie orientiert, kann man bei James natürlich von einer »persönlichen Krise« sprechen, aber damit ist gemeint – wenn diese Krise durch philosophische Einsicht gelöst werden soll –, dass diese Krise durch eine bestimmte Art des Philosophierens erst hervorgerufen wurde. Die Krise kann deshalb durch philosophische Einsicht gelöst werden, weil sie auch eine philosophische Krise ist.

Im zweiten Absatz sagt Perry, James suche eine »Lösung«, die nach »wissenschaftlichen Maßstäben« beurteilt werden sollte, aber gleichzeitig »vielversprechend genug sein sollte, um danach leben zu können«. Es wird hier eine Lösung für »die Natur des Universums und das Schicksal des Menschen« gesucht. M. a. W. wird gefragt, was das Wesen des Universums sei. Meint Perry, dass die Wahrheit der Antwort *nur* von den wissenschaftlichen Maßstäben abhängt und die Frage, ob die Antwort »vielversprechend genug« sei, »um danach leben zu können«, betreffe *nur* das Problem, ob man mit dieser Antwort leben könne? Oder meint er, dass es *zwei* Kriterien für die *Wahrheit* gibt: wissenschaftliche Maßstäbe *und* Kriterien, die damit zu tun haben, ob die Antwort »vielversprechend genug« sei, »um danach leben zu können«? Nur im zweiten Fall wären wir mit Perrys Interpretation einverstanden, wie wir jetzt anhand von einer Diskussion seiner beiden letzten Absätze zeigen möchten.

Wie wir betont Perry das enge Verhältnis von Lebensführung und Philosophie für James. Perrys Auffassung von diesem Verhältnis ist aber eine grundlegend andere als unsere. Perry stellt James wie eine Person dar, die eine philosophische Auffassung sucht, nach der sie leben kann. Er stellt die Suche aber so dar, dass James eine philosophische Position sucht, die zu seinen persönlich gegebenen Eigenschaften und seiner psychologischen Verfassung passt: »Nicht weniger wichtig ist die besondere Beschaffenheit der Philosophie, die seine besondere Seele nötig hatte.« Dies würde aber bedeuten, dass James nicht die richtige philosophische Antwort sucht, sondern die Antwort, die zu der besonderen Person, die er ist, passt und die ihn aus seiner persönlichen Krise befreien kann. Wir nennen solche Auslegungen von James »intellektuell-instrumentelle Interpretationen«. Sie sind insofern »intellektuell«, dass sie der Philosophie eine zentrale Rolle in James' Lebensführung zuschreiben. Das Verhältnis zwischen Philosophie und Lebensführung wird aber »instrumentell« verstanden: James ist eine Person mit bestimmten Eigenschaften, Bedürfnissen und psychologischen Problemen. Er sucht eine philosophische Position, die zu diesen Eigenschaften passt, seine Bedürfnisse befriedigt und seine Probleme löst. Gesucht wird ein »Heilmittel«, das als Mittel zum Zweck der Heilung seiner »Schwäche« bzw. seines »invaliden Zustands« verwendet werden kann: »das verwendet werden kann, um den gebrechlichen Krieger wieder gefechtsbereit zu machen«.

Dieses seit Perry weitverbreitete instrumentelle Verständnis von James und seinem Leben ist grundlegend fehlgeleitet. James ist auf der Suche nach der *richtigen* philosophischen Position. Seine radikale Einsicht besteht darin, dass er die Richtigkeit einer philosophischen Position intern damit verbunden sieht, dass diese Position sich *im Leben bewährt*. Deshalb kann man nach dieser Position leben: Sie bewährt sich im Leben und ihre Bewährung im Leben ist intern mit ihrer Richtigkeit verbunden. Wie bereits erläutert, ist James in der Krisennotiz, im Eliot-Eintrag und in seinen Überlegungen in Europa 1868 auf dem Weg zu einer solchen Auffassung von Philosophie. James ist in diesen Dokumenten nicht auf der Suche nach einer Position, die seine persönlichen Bedürfnisse befriedigt. Im Gegenteil: Seine philosophische Krise besteht darin, dass er denkt, die Vernunft könne philosophische Fragen, die gleichzeitig Lebensfragen sind, nicht lösen. Die Auflösung der Krise – eine genuin philosophische Innovation – besteht darin, die Konzeption von Vernunft zu revolutionieren. Die Vernunft *kann* diese Probleme lösen, aber sie kann es nur, weil die Vernunft als etwas verstanden werden muss, das den ganzen Menschen betrifft und das sich nur adäquat im gelebten Leben entfaltet.

Gegen unsere Kritik an der intellektuell-instrumentellen Interpretation könnte man einwenden, dass James mit der Bestätigung einer Theorie im Leben nichts anderes meint, als dass diese Theorie die Bedürfnisse einer Person befriedigt. Wenn dies so wäre, dann gäbe es keinen Widerspruch zwischen unserer Auffassung und der intellektuell-instrumentellen Interpretation. Oder man könnte einwenden, dass James manchmal die Position vertritt, dass eine Person an eine Theorie glauben darf, wenn ihre Bedürfnisse dadurch befriedigt sind, ohne dass James damit einen Beleg für diese Theorie verbindet. Dies würde gegen unseren Ansatz und für die intellektuell-instrumentelle Interpretation sprechen.

Man findet bei James selbst Äußerungen, die eine intellektuell-instrumentelle Interpretation nahelegen. In dem spätestens 1877 verfassten[253] Text »Quelques Considérations sur la méthode subjective« (kurz: »Considérations«; veröffentlicht 1878 in Renouviers Publikationsorgan *Critique philosophique*[254]) schreibt James:

> An die Redakteure der *Critique Philosophique*
>
> Meine Herren,
> Schon seit langem, wenn dunkle Gedanken, Pessimismus, Fatalismus etc. kommen und mir keine Ruhe lassen, habe ich mir angewöhnt, mich durch eine sehr einfache Überlegung davon zu befreien [...]. Ich wage es, Ihnen dieselbe zu unterbreiten.
> Es handelt sich darum zu wissen, *ob man das Recht hat, eine Theorie, die anscheinend durch eine beachtliche Anzahl objektiver Tatsachen bestätigt ist, zurückzuweisen, bloß weil sie unseren persönlichen Präferenzen gar nicht entspricht.*

> Man hat dieses Recht nicht, sagen uns diejenigen, die heute Wissenschaft befördern [...]. Eine Schlussfolgerung allein aus dem Grund zurückzuweisen, weil sie unseren innersten Empfindungen und Wünschen zuwiderläuft, heißt, von der subjektiven Methode Gebrauch zu machen; und jene glauben, dass die subjektive Methode die Erbsünde der Wissenschaft, die Wurzel allen wissenschaftlichen Übels sei [...].
> Ich bestreite vollständig die Legitimität der Position derer, die beanspruchen, dies [die subjektive Methode] zu einer methodischen Universalregel zu erheben. Diese Regel lässt sich gut anwenden auf eine bestimmte Art von Untersuchung, aber sie ist ohne jeden Wert, sogar absurd, bei einer anderen Art der Wahrheitsfindung. Die subjektive Methode rigoros überall dort zurückzuweisen, wo die Wahrheit außerhalb meines Handelns existiert und sich mit Sicherheit unabhängig von allem, was ich wünschen und fürchten kann, determiniert – nichts weiser als das. So sind die Ereignisse der Geschichte, die zukünftigen Bewegungen der Gestirne bereits jetzt determiniert, ob es mir gefällt oder nicht, wie sie sind oder werden. Meine Präferenzen sind hier machtlos, diese Dinge hervorzubringen oder zu modifizieren und sie können nur mein Urteil vernebeln. Ich muss ihnen entschlossen Schweigen gebieten. Aber es gibt auch eine Klasse von Fakten [*fait*], deren Materie gar nicht so konstituiert oder im Voraus festgelegt ist – Fakten also, die nicht *gegeben* sind.[255]

Es liegt natürlich sehr nahe, dass James hier über die philosophischen Lebenskrisen spricht, die sich in den Jahren 1868 bis 1873 abspielen. Da er im Jahr 1877 schreibt und die Formulierung »schon seit langem« wählt, würde es passen, dass er an Zeiten denkt, die mindestens teilweise mit den Jahren 1868 bis 1873 überlappen. Er spricht über »dunkle Gedanken, Pessimismus und Fatalismus«. Seine suizidalen Gedanken aus den Jahren 1867 und 1868 kann man sicher als dunkel bezeichnen und – wie wir erläutert haben – waren seine dunklen Gedanken immer mit philosophischen Themen wie Pessimismus und Willensfreiheit verbunden. Nun behauptet James in dieser Passage, er hätte sich »schon seit langem [...] angewöhnt«, sich von diesen Gedanken »durch eine sehr einfache Überlegung« zu »befreien«. Mit dieser Überlegung meint er die Anwendung der »subjektiven Methode«: »Eine Schlussfolgerung allein aus dem Grund zurückzuweisen, weil sie unseren innersten Empfindungen und Wünschen zuwiderläuft.« Diese Äußerungen von James scheinen auf den ersten Blick die intellektuell-instrumentelle Interpretation zu bestätigen: Mit seinem Entschluss in der Krisennotiz befreit sich James von seinen dunklen Gedanken, die sich um Fatalismus bzw. Willensfreiheit drehen. Er weist den Fatalismus zugunsten von der Willensfreiheit zurück, weil nur der Glaube an die Willensfreiheit seine »innersten Empfindungen und Wünsche« befriedigt.

Wenn wir das Zitat und den restlichen Text näher betrachten, dann wird aber klar, dass sie eher für unsere Interpretation sprechen. Wie bereits im Zitat klar wird, will James die Anwendung der subjektiven Methode auf die Fälle einschränken, in denen die »Fakten [...] nicht *gegeben* sind«. Nach unserem Zitat gibt er dann ein Beispiel von einem Wanderer, das er in späteren Texten wieder verwenden wird, dem nur deshalb ein Sprung gelingt, weil er daran glaubt, dass er den Sprung schaffen wird: »Angenommen, ich wende die subjektive Methode an: Ich glaube das, was ich wünsche; mein Glaube verleiht mir Kraft und macht möglich, was ohne ihn vielleicht nicht hätte sein können.«[256] Diese Überlegungen wendet er im Text dann auf zwei philosophische Themen an. Das erste Thema ist die Debatte zwischen Pessimismus und Optimismus. James überträgt das Beispiel auf dieses Thema, indem er etwas einführt, was wir den »M+r-Gedanken« nennen können:

> *M* sei die Menge der von mir unabhängigen Tatsachen und *r* sei meine eigene Reaktion, der Anteil der Tatsachen, die sich aus meinem persönlichen Handeln ergeben.[257]

James' Gedanke besteht darin, dass jemand, der sich mit seiner »r« für den Optimismus entscheidet, dazu beitragen kann, den Optimismus *wahr zu machen*. Analog zum Wandererbeispiel gilt für Wahrheit in der Pessimismus-Optimismus-Debatte, dass die Wahrheit abhängig von meiner subjektiven Haltung sein kann. Deshalb bin ich aufgrund meiner Präferenz für den Optimismus dazu berechtigt, an den Optimismus zu glauben. Maßgeblich ist hier, dass die Berechtigung eines Glaubens aufgrund von Präferenzen direkt mit der *Bestätigung* des Glaubens zu tun hat. Der Optimismus wird dadurch wahr, dass wir an ihn glauben. Wir sind nicht einfach deshalb berechtigt, an etwas zu glauben, weil es unsere Präferenzen befriedigt. Die Berechtigung besteht darin, dass durch den Glauben an das, das wir gerne glauben würden, dieser Glaube wahr wird.

In diesem Text überträgt James das Wandererbeispiel mit Hilfe des M+r-Gedankens auf ein zweites philosophisches Thema, das er als die Frage des Materialismus versteht: »*Die innerste Beschaffenheit der Welt – ist sie moralisch geprägt oder ist die Welt nichts als ein bloßes Faktum, nur etwas, das einfach gerade existiert*?«[258] In diesem Text argumentiert James dafür, dass es sich mit der Wahrheit des Materialismus so wie mit der Wahrheit des Optimismus verhält: Welche Position wahr ist, hängt von unseren subjektiven Reaktionen ab.[259] In »Rationality, Activity and Faith« (geschrieben Ende 1878 / Anfang 1879[260]) greift er wieder das Wandererbeispiel auf und wendet es mit Hilfe eines ähnlichen Gedankens wie des M+r-Gedankens auf die Themen Optimismus-Pessimismus und Materialismus an. Es besteht aber ein wichtiger Unterschied zwischen den beiden Texten. Diesbezüglich schreibt James 1882 an Renouvier: »Sie werden sehen, dass ich die ultraindeterministischen Schlussfolgerungen meines alten Briefes an Ihre Zeitschrift bezüglich der Frage nach der Moralischen Welt ein wenig abgewandelt habe. Ich dachte, ich sei vielleicht zu weit gegangen. Jedenfalls scheint das, was ich auf diesen späteren Seiten sage, praktisch das Wichtigste.«[261] Damit meint James, dass zusätzlich zu einer Argumentation, die beiden Texten inhaltlich gemeinsam ist[262], »Considérations« außerdem die These aufstellt, die Wahrheit des Materialismus sei kausal von unseren subjektiven Reaktionen abhängig.[263]

Diese These passt aber eigentlich nicht gut zur Argumentation, die inhaltlich beiden Texten gemeinsam ist. In dieser Argumentation geht James davon aus, dass der Materialist ein anderes Leben als sein Gegner führt. Seine subjektiven Reaktionen »r« sind also andere als die seines Gegners. Dies ermöglicht eine Prüfung der Wahrheit des Materialismus: Wenn man nach dem Materialismus handelt, der Materialismus aber falsch ist, dann müsste dies sich zeigen. Diesen Gedanken formuliert James im französischen Brief wie folgt:

> Es zeigt sich, dass die Frage sinnvoll ist, denn sie hat in der Lebenspraxis zwei sich widersprechende Lösungen zur Folge. Wie weiß man jetzt, welche Lösung gut [*bonne*] ist? Wie weiß ein Wissender überhaupt, ob seine Hypothese gut ist? Er hält sie für gut und leitet Weiteres von ihr ab, folglich handelt er davon ausgehend, was er gesetzt hat. Früher oder später werden die Folgen seiner Handlung ihn eines Besseren belehren, sollte er seinen Ausgangspunkt falsch [*faussement*] gewählt haben. Ist es hier nicht das Gleiche? Wir haben es stets mit $M+r$ zu tun. Falls M seiner *innersten Beschaffenheit* nach moralisch geprägt ist und r von einem Materialisten stammt, passen diese zwei Elemente nicht zusammen und werden sich mehr und mehr voneinander entfernen. Dieselbe Abweichung wird in dem Fall auftreten, in dem ein Akteur sein Verhalten an dem Glauben ausrichtet, die Welt sei eine moralische Angelegenheit [*fait*], während sie in Wirklichkeit nichts als eine nackte Tatsache [*fait*], eine Summe rein materieller Phänomene ist. In beiden Fällen wird die Erwartung enttäuscht; daher die Notwendigkeit zusätzlicher, zunehmend komplizierter Hypothesen, von denen uns die Geschichte der Astronomie ein Beispiel liefert mit der Vielzahl von Epizyklen, die man annehmen musste, um die zunehmend besser beobachtbaren Tatsachen mit dem Ptolemäischen System in Übereinstimmung zu bringen. Falls sich also der Anhänger einer moralisch geprägten Welt mit seinem Glauben auf eine falsche Hypothese festlegt, so wird er eine Reihe von Enttäuschungen erleben und bestimmt keinen Seelenfrieden finden; er wird untröstlich stecken

> bleiben in seinen Bemühungen; seine *tragische* Wahl wird nicht gerechtfertigt sein.[264]

Die Analogie mit Prüfungsverfahren in der Astronomie passt nicht gut zur These, die Wahrheit des Materialismus sei kausal von der subjektiven Reaktion »r« abhängig. James hat selbst am Anfang des Textes die »zukünftigen Bewegungen der Gestirne« als Beispiel für ein Thema genommen, bei dem Wahrheit und Falschheit nicht von unseren subjektiven Reaktionen abhängig sind. Wenn seine Analogie zwischen der Prüfung des Materialismus und der Prüfung astronomischer Theorien ernst genommen werden soll, dann muss die Wahrheit des Materialismus auch von unseren subjektiven Reaktionen kausal unabhängig sein. Wir machen den Materialismus nicht wahr, indem wir an ihn glauben.

James' Gedanken sind hier komplex und wir werden uns ihnen später ausführlich zuwenden. Jetzt geht es nur um Folgendes: Die Revision, die James mit »Rationality, Activity and Faith« vorgenommen hat, zeigt, dass er spätestens Anfang 1879 den Materialismus als eine Position betrachtet, die wahr oder falsch unabhängig von unserem kausalen Einfluss ist. Außerdem denkt er, dass wir testen können, ob der Materialismus wahr ist. Der springende und originelle Gedanke besteht darin, dass unsere emotionale Natur eine essentielle Rolle im Test spielt: Das »r« im M+r-Gedanken verweist u. a. auf unsere emotionale Natur. Menschen müssen sich u. a. auf ihre Emotionen beziehen, wenn sie testen, ob der Materialismus wahr ist oder nicht. Aber wahr ist nicht einfach die Theorie, die die Wünsche von Personen befriedigt. James geht es also 1879 nicht – entgegen der intellektuell-instrumentellen Interpretation – darum, eine Theorie auszusuchen, die seinen Emotionen oder Präferenzen entspricht. Es geht um die Wahrheit des Materialismus und Emotionen spielen eine maßgebliche Rolle im Test für die Wahrheit.

Was heißt es aber für die Interpretation von James' Leben in der Zeit 1868 bis 1873, wenn er 1879 eine solche Position vertritt? Die Positionen, die James in »Considérations« und »Rationality, Activity and Faith« bezieht, sind in dieser ausgearbeiteten Version in seinen schriftlichen Zeugnissen aus den Jahren 1868 bis 1873 nicht zu finden. Wir haben aber für eine Interpretation von diversen Dokumenten aus diesen Jahren argumentiert, nach der James um eine Konzeption von philosophischer Reflexion ringt, die darauf hinausläuft, dass philosophische Theorien irgendwie im Leben getestet werden. Aus unserer Sicht ist die Position in »Rationality, Activity and Faith« die konsequente Entwicklung dieser früheren Überlegungen. In den Jahren 1868 bis 1873 will James die Wahrheit über viele philosophische

Themen wissen: Gibt es Gut und Böse? Ist der Wille frei? Ist der Materialismus wahr? Er sucht keine Erlaubnis, ohne Beleg eine der Theorien glauben zu dürfen, sondern will herausfinden, welche Theorie wahr ist. Seine Verzweiflung kommt daher, dass die Tradition ihm keine Konzeption von Vernunft überliefert, die ihm ermöglicht, die Wahrheit herauszufinden. Die Lösung – der Weg aus der Verzweiflung – besteht darin, die Vernunft im ganzen Menschen (auch in seinen Emotionen) am Werk zu sehen. Nur auf der Grundlage eines solchen erweiterten Vernunftbegriffs kann die Wahrheit herausgefunden werden. Wir hoffen bereits im letzten Abschnitt gezeigt zu haben, wie intensiv James sich damit beschäftigt, ob es Gut und Böse wirklich gibt. Wir wollen uns jetzt der Periode nach seiner Rückkehr nach Cambridge im Herbst 1868 zuwenden, um zu sehen, wie er bis 1873 mit den Fragen nach dem Materialismus und der Willensfreiheit ringt.

4.5 James in Cambridge 1868 bis 1873

James zieht Ende November 1868 in den Haushalt seiner Eltern in Quincy Street 20 in Cambridge, der zu diesem Zeitpunkt außerdem seine Geschwister Alice und Henry umfasst, obwohl Henry Februar 1869 bis Mai 1870 in Europa verbringen wird. Die Biografin Linda Simon schreibt, der James-Haushalt wäre zu diesem Zeitpunkt eine »Krankenstation«, deren »dritter Patient« neben seinen zwei Geschwistern James jetzt wird: Henry würde unter »Rückenschmerzen, Verstopfung und Niedergeschlagenheit« leiden. Alice hätte gerade begonnen, »sich von einem ernsten Zusammenbruch zu erholen, der sie die meiste Zeit des vorigen Jahres belastet habe.« So wie Alice diesen »Kollaps« später beschreiben würde, würde sie »viele Symptome« mit James teilen: »Sie war von brutalen, stürmischen, unkontrollierbaren Gefühlen überkommen, die Gedanken der Selbstzerstörung einschlossen; sie wurde so wütend auf ihren Vater, dass sie nicht nur seine Ideen ablehnen, sondern ihn umbringen wollte.« Nach Simon hätte ihr »Zusammenbruch« Alice zum »Zentrum der wachsamen Aufmerksamkeit in der Familie« gemacht.[265] Nach vier Wochen zu Hause berichtet James aber Ward gegenüber ziemlich positiv über seine Rückkehr:

> Ich […] genieße es enorm, in einem Haus zu sein, in dem ich über Dinge, die ich gelesen habe, zu einem gewissen Grade reden kann, das heißt, die Dinge, die ich in Zeitschriften & Zeitungen gelesen habe, und andere das Gleiche tun höre. Eine Freude, in deren Genuss ich viele lange Monate nicht gekommen bin.[266]

Er würde es sogar genießen, die medizinische Fachliteratur zu lesen: »Ich les' eifrig Medizin & werde wahrscheinlich in den nächsten 6 Monaten wenig Anderes tun. Es wird zunehmend so interessant, dass ich mit einem Mal bedauere, dass es keine Aussicht gibt, dabei bleiben zu können.«[267] James muss für seinen Medizinabschluss noch eine Abschlussarbeit schreiben, für die er sich das Thema »die physiologischen Auswirkungen von Kälte«[268] aussucht, vermutlich auch von seinen persönlichen Erfahrungen mit Wasserkuren inspiriert.[269] Seine Anmerkung bezieht sich auf die Forschungen für diese Arbeit und auf die spätere Prüfung und macht klar, dass James nicht plant, Medizin jemals zu praktizieren. Die Abschlussarbeit wird er im Mai 1869 einreichen und das Examen am 21. Juni absolvieren.[270]

In der ersten Jahreshälfte 1869 sind seine Berichte über seine Gesundheit in seinen Briefen durchwachsen.[271] Wir sollten uns daran erinnern, dass sein Vorschlag an Bowditsch, er solle Direktor einer »Irrenanstalt« werden, damit James dort im Alter Zuflucht finden kann, vom Januar ist. Am 22. Mai schreibt er an Bowditsch: »Mir […] ging es kontinuierlich besser bis vor 2½ Monaten, als ich schon dachte, meine Rettung wäre sicher; aber dann schien ich plötzlich aus irgendeiner unerklärlichen Ursache den Boden unter den Füßen zu verlieren und mir geht es seither eher schlechter als besser.«[272]

In diese Zeit fällt auch – wie oben erwähnt – ein Schreiben an Havens und die damit vermeintlich verbundene Planung eines Treffens in New York im Frühjahr, das aber vermutlich nicht stattgefunden hat. James liest während dieser Zeit nicht nur Fachliteratur der Medizin. Er erwähnt u. a. im Januar die Lektüre von Aufsätzen von Charles Sanders Peirce, die er zu diesem Zeitpunkt als »anregend«[273], »außerordentlich kühn, subtil & unverständlich«[274] beschreibt. Mit Peirce hat er sich über die Texte unterhalten, die Diskussion hätte zwar keine Klarheit gebracht, aber das Interesse an den Artikeln nicht gemindert: »Ich kann nicht behaupten, dass mir seine mündlichen Erläuterungen erheblich geholfen hätten, diese zu verstehen, aber sie interessieren mich seltsamerweise trotzdem.«[275] Es handelt sich dabei vermutlich um zwei oder drei folgender Aufsätze von Peirce: »Questions concerning Certain Faculties Claimed for Man«, »Some Consequences of Four Incapacities«, »Grounds of the Validity of the Laws of Logic«.[276] James sagt im Mai, er würde seinen Freund Holmes jede Woche treffen, aber manche dieser wöchentlichen Treffen sagt James offenbar ab.[277] Holmes ist seit Jahren ein wichtiger Gesprächspartner für James gewesen. Darauf kommen wir später zurück.

Ist sonst etwas Dramatisches im Leben von James passiert? Man kann darüber spekulieren. Es existieren aus dem Jahr 1869 viele Briefe. Aber – wie Louis Menand erläutert – es sind aus dem Tagebuch, das unsere biografische Erzählung umrahmt, nach einem Eintrag vom Februar einundzwanzig Blätter bzw. bis 42 geschriebene Seiten rausgeschnitten worden. Der nächste Eintrag ist erst vom 21. Dezember 1869.[278] Es wird viel darüber spekuliert, ob James in diesen Jahren stationär in der Psychiatrie war. An diesen Spekulationen wollen wir uns aber nicht beteiligen. Außerdem wird viel darüber diskutiert, wann die Erfahrung, über die James in der *Varieties*-Passage berichtet, stattgefunden hat. Wie bereits oben erwähnt, sagt James' Sohn in seiner Funktion als Herausgeber der *Letters of William James*, dass diese Erfahrung sicher nach seiner Rückkehr nach Cambridge stattgefunden hat und vielleicht im Winter 1869–1870. Strout denkt offenbar, diese Erfahrung hätte zwischen 1866 und vor dem Abschluss des Medizinexamens im Juni 1869 stattgefunden.[279] James William Anderson datiert sie auf den Herbst 1869.[280] Wir kommen später auf diese Debatte um die *Varieties*-Passage zurück.

Menand hat eine ganz andere Erklärung für das Vernichten dieser Tagebucheinträge aus dem Jahr 1869. Diese Seiten wären vermutlich von James selbst oder von seiner Frau nach seinem Tod vernichtet worden und das übliche Motiv für das Vernichten solcher Dokumente wäre, dass sie sich auf andere Menschen beziehen.[281] Ab 1. Juli verbringt James mit der Familie einige Ferienwochen in Pomfret, Connecticut.[282] Die Pomfret-Notiz, die wir oben diskutiert haben und die im Gegensatz zum Havens-Eintrag, der Krisennotiz und dem Eliot-Eintrag nicht aus dem fragmentierten Tagebuch stammt, entsteht vermutlich zu dieser Zeit.[283] Menand findet in der Pomfret-Notiz einen Verweis auf die Person, deren Spuren vielleicht aus dem Tagebuch gelöscht werden sollten. Menand zitiert folgende Passagen aus dieser Notiz:[284]

> Mein Gefühl für B.W. (z. B.) rührt von zu einseitiger Sympathie her; genauso ist es bei dem des Optimisten, beide sympathisieren mit entgegengesetzten Seiten ihres Wesens. [...] Sympathie bringt Schmerz (B.W.). Sollte Sympathie so weit gehen, dass sie Selbstmord verlangt?[285]

Menand merkt an, dass trotz der kryptischen Formulierungen James sich hier anscheinend auf seine Gefühle für eine Frau bezieht. Menand gibt zu, dass eine sichere Identifikation von B.W. unmöglich sei, aber spekuliert, es könne Bessie Ward sein, die Schwester von seinem Freund Ward. Ein möglicher Grund für das Vernichten der Tagebucheinträge könnten also Äußerungen zu einer unerwiderten erotischen Zuneigung zu Bessie Ward sein.[286]

Wir wollen uns aber auch nicht an Spekulationen über die Identität von B.W. beteiligen, sondern uns auf die bemerkenswerte Verbindung zwischen der Erwähnung der Sympathie für B.W. und James' philosophischen Überlegungen in der Pomfret-Notiz konzentrieren. Wie bereits oben zitiert, stellt James in der Pomfret-Notiz folgende philosophischen Thesen auf: »(a) Mensch = ein Bündel von Wünschen [...]. (b) Sie existieren durch reine Selbstaffirmation [...].« Die Erwähnung der Sympathie für B.W. bezieht sich auf eine von zwei Formen von »Selbstaffirmation«. Wir müssen hier die ganze relevante Passage zitieren:

> (c) Einschränkung im Ausmaß der Erfüllung (wie Nat.gesch., Malen) und in deren Grad (persönliche Isolation – all das Unbegreifliche im Bereich unseres Wissens).
> Die expansive, umschließende Tendenz, die zentripetale, defensive – sie stellen zwei verschiedene Arten der Selbstbehauptung dar, Sympathie und Selbstgenügsamkeit (genügsamkeit [sic!, dt. im Orig.]). (Die zwei kombiniert ergibt *Respekt*?) Mein Gefühl für B.W. (z.B.) rührt von zu einseitiger Sympathie her; genauso ist es bei dem des Optimisten, beide sympathisieren mit entgegengesetzten Seiten ihres Wesens. Zwei Hindernisse auf dem Weg, mit dem Universum ins Gleichgewicht zu kommen: 1 theologisch, 2 das Soziale.
> In 1 Sympathie eingeschränkt wie oben (c) und selbstgenügsamkeit [sic!, dt. im Orig.] notwendig.
> In 2 bringt Sympathie Schmerz (B.W.).
> Sollte Sympathie so weit gehen, dass sie Selbstmord verlangt? Zum Beispiel, wenn ich krank nichts als ein Schandfleck & Stolperstein für andere werde; oder ist Respekt die vermittelnde Göttin, die Sympathie und Widerstand immer ihren gerechten Anteil zuweist?
> »Das Universum annehmen«, gegen es protestieren, Alternativen des *Willens*.[287]

Den Anfang und das Ende dieser Passage hatten wir oben bereits zitiert. Grundlage für James' Überlegungen in der Pomfret-Notiz sind die philosophischen Thesen (a)-(c), die er offenbar als Wahrheiten über den Menschen als solchen akzeptiert. Auf der Grundlage dieser Thesen geht es dann um seine richtige Haltung im Leben: Inwiefern sollte er sich z. B. von Sympathie als einer von zwei möglichen Formen von »Selbstaffirmation« leiten lassen und inwiefern sollte er selbstgenügsam sein? Verlangt seine Sympathie anderen Menschen gegenüber, dass er sich das Leben nimmt? Es ist nicht leicht, die Pomfret-Notiz restlos zu entziffern. Es ist beispielsweise nicht eindeutig, was er mit »Sympathie« meint. Für uns ist aber vor allem interessant, dass er für Sympathie vor allem zwei »Schwierigkeiten« sieht, die erschweren, dass man durch Sympathie »mit dem Universum ins Gleichgewicht« kommt: eine »theologische« und eine »soziale« Schwierigkeit. Rufen wir uns kurz Teile aus der Moralismusnotiz in Erinnerung (vermutlich aus dem Jahr 1873): »Kann man jemals mit vollem Wissen und aufrichtig sein eigenes Selbst dazu bringen, so den gesamten Lauf des Universums anzunehmen [*sympathize*], dass man beherzt in das Böse einwilligen kann, das seinen Details innezuwohnen scheint? Ist der Geist so ganz fließend und formbar? Wenn ja, ist Optimismus möglich.« Es liegt nahe, die »theologische« Schwierigkeit aus der Pomfret-Notiz so zu verstehen, dass sie den Gegenstand der Sympathie des Optimisten aus der Moralismusnotiz betrifft: »den gesamten Lauf des Universums«. Die »theologische« Schwierigkeit könnte, wenn man James' Verweis auf (c) betrachtet, z. B. »all das Unbegreifliche im Bereich unseres Wissens« betreffen. Im Brief an Ward im Januar 1868 hatte James geschrieben:

> Und wenn wir alle Hoffnung fahren lassen müssen, Einblicke in die Zwecke Gottes zu erhalten, – oder die Idee von Zweckursachen aus theoretischen Gründen aufgeben müssen [...], können wir durch unseren Willen das Glück unserer Brüder für uns an die Stelle einer Zweckursache treten lassen [...].[288]

Diese theologische Schwierigkeit würde darin bestehen, dass wir nicht wissen können, ob das Böse – so wie der Optimist annimmt – kosmologisch betrachtet einen Zweck erfüllt und wir uns daher nicht entschließen können – im Gegensatz zum Optimisten – mit dem »gesamten Lauf des Universums« zu sympathisieren.[289] Im Brief an Ward schlägt James stattdessen »Sympathie mit den Menschen an sich« vor.[290] Geht es James bei der »sozialen« Schwierigkeit um »Sympathie mit den Menschen an sich« und die Schwierigkeiten, diese Sympathie adäquat auszuleben? Er spricht nicht nur von seinen Gefühlen für B.W. als »zu einseitiger Sympathie«, sondern auch davon, dass Sympathie vielleicht Selbstmord verlange, wenn er durch seine Krankheit für andere zum »Schandfleck & Stolperstein« werde. Schließlich müssen wir akzeptieren, dass wir nicht restlos klären können, wie die Pomfret-Notiz hier zu verstehen ist. Fest steht für uns nur, dass James innerhalb von wenigen Zeilen die philosophischen Prinzipien (a)-(c), seine Beschäftigung mit den konträren Haltungen des monistischen Optimismus und des moralistischen Pluralismus, seine Gefühle für B.W. und seine Selbstmordüberlegungen miteinander in Verbindung setzt.

Es sollte nicht überraschend sein, dass James zu diesem Zeitpunkt grundlegende Überlegungen zur Richtung seines Lebens anstellt. Er ist mit dem Medizinstudium fertig und es steht fest, dass er nie Medizin praktizieren wird. Es ist vollkommen unklar, was er aus sich machen will. Wir wollen uns – wie gesagt – nicht an Spekulationen über die Identität von B.W. beteiligen. Fest steht, dass James sich in Pomfret im Sommer 1869 intensiv mit einer anderen Frau beschäftigt und dadurch sich mit seinen Lebensentscheidungen konfrontiert sieht. Es handelt sich dabei um die Malerin Elizabeth Boott – Vorbild für Pansy Osmond aus Henry James' *The Portrait of a Lady*.[291] James schreibt über die Begegnung im Brief an Bowditsch:

> Im Monat Juli hatten wir das große Glück, dass Mr. Boott & seine Tochter aus Boston ebenfalls zu Gast in unserer Unterkunft waren. Fräulein B. ist, obwohl nicht von überwältigender Schönheit, eine der besten Vertreterinnen ihres Geschlechtes, die ich je getroffen habe. Sie verbrachte die ersten achtzehn Jahre ihres Lebens in Europa und schüttelt natürlich Italienisch, Französisch und Deutsch aus dem Ärmel und ich habe niemals zuvor realisiert, wie sehr gute Bildung (ich meine in ihrer normalen Bedeutung umfangreichen Wissens) zum Charme einer Frau beiträgt. Sie hat großes zeichnerisches Talent und war hier sehr mit Malen beschäftigt, was sie besonders interessant für mich machte, zudem sie in fast der gleichen hilflosen Lage ist, in der ich war, als ich die Kunst aufgegeben habe.[292]

James' Mutter berichtet ihrem Sohn Henry brieflich, die »künstlerische Atmosphäre«, die Boott mit sich bringe, tue James sehr gut, auch gesundheitlich.[293]

Wir wollen aber nicht auf James' mögliche Beschäftigung mit seiner früheren Entscheidung gegen die Malerei im Kontext seiner Situation nach dem Abschluss des Medizinexamens eingehen. Ein anderer Aspekt seiner Begegnung mit Boott ist von besonderem Interesse: seine philosophische Aufarbeitung der Interaktion mit einer Frau, die »eine der besten Vertreterinnen ihres Geschlechtes« ist, die er jemals getroffen hat, »obwohl« sie nicht »von überwältigender Schönheit« ist. Nach der gerade zitierten Passage im Brief an Bowditsch sagt James, Bowditch solle schnell nach Amerika zurückkehren und Boott aufsuchen, da »diese erstklassigen Jungfern sind nicht *immer* ewig zu haben«. Diese Anmerkung lässt vermuten, dass James selbst schließlich kein romantisches Interesse an Boott hat. Nachdem er Boott also als »erstklassige Jungfer« beschrieben hat, fährt James jetzt fort:

> Apropos Jungfern: Ich habe gerade Mills Buch über *The Subjection of Women* gelesen.[294] Ich fand es seltsam verblüffend und anregend [...]. Er glaubt erstens, dass die aktuellen Charaktereigenschaften von Männern und Frauen im Laufe der Generationen *toto coelo* [*völlig*] verändert werden können, sodass sie sich jeder Veränderung des allgemein akzeptierten Ideals dessen, wie sie sein sollten, anpassen – und dies zugestanden, denkt er, es sei wünschenswert, dass wir so schnell wie möglich unser Beziehungsideal zwischen Männern

> und Frauen verändern [...]. Er glaubt, dass die wertvollste Form menschlichen Umgangs unter Gleichen stattfindet [...] und laut ihm leistet das gegenwärtige Ideal der Ehe dies nicht. Was man auch immer von dieser Ansicht seinerseits halten mag (und sie ist der »*kern*« [sic!, dt. im Orig.] des Buchs – es scheint mir, dass ungeheuer viel für beide Seiten und die mächtige *Annahme des Gewohnten* gegen Mill spricht –,) und was immer man auch denken mag über die Veränderbarkeit der geistigen Eigenschaften von Frauen durch Bildung – das Buch ist ein überaus gewichtiges schmales Druckerzeugnis.[295]

James beschäftigt sich hier mit zwei Fragen: Besteht das ideale Verhältnis zwischen Mann und Frau in einem Verhältnis zwischen Gleichen? Kann man die »geistigen Eigenschaften von Frauen durch Bildung« radikal ändern? Man könnte sagen, dass James' Auseinandersetzung mit diesen Fragen einfach auf seine Lektüre von Mills *The Subjection of Women* zurückzuführen ist. Seine Äußerungen zu Boott berühren aber auch beide dieser Fragen: Er sagt, Boott habe »großes zeichnerisches Talent«, sie sei »in fast der gleichen hilflosen Lage [...], in der ich war, als ich die Kunst aufgegeben habe« und diese Tatsache habe sie »besonders interessant« für ihn gemacht. Er bescheinigt ihr also ein großes Talent auf einem Gebiet, mit dem er sich sehr gut auskennt und vergleicht ihre Situation mit seiner damaligen Situation, was sie für ihn interessant macht. Hat er deshalb im Vollzug seines Verhältnisses mit Boott es als ein Verhältnis zwischen zwei Gleichen betrachtet? Dies kann man sicher nicht daraus schlussfolgern. Aber man muss die Überlegungen in diesem Brief zu Mill trotzdem als James' Reflektionen auf sein Verhältnis zu Boott als einem konkreten weiblichen Gegenüber verstehen: Er fragt sich vielleicht, ob seine intensive Interaktion mit Boott eine Begegnung zwischen Gleichen war und diese Art von Beziehung zwischen Mann und Frau möglicherweise doch die ideale sei. Oder er fragt sich vielleicht, ob sein Verhältnis mit einer Frau wie Boott eine Beziehung zwischen Gleichen sein könnte, wenn die Eigenschaften von Frauen sich durch Bildung ändern würden: »Ich habe niemals zuvor realisiert, wie sehr gute Bildung (ich meine in ihrer normalen Bedeutung umfangreichen Wissens) zum Charme einer Frau beiträgt.« Auf jeden Fall denkt er, dass Boott ein Beispiel dafür sei, wie Bildung eine Frau so ändern kann, dass sie zu einer »der besten Vertreterinnen ihres Geschlechtes« werden kann, obwohl sie nicht »von überwältigender Schönheit« ist.

Im Oktober 1869 wird eine Rezension von James zu Mills Buch veröffentlicht.[296] In der Rezension beschäftigen ihn auch diese beiden Fragen, aber vor allem Mills Ideal der Gleichheit im Verhältnis zwischen Mann und Frau, das er ähnlich wie im Brief als »die Seele des Ganzen« in Mill betrachtet.[297] Es ist ziemlich klar, dass James dies als universelles Ideal für das Verhältnis zwischen *Eheleuten* ablehnt.[298] Es ist weniger deutlich, ob er es als Ideal für die *Freundschaft* zwischen Mann und Frau auch zurückweist. James schreibt in der Rezension: »Unabhängigkeit ist Mr. Mills persönliches Ideal und sein Liebesbegriff bringt durcheinander, was normalerweise als Freundschaft davon unterschieden wird.«[299] James basiert in der Rezension auch zwei weitere hypothetische Einwände gegen Mill auf dem Kontrast zwischen Liebe und Freundschaft.[300] James hatte sich bereits im zweiten Havens-Eintrag (vom 27. Mai 1968) ausführlich Gedanken über den Unterschied zwischen Liebe und Freundschaft gemacht:

> Der Unterschied zwischen Liebe und Freundschaft scheint mir eher darin zu liegen, welchen Gewinn man von dem Objekt erwartet, als in den Beziehungen zu dem Objekt. Beide Gefühle beteuern, dass die Zukunft wie die Gegenwart sein wird, ja, sein soll, aber in der Freundschaft sind die Eigenschaften des Objekts, die von Interesse sind, von allgemein objektivem Wert, in der Liebe wird das Interesse vertieft & konzentriert durch die bloße Möglichkeit, das Objekt zu besitzen – ohne jenen Eigenschaften viel Beachtung zu schenken, die es besitzenswert machen. »Liebe macht blind.«[301]

James vertritt in diesem Tagebucheintrag die These, Liebe und Freundschaft hätten gemeinsam, dass man das Objekt der Liebe bzw. Freundschaft »besitzen« will.[302] (Dies schließt eine Gleichheit in der Beziehung zum Objekt übrigens nicht unbedingt aus, obwohl dies nicht James' Thema im Tagebucheintrag ist: James sagt, Freundschaft könne nur dann »stabil in der Praxis funktionieren«, wenn sie auf Gegenseitigkeit beruht.) Der wesentliche Unterschied besteht darin, dass es bei Liebe hauptsächlich um das Besitzen als solches geht. Bei Freundschaft hingegen ist man an den Eigenschaften des Freundes oder der Freundin interessiert. Unmittelbar nach seiner Rückkehr aus Europa beklagt sich James darüber, dass aufgrund von Absorption seines Freundes Holmes »in juristische Angelegenheiten und Studien« sie jetzt zu wenig »gemeinsame Interessen« hätten, über die sie reden könnten, und dies würde sie voneinander »entfremden«.[303] James' und Bootts gemeinsames Interesse an künstlerischer Tätigkeit hingegen macht Boott für James »interessant«. Es lässt sich vermuten, dass James in diesen Wochen mit Boott die anregenden Gespräche über gemeinsame Interessen hatte, die er nach seiner Rückkehr in seiner Interaktion mit Holmes vermisste, obwohl Holmes ein »erstklassiger Kopf« ist.[304] Wenn James in seiner Rezension zu Mill das Ideal einer freundschaftlichen Beziehung zwischen Mann und Frau als zwei Gleichen akzeptieren wollte und dafür ein Beispiel gebraucht hätte, dann wäre seine eigene Beziehung zu Boott vielleicht ein geeignetes Beispiel dafür gewesen.

James unterscheidet in der Rezension zu Mill zwischen dem Verhältnis zwischen Freunden und zwischen Eheleuten. Man kann vermuten, dass James 1868 ein romantisches Interesse an Havens hatte. Aber sucht James zu dieser Zeit überhaupt eine Ehefrau? Im Brief an Holmes vom 15. Mai 1868 bringt er zum Ausdruck, dass seine Rückenprobleme ihm die »voraussichtliche Last einer Ehefrau und Familie« von den »Schultern« genommen hätten.[305] Am 14. November 1869 schreibt er an seinen Bruder Robertson, er hätte »sich vor langer Zeit fest entschlossen, nie jemanden zu heiraten«.[306] Wie man diese Äußerungen von James über eine eigene Ehe interpretieren sollte, darüber wollen wir nicht spekulieren. Ob James im Juli 1869 mit Boott ein freundschaftliches Verhältnis zwischen Gleichen hatte, lässt sich nicht mit Sicherheit sagen. Wir werden später auf seine Beziehung zu Minny Temple eingehen, die im Herbst desselben Jahres an Intensität und Dramatik gewinnt.

Bevor wir aber chronologisch James' Leben im Jahr 1869 und 1870 weitererzählen, müssen wir uns James' jahrelanger intensiver Beschäftigung mit dem Materialismus zuwenden. Im letzten Abschnitt haben wir diskutiert, wie James im französischen Text »Considérations« aus dem Jahr 1877 beschreibt und rechtfertigt, dass er »seit langem bereits« die »subjektive Methode« verwendet habe, um sich »dunkler Gedanken, Pessimismus und Fatalismus« zu »entledigen«.[307] Er erläutert in diesem Beitrag, wie man sich dieser Methode bedienen darf, um sich gegen den philosophischen Pessimismus und den Materialismus zu wenden. Dies legt nahe, dass der Materialismus 1877 für James »seit langem bereits« mit »dunklen Gedanken« verbunden ist.

Worin besteht der Materialismus für James und warum sollte er mit solchen Gedanken verbunden sein? In diesem französischen Text erklärt James den Materialismus wie folgt:

> *Die innerste Beschaffenheit der Welt – ist sie moralisch geprägt oder ist die Welt nichts als ein bloßes Faktum, nur etwas, das einfach gerade existiert*? Das ist im Grunde die Frage des Materialismus. Die Positivisten werden einwenden, dass eine solche Frage unlösbar oder sogar irrational ist, in Anbetracht dessen, dass die innerste Beschaffenheit der Welt, sofern es sie gibt, kein Phänomen ist und sich folglich auch nicht verifizieren lässt. Meine Antwort lautet, dass jede Frage sinnvoll ist und sich eindeutig stellt, aus der sich eine klare praktische Alternative ergibt, indem man je nachdem, ob man sie so oder so beantwortet, sich so oder so verhalten muss. Nun aber gilt: der Materialist und derjenige,

> der die Annahme einer moralischen Beschaffenheit der Welt bejaht, werden in denselben Umständen verschieden handeln müssen. Passen die Tatsachen nicht mit den moralischen Empfindungen [*sentiments*] zusammen, so darf der Materialist stets diese letzteren opfern. Das Urteil, das er über einen Sachverhalt als *gut* oder *schlecht* fällt, ist relativ zu seiner psychischen Verfassung und hängt davon ab; aber da diese Verfassung selbst nichts als eine Tatsache und *ein Gegebenes* ist, ist sie an sich weder gut noch schlecht. Es ist ihm also gestattet, sie zu verändern – beispielsweise das moralische Empfinden mit allen Mitteln zu betäuben –, und so das Urteil zu ändern, indem man das Gegebene verändert, von dem es sich ableitet. Im Gegensatz dazu ist derjenige, der an die moralische Beschaffenheit der Welt glaubt, der Ansicht, dass sich die Eigenschaften des Guten und des Schlechten in allen Phänomenen finden und auf psychische Gegebenheiten genauso anwendbar sind wie auf Tatsachen, die mit diesen Gegebenheiten in Verbindung stehen. Er könnte sich also das Entstellen seiner Gefühle [*sentiments*] nicht als einfache Kleinigkeit vorstellen. Seine Gefühle *müssen* nach ihm so und nicht anders sein.[308]

James charakterisiert den Materialismus auf der einen Seite negativ: Der Materialist leugnet, dass die Welt und die Bestandteile der Welt als solche gut, schlecht oder irgendeines moralischen Charakters sind. James nennt diese Position vermutlich deshalb »Materialismus«, weil die Bestandteile der Welt als solche weder gut noch schlecht sind, wenn die materielle Beschreibung dieser Bestandteile sie vollständig charakterisiert. Auf der anderen Seite legt James auch eine positive Erläuterung vor: Nach dem Materialismus bringt eine Person mit ihrem Urteil, dass ein Bestandteil der Welt – beispielsweise eine Handlung – gut oder schlecht sei, zum Ausdruck, dass sie eine bestimmte Empfindung gegenüber diesem Bestandteil der Welt hat. Die Welt verlangt diese Empfindung von der Person nicht. Im Gegenteil: Nur aufgrund dieser Empfindung gilt dieser Bestandteil der Welt als gut oder schlecht für diese Person. Dieser Bestandteil der Welt ist aber als solcher weder gut noch schlecht. Aus dieser positiven Charakterisierung des Materialismus leitet James einen Unterschied in den Verhaltensweisen ab, die dem Materialisten und seinem Kontrahenten jeweils »gestattet« sind. Wenn der Materialist aufgrund seines moralischen Empfindens eine Handlung als schlecht beurteilt, diese Handlung aber gerne vollziehen würde, dann ist es ihm gestattet, daran zu arbeiten, sein moralisches Empfinden so zu verändern, dass er diese Handlung nicht mehr als schlecht empfindet. Dies ist dem Materialisten deshalb »gestattet«, weil das moralische Empfinden selbst weder gut noch schlecht und gleichzeitig die Grundlage für moralische Urteile ist. M. a. W.: Das moralische Empfinden, von dem gut und schlecht abhängt, ist nur ein Gefühl oder eine Tatsache unter anderen und unterliegt keinem moralischen Maßstab. Ändert sich das Empfinden, dann ändert sich, was gut und schlecht ist. Dies ist dem Kontrahenten des Materialisten nicht »gestattet«. Nach seiner Position dienen die moralischen Empfindungen dazu, dem aufzuspüren, was gut oder schlecht ist, unabhängig davon, ob die Person, um die es geht, es als gut oder schlecht empfindet. Indem eine Person ihre Gefühle ändert, ändert sie nicht, was gut oder schlecht ist. Im Gegenteil: Sie müsste sogar eventuell ihre Gefühle ändern, um empfinden zu können, was unabhängig von ihrem persönlichen Gefühl gut oder schlecht ist.

Man muss sich nicht wundern, dass der Materialismus – so verstanden – mit »dunklen Gedanken« verbunden ist. Den Materialismus zu akzeptieren, hat unmittelbare Konsequenzen für die Perspektive einer Person auf ihr Leben: All ihre Empfindungen sind nichts anderes als faktische Gegebenheiten, die als solche ihr in der Bestimmung der Richtung ihres Lebens keinen Anhaltspunkt geben. Es ist »gestattet«, sich eher nach einer Empfindung als nach einer anderen zu richten. Es ist aber ebenso »gestattet«, sich umgekehrt zu verhalten. Wenn eine Person sich nach einer Empfindung richtet, dann gibt es nichts mehr darüber zu sagen, als dass sie es eben tut. Diese Konsequenz muss nicht bei jeder Person »dunkle Gedanken« hervorrufen. James hat sie aber früh beunruhigt. In einem Brief an Holmes, vermutlich spät im Jahr 1866[309], schreibt James:

> Aber weil das Glück eines Menschen von seinem Gefühl abhängt, halte ich Materialismus für unvereinbar mit einem hohen Grad davon, und in diesem Sinne habe ich behauptet, dass ein Materialist kein Optimist sein kann, wobei letzteres Wort jemanden bezeichnet, dessen Philosophie seine angenehmsten Gefühle bestätigt, indem sie deren objektive Bedeutung gewährleistet [...]. Kurz: Corruptio optimistorum pessima [sic!, Die Korruption der Besten ist das Schlimmste].[310]

James verwendet hier das Wort »Optimist« anders als in manchen anderen Fällen, aber darum geht es uns hier nicht. Er sieht es als eine Bedrohung für das Glück eines Menschen – vermutlich denkt er an sich selbst –, wenn die Gefühle eines Menschen keine »objektive Bedeutung« haben.

James nimmt im Materialismus aber offenbar nicht nur eine Gefährdung des Glücks wahr, sondern auch die Gefahr, dass die besten Menschen – er und Holmes? – durch Ideen wie den Materialismus korrumpiert werden können.[311] Dies bleibt ein Thema seiner Schriften. In »The Dilemma of Determinism« kritisiert er eine Position, die er »Subjektivismus« bzw. »Gnostizismus« nennt und die Annahme des Materialismus, dass »das Gute und das Schlechte im Leben [...] an sich indifferente Materie« sind, mit der Annahme kombiniert, »das Gute und das Schlechte im Leben« seien dafür da, um für eine »Vertiefung« des »theoretischen Bewusstseins davon, was die intrinsische Natur von Gut und Böse sei«, zu sorgen.[312] Mit dieser »Vertiefung des theoretischen Bewusstseins« von der Natur des Guten und Bösen ist natürlich nicht gemeint, dass etwas in der Welt als solches gut oder böse sei. Im Gegenteil: Ereignisse in der Welt sind als solche moralisch indifferent. Es geht bloß darum, ein besseres – u. a. psychologisches – Verständnis davon zu haben, was vor sich geht, wenn Menschen Taten vollziehen, die üblicherweise als gut oder böse bezeichnet werden. Nach James korrumptiert dieser Subjektivismus den Menschen:

> Sei Subjektivismus anfangs auch noch so streng und intellektuell, liegt es in seiner Natur, zwangsläufig eine andere Seite seines Wesens zu entfalten und in der korrumpiertesten Schaulust zu enden. Einmal die Vorstellung verworfen, dass bestimmte Pflichten an sich gut sind und dass wir hier sind, um sie zu erfüllen, egal, wie es uns damit geht; weiter von der gegenteiligen Vorstellung geleitet, dass unsere Pflichterfüllung und -verletzung einem gemeinsamen Ziel dienen, subjektives Wissen und Empfinden zu erlangen, und dass deren Vertiefung der Hauptzweck des Lebens ist – und an welchem Punkt dieses abschüssigen Hanges sollen wir nun anhalten? […] Es macht jene, die ohnehin schon zu träge sind, noch passiver; es macht jene mit überschüssiger Energie vollends rücksichtslos […]. Der Optimismus [des Subjektivismus] verwandelt sich in ethische Gleichgültigkeit, die unweigerlich Auflösung nach sich zieht.[313]

Nun stellt der Materialismus nur eine der beiden zentralen Annahmen des Subjektivismus / Gnostizismus bereit, aber für James öffnet bereits diese Annahme Tür und Tor für die Korrumption des Menschen, da das Einstehen für das sogenannte Gute nach dem Materialismus nur eine von vielen möglichen Haltungen ist, die alle als solche weder gut noch schlecht sind.

1866 ist James' Auffassung aber noch nicht so ausgeprägt. Der Brief an Holmes soll dem Zweck dienen, die im Brief vermittelten Einsichten über den Materialismus zu formulieren, die James offenbar im früheren Gespräch mit Holmes nicht so klar auf den Punkt hat bringen können: »Ich schicke dir die obigen Bemerkungen zum ›Materialismus‹, weil sie das darstellen, wonach ich neulich Abend gesucht habe, aber nicht sagen konnte, bis du weg warst & ich im Bett.«[314] James trifft sich im Winter 1866–1867 wöchentlich mit Holmes.[315] In Deutschland 1867–1868 vermisst er diese Gespräche und regt im Brief an: »Lass uns, wenn ich nach Hause komme, eine philosophische Gesellschaft gründen, die sich regelmäßig trifft und nichts als die größten und weitreichendsten Fragen diskutiert – zusammengesetzt aus keinen Geringeren als der Crème de la Crème der Bostoner Männerwelt.«[316] Wie oben berichtet, ist er anfangs nach seiner Rückkehr aus Europa mit den Gesprächen mit Holmes nicht ganz zufrieden. Es wird aber Anfang der 1870er diese »philosophische Gesellschaft« geben – genannt der »*metaphysical club*« –, in dem James weiter an der Entwicklung seiner Ideen arbeiten kann. Mehr dazu später. Wir müssen die Diskussion vom Materialismus wieder aufgreifen.

Ist der Brief an Holmes von 1866 nicht eine Bestätigung der intellektuell-instrumentellen Interpretation von James, nach der James Theorien gesucht hat, die ihn glücklich machen? Für den Materialismus würde dies bedeuten, dass James ihn einfach deshalb ablehnen wollte, weil er nicht mit ihm leben konnte. Diese Interpretation ist falsch. James geht es immer um die Wahrheit der Theorien, die ihn beschäftigen. In einer Notiz (der »Materialismusnotiz«), die Perry auf die Zeit 1869–1873 datiert[317], schreibt James:

> Ich werde mich für die Wahrheit aufgeben. – Dies führt mich zum Materialismus. Materialismus liefert für meine heroische Hingabe an die Wahrheit allerdings kein moralisches Motiv mehr. Es bleibt reine *Geschmackssache*, der ich nicht nachgehen muss, wenn deren Folgen unangenehm sind. Leichtsinnigkeit oder abergläubische Narrenfreiheit sind mir gleichermaßen erlaubt. Handelt es sich jedoch um eine moralische Welt, mag Hingabe an die Wahrheit, egal wie hart, mir Pflicht sein. Möglicherweise wird von mir ein pessimistisches Credo verlangt. Oder aber ein optimistisches. Da sie beide eine *schwerwiegende* Reaktion auf die Welt verlangen, sind sie das Gegenteil des Materialismus, der eine leichtsinnige Reaktion erlaubt und sie sogar empfiehlt, wann immer sie als Anästhetikum gegen Schmerz dienen kann.[318]

Diese Passage könnte nicht klarer beginnen: Er will sich der Suche nach Wahrheit ganz hingeben. Klar ist ebenfalls, dass für James zu dieser Zeit viel für die Wahrheit des Materialismus spricht. Sonst würde er nicht sagen, dass seine »Hingabe an die Wahrheit« ihn zum Materialismus führt. Man könnte also argumentieren, dass James meinen würde, der Materialismus sei wahr, aber man ihn vielleicht aus anderen Gründen, die mit der Wahrheit des Materialismus nichts zu tun haben, aufgeben müsste. In dem Fall hätte James aber seine »Hingabe an die Wahrheit« aufgegeben. Davon ist in der Passage keine Spur. Im Gegenteil: Er sucht nach einer Position, die mit seiner »Hingabe an die Wahrheit« vereinbar ist. Sein Anfangscredo »ich werde mich für die Wahrheit aufgeben« bleibt bestehen. Wir müssen daher eine andere Lesart suchen.

Man könnte die Passage so lesen, dass James in der Haltung des Materialisten einen praktischen Widerspruch aufdecken will. Der Materialist will sein Gegenüber von der Wahrheit des Materialismus überzeugen: Er sagt seinem Gegenüber, er müsse an den Materialismus glauben, weil der Materialismus wahr sei. Das Problem ist: Wenn der Materialismus wahr ist, dann gibt es gar keine objektiven Normen, die einer Person vorschreiben, was sie glauben soll. Man verletzt keine objektive Norm, wenn man es bevorzugt, an etwas zu glauben, was nicht wahr ist. Dies bedeutet aber, dass man keine objektiv gültige Norm verletzt, wenn man nicht an den Materialismus glaubt. Der Materialist kann also seinem Gegenüber keinen Vorwurf machen, wenn sein Gegenüber es bevorzugt, nicht an den Materialismus zu glauben: Wenn der Materialismus wahr ist, dann gibt es gar keine Verpflichtung an ihn zu glauben, da es nach dem Materialismus gar keine Verpflichtungen geben kann. Der Materialist verwickelt sich also in einen praktischen Widerspruch: Er fordert von seinem Gegenüber, an die Wahrheit des Materialismus zu glauben. Er kann dies als Materialist aber nicht konsequent tun, da es nach dem Materialismus gar keine objektiv gültigen Forderungen gibt, nach denen alle sich richten müssen – auch nicht die Forderung, sich nach der Wahrheit zu richten.

Diese Lesart ist zwar besser als die erste, muss aber auch abgelehnt werden. James will dem Materialisten keinen praktischen Widerspruch nachweisen. Dies heißt natürlich nicht, dass James die Auffassung des Materialisten von der »Hingabe an die Wahrheit« als »Geschmackssache« richtig findet. Er denkt nur nicht, dass sie widersprüchlich ist: Er will zeigen, was es für jemanden bedeutet, an den Materialismus zu glauben. Es macht einen gewichtigen Unterschied für die eigene Lebensführung, ob man Materialist ist oder nicht. James will nicht sagen, dass man nicht konsequent das Leben eines Materialisten führen kann. Aber die Konsequenz ist, dass man die Suche nach Wahrheit als »Geschmackssache« betrachten muss. Diese Lesart passt zu den Ausführungen zum Materialismus aus dem Text »Considérations«. In diesem Text hat James – wie oben erläutert – im Sinne der Materialismusnotiz beschrieben, wie unterschiedlich die Leben eines Materialisten und seines Gegners sind. James ist also nicht darauf hinaus, die Lebensart des Materialisten als eine widersprüchliche zu entlarven. Ihm geht es im französischen Text darum, in die Prüfung der Wahrheit des Materialismus die Lebensart des Materialisten mit einzubeziehen. Der Materialismus wird also nicht einfach als abstrakte Theorie geprüft, sondern als eine Lebensform: Zu dem Materialismus gehört notwendig eine bestimmte Art, das Leben zu führen. Diese Art zu leben, soll auf den Prüfstein gestellt werden, indem man versuchen sollte, danach zu leben. Damit hätte James in »Considérations« das Problem gelöst, das in der Materialismusnotiz aufgeworfen wird: Wie findet man eine Theorie, die mit einer »Hingabe an die Wahrheit« vereinbar ist? Man tut es, indem man versucht, nach den Theorien zu leben.

Eine andere Notiz (die »Philosophienotiz«) aus dieser Zeit – Perry sagt, sie könne sogar »bereits 1868«[319] entstanden sein – hat auch eine Verbindung zum französischen Text, da darin die Rede von der »subjektiven Methode« ist:

> Philosophien verdanken ihre Existenz zwei geistigen Impulsen. 1) dem nach absoluter intellektueller Einheit oder Konsistenz. 2) dem nach einem Objekt, mit dem wir unsere Interessen absichern. Der erste erzeugt kritische & skeptische Systeme, den Idealismus etc. Der 2te Religionen. Indem man seine Gefühle aus dem momentanen Akt des Philosophierens heraushält und sie schlicht als Zustände betrachtet, kann man mehr oder weniger einfach zu einer konsistenten Gesamtkonzeption gelangen. Aber wenn die Gefühle durchschlagen, zwingt uns – oder besticht uns, wie einige sagen würden – ihre Eigenart, Objekte für sich zu setzen, dazu, den Rest des Universums auf andere Weise zu definieren als jene vollkommen nachvollziehbare Weise, in der es uns vorkam, als wir abstrakt darüber nachdachten. Wir verwenden die subjektive Methode der Erklärung. Die einzige Frage ist, sind wir erfolgreich? Wenn ja, sind wir bessere Philosophen. Denn unsere Synthese hat eine Art Tatsachen einbezogen, die von der anderen Gruppe ignoriert wurde – nämlich den Wunsch des Herzens, Gegenstück [*match*] des ganzen Universums zu sein und nicht zu einem infinitesimalen Unfall darin zu schrumpfen. Der Weg steht uns offen – wir betreten ihn auf eigene Gefahr.[320]

James fordert uns auf – fordert sich selbst auf – den riskanten Weg zu gehen, um bessere Philosophen zu werden. Es geht nicht darum, ein Weltbild zu entwerfen, das einem emotional passt. Dies wäre nicht riskant, sondern feige. Es geht darum, den Mut zu haben, eine Philosophie zu entwerfen, die mehr von der eigenen Person aufs Spiel setzt als nur das intellektuelle Vermögen, das für Einheit und Konsistenz sorgt. »Indem man seine Gefühle aus dem momentanen Akt des Philosophierens heraushält [...], kann man mehr oder weniger einfach zu einer konsistenten Gesamtkonzeption gelangen.« James' Aufforderung besteht darin, insofern mit dem »Herzen« zu denken, dass das »Herz« als erkenntnistheoretisches Vermögen eingesetzt wird. Es geht James – wie in der Materialismusnotiz – um »Hingabe an die Wahrheit« und die Wahrheit erreichen wir nicht, wenn wir nur nach Einheit und Konsistenz streben. Die Wahrheit können wir nur finden, wenn wir das Herz und das »ganze Universum« als »Gegenstücke« verstehen. Wir suchen kein Weltbild als Abbildung des Herzens, sondern im Herzen spiegelt sich wider, wie die Welt wirklich ist. Das Herz als erkenntnistheoretisches Vermögen können wir aber nur einsetzen, indem wir nach den relevanten Theorien handeln. So jedenfalls setzt James den M+r-Gedanken aus »Considérations« zwei Jahre später in »Rationality, Activity and Faith« um:

> Wenn das aber so ist, ist dann nicht klar, dass die Tatsachen M *per se* nicht ausreichen, um eine Schlussfolgerung zu rechtfertigen, bevor ich gehandelt habe? Als Gegenstück [*complement*] offenbart meine Handlung die latente Beschaffenheit der Masse, auf die sie angewendet wird, indem sie sich als kongruent herausstellt oder nicht.
> Die Welt kann in der Tat mit einem Schloss verglichen werden, dessen innere Beschaffenheit, sei sie moralisch oder nicht moralisch, sich unserem bloß abwartenden Blick niemals offenbaren wird. [...] Aber die Natur hat uns zwei Schlüssel in die Hand gegeben, mit denen wir das Schloss prüfen können. Wenn wir den moralischen Schlüssel ausprobieren *und er passt*, ist es ein moralisches Schloss. Probieren wir den nicht moralischen Schlüssel aus und *er* passt, ist es kein moralisches Schloss.[321]

Es ist also mit dem Herzen in Handlungen, dass die Wahrheit über den Materialismus herausgefunden wird. Die Welt hat eine »innere Natur«, die wir entdecken können, indem wir das Herz als das »Gegenstück« der Welt einsetzen, und das Herz können wir so nutzen, wenn wir es wagen, die Theorien in unserem Leben zu testen, anstatt nur über sie nachzudenken.

Wir haben die Materialismus- und die Philosophienotiz im Lichte von James' Auffassungen aus den Jahren 1877 und 1879 interpretiert. Damit wollen wir keineswegs sagen, dass James bereits in den Jahren 1868 bis 1873 diese Positionen vertreten hat. Dies ist sicher nicht der Fall. 1868–1873 hat sich James intensiv mit den Themen auseinandergesetzt und ist auf diesem Weg zu diesen Auffassungen gekommen. Unsere Interpretationen von diesen Notizen und anderen Dokumenten aus diesen Jahren sollen daher nur besagen, dass zu dieser Zeit James auf dem Weg zu diesen Positionen war und man diese Dokumente und sein Leben oft besser versteht, wenn man in ihnen Vorformen dieser Auffassungen sieht, obwohl James im früheren Zeitraum noch nicht so weit war, sie so wie später formulieren zu können.

James' Auseinandersetzung mit Chauncey Wrights sogenanntem Nihilismus ist ein Beispiel für James' kontinuierliche Beschäftigung mit dem Materialismus, die ihn zu seinen späteren Auffassungen und Argumenten führen wird. Wright war ein wichtiges Mitglied – vielleicht das dominierende Mitglied[322] – des bereits erwähnten *metaphysical club* und James' Kritik an Wrights Ansichten wurde vielleicht in diesem Forum vorgetragen.[323] Seine schriftlichen Ausführungen wurden jedenfalls von Wright gelesen und

James mit detaillierten Anmerkungen zurückgegeben.[324] Die Ausführungen sind nicht datiert.[325] Perry meint, es sei denkbar, James habe diese Kritik an Wright bereits 1873 verfasst. In jedem Fall habe er sie spätestens 1875 – also vor dem Tod des zwölf Jahre älteren Wright – vorgebracht.[326] Allerdings schreibt James im Brief vom Mai 1872, »der große Chauncey Wright« liege jetzt »(in Bezug auf sein System des Universums) harmlos wie ein Baby in meinen Armen«[327]. Folgendes ist ein Auszug aus James' kritischen Ausführungen:

> Mein Einwand gegen Wrights Nihilismus läuft letztlich darauf hinaus: dass er bestreitet, dass dies ein Universum ist und es zum »Nulliversum« macht.
> Die Behauptung, dass wir keine andere Art der Existenz als pure Existenz zugestehen dürfen und dass die Dinge daher nur einmal existieren, sozusagen zufällig, *de facto,* nicht *de jure,* widerspricht der vagen, aber tiefsitzenden Alltagsauffassung, dass es in jedem Ding neben seiner jetzigen zufälligen Existenz als Tatsache eine andere Art von Sein gibt, die wir ideal nennen können, und die sich durch viele Redensarten beschreiben lässt, wie, dass das Ding *Bedeutung* hat, einem Ziel dient, eine Ursache oder ein Zweck ist, beabsichtigt oder vorherbestimmt war, eine »Natur« hat, aufgrund der es so ist, wie es ist etc.
> [...] die Wahrheit einer Wahrnehmung oder Auffassung hängt von ihrer *Objektivität* ab – dies ist äquivalent dazu, dass es so sein sollte, dass wir *so* wahrnehmen und auffassen und nicht anders. Die Güte oder Richtigkeit eines Zustandes oder einer Handlung kann beschrieben werden, indem wir sagen, dass sie so sein sollten [...].[328]

James versteht Wrights Position also so, dass sie Materalismus impliziert und sieht darin einen Grund für seine Kritik. 1875 veröffentlicht James eine Rezension aus der wir bereits oben Folgendes zitiert haben:

> Aber die Behauptung, dass die physikalische Welt *auch* moralische Bedeutung und einen moralischen Plan hat, ist eine Behauptung, die kein Argument, das sich ausschließlich auf physikalische Wahrheit stützt, begründen oder in Abrede stellen könnte. Trotzdem ist es eine Behauptung, die entweder wahr oder nicht wahr ist und die, wenn sie wahr ist, aufgrund der Natur der Sache dazu bestimmt sein mag, von uns ausschließlich jene innerliche, freie, moralische Einwilligung, oder vielmehr Zustimmung, zu verlangen, in welcher die subjektive Methode besteht.[329]

Dieses Zitat zeigt klar, warum er die Position, nach der die Bestandteile der Welt als solche keine moralische Bedeutung haben, »Materialismus« nennt: Nach dieser Position hat die physikalische Welt *nur* eine materielle Bedeutung. Wie bereits suggeriert, macht dieses kurze Zitat einige verwandte

Aspekte von James' Denken zu dieser Zeit klar: Der Materialismus ist entweder wahr oder nicht wahr. Wir machen ihn nicht durch unsere Haltungen wahr oder unwahr.[330] Wir können aber nicht mit Hilfe der Methoden, die für die Entdeckung rein physikalischer Wahrheiten geeignet sind, herausfinden, welche Position wahr ist. Wir brauchen die subjektive Methode, um es herauszufinden. Wenn wir es herausgefunden haben, dann wird von uns die Zustimmung zu der wahren Position verlangt. Wright hat sich über diese Rezension und eine weitere von James aus demselben Jahr sehr aufgeregt und hat James mindestens zweimal besucht, um ihn belehrend zu korrigieren, obwohl unklar ist, ob Wright sich über den hier zitierten Teil mit James unterhalten hat.[331]

Wie in § 4.3 ausführlich thematisiert, basiert James' Versuch, sein Leben als lebenswert zu sehen, auf der philosophischen Annahme, dass es Gutes und Böses gibt. Diese Annahme – wie oben erläutert – läuft auf den pluralistischen Moralismus hinaus. Es ist für den pluralistischen Moralismus nur Platz, wenn der monistische Optimismus – die Position seines Vaters – falsch ist. Nach James verlangt der pluralistische Moralismus aber auch die Falschheit des Materialismus. Im Gegensatz zum Materialisten nimmt der pluralistische Moralist an, dass es in der Welt *wirklich* Gutes und Böses gibt. Nach James verlangt der pluralistische Moralismus aber mehr: Es muss auch der Determinismus abgelehnt werden. Das Gute und das Böse müssen als Bestandteile der Welt verstanden werden, die sein sollten bzw. nicht sein sollten und die, wenn sie in der Welt tatsächlich vorkommen, nicht hätten vorkommen müssen, sondern als Resultat unserer freien Entscheidungen zustande gekommen sind. Darin besteht auch für James der Wert des Lebens: dass man wirklich etwas im Kampf des Guten gegen das Böse beigetragen hat. In einem Brief von James an Shadworth Hodgson aus dem Jahr 1886, in dem James gewissermaßen den Kern seiner Argumentation aus »The Dilemma of Determinism« zusammenfasst, wird klar, wie er die Verbindung dieser diversen Themen und Positionen versteht:

> Mir ist wichtig, dass meine moralischen Reaktionen Anwendung in der Realität finden. All diejenigen, die wie du meinen, dass die Welt ein System »gleichförmiger Gesetze« ist [...], müssen die Welt *ganzheitlich* beurteilen. Nun entspricht die einzige *ganzheitliche* emotionale Reaktion, die eine solche Welt [...] hervorrufen kann, einem dramatischen oder melodramatischen Interesse – einem Romantizismus –, was *tatsächlich* die emotionale Reaktion aller Köpfe darauf *ist*, die weder religiös noch moralisch eingestellt sind. Sobald man tiefer gehen will, muss man die Welt aufteilen, in Teile, die einem gut erscheinen & solche, die einem schlecht erscheinen. Egal was indische Mystiker zur Überwindung der Fesseln von gut und böse sagen mögen, für

> *uns* gibt es keine höhere Synthese, in der ihr Widerspruch verschmilzt, nicht die *eine* Art, diese Welt zu beurteilen, die beide fasst. Entweder schließe deine Augen und werde Optimist oder ein ebenso alberner Pessimist; oder verbanne moralische Kategorien ganz und gar aus der Definition der Welt, was die Welt für den Menschen *unheimlich* [dt. im Orig.], kalt und fremd macht; oder, wenn du stattdessen daran festhältst, dass moralische Urteile *tatsächlich* anwendbar *sind*, verabschiede dich von der Hoffnung, sie auf das *Ganze* anzuwenden & gib zu, dass zwar einige Teile gut sind, andere aber schlecht & wenn sie schlecht sind, nicht hätten sein *sollen*, *ergo*, nicht hätten sein *müssen*. Kurz: sei Indeterminist aus moralischen Gründen [...].[332]

Diese Passage beginnt mit einer Erklärung dessen, was James »wichtig« ist: »dass meine moralischen Reaktionen Anwendung in der Realität finden.« Damit wird der Materialismus ausgeschlossen, der weiter unten im Zitat auftaucht – nämlich als eine Position, die »moralische Kategorien ganz und gar aus der Definition der Welt« verbannt, »was die Welt für den Menschen unheimlich, kalt und fremd macht«. Nach der Erläuterung, dass ihm wichtig sei, dass seine »moralischen Reaktionen« eine »Anwendung in der Realität« finden, fragt er, inwiefern dies möglich sei, wenn der Determinismus wahr ist (wenn »die Welt ein System ›gleichförmiger Gesetze‹ ist«). Hier kommen nur drei Möglichkeiten in Frage, die in »Dilemma of Determinism« alle ausführlich diskutiert werden:[333] »Romantizismus«, Optimismus und Pessimismus. Sie alle haben eines gemeinsam: »moralische Reaktionen« richten sich auf die Welt als eine Gesamtheit. Wie in § 4.3 diskutiert, sind Optimismus und Pessimismus dabei zwei Versionen eines Monismus, je nachdem, ob die Welt als Gesamtheit als gut oder schlecht betrachtet wird. James – wie vorher erläutert – lehnt beide Versionen ab. Die Position, die er hier als »Romantizismus« bezeichnet, ist im Kern die Auffassung, die wir oben diskutiert haben und James »Subjektivismus« oder »Gnostizismus« nennt. Die Position teilt zwar eine Prämisse mit dem Materialismus – nichts in der Welt (oder die Welt selbst) ist als solches gut oder schlecht –, aber fügt eine Annahme hinzu, die James hier als »emotionale Reaktion« beschreibt – nämlich die Annahme, dass die Welt da ist, damit wir unser »dramatisches oder melodramatisches Interesse« befriedigen können.[334] All diese Positionen werden von James abgelehnt. Es bleibt also nichts anderes übrig, wenn man will, dass die eigene »moralische Reaktion« eine »Anwendung in der Realität« haben soll, als die Welt nicht als Gesamtheit zu betrachten oder zu beurteilen, sondern als etwas anzusehen, dass sich aus guten und schlechten Teilen zusammensetzt. Damit sind wir beim pluralistischen Moralismus. Die Existenz guter und schlechter Teile impliziert aber nach James, dass es Teile gibt, die »nicht hätten sein *sollen*, *ergo*, nicht hätten sein *müssen*«. Es gilt also nach James, dass die Aussage, dass etwas, was tatsächlich eingetreten ist, nicht hätte eintreten sollen, impliziert, dass dieses Etwas nicht hätte passieren müssen. Dies wiederum impliziert den Indeterminismus. So führt James uns von seinem Anliegen, dass »moralische Reaktionen« eine »Anwendung in der Realität« finden (eine Ablehnung des Materialismus), zum pluralistischen Moralismus, der wiederum Indeterminismus impliziert.

Von dieser komplexen Argumentation, die nur eine Zusammenfassung seiner detaillierten Ausführungen in »The Dilemma of Determinism« darstellt, ist James 1869 weit entfernt. Solange die Stücke sich nicht so zusammenfügen, wie sie es in der obigen Argumentation tun, ist James in einer philosophischen Krise und einer Sinnkrise. Er kämpft noch mit den verschiedenen Optionen – Determinismus, Materialismus, monistischem Optimismus – und weiß nicht, wie er entscheiden soll, welche Positionen richtig sind.[335] Im März 1869 schreibt er an Ward (bereits in § 2.1 zitiert):

> Ich bin versumpft in empirischer Philosophie – ich spüre, dass wir durch und durch Natur sind, dass wir *gänzlich* bedingt sind, dass keine Regung unseres Willens geschieht außer als Ergebnis physikalischer Gesetze und dass wir dennoch in Verbindung mit der Vernunft stehen. – Wie soll man das verstehen? wer weiß? [...] Es ist nicht so, dass wir ganz und gar Natur sind *bis auf* einen Punkt, die Vernunft, sondern, es ist alles Natur *und* ebenso alles Vernunft. Wir werden sehen, verdammt noch mal, wir werden sehen.[336]

Am 2. Oktober 1969 berichtet er Henry von einer intensiven Beschäftigung mit dem Denken seines Vaters – also mit monistischem Optimismus:

> Vaters Buch ist raus, *The Secret of Swedenborg* [...]. Ich habe es gelesen und dadurch wurden mir seine Ideen ebenso wie sein intellektueller Rang sehr viel klarer. Ich arbeite mich langsam durch seine anderen Bücher [...]. Eigentlich glaube ich jetzt, dass viele Punkte, die mir vorher unverständlich waren, weil möglicherweise irrig, tatsächlich vollkommen irrig sind – aber auch wenn diese sich auf der einen Seite häufen, bleibt auf der anderen ein immer deutlicheres Residuum großer & origineller Ideen, sodass meine Achtung für ihn insgesamt eher größer als kleiner geworden ist. Doch seine Unkenntnis der Denkweise Anderer und seine kühle Vernachlässigung ihrer Problemstellungen ist sagenhaft für jemanden, der über solche Themen schreibt. Womit er sich beschäftigt, ist reine Theologie und nicht das, was man normalerweise unter Philosophie versteht.[337]

Damit wären wir wieder bei unserer chronologischen Erzählung gelandet. Im selben Brief an Henry berichtet James, er fühle sich, was seine »Nervenkraft angeht, völlig ausgelaugt« und hätte sich »vorgenommen, diesen

Winter so wenig zu lesen wie irgend möglich und absolut nicht zu studieren, d. h. nichts zu lesen, wofür ich mich interessieren und worüber ich *nachdenken* kann«.[338] Wie diese Absicht mit der in ein und demselben Brief beschriebenen Beschäftigung mit den Schriften seines Vaters vereinbar ist, lassen wir beiseite. Am 1. November berichtet er Henry wieder über seinen Zustand und seine Beschäftigung mit dem Denken seines Vaters:

> Meine »Kraft zu lesen« [...] ist vor die Hunde gegangen. Ich bedauere dies jetzt besonders, da mein Geist niemals in einer aktiveren Verfassung war, d. h. da ich nie ernsthafter forschte und Probleme sich mir nun schärfer darstellen. [...] Vater ist mit Sicherheit ein Genie – ein religiöses Genie. Ich bedauere es immer, dass seine Uneinigkeit mit mir in anderen Punkten, bei denen der Fehler meiner Meinung nach wirklich bei ihm liegt – seine mangelnden oder vielmehr völlig fehlenden *intellektuellen* Sympathien –, es mir so schwer macht, ihn spüren zu lassen, wie freundlich ich seine positiven Seiten aufnehme.[339]

James fühlt sich also zu diesem Zeitpunkt intellektuell wach. Obwohl er im Brief ebenfalls über andere Gegenstände seines Interesses berichtet, bezieht sich diese Wachheit offenbar teilweise auf die Auseinandersetzung mit dem Gedankengut seines Vaters. Mitte November kommt Minny Temple die James-Familie für eine Woche besuchen und hat zu dieser Zeit eine heftige Auseinandersetzung mit James' Vater, die sich auch um des Vaters Denkweise dreht.[340] Dieser Besuch wird der Beginn einer starken Verbindung zwischen James und Temple.

Mary (genannt »Minny«) Temple ist James' Cousine (Temples Mutter und James' Vater sind Geschwister).[341] Temple ist 1845 geboren, sie und ihre Geschwister werden Waisen, als Temple neun Jahre alt ist, und Temple verbringt in ihrer Kindheit und Adoleszenz viel Zeit in der James-Familie.[342] Sie ist das Vorbild mehrerer Charaktere in Henry James' Erzählungen bzw. Romanen: Daisy Miller aus *Daisy Miller*, Isabel Archer aus *The Portrait of a Lady* und Milly Theale aus *The Wings of the Dove*.[343] Schon viel früher als bei ihrem Besuch im November 1869 hat James intensiv auf Temple reagiert. James hat 1861 von Temples Schwester Katharine per Brief ein Foto von Temple erhalten und von Temples neuem, extrem kurzem Haarschnitt erfahren (s. Abbildung 3).[344] Temple hat sich offenbar selbst die Haare so kurz geschnitten, wie wir aus James' Antwort auf den Brief von Katharine (»Kitty«) erfahren, die im scherzhaften Stil geschrieben ist: »War sie allein, als sie's getan hat? Hätte ihr niemand die Schere aus ihrer Vandalenhand reißen können[?]« Da James' Brief so geschrieben ist, als ob er es nicht ernst meint, wollen wir hier einen längeren Ausschnitt zitieren, damit unsere

Leser sich selbst eine Meinung darüber machen können, wie viel Ernst im Brief steckt. James schreibt an Katharine:

> [L]ass uns über Minny und ihre schreckliche Katastrophe reden – Weißt du, Kitty – jetzt, da nichts mehr zu ändern ist, weiß ich nicht, warum ich es dir nicht sagen sollte – ich hatte schon oft Momente entsetzlichen Zweifels über dieses Mädchen, gelegentlich fing ich einen verstohlenen Blick von ihr auf, einen Blick, so wild, so befremdlich, so seltsam, dass er mir das innerste Mark in den Knochen gefrieren ließ – und dann überkam mich immer wieder ein äußerst Ekel erregendes Gefühl, wenn ich bei ihr einen flüchtigen finsteren Gesichtsausdruck bemerkte, so kurz – aber ach! – so durch und durch von den Mysterien des Wahnsinns geschwängert; – *un*menschlich, monsterhaft, teuflisch-gerissen!! Weh mir! Weh mir! […] In der Photographie, die, wie du sagst, ein paar Tage vor der Krise aufgenommen wurde, erzählen die vertrauten, so oft zärtlich studierten Gesichtszüge die ganze Geschichte. Irrsinn lauert ganz offen in diesem schrecklich durchdringenden Blick, kennzeichnet unauslöschlich den Nasenbogen und den Zug der Lippe und lauert neben der weichen Wölbung ihrer Wange, um jederzeit als verzehrendes Feuer auszubrechen. […] Ich sage offen: Ich fürchte mich nach Hause zu kommen – aber natürlich wird Dr. Prince sie zu diesem Zeitpunkt schon haben […]. Wenn deine Schwester das noch verstehen kann, lasse sie wissen, dass ich ihr für die Photographie danke. Wie schade, wie schade! Mit ihren langen Locken hätte sie immer noch ein gewinnendes Äußeres trotz der heulenden Furien in ihr, aber jetzt, wo sie ab sind, bleibt ihr, wie Samson, nichts mehr.[345]

Feinstein zitiert aus diesem Brief, um James' frühe Angst vor dem eigenen Wahnsinn zu zeigen.[346] James und Temple sind doch nahe Verwandte. Der erwähnte Dr. Prince ist der Psychiater, dessen Beruf James 1863 nicht mehr ergreifen möchte, da er befürchtet, die Patienten würden in ihm den Wahnsinn hervorrufen (siehe § 4.4). Man könnte aber genauso gut Angst vor Temple aus dem Brief herauslesen oder den Versuch seitens James, den autonomen Akt von Temple als Ausbruch des Wahnsinns umzudeuten. Darüber wollen wir uns aber nicht weiter auslassen. Temple ist für James 1865 auch anders eine Herausforderung gewesen: »Ich bin gerade von einem Spaziergang mit Min nach Spouting Rock zurückgekommen. […] Minny ist beharrlich vor mir hergerannt und hat mich so außer Atem gebracht, dass ich nicht reden konnte.«[347]

Wir wollen hier aber nicht weiter über James' früheres Verhältnis zu Temple spekulieren.[348] Es ist klar, dass James' Haltung zu Temple sich mit ihrem Besuch bei der James-Familie ändert. Er schreibt um den 5. Dezember 1869[349] an Henry:

> Vor zwei Wochen war M. Temple für eine Woche hier. Sie war in jeder Hinsicht entzückend und, obwohl sie sehr dünn war, sehr ausgelassen. Mir ist klar, dass ich ihr in den vergangenen paar Jahren ziemlich Unrecht getan habe, indem ich eine wenig mitfühlende Feindseligkeit ihr gegenüber pflegte. Sie ist schließlich eine höchst ehrliche kleine Erscheinung und der Mut, mit dem sie »ihren eigenen Instinkten treu bleibt«, verdient echten Respekt – ich denke, darin steckt etwas Religiöses. Darüber hinaus ist sie ohne »Gemeinheit«, ohne Kleinliches in ihrem Charakter, und dies mehr als irgendjemand, den ich kenne – vielleicht sogar egal, ob Mann oder Frau.[350]

Was bringt James in dieser Passage zum Ausdruck? Richardson meint: »Dies mag sich nicht gerade wie der Brief eines verliebten Mannes anhören, aber es ist einer. [...] Er [James] hatte nicht die Angewohnheit, seinem Bruder seine wahren Gefühle für eine Frau zu zeigen [...]. Verwunderlich ist nicht, dass sein neues Gefühl für Minnie nicht energischer zum Ausdruck gebracht wurde, sondern, dass es überhaupt ausgedrückt wurde. [...] Minnie Temple und William James verliebten sich in diesem November nicht. Es war mehr und es war weniger, und war schrecklich kompliziert. Sie fühlte sich seit fast einem Jahr stark und frisch zu ihm hingezogen. [...] Im November [...] scheinen die beiden eine engere Verwandtschaft als die zwischen Cousine und Cousin erkannt und anerkannt zu haben, eine tiefe Bindung mit einer festen, religiösen Basis.«[351] Alfred Habegger liest den Brief anders. Hintergrund für seine Lesart ist seine Annahme, dass James in der oben diskutierten Rezension zu Mills *The Subjection of Women* grundsätzlich ein ungleiches Verhältnis zwischen Männern und Frauen verteidigt hat. Habegger erwähnt den herablassenden Ton in der Formulierung »eine höchst ehrliche kleine Erscheinung«, präsentiert dann aber folgende Interpretation der Briefpassage: »Der Ton seines Geständnisses an Henry kann ebenso gut durch die Tatsache erklärt werden, dass es implizit das konservative Frauenbild in Frage stellt, das William nur einige Monate zuvor verteidigt hatte. [...] Williams Konservatismus – der mit seinen vorherrschenden Gedanken und Gewohnheiten übereinstimmte, der durch bestimmte Lehren verstärkt wurde, die sein Vater predigte und praktizierte, und der mit seinem eigenen Männlichkeitsgefühl gegenüber Frauen verschränkt war – wurde von Minny Temples bloßem Dasein in Frage gestellt. Sie, verwaist im Alter von neun, war eine bemerkenswert unabhängige Person geworden [...]. Wie faszinierend also, dass William, der die Unterwerfung der Frauen für eine Tatsache des Lebens hält, sich plötzlich dabei ertappt, dass er Minny Temples unbeugsame Integrität bewundert [...].«[352]

Richardson will also den Ausdruck von Liebe zu Temple im Brief sehen, Habegger den Ausdruck einer Bewunderung für Temples »unbeugsame Integrität«.[353] Richardson und Habegger sind sich beide sehr bewusst, dass die Quellenlage eine eindeutige Interpretation des Verhältnisses von James und Temple nicht zulässt. Abgesehen von den Lücken in James' Tagebuch existieren gar keine Briefe von James an Temple aus dieser Zeit, obwohl er mit ihr korrespondiert hat, und von ihren Briefen an ihn gibt es nur zwei fragmentarische Dokumente.[354] Aus diesen Gründen wollen wir noch zurückhaltender als Habegger und Richardson vorgehen.

Tatsache ist, dass James unmittelbar nach Temples Abreise im November seinen Freund Ward darum bittet, Temple ein Exemplar einer englischen Übersetzung von Wilhelm von Humboldts *Briefe an eine Freundin* zukommen zu lassen.[355] Dieses Buch besteht größtenteils aus den Briefen Humboldts an Charlotte Diede, die Humboldt in einem Kurort 1788 kennengelernt und in die er sich offenbar verliebt hat, obwohl sie danach keinen Kontakt haben, bis Diede ihn brieflich 1814 kontaktiert, als er bereits Familienvater ist. Daraus entsteht ein Briefwechsel, der bis zu Humboldts Tod 1835 dauert. Das Buch enthält einen Vorbericht von Diede, aber sonst sind darin fast ausschließlich die Briefe Humboldts abgedruckt, da Diedes Briefe auf ihren Wunsch fast vollständig vernichtet wurden.[356] Simon legt dieses Geschenk so aus, dass James hoffte, er könne eine ähnliche Rolle für Temple wie Humboldt für Diede spielen. Er würde dementsprechend eine »männliche Rolle«, eine »Lehrer und Führer«-Rolle annehmen und Temple würde dann hoffentlich ähnliche Gefühle wie Diede empfinden, die über Humboldts Briefe an sie schreibt:[357] »Eigentlich bedurfte ich für meinen Geist keine weitere Nahrung […] für meine Belehrung kein anderes Buch, für meine Seele kein helleres Licht.«[358]

Simon hat mit ihrer Auslegung von Humboldts Haltung zu Diede sicher Recht.[359] Man kann aber nicht wissen, was James genau mit diesem Präsent beabsichtigt. Wenn er damit Temple suggerieren will, dass er ein ähnliches Verhältnis zu Temple sucht, wie es Humboldt zu Diede hatte, lässt sich daraus nicht ableiten, in welchen Hinsichten er will, dass das Verhältnis ähnlich sein soll. Humboldt schreibt in einem der ersten Briefe an Diede:

> […] schreiben Sie mir so herzlich, so vertrauend als jetzt, lassen Sie sich ganz mit mir gehen, wie ich mit Ihnen, und glauben Sie nicht, dass mir Ihre Briefe je zu häufig kommen, je zu weitläufig sein könnten. Es gibt nichts Beglückenderes für einen Mann als die unbedingte Ergebenheit eines weiblichen Gemüts. […] Sie können mir, wenn Sie fortfahren, mir zu schreiben, wie Sie tun, mir

> von Ihrem äußeren und inneren Leben zu erzählen, mit mir ohne Rückhalt so vertraulich umzugehen, wie es Ihren ersten Empfindungen für mich entsprochen hätte, eine Freude machen, die ich mit inniger und wahrer Dankbarkeit empfangen werde.[360]

Diese Passage kann man auf der einen Seite als die Bitte an Diede um die vertrauliche Mitteilung ihrer innersten Empfindungen lesen, die aber als solche keine Ungleichheit im Austausch impliziert. Auf der anderen Seite kann man betonen, dass Humboldt hier von der »unbedingten Ergebenheit eines weiblichen Gemüts« spricht und damit vermutlich die Unterordnung der Frau unter den Mann gemeint hat.[361] Falls James an eine solche Passage beim Geschenk gedacht hat, weiß man nicht, ob es ihm eher um die Intimität oder um die Ergebenheit ging, um beides oder um keines der beiden. Außerdem muss man festhalten, dass James' Optionen begrenzt waren, falls es ihm darum ging, Temple ein Buch mit einem vertraulichen Briefwechsel zwischen einem Mann und einer Frau zu schicken, das aber nicht direkt von einer erotischen Beziehung handelt.

Simon betont, James wäre gerne »geistiger Führer« von Temple geworden, wäre sich aber gleichzeitig nicht sicher gewesen, ob er »ihren Respekt verdient«.[362] Richardson schreibt: »Minnie Temple war die erste Frau, die James jemals als völlig ebenbürtig hatte akzeptieren können.«[363] Vielleicht führt die Frage nicht weiter, ob Temple von James als »völlig ebenbürtig« behandelt wurde oder nicht. Menschliche Verhältnisse sind facettenreich und können in einigen Hinsichten auf »Gleichheit« basieren, in anderen nicht. Wir wollen uns an zwei Tatsachen festhalten: Erstens hat Temple ihrer Freundschaft Grenzen gesetzt. Zweitens führen sie brieflich eine philosophisch-theologische Debatte irgendeiner Art, die sich (für Temple jedenfalls) auf die Auseinandersetzung zwischen Temple und James' Vater im November bezieht und so mindestens auch indirekt für James auf seine Auseinandersetzung mit dem Gedankengut seines Vaters bezieht. Wir beginnen mit dem ersten Punkt.

Temple schreibt am 15. Januar 1870 an James (der Brief, auf den sie sich bezieht, ist verloren):

> Ich werde heute Abend etwas von deinem Chloral nehmen, wenn ich nicht schlafen kann – Mein Brief von gestern soll dir nicht das Gefühl geben, wir wären einander nicht sehr nah – Freunde im Innersten. Obwohl es nicht gut für mich wäre, tatsächlich viel mit dir zusammen zu sein oder gar selbst dir viel zu schreiben – Zu viel Spannung auf einer Saite lässt sie reißen – & es gibt eine Geistes*haltung* (in keinster Weise Verstandeskraft), in der wir uns sehr ähnlich sind – Leb wohl –[364]

Temple hat seit Ende 1868 – also seit James' Rückkehr aus Europa – Tuberkulose.[365] Spätestens nach Temples Novemberbesuch 1869 schreibt James an Holmes, er solle niemandem von »der ›Ablagerung‹ in Mary Temples Lunge« erzählen.[366] (James schickt ihr das Hypnosemittel *Chloral*, das damals neu verwendet wurde und James an sich selbst ausprobiert hat, um ihr mindestens die Linderung ihrer Schlafstörungen zu ermöglichen.[367]) Es ist möglich, dass Temple rein aus gesundheitlichen Gründen der bisherige Kontakt mit James zu viel geworden ist. Der Brief suggeriert aber nicht, dass Temple ihre Beziehung zu James beenden will. Sie will eher dem Verhältnis Grenzen ziehen. Die Korrespondenz von Temple mit anderen als James aus den Jahren 1869 und 1870 deutet darauf hin, dass sie James durchaus zugeneigt war (sie haben sich zusätzlich zum Novemberbesuch 1869 mindestens zweimal gesehen[368]). Bereits am 7. und 27. Januar 1869 schreibt Temple an ihren Korrespondenten John Gray: »Hast du in letzter Zeit Willy James öfter gesehen? Das ist ein seltenes Exemplar und eines, das meinen Verstand [...] mehr befriedigt als nahezu jeder andere.« »Ich möchte nicht, dass du aus meiner Hervorhebung von Willy James' Verstand schließt, dass der Rest von ihm nicht nach meinem Geschmack ist. Er ist einer der sehr wenigen Menschen auf der Welt, die ich liebe [...]. Er hat das größte Herz sowie den hellsten Kopf – und er interessiert mich ganz und gar – er ist großzügig und warmherzig und voller Mitgefühl.«[369] Über den Novemberbesuch schreibt sie an ihre Schwester: »Willy James, netter denn je.«[370] Schließlich schreibt sie am 25. Januar 1870 – also nach dem obigen Brief an James –: »Willy James sagt mir manchmal, ich solle mich wie ein Mann & Gentleman benehmen, wenn ich das Schicksal überlisten will. Er ist so ein *wahrer* Mensch. Ich halte ihn in fast jeder Hinsicht den anderen Menschen für haushoch überlegen.«[371]

Warum sieht sich Temple dazu veranlasst, ihrer Freundschaft Grenzen zu ziehen? Wir stimmen mit Habegger und Richardson überein, dass James sicher keine Ehe oder ein anderes sexuelles Verhältnis angestrebt hat. Allein seine Angst vor sexuellen Beziehungen zwischen nahen Verwandten, wie sie in den Briefen an seinen Bruder Robertson vom November 1869 klar wird (siehe § 4.4), schließt dies aus.[372] Man kann es nicht mit Sicherheit sagen, warum Temple sich auf diese Weise ein Stück weit von James distanziert. Habegger spekuliert, James habe vielleicht vorgeschlagen, gemeinsam mit Temple in ein für eine Schwindsüchtige gesünderes Klima zu reisen (vielleicht nach Europa).[373] Wie vorher wollen wir uns nicht an solchen Spekulationen beteiligen. Die überlieferte Korrespondenz zwischen ihnen legt aber nahe, dass James in Temple eine Person gesehen hat, die sich auch ernsthaft mit philosophisch-religiösen Fragen des Lebens und des Todes beschäftigt, und dass James daher gehofft hat, mit Temple eine Beziehung der Seelenverwandtschaft aufbauen zu können. Seine Äußerung im Brief an Henry von Anfang Dezember unterstützt diese Interpretation: Der »Mut, mit dem sie ›ihren eigenen Instinkten treu bleibt‹, verdient echten Respekt – ich denke, darin steckt etwas Religiöses.« Temple hat sich beim November-Besuch gegen die religiösen Ansichten von James' Vater gewehrt. James hat vielleicht in Temple eine Alliierte in seiner Auseinandersetzung mit seinem Vater vermutet oder mindestens eine Person, die sich authentisch bei philosophisch-religiösen Fragen positioniert. Temples Justierung ihrer Beziehung im Januar-Brief passt zu dieser Auslegung: »Zu viel Spannung auf einer Saite lässt sie reißen – & es gibt eine Geistes*haltung* (in keinster Weise Verstandeskraft), in der wir uns sehr ähnlich sind«. Temple betont eine Gleichheit in der Geisteshaltung, die sie vereint, aber sie findet offenbar, dass die Beziehung mit James für sie eine gefährliche Einseitigkeit mit sich bringt. Ob diese Einseitigkeit mit James' Obsession mit philosophisch-religiösen Lebensfragen zu tun hat, lässt sich nicht sagen, aber es ist denkbar, dass Temple mit der Distanzierung von James klarmachen wollte, dass er sie nicht als Spielball für seine religiös-philosophischen Auslassungen missbrauchen darf. Temple wird sich aber trotzdem weiterhin auf philosophisch-religiösen Austausch mit James einlassen. Dazu kommen wir gleich.

Im Gegensatz zu Temple ist James nicht lebensbedrohlich krank. Es geht ihm aber zunehmend schlecht. In Briefen an Henry und an Bowditch Ende Dezember schreibt er, »mein Magen, Darm, Gehirn, Gemüt & meine Lebensgeister sind an einem ziemlichen Tiefpunkt«[374]. »In den letzten 3 Monaten bin ich einer derartigen Abscheu vor dem Leben zum Opfer gefallen, dass Briefeschreiben beinahe ein Ding der Unmöglichkeit war. [...] Mein eigener Zustand [...] verschlimmert sich ziemlich kontinuierlich in jeder Hinsicht, trotz eines vorübergehenden sechswöchigen Hochs diesen Sommer.«[375] Bemerkenswert ist aber vor allem der erste Tagebucheintrag nach den herausgeschnittenen Seiten (s. oben), der vom 21. Dezember stammt:

> Ich mag nicht studieren, schaffen oder genießen können – aber ich kann wollen. Ich kann ein Stück wirkliches Leben im bloßen Respekt für andere vorbeiziehende Lebensformen finden, selbst wenn ich sie nie als Ganzes annehmen oder mir einverleiben kann. Natur & Leben haben mich für jede anderen Individuen zugewandte Beziehung untauglich gemacht [...].[376]

Dieser Eintrag steht zeitlich zwischen dem Brief an Ward vom März, in dem er schreibt, »ich spüre, dass wir durch und durch Natur sind, dass wir *gänzlich* bedingt sind«, und der Krisennotiz vom Ende April 1870, in der er sagt, er werde vorübergehend an den freien Willen glauben. Wenn der Brief und die Krisennotiz philosophische Auseinandersetzungen mit Determinismus und Willensfreiheit sind, drückt dieser Eintrag das Gefühl aus, dass die Natur (im Zusammenspiel mit dem Leben) ihm persönlich Grenzen gesetzt hat: sie macht es ihm unmöglich, zu »studieren, schaffen oder genießen« und hat ihn unfähig für »jede anderen Individuen zugewandte Beziehung« gemacht. Ihm bleiben zwei Dinge: Erstens die passive Beobachtung des »vorbeiziehenden« Lebens anderer, mit denen er aber nicht in eine echte Beziehung treten kann. Dies bietet ihm nur insofern Kontakt mit »wirklichem Leben«, dass er für die anderen »Respekt« haben kann, indem sie an ihm »vorbeiziehen«. Wenn dies für das Verhältnis zu allen Menschen gilt, dann gilt es auch für seine Beziehung zu Temple. Diese Beobachtung anderer ist aber rein passiv in der Hinsicht, dass er damit die Richtung seines Lebens nicht bestimmen kann. Das Zweite, was ihm bleibt, ist zu wollen. Der Eintrag geht wie folgt weiter:

> – es ist gut, die Grenzen der eigenen Anlagen zu kennen, damit man das Urteil der eigenen Empfindung & Erfahrung gedanklich nicht als Maß für objektive Tatsachen nimmt, – aber gefühlsduselig darüber zu brüten, ist »morbid«.[377]

Wenn er mit seinem Willen etwas bewegen kann, muss er sich innerhalb der objektiv gegebenen Grenzen seiner individuellen Fähigkeiten bewegen. Diese muss er kühl zu Kenntnis nehmen, aber nicht »gefühlsduselig« über diese Grenzen nachdenken. Er nimmt sich also vor, die von der Natur und vom Leben gegebenen Grenzen seiner Fähigkeiten kühl zur Kenntnis zu nehmen, um innerhalb dieses Rahmens etwas mit seinem Willen bewegen zu können, statt durch selbstmitleidiges Reflektieren über diese Grenzen in Inaktivität zu versinken. Habegger spekuliert, dass Tempel u. a. James meint, wenn sie am 30. November an Gray ablehnend von der »elenden Introspektion« und »anstrengenden & übelerregenden Subjektivität« ihrer meisten anderer Freunde spricht.[378]

Der Tagebucheintrag vom 21. Dezember enthält ein Zitat von Johann Gottlieb Fichte. Der Eintrag vom 5. Januar 1870 besteht in einem Zitat von Fichte, in dem es um »das sicherste Mittel« geht, »sich von einem Leben nach dem Tode zu überzeugen«. Das Ende des Eintrags ist besonders bemerkenswert:

> Vereint, holde Gesellin, für diese Spanne Leben, u. für die Ewigkeiten, wollen wir uns in dieser Überzeugung nicht durch Gründe, sondern durch Handlungen stärken. (Fichte (an seine Braut, vol i p. 128. Ein *ganzer* Mensch – ein ganzer Wille[379]

Wie aus der fragmentarischen Korrespondenz hervorgeht, auf die wir nachher eingehen, setzt James sich zusammen mit der lebensbedrohlich kranken Temple mit philosophisch-religiösen Fragen auseinander. Es mag aber natürlich ein Zufall sein, dass James hier ausgerechnet aus einer Schrift zitiert, in der ein Mann an eine Frau schreibt, die ihm sehr nahe steht, und dieser Mann sich zum Thema Leben nach dem Tod äußert. Philosophisch interessant ist aber hier die Verbindung von vier Begriffen: Überzeugung, Handlung, ganzer Mensch, ganzer Wille. Es wird nicht klar, wie sie verbunden werden sollen. James konnte am 21. Dezember nur im Willen etwas sehen, worin er noch Spielraum hat. Hier soll eine Überzeugung auf Handlungen basiert werden. Wenn Handlungen wiederum auf dem Willen basieren und James den ganzen Menschen irgendwie – Fichte entsprechend – über den Willen verstehen will, dann haben wir hier im Keim einige der Gedanken, die James in der Krisennotiz und anderen Dokumenten dieser Zeit zum Glauben an den freien Willen und zur Bestätigung dieses Glaubens äußert.

Am 1. Februar stellt er eine weitere Verschlechterung seines Zustandes fest:

> Ein schlimmer dorsaler Kollaps um den 10ten oder 12ten vergangenen Monats dauert mit einer kurzen Unterbrechung bis jetzt an und bringt einen moralischen Kollaps mit sich. Heute habe ich fast den Tiefpunkt erreicht und ich erkenne deutlich, dass ich mich der Entscheidung offenen Auges stellen muss: soll ich frank und frei das moralische Geschäft über Bord werfen, da von Natur aus nicht dazu geeignet, oder soll ich ihm und nur ihm nachgehen und alles andere zu seinem bloßen Material machen? – Ich werde letzterer Alternative eine faire Chance geben.[380]

Im obigen Brief vom 15. Januar spricht Temple von einem Brief von »gestern«, in dem sie sich offenbar so sehr von James distanziert hat, dass sie am 15. Januar ihre Äußerungen ins rechte Licht rücken will. Wenn James sich richtig in seinem Tagebuch erinnert, dann muss der erste Brief ihn kurz nach seinem »schlimmen dorsalen Kollaps« erreicht haben.[381] Dieser körperliche »Kollaps« hat einen »moralischen Kollaps« mit sich gebracht. Damit muss James einen psychischen »Kollaps« irgendeiner Art meinen. Heute, am 1. Februar, sei er am »Tiefpunkt« angelangt. Das Erreichen dieses »Tiefpunkts« führt dazu – wie so oft in seinen Krisen (siehe die Diskussion vom Krisenbegriff in § 4.4) –, dass er etwas »deutlich erkennt«. Er sieht klar, dass er sich »offenen Auges« einer »Entscheidung« stellen muss. Er muss entscheiden, ob er »das moralische Geschäft« aufgibt oder nicht. Er entscheidet sich für das Letztere.

Was ist aber mit dem »moralischen Geschäft« gemeint? Die Interpreten sind sich nicht einig.[382] Wir gehen ein Stück weit mit Daniel W. Bjork, der über diese Passage schreibt: »Jetzt […] wollte er [James] der Moral um ihrer selbst willen nachgehen. Dies war jedoch mehr als eine Entscheidung für das moralische Leben; es war auch eine Erklärung geistigen Ehrgeizes und kreativen Entwurfs. Mit der Entscheidung für die Moral, entschied er sich in Wirklichkeit dazu, eine neue, metaphysisch überzeugendere Vorstellung vom Bewusstsein zu begründen.«[383] Wenn unsere Interpretationen in § 4.3 von James' Versuch im Frühjahr 1868, einen Wert in seinem Leben zu finden, stimmen, dann sind für ihn in einem lebenswerten Leben zwei Komponenten untrennbar miteinander verbunden: das originär Eigene und das Moralische. Mit einem Beitrag zur Menschheitsgeschichte würde er gleichzeitig einen originär eigenen Beitrag leisten und der Menschheit etwas Gutes tun. Sich dem »moralischen Geschäft« zu widmen, heißt sich dieser Unternehmung zu widmen – ihr eine letzte Chance zu geben, obwohl er vermutet, dass er »von Natur aus nicht dazu geeignet« sei. Wie bereits erläutert, ist ein solches »moralisches Geschäft« nach James nur dann philosophisch zu denken, wenn es wirklich Gutes und Böses gibt, wenn man sich aus freien Stücken für das Gute oder Böse entscheiden kann und so zum Sieg des Guten beitragen kann und wenn man durch seine eigene Tätigkeit etwas hervorbringen kann, das wirklich von einem selbst kommt und nicht vorherbestimmt war. James' »moralisches Geschäft« setzt also den pluralistischen Moralismus voraus, den er in Opposition zu dem monistischen Optimismus seines Vaters vertreten will.

Am 10. Februar schreibt Temple an James einen Brief, der mindestens vier Blätter umfasst, von denen aber nur das erste und das dritte Blatt überliefert sind.[384] Der Brief beginnt so: »Ich kann dir keinen richtigen Brief schreiben, denn ich war fast die ganze Nacht wach & fühle mich ziemlich mies – aber da gibt es ein oder zwei Dinge, die ich dir sagen möchte – Erstens, herzlichsten Dank für deinen Brief – der ins Schwarze getroffen hat – & so lieb und mitfühlend. Dann fragst du, warum das Gefühl hin zum & anschließend die Reaktion gegen das Christentum.«[385] Sie geht dann gleich auf die Frage nach dem Christentum ein und dies offenbar sehr ausführlich: Die Ausführungen auf dem ersten Blatt werden auf dem dritten Blatt weitergeführt.[386] Auf dem dritten Blatt distanziert sie sich von einem christlichen Leben, das dem Menschen ein solch heiliges Ziel setzt, dass es für einen Menschen im Leben unerreichbar sein muss. Dann stellt sie James eine Frage und geht dabei offenbar gleichzeitig auf eine Frage aus seinem Brief ein:

> Nennst du dieses Gefühl, von dem du fragst, ob ich es fühlte, »getrennt von Gott«? Ich nicht – ich nenne es das Gefühl, dass ich die Botschaft Christi missverstanden haben muss, oder aber, dass das Christentum nicht das ganze

> Leben darstellt – oder aber schließlich als dritte Möglichkeit, dass ich tatsächlich hoffnungslos unbedeutend war. Dann kam die schlaflose Nacht, von der ich dir erzählt habe, als ich beim Herumsuchen in meinem Kopf nach irgendetwas, das ich zu fassen bekommen könnte, daran dachte, was Onkel Henry sagte: Dass Christus nicht gekommen ist, damit wir wie er selbstlos und rein sein können, sondern um uns ein für alle Mal zu zeigen, dass wir selbstsüchtig und unrein sind – dann folgte der Gedanke, von dem ich dir geschrieben habe. Was, wenn an der alten Orthodoxen Gnade doch etwas Wahres sein sollte – ein mysteriöses Eingreifen Gottes, um uns zu retten & glücklich zu machen durch das *stellvertretende* Leiden Christi, ein für alle Mal, etwas Vollbrachtes, das uns für immer von jeder Schuld befreit hat, außer jener der Dankbarkeit – etwas, das wir nicht im Geringsten verstehen können, sondern blind als Gottes Weg zu unserer Rettung annehmen müssen – & das für immer alle unsere Hoffnung zunichte macht, uns durch eigenes Bestreben jemals mit Gott zu vereinen. […] Wie gesagt, ich war damals körperlich & geistig erschöpft & sah in dieser Idee eine trügerische *Ruhe*, die mir willkommen, später aber zuwider war & schändlich vorkam.[387]

Temple erzählt James hier, dass sie während einer der schlaflosen Nächte, die ihre lebensbedrohliche Krankheit begleiten, auf der Suche in ihrem Geist nach »irgendetwas«, das sie »zu fassen bekommen könnte«, an die Ideen von »Onkel Henry« (James' Vater) gedacht und darin vorübergehend »Ruhe« gefunden hat. Die vorübergehende Attraktivität dieser Ideen schreibt sie aber ihrer »körperlichen« und »geistigen« Müdigkeit zu, denn sie findet die »trügerische« Ruhe, die diese Ideen erzeugen, bald wieder »zuwider« und »schändlich«. Habegger zeigt, dass Temple hier offenbar an die Diskussion denkt, die sie im November mit James' Vater hatte. Damals hat sie seine Ideen kategorisch und heftig abgelehnt, in ihrer Verzweiflung in einer schlaflosen Nacht findet sie sie attraktiv, um diese Ideen dann wieder mit starken Emotionen deutlich abzulehnen.[388] Die Ideen von James' Vater, die Temple ablehnt, sind die Ideen des monistischen Optimismus, die James mit seinem pluralistischen Moralismus ablehnen will. Wie in § 4.3 erläutert, ist nach dem monistischen Optimismus die Tat, die das Böse bekämpft, nicht ohne Eingrenzung gut, da das Böse seinen Platz im Gesamtplan Gottes hat. Daher ist die Tat, die das Böse bekämpft, gewissermaßen selbst schlecht. Dies ist, was »Onkel Henry« meint, wenn er in Temples Nacherzählung sagt, dass »Christus nicht gekommen ist, damit wir wie er selbstlos und rein sein können, sondern um uns ein für alle Mal zu zeigen, dass wir selbstsüchtig und unrein sind«. Temple und James beschäftigen sich also beide mit den Ideen von James' Vater und sind sich in ihrer Ablehnung einig. Temple fährt unmittelbar in ihrem Brief fort:

> Das, lieber Willy, stellt mich also überhaupt nicht zufrieden – ich bin ja doch eine ziemliche Heidin – bestimmte edle Taten heidnischer Stoiker & Philosophen von einst rufen eine unmittelbare Reaktion der Sympathie in meinem Herzen hervor. Wenn ich vor Christus gelebt hätte, wäre die Musik wie eine göttliche Stimme erschienen, um mir aufzugeben, meiner gesamten Natur treu zu bleiben – an meinem Grundton festzuhalten & zu glauben, dass dadurch mein Leben, sofern getreulich gelebt, auf irgendeine Weise die Gesamtharmonie anschwellen lässt – Dies ist eine erhabenere Musik als die Sphärenmusik. Selbstverständlich wird die Frage immer bestehen bleiben, was das eigene wahre Leben ist – & jeder von uns muss es versuchen & sie für sich selbst lösen. Ich gestehe, ich bin [*Ende des Briefes fehlt*][389]

In diesem Brief vom 10. Februar hat Temple sich also ausführlich mit James über philosophisch-religiöse Fragen der Lebensführung unterhalten. Am 8. März erliegt sie ihrer Schwindsucht. James erfährt am 9. März davon. An diesem Tag füllt er eine Seite seines Tagebuchs mit nichts anderem als diesem Datum, den Initialen von Minny Temple, einem einfachen Grabsymbol und einem Kreuz.[390]

Der nächste Eintrag im Tagebuch ist am 22. März. Er besteht ausschließlich in James' Versuch, Temples Tod für sich zu verarbeiten. Der Eintrag beginnt mit den Worten: »Durch den großen Teil von mir, der mit dir im Grabe ist […]«.[391] Viele Biografen versuchen, die Bedeutung von Temples Tod für James, selbst in Worte zu fassen: »Minny verfolgte ihn für immer.«[392] – »William war derjenige, der den Verlust fühlte. […] William fühlte sich beraubt, Henry bereichert.«[393] – »Ein Teil von William James starb mit Minnie Temple.«[394] Sein Bruder Henry schließt *Notes of a Son and Brother* mit folgenden Worten ab: »So viel die Anwesenheit dieser geschätzten Gefährtin unter uns William und mir auch bedeutet hat – und ich spreche besonders in *seinem* Namen – hat ihr Tod einen Punkt markiert, der hier für einen allzu fernen Schluss stehen muss. Wir haben ihn gemeinsam als das Ende unserer Jugend empfunden.«[395]

James hat 1861 Temple scherzhaft als »wahnsinnig« bezeichnet, als er von ihrem Kurzschneiden ihrer Haare erfahren hat. Nach ihrem Tod bewahrt James offenbar sein Leben lang den Brief von Temple vom 15. Januar hinter dem Foto auf, das sie mit diesem Kurzhaarschnitt zeigt.[396]

Der nächste Eintrag im Tagebuch ist die Krisennotiz vom 30. April. Danach haben wir keinen Eintrag im Tagebuch bis zum 10. Februar 1873.[397] Nach dem 25. Juli 1870 bis zu einem Brief vom 30. Mai 1872 – also fast volle zwei Jahre – existieren nur vier Briefe von James. Zwischen 1. August 1871 und 30. Mai 1872 existieren gar keine Briefe.[398] Wir wollen nicht darüber spekulieren, was in diesen Jahren alles passiert sein mag. Wie müssen trotzdem auf einige Themen eingehen.

Es ist für Biografen von James sehr verlockend, das Erlebnis, das James in der *Varieties*-Passage beschreibt, mit einem Datum zu versehen und so ihrem Narrativ von James' Leben noch eine dramatische Wendung zu geben. Richardson beginnt den zweiten Teil seiner Biografie mit einem Kapitel mit dem Titel »Hitting Bottom« – eine Anspielung auf den Tagebucheintrag vom 1. Februar. Er schreibt dann: »Und irgendwann in diesem Frühjahr, höchstwahrscheinlich zwischen Minnies Tod und Ende April, erlebte James seine schwerste Krise, einen schrecklichen Moment zersetzender Angst, der ein bestimmendes Moment in seinem Leben wird.«[399] Diese Datierung erlaubt Richardson, die Erlebnisse der *Varieties*-Passage zwischen Tempels Tod und der Krisennotiz zu platzieren.[400] Richardson folgt hier einer üblichen Datierungspraxis von Biografen, die bereits in Perry zu finden ist.[401] Andere erzählen ein abweichendes Narrativ. Feinstein ist es besonders wichtig, dass die Krisennotiz keinen gesundheitlichen Wendepunkt in James' Leben markiert und seine psychischen Probleme erst mit dem Beginn seiner Berufstätigkeit 1873 nachlassen. Feinstein datiert das Erlebnis aus der *Varieties*-Passage auf den Herbst 1872.[402] Einige folgen ihm, u. a. die Herausgeber von *The Correspondence of William James*.[403] Wie oben erwähnt, werden auch andere Datierungen des Erlebnisses in der Forschungsliteratur vorgeschlagen.[404] Croce vertritt die These, dass in der *Varieties*-Passage kein Erlebnis beschrieben wird, das James zu einem bestimmten Zeitpunkt hatte. Damit will Croce nicht sagen, dass James die Beschreibung nicht auf eigenen Erfahrungen basiert, sondern nur dass James mit der gesamten Passage nicht ein einzelnes Erlebnis beschreiben will, das er zu einem bestimmten Zeitpunkt hatte. Croce schreibt über die *Varieties*-Passage: »Die gekünstelte und sorgfältig kontrollierte Form des Geschichtenerzählens [...] deutet darauf hin, dass der Text eine Komposition aus persönlichen Erfahrungen ist, aus der Erinnerung geschrieben und überarbeitet für die Öffentlichkeit und zur Veranschaulichung der psychologischen Bemerkungen über einen religiösen Typus in den *Varieties*.«[405] Angesichts der Quellenlage verzichten wir auf ein Urteil darüber, ob in der *Varieties*-Passage ein bestimmtes Erlebnis beschrieben wird und, wenn es so ist, wann das Erlebnis stattgefunden hat.

1907 schreibt Charles Peirce: »Es war in den frühen siebziger Jahren, dass ein eingeschworener Kreis von uns jungen Männern in Old Cambridge, die sich selbst halb ironisch, halb frech, den ›*metaphysical club*‹ nannten – weil Agnostizismus zu der Zeit auf seinem hohen Roß saß und gegenüber jeder Metaphysik die Stirn runzelte –, sich zu treffen pflegte, manchmal in meinem Arbeitszimmer, manchmal in dem von William James.«[406] Zusätzlich zu James und ihm nennt er sechs Mitglieder, u. a. Wright und Holmes.[407] Über Wright sagt Peirce, »man sollte ihn eher als unseren Meisterboxer bezeichnen, dem wir [...] begegneten, um uns Prügel einzuholen.«[408] Holmes haben wir bereits mehrmals erwähnt. Ergänzen wollen wir, dass Holmes später für dreißig Jahre Richter am Obersten Gerichtshof der Vereinigten Staaten war.[409] James hatte offenbar für die argumentative Fähigkeit von Holmes einen hohen Respekt; er schreibt 1868 an Holmes: »Du hast eine sehr viel logischere & geordnetere Art zu denken als ich.«[410]

Peirce und James werden später zwei der wichtigsten amerikanischen Philosophen. Aus seiner Erinnerung und Einschätzung Anfang des zwanzigsten Jahrhunderts heraus sagt Peirce rückblickend über die Mitglieder des *metaphysical club*: »Wright war das stärkste Mitglied und wahrscheinlich stand ich an zweiter Stelle. Nicholas St. John Green war ein sagenhaft kluger Kopf. Dann gab es noch Frank Abbot, William James und andere.«[411] Peirce war nur gut zwei Jahre älter als James, aber als sie sich in Cambridge in den 1860ern kennenlernen, ist Peirce James immer einen Schritt voraus: James kommt erst 1861 nach Harvard, Peirce ist seit 1859 bereits Absolvent des Harvard College.[412] Vor der Einrichtung des *metaphysical club* kann Peirce bereits die Veröffentlichung einiger eigenständiger philosophischer Aufsätze nachweisen.[413] Zu diesem Zeitpunkt hat James nur Rezensionen vorzuweisen.[414] Peirce hat außerdem philosophische Vortragsreihen in Boston und Cambridge abgehalten.[415] James besucht 1866 am Lowell Institute eine der Vorlesungen über »The Logic of Science« und erzählt, er hätte »kein Wort verstanden« und »eher das Gefühl genossen, eine Stunde lang zuzuhören«.[416] Am 28. Dezember 1869 ist James in Harvard bei einer von Peirces fünfzehn Vorlesungen zu »British Logicians« und kommentiert den Besuch diesmal so:

> Sie [die Vorlesung] wurde ohne Notizen gehalten und war bewundernswert in Inhalt, Art und Klarheit der Aussagen. [...] Ich wünschte, er könnte irgendwo eine Professur für Philosophie ergattern. Das ist seine Stärke und darin ist er sicherlich *très-fort* [sehr stark]. Ich habe noch nie jemand Dinge so intensiv & gründlich behandeln sehen.[417]

Man kann davon ausgehen, dass James im *metaphysical club* keinen leichten Stand hatte. Wann der *metaphysical club* etabliert wurde und wie lange er existierte, ist umstritten. Menand scheint zu denken, der *metaphysical club* wurde im Januar 1872 ins Leben gerufen, er hätte im Sommer angefangen zu bröckeln und das letzte Treffen hätte es Ende des Jahres gegeben.[418] Perry meint, es hätte im Herbst 1874 eines der letzten Treffen des *club* gegeben, aber die eigentlich aktive Zeit wäre in den Jahren 1870–1872 gewesen.[419] Henry James berichtet allerdings erst im Januar 1872 davon, sein Bruder hätte »gerade dabei geholfen, einen metaphysischen Club in Cambridge zu gründen (bestehend aus Chauncey Wright, C. Peirce etc.)«.[420]

Einen Beruf hat James in diesen Jahren nicht. Sein Freund Bowditch kehrt im Herbst 1871 aus Europa zurück und richtet gleich vor Ort das erste physiologische Labor in Amerika ein. James wird während der Zeit 1871–72 Bowditchs Angebot annehmen, in dem Labor mitzuwirken. Der Lehrauftrag in Physiologie, den James (wie in § 4.2 erläutert) im Frühjahr 1873 erfüllt hat, wurde offenbar auch von Bowditsch vermittelt.[421]

Wir sind jetzt fast wieder beim Eliot-Eintrag vom 10. April 1873 gelandet, in dem James sich davon überzeugt, das Angebot von Eliot anzunehmen, den Kurs »Comparative Anatomy and Physiology of Vertebrates« für das kommende akademische Jahr 1873–1874 komplett zu übernehmen. Vorher müssen wir nur kurz auf einige interessante Wendungen eingehen. Im Oktober 1872 schreibt James seinem Bruder Henry, dass er bereue, nicht mehr zu zeichnen. »Man muss all seine Handlungskanäle offen halten«, schreibt er und fährt einige Zeilen später fort:

> In letzter Zeit bin ich gegenüber philosophischer Tätigkeit so angewidert & skeptisch gewesen, dass ich sehr bedauert habe, nicht bei der Malerei geblieben zu sein, und beneide jene, denen wie dir die ästhetischen Zusammenhänge der Dinge schon immer die wahre Welt waren. Gewiss offenbaren sie einen tieferen Aspekt des universellen Lebens als all die mechanischen und logischen Abstraktionen.[422]

Diese Zweifel an philosophischen Abstraktionen finden ihren Weg, wenn unsere obigen Interpretationen von Dokumenten wie dem Eliot-Eintrag richtig sind, in James' Neukonzeption der Philosophie: Philosophie muss so konzipiert werden, dass sie den »tieferen Aspekt des universellen Lebens« zeigen kann. Sie muss gewissermaßen Aspekte der Malerei aufnehmen.

Der erste Eintrag im Tagebuch nach der Krisennotiz von 1870 ist vom 10. Februar 1873 und dies ist auch der einzige Eintrag vor dem Eliot-Eintrag. Hier ist James wieder bei seiner Philosophie, aber doch nicht ganz:

> Falls ich keinen Ruf auf einen Lehrstuhl der Philosophie bekomme, entscheide ich mich heute dafür, beruflich bei der Biologie zu bleiben und nebenbei *allgemeinere* oder philosophische Studien zu betreiben, statt zu versuchen, das gleiche Geld durch literarische Arbeit zu machen. Philosophie werde ich trotzdem als meine Berufung betrachten und nie eine Gelegenheit verpassen, einen Zug darin zu machen.[423]

Am 6. April teilt James Henry mit, Eliot hätte ihm »neulich« das Angebot gemacht, den ganzen Kurs für 1873–1874 zu übernehmen, aber er hätte abgelehnt: »Ich habe ihm gesagt, ich hätte mich entschieden, mich auf dem Schlachtfeld der Wissenschaften des Geistes durchzuschlagen«.[424] Wie wir im Eliot-Eintrag gesehen haben, hat er vier Tage später seine Meinung geändert und Eliot dies auch mitgeteilt.[425] Am 25. August – in allerletzter Minute – ändert er wieder seine Meinung und informiert Eliot, er werde den Kurs doch nicht übernehmen, falls Eliot einen Ersatz für ihn finde.[426] Eliot findet Ersatz, wie James am 2. September berichtet: »Die 600 Dollar Lohn landen in der Tasche eines anderen! Und für ein Jahr treibe ich mich wieder herum & bin frei.«[427] Am 10. Oktober 1873 legt der Dampfer *Spain* mit James an Bord Richtung Europa ab.[428]

1. James studiert 1860–1861 Malerei in Newport.

untarily shrinking against the wall
as I pass, – thus
But when I come
out with a letter an
immense concourse
of people generally
attends me
to my lodging
attracted by my
excited wild gestures
and look.
as if the Curse of Cain
were stamped upon my front

2. Brief von James an seine Familie aus dem Jahr 1861.

3. Minny Temple, 1861.

4. James 1865 in Brasilien nach einer Pockenerkrankung.

5. Selbstbildnis um 1866.

6. HERE I AND SORROW SIT (Zitat aus Shakespeares *King John*). James schreibt zunächst »AMD«; dies könnte sein schwieriges Verhältnis zum Medizinstudium und Beruf des »M.D.« widerspiegeln.

7. James um 1869.

8. James um 1873.

Lieber Bill,

dein biografisches Kapitel ist vor drei Tagen bei mir eingetroffen und ich habe es bisher nur kurz überfliegen können. Mein Eindruck ist, dass du – wie stets – ausgesprochen gründliche Arbeit geleistet hast, die einen sehr wertvollen Beitrag zu unserem Buch liefert.

Wie du, mein lieber Bill, von dem von dir geschmähten Abschnitt 3.4 weißt, denke ich, dass biografische Erzählungen in einer Hinsicht defizitär sind: Sie müssen kontingente Elemente beinhalten, die die Notwendigkeit einer philosophischen Entwicklung verschleiern. Da deine Arbeit am biografischen Kapitel recht lange gedauert hat, habe ich Zeit gehabt, mir über meine Überlegungen aus Abschnitt 3.4 und über den Stellenwert eines biografischen Beitrags innerhalb unseres gesamten Buchs Gedanken zu machen.

Ich habe in Abschnitt 3.4 mit dem Gedanken gespielt, ein Werk über James' Krise müsste die Form einer philosophischen Erzählung haben. Ich habe aber zugleich geschrieben, dass man der Einsicht in der Krisennotiz nicht in einer philosophischen Erzählung gerecht werden könnte. Das war von mir inkonsequent. Ich denke weiterhin, die Form einer philosophischen Erzählung kann dieser Einsicht nicht adäquat Ausdruck verleihen. Nun muss ein Buch über James dieser Einsicht aber gerecht werden: Es muss die philosophische Logik einer Entwicklung zeigen, die durch philosophische Melancholie hindurch zur Einsicht und zur partiellen Überwindung der Melancholie führt. Daher darf ein Werk über James auch nicht die Form einer philosophischen Erzählung haben. Am Ende von Abschnitt 3.4 habe ich zugegeben, dass ich nicht wüsste, durch welche Form des Schreibens James' Einsicht angemessen ausgedrückt werden könnte. Da ich viel Zeit hatte, habe ich es nun doch gewagt, ein Kapitel zu schreiben (s. Kapitel 5 im Anhang), das hoffentlich die richtige Form hat, um diese philosophische Logik zu zeigen, auch wenn es nur ein Kapitel und kein ganzes Buch ist. Bitte schau dir dieses Kapitel an und frage dich, ob es deine Bedenken gegen Abschnitt 3.4 nicht ausräumt.

Ich denke, dieses neue Kapitel und dein biografisches Kapitel ergänzen sich gegenseitig perfekt. Dein Kapitel 4 löst die Probleme, die du in deinen letzten Briefen aufgeworfen hast. Mein Kapitel setzt das um, was in Abschnitt 3.4 theoretisch besprochen wurde. Ich sehe ein, dass Abschnitt 3.4 nicht befriedigend ist, wenn darin nur theoretisch behauptet wird, man müsste eine gewisse Textform finden. Wenn man aber eine solche Form konkret vorlegt – wie ich es in Kapitel 5 tue – entfallen meines Erachtens diese Bedenken. Nachdem Kapitel 5 nun also steht, könnte und müsste auch Abschnitt 3.4 bleiben. Könntest du dich, mein lieber Bill, möglicherweise damit anfreunden?

Ich kann noch nicht sagen, ob ich deiner freundlichen Bitte entsprechen kann, solch ein philologisches Kapitel zu schreiben, wie es dir in deinem letzten Brief vorschwebt. Selbstredend habe ich oft solche Texte geschrieben und ich würde deinen Wünschen sehr gerne entgegenkommen. Aber es sind nur wenige Tage vergangen, seitdem ich dein Kapitel und deinen Brief erhalten habe. Ich war vor allem damit beschäftigt, mein Kapitel fertigzustellen, damit du es so schnell wie möglich erhältst. Ich werde mir alles gründlich überlegen, auch den Gesamtplan des Buchs, nachdem nun mein neues Kapitel vorliegt. Wir haben nun plötzlich viel auf einmal: Dein langes biografisches Kapitel und mein kurzes Kapitel 5. Darüber sollten wir uns freuen!

Du weißt hoffentlich, mein lieber Freund, dass ich alles in meiner Macht Stehende tun würde, um dir zu einer Festanstellung zu verhelfen. Ich schreibe auch sehr gerne ein Empfehlungsschreiben, wenn du meinst, es hilft. Ich frage mich aber zugleich, ob es nicht ein Fehler wäre, unbedingt vermeiden zu wollen, ungewöhnliche Texte zur Tenure-Evaluation einzureichen. Glaubst du nicht, dass dein Institut und deine Universität sich mehr für Typen interessieren, die bereit sind, Risiken einzugehen? So habe ich dich bei unseren wunderbaren Tagen in Concord und Cambridge auch erlebt. Willst du das der Kommission nicht auch vermitteln?

Du willst stets, dass ich renne! Es ist sehr fürsorglich von dir, aber ich darf dir im Gegenzug ein anderes Buch empfehlen: *I Drink Therefore I Am. A Philosopher's Guide to Wine* von Roger Scruton.

Herzlichst grüßt dich

dein Freund Wilhelm

KAPITEL 5

Philosophisches Tagebuch

9.8.'71

Ich sehe seit Jahren deutlich, dass der Determinismus – wenn er wahr ist – unser Leben sinnlos und lächerlich macht. Wenn der Determinismus wahr ist, steht es bereits vor meinen Entscheidungen fest, wie ich mich entscheiden werde. Wenn ich im Nachhinein bedauere, mich so entschieden zu haben, wie ich mich entschieden habe, bedauere ich etwas, was gar nicht zu vermeiden war. Mit meinem Bedauern mache ich mich in dem Fall lächerlich. Ich bedauere Handlung H1 und nicht Handlung H2 gewählt zu haben, obgleich es bereits vor meiner Entscheidung – bereits vor meinem ganzen Überlegungsprozess – feststand, dass ich mich für H1 entscheiden würde. Ich bedauere also das Unvermeidliche. Das ist lächerlich. Das macht aber nicht nur mich lächerlich, sondern uns alle. Wir alle denken, wir würden unser Leben lenken. Wenn der Determinismus wahr ist, ist das nicht so. Es steht bereits vor unserer Geburt fest, wie unser Leben laufen wird. Das macht unser Leben zudem sinnlos. Wir unterliegen der Illusion, wir würden unser Leben lenken, aber durch jeden von uns hindurch läuft nur ein vorgegebener Mechanismus ab.

Viele meiner Freunde sehen es ganz anders. Sie nennen sich »weiche Deterministen«. Nach dem weichen Determinismus sind unsere Handlungen und Entscheidungen zwar determiniert, aber dafür nicht weniger frei. Nach meinen Freunden ist eine freie Entscheidung eine Entscheidung, die durch mich selbst und nicht durch Fremdeinwirkung zustande kommt. Wenn ich also selbst gründlich überlege und nicht von anderen beispielsweise durch Hypnose gelenkt werde und auf der Grundlage meiner Überlegungen entscheide, ist meine Entscheidung frei, auch wenn es bereits vor dem Anfang des Überlegungsprozesses feststand, wie ich mich entscheiden würde. Mein Bedauern einer Entscheidung ist in dem Fall ganz und gar nicht lächerlich. Es gehört zu meinem Wesen als einem überlegenden Wesen, dass ich mir über meine Entscheidungen Gedanken mache. Wenn ich denke, meine vergangene Entscheidung war falsch, bedauere ich sie und das motiviert mich dazu, das nächste Mal anders zu entscheiden. Wenn ich etwas bedauere, steht es selbstredend vor meinem Bedauern fest, dass ich es bedauern werde, wenn der Determinismus wahr ist, aber das macht mein Bedauern nicht lächerlich. Im Gegenteil: Ohne Bedauern kann ich kein besserer Überlegender werden. Und mit besseren Überlegungen steigt meine Freiheit. Unsere Freiheit besteht darin, möglichst autonom zu entscheiden und unsere Autonomie beruht auf unserer Überlegungsfähigkeit.

Diese Argumentation meiner Freunde hat mich noch nie überzeugt. Ich weiß selbstredend, welche Rolle das Bedauern für uns als überlegende Wesen spielt. Aber diese Argumentation beharrt darauf, dass wir in unserer Innenperspektive bleiben. Uns ist aber allen eine andere Perspektive vertraut, die wir einnehmen müssen. Diese Außenperspektive kommt beispielsweise in *Macbeth* zum Ausdruck: »Leben ist nur ein wandelnd Schattenbild, / Ein armer Komödiant, der spreizt und knirscht / Sein Stündchen auf der Bühn' und dann nicht mehr / Vernommen wird; ein Märchen ist's, erzählt / Von einem Dummkopf, voller Klang und Wut, / Das nichts bedeutet.«[429] Wir können nicht anders als unser Leben auch in der Außenperspektive zu betrachten. Aus dieser Perspektive, wenn der Determinismus wahr ist, sind wir wirklich Idioten: Wir haben eine vorgeschriebene Rolle, in der unser Bedauern seinen Platz hat – auf der Bühne wird viel bedauert und entschieden –, aber wir haben diese Rolle nicht geschrieben, sondern spulen sie nur ab, bis wir sterben und andere geboren werden und ihre vorgeschriebenen Rollen spielen. Wir sind lächerlich. Wir sind deswegen lächerlich, weil wir so tun müssen, als ob wir Einfluss hätten, wenn wir keinen haben. Unsere brillant gelieferte Rede, unsere heroisch ausgeführte Handlung, unser tief empfundenes Bedauern: Alles vorgegeben, wir sind nur die Abspielgeräte. Aber wir sind in der Lage die Außenperspektive einzunehmen und unsere Lächerlichkeit zu erkennen. Das tue ich. Es versetzt mich in keine glückliche Gefühlslage.

Vor mehr als einem Jahr dachte ich, ich hätte einen Ausweg aus meiner Lage gefunden. Ich dachte, wenigstens meine Gedanken könnten eventuell frei sein. Es könnte daher sein, dass ich selbst bestimmen kann, ob ich an den Determinismus glaube oder nicht. Ich habe entschieden, an die Falschheit des Determinismus zu glauben und diese Entscheidung als einen Akt des freien Willens zu verstehen. Ich dachte, ich hätte einen Ausweg gefunden. Nun bin ich mir nicht mehr sicher.

13.8.'71

Kann ich bei meinem Entschluss bleiben, den Determinismus abzulehnen und an den freien Willen zu glauben? Bin ich heute weiter, als ich im letzten Jahr bei meiner Entscheidung war? Ich hatte mir vorgenommen, meinen Glauben an den freien Willen mit Lektüre und Handlungen zu stärken. Ist mir das wirklich gelungen?

Ich habe gedacht, ich kann meinen Glauben vor allem dadurch stärken, dass ich an einer Konzeption des freien Willens arbeite. Mit anderen Worten: Ich wollte verstehen, worin die Freiheit des Willens besteht, wenn er frei ist. In dieser Hinsicht bin ich auf jeden Fall weiter, denke ich. Ich will mir diese Konzeption vergegenwärtigen, um prüfen zu können, ob ich bei meinem Entschluss bleiben kann.

Meine Konzeption kann, denke ich, auf alle Arten von Entscheidungen übertragen werden, aber ich möchte mich an dieser Stelle auf die Fälle konzentrieren, in denen ein Mensch aus Gründen handelt. Ein Mensch steht am Scheideweg und fragt sich: Soll ich Handlung H1 oder H2 vollbringen? Beispiel: Soll ich Physiologie als Beruf ergreifen oder Philosophie treiben?

Handlungsoptionen	**Gründe**
H1 Beispiel: Physiologie als Beruf ergreifen	G1a, G1b usw. Beispiel: dass Physiologie harte Fakten liefert
H2 Beispiel: Philosophie treiben	G2a, G2b usw. Beispiel: dass es in der Philosophie um den Sinn des Ganzen geht

Nehmen wir an, dass der Mensch sich für H1 entscheidet. Er trifft also Entscheidung E1 im Gegensatz zu Entscheidung E2. Er entscheidet sich für H1, weil er meint, die Gründe würden insgesamt für H1 sprechen. Nehmen wir nun an, ein anderer Mensch, M2, entscheidet sich für H2. M2 unterscheidet sich aber sonst nicht von M1. Beide ziehen dieselben Gründe in Betracht.

Handlungsoption	**Gründe**	**Mensch**	**Entscheidung**
H1	G1a, G1b usw. G2a, G2b usw.	M1	E1
H2	G1a, G1b usw. G2a, G2b usw.	M2	E2

Wenn M1 dieselben Gründe in Betracht zieht wie M2, warum entscheidet M1 sich anders? Um das zu erklären, muss ich etwas zu der Verbindung zwischen den Gründen, Entscheidungen und Handlungen eines Menschen sagen. Ich sehe es so: Eine Entscheidung kommt *nicht* zustande, indem ein Mensch *entscheidet*, den Gründen für E1 mehr Gewicht als den Gründen für E2 zu geben. Das wäre eine Verdopplung der Entscheidungen. Er betrachtet die Gründe und auf der Grundlage dieser Betrachtung trifft er die Entscheidung für H1 oder H2. Das ist die einzige Entscheidung, die passiert.

Warum entscheidet M1 sich anders als M2, wenn er dieselben Gründe in Betracht zieht? Meine Antwort: M1 hat den Gründen für H1 mehr Aufmerksamkeit als den Gründen für H2 geschenkt. Bei M2 war es umgekehrt.

Handlungs-option	Gründe	Mensch	Entscheidung	Entscheidungs-erklärung
H1	G1a, G1b usw. G2a, G2b usw.	M1	E1	größere Aufmerksamkeit für die Gründe G1a, G1b usw.
H2	G1a, G1b usw. G2a, G2b usw.	M2	E2	größere Aufmerksamkeit für die Gründe G2a, G2b usw.

Mein Ansatz erklärt auch, wie eine Entscheidung zustande kommt, wenn M1 sich für H1 entscheidet, auch wenn er denkt, die Gründe für H2 seien stärker als die Gründe für H1 (Willensschwäche). In einem solchen Fall hat M1 den Gründen für H1 eine größere Aufmerksamkeit als den Gründen für H2 geschenkt, auch wenn er denkt, die Gründe sprechen insgesamt für H2. So erklärt sich, dass er H1 vollbringt.

Wenn das alles stimmt, worin würde die Willensfreiheit eines Menschen bestehen, wenn es sie gibt? Ich denke, sie besteht darin, dass er den Gründen für H1 nicht die Aufmerksamkeit schenken musste, die er ihnen tatsächlich geschenkt hat. Er hätte den Gründen für H2 mehr Aufmerksamkeit schenken können. Mit anderen Worten: Es stand vor der Entscheidung von M1 für H1 nicht fest, dass er den Gründen für H1 die größere Aufmerksamkeit schenken würde. Er hätte den Gründen für H2 die größere Aufmerksamkeit schenken können.

14.8.'71

Ich führe meine Überlegungen von gestern fort. Ich habe mir gestern in aller Kürze die Konzeption von Willensfreiheit vergegenwärtigt, die ich mir seit dem letzten Jahr zusammengereimt habe. Hat die Entwicklung dieser Position im Laufe des Jahres meinen Glauben an den freien Willen gestärkt? Am Anfang dachte ich, es wäre so. Diese Position hat mir ermöglicht zu verstehen, woran ich wirklich glaube, wenn ich an Willensfreiheit glaube. Ich war also zunächst insofern in meinem Glauben gestärkt, dass ich wusste, dass ich nichts Unsinniges glaube. Ich wusste nun mit Sicherheit, dass mein Glaube an die Willensfreiheit ein kohärenter Glaube ist. Ich bin mir aber nicht sicher, ob mein Glaube an die Willensfreiheit dadurch gestärkt worden ist. Es mag paradox klingen, aber ich glaube fast, dass das Gegenteil eingetreten ist. Ich will nun versuchen, mir darüber mehr Klarheit zu verschaffen.

Ein Problem besteht darin, dass ich davon überzeugt bin, dass die Position meiner Freunde – der weichen Deterministen – genauso kohärent wie meine ist. Ich habe im Eintrag vom 9.8. zwar festgehalten, warum ich kein weicher Determinist sein kann: Wenn der Determinismus wahr ist, ist unser Bedauern unserer Entscheidungen und Handlungen lächerlich. Weicher Determinismus ist dennoch intellektuell eine vollkommen kohärente Position: Nach dieser Position stehen unsere Entscheidungen vor den Entscheidungen bereits fest, aber es können dennoch freie Entscheidungen sein. Dafür gibt der weiche Determinist eine nachvollziehbare Erklärung. Weiche Deterministen akzeptieren diese kohärente Position und schaffen es problemlos, unser Bedauern nicht für lächerlich zu halten, indem sie die unverzichtbare Rolle des Bedauerns für unsere Überlegungsprozesse betonen.

Es gibt also mindestens zwei kohärente Positionen: Meine Auffassung der Willensfreiheit, die die Falschheit des Determinismus verlangt, und den weichen Determinismus. Ich habe bisher gedacht, das wäre für meine missliche Lage genau genommen ein Vorteil. Ich habe mir gesagt, die Lage wäre in diesem Fall ähnlich wie beim Glauben an Gott. Der Glaube an Gott kann (gilt nicht für *alle* Glaubenssysteme) einen vollkommen kohärenten Glauben darstellen. Der Atheismus ist auch eine vollständig kohärente Position. Zudem kann man mit Gründen nicht zeigen, welche Position wahrscheinlicher ist. Wenn das so ist, darf man an Gott glauben, wenn man es kann. Eine Person hat sogar einen guten Grund an ihrem Gottesglauben festzuhalten, wenn die religiöse Lebensweise für sie zum erfüllten Leben gehört. Es lässt sich nicht sagen, ob es einen Gott gibt, und es lässt sich nicht sagen, was nach dem irdischen Tod passiert. Man hat also jeden Grund, am Gottesglauben festzuhalten, wenn man den Glauben hat und er für einen zum glücklichen Leben gehört.

Ich dachte bisher, ich könnte so an meinem Glauben an die Willensfreiheit und die Ablehnung des Determinismus festhalten: Dieser Glaube ist kohärent, das Gegenteil lässt sich nicht beweisen, und ich finde uns alle in unseren Lebenshaltungen lächerlich, wenn wir determiniert sind. Ich bin mir aber nicht mehr sicher. Wenn mein Glaube an die Willensfreiheit auf diese Weise ein willkürlicher Entschluss für eine von zwei kohärenten Positionen ist, der nur insofern der Willkür entkommt, dass ich mich mit diesem Glauben wohl fühle, macht das nicht gerade deutlich, dass meine Beantwortung dieser entscheidenden Frage des menschlichen Lebens auf reiner Willkür basiert?

21.8.'71

Es ist an der Zeit, mich dieser Frage zu stellen: Darf ich meinen Glauben an die Willensfreiheit und den Glauben an Gott insofern parallelisieren, dass ich an die Willensfreiheit glaube, weil das eine kohärente Position darstellt, die zugleich zu meinen Vorstellungen von einem sinnerfüllten und nicht lächerlichen Leben passt?

Nein, das darf ich nicht. Ob es Gott gibt, ist keine philosophische Frage. Gott existiert zwar außerhalb von Raum und Zeit, wenn er existiert. Aber er ist der Schöpfer des Universums, wenn es ihn gibt. Ob es einen Schöpfer des Universums gibt, ist eine faktische Frage, keine philosophische, auch wenn Gott kein raumzeitliches Wesen ist.

23.8.'71

Die Frage nach der Willensfreiheit ist nicht die einzige philosophische Frage, die ich für mich bisher analog zu der Religionsfrage gelöst habe. Meine Situation bezüglich der Frage nach der Objektivität der Moral ist ähnlich.

Es gibt zwei sich widersprechende Antworten auf diese letzte Frage: Subjektivismus und Objektivismus. Nach dem Subjektivismus gibt es keine objektiven Werte oder objektiv gültigen moralischen Gebote. Wenn eine Person sagt, eine Handlung sei gut oder moralisch richtig, bringt diese Person bloß ihre eigene subjektive Haltung dieser Handlung gegenüber zum Ausdruck. Es gibt keinen Maßstab für die Richtigkeit dieser Haltung. Eine subjektive Haltung ist genauso richtig wie jede andere. Der Objektivismus besteht in der Ablehnung des Subjektivismus. Nach dem Objektivismus sind Handlungen gut oder moralisch richtig unabhängig davon, welche Haltungen individuelle Subjekte diesen Handlungen gegenüber haben.

Der Subjektivismus und der Objektivismus stellen beide kohärente philosophische Positionen dar. Es ist möglich, »gut« und »moralisch richtig« sowohl im Sinne des Subjektivismus als auch des Objektivismus zu verstehen.

Aus dem Subjektivismus ergeben sich aber Konsequenzen, die für mich nicht akzeptabel sind. Wenn moralische Gefühle nichts anderes als Ausdruck subjektiver Haltungen der relevanten Person sind, gibt es keinen Grund für diese Person, sich nach diesen Gefühlen zu richten. Die Person muss sich nur fragen, was in ihrem eigenen Interesse ist. Wenn die moralischen Gefühle einer Person es ihr schwer machen, sich der Befriedigung ihrer eigenen Interessen komplett zu widmen, hat sie einen Grund, diese Gefühle zu ignorieren und sich darum zu bemühen, sich diese Gefühle abzutrainieren. Aus diesem Grund ist der Subjektivismus meines Erachtens eine abscheuliche Position, die den Menschen korrumpiert.

Der Subjektivismus hat eine weitere Konsequenz, die für mich genauso problematisch ist. Wenn die Haltungen eines Menschen nichts anderes als seine eigenen Neigungen zum Ausdruck bringen, gibt es gar keinen Grund für ihn, sein Leben zu führen. Der Mensch führt es, weil er dazu getrieben ist, aber wenn er sich die Frage stellt, warum er eher einer Neigung als einer anderen nachgehen sollte oder warum er dem ganzen Treiben nicht ein Ende setzen sollte, gibt es gar keine Antwort. Wenn es keine objektiven Werte gibt, besteht kein wesentlicher Unterschied zwischen dem Menschen und allen anderen Lebewesen, die ihr Leben lang bloß ihren Neigungen folgen, bis sie sterben. Kurz gesagt: Wenn der Subjektivismus wahr ist, ist das Leben sinnlos.

Schopenhauer hat diese Konsequenz des Subjektivismus mit aller Deutlichkeit gesehen (*Die Welt als Wille und Vorstellung*): »Demgemäß sehen wir oft eine Jammergestalt, von Alter, Mangel und Krankheit verunstaltet und gekrümmt, aus Herzensgrunde unsere Hülfe anrufen, zur Verlängerung eines Daseins, dessen Ende als durchaus wünschenswert erscheinen müsste, wenn ein objektives Urteil hier das Bestimmende wäre. Stattdessen also ist es der blinde Wille, auftretend als Lebenstrieb, Lebenslust, Lebensmut: es ist dasselbe, was die Pflanze wachsen macht. Diesen Lebensmut kann man vergleichen mit einem Seile, welches über dem Puppenspiel der Menschenwelt ausgespannt wäre und woran die Puppen mittelst unsichtbarer Fäden hingen, während sie bloß *scheinbar* von dem Boden unter ihnen (dem objektiven Wert des Lebens) getragen würden. Wird jedoch dieses Seil einmal schwach, so senkt sich die Puppe; reißt es, so muss sie fallen: denn der Boden unter ihr trug sie nur scheinbar: d. h. das Schwachwerden jener Lebenslust zeigt sich als Hypochondrie, Spleen, Melancholie; ihr gänzliches Versiegen als Hang zum Selbstmord.«

Der Subjektivismus und der Objektivismus sind beide kohärente Theorien. Aufgrund der inakzeptablen Konsequenzen des Subjektivismus habe ich mich bis heute für den Objektivismus entschieden.

24.8.'71

Stimmt es wirklich, dass ich die Willensfreiheitsfrage und die Frage nach der Objektivität der Moral nicht analog zu der Religionsfrage lösen kann? Ich habe gesagt, die erste Frage wäre eine philosophische Angelegenheit, die Religionsfrage eine faktische. Das denke ich weiterhin. Aber ich weiß nicht, was eine philosophische Frage auszeichnet. Auch wenn die ersten Fragen philosophische Fragen sind, trifft nicht genau das auf sie zu, was auf die Religionsfrage zutrifft? Das heißt, in beiden Fällen kommen wir an unsere Grenzen: Wir können eine Frage (beispielsweise »Ist der Wille frei?«) nicht verbindlich beantworten. Es sprechen genauso starke Gründe für die Wahrheit der einen Antwort wie für die andere. Darf man sich dann nicht in allen Fällen – beim Thema der Willensfreiheit, der Moral und der Religion –

aus anderen Gründen (aus Gründen, die mit der Wahrheit der Positionen nichts zu tun haben) für den Glauben an die eine Antwort im Gegensatz zu der anderen entscheiden, wenn dieser Glaube für einen möglich ist?

28.8.'71
Ich finde keine überzeugende Antwort auf die Frage, was eine philosophische Frage ist. Dennoch kann ich mich nicht an die Parallele zwischen der Religionsfrage und den Fragen nach Willensfreiheit und der Objektivität der Moral festklammern. Ich bin davon überzeugt, dass die letzteren entscheidend anders sind. Im ersten Fall bin ich davon überzeugt, dass man die Frage, ob es Gott gibt, nicht mit Hilfe philosophischer Überlegungen entscheiden kann. Die ganzen Beweise für die Existenz Gottes – ontologischer, teleologischer, kosmologischer Beweis usw. – müssen zwangsläufig ihr Beweisziel verfehlen. Nachdem das letzte philosophische Wort gesprochen ist, wird es keine besseren Gründe für die Wahrheit der Annahme der Existenz Gottes als gegen die Wahrheit dieser Annahme geben.

Bei den Fragen nach der Willensfreiheit und der Objektivität der Moral bin ich mir nicht so sicher. Ich habe für beide Fälle behauptet, es gebe jeweils mindestens zwei kohärente Positionen. Davon bin ich überzeugt. Aber ist Kohärenz wirklich alles, was man von einer philosophischen Position verlangen kann? Kann es nicht sein, dass der weiche Determinist Recht hat, dass Freiheit darin besteht, durch Überlegung auf die richtige Art und Weise zu einer Entscheidung zu kommen, die vorher bereits feststand? Kann es nicht sein, dass der Subjektivist damit Recht hat, dass moralische Einstellungen bloß Ausdruck einer subjektiven Haltung unter anderen sind? Meine Gegenpositionen sind kohärent. Aber sind sie richtig? Gibt es nicht philosophische Gründe, die zeigen, welche der beiden kohärenten Positionen richtig ist?

Solange diese Zweifel nicht ausgeräumt sind, kann ich mich nicht schlicht willkürlich für die eine Position entscheiden, wenn diese Position meinem Leben Sinn verleiht. Ich muss weiter philosophieren. Ich weiß nur nicht wie.

4.9.'71
Ich kann keinen Sinn in meinem Leben erkennen, wenn es keine objektiven Werte gibt. Ich kann keinen Wert in meinem Leben erkennen, wenn mein Wille nicht frei ist.

Aber möglicherweise irre ich mich. Möglicherweise hätte mein Leben einen Sinn, auch wenn es keine objektiven Werte gebe und mein Wille nicht frei wäre.

Mein Problem ist: Wie soll ich herausfinden, ob es objektive Werte gibt? Wie soll ich herausfinden, ob mein Wille frei ist?

Man könnte sagen: Das musst du gar nicht. Es ist wie bei der Religionsfrage. Man kann es nicht herausfinden, aber man darf an Gott glauben, wenn man es kann und will.

Ich meine aber, in den letzten Tagen realisiert zu haben, dass es nicht so ist wie bei der Religionsfrage. Das ist für mich kein gutes Ergebnis. Wenn ich keinen Sinn in meinem Leben erkennen kann, falls es keine objektiven Werte gibt, wie soll ich Sinn in meinem Leben erkennen können, wenn ich nicht in der Lage bin herauszufinden, ob es objektive Werte gibt? Ich kann in keinem Leben einen Sinn erkennen, dessen Rätsel ich lösen müsste, um leben zu wollen, ich aber nicht lösen kann.

5.9.'71
Ich kann die Frage nach der Willensfreiheit nicht so lösen, wie ich es im letzten Jahr gehofft habe.

Ich habe befürchtet, dass unser Leben lächerlich sei, weil ich befürchtet habe, dass der Determinismus wahr sei. Es ist mir nun deutlich geworden, dass meine Lage noch viel schlimmer ist. Ich führe mein Leben, ohne zu wissen, ob mein Leben lächerlich ist oder nicht. Ich müsste aber herausfinden können, ob es lächerlich ist oder nicht. Es gibt eine richtige philosophische Antwort auf die Frage, ob der Wille frei ist oder nicht. Die Antwort kann man herausfinden, aber ich weiß nicht wie. Entweder muss ich verstehen, wie man die Antwort herausfinden kann, oder mit meinem lächerlichen Leben Schluss machen.

6.9.'71
Im letzten Frühjahr schien es mir nur eine einzige Hoffnung zu geben. Ich bin an den philosophischen Lebensfragen gescheitert. Ich habe keine Mittel gefunden, sie zu lösen. Ich habe einen letzten Strohhalm genommen und zu mir gesagt: Wenn du die philosophischen Lebensfragen nicht lösen kannst, kannst du dich eventuell per Willensakt für eine Lösung entscheiden und dein Leben im Sinne dieser Lösung weiter führen. Ich sehe nun, dass dieser Weg mir verschlossen ist.

25.9.'71
Es geht mir nicht unbedingt besser, seitdem ich dieses Tagebuch angefangen habe. Aber ich muss zu mehr Klarheit kommen. Ich habe das Tagebuch angefangen, weil ich ein Unbehagen hatte. Mir ist nun deutlicher geworden,

worin mein Unbehagen bestand. Aber ich habe es noch nicht genau genug verstanden. Es muss mir gelingen, es noch besser auf den Punkt zu bringen.

Viele Fragen (»Ist mein Wille frei?«, »Sind Handlungen wirklich gut und böse?«) drängen sich auf, wenn ich nachdenke. Ich brauche Antworten, um weiter leben zu können. Wenn ich nachdenke, habe ich das Gefühl, dass es eine richtige Antwort gibt. Ich habe auch das Gefühl, dass ich mit mehr Nachdenken die richtige Antwort herausfinden müsste. Zugleich habe ich das Gefühl, dass mein eigenes Nachdenken mich zum Narr hält. Das Nachdenken sagt mir, ich müsste ihm nur deutlicher zuhören: in ihm – dem Nachdenken selbst – würde die Antwort liegen; ich müsste nur beim Nachdenken ein besseres Gespür dafür haben, was das Nachdenken mir in Wirklichkeit sagen will, wenn ich nachdenke. Ich habe das Gefühl, ich werde dabei zum Narr gehalten: Ich bin zwar auch ein Narr, wenn ich an objektive Werte glaube (was ich tue) und das ein Irrglaube ist. Ich bin aber ein noch größerer Narr, wenn ich denke (was ich momentan tue), ich könne über das Nachdenken herausfinden, ob es objektive Werte gibt, es aber tatsächlich nur eine vom Nachdenken erzeugte Illusion ist, dass man mit Nachdenken herausfinden kann, ob es objektive Werte gibt.

Ich kann aber nicht zu meiner Lösung vom letzten Jahr zurück und das Nachdenken zugunsten einer willkürlichen Entscheidung aufgeben. Das Nachdenken hat mich im Griff, aber liefert mir keine Lösung.

31.10.'71

Ich habe mich gefragt, ob ich dieses Tagebuch weiter führen soll. Es hat mir die Hoffnung genommen, die ich im letzten Jahr hatte, und intellektuell bin ich nur insofern weiter, dass ich weiß, dass die Lösung vom letzten Jahr keine ist. Ich habe aber beschlossen, dem Tagebuch eine letzte Chance zu geben. Ich frage mich, ob im Tagebuch selbst eventuell der Schlüssel zur Lösung meiner Schwierigkeiten liegt. Ich will mich fragen, warum ich dieses Tagebuch überhaupt führe. Wenn ich die Antwort darauf finden kann, kann ich eventuell herausfinden, warum ich überhaupt Philosophie treibe. Und wenn ich herausfinden kann, warum ich philosophiere, kann ich eventuell verstehen, was ich von einer philosophischen Theorie erwarte. Und wenn ich das begreife, kann ich eventuell erfassen, wie philosophische Theorien beurteilt werden sollen. Das würde dann, hoffe ich, mir helfen, meine philosophischen Fragen zu lösen. Ich notiere das alles hier und heute und drücke damit vage Hoffnungen aus. Morgen will ich neu beginnen.

1.11.'71
Ich habe mein Tagebuch durchgelesen. Mir ist aufgefallen, dass ich wohl die Bedingung an philosophische Theorien stelle, dass sie mein Leben sinnvoll machen. Ich lehne den weichen Determinismus ab, da eine Auffassung, die determinierte Vorgänge als meine freien Handlungen interpretiert, eine sinnlose Farce aus meinem Leben macht. Ich will nun erneut ansetzen und fragen: Darf man es als eine Adäquatheitsbedingung für philosophische Theorien aufstellen, dass diese Theorien mit einem bedeutsamen Leben vereinbar sind, ja dass sie sogar erklären, warum das Leben einen Sinn hat? Auf den ersten Blick scheint diese Bedingung offenkundig falsch zu sein: Es könnte ja sein, dass das Leben keinen Sinn hat, und man darf diese Möglichkeit nicht von vornherein ausschließen.

3.11.'71
Was erwarte ich von einer philosophischen Theorie? Ich erwarte, 1) dass sie wahr ist und 2) dass sie mir zeigt, welche meiner Handlungen sinnvoll und richtig sind und welche nicht. 1) ist offenkundig. 2) muss ich mir deutlicher vergegenwärtigen.

Zu 2): Ich frage mich, ob es objektive Werte gibt. Ich frage mich, ob es objektiv gültige moralische Gebote gibt. Wenn es sie nicht gibt und ich verstoße gegen ein moralisches Gebot, ist gegen meinen Verstoß nichts zu sagen, solange mein Verhalten meinen Interessen dient. Wenn ich moralisch erzogen wurde und daher moralische Gefühle habe, darf ich mir diese Gefühle abtrainieren, wenn es mit meinen Interessen vereinbar ist.

Wenn ich also frage, ob es objektive Werte gibt, will ich nicht nur die Wahrheit über etwas wissen. Ich will auch wissen, ob es in Ordnung ist, mir meine moralischen Gefühle abzugewöhnen, wenn ich es kann und es in meinem Interesse ist. Mit anderen Worten: Ich erwarte nicht nur von einer philosophischen Theorie, dass sie wahr ist, sondern auch dass sie mir in meinem Leben Orientierung gibt.

Ich frage mich, ob der Wille frei sein kann, wenn er determiniert ist. Ich will wissen, ob es wahr oder falsch ist. Ich will aber auch wissen, ob es sinnvoll ist, meine Handlungen zu bedauern, wenn sie determiniert sind. Ich will wissen, ob ich mich lächerlich mache, wenn ich sie bedauere und sie sind determiniert.

Wenn ich mich also frage, ob der Wille frei sein kann, wenn er determiniert ist, frage ich mich, wie ich über meine emotionalen Reaktionen denken sollte, wenn sich herausstellen sollte, dass der Wille determiniert ist. Ich suche also nicht nur die Wahrheit, sondern auch eine emotionale Orientierung.

4.11.'71
Ich führe meine Überlegungen von gestern weiter. Wenn ich das von einer philosophischen Theorie erwarte, wie soll ich über die Theorie urteilen? Wenn jemand mir gegenüber behauptet, der Subjektivismus über die Moral sei wahr, ist meine erste Reaktion emotional: Der Subjektivismus verdirbt uns. Er erlaubt uns, unsere moralischen Gefühle uns abzugewöhnen, nur damit wir unseren Interessen effektiver nachgehen können. Das ist eine abscheuliche Position.

Wenn ich diese zwei Erwartungen an philosophische Theorien habe (Wahrheit und Handlungsanleitung), worauf bezieht sich meine emotionale Reaktion? Man könnte meinen: »Sie bezieht sich gar nicht auf den Wahrheitswert der Position, sondern nur auf die Bewertung ihrer Handlungsanleitung. Dass die Position abscheulich ist, heißt nicht, dass sie nicht wahr ist. Eine Position ›abscheulich‹ zu nennen, ist zudem eine ethische Bewertung. Unsere Frage ist aber nicht eine *ethische* Frage darüber, was moralisch richtig und falsch ist, sondern eine *metaethische* Frage darüber, welchen Status Aussagen über moralische Richtigkeit und Falschheit haben. Mit anderen Worten: Wir stellen die metaethische Frage, inwiefern die Behauptung, dass etwas abscheulich sei, objektive Gültigkeit haben kann. Eine Antwort auf diese metaethische Frage (beispielsweise die subjektivistische Antwort) *ethisch* zu bewerten, indem man sie ›abscheulich‹ nennt, ist irrelevant für die Wahrheit dieser metaethischen Antwort.«

Ich bin mir nicht so sicher. Beim Thema der Objektivität der Moral geht es um die Frage nach der Natur der Moral. Es geht also darum, wie man Moral verstehen sollte. Kann es wirklich sein, dass es irrelevant für die Gültigkeit einer Auffassung von Moral ist, ob diese Auffassung abscheulich ist?

5.11.'71
Ich denke, gestern war der Durchbruch. Bisher habe ich stets versucht, die Wahrheit philosophischer Positionen auf rein theoretischer, rein intellektueller Basis zu beurteilen. Das Resultat dieser Vorgehensweise ist stets gewesen, dass für alle wichtigen philosophischen Themen es mindestens zwei Positionen gibt, die gleichermaßen Anspruch auf die Wahrheit erheben können. Im letzten Jahr bestand mein Weg aus dieser Zwickmühle darin, mich willkürlich für eine der beiden Positionen zu entscheiden. Die letzten Monate haben gezeigt, dass dieser Versuch der Zwickmühle zu entkommen, mich in eine noch tiefere Krise gestürzt hat.

Ich denke, ich habe nun den Ausweg gefunden. Der Versuch, auf rein theoretischer Basis die richtige Antwort auf die Frage nach der Objektivität der Moral zu finden, muss scheitern: Rein theoretisch betrachtet sind

Subjektivismus und Objektivismus gleichwertig. Es ist aber absurd, dieses Thema rein theoretisch beantworten zu wollen. Wenn uns irgendetwas über die Natur der Moral etwas sagt, sind es unsere moralischen Empfindungen. Wenn wir eine metaethische Theorie als abscheulich bezeichnen, bringen wir zum Ausdruck, dass diese Theorie dem Wesen der Moral nicht gerecht werden kann. Die moralische Empfindung ist also nicht bloß als der Ursprung eines moralischen Urteils zu verstehen, sondern als der Maßstab für die Beurteilung der Richtigkeit einer metaethischen Theorie.

6.11.'71
Gelten diese Überlegungen auch für Willensfreiheit?

7.11.'71
Ist die Freiheit, die der weiche Determinist propagiert, eine Freiheit, die den Namen verdient? Wie können wir diese Frage beantworten? Der weiche Determinist kann uns eine sehr komplexe Theorie vorlegen. Er kann uns genau ausbuchstabieren, welche Bedingungen erfüllt werden müssen, damit eine Entscheidung als frei gilt: beispielsweise wie der Überlegungsprozess eines Menschen ohne innere und äußere Zwänge verläuft. Wie will er uns aber zeigen, dass eine Entscheidung, die all diese Bedingungen erfüllt, den Namen »freie Entscheidung« verdient? Er müsste uns zeigen, dass – obgleich es nach dem weichen Determinismus bereits vor dem Anfang des Überlegungsprozesses feststeht, wie er verlaufen wird und welche Entscheidung getroffen wird – es nicht lächerlich ist, die Entscheidung zu bedauern. Wenn es lächerlich ist, die Entscheidung zu bedauern, hat der weiche Determinist zwar dem Wort »Freiheit« eine Bedeutung gegeben und erläutert, wie in dieser Bedeutung eine determinierte Entscheidung frei ist, er hat aber nicht gezeigt, dass diese Entscheidung den Namen »Freiheit« verdient. Im Gegenteil: Eine Entscheidung, die es deswegen lächerlich wäre zu bedauern, weil für alle Zeiten feststand, wie sie ausfallen wird, sollte man nicht als »frei« bezeichnen. Sie verdient diesen Namen nicht.

Wenn das alles stimmt, ist die entscheidende Frage: Wie soll man entscheiden, ob es lächerlich ist, eine Entscheidung zu bedauern? Aus meiner Sicht ist es offensichtlich: Man kann es nur mit Hilfe von Emotionen entscheiden. Es ist keine rein theoretische Angelegenheit. Ob es richtig ist, etwas als lächerlich zu empfinden, ist eine Frage nach der richtigen emotionalen Reaktion.

Ich komme also bei zwei Themen – Objektivität der Moral und Willensfreiheit – zum selben Ergebnis: Man braucht die richtigen Empfindungen –

die richtigen Emotionen – um beurteilen zu können, welche philosophische Theorie wahr ist. Das ist für mich eine philosophische Revolution.

8.11.'71
Ich denke, meine Gedanken lassen sich möglicherweise verallgemeinern. Der Mensch besitzt viele Fähigkeiten: intellektuelle und emotionale. Wenn ich zwei philosophische Themen gefunden habe, für die es gilt, dass man ihre Wahrheit nur aufgrund der richtigen Empfindungen beurteilen kann, warum sollte es nicht für alle philosophischen Themen gelten? Sollte es nicht mindestens für alle philosophischen Fragen gelten, dessen Antworten Konsequenzen für die Lebensführung haben?

Mein bisheriger Fehler war, emotionale Fähigkeiten nicht als Erkenntnisfähigkeiten gelten zu lassen. Ich dachte, nur die intellektuellen Fähigkeiten könnten uns philosophisches Wissen bringen. So blieb mir nichts anderes übrig, als zwischen intellektuell gleichwertigen Theorien aufgrund eines willkürlichen Willensaktes zu wählen.

Ich sehe nun, dass die intellektuellen und die emotionalen Fähigkeiten Erkenntnisfähigkeiten sind, die sich ergänzen. Nur mit dem Einsatz intellektueller Fähigkeiten können gewisse Aspekte einer philosophischen Wahrheit verstanden werden, nur mit Hilfe emotionaler Fähigkeiten andere Aspekte. Intellektuelle und emotionale Fähigkeiten sind zwei Schlüssel zu einer Realität, die sich nur entschlüsseln lässt, wenn man beide verwendet.

11.11.'71
Mit einer philosophischen Theorie will der Mensch sein Verhältnis zur Welt verstehen. Das Verhältnis eines Menschen zur Welt ist nicht rein intellektueller Art. Er reagiert emotional auf die Welt. Er handelt in der Welt. Wie sollte man das emotionale Verhältnis des Menschen zur Welt verstehen können, ohne sich in der Deutung dieses Verhältnisses auf die Emotionen zu stützen?

12.11.'71
Der Mensch schaut nicht bloß auf die Welt. Der Mensch steht als ganzer Mensch in der Welt. Um das Verhältnis des ganzen Menschen zur Welt zu verstehen, muss man sich auf seine ganzen Fähigkeiten stützen.

18.11.'71
Es gibt zwei Probleme der Willensfreiheit: 1) Ist Willensfreiheit mit Determinismus vereinbar? 2) Ist die Welt (und somit auch menschliche Entscheidungen und Handlungen) determiniert?

Bezüglich 1) besteht kein Zweifel, dass Willensfreiheit nicht mit Determinismus vereinbar ist. Den entscheidenden Beweis für diese Unvereinbarkeit liefern unsere emotionalen Urteile: Es wäre lächerlich, eine determinierte Entscheidung zu bedauern. Wir bedauern aber richtigerweise manche freien Entscheidungen. Deswegen können determinierte Entscheidungen keine freien Entscheidungen sein.

Zu 2): Ist das eine philosophische Frage oder eine faktische Frage? Wenn es eine faktische Frage ist, ist es eine Frage, die sich entscheiden lässt?

20.11.'71

Nach dem Determinismus steht nun bereits fest, dass X in zwei Tagen passieren wird. Es ist zwar keine logische Notwendigkeit, dass X in zwei Tagen geschehen wird, aber es ist eine naturgegebene Notwendigkeit. Kann man beweisen, dass es eine solche naturgegebene Notwendigkeit gibt?

Ich habe daran meine Zweifel. Man kann zwar Regelmäßigkeiten auf der Grundlage des Weltverlaufes bis heute feststellen. Auf der Grundlage dieser Regelmäßigkeiten kann man vorhersagen, dass X passieren wird. Wenn dann X wirklich in zwei Tagen passiert, wird man sagen können, dass X den Regelmäßigkeiten entsprechend passiert ist. Das beweist aber nicht, dass X notwendigerweise passiert ist. Die Regelmäßigkeiten der Vergangenheit können nicht beweisen, dass nichts anderes als X hätte passieren können – dass X mit Notwendigkeit geschehen ist. Man kann also nicht beweisen, dass etwas mit naturgegebener Notwendigkeit geschieht.

Ich weiß nicht, ob ich mit diesem Argument Recht habe. In dieser Argumentation habe ich die Frage »Ist die Welt determiniert?« als faktische Frage behandelt. Wenn das Argument richtig ist, kann man weder beweisen noch widerlegen, dass die Welt determiniert ist, wenn die Frage als faktische Frage verstanden wird.

23.11.'71

Die Frage »Ist die Welt determiniert?« lenkt mich gewissermaßen ab. Ich habe wichtige Fortschritte bezüglich der Begründung philosophischer Theorien erreicht und ich will meine Aufmerksamkeit diesem Thema widmen. Die Frage »Ist die Welt determiniert?« ist für mich eine sehr wichtige Frage, aber ich will für mich ein Zwischenfazit ziehen, damit ich meinen Kopf für meine Überlegungen zu philosophischen Begründungen frei bekomme.

Die Frage »Ist die Welt determiniert?« ist entweder eine faktische Frage oder eine philosophische Frage. Wenn sie eine faktische Frage ist und mein Argument vom 20.11. stimmt, lässt sich weder eine positive noch eine negative Antwort beweisen. In diesem Fall ist diese Frage mit der Frage »Existiert Gott?« vergleichbar. In diesem Fall darf ich mich also bei dieser Frage genauso wie bei der Religionsfrage willkürlich für die Antwort entscheiden, mit der ich besser leben kann.

Wenn es eine philosophische Frage ist, besteht die Möglichkeit, dass emotionale Gründe bei der Beantwortung der Frage entscheidend sind. Finden meine Überlegungen zu Lächerlichkeit und Bedauern auch in diesem Fall Anwendung? Das müsste man näher untersuchen. Das werde ich tun, aber nicht zu diesem Zeitpunkt.

28.11.'71

Die weichen Deterministen in meinem Freundeskreis werden unter Umständen akzeptieren, dass emotionale Gründe in der Beurteilung ihrer Position eine Rolle spielen dürfen. Sie werden mir aber nicht zustimmen, dass die emotionalen Gründe gegen ihre Position sprechen. Sie werden argumentieren: »Wir leben seit Jahren im Glauben an den weichen Determinismus. Wir leben in dem Glauben, dass unsere Entscheidungen sowohl determiniert sind als auch frei sein können, wenn sie zwanglos zustande kommen. Unser Bedauern mancher Entscheidungen ist das Pendant zu unserem Glauben an die Freiheit. Wir bedauern nur die Entscheidungen, die wir frei getroffen haben, also nicht unter dem Einfluss von Hypnose oder anderen Zwängen, auch wenn wir die Konsequenzen aus unfreien Entscheidungen durchaus bedauern können. Aber das Bedauern freier Entscheidungen ist ein anderes Bedauern als das Bedauern solcher Konsequenzen: Beim Bedauern der freien Entscheidungen machen wir uns selbst den Vorwurf, dass wir nicht anders entschieden haben; wir fühlen uns bei freien Entscheidungen für die relevanten Handlungen verantwortlich. Wir haben uns bei unserem Bedauern dieser freien Entscheidungen noch nie lächerlich gefühlt. Es gehört schlicht zu unserer Unterscheidung zwischen diesen Entscheidungen und unfreien Entscheidungen, dass wir die ersten auf diese Weise bedauern können.«

Es ist meinen Freunden, den weichen Deterministen, eventuell gelungen, sich ein Gefühl abzutrainieren (oder es zu verdrängen), das sie haben sollten. Die Tatsache, dass sie das Bedauern ihrer determinierten Entscheidungen nicht als lächerlich empfinden, bedeutet nicht, dass sie es nicht als lächerlich empfinden *sollten*.

Dennoch haben meine Freunde in einem Punkt Recht. Um zu beurteilen, ob ein Gefühl in einer Situation angemessen ist, reicht es nicht, dass ich mir die Situation vorstelle. Ich muss die Situation erleben. Das muss auch für mein Urteil über die Lächerlichkeit des Bedauerns der weichen

Deterministen gelten. Ich habe gesagt, ihr Bedauern wäre lächerlich. Ich kann es aber genau genommen von außen so nicht beurteilen. Ich müsste genau genommen zuerst versuchen, wie ein weicher Determinist zu leben, um danach zu beurteilen, ob der weiche Determinist sich selbst lächerlich finden sollte.

29.11'71
Meine gestrigen Überlegungen haben radikale Konsequenzen für die Philosophie und für mich. Wenn emotionale Urteile notwendig sind, um philosophische Theorien beurteilen zu können, und diese emotionalen Urteile aber nicht möglich sind, ohne nach den relevanten Theorien zu leben, muss man philosophische Theorien im Leben testen. Philosophische Theorien sind somit nicht mehr bloß der Gegenstand abstrakter Beurteilung, sondern müssen sich im Leben bewähren. Der Philosoph muss nach den konkurrierenden Theorien *leben*, um sie beurteilen zu können. Ich müsste also sowohl nach dem Subjektivismus über die Moral als auch nach dem Objektivismus leben, um sie beurteilen zu können. Gleiches gilt für alle Positionen bezüglich der Willensfreiheit. Das macht die Philosophie wörtlich zu einer Lebensaufgabe.

17.12.'71
Wenn ich auf den Weg zurückblicke, den ich in den letzten Monaten bestritten habe, denke ich: Ich bin auf diesem Weg zu einer genuinen philosophischen Einsicht gelangt. Die Einsicht besteht darin, dass die Wahrheit mindestens vieler philosophischer Theorien nicht von einem rein theoretischen Standpunkt einzusehen ist, sondern man den Standpunkt eines ganzen Menschen braucht, der auch praktische, emotionale Komponenten beinhaltet.

Ich frage mich nun, ob das für diese Einsicht selbst gilt.

18.12.'71
Der Durchbruch ist mir am 4. und 5.11. gelungen. Mir ist deutlich geworden, dass das ethische Urteil, eine metaethische Theorie sei abscheulich, ein entscheidendes Element in der Beurteilung der Wahrheit dieser Theorie sei. Wir haben drei Ebenen: ethische Urteile, metaethische Theorien, metaphilosophische Theorien. Meine These ist: Man braucht ethische Urteile (beispielsweise »X ist abscheulich«), um meta*ethische* Theorien zu begründen oder zu kritisieren. Meine These ist aber eine meta*philosophische* These: eine These darüber, wie man metaethische Theorien begründen darf oder muss. Fließen nun ethische Urteile bzw. emotionale Urteile in die Begrün-

dung dieser metaphilosophischen These hinein? Habe ich mich in der Begründung meiner metaphilosophischen These auf solche Urteile bezogen?

Ich muss mir zugestehen, dass ich keine eindeutige Antwort auf diese Fragen habe. Mir ist ein Durchbruch gelungen, aber diese neuen Fragen sind etwas beunruhigend. Ich werde sie morgen angehen.

20.12.'71

Eines steht fest: Meine These wurde nicht durch Handeln bestätigt. Ich bin – fast wie Descartes – in meiner Stube gesessen und habe in diesem Tagebuch für diese These »argumentiert«.

Aber habe ich mich in meiner »Argumentation« auf rein theoretische Überlegungen bezogen oder auch auf praktische bzw. emotionale Überlegungen? Ich war in einer Argumentation mit mindestens zwei Gegnern beschäftigt, die man beide als »Intellektualisten« bezeichnen könnte. Nach dem ersten Intellektualisten ist es möglich, für jede entscheidende philosophische Frage zu einer einzigen Antwort auf der Grundlage rein theoretischer Überlegungen zu kommen. Meine Argumente gegen *diesen* Gegner waren rein theoretischer Art: Es ist nicht möglich, da für jede dieser Fragen mindestens zwei Positionen verteidigt werden können, die rein theoretisch gesehen gleich gut abschneiden.

Ich war aber auch mit einem anderen Gegner beschäftigt. Dieser Intellektualist gibt gerne zu, dass es für jede entscheidende philosophische Frage mindestens zwei Positionen gibt, die rein theoretisch gesehen gleichwertig sind. Er besteht aber darauf, dass keine praktischen bzw. emotionalen Gründe zeigen können, dass eine der Positionen im Gegensatz zur anderen wahr ist. Meine These ist, dass solche Gründe es zeigen können. Sind meine Gründe für *diese* These selbst praktischer oder emotionaler Art?

Ich habe behauptet, der Subjektivismus sei falsch, weil er abscheulich sei. Der Intellektualist behauptet, die Abscheulichkeit einer philosophischen Theorie könne nicht zeigen, dass sie falsch sei. Wenn ich Recht habe, welchen Irrtum hat der Intellektualist begangen: einen intellektuellen oder einen emotionalen? Um zu erkennen, dass die Abscheulichkeit einer philosophischen Theorie (jedenfalls im Falle des Subjektivismus) für ihre Falschheit spricht, braucht man nur den richtigen Verstand oder auch die richtigen Emotionen?

Zu diesem Zeitpunkt weiß ich noch nicht, was die Antwort auf diese Frage ist. Die Einsicht, die ich mir in diesem Tagebuch erarbeitet habe, besteht darin, dass der Mensch seine ganzen Fähigkeiten – theoretische und praktische – braucht, um die Wahrheit philosophischer Theorien beurteilen zu können. Manche Schritte in philosophischen Argumentationen sollten dennoch auf der Grundlage rein theoretischer Überlegungen beurteilt werden. Ob die Überlegungen, die ich gegen den Intellektualismus ins Feld geführt habe, selbst rein theoretischer Art sind, kann ich zu diesem Zeitpunkt nicht beurteilen. Rein theoretische Argumente sind stark und man sollte als Philosoph stets gründlich prüfen, wie weit man mit ihnen kommt.

25.12.'71
Ich weiß nicht, was ich hoffen soll. Soll ich hoffen, dass es mir in diesem Tagebuch gelungen ist, meine Einsicht mit Hilfe rein theoretischer Gründe zu beweisen?

Einerseits ist es meine Hoffnung. Ich wäre in dem Fall gewissermaßen fertig. Es stünde fest – auch wenn man stets an der eigenen Argumentation Zweifel haben kann und sollte –, dass ich Recht habe. Ich könnte beruhigt sein, dass meine Krise gelöst sei.

Andererseits hoffe ich es nicht. Ich denke, dass meine Einsicht allgemein für philosophische Thesen gilt, auch wenn möglicherweise nicht für alle. Meine Einsicht müsse also auch für diese Einsicht selbst gelten: Ihre Wahrheit kann man nur von dem Standpunkt eines ganzen Menschen einsehen, und sie kann nur auf ihren Wahrheitsgehalt geprüft werden, indem man als ganzer Mensch nach ihr lebt. Es wäre also für mich eine größere Bestätigung meiner These, wenn meine These auch für die These selbst gilt. So gesehen müsste ich hoffen, dass es mir nicht gelungen ist, in diesem Tagebuch meine These rein theoretisch nachzuweisen. Ich bin also in der paradoxalen Situation, hoffen zu müssen, dass ich in diesem Tagebuch meine Einsicht nicht nachgewiesen habe, damit auf meine Einsicht zutrifft, was ich allgemein für philosophische Einsichten behauptet habe: dass sie sich nur vom ganzen Menschen im Leben bestätigen lassen.

In diesem Fall wäre meine Krise nicht gelöst. Um sie lösen zu können, müsste ich aufhören, im Tagebuchführen deren Lösung zu suchen. Ich müsste stattdessen anfangen, meine Einsicht zu prüfen, indem ich nach ihr lebe. Das muss ich jetzt tun.

Lieber Wilhelm,

aus vielen Gründen kann ich dein Kapitel 5 nicht akzeptieren:

1. Du vermengst deine philosophischen Überlegungen mit James' Ansatz, ohne in irgendeiner Weise darauf zu verweisen. Dies habe ich früher bemängelt, aber diesmal hast du es dermaßen übertrieben, dass ich es keineswegs akzeptieren kann, auch nicht, wenn man deinen Text überarbeiten sollte. Dein Text ist so angelegt, dass eine Überarbeitung in dieser Hinsicht ausgeschlossen ist. Du weißt natürlich, wovon ich spreche, aber ich gebe dir trotzdem ein Beispiel, damit du mich wirklich richtig verstehst: Du nimmst James' Erklärung vom freien Willen mit Hilfe des Begriffs der Aufmerksamkeit (die James sich natürlich von Renouvier angeeignet hat) aus den psychologischen Frühwerken (»The Feeling of Effort«, »What the Will Effects«) und aus den *Principles* und *Briefer Course* und »übersetzt« diese Erklärung von James in eine gegenwärtige Gründe-Diskussion, ohne zu thematisieren, inwiefern dies überhaupt möglich ist, und ohne zu diskutieren, welche Unterschiede dabei vielleicht zwischen James und einer solchen zeitgenössischen Position entstehen.

2. Natürlich sagst du nirgends, dass es sich um ein Tagebuch von James handelt. Du datierst sogar mit »'71« statt »1871«, um dies offiziell offenzulassen. Aber du verweist eindeutig inhaltlich auf James, beispielsweise auf seinen Entschluss aus der Krisennotiz, und platzierst dieses Tagebuch genau in die Zeit, in der praktisch nichts über James bekannt ist. Daher muss man deinen Text so lesen, dass du eine Krise konstruierst, die deshalb entsteht, weil der Entschluss aus der Krisennotiz nicht ausreichend ist. Es gibt überhaupt keinen eindeutigen biografischen Beleg, dass es eine solche Krise gab. Ich habe mir in Kapitel 4 sehr viel Mühe gegeben, biografische Unklarheiten dieser Art differenziert zu diskutieren. Mit deiner Vorgehensweise machst du meine Vorsicht zunichte.

3. Du nimmst dir die Freiheit, den fiktiven Autor deines philosophischen Tagebuchs Auffassungen vertreten zu lassen, für die es keinen Hinweis gibt, dass James sie jemals vertreten hat. Beispiel: Macht James diese klare Unterscheidung zwischen der Entscheidung für den religiösen Glauben und den Entscheidungen für philosophische Positionen? Dies ist sicher eine interessante Unterscheidung, aber es müsste diskutiert werden, inwiefern James sie überhaupt akzeptieren kann.

4. Warum sollten wir denken, die philosophische Entwicklung des Autors des Tagebuchs hätte etwas mit der tatsächlichen Entwicklung von James zu tun? Beispiel: Gibt es irgendeinen Grund zu denken, es waren Überlegungen zu

Ethik und Metaethik (übrigens eine Unterscheidung des 20. Jahrhunderts), die James zur Einsicht führten, dass praktische Überlegungen eine wichtige Begründungsrolle in der Philosophie spielen? Du hast dies ohne Beleg rein erfunden.

5. Die Tagebuchform deines Textes führt dazu, dass viele philosophische Gedanken angefangen werden, ohne dass sie systematisch und detailliert erläutert oder verteidigt werden. Die Form deines Textes macht es unmöglich, Thesen klar und deutlich zu formulieren und ausführlich und systematisch für sie zu argumentieren. Dies muss man aber von einer gegenwärtigen philosophischen Monografie erwarten.

Du kannst gerne selbst solche Texte schreiben und in Eigenregie veröffentlichen. Es kommt aber nicht in Frage, dass dieser Text ein Kapitel in unserem Buch wird. Meine Kritikpunkte sollten dies klargemacht haben. Außerdem kann ich mir nicht leisten, solch ein Manuskript zur Grundlage für die Entscheidung über meine Festanstellung zu machen. Wir beide sind uns über viele Punkte bezüglich des Buchprojekts einig und darauf müssen wir uns begrenzen. Zu diesem Zeitpunkt weiß ich gar nicht mehr, ob ich es von dir erwarten kann, das philologische Kapitel zu James zu schreiben oder, ob ich es selbst werde machen müssen.

Best, Bill

*

Lieber Bill,

ich muss dir nicht sagen, dass William James mir mehr als sein Bruder Henry liegt. Ich muss aber zugeben, dass ich an eine berühmte Antwort von Henry auf James denken musste, als ich deinen Brief erhalten habe. Wie du weißt, hatte James im relevanten Brief seinem renommierten Schriftstellerbruder – wie so oft – eine Formel für das Romanschreiben an die Hand gegeben und ihn gebeten, diese Art von Buch zu schreiben, statt der Romane, die Henry stets schreibt. Du kennst die folgende Antwort von Henry (23.11.1905), aber sie kam mir in den Sinn und passt als Beginn meiner Antwort auf dich: »Ich will [...] versuchen, der Sache eine literarisch frappierende Form zu verleihen, die dich als Bruder zufrieden stellt – aber lass mich sagen, lieber William, dass ich mich sehr gedemütigt fühlen werde, *solltest* du es mögen, und dass ich eher in ein ehrloses Grab sinken will als es geschrieben zu haben und mich nach deiner Vorliebe mit aktuellen Dingen abzufinden, die ich dich habe bewundern hören. Dennoch *werde* ich dir dein Buch schreiben, nach diesem Zwei-und-zwei-macht-vier-System, nach dem das ganze furchtbare Zeug, das uns umgibt, gemacht ist, und erst *dann* in mein ehrloses Grab sinken.«

Damit will ich nicht sagen, dass ich für dich dieses philologische Kapitel schreiben werde. Henry hat das Buch für James selbstredend nicht geschrieben. Mir geht es auch nicht um dieses philologische Kapitel, das du mich zu schreiben gebeten hast. Mir geht es um deine Kritik an meinem »Philosophischen Tagebuch« und deine Forderung, man müsste stattdessen eine philosophische Monografie schreiben.

Meinen bisherigen Beiträgen zu unserem gemeinsamen Buchprojekt liegen vier grundlegende Thesen zugrunde: 1. Die erste These handelt von den Grenzen philosophischer Argumentation. Nach dieser These hängt die Wahrheit philosophischer Thesen zum Teil von Elementen ab, derer Wahrheit man mit Hilfe von Argumenten nicht einsichtig werden kann. Daraus folgt, dass ein philosophischer Text seine Überzeugungskraft nicht rein aus Argumenten beziehen darf. Würde der Text das tun, dann würde er uns stets nur einen Teil der Wahrheit vermitteln können. Wenn man diese These akzeptiert, muss man Texte schreiben, die nicht nur aus Thesen und Argumenten bestehen. Das ist es aber, was du mit deiner Forderung nach einer philosophischen Monografie forderst. Welche Art von Texten muss man stattdessen schreiben? Diese Frage bringt mich zu meiner zweiten These.

2. Es gibt keine allgemein gültigen Regeln für die Texte, die man schreiben muss. Die einzige Vorgabe besteht darin, dass die Textform dem Gegenstand, über den man schreibt, gerecht werden muss. Das bringt mich zur dritten These und zu dem von mir verfassten »Philosophischen Tagebuch«.

3. Die dritte These besteht genau genommen aus zwei Thesen, denen ich in meinem »Philosophischen Tagebuch« gerecht werden wollte. Diese wurden in den Kapiteln 1 und 3 von mir erläutert, aber genau genommen auch von dir in den Kapiteln 2 und 4, jedenfalls teilweise. Nach der ersten dieser Teilthesen ist die ganze philosophische Wahrheit nur vom wahren Menschen mit seinem ganzen Wesen zu erkennen. Nach der zweiten Teilthese kann man nur zu einem wahren Menschen werden, wenn man zuerst in philosophische Melancholie verfällt, sie danach aber partiell durch eigene Einsicht überwindet. Dass es sich nur um eine partielle Überwindung handelt, ist deswegen wichtig, weil der wahre Mensch als Philosoph ein gespaltenes Wesen ist.

Um diesen Teilthesen gerecht zu werden, darf man dem Leser nicht nur auf argumentativer Ebene begegnen. Stattdessen muss der Text dem Leser ermöglichen, eine philosophische Entwicklung zu vollziehen, die zugleich eine persönliche ist. Der Text spricht den Leser nicht nur auf argumentativer Ebene an, sondern lädt ihn dazu ein, sich als ganze Person mit etwas zu beschäftigen und so als ganzer Mensch eine Entwicklung zu durchlaufen. Ich rede an dieser Stelle von einer »Einladung«, da das bloße Lesen des Textes nicht notwendigerweise eine solche Entwicklung in Gang bringt. Im Gegensatz zu einer argumentativ orientierten Monografie soll der Text aber darauf angelegt sein, dem Leser eine solche Entwicklung zu ermöglichen.

Mein Kapitel 5 – »Philosophisches Tagebuch« – ist ein Versuch gewesen, einen solchen Text zu schreiben. Genau genommen ist der Gegenstand zu komplex, um ihm in solch einem kurzen Text gerecht zu werden. Dafür bräuchte man ein ganzes Buch. Ich wollte mit dem »Philosophischen Tagebuch« gewissermaßen nur einen Beispieltext vorlegen, der exemplarisch zeigt, wie solch ein Text aussehen könnte. Es ist kein Text, der dem Leser direkt sagt, er müsse sich soundso entwickeln. Mit dem Text wollte ich den Leser auch nicht dazu auffordern, die Entwicklung des fiktiven Autors des Textes *nachzuahmen*. Der Text ist eher als eine Einladung an den Leser zu verstehen, selbst solch eine Reise wie der Autor des Textes zu unternehmen.

4. Ich habe in Kapitel 1 von James zitiert: »Nicht nur Walt Whitman konnte schreiben ›Wer dieses Buch berührt, berührt einen Menschen‹. Die Bücher aller großen Philosophen entsprechen genauso vielen Menschen.« James schreibt an dieser Stelle nicht »die Bücher aller Philosophen«, sondern »die Bücher aller *großen* Philosophen«. Nicht jedes Buch, das dem Genre der Philosophie gehört, ermöglicht dem Leser den Menschen zu spüren, der es geschrieben hat. James' Äußerung ist als Aufforderung zu lesen: Um ein großer Philosoph zu werden, solle man so schreiben, dass der Leser einen als Menschen spürt.

Ich verstehe diese Aufforderung als das Pendant zu seiner These, dass nur mit dem Einsatz seines ganzen Wesens ein Mensch die ganze Wahrheit erfahren könne: Um ein großer Philosoph zu werden, muss man so schreiben, dass man als ganzer Mensch im Text sichtbar wird und nicht nur als ein Argumente produzierender Intellekt.

Man könnte James' Aufforderung so verstehen, dass man persönlich schreiben sollte – dass man die eigene persönliche Stimme in den Text hineinlegen sollte. Was könnte das heißen? Man könnte damit meinen, dass man so schreiben sollte, dass der Text die Individualität der eigenen Person zum Ausdruck bringen sollte. (So verstehen manche Stanley Cavell, vgl. »Philosophy and the Arrogation of Voice«, aber das möchte ich nicht erörtern.) So meine ich es nicht. Mir geht es nicht darum, dass man so schreiben sollte, dass der Stil oder die Form der Texte die eigene Person von anderen Autoren unterscheidet. Mir geht es darum, persönlich in dem Sinne zu schreiben, dass die ganze Person des Lesers angesprochen wird und nicht nur sein Intellekt. Um das zu erreichen, muss der Leser im Text einer ganzen Person begegnen, die zu ihm spricht. Diese Person muss aber nicht zwangsläufig der real existierende Autor sein. Im »Philosophischen Tagebuch« ist es auch nicht so. Mein Leser begegnet in diesem Werk einer anderen Person: dem fiktiven Autor dieses Tagebuchs.

In Kapitel 1 begann das Zitat aus *Pragmatism*, das mit dem gerade zitierten Verweis auf Whitman endete, mit folgendem Satz: »Temperamente mit ihren Sehnsüchten und Verweigerungen legen Menschen tatsächlich in ihren Philosophien fest und werden das auch immer tun.« James ist oft so interpretiert worden, dass es keine richtigen Antworten auf philosophische Fragen gebe, sondern nur verschiedene Antworten, die den verschiedenen Temperamenten der Menschen entsprechen würden. Wenn man James so interpretiert, können die Philosophen die Suche nach der Wahrheit aufgeben und sollten sich darauf konzentrieren, den verschiedenen philosophischen Systemen unterschiedliche Temperamente zuzuordnen. (Es wurde sogar zu James' Lebzeiten (1909) der Versuch unternommen, seine Philosophie aus seinem Temperament abzuleiten; Tausch, »William James, The Pragmatist – A Psychological Analysis«!) Man wäre in dem Fall als Philosoph nicht mehr damit beschäftigt, aus der Innenperspektive eines Menschen, dem sich philosophische Fragen in seinem Leben stellen, philosophische Fragen zu lösen, sondern würde aus der Außenperspektive beschreiben, wie Menschen je nach Temperament andere philosophische Systeme präferieren. Die Philosophie würde unter dieser Voraussetzung zu einer ähnlichen Unternehmung werden, wie sie Dilthey (in »Die Typen der Weltanschauung und ihre Ausbildung in den metaphysischen Systemen«) und Jaspers (in *Psychologie der Weltanschauungen*) in manch ihrer Schriften ausführen.

So wollen du und ich James' Gedanken nicht umsetzen. Wir gehen beide davon aus, dass Empfindungen bzw. Emotionen eine Rolle in der Philosophie spielen sollten. Aber es soll stets – darin sind wir uns einig – darum gehen, mit dem Einsatz der jeweils *richtigen emotionalen Reaktion* die verschiedenen philosophischen Fragen objektiv richtig zu beantworten. Mein »Philosophisches Tagebuch« ist in diesem Geiste geschrieben. Es ist aus der Innenperspektive einer Person geschrieben, die auf der Suche nach der Wahrheit ist. In ihrer Suche nach der Wahrheit kommt diese Person zum

Ergebnis, dass diese Suche nur gelingen kann, wenn sie ihre Empfindsamkeit so bildet, dass sie in der Lage sein wird, mit ihrem ganzen Wesen die Wahrheit zu erkennen. Der Text soll also dem Leser die Begegnung mit einer Person ermöglichen, die in ihrer Wahrheitssuche auf der Suche nach den richtigen emotionalen Haltungen ist.

Wir beide, lieber Bill, teilen also eine grundsätzliche Überzeugung. Wir beide denken, dass philosophische Wahrheiten nur vom ganzen Menschen einzusehen sind. Ich habe in Abschnitt 3.4 versucht deutlich zu machen, dass man dieser Einsicht – die wir teilen – nur in einem Text gerecht werden kann, der nicht die Form einer philosophischen Monografie hat. In Kapitel 5 habe ich einen solchen Text vorgelegt. Beide Versuche haben dich nicht überzeugt. Ich habe nun in diesem Brief einen dritten Versuch gemacht. Ich hoffe, ich konnte dich nun endlich überzeugen, dass wir Abschnitt 3.4 und Kapitel 5 brauchen. Sonst werden wir aus purer Angst davor, von dem konventionellen Weg der philosophischen Argumentation abzuweichen, der Einsicht nicht gerecht, die wir beide für so wichtig halten.

Vom Bruder im Geiste, deinem Wilhelm

*

Lieber Wilhelm,

du schreibst, als ob ich über das Verhältnis von Form und Inhalt nicht nachgedacht hätte und nur aus purer Borniertheit an meiner Vorstellung von Philosophie festhalten würde. Ich habe aber viel darüber nachgedacht. Erstens finde ich das Thema durchaus interessant. Zweitens konnte ich gewissermaßen gar nicht umhin, mich mit den Kollegen darüber zu unterhalten, da dieses Thema eine zentrale Rolle in den viel rezipierten *The Lives of Animals* (1999) und *Elizabeth Costello* (2004)[vii] von J.M.Coetzee spielt.[430] U.a. aus diesem Grund könnte ich dir anhand von *The Lives of Animals* meine Haltung zu diesem Thema verdeutlichen. Dieses Werk ist außerdem sehr geeignet, um auf dein Anliegen einzugehen und meine Kritik klarzumachen. Du sagst, du wolltest mit dem »Philosophischen Tagebuch« einen Text schreiben, in dem der Leser einer Person begegnet, die mit ihm spricht. M. a. W.: Dir ist es wichtig, dass der Leser nicht einfach Argumente liest, sondern ihm im Text ein ganzer Mensch begegnet. So ist auch *The Lives*

vii Ursprünglich haben meine Mails die Literaturhinweise im Text enthalten. Für die Zwecke der Veröffentlichung habe ich diese Verweise in die Endnoten verlagert.

of Animals geschrieben: Darin begegnet der Leser dem fiktiven Charakter Elizabeth Costello, die zwar auch Argumente präsentiert, aber der Text ist eher darauf angelegt, dem Leser die Begegnung mit der Person Elizabeth Costello zu ermöglichen.

Nun weiß ich aber nicht, ob du diese Werke von Coetzee kennst. Wenn ja, dann könnte ich direkt in die Diskussion einsteigen. Wenn nein, würde ich dir eine kurze Darstellung liefern, damit meine Stellungnahme verständlich wird. Daher die kurze Frage an dich: Hast du diese Bücher gelesen? Bitte sag mir kurz Bescheid.

Herzliche Grüße, Bill

———— * ————

Lieber Bill,

ich bin wirklich sehr erfreut, dass du mein Anliegen so ernst nimmst! Diese Sache liegt mir doch sehr am Herzen. Leider kenne ich diese Werke nur aus Besprechungen in Sekundärquellen. Sie klingen interessant, aber ich habe sie leider bisher nicht gelesen. Ich wäre also um eine Darstellung sehr dankbar. Vor allem freue ich mich aber auf deine eigenen Ausführungen zum Thema Form und Inhalt.

Es grüßt dich herzlich dein Wilhelm

———— * ————

Lieber Wilhelm,

ich beginne mit einer kurzen Darstellung von *The Lives of Animals* (kurz: *LA*). J.M. Coetzee hat im Jahr 1997 die renommierten »Tanner Lectures« am Center for Human Values der Princeton University gehalten.[431] Diese Vorträge sind normalerweise »philosophische Essays«.[432] Coetzee hingegen hat in seinen zwei Vorträgen von der fiktiven Schriftstellerin Elizabeth Costello erzählt, die eingeladen wird, am Appleton College einen Vortrag und ein Seminar abzuhalten, die von Kollegen vor Ort kommentiert und diskutiert werden. Da die Vorträge in Princeton von vier Professoren kommentiert wurden, spiegelt die Veranstaltung der fiktiven Autorin Costello am Appleton College gewissermaßen das Ereignis der »Tanner Lectures« des Schriftstellers Coetzee wider.[433] Coetzees Text wurde 1999 zusammen mit den Princeton-Kommentaren und einer Einführung von Amy Gutmann veröffentlicht. Mit der Abkürzung »*LA*« verweise ich aber nur auf

Coetzees Text. Der Text von *LA* wurde später in leicht geänderter Form (u. a. wurden Fußnoten entfernt) in Coetzees *Elizabeth Costello* integriert.[434] Ich möchte das zweite Buch hier aber eigentlich ignorieren. *LA* steht für sich.

Man könnte sagen, dass *LA* aus zwei Vorträgen von Coetzee besteht: Coetzee kam nach Princeton und hat diese Vorträge abgehalten. Man könnte *LA* aber auch als einen philosophischen Dialog in der Tradition Platons bezeichnen. Dies tut Ian Hacking und merkt an: »*The Lives of Animals* zeigt eine größere Beherrschung der Dialogform als die jeglicher Philosophen seit Generationen.«[435] Oder man könnte *LA* eine »philosophische Erzählung« nennen: Es werden darin philosophische Überlegungen in eine narrative Struktur eingebettet. Als du dir in Abschnitt 3.4 über die richtige literarische Form Gedanken gemacht hast, bist du deshalb zuerst auf die Idee einer philosophischen Erzählung gekommen, weil du nach einer Form gesucht hast, die Argumente in eine Erzählstruktur einbindet. Ich kann mir also kein besseres Buch als *LA* denken, um dir klarzumachen, warum dein »Philosophisches Tagebuch« für mich als Teil unseres Werks nicht in Frage kommt. Coetzee ist Nobelpreisträger für Literatur, sein *LA* hat viel Beachtung gefunden und die literarische Form seines Werks hat vieles mit deinem Ideal gemeinsam. Wenn ich also zeigen kann, dass ein Text mit einer ähnlichen literarischen Form wie *LA* in unserer Monografie nichts zu suchen hat, dann können wir den Schluss ziehen, dass dies auch für dein »Philosophisches Tagebuch« gilt.

Nun zum Inhalt von *LA*. Ich versuche, meine Darstellung so knapp wie möglich zu halten. Costello wird aufgrund ihrer Berühmtheit als Schriftstellerin an das Appleton College eingeladen. Zu diesem Zeitpunkt ist sie bereits eine alte Frau. Ihr Aufenthalt ist gleichzeitig ein Übernachtungsbesuch bei ihrem Sohn und seiner Familie. (Er ist am College Assistenzprofessor für Physik und Astronomie, seine Frau, Norma, ist promovierte Philosophin.) Costello darf sich das Thema ihres Vortrags und des Seminars selbst aussuchen.[436] In der Erzählerstimme wird in *LA* berichtet, Costello hätte »nicht etwa sich selbst und ihre Romane zum Thema gewählt [...] wie es zweifellos ihre Sponsoren gern gesehen hätten, sondern eines ihrer Steckenpferde – Tiere.«[437]

Relativ am Anfang ihres Vortrags spricht Costello über die Ermordung von Millionen von Menschen in den Konzentrationslagern des Dritten Reiches. Sie spricht über die Wissensrelation der Deutschen einer bestimmten Generation zu den Todeslagern als »gewollte Unwissenheit«, aufgrund derer sie »in unseren Augen« ihre »Menschlichkeit« verloren hätten. Sie hätten dadurch eine »Grenze« überschritten und sich dabei über »die gewöhnliche Blutrünstigkeit und Grausamkeit des Krieges« hinaus in einen »Zustand der Sünde« gebracht. Eine »Krankheit der Seele« würde die Deutschen dieser Generation kennzeichnen. Costello berichtet dann, man hätte ihr morgens vor dem Vortrag die Stadt gezeigt und sie hätte keine Massentierhaltungseinrichtungen, Schlachthöfe oder Tierlabore gesehen. Sie wäre sich aber sicher, dass es sie dort gebe.[438] Sie fährt fort: »Sie sind überall in der Nähe, während ich hier rede, nur wissen wir in gewissem Sinne nichts von ihnen. Ich will es deutlich sagen: Rings um uns herrscht ein System der Entwürdigung, der Grausamkeit und des Tötens, das sich mit allem messen kann, wozu das Dritte Reich fähig war, ja es noch in den Schatten stellt, weil unser System kein Ende kennt, sich selbst regeneriert, unaufhörlich Kaninchen, Ratten, Geflügel, Vieh für das Messer des Schlächters auf die Welt bringt.«[439]

Wenn Coetzees Text auf diese Weise uns eine Frau präsentiert, die in einem Vortrag im akademischen Kontext den Holocaust in Beziehung mit unseren Praktiken der massenhaften Haltung und Schlachtung von Tieren setzt, wie soll man dann diesen Text verstehen? In ihrem Aufsatz »The Difficulty of Reality and the Difficulty of Philosophy« präsentiert Cora Diamond zwei Interpretationen: die Interpretation von Gutmann und den meisten Kommentatoren bei den »Tanner Lectures« und ihre eigene Auslegung. Nach der ersten Interpretation geht es in Coetzees Text »in erster Linie um die Darstellung eines Standpunkts bezüglich der Frage, wie wir mit Tieren umgehen sollen«.[440] Der Verweis auf den Holocaust wird hier als Teil eines *Arguments* gegen unsere Praktiken der Haltung und Schlachtung von Tieren verstanden.[441] Nach Diamonds eigener Interpretation hingegen geht es im Text »im Wesentlichen um die Darstellung einer verwundeten Frau.«[442] Diamond schreibt: »Sie [Costello] ist eine Frau, die vom Grauen dessen verfolgt wird, was wir Tieren antun. Wir sehen sie als jemanden, der durch dieses Wissen, dieses Grauen verwundet ist, und durch das Wissen, wie wenig andere davon verfolgt werden. Diese Wunde zeichnet und isoliert sie. Die Bilder des Holocaust sind maßgeblich für die Art und Weise, wie sie verfolgt wird und für ihre Isolation. Denn dieses Grauen mit Hilfe der Bilder des Holocaust aufzufassen, ist oder kann als tief verletzend empfunden werden.«[443]

Ich denke, Diamond hat im Großen und Ganzen Coetzees Text richtig interpretiert. (Stephen Mulhall hat übrigens (in: *The Wounded Animal. J.M.Coetzee and the Difficulty of Reality in Literature and Philosophy*) im Fahrwasser von Diamond eine ähnliche Auslegung wie sie formuliert, aber noch ausführlicher.) Da es mir in dieser Mail aber nicht um die korrekte Deutung von *LA* geht, sondern um die Frage nach der richtigen Form unseres gemeinsamen Buchs, werde ich einfach annehmen, dass Diamonds Interpretation zutreffend ist.

Nach dieser Interpretation ist Costello aber natürlich nicht einfach als eine alte Frau zu verstehen, die vor einem akademischen Publikum ihre Befindlichkeit äußert. Ein zentrales Anliegen von ihr ist eine kritische Auseinandersetzung mit philosophischen Auffassungen von tierischem Leben und unserem Verhältnis zu Tieren. Costello sagt, sie fühle sich wie der gebildete Affe Rotpeter in Kafkas »Ein Bericht für die Akademie«:[444] »Rotpeter war kein Forscher, der das Verhalten von Primaten untersucht, sondern ein gebrandmarktes, gezeichnetes, verwundetes Lebewesen, das sich als sprechender Beweis vor einer Versammlung von Wissenschaftlern präsentierte. Ich bin kein Philosoph des Geistes, sondern ein Lebewesen, das einer Versammlung von Wissenschaftlern eine Wunde zeigt und doch nicht zeigt – eine Wunde, die ich unter meiner Kleidung verberge, die ich aber mit jedem Wort, das ich äußere, berühre.«[445] Wenn Costello sich vor ihr akademisches Publikum stellt, tut sie dies, um ihren Zuhörern zu zeigen, dass der akademische Zugang – speziell der der »Philosophie des Geistes« – zu Tieren, eine angemessene Haltung zu Tieren unmöglich macht.

Nach Diamond ist es nicht Costellos Ziel, mit Hilfe von Argumenten irgendjemandem die richtige Haltung Tieren gegenüber zu beweisen. Im Gegenteil: Die Quelle ihrer »Wunde« liegt nicht nur in der menschlichen Behandlung von Tieren, sondern in bestimmten philosophischen Annahmen: »Wenn wir in den Vorlesungen eine verwundete Frau sehen, ist das, wodurch sie verwundet wird, gerade die übliche und für selbstverständlich erachtete Denkweise, wonach es ›ein ethisches Thema‹ sei, ›wie wir Tiere behandeln sollen‹, und das Wissen, dass man annehmen wird, sie liefere einen Beitrag zur Diskussion des Themas, oder habe die Absicht einen solchen zu liefern.«[446] Wenn Costello in einer Diskussion beim Abendessen vom Universitätspräsidenten gefragt wird: »Aber Ihr eigener Vegetarismus, Mrs. Costello, [...] der entspringt doch wohl einer moralischen Überzeugung?«, antwortet Costello: »Nein, das glaube ich nicht [...]. Er entspringt einem Verlangen, meine Seele zu retten.«[447] Warum sagt Costello, es ginge nicht um eine ethische Überzeugung? Was würde es bedeuten, wenn es sich um eine ethische Überzeugung handeln würde, für die man Argumente anbieten könnte? Von welchen philosophischen Annahmen möchte Costello sich hier distanzieren?

Diamond verweist auf eine Passage, die erklären könnte, worum es Costello hier geht. Es handelt sich auch um ein Gespräch beim Abendessen, diesmal geht es um eine Äußerung Costellos gegenüber dem Dekan, der den Tieren ein Fehlen an Bewusstsein zugeschrieben hatte. Costello sagt zu ihm: »Es ist eine gute Anmerkung, die Sie machen. Kein Bewusstsein, das wir als solches erkennen würden. Kein Bewusstsein von einem Selbst mit einer Geschichte, soweit wir das feststellen können. Was mir nicht gefällt, ist, was sich oft daran anschließt. Sie haben kein Bewusstsein, *also*. Also was? Also steht es uns frei, sie für unsere eigenen Zwecke zu nutzen? Also steht es uns frei, sie zu töten? Warum? Was ist so Besonderes an der Bewusstseinsform, die wir kennen, dass es ein Verbrechen ist, den Träger eines solchen Bewusstseins zu töten, während das Töten eines Tieres straflos bleibt? Es gibt Augenblicke – «.[448]

So wie Diamond sie versteht, lehnt Costello hier eine grundlegende philosophische Annahme ab. Die Annahme besteht darin, dass unsere Haltung Tieren gegenüber auf allgemeinen Merkmalen basieren muss. Wir müssen Charakteristika identifizieren, die bestimmte Lebewesen haben und andere Lebewesen nicht haben. Diese Merkmale dienen dann als Grundlage für Handlungsregeln: Lebewesen mit einer bestimmten Eigenschaft (z. B. Bewusstsein) darf man nur soundso behandeln; Lebewesen ohne diese Beschaffenheit (z. B. ohne Bewusstsein) darf man anders behandeln. Eine ethische Überzeugung hätte dann die Form einer solchen Handlungsregel. Unsere Aufgabe als Philosophen bestünde darin, solche Merkmale zu identifizieren. Ihre Identifikation wäre das Argument dafür, dass man sich unterschiedlichen Lebewesen gegenüber soundso verhalten darf. Wie bereits gesagt, ist nach Diamond eine Quelle der »Wunde« von Costello, dass ihre Zuhörerschaft von ihr erwartet, dass sie solche Handlungsregeln, Argumente und Merkmale liefern soll. Costello lehnt die philosophische Annahme ab, auf der diese Erwartung basiert.[449]

Ich habe gesagt, dass ich Diamonds Interpretation von Coetzee gerne zustimme. Wenn diese Interpretation stimmt, dann lehnt Costello eine bestimmte philosophische Annahme ab. Für mich als Philosophen stellt sich dann die Frage, ob Costello mit der Ablehnung dieser Annahme Recht hat. Nach dieser Annahme sollte unsere Haltung gegenüber Tieren auf *Argumenten* basieren. Worauf basiert aber die Ablehnung dieser Annahme? Ich bin gerne um des Arguments willen bereit zuzugeben, dass diese Ablehnung richtig ist. M. a. W.: Ich lehne für meine jetzigen Zwecke gerne ab, dass unsere Haltung Tieren gegenüber auf Argumenten basieren muss. Als Philosoph muss ich aber darauf bestehen, dass *diese Ablehnung* auf Argumenten basiert. Sonst wäre diese Ablehnung völlig unbegründet. Dies ist der Grund, weshalb ich darauf bestehe, dass wir eine rein argumentativ orientierte Monografie schreiben. Wir wollen eine Position, die eine

Weiterentwicklung der Auffassung von James darstellt, vertreten. Unsere Aufgabe als Philosophen besteht darin, mit Hilfe von Argumenten zu zeigen, dass diese Position richtig ist. Costello vertritt einen Standpunkt. Der fiktive Autor deines »Philosophischen Tagebuchs« hat auch bestimmte Überzeugungen. Unsere Aufgabe als Philosophen besteht darin, diese Standpunkte argumentativ zu prüfen.

Um meine Position klarzumachen, möchte ich etwas ausführlicher auf Diamonds eigenen Ansatz eingehen. Diamond hat an vielen Stellen eine Ansicht verteidigt, die der Auffassung sehr ähnelt, die Costello nach Diamond vertritt: Diamond und Costello lehnen beide die philosophische Annahme ab, dass unsere Haltung Tieren gegenüber auf Argumenten gründen muss. Diese Position hat Diamond z. B. in aller Deutlichkeit in »Anything but Argument?« verteidigt. So wie alle Texte von Diamond ist diese Arbeit sehr reichhaltig und ich möchte nur auf einen Aspekt eingehen. Diamond kritisiert in diesem Aufsatz eine philosophische Auffassung, die sie Onora O'Neill zuschreibt. Diese zeichnet sich durch zwei Thesen aus, die beide von Diamond kritisiert werden:

These 1: Eine moralische Haltung muss mit einem Verweis auf ein Prinzip begründet werden. Das Prinzip besteht in der Formulierung eines faktischen Merkmals (z. B. »X ist bewusstseinsfähig«) und der Formulierung der moralischen Relevanz dieses Merkmals (z. B. »Wenn X bewusstseinsfähig ist, dann darf man X nicht töten«). These 2: Um eine moralische Haltung kritisch zu prüfen, muss man Emotionen umgehen. Um seine moralische Haltung kritisch überprüfen zu können, darf ein Mensch nur mit »seinem Kopf und nicht mit seinem Herzen« denken.[450]

Diamond kritisiert beide Thesen in ihrem Aufsatz. Wie tut sie das? Mit Argumenten? Wenn man »Argument« so versteht, dass es entweder auf ein Prinzip im Sinne von These 1 hinausläuft oder Emotionen im Sinne von These 2 umgeht, dann bietet Diamond in diesem Aufsatz vielleicht keine Argumente. Diese Beschränkung der Bedeutung von »Argument« müssten wir beide, lieber Wilhelm, natürlich ablehnen. Wir wollen in unserer Monografie James' These verteidigen, dass philosophische Gründe emotionaler Art sein können. M. a. W.: Wir denken, dass die Wahrheit einer philosophischen These partiell von emotionalen Gründen abhängen kann. Man kann Argumentation aber einfach als »das Angeben von Gründen für Überzeugungen« verstehen.[451] Oder man definiert »Argument« wie folgt etwas enger: »Ein Argument besteht aus einer Reihe von Propositionen, von denen die eine, die Schlussfolgerung, Gegenstand von Streit oder Fragen ist, und die anderen, die Prämissen, eine tatsächliche oder potentielle

Grundlage bereitstellen, um den Streit beizulegen oder die Fragen auszuräumen.«[452] In beiden Fällen wird Argument oder Argumentation so verstanden, dass ein Argument einen Grund oder eine Grundlage formuliert, die zeigt, dass etwas wahr ist. Unsere These in diesem Buch läuft darauf hinaus, dass die Wahrheit mancher philosophischen Thesen von emotionalen Gründen abhängt. Dies bedeutet, dass die Richtigkeit mancher Argumente von emotionalen Gründen bestimmt wird.

Wenn das so ist, wie steht es dann mit Diamonds Kritik dieser Thesen? Besteht diese Kritik in Argumenten? Da es mir hier nicht um die Interpretation von Diamond geht, möchte ich nur ein Beispiel geben, um anschließend meinen eigenen Punkt klarmachen zu können. Diamond schreibt, dass einige Gedichte aus Wordsworths *Lyrical Ballads* darauf abzielen, die Leserschaft zu »neuen moralischen Reaktionen« zu führen.[453] Sie erwähnt einige Gedichte und zitiert zum Teil daraus. Ein Gedicht ruft nicht eine »neue moralische Reaktion« hervor, indem es uns ein Argument serviert. Trotzdem bewegt ein Gedicht uns nach Diamond nicht zu neuen moralischen Reaktionen, indem es unser Denken umgeht. Im Gegenteil: »[...] nur ein mit passenden Gefühlen erfülltes Denken ist treffliches Denken«, und Gedichte ermöglichen dem Leser, auf diese Weise besser zu denken.[454] Wir müssen hier zwei Ebenen unterscheiden: Der Gegenstand von Diamonds Text – moralisches Denken – ist die eine Ebene. Die andere Ebene besteht in der philosophischen Untersuchung über moralisches Denken. Auf der Ebene dieser Untersuchung will Diamond mit Hilfe des Verweises auf Wordsworths Gedichte zeigen, dass durch die Lektüre eines Gedichts wir in unserem moralischen Denken Fortschritte machen können. Ich meine, Diamond hat damit in ihrer philosophischen Untersuchung eindeutig ein Argument für eine philosophische These über moralisches Denken angeboten. Die These könnte man so formulieren, dass moralisches Denken nicht nur in argumentativem Denken besteht, sondern im Einsatz einer emotionalen Fähigkeit besteht, die uns die Lektüre von Gedichten vermittelt. Diamond untermauert diese These, indem sie zeigt, wie Gedichte von Wordsworth dies erreichen können. Sie argumentiert also für die These.

Diamond selbst würde dies vermutlich nicht bestreiten.[455] Aber mir geht es hier nicht um eine Interpretation von Diamond. Ich bin nur deshalb auf Diamonds »Anything but Argument?« eingegangen, um meine eigene Position bezüglich der Unerlässlichkeit philosophischer Argumentation klarzumachen. Ich gebe gerne zu, dass man durch Literatur – z.B. Wordsworths Gedichte oder Coetzees *LA* – Einsichten gewinnen kann, die man in philosophischen Argumentationen nicht gewinnen kann. Literatur hat im menschlichen Denken eine wichtige Rolle zu spielen und kann nicht durch Philosophie ersetzt werden. In unserem Werk vertreten wir aber bestimmte Thesen. Diese Thesen – so wie Diamonds Thesen über Gedichte und moralisches Denken und Costellos Ablehnung bestimmter philosophischer Annahmen – müssen argumentativ geprüft werden. Das Problem mit dem Charakter Costello und dem fiktiven Autor deines »Philosophischen Tagebuchs« besteht darin, dass sie Teile von Erzählstrukturen sind, die aufgrund ihrer inneren Logik das argumentative Prüfen der Positionen von Costello und deinem fiktiven Autor unmöglich macht. Ich will die literarische Leistung von *LA* dadurch nicht schmälern. Ich will auch nicht sagen, dass *LA* uns keine Einsichten vermittelt, die philosophische Argumente nicht vermitteln können. Ich will nur sagen, dass Costello Thesen vertritt, die innerhalb eines narrativen Rahmens nicht geprüft werden können. Dafür muss man aus der Erzählung aussteigen und diese Thesen einer argumentativen philosophischen Untersuchung unterziehen. Dies gilt natürlich genauso für dein »Philosophisches Tagebuch«. Dieser Text ist als eine Entwicklungsgeschichte angelegt, die die systematische Prüfung der darin enthaltenen Thesen blockiert. Deshalb lehne ich die Aufnahme dieses Textes in unser Buch ab.

Herzliche Grüße, Bill

*

Lieber Bill,

ich bin dir sehr dankbar, dass du *The Lives of Animals* und *Elizabeth Costello* in unseren Austausch aufgenommen hast! Ich habe die Werke nun gelesen und bin begeistert. Ich schäme mich, dass ich sie vorher nicht direkt rezipiert hatte. Ferner habe ich Diamonds »The Difficulty of Reality and the Difficulty of Philosophy« mit großem Vergnügen gelesen. Ich kannte bereits einiges von ihr, aber diesen Text hatte ich noch nicht gelesen.

Diamonds Text bringt mich zu meiner Antwort auf deinen Brief, der selbstredend sehr gut argumentiert ist, aber meines Erachtens dennoch an der Sache vorbeigeht. Du hast etwas Entscheidendes in Diamonds Text unterschlagen. Der Abschnitt in ihrem Aufsatz, in dem sie Coetzees *The Lives of Animals* einführt, ist mit folgendem Motto versehen: »Wenige von uns sind nicht irgendwie schwach oder sogar erkrankt; und gerade unsere Schwächen helfen uns unerwartet. – William James, *The Varieties of Religious Experience*.« Später im selben Abschnitt verweist sie zurück auf dieses Motto mit den Worten: »Wie William James in seinen Gifford Lectures sagt, können wir von der ›kranken Seele‹ lernen, wie die Wirklichkeit zu sehen ist.«[456] (Ich bin echt vom Hocker gefallen, als ich diese Verweise auf James in Diamonds Text entdeckt habe!)

Ich bin dir deswegen so dankbar für diese Texte, da sie mir hoffentlich ermöglichen, dir mein Anliegen mit meinem »Philosophischen Tagebuch« endlich besser zu erklären. Du sagst ja selbst, dass du bereit bist, Diamonds Interpretation von *The Lives of Animals* zu akzeptieren. Nach Diamond möchte Coetzee uns Costellos »tiefe Verstörung der Seele« zeigen.[457] In diesem Kontext verweist sie auf das Ende von *The Lives of Animals*. Wie du weißt, ist Costellos Sohn an dieser Stelle dabei, sie zum Flughafen zu fahren und entschuldigt sich bei der Mutter, er hätte bei diesem kurzen Besuch nicht Zeit gehabt, »sich daraus einen Reim zu machen«, warum sie »die Tierfrage so extrem bewegt.« Ich zitiere den darauf folgenden Text ausgiebiger als Diamond:

»Sie blickt auf die Scheibenwischer, die sich hin und her bewegen. ›Eine bessere Erklärung dafür ist, dass ich dir den Grund nicht gesagt habe oder nicht zu sagen wage‹, meint sie. ›Wenn ich an die Worte denke, kommen sie mir so ungeheuerlich vor, dass sie am besten in ein Kissen gesprochen werden oder in eine Grube, wie in der Geschichte vom König Midas.‹

›Ich verstehe nicht. Was kannst du nicht sagen?‹

›Dass ich nicht länger weiß, wo ich mich befinde. Es hat den Anschein, als bewegte ich mich völlig ungezwungen unter den Menschen, als hätte ich völlig normale Beziehungen zu ihnen. Ist es denn möglich, frage ich mich, dass sie alle an einem Verbrechen unvorstellbaren Ausmaßes teilhaben? Phantasiere ich mir das alles zusammen? Ich muss wohl verrückt sein! Aber täglich sehe ich die Beweise. Eben die Leute, die ich verdächtige, liefern mir den Beweis, stellen ihn zur Schau, bieten ihn mir an. Leichen. Leichenteile, die sie mit Geld gekauft haben.‹

›Es ist, als würde ich Freunde besuchen und eine höfliche Bemerkung über die Lampe in ihrem Wohnzimmer machen, und sie würden sagen: <Ja, sie ist nett, nicht wahr? Sie ist aus polnisch-jüdischer Haut gefertigt, wir finden, die ist beste Qualität, die Haut von polnisch-jüdischen Jungfrauen.> Und dann gehe ich ins Bad, und auf der Seifenhülle steht: <Treblinka – 100% menschliches Stearin.> Träume ich, frage ich mich? Was ist das für ein Haus?‹

›Doch ich träume nicht. Ich schaue in deine Augen, in Normas Augen, in die Augen der Kinder, und ich sehe nur Güte, menschliche Güte. Beruhige dich, sage ich mir, du machst aus einer Mücke einen Elefanten. So ist das Leben.

Alle anderen finden sich damit ab, warum kannst du es nicht? *Warum kannst du es nicht?‹*

›Den Tränen nahe wendet sie ihm ihr Gesicht zu. Was will sie denn?‹, denkt er.«[458]

Ich habe so ausgiebig zitiert, damit diese Passage dich, lieber Bill, bei der Lektüre meiner Mail mit voller Wucht trifft. Ich will nicht sagen, dass wir Costellos Haltung akzeptieren sollten. Du machst aber den Fehler, die philosophische Relevanz von der Figur Costello auf ihre Haltungen reduzieren zu wollen. Mir geht es genauso wenig wie dir um eine Interpretation von Diamond. Aber der Vergleich mit James' »kranken Seelen« und den »zweifach Geborenen« ist an dieser Stelle zwingend. Die philosophische Relevanz von Coetzees Text besteht auch darin, dass er es uns ermöglichen will, einer »kranken Seele« als Menschen zu begegnen. Man soll sich als Philosoph nicht nur fragen, ob Costello Recht hat, sondern man soll es wagen, sich in ihren Seelenzustand zu begeben. Ich würde sagen, man lernt nur von Costello, wenn man sich mit ihr in diesen Zustand begibt, aber ihn dann auch überwindet: wenn man ein »zweifach Geborener« wird. Dafür ist aber eine menschliche Entwicklung notwendig.

Der Zweck meines »Philosophischen Tagebuchs« ist ähnlich. *The Lives of Animals* hat selbstredend eine andere Struktur. Ich bin kein Schriftsteller und habe mich gegen den Versuch entschieden, eine philosophische Erzählung zu schreiben. Mein Text kann daher nicht die menschlichen Tiefen von Coetzees Text haben. Dennoch hat der fiktive Autor des »Philosophischen Tagebuchs« eine ähnliche Funktion wie Costello. Akzeptiert dieser fiktive Autor Thesen? Ja, selbstredend, sie werden in seinem Tagebuch entwickelt. Müssen diese Thesen argumentativ verteidigt werden? Ja, selbstredend. Und selbstredend können sie innerhalb des Tagebuchs nicht ausreichend verteidigt werden. Darum geht es mir aber nicht im »Philosophischen Tagebuch« und das müsstest du verstanden haben. Um ein guter Philosoph zu werden, muss man sich als ganzer Mensch entwickeln. Dafür reicht die Prüfung von Thesen nicht aus. Man muss in philosophische Melancholie hineingeraten – diese »tiefe Verstörung der Seele« ist aus meiner Sicht entscheidend. Das ist ein Zustand, der über die Akzeptanz und Prüfung von Thesen hinausgeht. Man muss diese philosophische Verzweiflung mit seinem ganzen Wesen spüren. Sonst ist man kein guter Philosoph. Man muss aber auch ahnen, dass mit einem etwas nicht in Ordnung ist, so wie Costello es auch ahnt. Man darf es aber nicht nur ahnen, sondern muss sich – wie die »zweifach Geborenen« – mit Verstand und aller Kraft aus diesem Zustand herausreißen, ohne dass die Spuren der Verzweiflung jemals getilgt werden.

Mein »Philosophisches Tagebuch« ist keine philosophische Erzählung, aber dennoch lädt es den Leser ein, mit sich selbst als Mensch etwas geschehen zu lassen. Das ist notwendig, um ein guter Philosoph zu werden. Das kann eine rein argumentativ orientierte Monografie nicht vermitteln. Ich verstehe dich, lieber Bill, sehr gut. Wann wirst du mich endlich verstehen?

Es grüßt dich herzlichst dein Freund

Wilhelm

*

Lieber Wilhelm,

du denkst, ich habe dich nicht verstanden. Natürlich verstehe ich dich. Ich bin nur nicht einverstanden. Du begreifst aber offenbar nicht meine Position. Ich habe nichts gegen Literatur. Ich habe in meinem letzten Brief explizit gesagt, dass Literatur Einsichten vermittelt, die Philosophie nicht ausdrücken kann. Aber – und dies ist der springende Punkt – diese Wahrheit über Philosophie und Literatur muss in der Philosophie mit Argumenten bewiesen werden. Ich bin daher für eine Trennung der Genres der Philosophie und der Literatur. Unser Buch ist ein philosophisches Werk. Wenn wir in diesem Werk von der Form einer philosophischen Monografie abweichen, dann unterminieren wir unser Projekt.

Unserem Projekt liegt die These zugrunde, dass eine philosophische Theorie nicht nur mit theoretischen Argumenten bewiesen werden kann. Stattdessen muss sie im Leben getestet werden. Sie muss von einem konkreten Menschen in seinem Leben mit dem Einsatz seiner ganzen Fähigkeiten geprüft werden. Darin sind wir uns einig. Aber *diese These* müssen wir mit philosophischen Argumenten beweisen.

Unsere These besagt außerdem, dass man ein wahrer Mensch werden muss, um eine philosophische Theorie testen zu können. Aber wie wird man ein wahrer Mensch? So wie Philosophie und Literatur als Genres voneinander getrennt werden müssen, muss philosophisches Argumentieren auch vom Leben getrennt werden. Ein guter Philosoph wird man, indem man sich mit den relevanten philosophischen Theorien argumentativ auseinandersetzt *und* sie im Leben testet. Dies sind zwei unterschiedliche Tätigkeiten: eine Theorie argumentativ zu prüfen und sie im Leben zu testen. Um ein guter Philosoph zu sein, muss man beides tun. Unsere Aufgabe als Autoren philosophischer Bücher muss sich aber auf den einen Bereich begrenzen. Wir laden unsere Leser auf keine persönlichen Entdeckungsreisen ein. Wir leisten die argumentative Arbeit. Der Leser soll von uns eine artikulierte und argumentativ untermauerte Theorie erhalten. Diese Theorie muss er dann im Leben testen. Mit diesem zweiten Teil haben wir als Autoren philosophischer Bücher nichts zu tun.

Ich habe mich in Kapitel 4 darauf eingelassen, eine biografische Erzählung über James zu schreiben. Ich wollte es eigentlich nicht machen, aber deine Äußerungen zu James' Krise in Kapitel 3 haben eine Diskussion von dem Krisenbegriff und verwandten Themen nötig gemacht. Mir war es außerdem wichtig, eine philologisch korrekte Interpretation von James' Auffassung vom Verhältnis von Philosophie und Leben zu liefern. Dafür habe ich das biografische Kapitel auch verwendet. Wie ich in § 4.1. und § 4.4. klargemacht habe, hätte man diese Punkte aber auch erläutern können, ohne die Form der biografischen Erzählung dafür zu wählen. Dieses Kapitel diente nicht dem Zweck, den Leser dazu einzuladen, James' Leben in irgendeiner Hinsicht nachzuleben. Im Gegensatz zu deinem »Philosophischen Tagebuch« steht das biografische Kapitel in keinem Widerspruch zu dem essentiell argumentativen Ziel des Buchs. Kapitel 4 ist philologisch und bereitet damit den Boden für die argumentative Auseinandersetzung mit James. Dein »Philosophisches Tagebuch« ist nicht philologisch und schließt innerhalb des Rahmens des Tagebuchs eine solche argumentative Auseinandersetzung aus.

Ich kann dein »Philosophisches Tagebuch« nicht als Zusatz zu unserem Buch stehen lassen, um dann mit der argumentativen Auseinandersetzung anzufangen. Ich verstehe ganz genau, was du willst. Du willst mit diesem Tagebuch sagen, dass unser Leser philosophische Melancholie durchmachen muss. Diese Meinung teile ich nicht. Unser Leser muss James kennen. Er muss auch unsere argumentative Auseinandersetzung mit James begreifen. Dann – nach der Lektüre des Buchs – muss der Leser die relevanten Theorien in seinem Leben testen.

Herzliche Grüße, dein Bill

*

Lieber Bill,

es würde für mich enttäuschend sein, wenn ich dich am Ende nicht überzeugen könnte. Aber es macht mir schlicht auch Freude, mit dir über dieses Thema auf diese Weise zu diskutieren!

Du hast drei Dichotomien vertreten, die ich alle nicht akzeptieren kann: Philosophie vs. Literatur, Philosophie vs. Leben, Philosophie vs. Biografie.

Selbstredend sollte es Literatur geben, die keine Philosophie darstellt. Und selbstredend darf es auch philosophische Werke geben, die sich auf die Formulierung von Thesen und deren Begründung beschränken. Ich kann meinen philosophischen Auftrag aber nicht erfüllen, wenn ich mein Schreiben von allen nicht argumentativen Elementen bereinige. Es ist ein primärer Auftrag der Philosophie zu zeigen, wie man ein guter Philosoph wird. Dazu muss man einen möglichen individuellen Entwicklungsweg vorzeichnen. Das ist eine genuin philosophische Aufgabe. Wenn man sie ignoriert, hat man nicht gezeigt, worin gute Philosophie besteht. Man darf sich daher als Philosoph nicht auf argumentativ orientierte Monografien begrenzen und alles andere den Schriftstellern überlassen. Mein »Philosophisches Tagebuch« ist keine Literatur und sollte es auch nicht sein. Es ist aber auch nicht einfach ein argumentativ orientierter Text. Deine Dichotomie macht dich für die Notwendigkeit solcher Texte blind.

Deine Dichotomie zwischen Philosophie und Leben finde ich ebenfalls befremdlich. Ich denke, es ist wichtig, sich in philosophischen Texten damit zu beschäftigen, was es bedeutet, nach gewissen Vorstellungen von Philosophie zu leben. Du verbannst dieses Thema zwar nicht direkt aus der Philosophie. Du verlangst nur, dass ein philosophischer Text dieses Thema höchstens als *Inhalt* haben kann. Der philosophische Text selbst muss die *Form* eines argumentativen Werks haben. Damit isolierst du aber philosophisches Schreiben und Lesen vom Leben. Das Leben findet nur in den Texten statt, insofern das Argumentieren ein Teil vom Leben ist. Alles, was in den von dir erlaubten Texten *getan* wird, ist Argumentieren. Ich denke hingegen, dass der philosophische Text selber dem nachspüren muss, was es heißt, nach einer gewissen Vorstellung von Philosophie zu *leben*. Das kann der Text nur, wenn das Lesen des Textes in einer anderen Aktivität als dem Nachvollzug von argumentativen Schritten besteht. Der Text muss es dem Leser ermöglichen, sich in das Leben einer Person zu begeben, die nach gewissen Vorstellungen von Philosophie lebt. Der Leser muss dieses Leben gewissermaßen *erleben*, nicht einfach argumentativ durchleuchten. Solche philosophischen Texte stehen dem Leben viel näher als rein argumentative Texte. Du behauptest, du teilst mit mir die Auffassung, dass philosophische Theorien im Leben getestet werden müssen. Wenn du wirklich dieser Meinung bist, finde ich es befremdlich, dass Philosophen als Philosophen nur Texte schreiben dürfen, die möglichst weit entfernt vom Vollzug des Lebens stehen.

Ich sehe eine gewisse Diskrepanz zwischen dem biografischen Text, den du tatsächlich geschrieben hast, und deinen theoretischen Äußerungen über diesen Text. Du behauptest, du hättest alles, was du sagen willst, ohne diese biografische Erzählung sagen können. Dennoch führst du uns genau genommen die Entwicklung der philosophischen Melancholie einer individuellen Person vor – nämlich des konkreten Menschen William James. Falls du mein »Philosophisches Tagebuch« wirklich aus unserem Werk verbannen wirst, bin ich froh, dass es mindestens dieses biografische Kapitel gibt. Ich wollte selbst zwar tatsächlich kein biografisches Kapitel, da ich dachte, dass die Kontingenzen einer Biografie die Notwendigkeiten einer philosophischen Entwicklung verschleiern. Das denke ich genau genommen immer noch, aber ich frage mich in der Zwischenzeit, ob ich mich mit dieser Unterscheidung doch unbewusst zu sehr an Sartres fragwürdiger Unterscheidung (in *La Nausée*) zwischen der Kontingenz einer Biografie und der Notwendigkeit einer Erzählung orientiert habe. Aber lassen wir das.

Ich wollte heute eigentlich einen anderen wichtigen Punkt thematisieren. Ich habe in meiner letzten Mail ausgeblendet, dass Coetzees *The Lives of Animals* selbstredend nicht auf die Person Costello reduziert werden darf. Ich habe ignoriert, dass Diamond – wie du weißt – in »The Difficulty of Reality and the Difficulty of Philosophy« explizit nicht sagen will, dass die »kranke Seele« uns den richtigen Blick auf die Realität serviert. Wie du weißt, bleibt nach Costellos Vortrag beim Abendessen der Platz eines der eingeladenen Gäste leer, und es stellt sich heraus, als Costello am nächsten Tag von ihm einen kurzen handgeschriebenen Brief erhält, dass der Gast (der Dichter Abraham Stern) aus Protest nicht gekommen ist. Für meine Zwecke an dieser Stelle ein kleiner Auszug aus dem Brief: »Wenn man die Juden wie Vieh behandelte, folgt daraus nicht, dass Vieh wie Juden behandelt wird. Diese Umkehrung beleidigt das Andenken der Toten. Sie beutet auch die Greuel der Lager auf billige Weise aus. Verzeihen Sie mir meine Offenheit. Sie haben gesagt, Sie seien zu alt, um Zeit auf Verbindlichkeiten verschwenden zu können, und auch ich bin ein alter Mann.«[459]

Costello ist ein konkreter individueller Mensch, der eine »tiefe Verstörung der Seele« zeigt. Wie die Stelle vom Ende von *The Lives of Animals* zeigt, die ich in meiner letzten Mail zitiert habe, sieht Costello das Verhalten der gütigen Menschen um sich, die Tierprodukte verwenden, als völlig vergleichbar mit dem Verhalten von Personen, die mit einer Selbstverständlichkeit Produkte verwenden würden, die man aus Leichen ermorderter polnischer Juden der Todeslager der Nazis gewonnen hätte. Dass sie es so sehen muss, ist für Costello verstörend und sie fragt sich selbst, ob sie wahnsinnig sei. Abraham Stern reagiert nicht auf Costellos Vortrag mit einer höflichen akademischen Frage nach ihrem Vortrag. Er bleibt demonstrativ vom Abendessen weg und erklärt seine Abwesenheit persönlich in einem Brief, in dem er auch schreibt: »Im Mittelpunkt Ihrer Vorlesung schien mir die Frage des Brotbrechens zu stehen. Wenn wir es ablehnen, mit den Henkern von Auschwitz unser Brot zu brechen, können wir dann weiter unser Brot mit den Schlächtern von Tieren brechen?«[460] Sterns Abwesenheit vom Abendessen ist selbstredend eine Verweigerung gewesen, mit Costello »Brot zu brechen«. (Ja, ich habe auch Stanley Cavells Aufsatz »Companionable Thinking« gelesen, der diesen Punkt betont.) Diamond weist zu Recht darauf hin, dass man die Perspektiven von Costello und Stern nicht vereinen kann. Übernimmt man die eine Sichtweise, verliert man die andere: »Aber Coetzee zeigt uns auch, dass Costellos Verständnis unserer Beziehung zu Tieren das ganze Grauen dessen, was wir einander antun, in den Schatten zu stellen scheint, so als wären wir außerstande, den Holocaust als Bild für das, was wir den Tieren antun, im Blick zu behalten, ohne unsere Fähigkeit zu verlieren, den Holocaust selbst zu sehen und zur Gänze zu erkennen, was er uns über uns selbst zeigt.«[461] Diamond macht aber auch richtigerweise deutlich, dass man Costello und Stern nicht einfach als Vertreter von zwei Perspektiven sehen darf. Sie sind zwei konkrete Menschen, dessen Art ihr Leben zu führen und zu verstehen, es ihnen unmöglich macht, gemeinsam »Brot zu brechen«.

Mir geht es in dieser Mail nicht um die richtige Interpretation von *The Lives of Animals*. Ich denke nur, dass diese Begegnung von Costello und Stern in Coetzees Text mir ermöglicht, einen wichtigen Punkt zu machen. Ich hatte in meiner letzten Mail nicht nur (wie Diamond) von James' »kranker Seele« gesprochen, sondern auch von den »zweimal Geborenen«. Costello ist eine »kranke Seele«, sie ist aber keine »zweimal Geborene«. Sie geht nicht über ihre Verbindung zwischen Massentierschlachtung und dem Holocaust hinaus. Die Begegnung zwischen Costello und Stern wirft die Frage auf, ob es überhaupt denkbar ist, dass Costello eine »zweimal Geborene« wird. Erleben wir in Costello und Stern nicht eine Konfrontation zwischen zwei Lebensweisen, die sich nicht zusammenbringen lassen? Ist die Wahrheit über diese Themen möglicherweise nur zu haben, wenn wir beide Lebensperspektiven und Charaktere berücksichtigen, ohne sie integrieren zu können? Ich möchte diese Fragen jetzt nicht beantworten. Ich verwende Costello und Stern zudem nur beispielhaft. Mir geht es darum, lieber Bill, dass diese Fragen sich nicht in einem argumentativen Austausch der Perspektiven von Costello und Stern beantworten lassen. Was auch immer die Antworten sind, sie zeigen sich durch die literarische Form. Wenn du zugibst, dass es dabei um wichtige philosophische Fragen geht, hätten wir philosophische Fragen gefunden, für deren Beantwortung wir eine andere literarische Form als eine argumentative Monografie bräuchten. Wenn das der Fall ist, warum sollte es nicht auch für die Fragen gelten, die unser Projekt behandelt? Bitte denk darüber nach.

Ich verliere mich in unserem Austausch und mir wird nun bewusst, dass ich dabei stets vergesse, auch deine Familie zu grüßen. Ich hoffe von Herzen, dass es euch allen gut geht. Dein Wilhelm

——— * ———

Lieber Wilhelm,

für wie naiv hältst du mich eigentlich? Es ist mir selbstverständlich klar, dass Costello und Stern zwei konkrete Menschen darstellen, die nicht einfach intellektuelle Perspektiven repräsentieren. Es handelt sich bei *LA* schließlich um eine Erzählung und nicht um eine philosophische Abhandlung. Unsere Aufgabe *als Philosophen* besteht aber darin, die Richtigkeit der Haltungen von Costello und Stern zu prüfen. Es gibt hier vier Möglichkeiten: 1. Costello hat Recht. 2. Stern hat Recht. 3. Beide haben wichtige Aspekte beizutragen und man kann die jeweils richtigen Elemente ihrer Haltungen in eine einzige richtige Gesamthaltung integrieren. 4. Beide Perspektiven haben ihre Berechtigung, aber man kann sie nicht in eine einzige Gesamthaltung integrieren.

Unsere Aufgabe als Philosophen besteht darin zu bestimmen, welche dieser vier Möglichkeiten stimmt. Diese Aufgabe kann von keiner Erzählung wie *LA* gelöst werden. Darin besteht unsere intellektuelle Verpflichtung als Philosophen. Dies ist auch unser Auftrag in unserem Projekt. Inwiefern hat James Recht und inwiefern hat er nicht Recht? Dafür brauchen wir – das muss du endlich einsehen – *Argumente*.

Herzliche Grüße, Bill

——— * ———

Lieber Bill,

du bist stets so ernst bei der Sache. Man muss es lieben! Aber ich werde das Gefühl nicht los, dass du denkst, dass ich etwas gegen Argumente hätte. Ich habe auch das Gefühl, dass du implizit angefangen hast, Costello mit mir zu verwechseln. Ich bin dir sehr dankbar, dass du *The Lives of Animals* und *Elizabeth Costello* ins Spiel gebracht hast. Aber verwechsle bitte Costellos

Einstellungen nicht mit meiner Position! Ich teile nicht Costellos Skepsis gegenüber Argumenten. Wie du weißt, treibt es Coetzee mit Costello in »Lesson 8. At the Gate« in *Elizabeth Costello* sogar noch weiter. Ich weiß nicht, wie du den Ort an dem Costello in diesem Kapitel ist, beschreiben würdest. Ist sie an einem Ort nach dem Tod? Zwischen Leben und Tod? Im eigenen Roman? Der Erzähler weiß es ja genau genommen auch nicht. In expliziter Anspielung auf Kafkas »Vor dem Gesetz« und andere kafkaeske Szenarien wissen wir jedenfalls, dass Costello für den Durchgang durch ein Tor die eine Bedingung gestellt wird, sie möge aufschreiben, was sie glaube. (Man könnte selbstredend auch sagen »wovon sie überzeugt sei«; das englische »believe« ist ja ambivalent.) Ich habe selbstredend ständig Zweifel an meinen Überzeugungen. Costellos Schwierigkeiten zu artikulieren, was sie glaubt, beziehen sich aber nicht auf den Inhalt ihrer Überzeugungen. Am Anfang des Kapitels leugnet sie, überhaupt so etwas wie Überzeugungen zu haben. Sie tut so, als ob es im Leben – vor allem im Leben einer Schriftstellerin – um etwas anderes geht, als Überzeugungen zu haben. Ich bin der absolut gegenteiligen Meinung. Dabei geht es mir nicht einfach um triviale faktische Überzeugungen, sondern um philosophische. Coetzees Erzählung deutet an, Überzeugungen wären etwas, was man Personen von außen aufzwingen würde. Costello muss zweimal vor ein Tribunal treten, das Überzeugungen als etwas Gutes darstellt und prüft, ob Costellos Aussagen, als Überzeugungen im Sinne des Tribunals gelten dürfen. Ich denke hingegen, dass philosophische Überzeugungen Antworten auf unsere persönlichen Lebensfragen sind. Auch in diesem Punkt bin ich also ganz anderer Meinung als Costello.

Ich gehe an dieser Stelle ganz mit James. Costello und James sind »kranke Seelen«, habe ich gesagt. James unterscheidet sich aber auch wesentlich von Costello. Die Frage »Ist mein Wille frei?« ist keine, die man erst in Philosophielehrbüchern entdeckt. Es ist eine Frage, die sich jeder über seine eigenen Entscheidungen fragt. Die Antwort darauf ist keine akademische Angelegenheit, sondern essentiell für das Selbst- und Weltverhältnis eines jeden. Eine Antwort zu geben, ist einer Überzeugung zu sein. So sieht es James auch. »Meine erste Tat aus freiem Willen sei dies: an den freien Willen zu glauben«, heißt es in der Krisennotiz. Man wird nicht – wie es in *Elizabeth Costello* nahegelegt wird – von einem Tribunal dazu gezwungen, Überzeugungen zu haben. An den freien Willen zu glauben, ist eine existentielle Angelegenheit.

Costello sieht eine Kluft zwischen Überzeugungen und ihrem Herzen: »Ich habe Überzeugungen, aber ich glaube nicht an sie. Sie sind nicht wichtig genug, um an sie zu glauben. Ich bin mit dem Herzen nicht bei ihnen.«[462] Wie deine wunderbare Interpretation der Philosophienotiz im biografischen Kapitel zeigt, liegt dieses Verhältnis bei James ganz anders. In dieser Notiz schreibt James, dass wir bessere Philosophen sind, wenn wir unser Herz einsetzen. Das Herz wird aber nicht als Alternative zu Überzeugungen verstanden, sondern als die Grundlage für den Erwerb der richtigen Überzeugungen als Antworten auf philosophische Fragen. Über diesen Einsatz des Herzens schreibt James: »Der Weg steht uns offen – wir betreten ihn auf eigene Gefahr.« Wir setzen unsere ganze Person aufs Spiel, um die existentiellen Fragen unseres Lebens zu beantworten. Sie zu beantworten, heißt sich philosophisch zu positionieren – sich eine philosophische Überzeugung zu eigen zu machen. Ich sehe es ganz und gar wie James.

Es sollte also ersichtlich sein, dass du mein Ideal nicht mit Costello gleichsetzen darfst, auch wenn ich sie als »kranke Seele« gepriesen habe! Ich möchte dir aber meine Haltung zu Thesen und Argumenten noch deutlicher machen. Du hast *The Lives of Animals* und *Elizabeth Costello* in unsere Korrespondenz eingeführt. Ich erlaube mir nun, ein deutsches Buch kurz vorzustellen, um meine Position deutlicher zu machen: *Die Lehren der Philosophie. Eine Kritik* (erweiterte Ausgabe) von Michael Hampe. Ich gehe davon aus, dass du das Buch nicht kennst. Du liest zwar Deutsch, aber mir fällt auf, dass du dich nie auf zeitgenössische deutschsprachige Werke beziehst. Ich werde dir auf dem Postweg ein Paket mit Büchern und Aufsätzen von deutschsprachigen Autoren zukommen lassen. (Hampe diskutiert übrigens *Elizabeth Costello* eingehend.)

Hampe unterscheidet zwischen doktrinärer und nichtdoktrinärer Philosophie. Wie der Titel seines Buchs deutlich macht, ergreift er im Buch (nicht ganz ohne Einschränkung) für die nichtdoktrinäre gegen die doktrinäre Philosophie Partei. Genauso wenig wie es mir in anderen Mails um die korrekte Interpretation von Diamond ging, geht es mir an dieser Stelle um die Darstellung der komplexen Position von Hampe. Ich will seine nützliche Unterscheidung bloß für meine Zwecke verwenden.

Nach der doktrinären Philosophie geht es in der Philosophie darum, Behauptungen bzw. Lehren bzw. Doktrinen aufzustellen. Die Unterscheidung zwischen doktrinärer und nichtdoktrinärer Philosophie kann man anhand zwei möglicher Interpretationen der Dialoge von Platon erläutern. Zum einen könnte man diese Dialoge als Bemühungen verstehen, Behauptungen zu prüfen und dadurch eine Lehre aufzubauen. Die früheren Dialoge, die eher ergebnislos enden, wären in dem Fall gewissermaßen als notwendige

Schritte in der Entwicklung einer komplexen Theorie zu verstehen, die sich in den späteren Dialogen Platons entfalten wird. In allen Dialogen würde es aber grundsätzlich um die argumentative Prüfung von Behauptungen gehen. Ein Dialogpartner stellt eine Behauptung auf, die danach im Gespräch argumentativ geprüft wird. In den früheren Dialogen würde diese Prüfung eher zur Widerlegung von gewissen Behauptungen führen, in den späteren Dialogen zum Aufbau einer Lehre. Zum anderen könnte man die früheren Dialoge – die sokratischen Dialoge – als das Treiben einer nichtdoktrinären Philosophie verstehen. Eine nichtdoktrinäre Philosophie kann ihren Ausgangspunkt von Behauptungen nehmen, muss es aber nicht. Wenn sie es tut, ist der Zweck aber nicht, Behauptungen aufzustellen. Die Figur Sokrates der frühen Dialoge wird durch »die Behauptungen anderer« zur Philosophie getrieben, »ohne selbst solche Behauptungen« aufzustellen. Das Ziel der Dialoge ist nicht das Behaupten, sondern die Überwindung vom »Bedürfnis des Behauptenmüssens«.

Hampe versteht gewisse seiner eigenen Publikationen (*Das vollkommene Leben. Vier Meditationen über das Glück* und *Tunguska oder Das Ende der Natur*) als Beispiele nichtdoktrinärer Philosophie, während er seine Tätigkeit in *Den Lehren der Philosophie* als Kritik versteht, die er weder als doktrinäres noch als nichtdoktrinäres Philosophieren auffasst.

Mir geht es an dieser Stelle nicht um Hampes eigene Position. Wenn ich mich aber zwischen doktrinärer und nichtdoktrinärer Philosophie entscheiden müsste, müsste ich mich wohl als doktrinären Philosophen beschreiben. Philosophie besteht für mich essentiell in Thesen und Argumenten für diese Thesen. Die Thesen müssen so deutlich wie möglich artikuliert werden. Es muss für diese so sorgfältig wie möglich argumentiert werden. Es müssen Einwände gegen die Thesen besprochen und entkräftet werden. Die Thesen müssen zu einem philosophischen System ausgebaut werden, damit der Zusammenhang aller Thesen so deutlich wie möglich wird. Und es gibt zudem nichts Schöneres als ein gelungenes philosophisches System! Muss nicht das Herz jedes Philosophen angesichts der Monadologie von Leibniz aufgehen?

Ich muss mich aber nicht entscheiden. Die Philosophie ist weder doktrinär noch nichtdoktrinär. Die Philosophie ist *nicht* nichtdoktrinär: Sie besteht nicht darin, das Behaupten und das Argumentieren zu überwinden. Sie ist aber auch *nicht* doktrinär: Das Behaupten und das Argumentieren sind zwar essentielle Teile der Philosophie, aber Philosophie besteht *nicht nur* in Thesen und Argumenten. Manche philosophischen Wahrheiten lassen sich nicht mit Hilfe von Thesen und Argumenten zum Ausdruck bringen.

Ein philosophisches Werk muss daher im Treiben des Behauptens und des Argumentierens bestehen. Es muss bis zum Äußersten versucht werden, alle Wahrheiten auf diese Art und Weise zum Ausdruck zu bringen. Durch das Scheitern dieses Versuchs können gewisse Wahrheiten zum Ausdruck gebracht werden. Ein philosophisches Werk muss daher durch seine Form dieses Scheitern vorführen und auf diese Weise diese Wahrheiten ausdrücken.

Damit bringe ich aber bloß ein Programm zum Ausdruck. Ich weiß selbst nicht, welche Form eines philosophischen Werks dafür geeignet wäre. Ich habe in einer früheren Mail gesagt, dass je nach Thema eine andere Form eines philosophischen Werks verlangt wird. Ich habe mein »Philosophisches Tagebuch« geschrieben, um unter anderem der Rolle der philosophischen Melancholie im Leben eines Philosophen gerecht zu werden. Welche literarische Form ein philosophisches Werk haben muss, um die Grenzen des philosophischen Behauptens und Argumentierens zu zeigen, weiß ich nicht. Ich weiß nur, dass in einem solchen Werk leidenschaftlich und sorgfältig für philosophische Thesen argumentiert werden müsste. Der Versuch, mit argumentativer Philosophie die Wahrheit vollständig zum Ausdruck zu bringen, dürfte in diesem Werk nie aufgegeben werden. Ein philosophierender Mensch darf mit dem Argumentieren nie aufhören. Die *Form* des Werks müsste zeigen, in welchem Sinne dieser Versuch an seine Grenzen kommt, aber auch, warum dieser zum Scheitern verurteilte Versuch die Philosophie dennoch ausmacht. Es ist auch an dieser Stelle selbstredend nicht mein Ziel, die dafür geeignete Form zu finden. Mir geht es bloß darum, dir – mein lieber Bill – mit aller Deutlichkeit ersichtlich zu machen, dass ich gegen Thesen und Argumente nichts habe. Kannst du denn nicht sehen, wie nahe wir uns in Wirklichkeit stehen?

Mit den allerliebsten Grüßen, dein Wilhelm

———— * ————

Lieber Wilhelm,

ich verstehe nicht, warum du denkst, dass bestimmte philosophische Wahrheiten *nur* durch die *Form* eines philosophischen Werks zum Ausdruck gebracht werden können. Lassen wir diesen allgemeinen Punkt aber beiseite und konzentrieren wir uns auf unser Projekt. Das Herzstück unseres Projekts ist eine These. Diese These besagt, dass das Argumentieren an eine Grenze kommt. Manche philosophischen Fragen können nicht rein auf der Grundlage von Argumentationen gelöst werden. Stattdessen müssen die verschiedenen Antworten im Leben getestet werden. Sagt diese These nicht einfach direkt, worin die Grenze des Argumentierens besteht? Was ist hier nicht zum Ausdruck gebracht worden, was nur die Form ausdrücken kann? Ich muss zugeben, dass ich dir hier einfach nicht folgen kann.

Herzliche Grüße, Bill

*

Lieber Bill,

ja, du hast Recht, meine Ausführungen waren unvollständig und daher nicht ganz eindeutig. Bei dir geht nichts durch, was nicht in aller Deutlichkeit gesagt wird! Das gefällt mir. Ich versuche, meine Gedanken besser zu artikulieren.

Ich habe bisher nicht deutlich genug zwischen zwei Punkten unterschieden. Über den ersten Punkt haben wir uns nun ausführlich ausgetauscht. Es gibt philosophische Wahrheiten darüber, was es heißt, ein guter Philosoph zu sein. Ich habe sehr deutlich gesagt, dass diese Wahrheiten nicht restlos in Thesenform ausgedrückt werden können. Sie können nur durch eine Form wie die meines »Philosophischen Tagebuchs« zum Ausdruck gebracht werden. Ich weiß nicht, was ich noch hinzufügen könnte. Falls du wirklich nicht verstehst, warum ich dieser Ansicht bin, kann es nur sein, dass du es *nicht* verstehen *willst*. Ich bin also gerne bereit, den Punkt an dieser Stelle beiseite zu lassen.

Der zweite Punkt betrifft die Grenze der Argumentation für philosophische Wahrheiten, die tatsächlich in Thesenform ausgedrückt werden können. Meine Äußerungen in der letzten Mail zu diesem Punkt waren wirklich nicht deutlich genug. Ich danke dir für deine Nachfrage und bitte um Nachsicht. Wir gehen beide davon aus, dass es beispielsweise über Willensfreiheit wahre philosophische Thesen gibt. Wir sind uns auch einig, dass die verschiedenen Thesen im Leben getestet werden müssen, damit man die wahren Thesen von den falschen unterscheiden kann. Wir sind zudem beide der Meinung, dass Argumente in der Beantwortung der Frage nach der Willensfreiheit eine entscheidende Rolle zu spielen haben.

Aber wie weit kommt man mit Argumenten? Ich gebe ein künstliches Beispiel: Nehmen wir an, dass auf die Frage nach der Willensfreiheit zehn philosophische Antworten vorgeschlagen werden. Die Frage ist, welche dieser Antworten auf rein argumentativer Grundlage als falsch ausgeschlossen werden können. An welcher Stelle ergibt sich ein argumentatives Patt, das nur aufgelöst werden kann, wenn man die Antworten im Leben testet? Die grundlegende These, die meinem Philosophieverständnis zugrunde liegt, lautet: Die argumentative Haltung ist für ihre eigenen Grenzen blind. Mit anderen Worten: An welcher Stelle es ein argumentatives Patt gibt, lässt sich prinzipiell mit rein argumentativen Mitteln nicht ermitteln.

Wie lässt sich die Grenze des Argumentierens erkennen, wenn sie sich in der argumentativen Haltung nicht erkennen lässt? Eine denkbare Antwort wäre, dass man sie intuitiv und unabhängig von argumentativen Bemühungen erkennen kann. Diese Antwort halte ich für abwegig. Es bleibt also nur eine Möglichkeit: Das Argumentieren muss so weit getrieben werden, dass dessen Scheitern erkennbar wird. Wo diese Grenze liegt, kann aber nicht in argumentativer Haltung erkannt werden. Die Grenze muss sich im Scheitern des Argumentierens zeigen. *Nachdem* die Grenze sich so gezeigt hat, kann man natürlich in einer These formulieren, wo die Grenze liegt. Aber das ist trivial und uninteressant. Der entscheidende Punkt ist, dass in argumentativer Haltung die Grenze nicht lokalisiert werden kann.

Dies hat wichtige Konsequenzen für die literarische Form eines philosophischen Werks. Einerseits muss es die relevante philosophische Frage – beispielsweise Willensfreiheit – so extensiv argumentativ bearbeiten, dass das Argumentieren am Ende scheitert. Andererseits muss es im Werk gelingen, die Grenze des Argumentierens zu zeigen. Dass das Argumentieren scheitert, muss nicht heißen, dass im Scheitern sich die Grenze des Argumentierens zeigt. Das philosophische Werk muss so gestaltet sein, dass sich beim Scheitern des Argumentierens die Grenze zeigt. Das kann mit argumentativen Mitteln nicht gezeigt werden. Nun verstehst du womöglich, lieber Bill, weshalb die literarische Form eines philosophischen Werks aus meiner Sicht so entscheidend ist. Mit der »literarischen Form« meine ich die Gestaltung des Werks, die über das Aufstellen und Begründen von Thesen hinausgeht und die es ermöglicht, dass sich die Grenzen des Argumentierens zeigen.

Wenn ich Recht habe, ergeben sich zudem bedeutende Konsequenzen für das Verständnis des Philosophen von seiner eigenen philosophischen Tätigkeit. Nehmen wir an, dass ein Philosoph meine Thesen akzeptiert. Er denkt also, dass das philosophische Argumentieren seine Grenzen hat. Er denkt auch, dass er in der argumentativen Haltung diese Grenzen nicht erkennen kann. Ferner denkt er, dass er das Argumentieren bis zum Äußersten treiben muss, damit sich diese Grenzen zeigen. Dieser Philosoph befindet sich notwendigerweise in einem schizophrenen Zustand: Einerseits muss er das

Argumentieren mit vollem Ernst betreiben, als ob es keine Grenzen hätte. Er muss bei jeder Argumentation glauben, dass man mit dieser Argumentation die relevante Frage restlos beantworten kann. Nur wenn er sie im vollen Glauben an die Kraft der Argumentation bis zum Äußersten treibt, wird sich zeigen können, an welcher Stelle die Argumentation an ihre Grenzen kommt. Andererseits weiß er, dass man mit Argumentieren allein nicht alle philosophischen Probleme lösen kann. Er weiß sogar, dass er unter anderem deswegen an die grenzenlose Kraft der Argumentation glauben muss, damit sich zeigt, an welcher Stelle die Grenzen der Argumentation liegen.

Dies führt zu einer anderen und verwandten schizophrenen Haltung, die sich speziell auf die Gestaltung des Werks des Philosophen bezieht: Einerseits muss der Philosoph daran arbeiten, seine Argumente so sorgfältig und überzeugend wie möglich auszuarbeiten. Andererseits muss er daran arbeiten, seinem philosophischen Werk eine Form zu geben, die die Grenzen seiner Argumentationen zeigt. Wie soll man zugleich daran arbeiten können, die Argumente im Werk so stichhaltig wie möglich zu machen und die Form des Werks so zu gestalten, dass die Grenzen der Argumente entlarvt werden?

Ich weiß nicht, lieber Bill, wie man am besten mit dieser philosophischen Schizophrenie leben soll. Ich weiß auch nicht, welche literarischen Formen diesen philosophischen Einsichten gerecht werden könnten. Ich weiß nur, dass man die Suche nach den richtigen literarischen Formen nicht aufgeben darf, auch wenn es einfacher ist, eine rein argumentative Monografie zu schreiben.

James hatte viele Freunde, mit denen er sich lebhaft gestritten hat. Ich bin mir sicher, dass unsere Differenzen unserer Freundschaft keinen Abbruch tun werden. Wir werden uns nachher einfach noch besser *verstehen*!

Es grüßt dich dein Freund Wilhelm

*

Lieber Wilhelm,

ich verstehe dich jetzt tatsächlich besser. Ich muss aber gleichzeitig zugeben, dass an deinem Ruf nach »schizophrenen« Philosophen etwas grundsätzlich Faules ist. Hast du in *The Lives of Animals* die Erwiderung von Peter Singer auf Coetzees Vorträge gelesen? Singer hat nicht mit einem akademischen Kommentar reagiert, sondern selbst eine Kurzgeschichte geschrieben, in der der Charakter Peter mit seiner Tochter Naomi darüber diskutiert, wie er es schaffen soll, als Kommentator zu einem Vortrag von Coetzee Stellung zu nehmen, wenn Coetzee im Vortrag nicht in eigener Stimme spricht, sondern eine Geschichte über eine Schriftstellerin – Costello – erzählt, die einen Vortrag hält.[463]

Diamond und Mulhall sind Singers Beitrag gegenüber sehr kritisch.[464] Ich möchte hier nicht das Verhältnis von Singer zum Charakter Peter diskutieren. Ich bin aber mit Peters Punkt vollkommen einverstanden, wenn er in Singers Geschichte sagt: »Aber *sind* es Coetzees Argumente? Das ist genau der Punkt – deshalb weiß ich nicht, wie ich es angehen soll, auf seinen sogenannten Vortrag zu reagieren. Es sind *Costellos* Argumente. Coetzees Kunstgriff ermöglicht es ihm, sich von ihnen zu distanzieren.«[465] Ich bin der Meinung, dass Philosophie darin besteht, sich selbst zu positionieren. Du betonst selbst immer gerne, dass Philosophie aus dem Leben entspringt. Das bedeutet, dass sich der Person selbst Fragen stellen. Die Angelegenheit ist persönlich: Es sind Fragen, die sich *mir* stellen. Dann muss die Reaktion auch persönlich sein. Beantworten kann ich die Frage nur selber: Ich muss mich selbst positionieren.

Deshalb denke ich, dass die Philosophie keine »schizophrene« Unternehmung ist. Ein Philosoph stellt eigene Thesen auf. Er bietet Argumente an, zu denen er selbst steht. Und er testet die Thesen selbst im eigenen Leben. Ich entscheide mich nicht aus Konformismus für die Form der argumentativen Monografie. Ich habe in unseren gemeinsamen Kapiteln immer in der ersten Person Plural geschrieben, da ich davon ausgegangen bin, dass wir uns gemeinsam positionieren. Ein philosophisches Werk in einer literarischen Form, die eine mehrstimmige »Schizophrenie« suggeriert, kann nicht mit der authentischen Stimme sprechen, die für eine philosophische Ernsthaftigkeit notwendig ist. Das kann nur die argumentative Monografie.

Aber wir kommen vom Thema ab. Ich habe vielleicht auch gerade überzogen. Dein »Philosophisches Tagebuch« hat auch eine eindeutige Stimme. Ich muss es einfach aus anderen Gründen ablehnen. Vielleicht hätte ich *LA* und *Elizabeth Costello* nie ins Spiel bringen sollen. Ich wollte nur meine Skepsis gegenüber deinem »Philosophischen Tagebuch« mit Hilfe vom Charakter Costello klarmachen. Das Ganze hat dich aber zu philosophischen Ausführungen veranlasst, die von unserem Thema abführen. Ich mache dir bald einen Vorschlag für unser weiteres Vorgehen.

Herzliche Grüße, Bill

*

Lieber Bill,

ich verstehe, dass du unser kleines Gespräch nicht unbedingt weiterführen möchtest. Du bist ein viel beschäftigter Mann. Kein Problem, ich habe volles Verständnis dafür. Ich möchte nur gerne als Antwort auf deine Mail einen letzten Punkt machen.

Es freut mich, dass du meinem »Philosophischen Tagebuch« eine gewisse Authentizität zuschreibst. Ich habe aber mehrmals gesagt, dass verschiedene philosophische Themen unterschiedliche literarische Formen verlangen. Ich denke nicht, dass eine literarische Form, die philosophische »Schizophrenie« vermittelt, weniger authentisch als eine philosophische Monografie sein muss. Im Gegenteil: Die Philosophie ist ein tragisches Unterfangen. Der Philosoph muss im vollen Glauben an die Kraft des Argumentierens seine Argumentationen bis zum Äußersten treiben, auch wenn er weiß, dass Argumentationen ihre Grenzen haben. Wenn ein Philosoph darum bemüht ist, so zu schreiben, dass die Form seines Werks die Grenzen des Argumentierens zeigt, will er sich damit nicht von sich selbst distanzieren. Das Gegenteil ist der Fall. Er ist darum bemüht, den einzigen Weg zu finden, der die Positionierung seiner ganzen Person zeigt. Er weiß, dass eine thesenhafte und argumentative Stellungnahme nicht die Positionierung seiner Gesamtperson explizit machen kann. Nur wenn man die der philosophischen Tätigkeit innewohnende »Schizophrenie« ehrlich offenlegt, hat man eine Chance, sich authentisch als Gesamtperson in einem Werk philosophisch zu positionieren.

Ich will deine Geduld aber nicht weiter strapazieren und grüße dich schlicht herzlichst, dein Wilhelm

---

Lieber Wilhelm,

ich hatte versprochen, dir einen Vorschlag zu unterbreiten. Unsere Diskussion hat zu keinem Konsens geführt. Ich denke, wir müssen uns auf unseren gemeinsamen Nenner zurückziehen. Ich mache dir also ein Angebot: Ich schreibe die nächsten beiden Kapitel und dann sehen wir weiter. Das erste Kapitel wäre ein philologisches Kapitel zu James, das zweite ein philosophisches Kapitel. Das erste meiner Kapitel würde dein Kapitel 5 ersetzen. Ich weiß, dass dies dich nicht glücklich machen wird, aber ich weiß nicht, wie wir das Buch sonst gemeinsam zu Ende schreiben können. Wärst du bereit, meine beiden nächsten Kapitel abzuwarten, bevor wir entscheiden, wie wir das Buch fertigstellen?

Bitte sag mir, ob du damit einverstanden bist. Um weiterzukommen, müssen wir, denke ich, es einfach ausprobieren.

Herzliche Grüße, dein Bill

———— * ————

Lieber Bill,

ich gebe mein »Philosophisches Tagebuch« ungern auf. Aber ich werde warten. Wir haben in Concord und Cambridge mit so viel Hoffnung und Begeisterung für eine gemeinsame Herzensangelegenheit angefangen. Ich erinnere mich so gerne an diese gemeinsame Zeit. Ich verstehe nicht so recht, wieso wir nicht mehr an einem Strang ziehen können. Aber ich gebe dir Recht, wir müssen »pragmatisch« sein. Ich weiß, dass deine beiden Kapitel sehr gut sein werden. Ich werde in der Zwischenzeit weiterdenken. Lassen wir Ruhe einkehren. Ich bin zuversichtlich, dass am Ende alles gut ausgehen wird.

Ich wünsche dir, deiner Frau und den Kindern alles Gute, herzlichst, Wilhelm

———— * ————

Lieber Wilhelm,

ich hoffe, dass es dir und deiner Hündin gut geht.

Es ist seit meiner letzten Mail leider sehr viel Zeit vergangen. Die Arbeit an den Kapiteln 5 und 6 war einfach viel aufwändiger, als ich erwartet hatte. (Wie du sehen wirst, habe ich mir sogar die Mühe gemacht, die vielen deutschsprachigen Texte zu lesen, die du mir geschickt hast.) Ich hoffe sehr, dass du mit diesen Kapiteln leben kannst. Mein Vorschlag wäre, wenn du einverstanden bist, dass wir nur noch *gemeinsam* ein Schlusswort schreiben und dann *gemeinsam* mit der Überarbeitung anfangen. Es muss noch einiges revidiert werden.

Bist du damit einverstanden? Ich brauche das Buch dringend für mein »Tenure-Verfahren«. Vor allem sind wir aber der philosophischen Forschungsgemeinschaft ein Buch zur Philosophie der Philosophie ausgehend von James schuldig. Wir teilen Grundüberzeugungen, die du gleich am Anfang des Buchs so wunderbar zum Ausdruck gebracht hast. Du hast in deiner letzten Mail an unsere gemeinsame Begeisterung für die

Sache erinnert und diese Leidenschaft muss uns jetzt durch die letzten Schritte vorantreiben.

Es grüßt dich in Kameradschaft und Freundschaft

dein Bill

KAPITEL 5

James' Theorie philosophischer Gründe[viii]

In diesem Buch geht es um den frühen James. In Kapitel 2 haben wir die Phasen im Leben und Schaffen des frühen James in drei Perioden aufgeteilt: *Krisenphase* (Ende der 1860er bis 1878), *Kreativphase* (1878–1884) und *Nachbearbeitungsphase* (1884–1896). In Kapitel 4 sind wir ausführlich auf den Teil der Krisenphase (1868–1873) eingegangen, in der James' Krise vermutlich am schwersten war. In diesem biografischen Kapitel haben wir dafür argumentiert, dass James' Lebenskrisen immer auch philosophische Krisen sind: Seine Lebenskrisen bestehen wesentlich darin, dass er philosophische Fragen, deren Beantwortung ihm in seinem Leben existentiell wichtig ist, mit Mitteln der Philosophie nicht beantworten kann. Wir haben im vierten Kapitel ebenfalls diskutiert, wie James während der Krisenphase nach einer Neukonzeption der Philosophie sucht, die ihm ermöglichen soll, seine philosophischen Fragen zu beantworten. Wir haben gezeigt, inwiefern Grundideen einer solchen Neukonzeption bereits in der Krisenphase zu erkennen sind.

In diesem Kapitel wenden wir uns seiner systematischen Ausarbeitung dieser Neukonzeption zu, die wir sowohl allgemein als auch in ihrer spezifischen Anwendung auf das Problem der Willensfreiheit diskutieren werden. Diese Konzeption und ihre Relevanz für das Willensfreiheitsproblem arbeitet er im Wesentlichen in der Kreativphase in Aufsätzen wie den folgenden aus (die Zahlen in Klammern sind die Veröffentlichungsdaten): »Quelques Considérations sur la méthode subjective« (1878),[466] »The Sentiment of Rationality« (1879),[467] »The Feeling of Effort« (1880),[468] »Reflex Action and Theism« (1881),[469] »Rationality, Activity and Faith« (1882)[470] und »The Dilemma of Determinism« (1884).[471] Wir werden uns hauptsächlich mit der Formulierung seiner Position in diesen Schriften beschäftigen, obwohl wir uns erlauben werden, uns zusätzlich auf andere Texte des frühen James zu beziehen.[472]

Wir beginnen in § 5.1 mit der systematischen Zusammenfassung einiger Ergebnisse aus Kapitel 4. In diesem Abschnitt wird gleichzeitig das

viii Das erste Kapitel 5 (Philosophisches Tagebuch) ist von Kornblum verfasst worden. Dieses Kapitel 5 stammt von mir. Unser Briefwechsel macht klar, warum ich entschieden habe, ein zweites Kapitel 5 zu schreiben.

Beweisziel des Kapitels genauer formuliert, indem wir auf James' Schlüsselmetapher eingehen. Nach der Schlüsselmetapher halten die Menschen den Schlüssel zur Realität in der Hand: Sie müssen nach philosophischen Theorien handeln, um diese zu testen. Im restlichen Kapitel wird erläutert, worin dieser Test besteht. In § 5.2 wird gewissermaßen Vorarbeit geleistet, indem wir klarmachen, dass es James um einen Test für die Wahrheit von Theorien geht und nicht einfach um die Berechtigung, nach Theorien zu handeln. Worin dieser Test besteht, zeigt sich in James' Grundgedanken – dem sogenannten M+x-Gedanken – von dem wir in § 5.3 eine Begründungsinterpretation im Gegensatz zu einer Kausalinterpretation präsentieren. In § 5.4 wird diese Interpretation vertieft, indem die Rolle von Empfindungen in den Begründungen von philosophischen Theorien erklärt wird. Nach dieser allgemeinen Erläuterung zur Rolle von Empfindungen in philosophischen Begründungen werden wir in § 5.5 darauf eingehen, welche Rolle James in der Begründung seiner Auffassung von Willensfreiheit für Empfindungen vorsieht. In diesem Abschnitt wird gezeigt, warum James seinen Ansatz zur Willensfreiheit für den richtigen hält.

5.1 Der Schlüssel zur Realität

Aufgrund des biografischen Anliegens des vierten Kapitels war es notwendig, James' Leben in den Jahren 1868 bis 1873 chronologisch zu folgen. Aufgrund der chronologischen Vorgehensweise konnte James' Beschäftigung mit den verschiedenen philosophischen Themen immer nur punktuell an unterschiedlichen Stellen des Kapitels diskutiert werden. Bevor wir systematisch auf die Position eingehen, die James in der Kreativphase explizit formuliert, wollen wir daher damit anfangen, einige Ergebnisse aus Kapitel 4 zu seiner philosophischen Entwicklung an einer Stelle zusammenzuführen.

Eines der wichtigsten philosophischen Themen für James in der Krisenphase betrifft die Existenz und das Wesen von Gut und Böse. In seinem Umfeld begegnen ihm vor allem drei Antworten: 1. Das Thema ist auch eine Herzensangelegenheit seines Vaters und eine dieser Antworten wird von ihm gepredigt: der *monistische Optimismus*. Nach dieser Auffassung muss das innerweltliche Gute und Böse in einen kosmologischen Kontext gestellt werden. Sie sind Teile eines guten Ganzen und als solche nicht als wirklich gut oder böse zu verstehen. Daher ist innerweltliches Böses nicht zu bekämpfen. Es bekämpfen zu wollen, würde nur zeigen, dass man seinen Platz im Ganzen nicht versteht. Es zu bekämpfen, würde daher auf eine subtile Form des Bösen hinauslaufen.

2. Der *Pessimismus* ist auch eine monistische Position, aber mit dem Unterschied, dass das Ganze böse ist. Es ist daher zwecklos, das innerweltliche Böse zu bekämpfen, da es ein Ausdruck eines bösen Ganzen ist, das sich nicht ändern lässt.

3. Die dritte Position unterscheidet sich radikal von den ersten beiden. Sie entspricht dem naturwissenschaftlichen Zeitgeist der zweiten Hälfte des 19. Jahrhunderts und begegnet James u. a. in seinem wissenschaftlichen Studium. Sich gegen diese Position aufzulehnen, ist für James daher mindestens so schwierig, wie sich gegen die Dogmen seines Vaters zu wehren. James nennt diese Position manchmal »*Materialismus*«, manchmal »*Subjektivismus*«. Die Bezeichnung »Subjektivismus« ist deshalb zutreffend, da – negativ charakterisiert – nach dieser Position die Bestandteile der Realität als solche weder gut, böse noch irgendeines moralischen Charakters sind. Dies gilt unabhängig davon, ob man nur innerweltliche Bestandteile der Realität oder die Realität als Ganzheit betrachtet. Positiv charakterisiert, besagt der Subjektivismus, dass eine Person, die einen Bestandteil der Welt als gut oder böse beschreibt, damit ihre Empfindung gegenüber diesem Bestandteil zum Ausdruck bringt. Die Realität verlangt diese Empfindung nicht von der Person. Im Gegenteil: Der relevante Bestandteil gilt erst – für diese Person – als gut oder böse aufgrund dieser Empfindung. Die Bezeichnung »Subjektivismus« trifft daher den Kern dieser Position. Es ist aber verständlich, dass James diese Auffassung manchmal als Materialismus beschreibt: Eine vor allem im materialistisch geprägten 19. Jahrhundert naheliegende Begründung für den Subjektivismus ist, dass die Realität in nichts anderem als materiellen Vorgängen besteht. Eine materielle Beschreibung erfasst die Realität komplett, und »gut« und »böse« sind keine materiellen Bezeichnungen.

Während der Krisenphase fällt es James schwer, sich eindeutig auf eine Auffassung von der Existenz und dem Wesen von Gut und Böse festzulegen. Er kann aber keine dieser drei Positionen glauben. Die Theorie, die er schließlich für richtig hält, ist der *pluralistische Moralismus*. Diese Position steht im Widerspruch zum Subjektivismus: Nach dem pluralistischen Moralismus sind Bestandteile der Welt – z. B. Handlungen – als solche gut oder böse. Dieser Moralismus steht aber auch im Widerspruch zu den beiden Monismen: dem Pessimismus und dem monistischen Optimismus. Manche innerweltlichen Vorkommnisse sind gut, andere sind böse. Diese innerweltlichen Bestandteile erhalten durch eine kosmologische Betrachtung der Dinge keine andere Bedeutung. Böse Handlungen sind weder als eigentlich gut, angesichts irgendeiner Einordnung in ein gutes Ganzes, noch als Ausdruck eines bösen Ganzen zu betrachten.

Das Thema Gut und Böse ist bereits während der Krisenphase für James eng mit zwei anderen Fragen verbunden, die ihn beide während dieser Phase intensiv beschäftigen: *Ist das Leben lebenswert? Ist unser Wille determiniert?* Er beantwortet die erste Frage für sich so, dass das Leben lebenswert sei, wenn es für ihn möglich sei, einen originären Beitrag zur Menschheitsgeschichte zu leisten, der einen Unterschied im Kampf des Guten gegen das Böse macht. Diese Antwort ist aber nur sinnvoll, wenn der pluralistische Moralismus wahr ist – wenn es wirklich Gut und Böse gibt und wenn es Gutes bewirkt, dass man sich auf die Seite des Guten schlägt. Dafür müssen Pessimismus, monistischer Optimismus und Subjektivismus alle falsch sein. Nach James muss der Determinismus dafür aber auch falsch sein: Es kann keine Rede davon sein, dass man einen originären Beitrag zur Menschheitsgeschichte leistet, wenn schon immer feststand, dass man es machen würde. James stellt sich vor, dass man in der Lage ist, den Verlauf der Menschheitsgeschichte – ein kleines Stück jedenfalls – in Richtung des Guten zu lenken. Dies schließt aus, dass dieser Verlauf vorbestimmt war.

Ein lebenswertes Leben verlangt für James die Wahrheit von drei Positionen: vom pluralistischen Moralismus, Objektivismus und Indeterminismus. Seine Verzweiflung während der Jahre 1869–1873 hängt intern damit zusammen, dass er keinen Weg finden kann, über die Wahrheit dieser Theorien zu entscheiden. Wir haben in Kapitel 4 aber gegen die »intellektuell-instrumentelle Interpretation« von James argumentiert: Ihm ging es nicht darum, eine Theorie zu finden, die seine Bedürfnisse befriedigt. Alle drei Theorien beantworten Fragen, die sich im Leben für James stellen. Alle drei Theorien sind handlungsrelevant und empfindungsrelevant: Jemand, der z. B. an den Objektivismus glaubt, lebt und fühlt ganz anders als jemand, der an den Subjektivismus glaubt. James ist davon überzeugt, dass für alle drei Theorien gilt, dass sie entweder wahr oder falsch sind. Er will herausfinden, ob sie wahr sind oder nicht. Seine Verzweiflung beruht darauf, dass er nicht weiß, wie man dies herausfinden kann.

Während der Jahre 1869–1873 beschäftigt sich James intensiv mit dieser Schwierigkeit und es deutet sich eine Lösung an. Ihm schwebt vor, dass diese Theorien *im Leben* getestet werden. Aber erst in der Kreativphase nimmt diese Lösung Gestalt an. In Kapitel 4 haben wir uns vorgreifend mit dem M+r-Gedanken aus »Quelques Considérations sur la méthode subjective« (kurz: »Considérations«) und »Rationality, Activity and Faith« (kurz: »Rationality«) beschäftigt. Aus dem zweiten Text haben wir folgende Passage (die »Schlüsselpassage«) zitiert:

> Wenn das aber so ist, ist dann nicht klar, dass die Tatsachen M *per se* nicht ausreichen, um eine Schlussfolgerung zu rechtfertigen, bevor ich gehandelt habe? Als Gegenstück [*complement*] offenbart meine Handlung die latente Beschaffenheit der Masse, auf die sie angewendet wird, indem sie sich als kongruent herausstellt oder nicht.
> Die Welt kann in der Tat mit einem Schloss verglichen werden, dessen innere Beschaffenheit, sei sie moralisch oder nicht moralisch, sich unserem bloß abwartenden Blick niemals offenbaren wird. [...] Aber die Natur hat uns zwei Schlüssel in die Hand gegeben, mit denen wir das Schloss prüfen können. Wenn wir den moralischen Schlüssel ausprobieren *und er passt*, ist es ein moralisches Schloss. Probieren wir den nicht moralischen Schlüssel aus und *er* passt, ist es kein moralisches Schloss.[473]

In dieser Passage geht es um den Subjektivismus und den Objektivismus. Die Welt hat eine »innere Beschaffenheit«: Entweder ist der Subjektivismus oder der Objektivismus die wahre Beschreibung der Realität. Er vergleicht die Welt mit einem Schlüsselloch: Entweder handelt es sich um ein »moralisches Schloss« (Objektivismus ist wahr) oder »kein moralisches Schloss« (Subjektivismus ist wahr). Wir haben den Schlüssel zur Realität in der Hand. Der Schlüssel wird eingesetzt, indem wir nach den Theorien handeln. Wenn wir nach ihnen handeln, dann stellt sich heraus, welcher Schlüssel passt – welche Theorie wahr ist. Diese Passage fasst in komprimierter Form James' Neukonzeption der Philosophie zusammen. Es ist die Aufgabe dieses Kapitels James' Schlüsselmetapher zu entschlüsseln und so seine Neukonzeption der Philosophie systematisch zu erklären.

5.2 Glaubensberechtigung vs. Wahrheitsbegründung

In »The Dilemma of Determinism« (kurz: »Dilemma«) spielen alle Themen aus der Krisenphase eine wichtige Rolle: die Gegner sind Determinismus, Subjektivismus, Pessimismus und monistischer Optimismus. Das Hauptthema ist natürlich die Debatte um den Determinismus. James formuliert sehr klar, dass die Wahrheit hier auf nur einer Seite liegt. Entweder ist die Welt determiniert oder sie ist es nicht: »Die Wahrheit *muss* auf der einen oder anderen Seite liegen und wenn die eine Seite wahr ist, ist die andere falsch.«[474] Gleich nach dieser Äußerung schreibt er, die Frage der Wahrheit in dieser Sache lasse sich nicht von der »Wissenschaft« entscheiden. Die »Wissenschaft« würde immer nur entscheiden können, was tatsächlich geschehen ist; nicht ob es geschehen *musste*. Informationen über faktische Geschehnisse würden also nicht entscheiden können, ob die Welt determiniert sei oder nicht. Die Entscheidung für die eine oder andere Seite würde auf der Grundlage von »Postulaten der Rationalität« gefällt werden. Diese Entscheidung würde wiederum auf einem »Gefühl [*sentiment*]« beruhen.[475] Am Ende des Aufsatzes sagt er dann über seine Ausführungen, dass sie nicht zu verstehen seien als »Argumente, die auf die sogenannte wissenschaftliche Art zwingend sein können«. Daher würde er seine Ergebnisse »auf eine ganz und gar persönliche Weise« formulieren.[476] James plädiert in diesem Text für den Indeterminismus. Wie sollen wir sein Plädoyer angesichts solcher Äußerungen verstehen?

Eine mögliche Interpretation wäre, dass James uns in diesem Aufsatz ausführlich erläutert, warum er sich persönlich so entscheidet. Seine Ausführungen wären aber nicht als Begründungen für die Wahrheit des Indeterminismus im Gegensatz zum Determinismus zu verstehen. Es gäbe gar keine Gründe, die diese Frage entscheiden könnten. Damit ist nicht einfach gemeint, dass es keine strengen Beweise gibt – keine letzte Sicherheit. Die Gründe, die für die Wahrheit des Indeterminismus sprechen, sind nicht stärker als die Gründe, die für die Wahrheit des Determinismus sprechen. Die Frage der Wahrheit in dieser Sache ist in diesem starken Sinne unentscheidbar. Nach dieser Interpretation ist diese Unentscheidbarkeit der Ausgangspunkt von James' Ausführungen. Wenn eine philosophische Frage in diesem Sinne unentscheidbar ist, dann ist man nach James berechtigt, sich aus praktischen Beweggründen persönlich für die eine Seite zu entscheiden. Seine Ausführungen in »Dilemma« wären Erläuterungen dieser praktischen Motive.

Diese Interpretation könnte man die »*Glaubensinterpretation*« nennen. Es steht außer Frage, dass James manchmal im Sinne dieser Interpretation zu verstehen ist. Seine Diskussion des religösen Glaubens in »The Will to Believe« (1896; kurz: »W-Believe«) ist sicher größtenteils so aufzufassen.[477] In diesem sicher bekanntesten Text aus der Aufsatzsammlung *The Will to Believe* formuliert James die These, dass wir uns bei der Beantwortung einer Frage auf unsere »emotionale Natur« verlassen dürfen, wenn erstens die Frage eine »echte Option« betrifft und zweitens es in der »Natur« der Frage liegt, dass sie nicht »auf Grundlage des Intellekts« entschieden werden kann.[478] Kenner von James werden wissen, dass mit einer »echten Option« eine Option gemeint ist, die »lebendig«, »zwingend« und »bedeutsam« ist.[479] Dies ist aber für unsere Zwecke nicht relevant. Die These trifft auf jede »echte« Option oder Frage zu, die auch die zweite Bedingung erfüllt, dass sie nicht »auf Grundlage des Intellekts« entschieden werden kann. Für jede solche Frage darf unsere »emotionale Natur« die Frage entscheiden. Hier geht es um die zweite Bedingung.

So formuliert, ist die These eigentlich uneindeutig. Nach der *Glaubensinterpretation* geht es darum, dass man aufgrund seiner Empfindungen oder Emotionen eine bestimmte Antwort auf eine Frage glauben darf, wenn diese Frage auf der »Grundlage des Intellekts« oder der Grundlage des Verstandes nicht entschieden werden kann. Der Großteil der Diskussion in »W-Believe« ist sicher in diesem Sinne zu verstehen. Man darf eines bestimmten religiösen Glaubens sein, wenn die Frage, die man damit entscheidet, »echt« ist und nicht auf der »Grundlage des Intellekts« entschieden werden kann. Unsere »emotionale Natur« bestimmt dabei nur die Richtung der Entscheidung. Sie spielt in der Entscheidung, welche Antwort auf die Frage richtig ist, keine Rolle. Die Frage ist also nicht nur auf der »Grundlage des Intellekts« unentscheidbar, sondern grundsätzlich unentscheidbar. Auch mit Hilfe unserer »emotionalen Natur« können wir nicht herausfinden, welche Antwort wahr ist, oder Gründe präsentieren, die für eine bestimmte Antwort im Gegensatz zu einer anderen sprechen. Nach dieser Interpretation läuft die These einfach darauf hinaus, dass wir berechtigt sind, eine Antwort auf eine Frage zu glauben, wenn die Frage »echt« ist und über die wahre Antwort auf die Frage nicht entschieden werden kann. Eine Glaubensinterpretation von James' Ausführungen in »Dilemma« würde dementsprechend lauten, dass diese Ausführungen nur erläutern, warum er an den Indeterminismus glaubt. Es sei unentscheidbar, ob der Determinismus oder Indeterminismus wahr sei. Unter diesen Umständen dürfe man sich in seinem Glauben an die eine Option im Gegensatz zu anderen von seinen Emotionen leiten lassen. James' Ausführungen würden diese Emotionen erläutern.

Die Formulierung der These aus »W-Believe« ist aber – wie gesagt – eigentlich zweideutig. Man könnte sie auch so lesen, dass unsere »emotionale Natur« zeigen kann, welche Antwort auf eine Frage *wahr* sei, wenn die Gründe des »Intellekts« für die konkurrierenden Antworten unzureichend sind. So möchten wir James' Ausführungen in »Dilemma« verstehen. Er glaubt, die Frage nach der Wahrheit in der Determinismusdebatte lasse sich nicht rein auf der »Grundlage des Intellekts« entscheiden. Er glaubt aber, dass man praktische Gründe formulieren kann, die zeigen, dass der Indeterminismus *wahr* ist. Diese *Wahrheitsinterpretation* von »Dilemma« möchten wir ab dem nächsten Abschnitt weiter erläutern und untermauern. Es geht dabei auch um andere Texte und um weitere Themen: James glaubt, dass praktische bzw. emotionale Gründe zeigen können, dass der Subjektivismus, der Pessimismus und der monistische Optimismus alle falsch seien.

Bevor wir dazu übergehen, müssen wir ein weiteres Thema ansprechen. In der Rezeption von James ist eine Glaubensinterpretation oft mit der Annahme verbunden worden, dass James eine bestimmte Version der pragmatischen Wahrheitstheorie akzeptiert. Dadurch werden James Thesen zugeschrieben, die zusammen eine – aus unserer Sicht – philosophisch problematische Position ergeben. Die Glaubensinterpretation läuft darauf hinaus, dass nach James über die Wahrheit bestimmter philosophischer Antworten einfach nicht entschieden werden kann. Man ist aber berechtigt, diese Antworten unter bestimmten Bedingungen zu glauben. Es kann aber über die Wahrheit dieses Glaubens nichts gesagt werden. Die Gründe einer Person für ihren Glauben haben mit den Gründen für die Wahrheit des Glaubens nichts zu tun. Dies ist der ganze Witz an der Glaubensberechtigungsthese. Wenn James eine Zusammenführung der Glaubensberechtigungsthese und einer bestimmten Version der pragmatischen Wahrheitstheorie zugeschrieben wird, dann kommt die Wahrheit aber gewissermaßen wieder durch die Hintertür hinein. Nach dieser Version der pragmatischen Wahrheitstheorie sind Aussagen wahr, wenn es gut ist, an diese Aussagen zu glauben. Nun ist mancher Glaube sozusagen mit der Berechtigung der Glaubensberechtigungsthese erworben worden. Es kann nicht entschieden werden, welche Position bezüglich des Themas wahr ist. Man darf aber eine Position aus anderen Gründen – Gründen, die zunächst nichts mit der Wahrheit der Position zu tun haben – glauben. Diese Gründe werden i. d. R. aber sehr wohl damit zu tun haben, dass es für mich »gut« ist, diesen Glauben zu haben. Wenn nun Wahrheit so definiert wird, dass das wahr ist, woran zu glauben gut ist, dann wird plötzlich – durch die Hintertür sozusagen – eine Position wahr, obwohl am Anfang die Prämisse stand, dass es keine Gründe gibt, die eher für diese Position als die Gegenposition sprechen. Die Position gilt jetzt als wahr, weil es besser ist, an sie als an die Gegenposition zu glauben.

Richard Gales Interpretation von James ist ein gutes Beispiel für die Zusammenführung der Glaubensinterpretation und der Zuschreibung einer Version der pragmatischen Wahrheitstheorie. Gale schreibt James folgende Thesen zu:

1. »Wir sind stets moralisch verpflichtet, das zu glauben, was – im Vergleich zu anderen verfügbaren Glaubensoptionen – die Wunschbefriedigung maximiert.«[480]
2. »Das zu glauben, was epistemisch gerechtfertigt ist, wird die Wunschbefriedigung auf lange Sicht maximieren.«[481]
3. »Wir sind stets prima facie moralisch verpflichtet, das zu glauben, was epistemisch gerechtfertigt ist, es sei denn, epistemische Rechtfertigung ist nicht möglich.«[482]
4. »Ein Satz ist wahr, wenn der Glaube daran die Wunschbefriedigung maximiert.«[483]

Nach Gale sind 1 und 2 James' Begründung für 3. Dies ist aber für unsere Diskussion nicht das, worauf es ankommt. Wenn wir 1 und 3 kombinieren, dann haben wir eine Version der Glaubensberechtigungsthese. Punkt 3 signalisiert, dass es Fälle gibt, in denen es nicht möglich ist, eine Frage epistemisch zu entscheiden. Dies wären die Fälle, die unter James' These aus »W-Believe« fallen: Fälle, die nicht auf der »Grundlage des Intellekts« entschieden werden können. In solchen Fällen dürfen wir unseren Glauben an etwas anderem als epistemischen Beweisen orientieren. Punkt 1 beinhaltet eine starke These: eine These über moralische Pflicht. Sie müsste aber nicht so stark sein, um zum Problem zu führen, das wir im letzten Absatz thematisiert haben. Die These müsste nur lauten, dass wir etwas glauben dürfen, wodurch unser Leben besser verläuft als durch den konkurrierenden Glauben. In Gales Interpretation wird »am besten verläuft« mit der Maximierung der Wunschbefriedigung gleichgesetzt. Punkt 4 ist dann eine Version der pragmatischen Wahrheitstheorie, in der »gut« bzw. »am besten« wieder mit der Maximierung der Wunscherfüllung gleichgesetzt wird. Das Problem entsteht aus der Kombination von 1 (auch in der gerade formulierten schwächeren Version), 3 und 4: Man darf nach 1 und 3 in Fällen, die nicht epistemisch entschieden werden können, das glauben, was das Leben am besten verlaufen lässt, wenn man es glaubt. Mit 4 stellt sich dann heraus, dass die Thesen, die auf der Grundlage von 3 aus der Pflicht der epistemischen Prüfung herausgenommen wurden, deshalb wahr sind, weil das Leben am besten verläuft, wenn man diese Thesen glaubt, wobei »am besten verläuft« mit epistemischen Gründen nichts zu tun hat, sondern vielleicht sogar – wie Gale vorschlägt – einfach in der Maximierung von Wunschbefriedigung besteht.

Wir glauben nicht, dass der frühe James die Glaubensberechtigungsthese und diese Version der pragmatischen Wahrheitstheorie kombiniert. Die Zusammenführung dieser Thesen als Interpretation von James hat jedenfalls aus unserer Sicht seinem Ruf als Philosophen sehr geschadet. In unserer Auseinandersetzung mit dem frühen James gehen wir jedenfalls nicht davon aus, dass er irgendeine pragmatische Wahrheitstheorie vertritt. Wir schreiben ihm gar keine ausgereifte Wahrheitstheorie zu. Wir gehen lediglich davon aus, dass James die Überzeugung hat, dass es für die philosophischen Fragen, die ihn beschäftigen und die wir diskutieren werden, jeweils eine wahre Antwort gibt. Die anderen Antworten sind falsch. Entweder ist der Subjektivismus wahr und der Objektivisms falsch. Oder umgekehrt. Entweder ist der Determinismus wahr und der Indeterminsmus falsch. Oder umgekehr. Und so weiter. Für diese philosophischen Fragen wollen wir die Gründe diskutieren, die zeigen, dass jeweils die eine Theorie wahr ist und die andere falsch. Diese Gründe sind nach James u. a. praktischer bzw. emotionaler Art. Wir gehen aber nicht davon aus, dass James dies so für jede philosophische Frage sieht. Wir wollen uns daher im Folgenden den Fragen zuwenden, die wir bereits erwähnt haben, und diskutieren, inwiefern James hinsichtlich dieser Fragen denkt, praktische Gründe würden zeigen, welche Antworten richtig seien. Unser Untersuchungsgegenstand ist nicht James' Wahrheitstheorie, sondern seine Philosophie der Philosophie – oder etwas spezifischer, seine Theorie philosophischer Gründe.

5.3 Zwei Interpretationen von James' Grundgedanken

Wir hatten am Ende von § 5.1 gesagt, in der »Schlüsselpassage« würde James seine Neukonzeption der Philosophie in wenigen Worten und groben Zügen für das Thema Subjektivismus und Objektivismus formulieren. Diese Passage steht am Ende von »Rationality« im Kontext einer Diskussion, die mit dem »M+x-Gedanken« beginnt. Um James' Neukonzeption der Philosophie anhand der Schlüsselpassage erläutern zu können, wollen wir daher mit dem M+x-Gedanken beginnen.

In diesem Text formuliert James diesen Gedanken wie folgt:

> In jedem Satz, dessen Tragweite universell ist (und dies gilt für alle Sätze der Philosophie), sollten die Handlungen des Subjekts und ihre Konsequenzen in alle Ewigkeit in die Formel eingeschlossen werden. Angenommen M steht für die gesamte Welt *minus* die Reaktion des Denkers darauf und $M + x$ für den absolut vollständigen Gegenstandsbereich philosophischer Sätze (wobei x für die Reaktion des Denkers und ihre Folgen steht) – was dann eine universelle Wahrheit wäre, wenn der Terminus x einen bestimmmten Charakter hätte, könnte zu einem ungeheuren Irrtum werden, wenn x seine Beschaffenheit änderte.[484]

Es wird natürlich anhand von diesem Zitat nicht vollkommen deutlich, was James uns in letzter Konsequenz sagen möchte. Folgendes ist aber klar: Es geht James um die Wahrheit philosopischer Propositionen. Im Rest des Kapitels arbeiten wir daher unter der Prämisse der Wahrheitsinterpretation. James stellt in der Passage eine radikale These auf: Die Wahrheit philosophischer Propositionen hängt von der »Reaktion des Denkers« ab. Im Folgenden wollen wir zwei Interpretationen diskutieren: die Kausalinterpretation und die Begründungsinterpretation.[485] Die Begründungsinterpretation wird uns die richtige Interpretation der Schlüsselpassage ermöglichen. Eigentlich sind aber die Kausalinterpretation und die Begründungsinterpretation beide richtig: Die erste Interpretation entspricht James' Auffassung mancher philosophischen Propositionen, die zweite seinem Verständnis anderer. Außerdem liefert die Kausalinterpretation durchgehend die richtige Interpretation von dem Text »Considérations«. Diese Interpretation trifft auf sein Verständnis von philosophischen Propositionen zum Thema Objektivität der Moral in diesem Text zu. In »Rationality« hat James seine Position bezüglich dieses Themas geändert und für diesen Text ist die Begründungsinterpretation richtig für dieses Thema. Mehr dazu später. Wir beginnen mit der Kausalinterpretation.

Die Argumentation in »Considérations« und am Ende von »Rationality« läuft weitgehend parallel. In beiden Texten beginnt seine Argumentation mit dem Beispiel von einem Wanderer, der an einem gefährlichen Abgrund steht und sich nur durch einen riskanten Sprung retten könnte. In diesem Beispiel steht »x«[486] aus »M+x« für den Glauben des Wanderers, dass ihm ein gefährlicher Sprung gelingen wird. Mit diesem Glauben ist der Wanderer erfolgreich, ohne diesen Glauben wäre er in den Abgrund gefallen. Das Wandererbeispiel dient somit dazu, den allgemeinen Gedanken zu veranschaulichen, dass der Glaube, dass *p*, eine kausale Rolle darin spielen kann, es wahr zu machen, dass *p*.[487] Vor dem Hintergrund dieses Beispiels können wir die Kausalinterpretation des M+x-Gedankens formulieren:

> *Die Kausalinterpretation des M+x-Gedankens:*
> Der »M+x-Gedanke« besteht in dem Gedanken, dass ein Glaube (*belief*) eine kausale Rolle in der Wahrmachung des Gegenstands dieses Glaubens spielen kann. M. a. W.: x ist der Glaube, dass *p*. Der Glaube, dass *p*, spielt eine wichtige kausale Rolle darin, es wahr zu machen, dass *p*.

Nach dem Wandererbeispiel wendet James den M+x-Gedanken auf einige philosophische Themen an. In »Rationality« verwendet James den Gedanken zuerst, um die »Philosophie der Evolution« als »ethisches Kriterium für richtig und falsch«[488] zu kritisieren.[489] Diese Diskussion überspringen wir, um uns den Ausführungen zum Pessimismus zuzuwenden, die in ähnlichen Versionen in »Considérations« und »Rationality« vorkommen. Diese Auseinandersetzung ist u. a. deshalb für uns bemerkenswert, weil James sich hier direkt mit einer philosophischen Lebensfrage beschäftigt, die ihn während der Krisenphase geplagt hat:

> Jeder Mensch muss irgendwann für sich selbst entscheiden, ob das Leben lebenswert ist. Wenn man die Welt betrachtet und sieht, wieviel Elend, Altersgebrechen, Niedertracht und Schmerz es darin gibt, und wie unsicher die

> eigene Zukunft ist, könnte man eine pessimistische Haltung annehmen, Abscheu und Grauen kultivieren, jegliche Bemühung einstellen und schließlich Selbstmord begehen.[490]

Mit »pessimistischer Haltung« meint er hier vermutlich nicht direkt die Einstellung, das Leben sei nicht lebenswert, sondern die hier beschriebene Grundlage für diese Haltung – die Annahme, dass die Welt schlecht sei. Mit Bezug auf die Formel »M+x« macht James in den folgenden Sätzen dann klar, dass die Person mit diesem Glauben – dem Glauben, die Welt sei schlecht (x in der M+x-Formel) – kausal dazu beitrage, die Welt schlecht zu machen. Die Welt sei nicht unabhängig von unserem Glauben gut oder schlecht, sondern wir würden sie durch unseren Glauben schlecht oder gut machen. M. a. W.: Mit dem Glauben an den Pessimismus macht man den Pessimismus erst wahr.[491]

James favorisiert offenbar einen anderen Glauben: den Glauben, dass die Welt durch unsere Tätigkeit gut gemacht werden könne. Der Glaube besteht darin, dass es Böses in der Welt gibt, wir aber dazu beitragen können, sie besser zu machen. Diese Position nennt er hier »Meliorismus«[492] bzw. »moralischen Optimismus«[493]: »Wir müssen sagen, dass die Welt gut *ist*, denn sie ist, was wir aus ihr machen – und wir werden sie gut machen.«[494] Nach dem Meliorismus ist die Welt nicht grundsätzlich gut. Es gibt Böses in der Welt, aber die Welt wird besser, weil wir sie besser machen werden. Wenn wir an den Meliorismus glauben – glauben, dass die Welt durch unsere Taten besser wird –, dann wird die Welt auch durch unsere Taten besser. Der Glaube an den Meliorismus macht den Meliorismus wahr. James geht es hier aber nicht vorrangig darum, den Meliorismus gegen den Pessimismus zu verteidigen. Es geht ihm um die Berechtigung, an den Meliorismus zu glauben. Wir dürfen deshalb an ihn glauben, weil wir ihn durch den Glauben wahr machen können. Wir sind also in einem solchen Fall berechtigt, das zu glauben, was dazu beiträgt, unsere Wünsche zu erfüllen:[495]

> M hat einen unbestimmten Charakter, der entweder Teil eines tiefgreifenden Pessimismus oder eines moralischen [...] Optimismus werden kann. Alles hängt vom Charakter des persönlichen Beitrages x ab. Immer wenn die Tatsachen, die es zu formulieren gilt, einen solchen Beitrag beinhalten, dürfen wir logischer, legitimer und zwingender Weise glauben, was wir wollen. Der Glaube erzeugt seine Verifizierung. Der Gedanke wird buchstäblich zum Vater der Tatsache, genauso wie der Wunsch Vater des Gedankens war.[496]

Unsere Entscheidung für den Meliorismus oder den Pessimismus wird darauf beruhen, ob wir lieber in einer guten oder schlechten Welt leben wollen.

Die Grundlage für den Glauben, dass *p*, besteht also darin, dass wir wollen, dass *p* wahr wird. Wir sind aber nur deshalb berechtigt, uns so von unserem Wollen in unserem Glauben leiten zu lassen, weil der Glaube die Proposition, an die wir glauben, wahr machen kann. Der M+x-Gedanke muss also im Kontext der Diskussion des Pessimismus so verstanden werden, dass sich dieser Gedanke auf eine Begründung bezieht, die auf der kausalen Kraft von »x« basiert:

> *Die begründungsbezogene Kausalinterpretation des M+x-Gedankens:*
> Der »M+x-Gedanke« besteht in dem Gedanken, dass ein Glaube (*belief*) eine kausale Rolle in der Wahrmachung des Gegenstands dieses Glaubens spielen kann. Es mag für eine Person deshalb begründet sein, einen bestimmten Glauben zu haben, weil dieser Glaube einen bestimmten kausalen Beitrag leistet. M. a. W.: x ist der Glaube, dass *p*. Der Glaube, dass *p*, spielt eine wichtige kausale Rolle darin, es wahr zu machen, dass *p*. Deshalb mag es für eine Person begründet sein zu glauben, dass *p*.

Nach dem Meliorismus wird die Welt durch unseren Einsatz für das Gute gegen das Böse besser werden. Dies setzt voraus, dass es innerweltliches Gutes und Böses gibt, wofür man sich kausal einsetzen kann. Es setzt also voraus, dass der pluralistische Moralismus im Gegensatz zum Monismus (in der pessimistischen oder optimistischen Variante) und im Gegensatz zum Subjektivismus wahr ist. Wenn alles innerweltliche Gute und Böse bloß Ausdruck einer kosmologisch betrachtet guten oder bösen Ganzheit ist, dann wird der kausale Einsatz für das innerweltliche Gute das Ganze nicht besser machen. Das Ganze ist einfach nicht besser zu machen: Es ist entweder grundsätzlich gut oder schlecht. Wenn der Subjektivismus wahr ist, dann kann der kausale Einsatz für das Gute die Welt auch nicht wirklich besser machen, da es das wirklich Gute einfach nicht gibt. James ist sich dieses Implikationsverhältnisses zwischen dem Meliorismus und dem pluralistischen Moralismus natürlich bewusst. Es ist also kein Wunder, dass er sich in »Considérations« sowie in »Rationality« als Nächstes dem Subjektivismus zuwendet.

Es wäre eine besonders elegante Lösung, wenn dasselbe für den Objektivismus wie für den Meliorismus gelten würde: Man kann ihn wahr machen, indem man an ihn glaubt. Die Person, die den Meliorismus wahr machen möchte, indem sie an den Meliorismus glaubt, müsste nicht einfach annehmen, dass eine Voraussetzung für dieses Unterfangen – die Wahrheit des Objektivismus – erfüllt sei, sondern diese Person könnte ebenfalls mit der Kausalkraft eines weiteren Glaubens (des Glaubens an die Wahrheit des Objektivismus) den Objektivismus wahr machen.

Eine solche Lösung ist sicher den meisten heutigen Lesern fremd. Viele von uns sind sicher bereit, bezüglich des Meliorismus mit James mitzugehen: Man kann die Welt besser machen, indem man daran glaubt, dass sie besser wird. Beim Thema der Objektivität der Moral werden die meisten von uns dies sicherlich anders sehen: Entweder ist der Subjektivismus oder der Objektivismus wahr. Welche Theorie wahr ist, ist von der Kausalkraft unseres Glaubens unabhängig. Wir können den Objektivismus nicht wahr machen, indem wir an ihn glauben! In der Darstellung des Objektivismus in Kapitel 4 wurde dementsprechend einfach angenommen, dessen Wahrheit oder Falschheit sei von der Kausalkraft unseres Glaubens unabhängig.

Dies ist aber die Lösung, die James in »Considérations« vorschlägt. Nachdem er einen Test für die Wahrheit in der Debatte zwischen Subjektivisten und Objektivisten vorgeschlagen hat, der sich am besten im Sinne der Begründungsinterpretation verstehen lässt (mehr dazu später), schlägt er vorsichtig vor, wir könnten eine der beiden Positionen mit der Kausalkraft unseres Glaubens wahr machen. Die Welt hat nicht unabhängig von der Kausalkraft unseres Glaubens eine Beschaffenheit, die bedeutet, dass entweder der Objektivismus oder der Subjektivismus wahr sei. Nein, wir müssen mit der Kausalkraft unseres Glaubens dafür sorgen, dass das eine im Gegensatz zum anderen der Fall sein wird:

> Die Sache lässt sich fortsetzen. So frage ich, weshalb der Materialismus und der Glaube an eine moralische Welt nicht ebenso auf dem von mir beschriebenen Wege verifizierbar sind. Was, in anderen Worten, sorgt dafür, dass M nicht wesentlich ambique ist und seine ultimative Determination durch sein Gegenstück r erhält, indem es M in ein moralisches System integriert oder auf ein System nackter Tatsachen reduziert? Dergleichen ist vorstellbar. [...] Angenommen wir handeln inspiriert vom Glauben an ein moralisches Universum: Die Wirklichkeit einer zuverlässigen Welt wird sich von Tag zu Tag deutlicher zeigen. Handeln wir hingegen vor dem Hintergrund materialistischer Annahmen, so wird die Welt sich mit der Zeit als nichtssagend und *vanitas vanitatum* als Grund aller Dinge erweisen. In dieser Weise ist die Welt das, was wir aus ihr machen.[497]

James zieht diesen Vorschlag stillschweigend in »Rationality« zurück. Er schreibt in einem Brief an Renouvier, in dem es um den M+x-Gedanken in »Rationality« geht (der »alte Brief an Ihre Zeitschrift« ist natürlich »Considérations«):

> Sie werden sehen, dass ich die ultra-indeterministischen Schlussfolgerungen meines alten Briefes an Ihre Zeitschrift bezüglich der Frage nach der Moralischen Welt ein wenig abgewandelt habe. Ich dachte, ich sei vielleicht zu

> weit gegangen. Jedenfalls scheint das, was ich auf diesen späteren Seiten sage, praktisch das Wichtigste.[498]

James sagt zwar nicht explizit, was er geändert hat, aber die Passagen aus »Considérations«, die die Wahrheit über die »Moralische Welt« von unserer Kausalkraft abhängig machen, fehlen in »Rationality«. Außerdem wird von der Kausalkraft in »Considérations« in der Terminologie »Determination« gesprochen: »Ultra-indeterministisch« an den Ausführungen in »Considérations« war also, dass *wir* mit unserem Glauben *determinieren*, ob der Subjektivismus oder der Objektivismus wahr ist. Zum Schluss sagt James, die Ausführungen in »Rationality« würden sowieso »praktisch das Wichtigste« beinhalten. Seine Äußerung ist zwar nicht eindeutig, aber man könnte sie so auslegen, dass das wichtigste praktische Element, um das es im M+x-Gedanken geht, nicht in der *Kausalkraft* des Glaubens, sondern in einem anderen praktischen Aspekt liegt. Welcher praktischer Aspekt dies sein könnte, wird durch die Begründungsinterpretation des M+x-Gedankens klargemacht, der wir uns jetzt zuwenden.

Da in »Rationality« bezüglich des Themas der Objektivität der Moral die Kausalkraft des Glaubens an die relevanten Positionen keine Rolle spielt, bleibt in diesem Text nur der Test, den James sowohl in »Considérations« als auch in »Rationality« formuliert. Wie bereits in Zügen in Kapitel 4 erläutert, besteht die Grundlage für den Test darin, dass Subjektivismus und Objektivismus sich nicht einfach theoretisch unterscheiden. Der theoretische Unterschied besteht darin, dass nach dem Subjektivismus Handlungen oder Empfindungen als solche nicht gut oder böse sind. Sie zählen nur als gut oder böse relativ zu faktisch gegebenen Empfindungen. Nach dem Objektivismus hingegen sind Handlungen und Empfindungen als solche gut oder böse. Daraus ergibt sich nach James ein praktischer Unterschied zwischen den beiden Theorien. Wenn ein Subjektivist moralische Empfindungen hat, dann sind dies keine Empfindungen, die von ihm verlangt werden. Wenn sie also in Konflikt mit irgendwelchen Wünschen oder Neigungen von dem Subjektivisten stehen, dann steht es ihm frei, die moralischen Empfindungen nicht so ernst zu nehmen und langfristig daran zu arbeiten, sie abstumpfen zu lassen. Dies steht dem Objektivisten nicht frei. Da moralische Empfindungen von ihm verlangt werden, hat er sich nach ihnen zu richten. James drückt diesen praktischen Unterschied in »Rationality« wie folgt aus:

> Der praktische Unterschied zwischen dieser Art Moralisten und einem, der moralische Urteile unterordnet, ist enorm. Wenn seine moralischen Gefühle mit den Tatsachen über ihn konfligieren, darf der Materialist sich immer dadurch um Harmonie bemühen, dass er die Empfindung der Gefühle ab-

> stumpft. Als reine Daten, die an sich weder gut noch böse sind, darf er sie pervertieren oder mit allen ihm zur Verfügung stehenden Mitteln betäuben […]. Der absolute Moralist hingegen darf, wenn seine Interessen mit der Welt konfligieren, Harmonie nicht durch ein Opfer idealer Interessen herstellen. Diese sollten ihm zufolge bleiben, wie sie sind, und nicht angetastet werden.[499]

Der praktische Unterschied eröffnet nach James die Möglichkeit, Subjektivismus und Objektivismus wie physikalische Hypothesen zu testen:

> Jede Frage ist bedeutungsvoll, bei der, wie hier, gegensätzliche Antworten zu gegensätzlichem Verhalten führen. Und es scheint so, als dürften wir bei der Beantwortung einer solchen Frage genauso vorgehen wie der Physiker [*physical philosopher*], wenn er eine Hypothese testet. Er leitet aus der Hypothese eine experimentelle Handlung x ab; diese fügt er den bereits existierenden Tatsachen M hinzu. Sie passen zusammen, wenn die Hypothese wahr ist; wenn nicht, gibt es eine Dissonanz. Die Resultate der Handlung bestätigen oder widerlegen die Idee, in der sie ihren Ursprung hatte.[500]

Vermutlich gibt es aber gewisse Unterschiede im Testverfahren. Eine physikalische Hypothese wird eine Prognose der Ereignisse implizieren. Die »experimentelle Handlung« wird in einem Experiment bestehen, das testet, ob diese Ereignisse eintreten oder nicht. James hat in seinen Äußerungen über den Subjektivisten und den Objektivisten nur davon gesprochen, dass jener seine moralischen Empfindungen »pervertieren« »darf«, dieser aber »nicht«. Die praktische Implikation des theoretischen Unterschieds zwischen den beiden Positionen besagt, welche Handlungen und Empfindungen die jeweilige Theorie erlaubt bzw. nicht erlaubt.[501] Da unterschiedliche Handlungen erlaubt sind, wird es aber in manchen Fällen tatsächlich zu unterschiedlichen Handlungen kommen. Dies erlaubt dann das Testen der Theorien (folgende Ausführungen stehen unmittelbar vor der gerade zitierten Passage):

> Nicht, dass der Widerspruch zwischen Moralist und Materialist jeden Tag vorkäme; in Alltagsdingen stimmen alle moralischen Schulen überein. Unsere Überzeugung wird nur in den seltenen Ernstfällen des Lebens geprüft. Dann versagen übliche Maximen und wir greifen zurück auf unsere Götter. Es wäre also nicht richtig zu sagen, dass die Frage »Ist dies eine moralische Welt?« bedeutungslos und unverifizierbar sei, weil sie mit etwas Nicht-Phenomenalem zu tun habe.[502]

Ein weiterer Unterschied zwischen dem Testen von physikalischen Theorien und dem Testen vom Subjektivismus und Objektivismus besteht darin, dass das zweite Testen nicht in einer kontrollierten Umgebung in einer

Reihe von Experimenten stattfinden wird. Subjektivismus und Objektivismus müssen *im Leben* getestet werden. Unmittelbar nach dem vorletzten Zitat schreibt James (die »Verifikationspassage«):

> Genauso hier: Die Theorie, die man zur moralischen Beschaffenheit der Welt haben mag, kann man nur dadurch verifizieren, dass die eigene Theorie, einmal nach ihr gehandelt, später nicht durch die Erträge der eigenen Taten umgestoßen wird; sie wird so gut mit dem gesamten Fluss der Erfahrung harmonieren, dass er sie sozusagen aufnimmt oder ihr sogar eine reichere Deutung verleiht, ohne dass man den Kern ihrer Formulierung in irgendeiner Hinsicht ändern müsste. Wenn dies ein moralisches Universum *ist*, dann werden alle Taten, die ich unter dieser Annahme vollbringe, alle Erwartungen, die ich auf dieser Grundlage habe, sich tendenziell immer mehr mit den bereits existierenden Phänomenen verflechten, um zu ihnen zu passen. $M + x$ wird im Einklang stehen; und je länger ich lebe und je mehr Erträge meiner Tätigkeit zu Tage treten, desto mehr wird die Übereinstimmung zufriedenstellend wachsen. Wenn es hingegen kein moralisches Universum ist und ich voreilig annehme, dass es ein solches ist, wird der Gang der Erfahrung mir immer neue Hindernisse in den Weg meiner Überzeugung legen und sich immer schwieriger in deren Sprache ausdrücken lassen. [...] wenn das Universum *nicht* moralisch ist, worin besteht dann die Verifikation? Darin, dass wir unsere moralischen Interessen auf die leichte Schulter nehmen, bestreiten wir, dass sie uns zu irgendetwas verpflichten [...] und sie deshalb über Bord werfen, wenn sie für uns tatsächlich schwer zu erfüllen sind – uns einer tragischen Einstellung verweigern und damit auf lange Sicht mit den Tatsachen des Lebens auf die zufriedenstellendste Weise umgehen.[503]

Die Theorien erlauben unterschiedliche Handlungen. Man soll für jede Theorie diese als Leitfaden des Lebens nehmen und nach ihr handeln (»alle Taten, die ich unter dieser Annahme vollbringe«, »je länger ich lebe«). Im Leben wird sich zeigen, welche Theorie die richtige ist (»auf lange Sicht mit den Tatsachen des Lebens auf die zufriedenstellendste Weise umgehen«). Wir werden gleich darauf eingehen, wie dieser Test genauer zu verstehen ist. Zuerst muss klargemacht werden, dass James nicht davon ausgeht, dieser Test solle nur von einem einzelnen Philosophen vollzogen werden. Im Gegenteil (die »Menschheitspassage«):

> Der Einfachheit halber habe ich es so formuliert, als ob die Verifikation im Leben eines einzelnen Philosophen stattfinden könnte; und das ist offensichtlich unwahr, weil die moralistischen und materialistischen Theorien einander immer noch gegenüberstehen und die Tatsachen der Welt beide zum Teil unterstützen. Wir sollten vielmehr davon ausgehen, dass bei einer Frage dieser Reichweite zur Verifikation die Erfahrung der gesamten Menschheit herange-

> zogen werden muss und dass die Gesamtevidenz nicht »da« ist, bis sich alles gefügt hat, und der letzte Mensch gesagt hat, was er zu sagen hatte, und seinen Teil beigetragen hat zum immer noch unfertigen *x*.[504]

Bemerkenswert ist, dass James den Streit zwischen Subjektivismus und Objektivismus für noch unentschieden hält, da »die Tatsachen der Welt beide zum Teil unterstützen«. Hier soll es aber nicht um die Erläuterung der kollektiven Komponente und der zeitlichen Unbestimmtheit von James' Test gehen, sondern darum, welche Faktoren im Leben der Einzelnen für das Testen maßgeblich sind. Es soll nach den beiden Theorien gehandelt werden. Wenn man dies aber tut, was spricht dann für oder gegen die Theorie? In der Verifikationspassage macht James Äußerungen wie die folgenden:

1. »[...] die eigene Theorie [...] später nicht durch die Erträge der eigenen Taten umgestoßen wird [...]«
2. »[...] sie wird [...] gut mit dem gesamten Fluss der Erfahrung harmonieren [...]«
3 »[...] alle Taten, die ich unter dieser Annahme vollbringe, alle Erwartungen, die ich auf dieser Grundlage habe, [werden] sich tendenziell immer mehr mit den bereits existierenden Phänomenen verflechten, um zu ihnen zu passen. $M + x$ wird im Einklang stehen [...]«
4. »[...] je mehr Erträge meiner Tätigkeit zu Tage treten, desto mehr wird die Übereinstimmung zufriedenstellend wachsen [...]«
5. »[...] der Gang der Erfahrung [wird] mir immer neue Hindernisse in den Weg meiner Überzeugung legen [...]«
6. »[...] auf lange Sicht mit den Tatsachen des Lebens auf die zufriedenstellendste Weise umgehen.«

In 2 und 5 ist die Rede davon, dass die »Erfahrung« die relevante Theorie unterstützt bzw. unterminiert. In 1 und 4 spricht James von den »Erträgen« der Taten. In 3 geht es offenbar darum, dass die Handlungen selbst und die Erwartungen, die die Annahme der Theorie begründet, besser zu den »Phänomenen« passen. In 6 werden »Tatsachen des Lebens« als Belege für eine Theorie erwähnt. Im nächsten Abschnitt wird dieser Test ausführlich diskutiert. Zunächst geht es nur um eine Frage: Fungieren nach James die Emotionen und Empfindungen neben den Sinneswahrnehmungen als Elemente der Begründung für die Wahrheit der konkurrierenden Theorien? Unsere Antwort: ja. Wir werden zunächst eine kurze Begründung dieser Antwort liefern, um sie dann detailliert im nächsten Abschnitt zu erläutern und begründen.

Gründe gegen den Subjektivismus spielen in »Dilemma« eine wichtige Rolle in James' Argumentation für den Indeterminismus. Wir werden seine

Gesamtargumentation in den nächsten beiden Abschnitten diskutieren. Wir erlauben uns daher, hier eine Stelle aus ihrem Kontext herauszulösen, die unsere Antwort belegt. James schreibt:

> All dies gesagt, wird mir hoffentlich niemand vorwerfen, die Gründe für den Subjektivismus zu unterschätzen. Und jetzt, da ich dazu übergehen werde darzulegen, warum diese Gründe, stark wie sie sind, mich selbst nicht überzeugen, zähle ich darauf, dass meine Einwände noch stärker sind. Ich gebe offen zu, dass sie praktischer Natur sind. Wenn wir uns in der Praxis auf den Subjektivismus entschlossen und kompromisslos einlassen und seine Konsequenzen folgen, werden wir einigen ins Auge sehen, die uns zu denken geben. Sei Subjektivismus anfangs auch noch so streng und intellektuell, liegt es in seiner Natur, zwangsläufig eine andere Seite seines Wesens zu entfalten und in der korrumpiertesten Schaulust zu enden.[505]

»Dilemma« wurde nur zwei Jahre nach »Rationality« veröffentlicht. In »Rationality« beschreibt James, wie Subjektivismus und Objektivismus im M+x-Verfahren getestet werden können. In »Dilemma« diskutiert er Gründe für und gegen den Subjektivismus. Die Gründe, die er als aussschlaggebend betrachtet, sind »praktischer Natur«. Es sind Gründe, die sich zeigen, wenn man nach dem Subjektivismus lebt: Der Subjektivismus korrumpiert den Menschen, der nach ihm lebt. Wenn dies die Gründe sind, die für James in »Dilemma« ausschlaggebend sind, dann kann es nicht sein, dass er im M+x-Verfahren in »Rationality« Emotionen und Empfindungen als Gründe ausschließen will. Obwohl James das Argument in »Dilemma« nicht explizit als Teil eines M+x-Verfahrens beschreibt, basiert seine Argumentation auf einem Vergleich zweier Lebensführungen: einem Leben nach dem Subjektivismus und einem Leben nach dem Objektivismus.[506] Wenn sich dabei die *praktischen* Gründe als ausschlaggebend erweisen, dann müssen praktische Gründe eine Rolle im M+x-Verfahren spielen dürfen. Wir ziehen daher die Schlussfolgerung, dass nach James zusätzlich zu Sinneserfahrungen und theoretischen Überlegungen auch Empfindungen und Emotionen eine maßgebliche Begründungsrolle beim Testen philosophischer Theorien spielen. Daraus ergibt sich dann folgende Interpretation des M+x-Gedankens:

> *Die Begründungsinterpretation des M+x-Gedankens:*
> Beim »M+x-Gedanken« geht es um einen Test für die Wahrheit einer Theorie T. Der Wahrheitswert der Theorie T ist unabhängig von unserem kausalen Einfluss. Der »M+x-Gedanke« beinhaltet die Behauptung, dass ein Teil der Begründung für die Wahrheit oder Falschheit von T notwendigerweise in praktischen Elementen und nicht in rein theoretischen Ele-

menten besteht. Das »x« im »M+x-Gedanken« steht für diese praktischen Elemente. Unter diesen praktischen Elementen müssen zwei verschiedene Arten unterschieden werden. Einerseits bezieht sich »x« auf die Handlung, die darin besteht, nach T zu handeln. Andererseits bezeichnet »x« die Begründungsfaktoren, auf denen die Bestätigung einer Theorie beruht. Empfindungen und Emotionen sind unter diesen Faktoren.

Wir hatten vorher behauptet, die begründungsbezogene Kausalinterpretation würde für James' Diskussion des Pessimismus in »Rationality« stimmen. Es ist klar, dass der M+x-Gedanke in dieser Interpretation nur auf eine bestimmte Gruppe von Fragen Anwendung finden kann: auf die Fragen, die wir mit der kausalen Kraft unseres Glaubens entscheiden können. Jetzt haben wir für die Begründungsinterpretation bezüglich des Themas der Objektivität der Moral argumentiert. Bei diesem Thema gibt es eine wahre Antwort unabhängig davon, an welche Antwort wir glauben. Was gilt nun für andere philosophische Themen, für die der M+x-Gedanke in der Kausalinterpretation keine Plausibilität hat? Will James den M+x-Gedanken in der Begründungsinterpretation auch auf diese Themen anwenden? In »Rationality« wird der M+x-Gedanke explizit nur auf das Thema der Objektivität der Moral angewendet. (Wir beschäftigen uns ab jetzt nicht mehr mit dem M+x-Gedanken in der Kausalinterpretation.)

Auf der einen Seite könnte man also vermuten, dass der M+x-Gedanke nach James nur einen begrenzten Anwendungsbereich hat. Auf der anderen Seite legt James' Beschreibung seines Vorhabens in »Rationality« die Interpretation nahe, dass der M+x-Gedanke auf sehr viele Themen Anwendung findet. In der relevanten Passage am Anfang von »Rationality« beschreibt James diesen Aufsatz als eine gewisse Fortsetzung von »The Sentiment of Rationality« (kurz: »Sentiment«), aber er hat einen etwas anderen Zweck:

> Die Aufgabe des vorangegangenen Essays kann so beschrieben werden: das Scheitern der rein logischen Funktion beim Philosophieren zu zeigen. Das Ziel des vorliegenden Artikels ist ein anderes. Davon ausgehend, dass der Gang der Gedanken aus der Sackgasse rein theoretischer Kontemplation gelenkt werden muss, damit das Denken nicht für immer im Irrgarten hilflosen Staunens auf das Universum deutend stecken bleibt, versuche ich auf den folgenden Seiten zu bestimmen, wie eine Definition des Universums sein muss, die aktive Impulse zu solchem Umlenken erweckt. Eine Auffassung der Welt, die dem Geist die Bewegungsfreiheit zurückgibt, die auf dem rein kontemplativen Pfad in Schach gehalten, blockiert und behindert worden ist, wird *pro tanto* die Welt wieder rational erscheinen lassen. Von zwei Auffassungen, die die logischen Anforderungen gleich gut (oder gleich schlecht) erfüllen, mag

> nun eine sehr viel besser als die andere die aktiven Impulse erwecken oder andere ästhetische Anforderungen erfüllen. Diese wird als die rationalere Auffassung gelten und sich verdientermaßen durchsetzen.[507]

Gegenstand von »Rationality« sind also nicht bestimmte philosophische Themen, sondern Philosophie im Allgemeinen. James schlägt hier offenbar ein allgemeines Verfahren für die Philosophie vor: Wenn zwischen zwei philosophischen Auffassungen nicht auf rein theoretischer Basis entschieden werden kann, dann gilt die Auffassung als »rationaler«, die »die aktiven Impulse« und »andere ästhetische Anforderungen« besser befriedigt, und diese Auffassung wird »sich verdientermaßen durchsetzen«. Wenn man »rationaler« und »verdientermaßen« im Sinne der Begründungsinterpretation liest, dann würde James hier sagen, dass »die aktiven Impulse« und »andere ästhetische Anforderungen« die maßgeblichen Begründungsfaktoren in der Begründung für die Wahrheit von philosophischen Theorien sind, sofern über die Wahrheit dieser Theorien nicht auf rein theoretischer Basis entschieden werden kann. Wir werden im nächsten Abschnitt untersuchen, ob James »rationaler« wirklich so meint. Wenn er das tut, dann hätte er eine radikale Neukonzeption von Philosophie präsentiert: Um die Wahrheit von allen philosophischen Theorien, die sich nicht rein theoretisch beweisen lassen, zu begründen, müssten wir uns auf »die aktiven Impulse« und »andere ästhetische Anforderungen« stützen. James ergänzt diese Gedanken in seinem weiteren Überblick über sein Vorhaben in »Rationality«:

> Angenommen also, man stelle mehrere Systeme auf, jeweils gleichermaßen konsistent, und daher gleichermaßen befriedigend für unsere rein logischen Bedürfnisse. Diese müssten eine neuerliche Überprüfung durchlaufen und von der ästhetischen Beschaffenheit unserer *praktischen* Natur angenommen oder abgelehnt werden. Solche Begriffe wie Gott, Denken und Vergleichbares, obwohl sie logisch betrachtet unser Staunen ebenso wenig ruhen lassen wie Begriffe wie Materie, Schicksal etc., sind trotzdem als Grundlage universeller Erklärungen allgemein sehr viel akzeptabler. Was sind die praktischen Anforderungen [*needs*], die zu solchen Ergebnissen führen? Wir werden sehen, es sind drei an der Zahl: (1) der Grad der *Erwartung* muss bestimmt werden; (2) Handlungs- und Gefühls*kräfte* [*powers, active and emotional*] müssen wachgerufen werden; und (3) der Glaube oder die uneingeschränkte Überzeugung dürfen in ihrer Entfaltung nicht behindert werden. Jede Sichtweise des Universums, die diese Forderungen erfüllt (und zugleich so klar, einfach und konsistent ist, wie es die Logik zulässt) wird in höchstem Grade rational erscheinen. Weiter kann der Geist für seine Wahrheit nicht gehen.[508]

Die drei »praktischen Anforderungen«, die James hier auflistet, entsprechen dem Aufbau von »Rationality«: Er geht auf (1) bis (3) der Reihe nach ein. Der M+x-Gedanke wird im Kontext seiner Diskussion von (3) eingeführt. Nach der Begründungsinterpretation sind wachgerufene »Handlungs- und Gefühlskräfte« – also x im M+x-Gedanken – als Begründungsfaktoren zu verstehen. Wir lesen »Rationality« so, dass den »Handlungs- und Gefühlskräften« bereits in der Diskussion in (2) eine *Begründungsrolle* bezüglich der Wahrheit der relevanten philosophischen Themen zukommt.

In (2) wird außerdem ein Prinzip – das Kongruenzprinzip – eingeführt, das für den M+x-Gedanken entscheidend ist (die »Kongruenzpassage«):

> Unserer aktiven Art [*active propensities*] gar nichts anzubieten, woran sie sich reiben könnte, ist aber ein zweiter und schlimmerer Fehler in einer philosophischen Theorie, als ihr zu widersprechen. Eine philosophische Theorie, deren Grundsatz so unvereinbar ist mit unseren innersten Kräften, dass sie ihnen alle Relevanz in universellen Fragen abspricht, dass sie deren Beweggründe mit einem Schlag zunichte macht, wird sogar noch unpopulärer sein als der Pessimismus. Stell' dich lieber dem Feind als der ewigen Leere! Gerade deshalb wird der Materialismus nie allgemein akzeptiert werden […]. Denn für den Materialismus sind die Objekte fast aller Impulse, an denen uns am meisten liegt, nicht real. […] Vergleichbar sind euphorische und niedergeschlagene Menschen sich nicht einfach ihrer psychischen Zustände bewusst; wären sie es, würde die Wucht ihrer Gefühle verfliegen. Beide sind überzeugt, dass es äußere Gründe dafür gibt, *warum* sie so fühlen sollten, wie sie fühlen: »Was für eine freudige Welt! Wie gut das Leben ist!« oder »Wie widerwärtig und eintönig ist doch die Existenz!« Jede Philosophie, die dem Bezug die Gültigkeit nimmt, indem sie seine Objekte wegerklärt oder sie in Begriffe ohne emotionalen Belang übersetzt, lässt dem Geist kaum noch etwas, woraus er sich etwas machen oder wofür er etwas tun könnte […]. Wir erwarten davon [dem Universum] eine *Beschaffenheit*, zu der unsere Emotionen und aktive Art als Gegenstück passen sollen. Klein wie wir sind, so winzig auch der Punkt ist, an dem der Kosmos auf jeden von uns eindringt, will doch jeder fühlen, dass seine Reaktion an diesem Punkt zu den Erfordernissen des unermesslichen Ganzen passt, dass er mit letzterem sozusagen im Gleichgewicht ist und leisten kann, was es von ihm erwartet.[509]

James stellt in dieser Passage ein metaphilosophisches Prinzip auf, das wir das »Kongruenzprinzip« nennen: »Wir erwarten davon [dem Universum] eine *Beschaffenheit*, zu der unsere Emotionen und aktive Art als Gegenstück passen sollen.«

Kongruenzprinzip:
Emotionen spiegeln die Beschaffenheit der Welt wider.

Das Kongruenzprinzip ist ein metaphilosophisches Prinzip, das eine Voraussetzung für eine Komponente des M+x-Gedankens ist: Emotionen können deshalb eine Begründungsrolle spielen, weil sich in ihnen die Beschaffenheit der Welt widerspiegelt. Objektivismus und Subjektivismus sind konkurrierende philosophische Theorien. Nach dem M+x-Gedanken sollen Objektivismus und Subjektivismus mit Hilfe von Emotionen auf ihre Wahrheit getestet werden. Der M+x-Gedanke setzt das Kongruenzprinzip voraus. Das Kongruenzprinzip impliziert nicht, dass der Subjektivismus falsch ist. Es würde das Kongruenzprinzip nicht widerlegen, wenn sich in der Anwendung des Kongruenzprinzips im M+x-Verfahren zeigen sollte, dass der Subjektivismus wahr ist.

Da der M+x-Gedanke erst in (3) in »Rationality« eingeführt wird, kann er in der Kongruenzpassage keine Rolle spielen. Wie soll man dann James' Kritik am Materialismus in dieser Passage verstehen, die offenbar auf dem Kongruenzprinzip basiert? Es gibt mindestens vier Möglichkeiten: (a) Wenn James hier vom Materialismus spricht, dann meint er den Subjektivismus, der in (3) im M+x-Verfahren getestet werden soll. In dieser Passage denkt er, dass er den Subjektivismus direkt widerlegen kann; in (3) denkt er, dass er dafür das M+x-Verfahren braucht. Diese Interpretation ist nicht plausibel, da sie James innerhalb eines Aufsatzes in unnötige Widersprüche verwickelt. (b) Wenn James in der Kongruenzpassage vom Materialismus spricht, dann meint er nicht den Subjektivismus. Das M+x-Verfahren ist nötig, um über die Wahrheit des Subjektivismus zu entscheiden. Es ist aber nicht notwendig, um den Materialismus in diesem Sinne zu widerlegen. Das Kongruenzprinzip selbst impliziert die Falschheit des Materialismus; der Materialismus ist aber nicht definitorisch mit der Negation des Kongruenzprinzips gleichzusetzen. (c) Um über die Wahrheit des Materialismus zu entscheiden, muss man sich auf das Kongruenzprinzip stützen. Wenn der Materialismus nicht zulässt, dass man dieses Prinzip zur Überprüfung seiner Wahrheit einsetzt, dann ist der Materialismus insofern problematisch, dass er die Verwendung der notwendigen Mittel zur Bestimmung seines Wahrheitswerts nicht erlaubt. (d) In der Kongruenzpassage meint James mit »Materialismus« einfach die Negation des Kongruenzprinzips. Das Kongruenzprinzip würde dann trivialerweise die Falschheit des Materialismus implizieren.

Es ist nicht so wichtig, wie man die Verwendung vom Terminus »Materialismus« in der Kongruenzpassage versteht. Wir gehen daher nicht weiter darauf ein. Klar ist, dass James das Kongruenzprinzip akzeptiert. Wichtig ist das Verhältnis vom Kongruenzprinzip zu den Theorien, die im M+x-Verfahren getestet werden sollen, z. B. zum Subjektivismus. Die Position, die in der Negation des Kongruenzprinzips besteht, können wir »Nihilismus« nennen. M. a. W.: Der Nihilismus ist ein metaphilosophisches Prinzip, nach dem uns Emotionen keine Auskunft über die Beschaffenheit der Welt geben.[510] Daher kann der Nihilismus mit dem Subjektivismus nicht gleichgesetzt werden. Das Kongruenzprinzip impliziert, dass der Nihilismus falsch ist, aber nicht, dass der Subjektivismus falsch ist. Wenn »K«, »N« und »S« für die jeweiligen propositionalen Formulierungen dieser Theorien stehen, dann kann man dies formal so ausdrücken:

$$K \rightarrow \sim N$$
$$\sim(K \rightarrow \sim S)$$

Nun kann man die Frage stellen, welchen Status das Kongruenzprinzip hat. Ist es einfach ein Postulat? Oder kann es begründet werden? Und wenn es begründet werden kann, geschieht dies dann im M+x-Verfahren? Dies könnte man sich durchaus vorstellen, obwohl James diese Fragen nicht thematisiert. Man könnte sich vorstellen, dass man den Nihilismus und das Kongruenzprinzip im Leben testet: dass man auf der einen Seite nach dem Nihilismus und auf der anderen Seite nach dem Kongruenzprinzip handelt. Wenn sich in diesem Lebenstest herausstellen sollte, dass Emotionen doch keine verlässliche Grundlage für Urteile bilden, dann muss man vielleicht das Kongruenzprinzip, das dem Testverfahren zugrunde lag, ablehnen. Das Kongruenzprinzip hätte sich gewissermaßen selbst widerlegt, indem es den Praxistest nicht besteht.

Wir wollen hier aber nicht darüber spekulieren, ob James das Kongruenzprinzip mit Hilfe des M+x-Gedankens testen möchte. Wir müssen uns grundlegenden Fragen über die mögliche Begründungsrolle von Emotionen zuwenden: Schreibt James Emotionen und Empfindungen wirklich eine Begründungsrolle zu? Wenn er dies tut, tut er dies dann auf der Grundlage des Kongruenzprinzips? Wie ist dieses Prinzip überhaupt zu verstehen? Was versteht James unter »Handlungs- und Gefühlskräften«? Wenn er Emotionen eine Begründungsrolle zuschreibt, gilt dies dann für alle Emotionen? Wenn nein, welche emotionalen Elemente dürfen dann als Begründungsfaktoren fungieren? Wie soll darüber entschieden werden? Sind manche Emotionen für bestimmte philosophische Themen relevant, andere für andere Themen? Warum können Emotionen überhaupt über die Wahrheit philosophischer Theorien bestimmen? Solchen Fragen werden wir im folgenden Abschnitt nachgehen.

5.4 Das konstitutive Verhältnis von Empfindungen und philosophischen Gründen

Das Kongruenzprinzip sollte uns an die Philosophienotiz aus der Krisenphase erinnern, die wir in § 4.5 diskutiert haben. Darin schreibt James:

> Wir verwenden die subjektive Methode der Erklärung. Die einzige Frage ist, sind wir erfolgreich? Wenn ja, sind wir bessere Philosophen. Denn unsere Synthese hat eine Art Tatsachen einbezogen, die von der anderen Gruppe ignoriert wurde – nämlich den Wunsch des Herzens, Gegenstück [*match*] des ganzen Universums zu sein und nicht zu einem infinitesimalen Unfall darin zu schrumpfen.[511]

Wie soll man diese Metapher verstehen: das Herz und »unsere Emotionen und aktive Art« als »Gegenstücke« des »ganzen Universums«? Es liegt nahe, darin romantische Ideen des Individuums, verstanden als Spiegel des Kosmos, zu sehen. Dies wird von James mehr oder weniger in »Rationality« explizit gemacht, wenn er fragt, was in der Geschichte alle »großen Epochen der Erneuerung« charakterisiert habe. Er gibt als Antwort, dass der Mensch in diesen Epochen wie folgt angesprochen wurde: »Die innerste Natur der Wirklichkeit entspricht den *Kräften*, die der Einzelne besitzt.«[512] Diese Idee des Individuums als eines Spiegels des Universums findet man in unterschiedlichen Versionen in den Strömungen der Romantik, des Idealismus und des amerikanischen Transzendentalismus. Daher ist es folgerichtig, dass James die Autoren Rousseau, Kant, Fichte, Goethe, Schiller, Carlyle und Emerson in diesem Kontext erwähnt. Bei Rousseau, schreibt James, finde man die Auffassung, »dass die Natur des Menschen mit der Natur der Dinge harmonieren würde, wenn nur nicht der lähmende Einfluss der verderbten Sitten dazwischen käme«.[513] Nach dieser Idee hat das Universum unabhängig vom Individuum eine bestimmte Beschaffenheit oder Natur. Die Natur des Individuums ist so beschaffen, dass es die Natur des Universums widerspiegeln kann. Diese Entsprechung, Harmonie oder Widerspiegelung zwischen Individuum und Universum ist aber nicht immer gegeben, sondern kann verloren gehen, oder muss zuerst vom Individuum hergestellt werden. Sie ist aber aufgrund der Natur des Universums und des Individuums grundsätzlich möglich. James hätte auch aus Emersons »The American Scholar« zitieren können:

> Er wird erkennen, dass die Natur das Gegenstück der Seele ist, die ihr bis in die Einzelheiten entspricht. Die eine ist das Siegel, die andere dessen Abdruck. Die Schönheit der Natur ist die Schönheit seines eigenen Geistes. Ihre Gesetze sind die seines Geistes. So wird die Natur zum Maßstab seiner Errungenschaften. Je geringer sein Wissen über die Natur ist, desto weniger verfügt er über seinen Geist. Und so werden das alte Gebot »Erkenne dich selbst!« und das neue Gebot »Studiere die Natur!« endlich zu ein und derselben Maxime.[514]

Geht James wirklich von solch einer Kongruenz zwischen dem Universum und der menschlichen Seele aus? William J. Wainwright denkt, dass er dies tut.[515] Wainwright schreibt James dabei nicht die Übernahme einer Idee der Romantik zu, sondern denkt, James würde (implizit) ein evolutionäres Argument für die Kongruenz anbieten: Unsere »emotionalen Faktoren« hätten sich evolutionär als adaptiv gezeigt und die beste Erklärung für ihren adaptiven Wert wäre, dass sie mit der Realität harmonieren würden.[516] Es ist nicht zu leugnen, dass James' Sprache manchmal eine Kongruenz in diesem Sinne nahelegt. Unmittelbar nach der oben zitierten »Menschheitspassage«, in der James sagt, die Verifikation von Subjektivisms oder Objektivismus verlange die Erfahrung der ganzen Menschheit, fährt er fort:

> Dann wird der Beweis vollständig sein; dann wird sich zweifelsfrei zeigen, ob das moralische *x* die Lücke füllt, die einzig verhindert hat, dass das M der Welt eine ausgeglichene und harmonische Einheit bildet, oder ob das materialistische *x* den letzten Schliff verliehen hat, der einzig nötig war, damit das M äußerlich so sinnlos erscheint, wie es innerlich war.[517]

Dieses Zitat ist für unsere Zwecke auch deshalb besonders relevant, weil James hier über das *M* und das *x* des M+x-Gedankens spricht. Er spricht am Ende des Zitats davon, dass *M* sich »äußerlich« zeige, wie es »innerlich« gewesen sei. Dies legt nahe, dass *M* eine Natur habe, die von *x* vollständig unabhängig sei; *x* habe also eine *rein epistemische* Funktion: Mit Hilfe von *x* würde es gelingen, dass sich die Natur von *M*, die von *x* vollständig unabhängig sei, zeigen würde.

Diese Interpretation passt aber nicht gut zur Schlüsselmetapher aus der »Schlüsselpassage«, die gleich auf die gerade zitierte Passage folgt. Schloss und Schlüssel werden für einander gemacht. Ein Schloss wird von vornherein so gemacht, dass es ein bestimmter Schlüsseltyp aufmachen kann. Wenn *M* das Schloss ist, dann kann man die Natur von *M* also nicht als etwas verstehen, das unabhängig von *x* – dem Schlüssel – eine bestimmte Beschaffenheit hat. Über diese wechselseitige Abhängigkeit von individuellen Schlössern und Schlüsseln hinaus gibt es eine gegenseitige *begriffliche*

Abhängigkeit der Begriffe *Schloss* und *Schlüssel*: Um zu verstehen, was ein Schloss ist, muss man den Begriff *Schlüssel* verstehen – und umgekehrt.

Diese Anmerkungen zur Schlüsselmetapher und die anderen bisherigen Ausführungen zum M+x-Gedanken ermöglichen uns, vier Adäquatheitsbedingungen für Interpretationen des M+x-Gedankens zu formulieren:

Adäquatheitsbedingungen für die Interpretation des M+x-Gedankens:

(1) Die Wahrheit philosophischer Sätze ist von *x abhängig*: »was dann eine universelle Wahrheit wäre, wenn der Terminus *x* einen bestimmmten Charakter hätte, könnte zu einem ungeheuren Irrtum werden, wenn *x* seine Beschaffenheit änderte«.[518] Da die Kausalinterpretation des M+x-Gedankens falsch ist, handelt es sich nicht um eine *kausale* Abhängigkeit. (Abhängigkeitsbedingung)

(2) *M* und *x* sind *gegenseitig* voneinander abhängig. Vielleicht ist es zu viel, dies als eine Adäquatheitsbedingung zu formulieren, aber die Schlüsselmetapher legt diese Bedingung nahe. (Gegenseitigkeitsbedingung)

(3) Von konkurrierenden philosophischen Theorien zu einem bestimmten Thema ist nur *eine wahr*, die *anderen* sind *falsch*. Wie wir mehrmals betont haben, ist dies James' Position bezüglich der philosophischen Themen, die ihn und uns hier beschäftigen. Diese Bedingung kommt auch in der Schlüsselpassage zum Ausdruck: »Wenn wir den moralischen Schlüssel ausprobieren *und er passt*, ist es ein moralisches Schloss. Probieren wir den nicht moralischen Schlüssel aus und *er* passt, ist es kein moralisches Schloss.«[519] (Objektivitätsbedingung)

(4) Mit *x* werden *Gründe* für die *Wahrheit* einer philosophischen Theorie artikuliert und einige dieser Gründe sind *empfindungsbezogener* bzw. *emotionaler* Art. (Gründe-Bedingung)

Die dritte Bedingung verlangt eine Interpretation des M+x-Gedankens, die einem *Objektivismus* bezüglich *philosophischer Wahrheiten* gleichkommt. Die »romantische« Interpretation des Kongruenzprinzips und des M+x-Gedankens erfüllt diese Bedingung und die vierte Bedingung: Die Welt hat eine bestimmte Beschaffenheit. Diese Beschaffenheit spiegelt sich in bestimmten emotionalen Verfassungen von Menschen wider. Die ersten beiden Bedingungen werden von dieser Interpretation aber nicht erfüllt. Nach dieser Interpretation hat die Welt, von der philosophische Wahrheiten handeln, eine Beschaffenheit, die von *x* unabhängig ist. Die Gründe, die mit *x* artikuliert werden, werden daher als *Evidenz* verstanden: Sie sind als

Indizien dafür zu verstehen, dass die Welt eine Beschaffenheit hat, die von diesen Indizien unabhängig ist.

Eine Position, die Empfindungen und Emotionen auf diese Art als Evidenz für die Wahrheit objektiv gültiger philosophischer Theorien versteht, nennen wir »*platonischen Objektivismus*«. Die »romantische« Auffassung ist ein Beispiel für platonischen Objektivismus. Um den platonischen Objektivismus näher zu erläutern, ziehen wir zur Illustration ein zentrales Element aus James' Argument für den Indeterminismus aus »Dilemma« heran. James schreibt (die »Bedauernspassage«):

> Ich kann die Bereitschaft zu handeln, unabhängig davon, wie wir uns fühlen, nicht verstehen ohne die Überzeugung, dass unsere Handlungen wirklich gut oder schlecht sind. Ich kann die Überzeugung, dass eine Handlung schlecht sei, ohne Bedauern ihres Vollzugs nicht verstehen. Ich kann Bedauern ohne die Annahme wirklicher, echter Möglichkeiten in der Welt nicht verstehen. Nur *dann* ist es keine Farce zu empfinden, dass, nachdem wir unser Bestes nicht gegeben haben, eine unwiederbringliche Gelegenheit aus dem Universum verschwunden ist, deren Verlust es für immer nachtrauern wird.[520]

Diese Passage ist Teil eines komplizierten Arguments für den Indeterminismus. Außerdem ist die Passage selbst recht komplex. Wir werden hier nur auf einen Aspekt eingehen und James' Argument erst im nächsten Abschnitt ausführlich diskutieren. Hier werden wir einfach annehmen, dass James in dieser Passage einen Grund für die Wahrheit des Indeterminismus anbietet. M. a. W.: Er bietet einen Grund dafür an, dass es »wirkliche, echte Möglichkeiten in der Welt« gibt.

In dieser Passage redet James darüber, dass eine Person etwas getan hat, das sie als schlecht erachtet. Deshalb bedauert oder bereut die Person, diese Handlung vollzogen zu haben. Nach James ist dieses Bedauern aber nur sinnvoll, wenn es »echte Möglichkeiten in der Welt« gibt. Damit meint er, dass vor der Entscheidung für diese schlechte Handlung der Person mehr als eine Möglichkeit offen stand. Diesen Punkt hat er an einer früheren Stelle in »Dilemma« mit dem Beispiel der Entscheidung einer Person am Scheideweg erläutert – dem Beispiel einer Person, die sich zwischen »Oxford Street« und »Divinity Avenue« entscheiden muss. Wenn es »echte Möglichkeiten in der Welt« gibt, dann steht vor der Entscheidung nicht fest, für welchen Weg sich die Person entscheidet.[521] James bietet das Bedauern von vergangenen Handlungen also als Grund dafür an, dass es »echte Möglichkeiten in der Welt« gibt: Wenn es keine »echten Möglichkeiten in der Welt« gäbe, dann wäre das Bedauern dieser Handlungen nicht sinnvoll. Oder m.a.W.: Es wäre lächerlich – eine »Farce« – die eigenen vergangenen Handlungen zu bedauern.

Was ist die Verbindung zwischen dieser Emotion oder Empfindung – dem Bedauern – und der Wahrheit des Indeterminismus, wenn man so für den Indeterminismus argumentiert? Es gibt zwei Weisen, auf die diese Verbindung verstanden werden kann: den *platonischen* Objektivismus und den *internen* Objektivismus. Nach dem platonischen Objektivismus bestehen »echte Möglichkeiten in der Welt« vollständig unabhängig vom menschlichen Bedauern vergangener Handlungen. Der Begriff *echte Möglichkeiten in der Welt* ist vom Begriff *Bedauern der eigenen vergangenen Handlung* begrifflich unabhängig. Um den ersten Begriff vollständig zu verstehen, muss man den zweiten Begriff nicht verstehen. Wenn man im Sinne des platonischen Objektivismus für das Bestehen »echter Möglichkeiten in der Welt« mit Verweis auf menschliches Bedauern der eigenen Handlungen argumentiert, dann ist das menschliche Bedauern wie die Wahrnehmung eines Sachverhalts zu verstehen, der von dieser Wahrnehmung begrifflich unabhängig ist.

Die Frage »Warum gibt es echte Möglichkeiten in der Welt?« ist zweideutig. Auf der einen Seite fragt man nach den *Wahrmachern* der Aussage, dass es echte Möglichkeiten in der Welt gibt. Was macht es wahr, dass es echte Möglichkeiten in der Welt gibt? Die Antwort mag vielleicht mager ausfallen: Es gibt diese Möglichkeiten eben. Oder sie mag ausführlicher ausfallen: Vielleicht versucht man, die Wahrheit der Aussage wie folgt zu erklären oder zu erläutern: Sie ist wahr, wenn vor dem Eintreten eines Ereignisses nicht feststeht, dass dieses Ereignis eher als ein anderes eintritt. Auf der anderen Seite fragt man nach *epistemischen Hinweisen* – nach Evidenz – für die Wahrheit der Aussage.

Nach dem platonischen Objektivismus können Empfindungen bzw. Emotionen ausschließlich eine Rolle bei der Beantwortung der zweiten Warum-Frage spielen. Die Angemessenheit des Bedauerns der eigenen Handlungen kann daher nur eine epistemische Rolle in der Beantwortung der Frage spielen, ob es echte Möglichkeiten in der Welt gibt. Wenn es echte Möglichkeiten in der Welt gibt, dann kann es angemessen sein, die eigenen Handlungen zu bedauern. Die Angemessenheit des Bedauerns hat aber nichts damit zu tun, was es wahr macht, dass es echte Möglichkeiten in der Welt gibt: Das Bestehen echter Möglichkeiten in der Welt ist nicht konstitutiv dadurch zu erklären, dass es angemessen wäre, ggf. die eigenen Handlungen zu bedauern. Wenn die Angemessenheit des Bedauerns als Grund für das Bestehen echter Möglichkeiten angegeben wird, dann kann dieser Grund nicht konstitutiv erklären, warum echte Möglichkeiten in der Welt bestehen. Dieser Grund kann nur als Evidenz für die Annahme des Bestehens echter Möglichkeiten dienen. Wir können den platonischen Objektivismus daher wie folgt definieren:

Platonischer Objektivismus:
Die Gründe, die philosophische Wahrheiten konstitutiv erklären, sind von menschlichen Empfindungen begrifflich unabhängig.

Nach dem *internen* Objektivismus ist das Verhältnis zwischen philosophischen Wahrheiten und menschlichen Empfindungen ganz anders aufzufassen. James' Argument für den Indeterminismus wäre im Sinne des internen Objektivismus dementsprechend ganz anders zu verstehen: James würde behaupten, die Begriffe *echte Möglichkeiten in der Welt* und *Bedauern der eigenen vergangenen Handlung* wären begrifflich voneinander abhängig. Auf der einen Seite würde man nicht vollständig verstehen können, was es heißt, von echten Möglichkeiten in der Welt auszugehen, ohne zu verstehen, dass es angemessen sein könnte, die eigenen Handlungen zu bedauern. Auf der anderen Seite könnte man nicht vollständig verstehen, was es heißt, die eigenen Handlungen zu bedauern, ohne zu verstehen, worin echte Möglichkeiten in der Welt bestehen. Um konstitutiv zu erklären, warum es echte Möglichkeiten in der Welt gibt, müsste man u. a. darauf verweisen, dass es angemessen wäre, die eigenen Handlungen zu bedauern. Wenn die Angemessenheit des eigenen Bedauerns als Grund für die Annahme echter Möglichkeiten angeführt wird, dann handelt es sich dabei um einen Grund, der in der konstitutiven Erklärung davon, warum es echte Möglichkeiten gibt, eine bestimmte Rolle spielt. Den internen Objektivismus kann man dementsprechend allgemein wie folgt formulieren:

Interner Objektivismus:
Die Gründe, die philosophische Wahrheiten konstitutiv erklären, und menschliche Empfindungen sind begrifflich voneinander abhängig.

Wenn man James' M+x-Gedanken im Sinne des internen Objektivismus interpretiert, dann werden alle vier Adäquatheitsbedingungen erfüllt. Es geht hier natürlich um eine allgemeine Interpretation des M+x-Gedankens, aber als Beispiel dient uns weiterhin James' Argument für den Indeterminismus mit Berufung auf Bedauern. In der *vierten* Adäquatheitsbedingung ist die Rede von Gründen für die Wahrheit einer philosophischen Theorie. In diesem Beispiel besteht die Theorie in der Annahme, dass es echte Möglichkeiten in der Welt gibt. Inwiefern kann James im Sinne des internen Objektivismus einen *Grund* für die Wahrheit dieser Theorie liefern – einen Grund dafür, dass es echte Möglichkeiten in der Welt gibt? Nach James setzt Bedauern echte Möglichkeiten voraus. Wenn im Sinne des internen Objektivismus Bedauern einen Grund für die Wahrheit dieser Theorie liefern soll, dann kann es nicht einfach um zufällig existierendes Bedauern gehen. Es muss darum gehen, dass Bedauern eine *objektiv angemessene* Reaktion auf bestimmte Handlungen ist. Wenn diese Reaktion objektiv angemessen ist, dann liefert sie einen *Grund* für die Wahrheit der Annahme, die diese Reaktion voraussetzt – der Annahme, dass es echte Möglichkeiten in der Welt gibt. Wenn es objektiv angemessen ist, mit Bedauern auf bestimmte Handlungen zu reagieren, dann muss es wahr sein, dass es echte Möglichkeiten in der Welt gibt.

Wir haben den internen Objektivismus eingeführt, um den M+x-Gedanken zu interpretieren. Wir glauben, dass eine Interpretation des M+x-Gedankens diese vier Adäquatheitsbedingungen erfüllen muss und dass sie nur auf der Grundlage des internen Objektivismus erfüllt werden können. Es geht an dieser Stelle nur um die Interpretation von James. Daher können wir hier nicht auf einige philosophische Fragen eingehen, die der interne Objektivismus aufwirft. Dies wird im nächsten Kapitel geschehen, wenn wir auf unsere eigene Theorie philosophischer Gründe eingehen. Eine Frage ist, was mit »objektiv angemessenen Reaktionen« gemeint ist. Unabhängig von der Beantwortung dieser Frage ist klar, dass der interne Objektivismus eine sinnvolle Grundlage für das Testen von Theorien im Sinne des M+x-Gedankens ist. Man testet die Theorien, indem man nach ihnen handelt. Wenn man nach den Theorien handelt, dann kann man sich fragen, inwiefern Bedauern nur mit der einen von den beiden Theorien vereinbar ist. Man kann sich auch fragen, inwiefern Bedauern überhaupt eine objektiv angemessene Reaktion auf Handlungen ist. Man kann sich ebenfalls fragen, ob andere emotionale Reaktionen objektiv angemessen sind, die vielleicht nicht mit der einen der beiden Theorien oder mit Bedauern vereinbar sind.

Aus der Erläuterung zur Erfüllung der vierten Adäquatheitsbedingung wird deutlich, dass eine Interpretation des M+x-Gedankens im Sinne des internen Objektivismus auch die *dritte* Bedingung erfüllt. Wenn Bedauern eine objektiv angemessene Reaktion auf gewisse Handlungen ist und diese Reaktion die Wahrheit des Indeterminismus und die Falschheit konkurrierender Theorien voraussetzt, dann demonstriert diese objektive Angemessenheit die Wahrheit einer bestimmten philosophischen Theorie. Die exklusive Wahrheit einer bestimmten philosophischen Theorie beruht auf der objektiven Angemessenheit emotionaler Reaktionen.

Nach dem internen Objektivismus sind – als Beispiel – die Begriffe *echte Möglichkeiten in der Welt* und *Bedauern der eigenen vergangenen Handlung* begrifflich voneinander abhängig. Somit ist die *zweite* Adäquatheitsbedingung erfüllt: *M* und *x* sind gegenseitig voneinander abhängig. Daraus ergibt sich die Erfüllung der *ersten* Bedingung, nach der die Wahrheit philosophischer Sätze von *x* abhängig ist. Die Wahrheit des philosophischen Satzes – es gibt echte Möglichkeiten in der Welt – ist *nicht kausal* vom Bedauern von Handlungen abhängig. Es handelt sich um eine (gegenseitige) *begriffliche* Abhängigkeit: Nur durch die Angemessenheit des Bedauerns eigener Handlungen lässt sich konstitutiv erklären, warum es echte Möglichkeiten in der Welt gibt. James schreibt: »Was dann eine universelle Wahrheit wäre, wenn der Terminus *x* einen bestimmmten Charakter hätte, könnte zu einem ungeheuren Irrtum werden, wenn *x* seine Beschaffenheit änderte«.[522] Durch die begriffliche Abhängigkeit des Begriffs echter Möglichkeiten vom Begriff des Bedauerns ist die Wahrheit in der Determinismusdebatte davon abhängig, unter welchen Bedingungen Bedauern angemessen ist. Der »Charakter« des Begriffs des Bedauerns bestimmt also begrifflich und nicht kausal die Wahrheit in der Determinismusdebatte. Wäre der »Charakter« dieses Begriffs anders, wäre die Wahrheit eine andere.

Mit diesem letzten Punkt wird endlich der Unterschied zwischen James und Henrich, der in § 3.3 diskutiert wurde, vollständig verständlich. In § 3.3 wurde Henrich die Position zugeschrieben, dass Einsicht in die Wahrheit philosophischer Theorien aus rein theoretischer Perspektive gewonnen werden kann. Nach Henrich bietet die praktische Perspektive nur zusätzliche Argumente im Kampf der konkurrierenden philosophischen Theorien. Nach James lässt sich Einsicht in die Wahrheit philosophischer Theorien nur aus einer Perspektive gewinnen, die nicht rein theoretisch ist: Man muss sich fragen, wann es angemessen ist, Handlungen zu bedauern, um Einsicht in die Wahrheit über den Determinismus zu gewinnen. Nur wenn man versteht, dass es nur dann angemessen ist, Handlungen zu bedauern, wenn es echte Möglichkeiten in der Welt gibt, versteht man, warum der Indeterminismus wahr ist. Nur aus dieser irreduzibel praktischen Perspektive kann man Einsicht in die Wahrheit des Indeterminismus gewinnen.

Der interne Objektivismus ermöglicht uns also, die vier Adäquatheitsbedingungen für Interpretationen des M+x-Gedankens zu erfüllen. Entsprechend dem platonischen und dem internen Objektivismus können wir die Begründungsinterpretation des M+x-Gedankens auf zwei Arten ergänzen:

Die evidentielle Begründungsinterpretation:
Die Gründe, die Wahrheiten über *M* konstitutiv erklären, sind von *x* begrifflich unabhängig. *X* stellt nur Evidenz für Thesen über *M* bereit.

Die konstitutive Begründungsinterpretation:
X und die Gründe, die Wahrheiten über *M* konstitutiv erklären, sind begrifflich voneinander abhängig.

Von diesen beiden Interpretationen erfüllt nur die konstitutive Variante die vier Adäquatheitsbedingungen. Wir denken, dass die konstitutive Version die richtige Interpretation des M+x-Gedankens darstellt. Dafür muss aber ausführlicher argumentiert werden. Wir müssen uns zwei kritischen Fragenkomplexen stellen: A. In der Entwicklung der konstitutiven Interpretation haben wir uns reichlich auf James' Ausführungen zum Thema Determinismus gestützt. Aber will James überhaupt den M+x-Gedanken auf die Determinismusfrage anwenden? Wenn nein, ist es überhaupt legitim, den internen Objektivismus, der aus James' Argument in der Determinismusdebatte entwickelt wurde, als Grundlage für die Interpretation des M+x-Gedankens zu verwenden? B. James selbst unterscheidet nicht explizit zwischen platonischem und internem Objektivismus. Kann die richtige Interpretation des M+x-Gedankens auf einer Position beruhen – dem internen Objektivismus – die James selbst nicht formuliert hat?

A. Der erste Fragenkomplex ist von der Tatsache inspiriert, dass James selbst am 28. September 1882 im Brief an Renouvier explizit sagt, er würde den M+x-Gedanken nicht auf das Determinismusthema anwenden:

> Ich stimme vollkommen mit Ihnen überein, dass die *M+x*-Formel keine Relevanz für die Indeterminismus-Frage hat. Ich habe sie nur auf die Frage des Optimismus angewendet, wenn ich mich recht erinnere, und habe niemals auch nur für einen Moment angenommen, dass sie irgendwie eingesetzt werden könnte, um die Willensfreiheit zu beweisen.[523]

James antwortet hier auf Renouviers Stellungnahme zu »Rationality« vom 5. September.[524] Unsere Leser werden wissen, dass James' Erinnerung (»wenn ich mich recht erinnere«) ihn hier täuscht. Er hat den M+x-Gedanken in »Rationality« nicht nur auf die Frage nach dem Optimismus angewendet. Er hat ihn auch auf die evolutionäre Theorie der Ethik und auf die Frage nach der Objektivität der Moral angewendet. Für unsere Zwecke ist natürlich vor allem die Anwendung auf das Thema der Objektivität der Moral maßgeblich. Wie bereits oben ausgeführt, stimmt die kausale Interpretation für den Fall des Optimismus, nicht aber für die Objektivität der Moral. Es wurde ebenfalls vorher diskutiert, dass James selbst die Anwendung des M+x-Gedankens in »Rationality« auf die Objektivität der Moral nicht im kausalen Sinne versteht. Nur einige Monate früher (am 8. Mai) hatte James Folgendes an Renouvier geschrieben (oben bereits teilweise zitiert):

> Sie sprechen von einer *Enthaltung* meinerseits, bestimmte Anwendungen der Formel M + X etc. zu diskutieren. Das Ganze ist bloß ein Fragment, das eines

> Tages hoffentlich Teil eines viel größeren Ganzen sein wird. Sie werden sehen, dass ich die ultra-indeterministischen Schlussfolgerungen meines alten Briefes an Ihre Zeitschrift bezüglich der Frage nach der Moralischen Welt ein wenig abgewandelt habe.[525]

James versteht also am 8. Mai seinen M+x-Gedanken so, dass er auf bestimmte Fälle wie das Thema des Optimismus eine kausale Anwendung findet, aber dass er für den Fall der Objektivität der Moral nicht im kausalen Sinne zu verstehen ist. Am 28. September spricht er aber vom M+x-Gedanken so, als ob er ausschließlich kausale Anwendung hätte, da er hier seine Anwendung auf den Fall des Optimismus beschränkt. Der Brief am 28. September zeigt also nur, dass James den M+x-Gedanken in seiner *kausalen* Variante nicht zur Lösung der Frage des Determinismus einsetzen möchte. Dies könnte darauf hinweisen, dass James das Argument, das er in »Rationality« für den Fall der Objektivität der Moral verwendet, nicht mehr ein »M+x-Argument« *nennen* möchte.

Es heißt aber keineswegs, dass das Argument bezüglich der Determinismusdebatte in »Dilemma« nicht genauso wie das Argument bezüglich der Objektivität der Moral in »Rationality« zu verstehen ist. Es verhält sich nicht so, dass Renouvier im Brief, auf den James' Brief vom 28. September eine Antwort ist, argumentiert hätte, das Argument aus »Rationality« bezüglich der Objektivität der Moral wäre für die Determinismusdebatte irrelevant. In seinem Brief geht es Renouvier um einen anderen Punkt. Er schreibt:

> Ich bin beeindruckt von dem, was du dahingehend sagst, dass dein M+x-Argument (was das Ausmaß betrifft, in dem die Welt von individuellen Entscheidungen des Denkens und Handelns abhängt) gleichermaßen gültig ist, unabhängig davon ob man die Freiheit des Akteurs oder universelle Notwendigkeit annimmt. Dennoch scheint mir deine Theorie ohne Zweifel von der tiefen Überzeugung inspiriert zu sein, dass *der Handelnde die Welt durch sein Handeln verändert und nicht, dass die Welt sich selbst durch diesen Handelnden und sein Handeln verändert* – aufgrund einer *Tatsache*, die in Ewigkeit für diesen Zeitpunkt bestimmt ist.[526]

James hatte in »Rationality« am Ende seiner Anwendung des M+x-Gedankens auf den Optimismus behauptet, dass sein Argument unabhängig von der Determinismusdebatte gültig wäre: »Man beachte, dass bei alldem noch kein Wort über die Willensfreiheit verloren worden ist. All dies gilt in einem prädeterminierten Universum ebenso wie in einem indeterminierten.«[527] Renouvier stellt also nur in Frage, dass das M+x-Argument in seiner kausalen Variante Indeterminismus nicht voraussetzt. James' Antwort ist unbefriedigend, da er auf Renouviers Einwand nicht eingeht. James hatte in »Rationality« nicht behauptet, der M+x-Gedanke würde in der kausalen Variante das Determinismusproblem lösen. Im Gegenteil: Er hat gesagt, das M+x-Argument in dieser Variante wäre neutral gegenüber dem Determinismusthema. Renouvier hat auch nicht behauptet, James hätte den M+x-Gedanken zur Lösung des Determinismusproblems eingesetzt. Er hat nur behauptet, das M+x-Argument – Renouvier denkt klarerweise an die kausale Variante des Arguments – wäre gegenüber dem Determinismusthema nicht neutral, sondern müsste die Wahrheit des Indeterminismus voraussetzen.[528] Auf diese Kritik geht James einfach nicht ein.

Vielleicht hat es James beim Briefeschreiben am 28. September einfach eilig gehabt. Er ist in Wien und sagt am Ende des Briefs er müsse jetzt in »die Gemäldegalerie«.[529] Ihm war es aber auf jeden Fall zu diesem Zeitpunkt am wichtigsten, Renouvier von seinem Argument bezüglich Willensfreiheit zu erzählen. Gleich nach der zitierten Passage im Brief vom 28. September skizziert er ein Argument für Willensfreiheit bzw. Indeterminismus, das wesentliche Elemente des Arguments enthält, das er zwei Jahre später in »Dilemma« veröffentlichen wird. Wie unsere Rekonstruktion des Arguments in »Dilemma« im nächsten Abschnitt zeigt, kann man es so verstehen, dass die Annahme der Objektivität der Moral eine wichtige Prämisse des Arguments darstellt. In »Dilemma« wird die Objektivität der Moral aber nicht einfach als Prämisse gesetzt, sondern James will sie mit einem praktischen Argument untermauern, das man als eine Version des M+x-Arguments in seiner Begründungsvariante verstehen könnte.[530] Das M+x-Argument wäre also in »Dilemma« ein Teil von James' Argument für den Indeterminismus. Wir können aber auf James' Argument aus »Dilemma« erst im nächsten Abschnitt im Detail eingehen.

Wir haben uns bisher auf die Rolle des Bedauerns in James' Argument für den Indeterminismus konzentriert. Wir haben dies getan, weil das M+x-Argument voraussetzt, dass Empfindungen bzw. Emotionen eine Begründungsrolle spielen können. Das M+x-Argument enthält aber eine andere Komponente: James' Test verlangt, dass man nach den betreffenden Theorien lebt. Für das Determinismusthema würde dies bedeuten, dass man auf der einen Seite nach dem Determinismus lebt und auf der anderen Seite nach dem Indeterminismus. Es ist nicht so klar, ob James' Argument für den Indeterminismus diesen Aspekt des M+x-Gedankens enthält. Unser Ausgangspunkt in diesem Kapitel war aber eigentlich zunächst nicht der M+x-Gedanke, sondern die Schlüsselmetapher aus der Schlüsselpassage. Später haben wir das Kongruenzprinzip eingeführt, das in früheren Teilen von »Rationality« eine Rolle spielt, wobei nicht klar ist, dass es in diesen früheren Teilen um den M+x-Gedanken geht. Der interne Objektivismus bezüglich philosophischer Wahrheiten, den wir beispielhaft anhand von der Rolle vom Bedauern im Determinismusargument entwickelt haben, liefert eine Interpretation der Begründungsrolle von Empfindungen und Emotionen. Da unser Hauptinteresse in diesem Kapitel James' Auffassung von dieser Begründungsrolle gilt, ist es nicht ausschlaggebend, ob James' Argument für den Indeterminismus als ein M+x-Argument verstanden werden muss. Die Auseinandersetzung mit James' Argument für den Indeterminismus hat uns geholfen, die Begründungsrolle von Empfindungen und Emotionen bei James zu verstehen, selbst wenn das Argument für den Indeterminismus kein M+x-Argument sein sollte.

B. Warum sollte der interne Objektivismus der Schlüssel für die Interpretation des M+x-Gedankens von James sein, wenn James selbst diese Position nicht formuliert? Die einfache Antwort ist kurz: Nur auf der Grundlage des internen Objektivismus können wir eine Interpretation formulieren, die alle vier Adäquatheitsbedingungen erfüllt. Diese Antwort kann aber nur überzeugen, wenn wir untersuchen, ob es nicht andere Interpretationen gibt, die diese Bedingungen genauso gut erfüllen. Wir wollen jetzt zeigen, dass das Gegenteil der Fall ist, indem wir für einige aus der Forschungsliteratur bekannte Interpretationen zeigen, dass sie an den Adäquatheitsbedingungen scheitern.

Wir hatten den platonischen Objektivismus deshalb abgelehnt, weil er die Abhängigkeits- und Gegenseitigkeitsbedingung nicht erfüllen kann, obwohl er die Objektivitäts- und die Gründe-Bedingung erfüllt. Wir wenden uns jetzt Interpretationen zu, die die ersten beiden Bedingungen erfüllen. Vertreter solcher Interpretationen nehmen oft in Kauf, dass die Objektivitätsbedingung und / oder die Gründe-Bedingung dabei nicht erfüllt werden können. Es wird bei unserem Argument also vor allem darum gehen müssen, die dritte und vierte Adäquatheitsbedingung zu verteidigen.[531]

Viele Interpreten schreiben James einen Pluralismus zu, der darauf hinausläuft, dass es auf philosophische Fragen mehr als eine gleich gute Antwort gibt. Dies läuft auf eine Ablehnung der Objektivitätsbedingung hinaus: Von den konkurrierenden Theorien zu philosophischen Themen ist nicht jeweils eine wahr und die anderen sind falsch. Im Gegenteil: Es gibt mehrere gleichwertige Theorien. Andere Interpreten lehnen die Gründe-Bedingung ab: Nach dieser Interpretation ist *x*, von dem die Wahrheit philosophischer Sätze abhängig ist, nicht als ein *Grund* für die *Wahrheit* der Sätze zu verstehen. Mit dieser Interpretation ist nicht zwangsläufig die Ablehnung der

Objektivitätsbedingung verbunden. Wir wollen jetzt diese Interpretationstypen der Reihe nach diskutieren.

Die *Pluralitätsinterpretation* kann anhand von James' Diskussion der Frage nach Willensfreiheit in *The Principles of Psychology* erläutert werden. James sagt, die Frage nach der Freiheit des Willens wäre »aus rein psychologischen Gründen unlösbar«. Er schreibt dann, dass er selbst sich für die Freiheitsposition (damit meint er den Indeterminismus) entschieden hätte. Die »Gründe« für seine Meinung seien aber eher »ethisch« als »psychologisch«. Dabei verweist er in einer Fußnote auf seine Argumentation in »Dilemma«.[532] James fährt dann wie folgt fort (die »Postulatspassage«):

> Ein paar Worte seien immerhin gestattet zur Logik der Frage. Man kann für den Determinismus argumentativ nicht mehr tun, als ihn zu einer klaren und attraktiven Konzeption auszuarbeiten, für die nicht einzutreten, töricht wäre, solange man zu dem großen wissenschaftlichen Postulat steht, dass die Welt eine einzige, einheitliche Tatsache sein muss und dass ausnahmslos alles vorherzusagen idealerweise, wenn auch nicht realiter, möglich sein muss. Was einen dazu bringt, für die gegenteilige Ansicht einzutreten, ist ein *moralisches* Postulat über das Universum, nämlich das Postulat, dass *was sein soll, sein kann, und dass böse Taten nicht schicksalhaft sein können, sondern dass an ihrer Stelle gute Taten möglich sein müssen.* Wenn aber wissenschaftliche und moralische Postulate sich also gegenseitig bekriegen und objektive Beweise nicht zu haben sind, ist der einzige Weg eine willentliche [*voluntary*] Entscheidung, denn Skeptizismus selbst ist, wenn er systematisch ist, auch eine willentliche Entscheidung. Wenn indes der Wille nicht determiniert *ist*, scheint es nur angebracht, dass der Glaube an seine Indeterminiertheit willentlich aus anderen möglichen Überzeugungen gewählt werden sollte. Die erste Tat der Freiheit sollte sein, sich ihrer selbst zu versichern. Falls der Indeterminismus eine Tatsache ist, sollten wir nie auf irgendeine andere Methode der Wahrheitsfindung hoffen. Diese bestimmte Wahrheit anzuzweifeln, wird uns daher wohl bis ans Ende aller Tage offen stehen und ein vom freien Willen Überzeugter kann *niemals* mehr erreichen als zu zeigen, dass die deterministischen Argumente nicht zwingend sind.[533]

Vertreter der Pluralitätslesart interpretieren Passagen wie diese wie folgt: Es gibt eine wissenschaftliche Perspektive auf die Welt und eine moralische Perspektive. Die erste Perspektive gründet auf dem Postulat des Determinismus, die zweite auf dem Postulat des Indeterminismus. Es kann nicht gesagt werden, die Welt – die Realität – wäre entweder determiniert oder nicht determiniert. Beide Perspektiven sind gleichermaßen legitim. Die Wissenschaft braucht das Determinismuspostulat, das moralische Urteilen und Handeln braucht das Indeterminismuspostulat. Man muss sich nur darüber im Klaren sein, dass keine der beiden miteinander konkurrierenden Postulate die eine richtige Perspektive auf die Welt bietet. Wenn man sich in einem Kontext – bei wissenschaftlicher oder moralischer Tätigkeit – nach dem einen Postulat richtet, dann darf man nicht vergessen, dass es sich dabei nur um ein legitimes Postulat handelt, das nur *eine* richtige Perspektive auf die Welt bietet:

> Psychologie ist Psychologie und Wissenschaft Wissenschaft, wie immer schon auf dieser Welt (nicht mehr und nicht weniger), ob der Wille dabei frei ist oder nicht. Die Wissenschaft muss jedoch ständig daran erinnert werden, dass ihre Zwecke nicht die einzigen Zwecke sind und dass die Ordnung einheitlicher Kausalität, die sie gut gebrauchen kann und daher zurecht postuliert, Teil einer größeren Ordnung sein mag, die sich ihr vollkommen entzieht.[534]

Man kann zwischen zwei Versionen der Pluralismusinterpretation unterscheiden: Nach dem *starken* Perspektivismus gibt es keine Realität oder Welt, auf die es unterschiedliche Perspektiven gibt. Stattdessen gibt es eine Pluralität von Welten, die den unterschiedlichen Perspektiven entsprechen.[535] Nach dem *schwachen* Perspektivismus gibt es zwar eine Welt, aber diese Welt ist so, dass es keine einzige richtige Perspektive auf sie gibt, bzw. so, dass es sich prinzipiell nicht herausfinden lässt, welche Perspektive richtig ist.[536]

Für unsere Zwecke sind Unterscheidungen zwischen verschiedenen Versionen der Pluralitätsinterpretation aber irrelevant. Maßgeblich für uns ist die Anwendung dieser Interpretation auf den M+x-Gedanken. Die Abhängigkeitsbedingung – die erste Adäquatheitsbedingung – wird so interpretiert, dass »x« für Interessen bzw. Zwecke steht, auf denen Postulate beruhen. Wenn man fragt, ob es wahr sei, dass der Wille determiniert ist, kann die Antwort erst dann gegeben werden, nachdem man erläutert hat, ob man diese Frage für die Zwecke der Psychologie als Wissenschaft oder für die Zwecke der Moral beantwortet haben will.[537] Je nachdem, welche Zwecke man hat, wird die Antwort anders ausfallen. M. a. W.: Je nach Zweck ist ein anderer der konkurrierenden philosophischen Sätze wahr.

Die Pluralitätsinterpretation läuft auf die Ablehnung der Objektivitätsbedingung hinaus. Wir sollten aber an dieser Bedingung festhalten. Die Postulatspassage liefert keinen Beleg für die Pluralitätsinterpretation, sondern unterminiert sie sogar. James schreibt in dieser Passage, man müsste sich »willentlich« für das eine Postulat entscheiden, wenn kein »objektiver Beweis« zu haben sei. Über die Entscheidung für das Postulat des Indeterminismus schreibt er: »Die erste Tat der Freiheit sollte sein, sich ihrer selbst zu versichern. Falls der Indeterminismus eine Tatsache ist, sollten wir nie auf irgendeine andere Methode der Wahrheitsfindung hoffen.« Der erste Satz sollte den Leser an den Entschluss für den Glauben an die Willensfreiheit aus der Krisennotiz erinnern. Der zweite Satz macht klar (»falls der Indeterminismus eine Tatsache ist«), dass James davon ausgeht, dass entweder der Determinismus oder der Indeterminismus wahr ist. M. a. W.: Eine der beiden Positionen ist einfach wahr und nicht einfach eine von zwei legitimen Perspektiven auf die Welt.

Dies macht James auch in »Dilemma« und »The Feeling of Effort« (kurz: »Effort«) sehr klar. Nachdem er in »Dilemma« den Unterschied zwischen Determinismus und Indeterminismus erläutert hat, schreibt er: »Die Wahrheit *muss* auf der einen oder anderen Seite liegen und wenn die eine Seite wahr ist, ist die andere falsch.«[538] »Effort« ist ein psychologischer Text, der u. a. von Entscheidungen in Konfliktsituationen handelt. Personen, die in Konfliktsituationen stehen, schenken den Vorstellungen der Optionen unterschiedlich viel Aufmerksamkeit. Sich die Optionen vorzustellen, kostet Mühe. Den Personen kommt es so vor, als ob es vor ihrer Aufbringung dieser Mühe nicht feststand, wie viel Mühe sie sich tatsächlich geben würden. Ist es aber wirklich so? Stand es schon immer fest? Oder ist der Eindruck der Personen richtig, dass es an ihnen liegt, sich mehr oder weniger Mühe zu geben? Nach James besteht die Frage der Willensfreiheit darin, ob dieser Eindruck täuscht oder nicht: »Nun ist die Frage, ob dieser Eindruck des Spielraums illusorisch oder echt ist, die Frage nach der Freiheit des Willens.«[539] Auch hier sagt James unmissverständlich, dass der Eindruck der Person *entweder* eine Illusion sei *oder* der Realität entsprechen würde: Der Wille ist *entweder* nicht frei *oder* er ist frei. Diesen Punkt wiederholt James zehn Jahre später in *The Principles*.[540]

Im zweiten Satz wird also deutlich gemacht, dass es eine objektive Angelegenheit sei, ob die Welt determiniert ist oder nicht. Die beiden Sätze zusammen machen klar, worin die einzige Möglichkeit herauszufinden, welche der konkurrierenden Theorien in der Determinismusdebatte wahr sei (»Methode der Wahrheitsfindung«), besteht. Wenn der Indeterminismus wahr ist, dann besteht die einzige Methode, um diese Wahrheit festzustellen, darin, sich freiwillig für den Indeterminismus zu entscheiden. Es bietet sich an, diese »Methode« als das M+x-Verfahren zu verstehen: Man findet heraus, welche der konkurrierenden Theorien wahr ist, indem man nach ihnen lebt.

James macht es in »Dilemma« also sehr klar, dass die Wahrheit in der Determinismusdebatte nur auf einer Seite liegt: Entweder ist die Welt determiniert oder sie ist es nicht. James sagt, dabei gehe es »um Tatsachen und nicht um Worte«.[541] James möchte mit dieser Anmerkung in »Dilemma« eine andere Frage anscheinend als Streit um Worte ausklammern: die Frage, ob Willensfreiheit mit Determinismus vereinbar sei. Er verweist auf Shadworth Hodgson als jemanden, der die Kompatibilität von Willensfreiheit und Determinismus verteidigt. Hodgson ist ein »weicher Determinist« oder – in heute üblicher Terminologie – ein Kompatibilist, der gleichzeitig ein Determinist ist.[542] Bedeutet dies, dass es nach James keine Wahrheit in der Debatte zwischen Kompatibilismus und Inkompatibilismus zu entdecken gilt? Ist diese Debatte nach James bloß ein Streit um Worte? Es ist schwer zu glauben, dass James dies wirklich so sieht. In einem Briefwechsel mit Hodgson in den Jahren 1885–1886 verwendet James das Argument, das er in »Dilemma« als Verteidigung des Indeterminismus präsentiert hat, als Argument für eine Position, die dem Inkompatibilismus gleichkommt. Das Argument in den Briefen an Hodgson wird auch mit solch einer Leidenschaft vorgetragen, dass man nur schwerlich glauben kann, James würde denken, es handle sich bloß um einen Streit um Worte.[543] Darüber werden wir im nächsten Abschnitt ausführlicher sprechen.

Aus philosophischer Perspektive ist die Frage wichtig, ob der interne Objektivismus sowohl für die Frage des Determinismus als auch des Kompatibilismus gilt. Der interne Objektivismus ist aus philologischer und philosophischer Sicht wichtig. Philologisch bietet er den einzigen Weg, alle vier Adäquatheitsbedingungen zu erfüllen. Philosophisch – so unsere These – bietet er den richtigen Weg, um die Begründungsrolle von Empfindungen für philosophische Fragen zu erläutern. James verlässt sich eindeutig auf Empfindungen, um die objektiv gültige Lösung für die Determinismusfrage zu begründen. Wir denken, er tut dies auch für die Frage nach dem Kompatibilismus. Aus unserer Sicht ist der interne Objektivismus nicht wahr für alle Positionen. Er ist nicht wahr für die Frage nach dem Determinismus. James hat also darin Unrecht. Der interne Objektivismus ist aber wahr für die Frage des Kompatibilismus. Mit diesen philosophischen Themen werden wir uns im nächsten Kapitel beschäftigen.

Wir sind mit der Verteidigung der vier Adäquatheitsbedingungen natürlich nicht fertig. Nach der Gründe-Bedingung spielen Empfindungen bzw. Emotionen eine Begründungsrolle: Die Angemessenheit des Bedauerns der eigenen Handlungen *ist* ein wesentlicher Grund für die Wahrheit bestimmter philosophischer Theorien. Die Interpretationen, mit denen wir uns jetzt beschäftigen wollen, lehnen ab, dass Emotionen nach James auf diese Art Gründe sein können. Diese Interpretationen gibt es in zwei unterschiedlichen Versionen. Nach der ersten Interpretation – der *Selektionsinterpretation* – spielen Emotionen in der Begründung der Wahrheit einer Theorie eine Rolle, ohne selbst Gründe zu sein. Michael R. Slater schreibt:

> James' psychologische Ansicht, dass unsere Gründe untrennbar mit unseren Emotionen und unserem Willen verbunden sind, hat wichtige Konsequenzen für seine erkenntnistheoretischen Ansichten. Eine der herausstechendsten ist die, dass, wenn Rationalität nicht rein objektiver und neutraler Natur ist, unsere Auswahl und Interpretation von *Belegen* (ein Prozess, der Rationalität beinhaltet, und dessen Ziel die rationale Untermauerung unserer Behauptungen ist), dann auch nicht rein objektiver oder neutraler Natur ist.[544]

Uns geht es hier nicht um eine Auslegung von Slaters Interpretation, sondern wir wollen dieses Zitat zum Anlass nehmen, eine bestimmte Interpretation zu formulieren, die auf die Ablehnung der Gründe-Bedingung hinausläuft. Nach der Selektionsinterpretation spielen Emotionen oder die Angemessenheit von Emotionen nie selbst die Rolle von Gründen. Wenn man nach Gründen oder Evidenz sucht, dann ist man von Emotionen oder Interessen geleitet. Wenn man die Gründe, die einem vorliegen, interpretiert, dann ist man unvermeidlicherweise von Emotionen oder Interessen geleitet. Man darf aber Emotionen oder Interessen nie als Gründe für die Wahrheit einer Theorie anbieten. M. a. W.: Emotionen und Interessen ermöglichen die Suche und Interpretation von Gründen, sind aber selbst nie Gründe. Die Selektionsinterpretation läuft in einer Variation auf einen Perspektivismus hinaus: Die jeweiligen Emotionen legen die Perspektive fest, von der aus man nach Gründen sucht, und es wird viele gleichwertige Perspektiven auf die Realität geben. In einer anderen Variante wird davon ausgegangen, dass diese Ermöglichungsrolle von Emotionen nicht ausschließt, dass die Gründe für die objektive Wahrheit einer der konkurrierenden Theorien und für die Falschheit der anderen sprechen.

Es mag sehr wohl sein, dass nach James Emotionen oder Interessen immer eine Ermöglichungsrolle dieser Art spielen. In der Interpretation von James müssen zwei Elemente seines Denkens erläutert werden. Auf der einen Seite denkt James, dass jeder Bereich des Wissens von emotionalen Faktoren abhängig ist, auch Wissenschaften wie die Physik.[545] Die Selektionsinterpretation mag in der Lage sein, diesen Aspekt von James zu erläutern. Darüber wollen wir hier nicht diskutieren. Auf der anderen Seite macht James eine wichtige Unterscheidung bezüglich der *Begründungsrolle* von Emotionen: Bei manchen Fragen sollen Emotionen bzw. Empfindungen dezidiert keine Begründungsrolle spielen, bei anderen Fragen aber liefern sie die maßgeblichen Gründe. Dass Emotionen in manchen Fällen keine Rolle spielen, wird an einigen Stellen klar. Bei der Einführung des M+x-Gedankens in »Considérations« wird dies klargemacht:

> Die subjektive Methode rigoros überall dort zurückzuweisen, wo die Wahrheit außerhalb meines Handelns existiert und sich mit Sicherheit unabhängig von allem, was ich wünschen und fürchten kann, determiniert – nichts weiser als das. So sind die Ereignisse der Geschichte, die zukünftigen Bewegungen der Gestirne bereits jetzt determiniert, ob es mir gefällt oder nicht, wie sie sind oder werden. Meine Präferenzen sind hier machtlos, diese Dinge hervorzubringen oder zu modifizieren und sie können nur mein Urteil vernebeln. Ich muss ihnen entschlossen Schweigen gebieten.[546]

Der M+x-Gedanke wird in »Considérations« durchgehend kausal gedacht. Die Anwendung des M+x-Gedankens in »Rationality« auf das Thema der Objektivität der Moral ist im Sinne der Begründungsinterpretation zu verstehen. Diese Anwendung setzt aber die Definition des M+x-Gedankens voraus, für die die Abhängigkeitsbedingung gilt: Die Wahrheit der relevanten philosophischen Sätze ist von x abhängig. Es gibt keinen Grund zu denken, dass bei der Verabschiedung des rein kausalen Verständnisses des M+x-Gedankens in »Rationality« James jetzt diesen Gedanken auf alle Themen anwenden möchte. Er will diesen Gedanken sicher nicht auf die im Zitat aus »Considérations« erwähnten Themen anwenden: Bezüglich dieser Themen ist die Wahrheit nicht von x abhängig. Bei der Entscheidung über die Wahrheit bezüglich solcher Themen können Emotionen keine Gründe liefern.

Bei der Einführung der Thematik in »Dilemma« wird klargemacht, dass die Determinismusfrage nicht wissenschaftlich entschieden werden kann:

> Die Wissenschaft erklärt, keine anderen Schlüsse zu ziehen als solche, die auf Fakten basieren, auf tatsächlichen Ereignissen; aber wie sollte uns die größte Gewissheit über die tatsächlichen Ereignisse auch nur das kleinste bisschen Information liefern, ob stattdessen etwas anderes hätte passieren können oder nicht?[547]

In der Wissenschaft wird darüber entschieden, was tatsächlich geschieht, nicht darüber, ob etwas anderes hätte geschehen können. Um darüber zu entscheiden, müssen wir anders vorgehen:

> Aber wer sieht nicht die erbärmliche Unzulänglichkeit dieser sogenannten objektiven Angaben beider Positionen? Was die Lücken mental füllt, ist etwas nicht Objektives, nicht Externes. Was uns an Möglichkeiten festhalten und was sie uns ausschließen lässt, sind unterschiedliche Glaubensstandpunkte oder Postulate – Postulate der Rationalität. Für den einen erscheint die Welt mit Möglichkeiten rationaler – für den anderen, wenn Möglichkeiten ausgeschlossen sind; und wie viel wir auch davon reden, uns der Beweislast zu

> beugen, was uns zu Monisten oder Pluralisten macht, Deterministen oder Indeterministen, ist im Grunde immer eine solche Gefühlssache [*sentiment*].[548]

James macht hier offenbar eine Unterscheidung: Bei der Determinismusfrage spielen die Empfindungen (»sentiments«) eine Rolle, die sie bei den Wissenschaften nicht haben. Wenn James in »Dilemma« sein eigenes Argument für den Indeterminismus präsentiert, wird klar, dass bezüglich der Determinismusfrage die Empfindungen Gründe sind: Es ist die Angemessenheit des Bedauerns der eigenen Handlungen, die der *Grund* für die Wahrheit des Indeterminismus ist. Wie vorher diskutiert, gilt dies auch für das Argument gegen den Subjektivismus in »Dilemma«: James redet explizit von »Gründen« gegen den Subjektivismus, die »praktischer Natur« sind.[549]

Neben der Selektionsinterpretation gibt es aber eine weitere Interpretation, die verwendet werden könnte, um die Gründe-Bedingung in Frage zu stellen. Mit der Selektionsinterpretation wurde in Frage gestellt, dass Empfindungen oder Emotionen *Gründe* sind. Mit der *Rationalitätsinterpretation* muss man nicht in Frage stellen, dass es sich bei x um Gründe handelt. Es wird aber in Frage gestellt, dass es um Gründe für die *Wahrheit* von philosophischen Theorien geht. Um diese Interpretation zu erläutern, kann man vom letzten Zitat ausgehen, in dem James von »Postulaten der Rationalität« gesprochen hat. Postulate sind uns im Kontext der Diskussion der Pluralitätsinterpretation begegnet. Die Rationalitätsinterpretation ist zwar als solche mit der Gleichberechtigung unterschiedlicher Postulate vereinbar, aber man kann auch eine Rationalitätsinterpretation vertreten und gleichzeitig von der Überlegenheit oder objektiven Gültigkeit von je einem bestimmten Postulat für das jeweilige philosophische Thema ausgehen. Nach der Rationalitätsinterpretation geht es James nicht um die Wahrheit der konkurrierenden philosophischen Theorien, sondern um die *Rationalität* der Akzeptanz der relevanten Theorie. Dies passt auch zum Anliegen in seinem Text »Sentiment«, der wie folgt beginnt:

> Welche Aufgabe stellen sich die Philosophen? Und warum philosophieren sie überhaupt? Fast jeder sagt sofort: Sie suchen für die Dinge nach einem Rahmenkonzept, das im Ganzen rationaler sein soll als das eher fragmentarische und chaotische Konzept, das jeder von Natur zwischen seinen Ohren herumträgt. Aber angenommen, ein Philosoph findet dieses rationale Konzept, wie kann er es als solches erkennen und es sich nicht aus Unkenntnis entgleiten lassen? Die Antwort kann nur sein, dass er ihre Rationalität genauso erkennt wie alles andere auch, nämlich durch bestimmte subjektive Merkmale, mit denen es sich bei ihm auswirkt. Wenn er die Merkmale vorfindet, kann er wissen, dass er die Rationalität gefunden hat. […] Dieses Gefühl, dass der ge-

> genwärtige Moment genügt, absolut ist – dass er weder erklärt, noch begründet oder gerechtfertigt werden muss –, nenne ich das Gefühl der Rationalität [*Sentiment of Rationality*]. Kurz gesagt, sobald wir warum auch immer über etwas vollkommen flüssig nachdenken können, erscheint uns dieses Etwas rational.[550]

Wenn die praktischen bzw. empfindungsbezogenen Gründe, die James für den Indeterminismus und den Objektivismus formuliert, stärker als die Gründe für den Determinismus und den Subjektivismus sind, dann bedeutet dies nicht, dass die ersten beiden Theorien im Gegensatz zu den anderen wahr sind. Es bedeutet nur, dass man praktische bzw. empfindungsbezogene Gründe für die Akzeptanz dieser Theorien hat. Diese Theorien sind in diesem Sinne rationaler als die anderen.

Eine andere Version der Rationalitätsinterpretation leugnet sogar, dass es James um Gründe für oder gegen die relevanten Theorien geht. Es geht um Rationalität, aber nicht um Gründe. Wenn James für den Indeterminismus und gegen den Determinismus argumentiert, geht es ihm darum zu zeigen, dass das Postulat des Indeterminismus im Gegensatz zum Postulat des Determinismus für Rationalität konstitutiv ist. Dadurch wird nicht gezeigt, dass Indeterminismus im Gegensatz zum Determinismus wahr ist, sondern nur dass die Annahme des Indeterminismus für rationales Denken und/ oder Handeln konstitutiv ist.[551]

Die Rationalitätsinterpretation lässt sich nicht aufrechterhalten. Am Anfang von »Dilemma« macht James selbst klar, dass es ihm nicht nur um Rationalität, sondern auch um Wahrheit geht:

> Die Argumente, die ich jetzt vorbringen möchte, beruhen alle auf zwei Annahmen: [...] zweitens, wenn uns von zwei Auffassungen die eine alles in allem rationaler erscheint als die andere, dürfen wir annehmen, dass die rationalere wahrer ist.[552]

Man kann also nicht sagen, dass es James um Rationalität im Gegensatz zu Wahrheit geht. Er schließt von der Rationalität der Theorie auf ihre Wahrheit. Er sagt zwar, er könne für diese Annahme an dieser Stelle nicht argumentieren, fügt aber trotzdem hinzu:

> Unserer Forderung nach Rationalität gegenüber hat sich die Welt weithin wie geschaffen gezeigt. Wie weit sie sich noch so zeigen wird, kann niemand sagen. Um dies herauszufinden, ist der Versuch unser einziger Weg; und ich zumindest bin so frei, Auffassungen moralischer wie mechanischer oder logischer Rationalität auszuprobieren.[553]

Diese Passage kann man so verstehen, dass darin auf zwei Elemente implizit verwiesen wird, die beide auch gegen die Rationalitätsinterpretation sprechen. Wenn man den ersten Satz auf praktische Rationalität bezieht, dann kann man darin das Kongruenzprinzip herauslesen: Unsere Emotionen bzw. Empfindungen zeigen uns, wie die Welt ist. Das Kongruenzprinzip – sowohl in der Version des platonischen als auch in der Version des internen Objektivismus – spricht natürlich gegen die Rationalitätsinterpretation. Den dritten Satz kann man als einen Verweis auf den M+x-Gedanken verstehen: Wir werden herausgefordert, verschiedene Rationalitätskonzeptionen zu testen, indem wir nach ihnen leben. Die Rationalitätskonzeption wurde als eine Möglichkeit präsentiert, die Gründe-Bedingung abzulehnen. James' Ausführungen zum M+x-Gedanken sprechen aber direkt gegen die Rationalitätsinterpretation. Wie z. B. die Schlüsselpassage klarmacht, geht es beim M+x-Test darum herauszufinden, wie die Welt wirklich ist: so wie der Subjektivismus es sagt oder so wie der Objektivismus es sagt.

Es ist Zeit für ein kleines Resümee und einen kurzen Ausblick. Wir haben eine bestimmte Interpretation des M+x-Gedankens verteidigt:[554]

> *Die konstitutive Begründungsinterpretation des M+x-Gedankens:*
> Beim »M+x-Gedanken« geht es um einen Test für die Wahrheit einer Theorie T. Der Wahrheitswert der Theorie T ist unabhängig von unserem kausalen Einfluss. Der »M+x-Gedanke« beinhaltet die Behauptung, dass ein Teil der Begründung für die Wahrheit oder Falschheit von T notwendigerweise in praktischen Elementen und nicht in rein theoretischen Elementen besteht. Das »x« im »M+x-Gedanken« steht für diese praktischen Elemente. Unter diesen praktischen Elementen müssen zwei verschiedene Arten unterschieden werden. Einerseits bezieht sich »x« auf die Handlung, die darin besteht, nach T zu handeln. Andererseits bezeichnet »x« die Begründungsfaktoren, auf denen die Bestätigung einer Theorie beruht. Empfindungen und Emotionen sind unter diesen Faktoren. *X* und die Gründe, die Wahrheiten über *M* konstitutiv erklären, sind begrifflich voneinander abhängig.

Zwei wichtige Fragenkomplexe sind noch offen: 1. Welche Emotionen bzw. Empfindungen spielen nach James für welche philosophischen Themen eine Begründungsrolle? Wie soll entschieden werden, welche Emotionen bzw. Empfindungen für welches Thema eine Rolle spielen? 2. Für welche philosophischen Fragen können Emotionen bzw. Empfindungen überhaupt eine Begründungsrolle spielen? Bezüglich dieser Fragen muss man natürlich das philologische Anliegen von unserem eigenen philosophischen Anliegen strikt trennen: Was glaubt James? Worin liegt er richtig, worin liegt er falsch?

James wird sehr oft dafür kritisiert, dass der Wunsch nach der Wahrheit einer Theorie für ihn als Beleg für diese Wahrheit gelte. Diese Kritik ist auch in jüngster Zeit von Cheryl Misak vorgebracht worden. Misaks Kritik ist u. a. deshalb erwähnenswert, da sie – allgemein gesprochen[555] – eine Wahrheitsinterpretation vertritt. Sie macht keine Unterscheidung zwischen einem platonischen und einem internen Objektivismus. Vermutlich denkt sie eher an eine evidentielle Begründungsinterpretation, aber darüber wollen wir nicht spekulieren.[556] Misak schreibt:

> Peirce wendet gegen James' Gedankengang ein, dass emotionale Belege – zum Beispiel, dass wir emotional oder psychisch nicht ohne Glauben auskommen – für die Frage relevant sind, ob die Religion für die Menschen gut ist oder nicht, aber nicht für die Frage, ob Gott existiert. Hypothesen über die Existenz Gottes sind Hypothesen über die Welt. Daher bedürfen sie einer empirischen Verifikation der üblichen Art.[557]

Sucht James bei der Frage nach der Existenz Gottes eine Glaubensberechtigung oder eine Wahrheitsbegründung? Diese philologische Frage wollen wir nicht entscheiden. Die Frage nach der Existenz Gottes ist für James ein wichtiges Thema, aber wir wollen uns in diesem Werk nicht damit beschäftigen. Philosophisch haben wir eine Meinung: Falls James Emotionen oder Empfindungen als Gründe für die Wahrheit der Aussage, dass Gott existiert, verwenden würde, würden wir James' Vorgehen ablehnen. Genauso wie für das Thema des Determinismus glauben wir nicht, dass Emotionen über die Wahrheit bei diesem Thema entscheiden könnten. Falls es nur um eine Glaubensberechtigung ginge, würden wir James darin folgen, dass Emotionen für die Themen des Determinismus und der Existenz Gottes eine Rolle spielen dürfen.

Wir sind der Meinung, dass Misaks Erläuterung von »emotionalen Belegen« für James sehr ungeeignet ist: Sie gibt als Beispiel, dass man ohne einen gewissen Glauben emotional oder psychologisch nicht leben kann. Gibt James dies jemals als Grund für die Wahrheit einer philosophischen Theorie an? Wir denken, dass sich die Textstellen, bei denen es um die Erfüllung solcher Bedürfnisse geht, auf die Glaubensberechtigungsfrage und nicht auf die Wahrheitsbegründung beziehen. Aber wir haben bereits genügend gegen solche Fehlinterpretationen von James gesagt und wollen uns nicht weiter damit beschäftigen. Wenn James konkrete emotionale bzw. praktische Gründe für Objektivismus, Indeterminismus und Inkompatibilismus anbietet, geht er so nicht vor. Die emotionalen Gründe, die er anbietet, sind je nach Thema unterschiedlich und bestehen nicht darin, dass er das Bedürfnis hat, dass die Theorie wahr ist. Wie wir gesehen haben, geht es z. B. bei der Frage des Indeterminismus und des Inkompatibilismus um die gegenseitige begriffliche Abhängigkeit zwischen dem Begriff der Empfindung des Bedauerns der eigenen Handlungen und dem Begriff von echten Möglichkeiten in der Welt.[558] Im nächsten Abschnitt wollen wir detailliert untersuchen, wie James konkret für den Inkompatibilismus und den Objektivismus im Sinne der konstitutiven Begründungsinterpretation argumentiert. Im nächsten Kapitel geht es um unsere eigene philosophische Auffassung.

5.5 Zu Empfindungsgründen für James' Theorie der Willensfreiheit

Peirce hat nicht immer respektvoll von James' Schriften gesprochen. Er ist aber offenbar von »Dilemma« beeindruckt gewesen. Er schreibt 1897 an James:

> Das »Dilemma of Determinism« hat mich beeindruckt. Ich meine damit nicht, dass ich darin irgendeinen neuen Gedanken gefunden hätte, denn diese Materie ist Gegenstand äußerst eingehender Analyse meinerseits gewesen, eine weit ausführlichere Arbeit als man annehmen würde angesichts dessen, was ich bislang veröffentlicht habe. Aber ich war überrascht zu sehen, wie weit du so früh als 1884 in die logische Analyse eingedrungen bist.[559]

Wir haben auch großen Respekt vor »Dilemma«. Der Aufsatz ist ganz einfach ein Klassiker der kurzen philosophischen Texte. Unsere Ausführungen im letzten Abschnitt machen aber klar, dass James' Argumentation in bestimmten Hinsichten philosophisch problematisch ist: James behauptet in »Dilemma«, die Debatte zwischen Kompatibilisten und Inkompatibilisten um die beste Interpretation des Begriffs der Willensfreiheit sei ein Streit um Worte. Deshalb gehe es ihm in »Dilemma« ausschließlich um die Wahrheit in der Determinismusfrage. Wir sind aber der Meinung, dass kein empfindungsbezogenes Argument über die Wahrheit vom Determinismus entscheiden kann. Wir haben aber auch in § 5.4 sowie in § 4.5 gesagt, dass James selbst in Briefen an Hodgson dasselbe Argument gegen den Kompatibilismus formuliert wie in »Dilemma« gegen den Determinismus. Deshalb wollen wir uns in diesem Abschnitt nicht einfach auf »Dilemma« konzentrieren. Stattdessen wollen wir ein Argument aus »Dilemma« und der Korrespondenz mit Hodgson rekonstruieren, das empfindungsbezogene Gründe für den *Inkompatibilismus* anbietet.

Im Dezember 1885 schreibt James an Hodgson:

> Ich kann einen Determinismus wie den deinen *nicht* verstehen, der an Klarheit und Unterscheidungen seine Freude hat und zugleich offen für moralische Unterscheidungen ist, – es sei denn, dass letztere für ihn rein spekulativ sind und wenig mit dessen eigentlichem Gefühl dafür zu tun haben, wie das Leben beschaffen *ist*. Denn das Leben *ist* böse. Zwei Seelen wohnen in meiner Brust: Ich erkenne das Bessere und tue doch just im Akt des Erkennens das Schlechtere. Zu behaupten, dass die Moleküle des kosmischen Nebels dies impliziert haben und bis in alle Ewigkeit *impliziert haben werden*, sooft dies auch auftritt, bedeutet, zu jenem »Dilemma« des Pessimismus und Subjektivismus verdammt zu sein (über das ich einmal geschrieben habe und das für dich so wenig Dringlichkeit zu besitzen scheint) & für das alles Gerede über zu Entitäten aufgerichtete Abstraktionen und Zwang *vs.* »Freiheit« einfach irrelevant ist. Welche lebende Seele schert sich um solche Nettigkeiten, wenn sie das eigentliche Problem anstarrt, wie man einer zerstörten Welt ohne Möglichkeiten praktisch begegnen soll? Welche Farce scheint dann deine Unterscheidung zwischen Determination und Zwang, zwischen Passivität und »Aktivität«, wenn jedes kleinste Detail vor*bestimmt* ist […] durch das, was vorausging?[560]

Wir sollten einige wichtige Punkte aus dieser Passage festhalten: 1. James argumentiert in dieser Passage nicht gegen den Determinismus, sondern gegen Hodgsons Kompatibilismus. Nach James ist Hodgson der Auffassung, dass man zwischen Zwang und Freiheit unterscheiden kann, auch wenn alle Handlungen determiniert sind. Mit solchen Unterscheidungen wollen Kompatibilisten wie Hodgson zeigen, dass Freiheit mit Determinismus vereinbar ist.[561] 2. James hält solche Unterscheidungen für eine »Farce« angesichts der Haltungen, die Menschen gegenüber Entscheidungssituationen in ihrem Leben haben. Der Begriff einer *Farce* spielt auch eine zentrale Rolle in James' prägnanter Zusammenfassung seines Arguments in der Bedauernspassage in »Dilemma«, die wir im letzten Abschnitt zitiert haben und gleich wieder diskutieren werden. 3. James' Vorbehalt gegenüber solchen Unterscheidungen lautet also, dass sie »rein spekulativ« und von der Moral sowie von den Gefühlen der Menschen in ihrer Lebensführung abgekoppelt sind. 4. In seiner Kritik an Hodgsons Kompatibilismus nimmt James direkt auf das Dilemma Bezug, das dem Text »Dilemma« seinen Titel verleiht. 5. Ausgangspunkt seines Arguments gegen Hodgson ist die Behauptung, dass es im Leben wirklich böse Handlungen gibt. Eine solche Aussage über die Wirklichkeit von guten und schlechten Handlungen steht ebenfalls am Beginn von James' Argument in der Bedauernspassage, die wir jetzt als Grundlage für die Rekonstruktion seiner Gesamtargumentation gegen den Kompatibilismus nehmen möchten:

> Ich kann die Bereitschaft zu handeln, unabhängig davon, wie wir uns fühlen, nicht verstehen ohne die Überzeugung, dass unsere Handlungen wirklich gut oder schlecht sind. Ich kann die Überzeugung, dass eine Handlung schlecht sei, ohne Bedauern ihres Vollzugs nicht verstehen. Ich kann Bedauern ohne die Annahme wirklicher, echter Möglichkeiten in der Welt nicht verstehen. Nur *dann* ist es keine Farce zu empfinden, dass, nachdem wir unser Bestes nicht gegeben haben, eine unwiederbringliche Gelegenheit aus dem Universum verschwunden ist, deren Verlust es für immer nachtrauern wird.[562]

In dieser Passage fasst James sein Argument in »Dilemma« zusammen. Das Argument besteht aus drei Schritten (»B« in Anlehnung an »Bedauernspassage«):

B1: »Ich kann die Bereitschaft zu handeln, unabhängig davon, wie wir uns fühlen, nicht verstehen ohne die Überzeugung, dass unsere Handlungen wirklich gut oder schlecht sind.«
B2: »Ich kann die Überzeugung, dass eine Handlung schlecht sei, ohne Bedauern ihres Vollzugs nicht verstehen.«
B3: »Ich kann Bedauern ohne die Annahme wirklicher, echter Möglichkeiten in der Welt nicht verstehen. Nur *dann* ist es keine Farce zu empfinden, dass, nachdem wir unser Bestes nicht gegeben haben, eine unwiederbringliche Gelegenheit aus dem Universum verschwunden ist, deren Verlust es für immer nachtrauern wird.«

Ausgehend von B1, B2 und B3 wollen wir in diesem Abschnitt James' Argument gegen den Kompatibilismus bzw. für den Inkompatibilismus rekonstruieren. Wir gehen davon aus, dass es James nicht um seine persönliche Haltung, sondern um die Wahrheit geht. Die Formulierung des Arguments muss daher von der erstpersonalen Referenz bereinigt werden. Die Grobform des Arguments wäre dann wie folgt (»G« in Anlehnung an »Grobform«):

G1: Die Bereitschaft zum Handeln setzt voraus, dass der Handelnde davon überzeugt ist, dass die möglichen Handlungen wirklich gut oder schlecht sind.
G2: Die Überzeugung, dass eine Handlung wirklich schlecht ist, setzt Bedauern des eigenen Vollzugs dieser Handlung voraus.
G3: Das Bedauern einer Handlung setzt voraus, dass es echte Möglichkeiten in der Welt gibt. M. a. W.: Es setzt voraus, dass der Determinismus falsch ist.

Eine nähere Betrachtung von B1 zeigt aber, dass diese grobe Interpretation nicht ganz stimmt. In B1 ist nicht die Rede von der Bereitschaft *überhaupt* zu handeln, sondern von der Bereitschaft zu handeln »*unabhängig davon, wie wir uns fühlen*«. Zwei Interpretationen von James' Argument sind hier denkbar: die Moralinterpretation und die Sinninterpretation. Zunächst zur *Moralinterpretation*: Nach dieser Interpretation soll mit der Einschränkung der Handlungsbereitschaft auf die Bereitschaft zu handeln »unabhängig davon, wie wir uns fühlen« klargemacht werden, dass es um *moralische* Handlungen geht. Dafür spricht James' vielfache Verwendung vom Wort »moralisch«: an mehreren Stellen relevant für die Überlegungen in B1 in »Dilemma«, in den Briefen an Hodgson und im Brief an Renouvier vom September 1882. In den Briefen an Hodgson und Renouvier ist dies vielleicht noch klarer. An Renouvier schreibt er:

> Ich komme mehr und mehr zu der Überzeugung, dass der freie Wille, sofern überhaupt angenommen, in der Begründung unseres moralischen Urteils, dass bestimmte bereits vollzogene Taten besser vollzogen hätten werden können, als Postulat angenommen werden muss.[563]

Nachdem er im 1885-Brief an Hodgson das Bild einer Welt skizziert hat, in der Handlungen determiniert sind, aber im kompatibilistischen Sinne Hodgsons angeblich frei, schreibt James über diese Welt:

> Vom moralischen Standpunkt aus ist dies eine vernünftige Welt? [...] Auf welche *Seite* kann ich mich in einer solchen Welt schlagen? [...] Unsere Natur verlangt etwas *Objektives*, auf dessen Seite man sich schlägt. Wenn die Welt eine derartige Einheit ist, *gibt es* keine Seiten – da ist der moralische Knackpunkt! Und du erkennst das nicht! Oh Hodgson! Hodgson *mio*! Von dem ich so viel erhofft hatte![564]

Es steht außer Frage, dass es in dieser Passage um ähnliche Überlegungen wie in B1 geht: Es geht hier um Handeln im Sinne einer Stellungnahme für etwas. Nach James fordert »unsere Natur«, dass wir dabei für etwas »Objektives« Stellung nehmen. In B1 geht es darum, dass Handlungsbereitschaft voraussetzt, dass Handlungen *wirklich* gut oder schlecht sein können. Da es nun in dieser Passage offenbar um *moralische* Stellungnahmen geht (oder jedenfalls um Stellungnahmen, deren Möglichkeit aus moralischer Perspektive wichtig ist), liegt es nahe, dass es in B1 auch um die Bereitschaft zum *moralischen* Handeln geht.

Die Parallelisierung von dieser Passage und B1 wird außerdem untermauert von James' zwar halb scherzhafter aber dennoch ernsthafter Empörung über Hodgson als philosophierenden Menschen: Hodgson sieht das moralische Problem nicht. Denn es handelt sich offenbar für James nicht einfach um ein philosophisches, sondern auch ein moralisches Problem: Man versagt moralisch als Person, wenn man nicht die moralische Notwendigkeit von offenen, nicht determinierten Handlungsoptionen sieht. James' Empörung suggeriert, dass dieses moralische Problem in seinem Argument gegen den Kompatibilismus eine zentrale Rolle spielt. Dies wiederum legt nahe, dass es in B1 auch um moralische Handlungen geht.

Ein späterer Brief von James an Hodgson – vom September 1886 – zum selben Thema verfestigt diesen Eindruck. James schreibt:

> Der Gegenstand meines Anliegens scheint sich von deinem völlig zu unterscheiden. Mir ist vollkommen unwichtig, ob es »Akteure« gibt oder nicht oder ob »die Handlungen eines Menschen wirklich *seine* sind« oder nicht. Mir ist wichtig, dass meine moralischen Reaktionen echte äußere Anwendung finden. All diejenigen, die wie du meinen, dass die Welt ein System »gleichförmiger Gesetze« ist [...] sind darauf festgelegt [...] die Welt *ganzheitlich* zu beurteilen. Nun ist die einzige *ganzheitliche* emotionale Reaktion, die eine solche Welt [...] hervorrufen kann, diejenige eines dramatischen oder melodramatischen Interesses – Romantizismus –, welches *tatsächlich* die emotionale Reaktion all der Denker auf sie *ist*, die weder religiös noch moralisch sind. Sobald man tiefer gehen will, muss man die Welt zerteilen, in Teile, die einem gut erscheinen & solche, die einem schlecht erscheinen. [...] wenn du [...] daran festhältst, dass moralische Urteile *tatsächlich* anwendbar *sind*, verabschiede dich von der Hoffnung, sie auf das *Ganze* anzuwenden & gib zu, dass zwar einige Teile gut sind, andere aber schlecht, & wenn sie schlecht sind, sie nicht hätten sein *sollen, ergo, nicht* hätten sein *müssen*. Kurz gesagt, sei Indeterminist aus moralischen Gründen [...].[565]

Nach James gehen die kompatibilistischen Unterscheidungen von Hodgson am Thema vorbei, das James am Herzen liegt. James geht es um eine moralische Angelegenheit. Er wirft Hodgson vor, eine Welt zu entwerfen, auf die man nur mit der Haltung des »Romantizismus« reagieren könne. Damit muss der Romantizismus gemeint sein, den James in »Dilemma« als eine Version des »Gnostizismus« bezeichnet.[566] Im Brief an Hodgson wird nicht klar, warum James den Romantizismus für problematisch hält. James redet bloß davon, dass man von dieser Haltung abweichen muss, »sobald man tiefer gehen will«. Wir müssen uns daher dem Argument in »Dilemma« zuwenden, um James' Gründe gegen diese Position zu verstehen. Nach dem Gnostizismus besteht das Ziel von Handlungen nicht darin, Gutes zu tun, sondern darin, unser Bewusstsein von der Welt zu erweitern. Der Bewusstseinserweiterung wird also gegenüber moralisch richtigen Handlungen Priorität gegeben. James' Einwand gegen den Gnostizismus besteht darin, dass er den Menschen korrumpierbar macht:[567] »Ich habe bereits einen Anhänger derselben Schule von der Kanzel aus seine Bereitschaft äußern gehört, wie David zu sündigen, wenn er nur wie David Buße tun dürfte.«[568] James geht es aber in seiner Kritik des Gnostizismus nicht um das spezielle Ziel des Gnostizismus – Bewusstseinserweiterung – sondern allgemeiner um eine Kritik aller Positionen, die (wie der Gnostizismus) der subjektiven Befindlichkeit der eigenen Person Priorität gegenüber moralischen Handlungen geben.[569] Daher formulieren wir die erste Prämisse in unserer Rekonstruktion von James' Argument gegen den Kompatibilismus wie folgt (»M« verweist darauf, dass es dabei um die Moralinterpretation dieses Arguments geht):

(M1) Ein Mensch, der der eigenen subjektiven Befindlichkeit vor moralisch richtigen Handlungen Priorität gibt, ist moralisch korrumpierbar. (*Prämisse*)

Wir haben die erste Prämisse so formuliert, da James selbst von der negativen Folge dieser Prioritätssetzung spricht. Ihm geht es aber offensichtlich eigentlich um die positive Kehrseite. Daher muss sein Argument wie folgt weiter ausbuchstabiert werden:

(M2) Ein moralisch korrumpierbarer Mensch ist nicht moralisch integer. (*Prämisse*)

(M3) Moralische Integrität ist nur möglich, wenn man der eigenen subjektiven Befindlichkeit keine Priorität vor moralisch richtigen Handlungen gibt. (*Konklusion aus M1 und M2*)

James verwendet in diesem Kontext nicht die Formulierung »moralische Integrität«. Wichtig ist nur, dass es ihm um die subjektive Konstitution eines Menschen geht, die moralisch richtiges Handeln ermöglicht.

In unserer Rekonstruktion von James' Argument sind wir gerade dabei zu erläutern, was mit der »Bereitschaft zu handeln, unabhängig davon, wie wir uns fühlen« gemeint ist, die in B1 eine zentrale Rolle spielt. Nach der Moralinterpretation geht es um die Bereitschaft, moralisch zu handeln. Nach den Ausführungen zur moralischen Integrität, können wir jetzt erläutern, worum es dabei in B1 geht, indem wir unsere Rekonstruktion weiter ausbauen:

(M4) Man gibt der eigenen subjektiven Befindlichkeit nur dann keine Priorität vor moralischem Handeln, wenn man die Bereitschaft zum moralischen Handeln nicht davon abhängig macht, ob ein eigenes subjektives Gefühl für die betreffende Handlung spricht. (*Prämisse*)

(M5) Moralische Integrität ist nur möglich, wenn man die Bereitschaft zum moralischen Handeln nicht davon abhängig macht, ob ein eigenes subjektives Gefühl für die betreffende Handlung spricht. (*Konklusion aus M3 und M4*)

In B1 geht es um die Bereitschaft zum Handeln, unabhängig davon, ob das eigene subjektive Gefühl für die betreffende Handlung spricht. Nach der Moralinterpretation ist James deshalb an dieser Bereitschaft interessiert, weil sie Voraussetzung für moralische Integrität ist.

In B1 wird gesagt, die Voraussetzung für eine solche Bereitschaft sei die Überzeugung des Handelnden, dass die möglichen Handlungen wirklich gut oder schlecht seien. Warum denkt James, dass dies eine Voraussetzung für eine solche Bereitschaft ist? Dieser Frage müssen wir uns jetzt zuwenden. Nach James besteht die einzige Möglichkeit, den Gefahren des Gnostizismus zu entkommen, darin, den Wert von Handlungen in den Veränderungen der Welt zu sehen, die durch die Handlungen hervorgerufen werden oder in denen die Handlungen selbst bestehen:

> Der einzige Ausweg ist der praktische Weg. [...] das Handeln, und nicht die Empfindsamkeit, ist das ultimative Faktum für unsere Anerkennung. Mit dem Weitblick auf bestimmte Arbeiten, die angegangen werden müssen, auf bestimmte äußere Veränderungen, die erreicht oder verhindert werden müssen, [...] endet unser intelellektueller Horizont. [...] Unabhängig davon, wie wir uns fühlen; wenn wir nur der äußeren Tat treu bleiben und uns weigern, falsch zu handeln, wird die Welt soweit sicher sein und wir entledigen uns unserer Schuld ihr gegenüber. Lasst uns also das Joch schultern; unser Genick beugen unter der Rechtslast seines Gewichts; etwas anderes denn unser Gefühl als unsere Grenze, unseren Herrn, unser Gesetz betrachten; bereit sein, in seinem Dienst zu leben und zu sterben – und mit einem Schlag sind wir von der subjektiven in die objektive Philosophie der Dinge übergegangen, gerade als erwachte man aus einem Fiebertraum voller Irrlichter und beunruhigender Geräusche, um sich in der heiligen Frische und Ruhe der Nachtluft getaucht wiederzufinden.[570]

Die Formulierung »unabhängig davon, wie wir uns fühlen« kommt in diesem Zitat vor. James erläutert die aus seiner Sicht einzige Möglichkeit, die Bereitschaft zum Handeln nicht davon abhängig zu machen, wie wir uns fühlen: Diese Möglichkeit besteht darin, den Wert der Handlung in den

Veränderungen der Welt zu sehen, die mit der Handlung einhergehen. So gelangen wir zum nächsten Schritt in seinem Argument:

(M6) Man macht die Bereitschaft zum moralischen Handeln nur dann nicht vom eigenen subjektiven Gefühl abhängig, wenn man den Wert von Handlungen in Veränderungen der Welt sieht. (*Prämisse*)

Nun sind für James die Aussage, dass der Wert einer Handlung in Veränderungen der Welt liegt, und die Ablehnung des Subjektivismus zwei Seiten einer Medaille: »Der einzige Ausweg ist der praktische Weg. [...] *dies bedeutet einen kompletten Bruch mit der subjektivistischen Philosophie der Dinge*. [...] das Handeln, und nicht die Empfindsamkeit, ist das ultimative Faktum für unsere Anerkennung.«[571] James ist damit auf folgende These festgelegt:

(M7) Der Handelnde kann den Wert von Handlungen nur in Veränderungen der Welt sehen, wenn er glaubt, dass der Wert der Handlungen nicht von seinen subjektiven Einstellungen abhängig ist. (*Prämisse*)

Zu sagen, dass der Wert von Handlungen nicht von der subjektiven Einstellung des Handelnden abhängig ist, ist für James gleichbedeutend mit der Aussage, dass diese Handlungen wirklich gut oder schlecht sind. Wenn er sich vom Subjektivismus abgrenzen will, dann macht er solche Äußerungen wie im Brief an Hodgson vom Dezember 1885: »Denn das Leben *ist* böse. Zwei Seelen wohnen in meiner Brust: Ich erkenne das Bessere und tue doch just im Akt des Erkennens das Schlechtere.«[572] Diese Gleichsetzung kann man wie folgt ausdrücken:

(M8) Dass der Wert von Handlungen nicht von den subjektiven Einstellungen des Handelnden abhängig ist, heißt, dass die Handlungen wirklich gut sind. (*Definition*)

Damit sind wir jetzt schließlich bei James' Aussage in B1 angekommen:

(M9) Man macht die Bereitschaft zum moralischen Handeln nur dann nicht vom eigenen subjektiven Gefühl abhängig, wenn man die betreffenden Handlungen als wirklich gut oder schlecht betrachtet. (*Konklusion aus M6, M7 und M8*)

Wie unsere Ausführungen klargemacht haben, ist B1 nicht der eigentliche Ausgangspunkt von James' Argument. Ihm geht es um die Ermöglichungsbedingungen moralischer Integrität:

(M10) Moralische Integrität ist nur möglich, wenn man die betreffenden Handlungen als wirklich gut oder schlecht betrachtet. (*Konklusion aus M5 und M9*)

M10 ist ein bemerkenswertes Ergebnis: Moralisch integer können nur Personen sein, die davon überzeugt sind, dass Handlungen wirklich gut oder schlecht sind. M. a. W.: Moralische Integrität setzt den Glauben an den Objektivismus über die Moral voraus. James' Argumentation bis zu diesem Zeitpunkt ist deshalb interessant, weil er damit einen moralischen Grund für eine metaethische Haltung formuliert: Um moralisch integer zu sein, muss man an die metaethische Position des Objektivismus glauben. Die Konklusion ist trotzdem eingeschränkt: Moralische Integrität fordert den *Glauben* an den Objektivismus.

James' eigene Zusammenfassung seines Arguments in »Dilemma« – B1, B2 und B3 – geht vom Glauben an den Objektivismus aus, nicht von der Wahrheit des Objektivismus. Dieser Glaube – die Überzeugung, dass Handlungen wirklich gut oder schlecht sind – ist das Bindeglied zwischen B1 und B2. In unserer Rekonstruktion des Gesamtarguments wird daher nur vom Glauben an den Objektivismus die Rede sein und nicht von dessen Wahrheit. In »Dilemma« und in den Briefen an Hodgson argumentiert James dafür, dass der Objektivismus wahr ist. Deshalb wollen wir uns diesem Argument kurz zuwenden, bevor wir mit B2 die Rekonstruktion des Gesamtarguments fortsetzen.

Wenn James sich in »Dilemma« der Kritik des Subjektivismus zuwendet, spricht er nur davon, dass er Gründe gegen den Subjektivismus formulieren möchte – nicht Gründe gegen den Glauben an den Subjektivismus.[573] In den beiden Briefen an Hodgson ist ebenfalls klar, dass es ihm um die Wahrheit des Objektivismus geht, nicht einfach um den Glauben an den Objektivismus. Aus den Briefen haben wir bereits zwei der relevanten Stellen zitiert: Im ersten Brief konstatiert James einfach »das Leben *ist* böse«; im zweiten schreibt er: »Sobald man tiefer gehen will, muss man die Welt zerteilen, in Teile, die einem gut erscheinen & solche, die einem schlecht erscheinen.« Die Rede davon, »tiefer gehen« zu wollen, deutet darauf hin, dass es um die Suche nach der Wahrheit geht. Man geht »tiefer«, wenn man sich für den Objektivismus entscheidet. Warum geht der Objektivist »tiefer«? Warum ist der Objektivismus wahr? Die Gründe, die James dafür anbietet, haben wir bereits erläutert: Nur der Glaube an den Objektivismus ermöglicht einer Person moralische Integrität. Damit daraus ein Argument für den Objektivismus wird, muss man eine Prämisse hinzufügen (das Sternchen »*« soll klarmachen, dass es dabei um eine Ergänzung unserer Rekonstruktion des Gesamtarguments geht):

(M*11) Wenn der Glaube an eine Antwort auf die Frage nach der Objektivität der Moral die einzige Überzeugung in dieser Sache ist, die mit moralischer Integrität vereinbar ist, dann ist diese Antwort die einzig wahre Antwort auf diese Frage. (*Prämisse*)

Dann hätte man ein Argument für die Wahrheit des Objektivismus:

(M*12) Der Glaube an den Objektivismus als Antwort auf die Frage nach der Objektivität der Moral ist die einzige Überzeugung in dieser Sache, die mit moralischer Integrität vereinbar ist. (*Umformulierung von M10*)

(M*13) Der Objektivismus als Antwort auf die Frage nach der Objektivität der Moral ist die einzig wahre Antwort auf diese Frage. (*Konklusion aus M*11 und M*12*)

Akzeptiert James die Prämisse M*11? Er müsste diese Prämisse akzeptieren, wenn der Hinweis auf moralische Integrität einen *hinreichenden* Grund für die Wahrheit des Objektivismus darstellen sollte. Dass der Hinweis auf moralische Integrität *einen Grund unter anderen* für die Wahrheit des Objektivismus darstellt, würde exzellent zu James' Auffassung von philosophischen Gründen passen, die das Hauptthema dieses Kapitels ist. Nach James können emotionale Gründe zeigen, welche Theorie von vielen konkurrierenden philosophischen Theorien wahr ist, angenommen diese Theorien sind alle theoretisch einwandfrei. Angewandt auf das Thema der Objektivität der Moral könnte man diese Auffassung als eine allgemeinere Version von M*11 wie folgt formulieren:

(M*11a) Wenn der Glaube an eine Antwort auf die Frage nach der Objektivität der Moral die einzige theoretisch einwandfreie Überzeugung in dieser Sache ist, die mit angemessenen emotionalen Haltungen vereinbar ist, dann ist diese Antwort die einzig wahre Antwort auf diese Frage. (*Allgemeinere Version von M*11*)

Moralische Integrität wäre ein Beispiel für eine angemessene emotionale Haltung. Es würde gut zu James' Ansatz passen, wenn der Hinweis auf moralische Integrität zwar ein gewichtiger Grund für die Wahrheit des Objektivismus wäre, aber um weitere emotionale Gründe ergänzt werden müsste. In dieser allgemeineren Version würde das Argument dann wie folgt weitergehen:

(M*12a) Der Glaube an den Objektivismus als Antwort auf die Frage nach der Objektivität der Moral ist die einzige theoretisch einwandfreie Überzeugung in dieser Sache, die mit angemessenen emotionalen Haltungen vereinbar ist. (*Allgemeinere Version von M*12*)

(M*13) Der Objektivismus als Antwort auf die Frage nach der Objektivität der Moral ist die einzig wahre Antwort auf diese Frage. (*Konklusion aus M*11a und M*12a*)

Wie soll man aber herausfinden, welche emotionalen Haltungen, die das Thema der Objektivität der Moral betreffen, angemessen sind? Nach James würde dies im M+x-Verfahren geschehen. Man würde nach den konkurrierenden Theorien – Subjektivismus und Objektivismus – handeln und beim Handeln die emotionalen Erfahrungen machen, die einem ermöglichen würden, über die Wahrheit in dieser Sache zu urteilen. So argumentiert James jedenfalls in »Rationality«, wie wir ausführlich in diesem Kapitel diskutiert haben. Wenn man James' Auseinandersetzung mit dem Subjektivismus in »Dilemma« und den Briefen an Hodgson in den Kontext seines M+x-Gedankens aus »Rationality« einordnet, dann müsste man den Hinweis auf moralische Integrität in »Dilemma« als einen emotionalen Grund unter anderen verstehen, dessen Tragweite schließlich im M+x-Verfahren getestet werden müsste. So kann man James' Diskussion des Subjektivismus in »Dilemma« auch verstehen: Seine Beschäftigung mit dem Subjektivismus umfasst mehrere Seiten und beinhaltet gleichermaßen Gründe für den Subjektivismus wie gegen ihn.[574] Man kann dies als eine Verschriftlichung von einigen der Gründe auffassen, die in einem M+x-Testverfahren bezüglich des Subjektivismus relevant wären.

Ausgehend von James' Argument für die Wahrheit des Objektivismus hätte man sein Argument für den Indeterminismus / Inkompatibilismus wie folgt fortsetzen können:

(M*14) Manche Handlungen sind moralisch gesehen wirklich gut, andere Handlungen sind moralisch gesehen wirklich schlecht. (*Konklusion aus M*13*)

(M*15) Der Handelnde sollte den freien Vollzug derjenigen seiner Handlungen bedauern, die moralisch gesehen wirklich schlecht sind. (*Prämisse*)

Der erste Teil von B2 (»die Überzeugung, dass eine Handlung schlecht sei«) muss aber so verstanden werden, dass er den letzten Teil (»die Überzeugung, dass unsere Handlungen wirklich gut oder schlecht sind«) von B1 aufgreift – also nur beim *Glauben* an den Objektivismus, nicht bei der Wahrheit des Objektivismus ansetzt. B2 setzt also nicht voraus, dass es wirklich schlechte Handlungen gibt, sondern geht vom *Glauben* aus, dass es wirklich schlechte Handlungen gibt. In unserer Rekonstruktion des Gesamtarguments formulieren wir daher B2 wie folgt:

(SM15) Wenn der Handelnde die betreffende Handlung als wirklich schlecht betrachtet, dann ist es vom Handelnden angemessen, seinen freien Vollzug dieser Handlung zu bedauern. (*Prämisse*)

Die Bezeichnung »SM15« signalisiert, dass dieser Satz den zwei möglichen Interpretationen von James' Argument gemeinsam ist: der Moralinterpretation und der Sinninterpretation. Bisher haben wir nur die Moralinterpretation diskutiert. Bevor wir SM15 weiter erläutern und ausgehend von diesem Satz die nächsten Schritte in James' Argument rekonstruieren, müssen wir uns daher der Sinninterpretation von B1 zuwenden.

Man muss zwischen den Begriffen des *richtigen* und des *moralischen* Handelns unterscheiden. Ob man nur dann richtig handelt, wenn man sich auf die Seite der Moral schlägt, ist eine offene Frage. Es mag sein, dass diese Frage mit Ja beantwortet werden muss, aber diese positive Antwort würde die Unterscheidung der beiden Begriffe nicht nivellieren. Wenn James das Wort »moralisch« verwendet, dann ist es nicht immer klar, ob er es in einem *weiten* Sinne verwendet, in dem es keinen Unterschied zwischen den beiden Begriffen gibt oder in einem *engen* Sinne, dem eine Unterscheidung der beiden Begriffe zugrundeliegt. Darüber hatten wir kurz in unserer Diskussion (in § 4.5) von James' Rede vom »moralischen Geschäft« im Tagebucheintrag des 2. Februar 1870 gesprochen. Nur wenn James »moralisch« in einem *engen* Sinne verwenden würde, wäre es sinnvoll davon zu sprechen, dass es in den Briefen an Hodgson und in B1 speziell um moralisches Handeln geht. Sonst müsste man sagen, es ginge in B1 einfach um richtiges Handeln, das wir »unabhängig davon, wie wir uns fühlen«, zu vollziehen haben. Die Sinninterpretation stützt sich auf Elemente in James' Texten und liefert eine Interpretation, nach der es in B1 um richtiges Handeln in diesem Sinne geht und nicht speziell um moralische Handlungen im engen Sinne. (Es ist aber natürlich auch möglich, »moralische Integrität« und »moralische Handlungen« in der Moralinterpretation im weiten Sinne von »moralisch« zu lesen.)

In seiner Kritik des französischen Romantizismus (Ernest Renan und Émile Zola) als einer Version des Subjektivismus schreibt James:

> Kein Anhänger dieser französischen Schule hat ein Wort der Rettung in der Stunde, in der man von den Dingen des Lebens übersättigt ist – der Stunde, in der wir sagen: »Ich habe keine Freude mehr an ihnen« – oder der Stunde, in der wir uns vor dem ungeheuer bedeutungslosen Mahlwerk der Welt fürchten, falls zufällig solche Stunden auf einen zukommen sollten. Denn Furcht und Übersättigung sind wie alles andere Fakten der Empfindsamkeit; und wenn ihre Stunde gekommen ist, herrschen sie nach ihrem eigenen Gesetz. Der Kern der romantischen Aussage [...] ist diese innere Unheilbarkeit, die Carlyle dieses weit entfernte Wimmern von Ach und Weh nennt. Und von diesem romantischen Bewusstseinszustand gibt es absolut keinen möglichen *theoretischen* Ausweg. Ob wir das Leben wie Renan auf kultiviertere Weise als geistige Romanze ansehen oder uns wie die Freunde von Hrn. Zola etwas auf unseren »wissenschaftlichen« und »analytischen« Charakter einbilden [...], in beiden Fällen erscheint uns die Welt potentiell als das, was derselbe Carlyle einmal ein endloses, düsteres, einsames Golgatha und Mühle des Todes genannt hat. Der einzige Ausweg ist der praktische Weg.[575]

James geht in dieser Passage von Momenten einer Sinnkrise aus. Dies sind Momente der Verzweiflung, in denen wir unsere eigene Existenz als sinnentleert erleben. Der Subjektivismus liefert uns solchen Krisen hilflos aus. Nach dem Subjektivismus ist der Wert bzw. Sinn von Handlungen davon abhängig, ob unsere subjektiven Gefühle für diese Handlungen sprechen. In solchen Momenten kommt uns alles sinnlos vor. Dann ist es nach dem Subjektivismus eben sinnlos. Um solchen Krisen zu entkommen, müssen wir diese subjektivistische Prämisse aufgeben (»S« verweist darauf, dass es hier um die Sinninterpretation geht):

(S1) Der Empfindung der Sinnlosigkeit der eigenen Existenz kann man nur etwas entgegensetzen, wenn man den Sinn von Handlungen nicht davon abhängig macht, ob ein eigenes subjektives Gefühl für die betreffenden Handlungen spricht. (*Prämisse*)

Warum sollten wir diesen Empfindungen der Sinnlosigkeit etwas entgegensetzen wollen? Die Antwort ist einfach: Sonst wäre unser eigenes Leben sinnlos. Darauf verweist James mit der Äußerung, dass uns die Welt als »ein endloses, düsteres, einsames Golgatha und Mühle des Todes« vorkommen würde. Im Brief an Hodgson spricht er davon, dass die Welt »für den Menschen *unheimlich* [dt. im Orig.], kalt und fremd« sein würde.[576] James' Rede von der Machtlosigkeit theoretischer Überlegungen und vom praktischen Ausweg sind auf diese Art und Weise zu verstehen: Seine Überlegungen nehmen ihren Ausgang nicht von einer theoretisch einsehbaren Prämisse, sondern einer Prämisse, deren Richtigkeit man nur aus praktischer Perspektive erkennen kann. Wie seine Äußerungen über Golgatha und Unheimlichkeit klarmachen, ist dies eine Prämisse über den Sinn des Lebens:

(S2) Das eigene Leben kann nur einen Sinn haben, wenn man im Moment der Empfindung der Sinnlosigkeit dieser Empfindung etwas entgegensetzen kann. (*Prämisse*)

(S3) Das eigene Leben kann nur einen Sinn haben, wenn man den Sinn von Handlungen nicht davon abhängig macht, ob ein eigenes subjektives Gefühl für die betreffenden Handlungen spricht. (*Konklusion aus S1 und S2*)

Die zitierte Passage schließt mit dem Satz »der einzige Ausweg ist der praktische Weg« an die Passage an, aus der wir bereits in der Ausführung der Moralinterpretation zitiert haben. Auf der einen Seite – wie gerade erläutert – meint James mit dieser Äußerung, dass man die Lösung nur aus praktischer Perspektive erkennt. Auf der anderen Seite will er mit dieser Aussage sagen, dass man nur dann einen Ausweg finden kann, wenn man den Wert von Handlungen in Veränderungen der Welt sieht. Dies wird in der Passage, die in James' Text auf diese Äußerung folgt, klargemacht. Diese Passage diente uns oben als Untermauerung von einigen Sätzen der Moralinterpretation. Die nächsten Sätze der Sinninterpretation basieren auch auf dieser Passage. Einige von ihnen sind auf die Sinninterpretation angepasste Variationen von Sätzen der Moralinterpretation. Andere sind sogar identisch mit Sätzen der Moralinterpretation. Daher müssen wir nicht wieder auf diese Passage eingehen, um die folgenden Sätze der Sinninterpretation philologisch zu stützen (die mit »SM« bezeichneten Sätze sind in den beiden Interpretationen identisch):

(S4) Man macht den Sinn von Handlungen nur dann nicht vom eigenen subjektiven Gefühl abhängig, wenn man die Bereitschaft zu handeln nicht davon abhängig macht, ob ein eigenes subjektives Gefühl für die betreffende Handlung spricht. (*Prämisse*)

(S5) Das eigene Leben kann nur einen Sinn haben, wenn man die Bereitschaft zu handeln nicht davon abhängig macht, ob ein eigenes subjektives Gefühl für die betreffende Handlung spricht. (*Konklusion aus S3 und S4*)

(S6) Man macht die Bereitschaft zu handeln nur dann nicht vom eigenen subjektiven Gefühl abhängig, wenn man den Wert von Handlungen in Veränderungen der Welt sieht. (*Prämisse*)

(SM7) Der Handelnde kann den Wert von Handlungen nur in Veränderungen der Welt sehen, wenn er glaubt, dass der Wert der Handlungen nicht von seinen subjektiven Einstellungen abhängig ist. (*Prämisse*)

(SM8) Dass der Wert von Handlungen nicht von den subjektiven Einstellungen des Handelnden abhängig ist, heißt, dass die Handlungen wirklich gut sind. (*Definition*)

(S9) Man macht die Bereitschaft zu handeln nur dann nicht vom eigenen subjektiven Gefühl abhängig, wenn man die betreffenden Handlungen als wirklich gut oder schlecht betrachtet. (*Konklusion aus S6, SM7 und SM8*)

(S10) Das eigene Leben kann nur einen Sinn haben, wenn man im Leben die betreffenden Handlungen als wirklich gut oder schlecht betrachtet. (*Konklusion aus S5 und S9*)

S9 unterscheidet sich von M9 als Interpretation von B1 nur darin, dass in M9 die Rede von der Bereitschaft zum *moralischen* Handeln ist. In S9 geht es einfach um die Bereitschaft, unabhängig vom eigenen subjektiven Gefühl (richtig) zu handeln. Dabei wird offen gelassen, ob es um moralisches Handeln im engen Sinne geht oder nicht.

Die Moralinterpretation und die Sinninterpretation passen beide zu James' Texten. Es sind reichhaltige Texte und – wie in § 4.3, § 4.5 und § 5.1 erläutert – sind moralische Fragen und Fragen nach dem Sinn des Lebens für James eng miteinander verbunden. Es soll hier daher nicht entschieden werden, ob die eine Interpretation philologisch besser ist als die andere. Wie M10 macht S10 klar, dass James' Ausgangspunkt eigentlich nicht B1 ist, sondern ein bedeutsames praktisches Anliegen. Nach M10 geht es um die Ermöglichungsbedingungen moralischer Integrität, nach S10 um die Ermöglichungsbedingungen eines sinnerfüllten Lebens. Nach beiden Interpretationen bietet James daher ein Argument für eine metaethische Haltung an, das auf normativen Annahmen beruht: auf Annahmen über moralische Integrität bzw. über den Sinn des Lebens.

Wie in M10 geht es in S10 bei den Ermöglichungsbedingungen um den *Glauben* an den Objektivismus. Um James' Argument in ein Argument umzuwandeln, in dem es um die *Wahrheit* des Objektivismus geht, könnte man für die Sinninterpretation Sätze formulieren, die M*11–M*15 entsprechen würden. Darauf wollen wir hier verzichten, um ein anderes wichtiges Thema anzusprechen. In S10 werden die Ermöglichungsbedingungen für ein sinnerfülltes Leben formuliert. Aber hier könnte man folgenden philosophischen Einwand gegen James' Argumentation erheben: Ist die menschliche Existenz als solche nicht bedeutungslos? Wenn sie bedeutungslos ist, kann man zwar das eigene Leben als ein sinnerfülltes Leben empfinden, aber bei dieser Empfindung würde man gewissermaßen einer Illusion unterliegen: Man empfindet das eigene Leben als sinnerfüllt, obwohl das menschliche Leben als solches bedeutungslos ist.

Wir müssen bezüglich des Sinns des Lebens zwischen zwei Fragen unterscheiden: 1. Ist die menschliche Existenz als solche ohne Bedeutung, sodass das Leben individueller Menschen nicht sinnerfüllt sein kann? Wenn man diese Frage mit Ja beantwortet, dann unterliegt jeder Mensch, der sein Leben als sinnerfüllt betrachtet, einer Illusion, unabhängig davon, ob der Sinn seines Lebens subjektivistisch oder objektivistisch interpretiert wird. 2. Die zweite Frage setzt voraus, dass die Natur der menschlichen Existenz nicht ausschließt, dass die Leben individueller Menschen sinnerfüllt sei können: Was verleiht dem Leben eines individuellen Menschen seinen Sinn? Subjektivismus und Objektivismus geben unterschiedliche Antworten auf diese Frage. Nach dem Subjektivismus hängt der Sinn eines individuellen menschlichen Lebens alleine von der subjektiven Befindlichkeit des betreffenden Menschen ab. Nach dem Objektivismus besteht der Sinn eines individuellen menschlichen Lebens u. a. darin, dass der betreffende Mensch objektiv wertvolle Handlungen vollzieht.

Wie aus unseren biografischen Anmerkungen in § 4.3 und § 4.5 hervorgeht, war James persönlich und philosophisch an der Frage nach dem Sinn des Lebens besonders interessiert. In »Is Life Worth Living?« widmet er sich dieser Frage auch systematisch.[577] Wir wollen aber nicht wieder auf die inhaltlichen Details seiner Antwort eingehen. Uns geht es hier um die metaphilosophische Frage, wie man die beiden gerade formulierten Fragen beantworten kann.

James' Antwort auf diese metaphilosophische Frage kann man sich anhand der Diskussion vom Nihilismus in § 5.3 klarmachen. Mit dem Nihilismus ist eine metaphilosophische Position gemeint. Nach dem Nihilismus können Emotionen oder Empfindungen in der Entscheidung über die Wahrheit von philosophischen Theorien keine Rolle spielen. Im Gegensatz zum platonischen Objektivismus schließt der Nihilismus nicht nur aus, dass emotionale Gründe philosophische Wahrheiten *konstitutiv* erklären können, sondern auch dass sie *epistemische Evidenz* für die Wahrheit philosophischer Theorien liefern können. Mit seiner Ablehnung des Nihilismus setzt James keineswegs voraus, dass das Leben einen Sinn haben kann. Seine Ablehnung bedeutet nur, dass emotionale Gründe eine Rolle in der Entscheidung darüber spielen, ob das Leben einen Sinn haben kann. Ob es einen Sinn haben kann, ist die erste der beiden gerade unterschiedenen Fragen. In »Dilemma« wird eine positive Antwort auf diese Frage vorausgesetzt. Es wäre im Sinne von James' Gesamtansatz, wenn diese positive Antwort durch emotionale Gründe im M+x-Verfahren untermauert werden müsste.

Mit S10 wird eine Teilantwort auf die zweite Frage gegeben. Damit das eigene Leben einen Sinn haben kann, muss man an den Objektivismus glauben. Mit dem Objektivismus ist nicht unbedingt speziell ein Objektivismus über die Moral gemeint. Dass Handlungen wirklich gut oder schlecht sind, heißt nicht unbedingt, dass sie gut oder schlecht im engen moralischen Sinne sind. Im Kontext der Sinninterpretation ist es naheliegend, James' Position so zu lesen, dass es ihm vor allem um die Objektivität von Werten geht, die nicht unbedingt moralische Werte sein müssen. (Diese beiden Typen von Objektivismus – Objektivismus über die Moral und Objektivismus über Werte – müssen natürlich auch von den metaphilosophischen Positionen des internen und des platonischen Objektivismus unterschieden werden.)

Wir hatten oben SM15 als Rekonstruktion von B2 wie folgt formuliert:

(SM15) Wenn der Handelnde die betreffende Handlung als wirklich schlecht betrachtet, dann ist es vom Handelnden angemessen, seinen freien Vollzug dieser Handlung zu bedauern. (*Prämisse*)

Dazu sind jetzt einige Anmerkungen angebracht: 1. In SM15 ist die Rede von »wirklich schlecht« und nicht nur von »schlecht« wie in B2. Wir gehen davon aus, dass es James weiterhin um das wirklich Schlechte geht. Sonst hätte er in B1 nicht die strittige These aufstellen müssen, dass Handlungsbereitschaft die Überzeugung voraussetzt, dass die betreffende Handlung *wirklich* gut oder schlecht ist. 2. In »Dilemma« spricht James manchmal von »Urteil des Bedauerns [*judgment of regret*]« und manchmal einfach von »Bedauern [*regret*]«.[578] Wir gehen daher davon aus, dass es James sowohl um die Emotion des Bedauerns als auch um das Urteil geht, dass etwas bedauernswert sei. Deshalb haben wir SM15 so formuliert, dass es vom Handelnden unter den gegebenen Umständen *angemessen* sei, den freien Vollzug dieser Handlung zu bedauern. In »Dilemma« spricht James davon, dass Urteile des Bedauerns falsch sein können.[579] 3. In »Dilemma« bezieht sich das Bedauern nicht nur auf die eigenen Handlungen, sondern auch auf die Handlungen anderer.[580] In B1 und B3 und in den Briefen an Hodgson steht aber das Bedauern der eigenen Handlungen im Mittelpunkt. Deshalb gehen wir in der Rekonstruktion des Arguments vom Bedauern des Handelnden von den eigenen Handlungen aus. 4. James spricht in B2 nicht explizit vom *freien* Vollzug der Handlung. Unsere weitere Rekonstruktion des Arguments wird klarmachen, dass James hier einen Vollzug aus dem freien Willen heraus meinen muss.

Unsere Rekonstruktion von B3 reformuliert B3 im Lichte der Briefe an Hodgson als ein Argument gegen den Kompatibilismus. Wir zitieren wieder die dafür entscheidende Stelle aus dem ersten Brief an Hodgson:

> Denn das Leben *ist* böse. Zwei Seelen wohnen in meiner Brust: Ich erkenne das Bessere und tue doch just im Akt des Erkennens das Schlechtere. Zu behaupten, dass die Moleküle des kosmischen Nebels dies impliziert haben und bis in alle Ewigkeit *impliziert haben werden*, sooft dies auch auftritt, bedeutet, zu jenem »Dilemma« des Pessimismus und Subjektivismus verdammt zu sein (über das ich einmal geschrieben habe und das für dich so wenig Dringlichkeit zu besitzen scheint) & für das alles Gerede über zu Entitäten aufgerichtete Abstraktionen und Zwang *vs.* »Freiheit« einfach irrelevant ist. Welche lebende Seele schert sich um solche Nettigkeiten, wenn sie das eigentliche Problem anstarrt, wie man einer zerstörten Welt ohne Möglichkeiten praktisch begegnen soll? Welche Farce scheint dann deine Unterscheidung zwischen Determination und Zwang, zwischen Passivität und »Aktivität«, wenn jedes kleinste Detail vor*bestimmt* ist [...] durch das, was vorausging?[581]

Hodgson ist Kompatibilist. Wir führen unsere Rekonstruktion von James' Argument daher wie folgt fort:

(SM16) Nach dem Kompatibilismus ist Willensfreiheit mit Determinismus vereinbar. M. a. W.: Nach dem Kompatibilismus können determinierte Entscheidungen unter gewissen Umständen freie Entscheidungen sein. Nach dem Kompatibilismus sind diejenigen determinierten Entscheidungen frei, die ohne Zwang durch den Handelnden selbst aktiv gefällt wurden. Alle anderen determinierten Entscheidungen sind unfrei. (*Definition*)

Die Formulierung der Umstände unter denen determinierte Entscheidungen frei sind (»ohne Zwang durch den Handelnden selbst aktiv gefällt wurden«), sind den Formulierungen von Hodgsons Kompatibilismus in der Korrespondenz zwischen Hodgson und James angelehnt.[582] In James' Argument wird es aber nicht auf diese spezifischen Formulierungen ankommen. Sein Argument richtet sich gegen jede Form des Kompatibilismus, unabhängig davon, wie man diese Bedingungen formuliert.

James' Auslegung des Determinismus im Brief an Hodgson in Formulierungen wie »dass die Moleküle des kosmischen Nebels dies impliziert haben und bis in alle Ewigkeit *impliziert haben werden*« und »eine zerstörte Welt ohne Möglichkeiten« rekonstruieren wir wie folgt:

(SM17) Für jede determinierte Entscheidung steht zu jedem Zeitpunkt vor einer Entscheidung fest, wie diese Entscheidung ausfallen wird. (*Definition*)

In B3 und im Brief an Hodgson schildert James eine Entscheidungssituation, in der der Handelnde versagt. Im Brief an Hodgson schreibt er: »Ich erkenne das Bessere und tue doch just im Akt des Erkennens das Schlechtere.« In B3 geht es um das Bedauern des Vollzugs einer Handlung »nachdem wir unser Bestes nicht gegeben haben«. Um welche Art von Bedauern geht es hier? In »Dilemma« wird der Begriff des Bedauerns zunächst ohne Eingrenzung der Anwendung eingeführt.[583] James sagt dann, dass »die Weisen [...] so wenig wie möglich bedauern.«[584] Daraufhin führt er einen Akt der Grausamkeit als Beispiel für Handlungen ein, die wir bedauern sollten, »unabhängig davon, ob sie von anderen oder von uns vollzogen wurden«.[585] Dieses Beispiel prägt auch seine folgende Diskussion.[586] Es ist daher naheliegend, dass James' Urteile des Bedauerns einen moralischen Vorwurf beinhalten – im engen Sinne von »moralisch«. Wir werden daher die übrigen Sätze in unserer Rekonstruktion als Teile der Moralinterpretation präsentieren. Es ist denkbar, dass James auch an moralische Vorwürfe im weiten Sinne dachte, aber dieser Möglichkeit werden wir nicht nachgehen.

(M18) Den Vollzug einer moralisch gesehen wirklich schlechten Handlung zu bedauern, impliziert, dass der Handelnde sich selbst den moralischen Vorwurf macht, sich bei der Entscheidung für die moralisch schlechtere Handlung entschieden zu haben. (*Prämisse*)

(M19) Sich als Handelnder den moralischen Vorwurf zu machen, sich bei der Entscheidung für die moralisch schlechtere Handlung entschieden zu haben, ist nur dann nicht lächerlich, wenn es nicht zu jedem Zeitpunkt vor der Entscheidung feststand, dass der Handelnde sich so und nicht anders entscheiden würde. (*Prämisse*)

(M20) Den Vollzug einer moralisch gesehen wirklich schlechten Handlung zu bedauern, ist nur dann nicht lächerlich, wenn es nicht zu jedem Zeitpunkt vor der Entscheidung feststand, dass der Handelnde sich so und nicht anders entscheiden würde. (*Konklusion aus M18 und M19*)

M20 ist eine Interpretation von B3. M18 und M19 sind die Grundlage für M20. M19 macht klar, welche praktischen Gründe die Wahrheit in der Debatte um den Kompatibilismus konstitutiv erklären: Es sind *moralische* Gründe. Nur mit Hilfe moralischer Gründe kann man erklären, wann es gerechtfertigt ist, sich moralische Vorwürfe für den Vollzug einer Handlung zu machen, und wann es lächerlich ist.

Um James' Argument gegen den Kompatibilismus komplett zu machen, müssen wir auf Satz SM15 zurückgreifen, in dem wir James' implizite Annahme aus B2 explizit gemacht haben, dass beim Bedauern des Vollzugs schlechter Handlungen vorausgesetzt wird, dass es um den *freien* Vollzug solcher Handlungen geht:

(M21) Wenn der Handelnde seine Handlung moralisch gesehen als wirklich schlecht und als frei betrachtet, dann ist es vom Handelnden nicht lächerlich zu bedauern, dass er sich für das Schlechte und nicht das Gute entschieden hat. (*Konklusion aus SM15*)

Aus M16, M17, M20 und M21 folgt, dass der Kompatibilismus falsch ist. James' Gesamtargument in »Dilemma« und den Briefen ist aber sehr komplex. Die Schlussfolgerung, dass der Kompatibilismus falsch ist, zieht er erst dann, wenn er alle Möglichkeiten, M20 und M21 abzulehnen, ausgeschlossen hat:

(M22) Der Kompatibilismus ist falsch, es sei denn M20 oder M21 müssen abgelehnt werden. (*Konklusion aus SM16, SM17, M20 und M21*)

Nach M20 ist das Bedauern einer Handlung, die moralisch gesehen wirklich schlecht ist, nur dann nicht lächerlich, wenn diese Handlung nicht determiniert ist. Um zu zeigen, dass M20 falsch ist, müsste man also zeigen, dass das Bedauern solcher Handlungen nicht unbedingt lächerlich ist, wenn die Handlungen determiniert sind. Es wird von James in »Dilemma« untersucht, in welchem Verhältnis moralisch gesehen wirklich schlechte Handlungen auf der einen Seite und das Bedauern solcher Handlungen auf der anderen Seite stehen, wenn der Determinismus wahr ist. Diese Untersuchung bildet den Anfang der Argumentation, die James in der Form eines Dilemmas präsentiert und die dem Text seinen Namen verleiht. James diskutiert hier anhand eines Beispiels von einem grauenvollen Mordfall, worauf sich das Bedauern des Mordes beziehen muss, wenn der Determinismus wahr ist:[587]

> Wenn wir weise Deterministen sind, muss sich das Bedauern über den Mord in ein größeres Bedauern verwandeln. Es ist absurd, den Mord allein zu be-

> dauern. Da andere Dinge sind, was sie sind, konnte auch *er* nicht anders sein. Was wir bedauern sollten, ist der Gesamtrahmen, in dem der Mord nur ein Teil ist. Ich sehe überhaupt keinen Ausweg aus dieser pessimistischen Schlussfolgerung, sollte es dem Deterministen überhaupt erlaubt sein, das Urteil des Bedauerns aufrecht zu erhalten.[588]

Nach James folgt aus dem Determinismus, dass es »absurd« wäre, den einzelnen Mord zu bedauern. Als Begründung dafür schreibt er in dieser Passage: »Da andere Dinge sind, was sie sind, konnte auch *er* nicht anders sein.« Diese Begründung entspricht James' Gedankengang in B3, wenn er in B3 schreibt, dass er das Bedauern einer Handlung nicht »verstehen« könne, wenn die Handlung determiniert ist. Es wäre – »nachdem wir unser Bestes nicht gegeben haben« – nur dann nicht lächerlich (keine »Farce«), nachtrauernd zu empfinden, dass durch unser Verhalten eine »unwiederbringliche Gelegenheit« verloren gegangen sei, wenn unser Verhalten nicht determiniert gewesen ist. Dieser Gedankengang findet sich natürlich auch im Brief an Hodgson, mit dem wir die Rekonstruktion von B3 begonnen haben. Dort spricht er auch vom Fall, in dem »wir unser Bestes nicht gegeben haben« (B3): »Ich erkenne das Bessere und tue doch just im Akt des Erkennens das Schlechtere« (Brief). Im Brief schreibt er, dass die kompatibilistischen Unterscheidungen, nach denen manche determinierten Handlungen frei sein können, einer »Farce« gleichkommen würden. James' Position, es sei »absurd« einzelne determinierte Handlungen zu bedauern, kann daher so formuliert werden, dass es *lächerlich* sei, sie zu bedauern. James' Gedanken zum Zusammenhang zwischen Determinismus, Bedauern und Pessimismus fassen wir deshalb wie folgt zusammen:

(M23) Wenn moralisch gesehen wirklich schlechte Handlungen determiniert sind und es angemessen ist, das Vorkommen solcher Handlungen zu bedauern, dann folgt daraus die pessimistische Position, dass der ganze Weltprozess, von dem diese Handlungen ein determinierter Bestandteil sind, ein bedauerliches Vorkommnis ist, und gleichzeitig, dass es lächerlich wäre, die einzelnen Handlungen zu bedauern, die ein Teil dieses Gesamtprozesses sind. (*Prämisse*)

M. a. W. folgt aus der Determiniertheit von moralisch gesehen schlechten Handlungen die pessimistische Position, dass es lächerlich wäre, diese Handlungen als Einzelhandlungen zu bedauern. Dieser Pessimismus ist eine Bestätigung von M20.

Wir sind zunächst auf James' Texte eingegangen, um den ersten Schritt in seiner Verteidigung von M20 und M21 zu erläutern. Bevor wir uns weiter mit den Schriften beschäftigen, wollen wir aber die grundsätzliche Struktur von James' Argumentation erläutern. Der Kompatibilist muss erklären, wie Freiheit möglich ist, wenn Handlungen determiniert sind. Nach James muss sich der Kompatibilist für eine von vier Möglichkeiten entscheiden, um zu erläutern, was aus der Determiniertheit von Handlungen folgt:

(M24) Entweder gibt es objektiv Gutes und Schlechtes oder es gibt kein objektiv Gutes und Schlechtes. (*Prämisse*)

(M25) Wenn es objektiv Gutes und Schlechtes gibt und Handlungen determiniert sind, dann gibt es zwei Möglichkeiten: Entweder ist der ganze Weltprozess schlecht oder er ist nicht schlecht. Im ersten Fall ist Pessimismus wahr. Im zweiten Fall ist Optimismus wahr. (*Prämisse*)

(M26) Wenn es objektiv Gutes und Schlechtes nicht gibt und Handlungen determiniert sind, dann gibt es zwei Möglichkeiten: Entweder hat das Bedauern von Handlungen einen Sinn und Zweck oder es hat keinen Sinn und Zweck. Im ersten Fall ist der Gnostizismus wahr. Im zweiten Fall ist der radikale Subjektivismus wahr. (*Prämisse*)

James' Argumentation läuft darauf hinaus, dass keine dieser Möglichkeiten uns einen Grund gibt, M20 oder M21 abzulehnen. Wir haben gerade gesehen, warum dies für die erste Möglichkeit gilt (Pessimismus):

(M27) M20 wird vom Pessimismus nicht in Frage gestellt. (*Konklusion aus SM 17, M20 und M23*)

Bei den drei anderen Möglichkeiten (Optimismus, Gnostizismus, radikaler Subjektivismus) liegt die Sache anders. Jede dieser Positionen liefert einen Grund, entweder M20 oder M21 abzulehnen. Nach James sollte aber keiner dieser Ansätze akzeptiert werden. Daher geben sie uns keinen Grund, M20 oder M21 abzulehnen. Da es nun nur diese vier Möglichkeiten gibt, haben wir keinen Grund, M20 und M21 nicht anzunehmen. (Die Unterscheidung zwischen Gnostizismus und radikalem Subjektivismus wird von James in seiner Präsentation des Arguments zwar nicht explizit gemacht, aber wir denken, dass sie im 1886-Brief an Hodgson implizit ist – mehr dazu später.)

Im Text von »Dilemma« ist zwar oft die Rede von *dem* Dilemma des Determinismus, aber eigentlich werden zwei Dilemmata präsentiert. Das erste Dilemma besteht zwischen Pessimismus und Optimismus (gemeint ist: monistischer Optimismus). Der Gnostizismus wird als Ausweg aus diesem Dilemma vorgeschlagen, wobei ein zweites Dilemma zwischen Pessimismus und Gnostizismus entsteht.[589] Die zwei Seiten des ersten Dilemmas – Pessimismus und Optimismus – teilen die Annahme, dass es objektiv Gutes und Schlechtes gibt.

Das erste Dilemma entsteht, wenn man annimmt, dass der Determinismus wahr ist und dass Handlungen bedauert werden. Pessimismus ist die Folge, wenn man an der Angemessenheit des Bedauerns festhält: Wenn jede Handlung determiniert ist, dann muss man das Vorkommnis des ganzen Weltprozesses bedauern, dessen unvermeidliche Wirkung alle schrecklichen Ereignisse auf der Welt beinhaltet. Optimisten stellen in Frage, dass die individuellen Ereignisse schlecht sind. Wenn man die Individualereignisse als notwendige Komponenten einer guten Welt betrachtet, dann sind diese Ereignisse als solche nicht schlecht. Es ist daher ein Fehler, das Vorkommen dieser Ereignisse überhaupt zu bedauern. Wenn der Determinismus wahr ist, dann ist das Bedauern dieser Ereignisse aber genauso determiniert wie die Ereignisse selbst. Da das Bedauern einen Fehler darstellt, machen wir – wenn der Determinismus wahr ist – also unvermeidlicherweise Fehler. Nach James' Ausführungen in »Dilemma« entsteht also folgendes Dilemma für den Determinismus: Wenn wir annehmen, dass der Determinismus wahr ist und an der Angemessenheit des Bedauerns festhalten, dann müssen wir von der Unvermeidlichkeit schlechter Ereignisse ausgehen (Pessimismus). Wenn wir das Bedauern für nicht richtig halten, dann müssen wir die Unvermeidlichkeit falscher Bedauernsurteile annehmen (Optimismus).[590] Daher schreibt James, dass »in der Welt etwas unausweichlich unvernünftig, absurd und falsch sein muss. Sie muss ein Ort sein, an dem Sünde oder Irrtum notwendig teilhaben.«[591]

Aus diesem Dilemma, schreibt James, »scheint es auf den ersten Blick kein Entkommen zu geben«.[592] Er schlägt aber gleich einen Ausweg vor. Bei dieser Lösung wird die Annahme des Optimismus, dass die determinierten Handlungen, die wir bedauern, gut sind, formal beibehalten. Diese Annahme wird aber nur formal beibehalten, da die Handlungen in dieser *subjektivistischen* Lösung nicht objektiv gut sind. Nach dem Subjektivismus sind Ereignisse nicht objektiv gut oder schlecht, sondern gut oder schlecht relativ zu unserer subjektiven Haltung ihnen gegenüber. Bei dieser Lösung wird auch die zweite Annahme des Optimismus – dass das Bedauern dieser guten Handlungen einen *Fehler* darstellt – formal beibehalten. Nach dieser Lösung sind diese Fehler beim Bedauern aber nichts Schlechtes. Da es nach dem Subjektivismus keine objektiv guten Handlungen gibt, sind Fehler in unseren Bedauernsurteilen über diese Handlungen nach dieser *gnostizisti-*

schen Lösung nichts Schlechtes, sondern etwas Gutes, solange diese Fehler unserem theoretischen Wissen bzw. der Erweiterung des Bewusstseins dienen. Auf diese Weise nimmt der Gnostizismus den Platz des Optimismus im ersten Dilemma ein und wir haben ein zweites Dilemma: zwischen Pessimismus und Gnostizismus.[593]

In unserer Rekonstruktion von James' Argument gegen den Kompatibilismus spielt eine Annahme, die in der gerade wiedergegebenen Diskussion in »Dilemma« maßgeblich ist, keine Rolle – nämlich die Annahme, dass das Bedauern schlechter Ereignisse selbst determiniert sei. Aus dieser Annahme entsteht in dieser Diskussion in »Dilemma« das Problem für den Optimismus, dass wir unvermeidlicherweise einen Fehler machen. Da es uns um eine Rekonstruktion eines Arguments gegen den *Kompatibilismus* in James geht, lassen wir diese Komponente seiner Diskussion beiseite. Für den Kompatibilisten wäre es kein Problem zuzugestehen, dass unsere Bedauernsurteile alle determiniert sind. Der Kompatibilist würde einfach darauf bestehen, dass wir im Fällen dieser Urteile frei sein können. Der Kompatibilist könnte sagen, dass wir falsche Urteile in freier Ausübung unserer Urteilskraft revidieren müssten. Diese Revision wäre zwar nach dem Kompatibilismus determiniert, wenn der Determinismus wahr ist, aber dafür nicht weniger frei.

Wir wollen uns jedenfalls in unserer Rekonstruktion des Arguments gegen den Kompatibilismus nicht auf dieses Element der Diskussion in »Dilemma« stützen. Der Optimismus taucht auch an anderer Stelle in James' Ausführungen in »Dilemma« auf. Diese Stelle ist für unsere Rekonstruktion viel relevanter. Nachdem James sein Argument in der Bedauernspassage formuliert hat, fragt er nach Möglichkeiten, diesem Argument zu entkommen. Neben Pessimismus und Subjektivismus ist der Optimismus eine dieser Möglichkeiten.[594]

Bevor wir uns James' Reaktion auf diese Möglichkeiten zuwenden, müssen wir klarmachen, warum der Optimismus ein Problem für sein Argument darstellt. Prämisse M21 spielt im Argument eine maßgebliche Rolle. In M21 ist von einer Person die Rede, die ihre eigenen Handlungen moralisch gesehen als wirklich schlecht und als frei betrachtet. Nach M21 ist es von einer Person, die die Sachen so betrachtet, nicht lächerlich, ihre eigene Entscheidung für das Schlechte zu bedauern. Nach dem Optimismus sind Einzelhandlungen nicht schlecht. Sie haben ihre Funktion in einer Welt, die insgesamt gut ist, und durch ihren Beitrag zum Gutsein der Welt sind sie selbst nicht schlecht. Eine Person, die Einzelhandlungen moralisch gesehen als wirklich schlecht betrachtet, macht sich daher dadurch lächerlich. Somit macht sie sich auch lächerlich, wenn sie den Vollzug solcher Handlungen bedauert. Nach dem Optimismus müsste M21 daher abgelehnt werden.

James sagt nicht explizit, dass der Optimismus in dieser Weise ein Problem für sein Argument sei. Wenn man den Optimismus aber so versteht, dann stellt er M21 in Frage. Und James sieht sich gezwungen, den Optimismus abzulehnen, um sein Argument zu verteidigen. Daher erlauben wir uns, James' Auffassung des Optimismus wie folgt zu formulieren:

(M28) Nach dem Optimismus sind alle Handlungen deshalb objektiv gut, weil sie ihren Beitrag zu einer Welt leisten, die grundsätzlich objektiv gut ist. (*Definition*)

(M29) Wenn alle Handlungen objektiv gut sind, dann ist es nach dem Optimismus lächerlich, Handlungen moralisch gesehen als wirklich schlecht zu betrachten und den Vollzug dieser Handlungen zu bedauern. (*Definition*)

James' Antworten auf die unterschiedlichen Möglichkeiten, das Argument in der Bedauernspassage in Frage zu stellen, ist eines gemeinsam: Jede dieser Positionen »verletzt meinen moralischen Realitätssinn ganz und gar«, schreibt er.[595] Im Falle des Optimismus formuliert er den Punkt wie folgt:

> [...] Ich weigere mich ganz bewusst, dem Universum dadurch treu zu folgen, dass ich glatt behaupte, der Mord sei kein Aas, da er der Natur des Ganzen entspringt. Es gibt *ein paar* instinktive Reaktionen, an denen zumindest ich nicht herumpfuschen will.[596]

Mit dem Wort »Aas« führt James an dieser Stelle eine Metapher im Text fort, die hier für ekelhafte Handlungen im moralischen Sinne steht. James meint natürlich nicht einfach, dass seine Ablehnung des Optimismus eine *instinktive* Reaktion sei. Der Optimismus ist eine Position, die seinen »moralischen Realitätssinn« verletzt. Man muss die »Treue« verweigern, wenn von einem verlangt wird, einen ekelhaften Mord nicht als solchen zu betrachten. Darin besteht das Problem des Optimismus. Er verlangt, dass man sich der Schlechtigkeit der Welt gegenüber taub stellt. Dieser Forderung muss man sich aus moralischen Gründen widersetzen.

Ähnlich argumentiert James 1882 im Brief an Renouvier, in dem er vorgreifend einige Elemente des Arguments aus »Dilemma« (1884) formuliert:

> Er [der Determinist] kann die Rationalität der Welt nur für sich retten, indem er sich in den absolut optimistischen Glauben flüchtet, dass die Welt als Ganzes umso reicher und besser ist, weil sie diesen Irrtum, dieses Böse zu diesem

> Zeitpunkt an jenem bestimmten Ort beinhaltet hat. [...] Er [der Optimismus] ist in der Tat eine religiöse Anschauung, und ich spüre selbst deutlich seine Attraktivität. Religion und Moralität scheinen, radikal betrachtet, tatsächlich Gegensätze zu sein. Aber mir scheint, dass die Geschichte sich ausreichend klar für eines von beiden entscheidet: Quietistischer fatalistischer Optimismus führt zu Antinomianismus der ein oder anderen Art und am Ende liegt praktisch immer eine Senkgrube der Verdorbenheit.[597]

Ausgehend von einem Brief vom Mai 1868 hatten wir in § 4.3 bereits über James' Sympathien mit dem monistischen Optimismus gesprochen, die er als die Position seines Vaters identifiziert, aber selbst schließlich ablehnt. Wie James hier im Brief an Renouvier klarmacht, verdirbt dieser Optimismus den Charakter: »Am Ende liegt praktisch immer eine Senkgrube der Verdorbenheit.« Wir formulieren James' Argument gegen den Optimismus daher wie folgt:

(M30) Moralische Integrität ist nur möglich, wenn man bereit ist, moralisch gesehen schlechte Handlungen als solche zu benennen. (*Prämisse*)
(M31) Der Optimismus leugnet, dass moralisch gesehen schlechte Handlungen wirklich schlecht sind. (*Prämisse*)
(M32) Moralische Integrität verlangt die Ablehnung des Optimismus. (*Konklusion aus M30 und M31*)

Wie M28–M29 klarmachen, unterminiert der Optimismus M21. Wenn man den Optimismus ablehnt, dann entfällt dieser Grund gegen M21. Nach M32 ist moralische Integrität mit dem Optimismus unvereinbar. Daraus folgt aber nicht – so könnte man hier einwenden –, dass der Optimismus falsch ist. Es gibt zwei mögliche Antworten auf diesen Einwand. Erstens: Die Sätze M*11–M*13 zeigen, wie man nach James die *Wahrheit* vom Objektivismus beweisen kann, wenn man von der Prämisse ausgeht, dass der Glaube an den Objektivismus eine notwendige Bedingung für moralische Integrität ist. Hier könnte man ausgehend von der Ablehnung des Optimismus als notwendiger Bedingung für moralische Integrität ein vergleichbares Argument für die Falschheit vom Optimismus formulieren. Wir verzichten aber darauf und wenden uns der zweiten möglichen Antwort auf den Einwand zu.

M18–M19 machen klar, dass die Richtigkeit von Urteilen über die Lächerlichkeit vom Bedauern konstitutiv von moralischen Gründen abhängt. James' Argument kann daher wie folgt formuliert werden:

(M33) Die Haltung, die der Optimismus bezüglich moralisch gesehen schlechter Handlungen und des Bedauerns solcher Handlungen vorschlägt, ist moralisch fragwürdig. (*Konklusion aus M29, M30 und M31*)

(M34) Um die Lächerlichkeit vom Bedauern nachzuweisen, bräuchte der Optimismus gute moralische Gründe. (*Prämisse*)

(M35) Der Optimismus liefert nur schlechte moralische Gründe für die Lächerlichkeit vom Bedauern. (*Konklusion aus M33*)

(M36) Der Optimismus liefert keinen Grund für die Ablehnung von M21. (*Konklusion aus M34 und M35*)

Wir haben oben erläutert, wie in James' Argument aus »Dilemma« das zweite Dilemma dadurch entsteht, dass der Gnostizismus den Optimismus im ersten Dilemma ablöst. Daher können wir gleich zum nächsten Schritt in James' Argument übergehen:

(M37) Nach dem Gnostizismus besteht der Zweck vom Bedauern des Handelnden vom Vollzug moralisch gesehen schlechter Handlungen darin, das menschliche Bewusstsein vom Gegenstand des Bedauerns zu erweitern. Dies gilt auch für determinierte Handlungen. (*Definition*)

Daraus lässt sich ein Argument gegen M20 entwickeln – also dafür, dass es nicht lächerlich ist, determinierte Handlungen zu bedauern:

(M38) Wenn eine Tätigkeit dem Zweck der Erweiterung des menschlichen Bewusstseins dient, dann macht man sich bei der Ausübung dieser Tätigkeit nicht lächerlich. (*Prämisse*)

(M39) Nach dem Gnostizismus macht sich der Handelnde durch das Bedauern des Vollzugs moralisch gesehen schlechter und determinierter Handlungen nicht lächerlich. (*Konklusion aus M37 und M38*)

Wir müssen nicht viel darüber sagen, warum James den Gnostizismus ablehnt. Der Gnostizismus setzt den Subjektivismus voraus. Daher muss der Gnostizismus eigentlich nicht eigens an dieser Stelle des Arguments widerlegt werden. M10 sagt bereits, dass der Glaube an den Subjektivismus nicht mit moralischer Integrität vereinbar sei. M*13 konstatiert die Falschheit des Subjektivismus. Es sollte daher nicht überraschen, dass James nach der Bedauernspassage solche Gründe gegen den Gnostizismus wiederholt:

Der Gnostizismus repräsentiert eine »systematische Korrumpierung unserer moralischen Gesundheit«.[598]

Wir haben von vier denkbaren Möglichkeiten gesprochen, die James alle ausschließen will, um M20 und M21 zu bestätigen und so die Ablehnung des Kompatibilismus in M22 zu belegen. Die vierte Möglichkeit ist der radikale Subjektivismus:

(M40) Nach dem radikalen Subjektivismus gilt: Es gibt kein objektiv Gutes oder Schlechtes. Daher ist jede emotionale und moralische Haltung genauso sinnvoll wie jede andere. (*Definition*)

(M41) Nach dem radikalen Subjektivismus ist es genauso sinnvoll, die eigenen Handlungen zu bedauern wie sie nicht zu bedauern. (*Konklusion aus M40*)

(M42) Man macht sich lächerlich, wenn man auf der Angemessenheit einer emotionalen oder moralischen Haltung besteht, wenn keine dieser Haltungen angemessener ist als eine andere. (*Prämisse*)

(M43) Insofern das Bedauern einer Handlung voraussetzt, dass es angemessener ist, eine Handlung zu bedauern als sie nicht zu bedauern, macht sich nach dem radikalen Subjektivismus eine Person, die Handlungen bedauert, lächerlich. (*Konklusion aus M41 und M42*)

Der radikale Subjektivismus zieht aus dem Subjektivismus die Schlussfolgerung, dass keine moralische Haltung angemessener ist als eine andere. Durch den Satz M43 stellt der radikale Subjektivismus M21 in Frage: Da es nach dem radikalen Subjektivismus grundsätzlich lächerlich ist, Handlungen zu bedauern, ist dies auch lächerlich unter den Bedingungen, die in M21 formuliert werden. Als Subjektivismus wird der radikale Subjektivismus genauso wie der Gnostizismus bereits von M10 und M*13 ausgeschlossen:

(M44) Der Gnostizismus und der radikale Subjektivismus sind beide abzulehnen. (*Konklusion aus M10, M*13 und M26*)

Damit sind jetzt die letzten beiden Möglichkeiten, M20 oder M21 zu bezweifeln, aus dem Spiel:

(M45) Der Gnostizismus und der radikale Subjektivismus geben uns keinen Grund, M20 oder M21 abzulehnen. (*Konklusion aus M44*)

James' Gesamtargument kann somit vervollständigt werden:

(M46) Dem Kompatibilismus stehen genau vier Optionen offen: Pessimismus, Optimismus, Gnostizismus und radikaler Subjektivismus. (*Konklusion aus M24, M25 und M26*)
(M47) Keine dieser Positionen liefert einen Grund, M20 oder M21 abzulehnen. (*Konklusion aus M27, M36 und M45*)
(M48) Der Kompatibilismus ist falsch. (*Konklusion aus M22, M46 und M47*)

In diesem Abschnitt haben wir über viele Seiten hinweg die einzelnen Argumentationsschritte in James' Argument gegen den Kompatibilismus erläutert. Wir haben zwei Interpretationen formuliert: die Moralinterpretation und die Sinninterpretation. Aus Platzgründen haben wir die Sinninterpretation aber nicht vollständig präsentiert. Am Ende dieses Kapitels geben wir daher nur alle Schritte des Arguments nach der Moralinterpretation wieder. Wir wollen dem Leser die Gelegenheit geben, alle Schritte des Arguments auf einmal zu überblicken. Außerdem möchten wir die wichtigsten Elemente des Arguments hervorheben und mit James' Text in Verbindung setzen:

(M1) Ein Mensch, der der eigenen subjektiven Befindlichkeit vor moralisch richtigen Handlungen Priorität gibt, ist moralisch korrumpierbar. (*Prämisse*)
(M2) Ein moralisch korrumpierbarer Mensch ist nicht moralisch integer. (*Prämisse*)
(M3) Moralische Integrität ist nur möglich, wenn man der eigenen subjektiven Befindlichkeit keine Priorität vor moralisch richtigen Handlungen gibt. (*Konklusion aus M1 und M2*)
(M4) Man gibt der eigenen subjektiven Befindlichkeit nur dann keine Priorität vor moralischem Handeln, wenn man die Bereitschaft zum moralischen Handeln nicht davon abhängig macht, ob ein eigenes subjektives Gefühl für die betreffende Handlung spricht. (*Prämisse*)
(M5) Moralische Integrität ist nur möglich, wenn man die Bereitschaft zum moralischen Handeln nicht davon abhängig macht, ob ein eigenes subjektives Gefühl für die betreffende Handlung spricht. (*Konklusion aus M3 und M4*)
(M6) Man macht die Bereitschaft zum moralischen Handeln nur dann nicht vom eigenen subjektiven Gefühl abhängig, wenn man den Wert von Handlungen in Veränderungen der Welt sieht. (*Prämisse*)

(M7) Der Handelnde kann den Wert von Handlungen nur in Veränderungen der Welt sehen, wenn er glaubt, dass der Wert der Handlungen nicht von seinen subjektiven Einstellungen abhängig ist. (*Prämisse*)

(M8) Dass der Wert von Handlungen nicht von den subjektiven Einstellungen des Handelnden abhängig ist, heißt, dass die Handlungen wirklich gut sind. (*Definition*)

(M9) Man macht die Bereitschaft zum moralischen Handeln nur dann nicht vom eigenen subjektiven Gefühl abhängig, wenn man die betreffenden Handlungen als wirklich gut oder schlecht betrachtet. (*Konklusion aus M6, M7 und M8*)

(M10) Moralische Integrität ist nur möglich, wenn man die betreffenden Handlungen als wirklich gut oder schlecht betrachtet. (*Konklusion aus M5 und M9*)

(M*11) Wenn der Glaube an eine Antwort auf die Frage nach der Objektivität der Moral die einzige Überzeugung in dieser Sache ist, die mit moralischer Integrität vereinbar ist, dann ist diese Antwort die einzig wahre Antwort auf diese Frage. (*Prämisse*)

(M*12) Der Glaube an den Objektivismus als Antwort auf die Frage nach der Objektivität der Moral ist die einzige Überzeugung in dieser Sache, die mit moralischer Integrität vereinbar ist. (*Umformulierung von M10*)

(M*13) Der Objektivismus als Antwort auf die Frage nach der Objektivität der Moral ist die einzig wahre Antwort auf diese Frage. (*Konklusion aus M*11 und M*12*)

(M*11a) Wenn der Glaube an eine Antwort auf die Frage nach der Objektivität der Moral die einzige theoretisch einwandfreie Überzeugung in dieser Sache ist, die mit angemessenen emotionalen Haltungen vereinbar ist, dann ist diese Antwort die einzig wahre Antwort auf diese Frage. (*Allgemeinere Version von M*11*)

(M*12a) Der Glaube an den Objektivismus als Antwort auf die Frage nach der Objektivität der Moral ist die einzige theoretisch einwandfreie Überzeugung in dieser Sache, die mit angemessenen emotionalen Haltungen vereinbar ist. (*Allgemeinere Version von M*12*)

(M*13) Der Objektivismus als Antwort auf die Frage nach der Objektivität der Moral ist die einzig wahre Antwort auf diese Frage. (*Konklusion aus M*11a und M*12a*)

(M*14) Manche Handlungen sind moralisch gesehen wirklich gut, andere Handlungen sind moralisch gesehen wirklich schlecht. (*Konklusion aus M*13*)

(M*15) Der Handelnde sollte den freien Vollzug derjenigen seiner Handlungen bedauern, die moralisch gesehen wirklich schlecht sind. (*Prämisse*)

(SM15) Wenn der Handelnde die betreffende Handlung als wirklich schlecht betrachtet, dann ist es vom Handelnden angemessen, seinen freien Vollzug dieser Handlung zu bedauern. (*Prämisse*)

(SM16) Nach dem Kompatibilismus ist Willensfreiheit mit Determinismus vereinbar. M. a. W.: Nach dem Kompatibilismus können determinierte Entscheidungen unter gewissen Umständen freie Entscheidungen sein. Nach dem Kompatibilismus sind diejenigen determinierten Entscheidungen frei, die ohne Zwang durch den Handelnden selbst aktiv gefällt wurden. Alle anderen determinierten Entscheidungen sind unfrei. (*Definition*)

(SM17) Für jede determinierte Entscheidung steht zu jedem Zeitpunkt vor einer Entscheidung fest, wie diese Entscheidung ausfallen wird. (*Definition*)

(M18) Den Vollzug einer moralisch gesehen wirklich schlechten Handlung zu bedauern, impliziert, dass der Handelnde sich selbst den moralischen Vorwurf macht, sich bei der Entscheidung für die moralisch schlechtere Handlung entschieden zu haben. (*Prämisse*)

(M19) Sich als Handelnder den moralischen Vorwurf zu machen, sich bei der Entscheidung für die moralisch schlechtere Handlung entschieden zu haben, ist nur dann nicht lächerlich, wenn es nicht zu jedem Zeitpunkt vor der Entscheidung feststand, dass der Handelnde sich so und nicht anders entscheiden würde. (*Prämisse*)

(M20) Den Vollzug einer moralisch gesehen wirklich schlechten Handlung zu bedauern, ist nur dann nicht lächerlich, wenn es nicht zu jedem Zeitpunkt vor der Entscheidung feststand, dass der Handelnde sich so und nicht anders entscheiden würde. (*Konklusion aus M18 und M19*)

(M21) Wenn der Handelnde seine Handlung moralisch gesehen als wirklich schlecht und als frei betrachtet, dann ist es vom Handelnden nicht lächerlich zu bedauern, dass er sich für das Schlechte und nicht das Gute entschieden hat. (*Konklusion aus SM15*)

(M22) Der Kompatibilismus ist falsch, es sei denn M20 oder M21 müssen abgelehnt werden. (*Konklusion aus SM16, SM17, M20 und M21*)

(M23) Wenn moralisch gesehen wirklich schlechte Handlungen determiniert sind und es angemessen ist, das Vorkommen solcher Handlungen zu bedauern, dann folgt daraus die pessimistische Position, dass der ganze Weltprozess, von dem diese Handlungen ein determinierter Bestandteil sind, ein bedauerliches Vorkommnis ist, und gleichzeitig, dass es lächerlich wäre, die einzelnen Handlungen zu bedauern, die ein Teil dieses Gesamtprozesses sind. (*Prämisse*)

(M24) Entweder gibt es objektiv Gutes und Schlechtes oder es gibt kein objektiv Gutes und Schlechtes. (*Prämisse*)

(M25) Wenn es objektiv Gutes und Schlechtes gibt und Handlungen determiniert sind, dann gibt es zwei Möglichkeiten: Entweder ist der ganze Weltprozess schlecht oder er ist nicht schlecht. Im ersten Fall ist Pessimismus wahr. Im zweiten Fall ist Optimismus wahr. (*Prämisse*)

(M26) Wenn es objektiv Gutes und Schlechtes nicht gibt und Handlungen determiniert sind, dann gibt es zwei Möglichkeiten: Entweder hat das Bedauern von Handlungen einen Sinn und Zweck oder es hat keinen Sinn und Zweck. Im ersten Fall ist der Gnostizismus wahr. Im zweiten Fall ist der radikale Subjektivismus wahr. (*Prämisse*)

(M27) M20 wird vom Pessimismus nicht in Frage gestellt. (*Konklusion aus SM17, M20 und M23*)

(M28) Nach dem Optimismus sind alle Handlungen deshalb objektiv gut, weil sie ihren Beitrag zu einer Welt leisten, die grundsätzlich objektiv gut ist. (*Definition*)

(M29) Wenn alle Handlungen objektiv gut sind, dann ist es nach dem Optimismus lächerlich, Handlungen moralisch gesehen als wirklich schlecht zu betrachten und den Vollzug dieser Handlungen zu bedauern. (*Definition*)

(M30) Moralische Integrität ist nur möglich, wenn man bereit ist, moralisch gesehen schlechte Handlungen als solche zu benennen. (*Prämisse*)

(M31) Der Optimismus leugnet, dass moralisch gesehen schlechte Handlungen wirklich schlecht sind. (*Prämisse*)

(M32) Moralische Integrität verlangt die Ablehnung des Optimismus. (*Konklusion aus M30 und M31*)

(M33) Die Haltung, die der Optimismus bezüglich moralisch gesehen schlechter Handlungen und des Bedauerns solcher Handlungen vorschlägt, ist moralisch fragwürdig. (*Konklusion aus M29, M30 und M31*)

(M34) Um die Lächerlichkeit vom Bedauern nachzuweisen, bräuchte der Optimismus gute moralische Gründe. (*Prämisse*)

(M35) Der Optimismus liefert nur schlechte moralische Gründe für die Lächerlichkeit vom Bedauern. (*Konklusion aus M33*)

(M36) Der Optimusmus liefert keinen Grund für die Ablehnung von M21. (*Konklusion aus M34 und M35*)

(M37) Nach dem Gnostizismus besteht der Zweck vom Bedauern des Handelnden vom Vollzug moralisch gesehen schlechter Handlungen darin, das menschliche Bewusstsein vom Gegenstand des Bedauerns zu erweitern. Dies gilt auch für determinierte Handlungen. (*Definition*)

(M38) Wenn eine Tätigkeit dem Zweck der Erweiterung des menschlichen Bewusstseins dient, dann macht man sich bei der Ausübung dieser Tätigkeit nicht lächerlich. (*Prämisse*)

(M39) Nach dem Gnostizismus macht sich der Handelnde durch das Bedauern des Vollzugs moralisch gesehen schlechter und determinierter Handlungen nicht lächerlich. (*Konklusion aus M37 und M38*)

(M40) Nach dem radikalen Subjektivismus gilt: Es gibt kein objektiv Gutes oder Schlechtes. Daher ist jede emotionale und moralische Haltung genauso sinnvoll wie jede andere. (*Definition*)

(M41) Nach dem radikalen Subjektivismus ist es genauso sinnvoll, die eigenen Handlungen zu bedauern wie sie nicht zu bedauern. (*Konklusion aus M40*)

(M42) Man macht sich lächerlich, wenn man auf der Angemessenheit einer emotionalen oder moralischen Haltung besteht, wenn keine dieser Haltungen angemessener ist als eine andere. (*Prämisse*)

(M43) Insofern das Bedauern einer Handlung voraussetzt, dass es angemessener ist, eine Handlung zu bedauern als sie nicht zu bedauern, macht sich nach dem radikalen Subjektivismus eine Person, die Handlungen bedauert, lächerlich. (*Konklusion aus M41 und M42*)

(M44) Der Gnostizismus und der radikale Subjektivismus sind beide abzulehnen. (*Konklusion aus M10, M*13 und M26*)

(M45) Der Gnostizismus und der radikale Subjektivismus geben uns keinen Grund, M20 oder M21 abzulehnen. (*Konklusion aus M44*)

(M46) Dem Kompatibilismus stehen genau vier Optionen offen: Pessimismus, Optimismus, Gnostizismus und radikaler Subjektivismus. (*Konklusion aus M24, M25 und M26*)

(M47) Keine dieser Positionen liefert einen Grund, M20 oder M21 abzulehnen. (*Konklusion aus M27, M36 und M45*)

(M48) Der Kompatibilismus ist falsch. (*Konklusion aus M22, M46 und M47*)

Wir möchten die wichtigsten Komponenten dieses Arguments anhand von einer Passage aus dem 1886-Brief an Hodgson erläutern, die dem Leser bereits bekannt ist. Um die Diskussion übersichtlicher zu machen, haben wir dem Zitat Nummern hinzugefügt und jeden nummerierten Abschnitt in einer neuen Zeile anfangen lassen:

> (1) Entweder schließe deine Augen und werde Optimist oder ein ebenso alberner Pessimist;
> (2) oder verbanne moralische Kategorien ganz und gar aus der Definition der Welt,
> (3) was die Welt für den Menschen *unheimlich* [dt. im Orig.], kalt und fremd macht;
> (4) oder, wenn du stattdessen daran festhältst, dass moralische Urteile *tatsächlich* anwendbar *sind*,
> (5) verabschiede dich von der Hoffnung, sie auf das *Ganze* anzuwenden
> (6) & gib zu, dass zwar einige Teile gut sind, andere aber schlecht & wenn sie schlecht sind,
> (7) nicht hätten sein *sollen*,
> (8) *ergo*, nicht hätten sein *müssen*.
> (9) Kurz gesagt, sei Indeterminist aus moralischen Gründen, die mit den Unterschieden zwischen erzwungener und spontaner Gleichförmigkeit [...] absolut nichts zu tun haben.[599]

Die Wahl zwischen 2 und 4 stellt den Ausgangspunkt für James' Gesamtargument dar. James' Argument geht von einem moralischen Anliegen aus: M1–M10 untersuchen die Voraussetzungen für moralische Integrität. Der Glaube an die Objektivität der Moral ist eine notwendige Bedingung für moralische Integrität (in M*12 explizit gemacht). 4 macht klar, dass dies der Ausgangspunkt von James' Argument ist.

In 2 und 4 ist mehr als nur dies beinhaltet. 4 macht nicht nur klar, dass James von einer moralischen Prämisse ausgeht. Mit 4 wird auch die Wahrheit des Objektivismus vertreten (also M*13). 2 ist noch komplexer. Wir denken, dass James mit 2 mehr als ein Thema anspricht. Auf der einen Seite wird hier die Position des radikalen Subjektivismus zum Ausdruck gebracht. Auf der anderen Seite wird hier Nihilismus als metaphilosophisches Prinzip zum Ausdruck gebracht, das der Ablehnung des Kongruenzprinzips gleichkommt.[600] James lehnt den Nihilismus ab und stützt sich in seinem Argument auf das Kongruenzprinzip – M*11 und M*11a setzen das Kongruenzprinzip voraus. 4 verstanden als M*13 setzt also die Verwendung vom Kongruenzprinzip (in Form von M*11 und M*11a) als Ablehnung von 2 (verstanden als Nihilismus) voraus.

Der weitere Verlauf von James' Gedanken in 7 setzt also bereits den Glauben an die Objektivität der Moral bzw. die Wahrheit des Objektivismus voraus. 7 verweist auf SM15, M18 und M21 in James' Gesamtargument, ohne einige Elemente dieser Sätze explizit zu machen. Es geht darum, dass es angemessen und nicht lächerlich ist, eine moralisch gesehen wirklich schlechte Handlung zu bedauern und sich für deren Vollzug einen moralischen Vorwurf zu machen. 8 zieht daraus die Schlussfolgerung, dass diese Handlung nicht determiniert sein konnte. Dies entspricht M19 und M20. 9 stellt dann die Gesamtschlussfolgerung dar, dass der Kompatibilismus falsch sei (s. M22 und M48). James spricht zwar am Anfang von 9 vom Indeterminismus, aber die Zurückweisung der Relevanz von »den Unterschieden zwischen erzwungener und spontaner Gleichförmigkeit« macht klar, dass es um die Ablehnung vom Kompatibilismus geht. Es geht im Argument doch um die Inkompatibilität des Bedauerns freier Handlungen mit dem Determinismus. 9 macht außerdem explizit, dass das Gesamtargument seinen Anfangspunkt von einer moralischen Haltung nimmt.

Die zitierte Passage macht klar, dass James sich bewusst ist, dass die Prämissen SM15 (bzw. M21) und M18-19 (bzw. M20) kontrovers sind. 1 und 2 verweisen auf die Optionen, die diskutiert werden müssen, um diese Prämissen zu belegen: Pessimismus, Optimismus und radikaler Subjektivismus. Man könnte 2 zwar auch einfach als einen Verweis auf den Subjektivismus im Allgemeinen verstehen, aber da James wenige Zeilen vor der zitierten Passage mit der Rede vom Romantizismus auf den Gnostizismus Bezug genommen hat, denken wir, dass James insgesamt vier denkbare Positionen thematisiert. Wie der Beleg von diesen Prämissen durch die Diskussion von Pessimismus, Optimismus, Gnostizismus und radikalem Subjektivismus strukturiert ist, wird in M24–M27, M36, M45–M47 explizit gemacht. M48 ist die Konklusion des Gesamtarguments – der Kompatibilismus ist falsch –, die daraus folgt, dass der Kompatibilist nur diese vier Möglichkeiten hat und keine dieser Positionen einen Grund gegen die kontroversen Prämissen liefert (M46–M47).

In der zitierten Passage deuten 1, 5 und 6 an, warum Pessimismus und Optimismus keine Gründe liefern, die betroffenen Prämissen in James' Argument in Frage zu stellen. Über beide Positionen sagt James in 1, dass sie die »Augen schließen«. 6 macht klar, wovor sie die Augen verschließen. Wie M31 explizit macht, stellt sich der Optimismus der Existenz schlechter Taten gegenüber taub. Der Pessimist verschließt seine Augen in einem etwas anderen Sinne. Der Pessimismus macht es unmöglich, das Vorkommen schlechter Einzelhandlungen zu bedauern, ohne sich lächerlich zu machen; nur der gesamte Weltprozess, von dem sie Teile sind, kann sinnvollerweise bedauert werden (s. M23). In dieser Hinsicht nimmt der Pessimismus die Existenz schlechter Einzelhandlungen auch nicht ernst. Das Problem beider Positionen liegt nach 5 daher darin, dass sie ihre Urteile über die Welt als Gesamtheit fällen (s. M23 und M28).

3 bringt James' Gründe gegen den Subjektivismus (den Gnostizismus und den radikalen Subjektivismus) zum Ausdruck. Damit wird klargemacht, dass James mit Hilfe von Werturteilen gegen den Subjektivismus argumentiert. Nach der Moralinterpretation sind diese Urteile Moralurteile (s. M1–M10 und M*11–M*13). Insgesamt kann man sagen, dass die Moralinterpretation zwei maßgebliche Aspekte von James' Auffassung ans Licht bringt: Erstens sind die Gründe für eine Position in der Willensfreiheitsdebatte von Gründen in der Debatte um die Objektivität der Moral abhängig. Zweitens sind die wesentlichen Gründe in der Argumentation moralischer und emotionaler Art.

Wir wollen diesen Abschnitt aber nicht abschließen, ohne etwas über die Sinninterpretation zu sagen. Wie über die Moralinterpretation kann man auch über die Sinninterpretation sagen, dass sie entscheidende Elemente von James' Position verdeutlicht: Erstens sind die Gründe für eine Position in der Willensfreiheitsdebatte von Gründen in der Debatte um den Sinn des Lebens abhängig. Zweitens sind die wesentlichen Gründe in der Argumentation von Sinnurteilen und emotionalen Urteilen abhängig.

Wir denken, dass beide Interpretationen richtig sind: Beide Interpretationen präsentieren Argumente, die James akzeptiert. Wir haben die zwei Interpretationen getrennt voneinander präsentiert. Die Verbindung zwischen 2 und 3 in der zitierten Passage legt aber auch nahe, dass Fragen nach der Objektivität der Moral und nach dem Sinn des Lebens für James direkt miteinander verbunden sind. Es liegt nahe, die Urteile in 3 als Sinnurteile zu lesen. S10 könnte man dann wie folgt umformulieren: Das eigene Leben kann nur einen Sinn haben, wenn man im Leben die betreffenden Handlungen *moralisch gesehen* als wirklich gut oder schlecht betrachtet. Wir denken, dass S10 in dieser Form eine wichtige Rolle für James gespielt hat. Nach den ausführlichen Diskussionen von der Moralinterpretation und der Sinninterpretation können wir diesem Gedanken aber nicht weiter nachgehen.

5.6 Konklusion

Wir möchten zum Schluss die wichtigsten Züge des Kapitels zusammenfassen. Erstens haben wir dafür argumentiert, dass James nicht nur eine Berechtigung für den Glauben an philosophische Theorien anstrebt. Es geht ihm auch um die Gründe, die über die Wahrheit philosophischer Theorien entscheiden.

Wir haben also im ersten Schritt für eine *Wahrheitsinterpretation* von James argumentiert. Die Wahrheitsinterpretation, die im weiteren Verlauf unserer Interpretation vorausgesetzt wurde, lässt aber ohne weitere Differenzierungen wichtige Fragen zu den Gründen für die Wahrheit von Theorien offen.

Im zweiten Schritt haben wir daher zwischen der Kausalinterpretation und der Begründungsinterpretation unterschieden. Nach der Kausalinterpretation entstehen die Gründe für philosophische Theorien dadurch, dass man die Theorien durch den Glauben an sie wahr machen kann. Wir haben dafür argumentiert, dass für Themen wie die Objektivität der Moral und Willensfreiheit die *Begründungsinterpretation* James' reife Position richtig wiedergibt. Nach der Begründungsinterpretation geht es James um die Gründe für philosophische Theorien, die unabhängig von unserem kausalen Einfluss wahr sind.

Drittens musste die Frage beantwortet werden, ob *Emotionen* nach James Gründe für die Wahrheit philosophischer Positionen liefern können. Wir haben diese Frage positiv beantwortet und dabei auf das *Kongruenzprinzip* verwiesen, nach dem Emotionen die Beschaffenheit der Welt widerspiegeln.

Im vierten Schritt musste die Begründungsrolle von Emotionen durch die Auslegung des Kongruenzprinzips erläutert werden. Nach dem platonischen Objektivismus spiegeln Emotionen insofern die Beschaffenheit der Welt wider, dass sie als Evidenz für die Wahrheit philosophischer Theorien in einem rein epistemischen Verhältnis zu dieser Wahrheit stehen. Nach dem internen Objektivismus hingegen sind die Gründe, die philosophische Wahrheiten konstitutiv erklären, und Emotionen begrifflich voneinander abhängig. Auf der Grundlage des internen Objektivismus sind wir also zu einer *konstitutiven Begründungsinterpretation* von James' Auffassung des Verhältnisses zwischen Emotionen und den Gründen für die Wahrheit philosophischer Theorien gekommen.

Als fünftes Thema hat James' *M+x-Gedanke* durchgehend eine zentrale Rolle gespielt. Wir haben die konstitutive Begründungsinterpretation als eine Auslegung dieses Gedankens präsentiert. Zentral für den M+x-Gedanken ist nicht nur die Begründungsrolle von Emotionen, sondern auch, dass nach den konkurrierenden Theorien *gelebt* werden muss, um über ihre Wahrheit zu entscheiden.

Schließlich haben wir James' Gedanken zur Begründung philosophischer Theorien *beispielhaft* anhand von seinem Argument für die inkompatibilistische Auffassung von Willensfreiheit *illustriert*. Wir haben gezeigt, wie James ausgehend von einer *moralischen Haltung* für die Wahrheit einer Position zur Willensfreiheit ein Argument präsentiert, in dem Urteile über die *Angemessenheit der emotionalen Einstellung des Bedauerns* eine zentrale *Begründungsrolle* spielen.

KAPITEL 6

Unsere Theorie philosophischer Gründe

In den Kapiteln 4 und 5 haben wir uns ausführlich mit der Interpretation von James' Denken beschäftigt. Für James sind seine Lebensfragen philosophische Fragen und seine philosophischen Fragen Lebensfragen. Nach James kann nur der ganze Mensch über die Wahrheit philosophischer Theorien entscheiden. Wir teilen diese Ansichten von James. Wir hatten im letzten Kapitel aber auch angekündigt, dass wir in einigen Punkten von ihm abweichen. Darüber hinaus muss man sagen, dass seine Argumentationen in vielen Punkten präziser gemacht werden müssten. Wir hatten versprochen, streng zwischen unserer Interpretation von James und unseren eigenen philosophischen Auffassungen zu unterscheiden. In diesem Kapitel geht es ausschließlich um unsere eigene Philosophie der Philosophie, die wir jetzt in Auseinandersetzung mit der zeitgenössischen Philosophie und nicht mehr mit James entwickeln.

Es wäre natürlich zu viel gesagt, dass wir eine umfassende Philosophie der Philosophie oder eine vollständige Theorie philosophischer Gründe präsentieren. Wir wollen vor allem die Wahrheit in James' These ausarbeiten, dass der ganze Mensch über die Wahrheit philosophischer Theorien entscheidet. Ist diese These richtig? Wenn sie richtig ist, wie soll man dann die Rolle empfindungsbezogener Gründe als Gründe für die Wahrheit philosophischer Theorien verstehen? Unser Interesse liegt also vor allem im Verhältnis zwischen empfindungsbezogenen Gründen und der Wahrheit philosophischer Theorien. In den beiden letzten Abschnitten des Kapitels wollen wir zeigen, dass und wie empfindungsbezogene Gründe die Wahrheit bezüglich der philosophischen Fragen der Willensfreiheit (§ 6.2) und der Objektivität der Moral (§ 6.3) entscheiden. Als Vorbereitung für diese Argumentation müssen wir aber eine Skizze unserer Philosophie der Philosophie präsentieren. Dabei werden wir nicht ausschließlich über philosophische Gründe reden, sondern auch darüber, worum es eigentlich in der Philosophie geht (§ 6.1).

6.1 Der argumentierende Mensch

Wir wollen in diesem Kapitel unsere Theorie philosophischer Gründe präsentieren und verteidigen. Wir wollen dem Leser aber einen gewissen Übergang von James zur Gegenwartsphilosophie anbieten, indem wir mit einer Passage von einem Philosophen – Robert Nozick – anfangen, der in einer anderen Tradition als James steht,[601] aber sein Buch *Philosophical Explanations* auf eine Art und Weise beginnt, wie es James fast auch hätte machen können. In dieser Passage kommt eine Auffassung von Philosophie zum Ausdruck, in der wichtige Wahrheiten stecken, die aber gleichzeitig zutiefst problematisch ist. Wir wollen daher damit beginnen, um unsere Aufgaben in diesem Kapitel verdeutlichen zu können. Hier jetzt der erste Teil dieser Passage, der gleichzeitig den Anfang von Nozicks Buch ausmacht:

> Auch ich suche ein unlesbares Buch: dringende Gedanken, mit denen sich in Zeiten innerer Unruhe und Aufregung ringen lässt, Offenbarungen, die einen verwandeln oder die man verwandelt, ein Buch, das sich nicht am Stück durchlesen lässt, ein Buch, das sogar das Lesen zum *Halten* bringt. […] Vertraute Fragen treiben dieses Essay an: Hat das Leben einen Sinn? Gibt es objektive ethische Wahrheiten? Haben wir einen freien Willen? Welcher Natur ist unsere Identität als Selbste? Muss unser Wissen und Verstehen innerhalb festgelegter Grenzen bleiben? Diese und andere Fragen bewegten mich dazu, das Studium der Philosophie aufzunehmen. Mir ist wichtig, wie sie zu beantworten sind. Während andere philosophische Kniffl ichkeiten, wie zum Beispiel die Frage, ob Mengen oder Zahlen existieren, eine Zeit lang Spaß machen können, lassen sie uns nicht erzittern. […] Unsere verschiedenen Fragen gehen aus einer hervor: Was macht uns wertvoll und kostbar [*How are we valuable and precious*]? Betrachten wir zum Beispiel die Frage des freien Willens. […] Ohne freien Willen fühlen wir uns herabgesetzt, als bloße Spielbälle äußerer Ursachen. Unser Wert scheint untergraben. Die verschiedenen Fragen ergeben sich aus, werden geformt und belebt durch unsere Sorge um unseren Wert, unsere Bedeutsamkeit, Wichtigkeit, Größe und Kostbarkeit. Wenn unsere Leben keine Bedeutung haben können, wenn wir nicht mehr als Marionetten von Ursachen sind, wenn unsere Versuche, Wissen zu erlangen, zum Scheitern verurteilt sind, wenn wir keine Würdigkeit haben, die die Handlungen anderer achten sollten, dann sind wir wertlos.[602]

Wir teilen die Leidenschaft, die diese Eröffnungspassage des 764-seitigen Werks ausstrahlt. Wir teilen aber vor allem die Charakterisierung von Philosophie, mit der die Passage beginnt. Nozick behauptet zwar nicht, seine Fragen seien die einzigen Themen der Philosophie, aber er lässt keinen Zweifel an ihrer Zentralität. Ihre Wichtigkeit beruht darauf, dass sie uns »erzittern« lassen – Nozick sind die Antworten auf die Fragen lebenswichtig. Es handelt sich aber dabei um keine persönliche Präferenz von Nozick. Er führt die konkreten Fragen seines Werks auf eine einzige zurück: »Was macht uns wertvoll und kostbar?« Hier können wir Nozick teilweise folgen. Die zentralen philosophischen Fragen stellt sich ein Mensch über sich und sein Verhältnis zur Welt. Z. B. bei der Frage nach der Willensfreiheit fragt sich ein Mensch, inwiefern er seine Entscheidungen und Handlungen selbst bestimmt. Dies ist daher keine rein abstrakte Frage, sondern eine Frage danach, wie ein Mensch sich selbst bei seinen Entscheidungen und Handlungen verstehen soll. In dieser Hinsicht ist dies eine Lebensfrage. Jeder Mensch – wenn er sich diese Frage stellt und sie beantwortet – vollzieht sein Leben im Lichte einer Antwort auf diese Frage. Die konkreten Fragen, die Nozick auflistet, sind alle Lebensfragen in diesem Sinne.

Die Antworten auf diese Lebensfragen sind außerdem eng mit der Frage nach dem Wert des eigenen Lebens verbunden. Wenn eine Person fragt, ob sie selbst oder ihr eigenes Leben etwas wert seien, dann kommt sie an diesen Fragen schlecht vorbei: Sie muss sich z. B. fragen, ob sie selbst etwas damit zu tun hat, dass ihr eigenes Leben einen Wert hat oder nicht. Kann sie es selbst lebenswert machen? Dies führt unmittelbar zur Frage, ob sie selbst dem eigenen Leben eine Richtung geben kann, und wenn ja, worin diese Fähigkeit dann besteht. Somit ist die Person bei der Frage nach der Willensfreiheit. Sie muss sich aber auch fragen, wie sie erkennen kann, ob ihr eigenes Leben einen Wert hat. Somit ist die Person bei den Fragen nach der Objektivität der Werte und dem Wesen des Wissens.

Nozick hat also teilweise Recht. Er mag sogar damit Recht haben, dass wir oder unser Leben wertlos sind, wenn der Wille nicht frei ist. Wir wollen dies aber nicht in die Charakterisierung der Philosophie einbauen. Richtig ist nur, dass die Frage nach dem Wert des eigenen Lebens diese zentralen philosophischen Fragen nach sich zieht. Wir gehen auch nicht ganz mit Nozick mit, wenn er die grundlegende Frage wie folgt formuliert: »*Was macht uns* wertvoll und kostbar?« (in wörtlicher Übersetzung des englischen Originals: »*Wie* sind wir wertvoll und kostbar?«).[603] Die grundlegendere Frage ist, *ob* wir oder unsere Leben überhaupt wertvoll sein können. Diese Lebensfrage eines jeden Menschen ist auch eine philosophische Frage. Nozick fährt fort:

> Mein Anliegen ist nicht nur dringend, sondern zielgerichtet. Ich will zum Schluss kommen (können), dass wir wertvoll und kostbar *sind*. Aber diese Voreingenommenheit hat nicht zur Folge, dass ich mich weigere, der philosophischen Vernunft dorthin zu folgen, wohin sie führt. Glücklicherweise helfen mir zwei Faktoren, die Wertlosigkeit als Schlussfolgerung zu vermeiden. Kein philosophisches Argument zwingt uns dazu, dessen (unerfreuliche) Schlussfolgerung zu akzeptieren; stattdessen können wir immer der philosophischen Aufgabe nachgehen, die Fehler im Argument aufzudecken. [...] Oder wir können einen Weg [...] suchen zu etwas, das fast so gut ist, wie das, was das Argument auszuschließen schien; [...] Der zweite Faktor ist eine optionale Regel für das Aufhören. Ich höre das philosophische Argumentieren nicht auf, bis es mich dorthin geführt hat, wo ich hin will; dann höre ich auf. Diese

> Beschreibung stellt die Sache zu vereinfacht dar. Im Zuge des philosophischen Strebens wird der Endzweck ein Stück weit modifiziert. Nichtsdestoweniger ist ein Wertkriterium am Werk. Das Ziel ist, zu einem Ort zu gelangen, der es wert ist, dass man dort ist, auch wenn die Untersuchung die Wertvorstellung verändern und vertiefen mag. Sind andere Philosophen leidenschaftsloser, was die wichtigen Fragen angeht? […] Wenn ein Philosoph feststellt, dass die von ihm akzeptierten Prämissen logisch zu einer Schlussfolgerung führen, die er bis dahin abgelehnt hatte, steht er vor der Wahl: Er kann die Schlussfolgerung akzeptieren, oder eine der zuvor akzeptierten Prämissen ablehnen […]. Seine Entscheidung wird davon abhängen, ob er sich den verschiedenen Prämissen oder der Ablehnung der Schlussfolgerung stärker verschrieben hat. Die Annahme ist unplausibel, dass dies unabhängig davon ist, wie sehr er möchte, dass bestimmte Dinge wahr sind. Die verschiedenen Mittel zur Kontrolle der Schlussfolgerungen erklären, warum so wenige Philosophen solche veröffentlichen, die sie (weiterhin) beunruhigen. […] Wir mögen uns fragen, ob eine Philosophie, deren Schlussfolgerung von vornherein feststeht, überhaupt von Wert sein kann. Dass eine Philosophie auf eine Schlussfolgerung abzielt, garantiert jedoch nicht, dass sie diese auch erreichen wird. Wir lernen etwas Wertvolles, indem wir entdecken, dass unser Ziel erreicht werden kann. Da das allgemeine Ziel den genauen Charakter der erreichten Schlussfolgerung auch nicht bestimmt und da der Prozess des Erreichens als solcher wertvoll sein kann, brauchen wir eine philosophische Untersuchung, die teleologisch gerichtet ist, nicht zu entwerten.[604]

Wir haben gerade gesagt, die zentralen philosophischen Fragen seien Lebensfragen. Wir haben Nozick auch insofern zugestimmt, dass die Frage nach dem Wert der eigenen Person oder dem Wert des eigenen Lebens diese philosophischen Fragen nach sich zieht. In diesem doppelten Sinne kann man sagen, dass philosophische Untersuchungen »teleologisch« sind: Erstens wird nach Antworten gesucht, nach denen man ein Leben bewusst führen kann, und zweitens sind diese Antworten ein Teil der Antwort auf die Frage, ob und inwiefern das eigene Leben lebenswert ist.

Nozicks Aussagen in dieser Passage sind aber höchst beunruhigend. Er sagt auf der einen Seite, er »weigere« sich »nicht«, »der philosophischen Vernunft« zu folgen, »wohin sie führt«. Später sagt er, »das Ziel ist, die Wahrheit zu finden« und das Buch würde nach »Wahrheit« streben.[605] Auf der anderen Seite geht er offenbar davon aus, dass Philosophen so weit »Kontrolle« über ihre Überlegungen hätten, dass sie Ergebnisse vermeiden können, die sie nicht haben wollen. Nozick will offenbar solche »Kontrolle« ausüben, um sein erwünschtes Ergebnis zu erreichen: »dass wir wertvoll und kostbar *sind*«. Aus unserer Sicht ist das doppelte *Telos* – Ziel – der

Philosophie unter der Annahme anzustreben, dass es dabei um die Wahrheit geht. Es geht erstens darum, uns und unser Verhältnis zur Welt *richtig* zu verstehen, damit wir danach leben können; zweitens geht es darum, ob unser Leben *wirklich* lebenswert sein kann und wenn ja, wie genau. Wenn Nozick mit seiner zuletzt angesprochenen Aussage Recht hat, dann ist diese Annahme illusorisch: Philosophische Gründe sind so weit unter der Kontrolle des Philosophen, dass sie ihn nicht zur Wahrheit führen. Er kann sie so weit manipulieren, dass er für sich unangenehme Resultate vermeiden kann. Eine zentrale Aufgabe des Kapitels wird dementsprechend darin bestehen, eine Auffassung von philosophischen Gründen und philosophischer Wahrheit vorzulegen, die zeigt, wie der Philosoph von den Gründen zur Wahrheit geführt werden kann.

Um diese Aufgaben und die ersten Elemente einer Lösung zu erläutern, lassen wir uns zunächst weiter von Nozick begleiten. In seinem Buch will er sich von einer Konzeption von Philosophie abgrenzen, die er »Zwangsphilosophie« [»*Coercive Philosophy*«] nennt.[606] Wir möchten drei Aspekte seiner Charakterisierung von »Zwangsphilosophie« nennen. *Erstens* wird Philosophie als etwas verstanden, das auf Argumenten beruht, wobei das Ziel von Argumenten darin besteht, eine Überzeugung in einer anderen Person zu erzwingen:

> Die Terminologie philosophischer Kunst ist vom Zwang geprägt: Argumente sind *mächtig* und am besten, wenn es *Totschlagargumente* sind; Argumente *zwingen* dich zu einer Schlussfolgerung; wenn du die Prämissen akzeptierst, so *hast* du die Schlussfolgerung *zu* akzeptieren bzw. *musst* sie akzeptieren; einige Argumente haben nicht viel *Schlagkraft* und so weiter. Ein philosophisches Argument ist ein Versuch, jemanden dazu zu bringen, etwas zu glauben, ob er es glauben will oder nicht. Ein erfolgreiches philosophisches Argument, ein starkes Argument, ist ein Argument, das jemanden zu einer Überzeugung *zwingt*.[607]

Nozick macht klar, dass man mit einem Argument niemanden dazu zwingen kann, eine Meinung zu übernehmen. Die Person kann sich z. B. einfach gefallen lassen, dass sie »irrational« genannt wird, und bei ihrer alten Überzeugung bleiben. Trotzdem geht es dem Vertreter der »Zwangsphilosophie« darum, den Gegner mit diesem Druckmittel – dem Vorwurf der Irrationalität – zu einer Überzeugung zu zwingen.[608]

Dies bringt uns zum *zweiten* Merkmal der »Zwangsphilosophie«. Nozick unterscheidet zwischen der »Außenabteilung« und »Innenabteilung« des »Überzeugungssystems« einer Person. Die Unterschiede zwischen den Geschäften der Außen- und Innenabteilungen erläutert Nozick anhand von dem Beispiel des philosophischen Skeptikers. Die Außenabteilung ist damit beschäftigt, den Skeptiker zu widerlegen. Die Innenabteilung hat die Aufgabe, die Probleme, die vom Skeptiker thematisiert werden, innerhalb meines Überzeugungssystems zu lösen. Dies mag Revisionen einiger meiner Überzeugungen mit sich bringen. Es geht aber darum, das Problem innerhalb meines Überzeugungssystems zu lösen, nicht darum, eine Widerlegung des Skeptikers vorzulegen. Die »Zwangsphilosophie« versteht Philosophie so, dass ihr wichtigstes Geschäft bei der Außenabteilung in diesem Sinne liegt: Beim Geschäft, andere von etwas zu überzeugen.[609]

Damit sind wir beim *dritten* Aspekt der »Zwangsphilosophie« gelandet. Nach der »Zwangsphilosophie« (und Nozick?) lässt sich ein zwingendes Argument nur dann formulieren, wenn man mit Prämissen anfängt, die der Gegner akzeptiert, und dem Gegner zeigt, dass die These, die man gegen den Gegner beweisen möchte, aus diesen Prämissen folgt.[610]

Wir lehnen einige Aspekte der »Zwangsphilosophie« ab, andere aber nicht. Wir wollen nicht bestreiten, dass Argumente, die von Prämissen des Gegners ausgehen, manchmal wichtig sind. Wir sind aber der Überzeugung, dass keine derjenigen zentralen Fragen der Philosophie, die uns beschäftigen, auf diese Art und Weise entschieden werden kann. Die »Zwangsphilosophie« könnte man hier wie folgt verteidigen: Um eine philosophische Frage zu entscheiden, muss man von den Elementen abstrahieren, die zwischen den Parteien X und Y strittig sind. Man muss also etwas finden, das nicht Thema des Streites ist. Dieses Etwas könnte eine Prämisse sein, die X und Y zufälligerweise teilen. Aus dieser Prämisse würde man dann ableiten, dass X Recht hat. Oder – noch besser – dieses Etwas ist für vernünftiges Denken oder vernünftige Praxis konstitutiv. Dann würde man zeigen, dass vernünftiges Denken oder vernünftige Praxis eine Voraussetzung hat, die der Position von X gleichkommt. Wenn man nicht so vorgeht – so das Argument für die »Zwangsphilosophie« –, dann kann der Streit nicht entschieden werden.

Wir lehnen dieses Argument ab. I. d. R. – und speziell für die philosophischen Fragen, die uns beschäftigen – entscheidet sich in der Philosophie, ob X oder Y Recht hat, genau an den Elementen, die zwischen X und Y strittig sind. Es ist nicht möglich, von diesen Elementen zu abstrahieren und von etwas anderem abzuleiten, dass X Recht hat. Dies bedeutet nicht, dass man kein Argument für die Position von X bieten kann. Das Argument besteht darin, auf die Elemente hinzuweisen, die erklären, warum X Recht hat. Dass diese Elemente von Y bestritten werden, bedeutet nicht, dass hier kein Argument vorliegt. Es bedeutet nur, dass Y sich zuerst auf Xs Position zubewegen muss, bevor Y einsehen kann, warum X Recht hat.[611]

Wir können hier nicht beweisen, dass wir in diesem Punkt Recht haben. Unsere Ausführungen in diesem Kapitel illustrieren, wie strittige philosophische Fragen auf diese Art und Weise entschieden werden. Hier geht es aber nur um die Gemeinsamkeiten und Unterschiede zwischen der »Zwangsphilosophie« und unserer Philosophie der Philosophie. Wir lehnen das dritte Element der »Zwangsphilosophie« ab. Wir lehnen die erste Komponente aber nicht ohne Einschränkung ab. Die Argumente, die wir anbieten wollen, sollen zeigen, dass die eine Partei Recht hat. Angesichts dieser Argumente *müsste* man sich für die Position dieser Partei entscheiden. Allerdings sehen wir den Zweck philosophischer Argumente nicht darin, einen Gegner von der eigenen Position zu überzeugen. Insofern teilen wir die erste Komponente nicht vollkommen.

Dies bringt uns zum zweiten Element der »Zwangsphilosophie«. In der Philosophie geht es nicht darum, andere von etwas zu überzeugen. Es geht um Fragen, die das Individuum für sich selbst lösen möchte. In diesem Sinne ist Philosophie gewissermaßen eine Angelegenheit der Innenabteilung. Aber nicht so wie Nozick dies meint. Bei Nozick geht es nur darum, dass eine Person sich mit einem philosophischen Problem so beschäftigt, dass es innerhalb des Überzeugungssystems der Person stimmig gelöst werden kann. Wir sind auch der Meinung, dass es in der Philosophie nicht darum geht, andere von etwas zu überzeugen. In der Philosophie geht es aber um Gründe, die zeigen, warum eine philosophische Position wahr ist. Die Triftigkeit dieser Gründe kann – wie gerade erläutert – auch von einer zweiten Person eingesehen werden, obwohl die zweite Person vorher ihre Position ändern muss und diese Einsicht nicht aus abstrakteren Überlegungen abzuleiten ist. In der Philosophie geht es also darum, dass ein Individuum für sich Gründe findet, die erklären, warum eine philosophische Position wahr ist. Das Individuum will seine eigene Stellung in der Welt verstehen. Wenn diese Gründe diese Wahrheit aber erklären, dann müssten die Gründe und die Position auch von anderen Personen akzeptiert werden, obwohl diese Akzeptanz nicht Ziel der philosophischen Aktivität ist.

Nozick bietet als Alternative zur »Zwangsphilosophie« eine andere Form des Philosophierens an. Dabei geht es nicht um Argumente oder Beweise, sondern um *Erklärungen*.[612] Da wir nicht nur dann von Argumenten sprechen, wenn ausgehend von Prämissen, die der Gegner akzeptiert, argumentiert wird, verstehen wir Argumente als einen maßgeblichen Teil der philosophischen Aktivität. Wir wollen jetzt aber einen Schritt weiter in unserer Erläuterung von philosophischen Argumenten und Gründen gehen, indem wir untersuchen, inwiefern philosophische Argumente und Gründe in unserem Sinne als philosophische Erklärungen in Nozicks Sinne gelten können.

Nach Nozick bestehen viele philosophische Probleme darin zu verstehen, wie etwas möglich ist. So kann man z. B. das Problem der Willensfreiheit verstehen: Angenommen, dass unsere Handlungen kausal determiniert sind, wie ist es möglich, dass der Wille frei ist? Allgemeiner ausgedrückt: Es besteht eine Spannung zwischen der Aussage *p* (z. B. »unser Wille ist frei«) und einigen anderen Aussagen (r_1, r_2 usw.). Die philosophische Aufgabe besteht darin zu zeigen, wie *p* angesichts r_1 usw. wahr sein kann. Dabei wird angenommen, dass *p* wahr sei. *P* hat also gegenüber r_1 usw. Priorität, da die Wahrheit von *p* nicht in Frage steht. Nozick beschreibt dies als eine Aufgabe des Verstehens: Wir wollen verstehen, wie *p* möglich ist. Dabei unterscheidet Nozick zwischen der Aufgabe zu zeigen, dass *p* wahr sei, und der Aufgabe zu zeigen, wie *p* wahr sein kann (angesichts r_1 usw.) Die Lösung der ersten Frage liefert nicht die Antwort auf die zweite Frage.[613] Es geht bei der zweiten Aufgabe aber nicht nur um Verstehen, da man auch Verbindungen zwischen reinen Möglichkeiten verstehen kann. Es geht um *Erklärung*, da es um die Wirklichkeit geht:

> Ich bin versucht zu sagen, dass die Erklärung etwas in der Wirklichkeit verortet, indem sie dessen wirkliche Verbindungen zu anderen wirklichen Dingen aufzeigt, während *Verstehen* etwas in einem Netz von Möglichkeiten verortet, indem es die Verbindungen aufzeigt, die es zu anderen nicht-wirklichen Dingen oder Prozessen haben würde.[614]

Nozicks Position muss in einigen Punkten korrigiert werden. Es ist sicherlich eine zentrale Aufgabe von Philosophie zu erklären, wie etwas möglich ist. Die Priorität, die Nozick der P-Aussage gegenüber den R-Aussagen verleiht, kann aber nicht aufrechterhalten werden. In der Freiheitsdebatte kann nicht einfach angenommen werden, dass unser Wille frei ist. Eine zentrale Frage ist, ob unser Wille überhaupt frei ist. Dabei geht es aber dann auch zwangsläufig um das richtige Verständnis des Begriffs der Willensfreiheit: Wenn wir frei sind, was macht uns frei? Die zwei Themen, die Nozick trennen möchte (ob *p* wahr sei und wie *p* wahr sein kann), lassen sich also nicht trennen. Erstens wollen wir verstehen, warum die eine Interpretation vom Freiheitsbegriff richtig ist. Wir wollen z. B. wissen, ob der Kompatibilismus oder der Inkompatibilismus richtig ist. Um dies herauszufinden, müssen wir aber verstehen, was die eine Position im Gegensatz zur anderen wahr macht. Zweitens wollen wir wissen, ob wir im Lichte des richtigen Verständnisses des Freiheitsbegriffs wirklich frei sind. Wenn sich z. B. herausstellen sollte, dass der Inkompatibilismus die richtige Interpretation des Begriffs bietet, dann wollen wir wissen, ob angesichts des kausalen Zusammenhangs der Welt eine Freiheit in diesem Sinne jemals vorliegt. Auf der Grundlage der Interpretation des Freiheitsbegriffs und dieses Wissens, werden wir aber auch wissen, *warum* wir frei oder nicht frei sind.

Nozick hat in einem Punkt Recht. Bei den zentralen philosophischen Fragen geht es immer um Spannungen zwischen mindestens zwei Elementen. Es ist nicht einfach so, dass es unterschiedliche und sich widersprechende philosophische Theorien gibt. Diese Theorien machen jeweils eines der Elemente stark. Für die Vertreter der jeweiligen Theorien besteht die Herausforderung darin zu erklären, wie man dieses Element stark machen kann, ohne das andere Element einfach zu ignorieren. Die Vertreter des Inkompatibilismus machen stark, dass wir ohne kausale Vorbestimmung eigene Entscheidungen treffen können. Sie müssen dann erklären, wie solche Entscheidungen mit Handlungserklärungen vereinbar sind. Die Vertreter des Kompatibilismus machen stark, dass Handlungen immer kausal erklärbar sein müssen. Sie müssen dann erklären, wie solche Erklärungen mit freien Entscheidungen vereinbar sind.

Selbst wenn wir Nozicks Bedingung fallen lassen, dass eines der Elemente Priorität hat, kann es in der Philosophie nicht nur um philosophische Erklärungen in seinem Sinne gehen. Der Inkompatibilismus erklärt oder macht verständlich, wieso wir nicht frei sind, wenn Entscheidungen und Handlungen vorher feststehen, und worin Willensfreiheit besteht. Der Kompatibilismus erklärt oder macht verständlich, wie man frei sein kann, obwohl die eigenen Handlungen und Entscheidungen vorher feststehen. Beide Theorien sind vollkommen verständlich und kohärent. Wenn wir also nur danach fragen, wie das eine Element stark gemacht werden kann, ohne das andere vollkommen zu ignorieren, dann landen wir bei kohärenten und sich widersprechenden Theorien und haben keine Mittel zu entscheiden, welche der beiden Theorien wahr ist.

In der Philosophie muss es daher um mehr gehen. Wir haben Nozick zugestimmt, dass es um Spannungen zwischen zwei oder mehr Elementen geht. Seine Fragestellung liefert uns aber nur unvereinbare und kohärente Theorien, die diese Spannungen unterschiedlich auflösen. Wir wollen aber wissen, warum die eine Theorie im Gegensatz zur anderen wahr ist. In der Philosophie geht es also um Gründe, die erklären, warum die eine Theorie, die ein bestimmtes Element auf eine gewisse Art und Weise stark macht, ohne die anderen zu ignorieren, wahr ist.

Bevor mehr über diese Gründe gesagt werden kann, müssen wir aber mehr über die These sagen, dass es in der Philosophie um Elemente geht, die miteinander in Spannung stehen. Diese unspezifischen Formulierungen (»Elemente«, »Spannung«) haben wir bewusst gewählt, um offen zu lassen, worum es dabei gehen könnte. Jetzt wollen wir darauf eingehen. Auf diesem Weg kommen wir der Lösung der Frage näher, welche Gründe zeigen, warum eine der vielen Theorien, die die »Spannungen« zwischen den »Elementen« auflösen, wahr ist.

Um die erste Möglichkeit zu erläutern, wollen wir mit der Position eines Philosophen beginnen, der nicht direkt sagt, in der Philosophie gehe es um Elemente, die in Spannung zueinander stehen. Seine Ideen werden wir aber verwenden, um eine mögliche Erläuterung dieser Elemente und Spannungen vorzulegen. In seinem Aufsatz »Why Philosophers Disagree« beschreibt J. J. C. Smart zwei konkrete Argumente, die er selbst früher in zwei unterschiedlichen Debatten angeboten hatte (einmal zur Zeit, einmal zur Willensfreiheit) und über die er dachte, als er die Argumente formulierte, sie wären »Totschlagargumente« gegen die Gegenposition. In beiden Fällen, schreibt er, habe er feststellen müssen, sie seien keine »Totschlagargumente« gewesen. In beiden Fällen hätten seine Gegner eine Antwort gehabt. Natürlich gibt es für praktisch jedes philosophische Argument, das von der Forschungsgemeinschaft zur Kenntnis genommen wird, von anderen Philosophen veröffentlichte Gegenargumente. Das Bemerkenswerte an Smarts Äußerungen ist aber Folgendes: Er denkt, es sei seinem Gegner gelungen, ein Gegenargument zu formulieren, das eine Prämisse habe, die er selbst ablehne. Sein Argument wiederum habe eine Prämisse, die der Gegner ablehne. Die Position seines Gegners, die von der von ihm abgelehnten Prämisse ausgeht, hält Smart aber offenbar für vollkommen kohärent.[615] Daraus zieht Smart folgende Schlussfolgerung:

> Ich vertrete in dem vorliegenden Aufsatz die These, dass es in der Philosophie selten Totschlagargumente gibt und dass wichtige philosophische Argumente in gewissem Sinne tatsächlich letztlich zirkulär sind. Allerdings behaupte ich trotzdem, dass, solange eine philosophische These nicht unsinnig ist, [...] es in der Sache eine Wahrheit gibt. Eine der streitenden Parteien hat Recht und die andere Unrecht.[616]

Smart gibt uns keine Mittel an die Hand, um über die Richtigkeit der konkurrierenden Prämissen zu entscheiden. Er will aber erklären, warum unterschiedliche Philosophen widersprechende Prämissen akzeptieren. Er äußert vorsichtig, dass der Dissens der Philosophen auf unterschiedliche »Emotionen«[617] bzw. »Temperamentsunterschiede«[618] zurückzuführen sei. Er denkt in diesem Kontext offenbar an »kosmische Emotionen«.[619] Es fehlen »Totschlagargumente«, wenn es um »emotional interessante Fragen« geht, »die etwas mit unserem weiten Universum und unserem Platz in diesem zu tun haben«.[620] Als Beispiel für solche Emotionen erwähnt Smart die Wünsche, die ihn selbst in der philosophischen Debatte um das Wesen der Zeit bewegt haben:

> Ich muss sagen, dass ich selbst den starken, leidenschaftlichen Wunsch habe, die Welt *sub specie aeternitatis* zu betrachten, was nicht nur mit dem Wunsch einhergeht, anthropozentrische Perspektiven aus der Metaphysik zu beseitigen, sondern auch mit dem Wunsch, indexikalische Ausdrücke wie »dir«, »mir«, »hier«, »Vergangenheit«, »Gegenwart«, »Zukunft« und auch Zeitformen zu vermeiden.[621]

Diese Position von Smart wollen wir jetzt verwenden, um zu erläutern, wie man die Philosophie als eine Beschäftigung mit »Elementen«, die in »Spannungen« miteinander stehen, verstehen könnte. Nach diesem Ansatz sind diese Elemente Emotionen oder starke Wünsche, die sich darauf beziehen, wie man den Platz des Menschen im Universum sehen möchte. Manche Philosophen haben den Wunsch, den Platz des Menschen soundso zu sehen, andere Philosophen haben den Wunsch, den Platz auf eine Art zu sehen, die mit der ersten Sichtweise unvereinbar ist. Manche Philosophen tragen diese konfligierenden Wünsche vielleicht beide in sich in unterschiedlich starken Ausprägungen. Die Philosophie besteht also in einer Beschäftigung mit tiefgreifenden menschlichen Bedürfnissen, die miteinander in Konflikt stehen.[622] Die konfligierenden Theorien geben jeweils einem anderen Bedürfnis die Priorität, wobei sie i. d. R. auch versuchen, dem damit in Konflikt stehenden Bedürfnis gerecht zu werden. Die Philosophie beruht also schließlich auf tiefgreifenden psychologischen Konflikten des Menschen, die seine Stellung im Universum betreffen.

Es ist nicht überzeugend, die internen Spannungen in der Philosophie auf psychologisch kontingente Phänomene zurückzuführen. Diese Spannungen müssen etwas mit dem Unterfangen der Philosophie selbst zu tun haben. Eine solche Antwort finden wir in der Eröffnungspassage von Thomas Nagels *The View from Nowhere*:

> Dieses Buch ist das Ergebnis der Bemühung um eine einzige Frage: Wie ist die *subjektive* Perspektive einer einzelnen und besonderen Person in der Welt mit einer *objektiven* Auffassung von ebendieser Welt zu vermitteln, welche die Person und ihren Standpunkt einschließt? Vor dieses Problem sieht jedes Wesen sich gestellt, das den Impetus und das Vermögen besitzt, seine je eigene Perspektive zu transzendieren und das Weltgeschehen als ein Ganzes zu begreifen. Obgleich es sich um ein Problem handelt, hat es viele unterschiedliche Aspekte. Die Schwierigkeit einer Vermittlung der beiden Standpunkte stellt

> sich im konkreten Leben wie im Denken. Sie erweist sich als die Schlüsselfrage für die Moral, die Erkenntnis, die Freiheit, die Subjektivität und die Beziehung des Psychischen zur materiellen Welt. Wie wir auf sie reagieren (oder nicht reagieren), bestimmt auf entscheidende Weise unsere Auffassung von der Welt und von uns selbst, unsere Einstellung zu unserem Leben, unsere Handlungen und unsere Beziehung zu anderen.[623]

Man kann diese Passage als eine Beschreibung der fundamentalen Aufgabe der Philosophie lesen. Der Einzelne will die Welt verstehen. Er will aber auch seinen Stellenwert in der Welt verstehen. Er weiß, dass er eine bestimmte Perspektive auf die Welt hat. Er will aber nicht nur aus seiner limitierten Perspektive auf die Dinge blicken, sondern will verstehen, in welchem Verhältnis seine Perspektive auf die Welt zur Welt steht. Er will also ein Verständnis vom Ganzen haben: von der Außenwelt, aber auch vom Ganzen, das seine Person und ihren Blick auf die Außenwelt beinhaltet. Um dieses Verständnis zu erreichen, muss er aber von seinem persönlichen Standpunkt auf die Welt abstrahieren und anstreben, durch diese Abstraktion oder Objektivierung seine eigene Perspektive und ihren Stellenwert im Ganzen in den Blick zu bekommen. Philosophische Probleme gehen auf ein einzelnes Problem zurück: wie man zwischen der subjektiven Perspektive und der objektiven Perspektive zu »vermitteln« hat.[624] Subjektivität und Objektivität sind dabei graduell zu verstehen: Die Perspektive eines Individuums wird z. B. objektiver, wenn es von den Merkmalen abstrahiert, die seinen Standpunkt als die Perspektive eines *bestimmten Individuums* auszeichnen, und die Welt von der subjektiven Perspektive betrachtet, die das Individuum als *Menschen* auszeichnet.[625]

Die Elemente, die in der Philosophie in Spannungen zueinander stehen, sind die subjektive und die objektive Perspektive auf die Welt. Ist es möglich, die Perspektiven zu einer einheitlichen Perspektive zu vereinigen? Nach Nagel ist es nicht immer möglich: »Anstelle einer einheitlichen Weltanschauung erhalten wir ein dialektisches Widerspiel zweier in prekärer Weise aufeinander bezogener Auffassungsarten und die ihrem Wesen nach unabschließbare Aufgabe ihrer Vermittlung.«[626] Dies gilt speziell für das Problem der Willensfreiheit. Der Inkompatibilismus ist der Versuch, der subjektiven Perspektive Priorität zu geben. Der Kompatibilismus ist ein Versuch, der objektiven Perspektive Priorität zu verleihen, ohne der subjektiven Perspektive Unrecht zu tun. Der Inkompatibilismus ist nach Nagel ein Versuch, etwas zu berücksichtigen, was man berücksichtigen sollte. Diese Position lässt sich aber schließlich nicht kohärent formulieren. Der Kompatibilismus hingegen kann maßgeblichen Elementen der subjektiven

Perspektive auf Willensfreiheit nicht gerecht werden. Daraus schließt Nagel, dass es bisher keine Lösung des Problems der Willensfreiheit gibt. Dieses Scheitern hat mit der subjektiven Perspektive zu tun. Die subjektive Perspektive auf die Willensfreiheit beinhaltet Elemente, die man nicht wie der Kompatibilist wegreden darf, deren kohärente Erläuterung dem Inkompatibilisten aber nicht gelungen ist.[627] Über diese Elemente sagt Nagel: »Wir sind anscheinend dazu verdammt, uns etwas herbeizuwünschen, das es gar nicht geben kann.«[628]

Daraus zieht Nagel aber nicht die Schlussfolgerung, dass wir diese Elemente der subjektiven Perspektive aufgeben sollten. Dieses Vorgehen bei seiner Diskussion von Willensfreiheit zeigt beispielhaft, wie wir allgemein seine Auffassung von Philosophie verstehen müssen: Es geht in der Philosophie darum, inwiefern die subjektive und objektive Perspektive »integriert« werden können. Wenn sie nicht integriert werden können, ist dies auch ein wichtiges Ergebnis.[629] Die Philosophie besteht in der Artikulation von zwei Perspektiven, dem Versuch, diese Perspektiven zu integrieren, und dem angemessenen Umgang mit dem Fehlschlagen einer Integration. Die zwei Perspektiven haben aber gewissermaßen das letzte Wort. Dies ist besonders relevant, wenn es um die subjektive Perspektive geht. Die richtig artikulierte subjektive Perspektive hat man zu respektieren, nicht philosophisch zu korrigieren.

Wir finden Nagels Auffassung als Beschreibung der Spannungen, mit denen die Philosophie sich beschäftigt, recht überzeugend. Den Streit zwischen philosophischen Theorien kann man besser verstehen, wenn man sie nicht – wie Smart – als Symptome psychologischer Konflikte, sondern als Erscheinungsformen der Spannungen zwischen den subjektiven und objektiven Perspektiven versteht. Wir sind aber der Auffassung, dass es in der Philosophie um die Wahrheit geht. Es geht z. B. um die Frage, ob der Wille frei ist und wie die Freiheit des Willens zu verstehen ist. Darauf muss es eine Antwort geben. Die Philosophie ist die Suche nach den Gründen, die erklären, warum Willensfreiheit soundso verstanden werden muss. Wenn die menschliche subjektive Perspektive auf die Willensfreiheit dazu nicht passt, dann muss sie korrigiert werden.[630] Dies heißt natürlich nicht, dass die Philosophie als solche einer der beiden Perspektiven Vorrang zuschreibt. Für jedes philosophische Thema ist es zunächst eine offene Frage, inwiefern die subjektiven und objektiven Perspektiven jeweils dazu beitragen, die Wahrheit über das Thema zum Ausdruck zu bringen. Mehr dazu später. Die gerade präsentierte Interpretation von Nagel hatte den Zweck, unsere Position durch den Kontrast zu Nagel weiter zu erläutern.[631]

Um unsere eigene Position klarer auszuarbeiten, wollen wir eine dritte Interpretation von den Spannungen präsentieren, die das Geschäft der Philosophie sind. Es geht hier um eine Konzeption eines Philosophen und einer Philosophin aus dem deutschen Sprachraum: Holm Tetens und Ursula Wolf. Da es uns um den Kontrast zu unserer Auffassung geht, werden wir im Haupttext nicht auf mögliche Unterschiede zwischen Tetens und Wolf eingehen und so tun, als ob sie eine gemeinsame Position hätten. Die an Smart angelehnte Position führt die Spannungen auf faktisch konfligierende Emotionen zurück. Bei Nagel besteht die Spannung zwischen der subjektiven und der objektiven Perspektive. Nagel sagt, dass diese Perspektiven sowohl im Leben als auch im Denken konfligieren können.[632] Tetens und Wolf führen die Spannungen in der Philosophie auf Spannungen in der menschlichen Existenz selber – im Führen eines menschlichen Lebens – zurück.[633] Die Spannungen in der Philosophie gehen »aus Aporien hervor, die in der Struktur der menschlichen Existenz angelegt sind«[634] – aus »existentiellen Aporien«[635] bzw. »existenziellen Antinomien«[636]. Zu existenziellen Antinomien schreibt Tetens:

> Wir müssen in unserem Leben sowohl bestimmten Sachverhalten X, als auch bestimmten Sachverhalten X′ Rechnung tragen, aber Versuche, dies für die Sachverhalte X zu tun, kann immer wieder be- oder verhindern, den Sachverhalten X′ noch gerecht zu werden, obwohl das Leben auch dies von uns verlangt.[637]

Eine existenzielle Antinomie bezieht sich also auf die Lebensführung. Es ist »das Leben«, das etwas von uns »verlangt« – nämlich zwei Sachverhalten »gerecht zu werden«, wobei unsere »Versuche«, dem einen Sachverhalt gerecht zu werden, »be- oder verhindern« können, dass wir dem anderen »Rechnung tragen« können.

Das Problem der Willensfreiheit ist nach Tetens und Wolf eines der Beispiele für philosophische Spannungen, die existenziellen Antinomien entspringen. Als Auslegung von Wolf erläutert Tetens folgendermaßen, wie die philosophische Frage aus der existenziellen Antinomie entsteht:

> Wie sind freie Entscheidungen und moralische Verantwortlichkeit möglich, wo doch alles in der Welt kausalen Gesetzen unterworfen ist? Existenziell antinomisch ist daran, dass wir einerseits frei entscheiden und autonom handeln wollen, andererseits aber ebenso sehr angewiesen sind auf Begrenzungen und auf stabile kausale Zusammenhänge, in die unser Handeln verlässlich eingebunden bleibt.[638]

Nach Tetens und Wolf ist diese Abhängigkeit der grundlegenden philosophischen Fragen von existenziellen Antinomien ein wesentlicher Grund dafür, weshalb mit Argumenten nicht gezeigt werden kann, dass eine philosophische Position im Gegensatz zu anderen wahr ist.[639] Die existenziellen Antinomien und die Philosophie selbst haben »eine theoretische und eine lebenspraktische Dimension«.[640] Rein theoretisch betrachtet, lassen sich die philosophischen Fragen nicht lösen. Es bleibt theoretisch gesehen mehr als eine Theorie als Antwort möglich. Als Grundlage für die Entscheidung des Philosophen für die eine Theorie im Gegensatz zu anderen bleibt nur die eigene »Weltsicht«, »Grundeinstellung«[641] oder »Lebenseinstellung«[642]. Tetens und Wolf gehen sogar so weit zu sagen, die Entscheidung zwischen den Theorien sei keine »Sache der Wahrheit oder Falschheit«.[643]

Wir hatten am Anfang dieses Kapitels in Anlehnung an Nozick von einer zweifachen teleologischen Orientierung der Philosophie gesprochen. Erstens geht es in der Philosophie um Lebensfragen. Man sucht in der Philosophie Theorien, nach denen man leben kann. Zweitens entstehen die philosophischen Grundfragen, wenn man nach dem Wert des Lebens fragt. Die Verbindung zwischen den philosophischen Grundfragen und der Frage nach dem Sinn des Lebens wird auch von Wolf betont.[644] In dieser Hinsicht haben die Spannungen, mit denen die Philosophie sich beschäftigt, existentielle Dimensionen.

Tetens und Wolf machen aber in ihrer Argumentation zwei problematische Annahmen. Sie gehen davon aus, dass eine philosophische Frage nur dann *argumentativ* entschieden werden kann, wenn sie *rein theoretisch* entschieden werden kann. Sie nehmen außerdem an, dass eine philosophische Frage nur eine Sache von *Falschheit* und *Wahrheit* ist, wenn sie *rein theoretisch* entschieden werden kann. M. a. W.: Für Tetens und Wolf bedeutet die praktische Dimension der Philosophie, dass philosophische Grundfragen nicht argumentativ entschieden werden können und nicht wahrheitsfähig sind. Diese Annahmen lehnen wir ab. Aus unserer Sicht kommen diese Annahmen einem fragwürdigen Dualismus gleich: Nur theoretische Überlegungen können die Wahrheit von etwas nachweisen. Wenn theoretische Überlegungen nicht ausreichen und praktische Erwägungen auch eine Rolle spielen, dann kann es nicht um Wahrheit gehen und die Sache kann nicht argumentativ entschieden werden.

In diesem Kapitel werden wir eine philosophische Konzeption präsentieren, die die Berechtigung der Ablehnung dieser Annahmen nachweisen wird. Man könnte Tetens' und Wolfs Auffassung – Jamesianisch gesprochen – so formulieren, dass philosophische Fragen sich dem ganzen Menschen stellen und vom ganzen Menschen beantwortet werden. Sie gestehen aber – im Gegensatz zu James – fälschlicherweise nur den theoretischen Fähigkeiten des Menschen eine Rolle in begründeter Wahrheitsfindung zu.

Man könnte die Annahmen von Tetens und Wolf wie folgt ausdrücken: Damit eine Frage argumentativ entschieden werden kann und wahrheitsfähig sein kann, muss es sich bei dieser Frage um einen Sachverhalt handeln, dessen Vorhandensein rein theoretisch feststellbar ist. Da es sich bei den philosophischen Grundfragen nach Tetens und Wolf nicht um solche Sachverhalte handelt, sind sie nicht wahrheitsfähig und können nicht argumentativ entschieden werden. Wir wollen in diesem Kapitel zeigen, dass bei einigen philosophischen Grundfragen sich die Wahrheit nur aus praktischer Perspektive erkennen lässt. Die Gründe, die erklären, warum eine philosophische Position im Gegensatz zu anderen wahr ist, sind empfindungsbezogener bzw. emotionaler Art. Der Sachverhalt, um den es z. B. bei der Frage nach der Willensfreiheit geht, ist einer, dessen Bestehen sich nur mit Hilfe empfindungsbezogener Gründe erklären lässt. Der Sachverhalt, dass Willensfreiheit mit Determinismus unvereinbar ist (wenn es sich wirklich so verhält), ist ein Sachverhalt, dessen Bestehen sich nur mit Hilfe solcher Gründe erklären lässt: Willensfreiheit ist mit Determinismus deshalb unvereinbar, weil bestimmte Empfindungen richtig sind. Dass diese Empfindungen richtig sind, lässt sich argumentativ zeigen. Nur: Es ist kein rein theoretisches Argument. Es kann also argumentativ erklärt werden, warum eine bestimmte philosophische Position im Gegensatz zu anderen wahr ist, obwohl diese Argumente nicht rein theoretischer Art sind.

Damit wollen wir nicht sagen, dass *alle* philosophischen Grundfragen mit Hilfe empfindungsbezogener Gründe entschieden werden müssen. Wir wollen nur zeigen, dass dies für einige philosophische Grundfragen gilt. Dass die gesamten Fähigkeiten des Menschen bei der Beantwortung philosophischer Fragen potentiell relevant sind, heißt nicht, dass bei jeder philosophischen Frage alle Fähigkeiten von Relevanz sind. Dies hängt vom jeweiligen philosophischen Thema ab. Jede philosophische Grundfrage muss aber mit Offenheit dafür diskutiert werden, ob bei der Entscheidung für die wahre Antwort empfindungsbezogene bzw. praktische Gründe eine wichtige Rolle spielen.

Bevor wir im nächsten Abschnitt mit dem Argument für unsere Position beginnen, müssen aber einige weitere Aspekte unseres Ansatzes betont werden. Hier bietet sich eine Kontrastierung unserer Auffassung mit der Position von Peter F. Strawson in *Individuals. An Essay in Deskriptive Metaphysics* an. Die Eröffnungspassage des Buchs lautet wie folgt:

> Metaphysik wurde vielfach revisionär, weniger oft deskriptiv betrieben. Deskriptive Metaphysik begnügt sich damit, die tatsächliche Struktur unseres Denkens über die Welt zu beschreiben, revisionäre Metaphysik hat das Ziel,

> eine bessere Struktur hervorzubringen. Die Ergebnisse der revisionären Metaphysik sind von bleibendem Interesse […]. Ihre besten Ergebnisse sind aufgrund ihrer Prägnanz und der Intensität ihrer partiellen Einsicht gleichermaßen bewundernswert und von bleibendem philosophischem Nutzen. Aber dieses letztere Verdienst kann ihnen nur zugesprochen werden, weil es eine andere Art der Metaphysik gibt, die über die Forschung im Allgemeinen [*inquiry in general*] hinaus gar keiner weiteren Begründung bedarf. Revisionäre Metaphysik ist der deskriptiven Metaphysik verpflichtet.[645]

Wir wollen keine Exegese von Strawsons deskriptiver Metaphysik betreiben, aber wir wollen uns von dieser Passage, so wie sie hier steht, in mehreren Hinsichten distanzieren: (1) Die Unterscheidung zwischen deskriptiver und revisionärer Metaphysik geht davon aus, dass unserem Denken – der Art, wie wir wirklich denken – eine kohärente Metaphysik zugrunde liegt. Wir gehen davon aus, dass unser wirkliches Denken von Spannungen geprägt ist. Die Aufgabe der Philosophie besteht darin, die Probleme, die sich in diesen Spannungen zeigen, zu lösen.[646] (2) Wir wollen in der Philosophie herausfinden, wie wir denken sollen, nicht wie wir tatsächlich denken. Diese Aufgabe besteht in keiner Beschreibung unseres wirklichen Denkens. Sie besteht aber auch in keiner Revision, da der Begriff *Revision* hier voraussetzt, dass unser tatsächliches Denken eine kohärente Struktur hat, von der die Revision abweicht. Die Aufgabe ist weder Deskription noch Revision des in der Deskription beschriebenen Denkens, sondern richtiges Denken. (3) Der Gegenstand der Philosophie ist nicht einfach unser Denken oder die Frage, wie wir denken sollen.[647] In der Philosophie wollen wir herausfinden, wie wir über die *Welt* denken sollen.

In diesem letzten Punkt folgen wir einem anderen deutschsprachigen Philosophen, Lutz Wingert, der in seinem Text »Wissen in der Philosophie zwischen Artikulation, Anschauung und Begründung« betont, dass die Philosophie nicht einfach zum Wissen über uns, sondern zum Wissen über die Welt beiträgt:[648] »Es ist diese Welt mit stellungnehmenden Wesen, keine menschenleere Welt, die Gegenstand eines potenziellen philosophischen Wissens ist.«[649] Wir sehen die Aufgabe der Philosophie ähnlich wie Wingert. Er bietet als erstes Kriterium für die Abgrenzung der Philosophie von den Einzelwissenschaften an, dass die Philosophie normativ sei – sie sage, »wie wir urteilen sollen« – die Einzelwissenschaften aber deskriptiv. Wingert lehnt dieses Kriterium aber u. a. deshalb ab, weil es in den Einzelwissenschaften methodische Vorschriften gibt. Als »Ergänzung« schlägt er das »Kriterium« der »existenziellen Systematizität« vor:

> Damit ist eine Antwort auf die Frage gemeint: Was sollen wir über die Welt und damit über das auch einzelwissenschaftliche Wissen von ihr denken, wenn wir ein fundamentales Faktum beachten: das Faktum, dass wir als stellungnehmende Wesen Teil dieser Welt sind? [...] Und umgekehrt: Wie müssen wir unser Verständnis als stellungsnehmende Wesen spezifizieren, gegeben unser deskriptives Wissen über die Welt? Die Systematizität besteht darin, Wissensbestände zu integrieren. Existenziell oder existenzbezogen ist diese Integration, weil sie an die Bedingung gebunden bleibt, dass wir uns in unserer Existenz nicht unverständlich werden. Das unterscheidet diese Systematizität von der wissenschaftlichen Systematizität.[650]

»Existenzielle Systematizität« passt auch gut als Titel für unser Verständnis der Philosophie. In Anlehnung an Nozick sprechen wir von der doppelten teleologischen Orientierung der Philosophie. Außerdem urteilt der ganze Mensch über die Wahrheit philosophischer Theorien. In dieser Beurteilung sind manchmal empfindungsbezogene bzw. praktische Gründe maßgeblich. Dies heißt aber nicht, dass unser Selbstverständnis aus der subjektiven Perspektive heraus im Sinne Nagels unangetastet bleibt. Inwiefern dieses Selbstverständnis bestehen kann, bleibt eine Sache der philosophischen Beurteilung, die sich in manchen Fällen auf empfindungsbezogene Gründe stützen muss.

Zur Verdeutlichung unserer Position ist die Kontrastierung mit einem weiteren Ansatz nötig. Im Kern unserer Position steht die Annahme, dass es unterschiedliche philosophische Theorien zu verschiedenen Themen gibt und dass jeweils eine dieser Theorien wahr ist, die anderen falsch. Ebenso zentral ist die Annahme, dass man mit Gründen zeigen kann, warum die eine Theorie wahr ist und die anderen falsch. Durch diese Annahmen weichen wir von Wittgensteins Verständnis von Philosophie ab. Er schreibt in § 128 der *Philosophischen Untersuchungen*: »Wollte man *Thesen* in der Philosophie aufstellen, es könnte nie über sie zur Diskussion kommen, weil Alle mit ihnen einverstanden wären.«[651] Wir nehmen an, dass es kontroverse philosophische Thesen gibt, manche wahr, andere falsch.

Wir sind große Bewunderer von Wittgensteins *Philosophischen Untersuchungen*. Man kann das Werk so lesen, dass in ihm vorgeführt wird, wie (mindestens) zwei Stimmen zum oder im philosophierenden Menschen sprechen: die Stimme des Behaviorismus und die Stimme des Dualismus. Manchmal unterliegt der Mensch den Versuchungen der Stimme des Behaviorismus und versucht, behavioristische philosophische Thesen zu formulieren. Es stellt sich bei diesen Versuchen aber immer heraus, dass dabei nie eine These ausgedrückt wird, mit der der philosophierende Mensch zufrieden ist. Daraufhin erliegt der Mensch den Versuchungen des Dualismus, aber dabei geht es ihm genauso. Es gelingt ihm nicht, Thesen zu formulieren, die nicht nur den dualistischen Vorstellungen entsprechen, von denen er dachte, dass er sie klar im Geiste hätte, sondern die auch von ihm für wahr gehalten werden können. So schwankt der philosophierende Mensch ständig zwischen den Verlockungen dieser beiden Stimmen, ohne jemals Thesen formulieren zu können, die seinen Vorstellungen entsprechen und die er gleichzeitig für wahr halten kann. Die Lektion – so weiter diese Lesart der *Philosophischen Untersuchungen* – müsse sein, dass es keine philosophischen Thesen des Behaviorismus oder Dualismus gibt, sondern nur solche Stimmen der Versuchung. Behaviorismus und Dualismus sind also weder wahre noch falsche philosophische Theorien, sondern brechen beide beim Versuch, sie zufriedenstellend zu formulieren, in sich zusammen.

Wir wollen nicht bestreiten, dass dies in den *Philosophischen Untersuchungen* mit den Stimmen des Behaviorismus und des Dualismus erfolgreich durchgespielt wird. Wir nennen die Position »Wittgensteinschen Optimismus«, nach dem für jede philosophische Theorie gilt, dass ihr das gleiche Schicksal wie den Stimmen des Behaviorismus und des Dualismus in den *Philosophischen Untersuchungen* beschert ist.[652] Daran glauben wir nicht. Wir glauben, dass es für unterschiedliche philosophische Themen verschiedene Positionen gibt, die kohärent formuliert werden können und – so ausgedrückt – genau das besagen, was ihre Vertreter sagen wollen. Zu den jeweiligen Themen ist eine der Positionen wahr, die anderen falsch. Wir können hier nicht beweisen, dass der Wittgensteinsche Optimismus abzulehnen ist. Wir wollen nur klarmachen, dass wir diesen Wittgensteinschen Weg nicht gehen, sondern unseren eigenen. Wir hoffen, dass unser Leser nach der Lektüre der nächsten beiden Abschnitte davon überzeugt ist, dass unser Weg der richtige ist.

Am Ende dieses Abschnittes müssen wir einige Worte darüber verlieren, was wir in diesem Kapitel nicht machen. Es gibt auf die wichtigen philosophischen Fragen unterschiedliche, sich widersprechende Antworten. Die heutige Philosophie genauso wie die Geschichte der Philosophie ist dadurch gekennzeichnet, dass große Uneinigkeit darüber herrscht, welche Antworten richtig sind. Dieser hartnäckige Dissens wird in der Philosophie immer wieder intensiv diskutiert. Wir wollen jetzt kurz einige Fragestellungen zum Dissens in der Philosophie erläutern, mit denen wir uns nicht befassen.

Eine erste Fragestellung dreht sich um die epistemische Berechtigung von Philosophen, angesichts des Dissenses in der Philosophie, eigene philosophische Meinungen zu vertreten.[653] Dieses Thema diskutieren wir nicht.

Zweitens können die Uneinigkeit selbst und ihre möglichen Konsequenzen für die Philosophie thematisiert werden: Bestehen wirklich bleibende

Dissense in der Philosophie? Wenn ja, was folgt daraus? Gibt es deshalb keinen Fortschritt, keine Begründungen und keine Wahrheit in der Philosophie? Oder wenn es Fortschritt gibt, warum gibt es nicht mehr Fortschritt?[654] Wir beschäftigen uns nicht mit diesen Fragen. Wir argumentieren in diesem Kapitel sehr wohl dafür, dass empfindungsbezogene Gründe zeigen können, dass bestimmte philosophische Thesen wahr sind. In diesem Argument werden wir uns darauf verlassen, dass es gute Gründe für philosophische Aussagen gibt. Wir denken, dass die Existenz von Dissensen in der Philosophie unser Argument nicht in Frage stellt. Da wir uns aber mit den obigen Fragen nicht beschäftigen, können wir dies hier nicht zeigen.

Drittens kann man versuchen, die Existenz von Dissensen in der Philosophie zu *erklären*. Unter den Erklärungsversuchen müssen zwei Vorgehensweisen unterschieden werden. Auf der einen Seite kann man eine Auffassung von Philosophie präsentieren und diese dann verwenden, um die Dissense zu erklären: Die Merkmale, die die Philosophie auszeichnen, führen dazu, dass es in der Philosophie vermehrt zu Dissensen kommt. Wir haben in diesem Abschnitt eine bestimmte Auffassung von Philosophie skizzenhaft präsentiert. Diese Auffassung könnte man nutzen, um bestehende Dissense zu erklären. Dies haben wir uns in diesem Werk aber nicht zum Ziel gesetzt. Auf der anderen Seite kann man eine Erklärung anstreben, ohne sich auf eine Auffassung von Philosophie festzulegen. In seinem Aufsatz »Why Isn't There More Progress in Philosophy?« schreibt David J. Chalmers, er nehme im Text »hauptsächlich« einen »›externen Blick‹ auf philosophischen Fortschritt aus einer soziologischen Perspektive« ein.[655] Um zu erklären, warum es in der Philosophie weniger Fortschritt als in den »harten Wissenschaften«[656] gibt, verweist er (wie Nozick und Smart) darauf, dass es in der Philosophie i. d. R. faktisch möglich ist, die Prämissen des Gegners abzulehnen.[657] Solche »soziologischen« Erklärungen verweisen nur auf ein Merkmal der faktischen Praxis von Philosophie, nicht auf das, worin die Philosophie eigentlich besteht.[658] Deshalb sind solche Erklärungen kein Thema dieses Buchs.

Wir haben behauptet, dass empfindungsbezogene Gründe über die Wahrheit philosophischer Theorien entscheiden können. In den nächsten beiden Abschnitten wollen wir dies für die Themen Willensfreiheit (§ 6.2) und Objektivität der Moral (§ 6.3) zeigen.

6.2 Was macht eine philosophische Theorie der Willensfreiheit wahr?

Wir gehen davon aus, dass Willensfreiheit entweder mit Determinismus vereinbar oder unvereinbar ist. M. a. W.: Entweder ist es eine Tatsache, dass Willensfreiheit mit Determinismus vereinbar ist; oder es ist eine Tatsache, dass Willensfreiheit mit Determinismus unvereinbar ist. Die Frage, die uns beschäftigt, ist das Verhältnis von dieser Tatsache – diesem Sachverhalt – und Empfindungen oder Emotionen. Handelt es sich hier um einen Sachverhalt, der von der Angemessenheit von Empfindungen oder Emotionen begrifflich unabhängig ist oder nicht? Um diese Frage zu erläutern, beginnen wir mit einigen Themen, über die wir denken, dass der relevante Sachverhalt von der Angemessenheit von Empfindungen begrifflich unabhängig ist.

Wenn man Arsen zu sich nimmt, wird man sterben? Wenn ja, welche Menge von Arsen ist dafür notwendig? Wenn man an einer Arsenvergiftung stirbt, was verursacht den Tod? Was ist die chemische Natur von Arsen? Wir gehen davon aus, dass die meisten Leser die letzten Sätze nicht ganz ohne unbehagliche Gefühle gelesen haben. Diese Gefühle wurden dann vermutlich von der Vorstellung bestimmter Sachverhalte ausgelöst. Diese Sachverhalte oder Vorkommnisse sind aber begrifflich von diesen Gefühlen unabhängig. Dass Arsen den menschlichen Tod auf eine bestimmte Art und Weise herbeiführt, ist ein Sachverhalt, der unabhängig davon besteht, wie man sich emotional diesem Sachverhalt gegenüber fühlen sollte.

Es ist sicher nicht kontrovers, dass Arsen eine bestimmte chemische Struktur unabhängig davon hat, welche Empfindungen man gegenüber Arsen haben sollte. Zwei andere Themen sind sicherlich kontroverser: der Determinismus und die Existenz Gottes. Entweder sind alle Ereignisse determiniert oder sie sind es nicht. Wenn es eine Tatsache ist, dass alle Ereignisse determiniert sind, besteht diese Tatsache unabhängig davon, ob es angemessen wäre, gegenüber determinierten Ereignissen gewisse Emotionen zu haben? Besteht diese Tatsache z. B. unabhängig davon, ob es angemessen wäre, eine determinierte Handlung zu bedauern? Wir sind der Meinung, dass diese Tatsache unabhängig davon besteht. Ob Ereignisse determiniert sind oder nicht, ist unabhängig davon, wie wir uns fühlen sollten, wenn sie determiniert sind oder nicht. Die Existenz Gottes ist unseres Erachtens auch von der Angemessenheit unserer Gefühle unabhängig. Wenn Gott existiert, dann sollten wir ihm gegenüber vielleicht ehrfürchtig sein. Ob Gott existiert oder nicht, ist aber eine Frage, deren Antwort unabhängig davon ist, welche Gefühle wir Gott gegenüber haben sollten, wenn er denn existiert.

Beim Thema der Vereinbarkeit von Willensfreiheit und Determinismus ist dies aber anders. Wenn es eine Tatsache ist, dass Willensfreiheit und Determinismus miteinander vereinbar sind, dann ist dies eine Tatsache, die nicht unabhängig davon zu denken ist, dass bestimmte Emotionen gegenüber freien Entscheidungen angemessen sind. Diese These möchten wir jetzt weiter erläutern und begründen. Dafür beginnen wir an einer etwas anderen Stelle. Das Thema von *Responsibility and the Moral Sentiments* von R. Jay Wallace ist moralische Verantwortung, nicht direkt das Thema der Willensfreiheit. Über das erste Thema kann man aber auch die Frage stellen, ob moralische Verantwortung mit Determinismus vereinbar oder unvereinbar ist. M. a. W.: Man kann bezüglich moralischer Verantwortung auch Kompatibilist oder Inkompatibilist sein.[659] Wallace stellt sich jetzt die Frage, wie man die Entscheidung zwischen Kompatibilismus und Inkompatibilismus bezüglich moralischer Verantwortung verstehen soll. Er beginnt seine Antwort wie folgt:

> Ein naheliegender Vorschlag ist, dass wir die wahre Darstellung bevorzugen sollten, beziehungsweise die Darstellung, die die Tatsachen darüber erfasst, was es heißt, moralisch verantwortlich zu sein. Dies scheint soweit plausibel genug, aber wir müssen genauer untersuchen, wie die Tatsachen in diesem Bereich verstanden werden sollen. Eine Möglichkeit wäre, diese Tatsachen zu interpretieren als begrifflich unabhängig von unserer Praxis, Menschen zur Verantwortung zu ziehen. Nach dieser Interpretation, die die metaphysische Interpretation [...] genannt werden kann, würden wir annehmen, dass es eine Tatsache über Verantwortung »an sich« gibt, eine Tatsache darüber, was es heißt, *wahrhaftig* und *wirklich* verantwortlich zu sein, und dass diese Tatsache unserer Praxis, Menschen als moralisch verantwortliche Akteure zu behandeln, vorangeht und von dieser unabhängig ist.[660]

Wallace lehnt diese »metaphysische Interpretation« ab.[661] Wir kommen auch nachher zu seiner eigenen Position. Uns geht es zunächst darum zu zeigen, dass die metaphysische Interpretation auch bezüglich der Frage abgelehnt werden sollte, ob Determinismus mit *Willensfreiheit* vereinbar sei.

Was bedeutet die metaphysische Interpretation für die Frage nach dem Kompatibilismus bezüglich Willensfreiheit? (Es geht hier nicht um eine Interpretation von Wallaces Verwendung von »metaphysische Interpretation«, sondern um unsere eigene Definition einer solchen Position.) Wir verstehen den Determinismus so, dass nach dem Determinismus *vor* jedem Ereignis feststeht, ob dieses Ereignis eintreten wird oder nicht. Nach dem Determinismus steht also vor jeder Entscheidung fest, wie diese Entscheidung ausfallen wird. Jetzt könnte man fragen: Ist es *fair*, Menschen für Entscheidungen verantwortlich zu machen, wenn der Determinismus wahr ist?[662] Dies ist in der philosophischen Diskussion um Willensfreiheit eine wichtige Frage. Es wird richtigerweise meistens angenommen, dass es nur fair sein kann, jemanden für seine Entscheidung verantwortlich zu machen, wenn er diese Entscheidung *frei* getroffen hat.[663] Wenn man also zeigen könnte, dass es aufgrund der Determiniertheit einer Entscheidung nicht fair wäre, jemanden für diese Entscheidung verantwortlich zu machen, dann hätte man auch gezeigt, dass seine Entscheidung nicht frei sein konnte. Welche andere Erklärung als die fehlende Willensfreiheit sollte es dafür geben, dass es nicht fair ist, jemanden für eine determinierte Entscheidung verantwortlich zu machen? Vertreter der metaphysischen Interpretation können ein solches Argument, das von Freiheit als Voraussetzung von Fairness ausgeht, problemlos verwenden. Sie müssen es aber wie folgt interpretieren: Der Begriff *Willensfreiheit* ist von dem Begriff *faire Verantwortungszuschreibung* begrifflich unabhängig. Man kann erklären, worin Willensfreiheit besteht, ohne auf faire Verantwortungszuschreibung zu verweisen. Wenn eine Entscheidung nicht frei ist, dann ist dies also ein Sachverhalt, der besteht, unabhängig davon, ob es fair wäre, jemanden für diese Handlung verantwortlich zu machen. (Dies ist der Kern der metaphysischen Interpretation für den Fall von Fairness.) Da der Begriff der Fairness aber so verstanden werden muss, dass man für unfreie Entscheidungen nicht verantwortlich gemacht werden kann, kann die Unfairness einer determinierten Verantwortungszuschreibung als Evidenz für den Inkompatibilismus verwendet werden.

Wir haben die metaphysische Interpretation anhand des Fairnessbegriffs erläutert. Diese Interpretation des Sachverhalts, dass Willensfreiheit (in)kompatibel mit Determinismus ist, muss allgemeiner ausgedrückt werden. Nach dieser Interpretation ist diese Kompatibilität (oder Inkompatibilität) eine Tatsache, die unabhängig von der Richtigkeit jeglicher moralischer, evaluativer, praktischer, emotionaler oder empfindungsbezogener Überlegungen besteht. Solche Überlegungen können nur als Evidenz für das Bestehen dieser Tatsache verwendet werden. Die Rede vom Sachverhalt hat hier kein besonderes philosophisches Gewicht. Es geht um die Unabhängigkeit der Wahrheit des Kompatibilismus bzw. des Inkompatibilismus von solchen Überlegungen. Es muss zwischen konstitutiven und nichtkonstitutiven Erklärungen unterschieden werden. Die konstitutive Erklärung nennt uns die Gründe, die erklären, worin die Kompatibilität (oder Inkompatibilität) von Willensfreiheit und Determinismus besteht. In der Terminologie von Tatsache bzw. Sachverhalt ausgedrückt: Diese Gründe erklären uns, worin das Bestehen des Sachverhalts der Kompatibilität (oder Inkompatibilität) von Willensfreiheit und Determinismus besteht. Nichtkonstitutive Erklärungen benennen Gründe, die Evidenz für das Bestehen des Sachverhalts sind, die aber nicht erklären, worin das Bestehen des Sachverhalts besteht. Die metaphysische Interpretation ist also eine Variation des Platonischen Objektivismus, den wir im letzten Kapitel definiert haben:

> *Platonischer Objektivismus*:
> Die Gründe, die philosophische Wahrheiten konstitutiv erklären, sind von menschlichen Empfindungen begrifflich unabhängig.

Die metaphysische Interpretation ist auf der einen Seite weniger allgemein, da es bei dieser Interpretation ausschließlich um Willensfreiheit geht. Auf der anderen Seite ist sie allgemeiner, da Vertreter dieser Interpretation nicht nur die Unabhängigkeit der Wahrheit des Kompatibilismus (oder des Inkompatibilismus) von menschlichen Empfindungen vertreten, sondern von allen moralischen, evaluativen, praktischen, emotionalen oder empfindungsbezogenen Überlegungen. Wir wollen jetzt zeigen, dass die metaphysische Interpretation abzulehnen ist. Wir beschränken uns aber zunächst auf die Verbindung zwischen den Begriffen *Willensfreiheit* und *faire Verantwortungszuschreibung*.

Die typischen Schachzüge in den Argumentationen von Kompatibilisten und Inkompatibilisten bezüglich Fairness sind Kennern der Forschungsliteratur sehr wohl bekannt. Wir wollen hier nur einige wenige Beispiele geben, da es uns nicht um eine Entscheidung für oder gegen den Kompatibilismus geht, sondern um die Natur philosophischer Gründe.[664] Ein übliches Argument für den Inkompatibilismus lautet wie folgt: Wenn es vor meiner Entscheidung – sogar bevor ich überhaupt beginne, Gründe für oder gegen eine Handlung zu erwägen – feststeht, wie ich mich entscheiden werde, dann kann ich nichts dafür, dass ich mich so entschieden habe, wie ich mich entschieden habe. Wenn ich aber dafür nichts kann, dann wäre es nicht fair, mich für die Entscheidung zur Verantwortung zu ziehen. Wenn auf diese Weise der Grund für diese Unfairness in der Determiniertheit der Entscheidung liegt, dann liegt der Grund für die Unfairness eigentlich in meiner Unfreiheit. Dies zeigt, dass determinierte Entscheidungen nicht frei sein können.[665]

Auf dieses Argument kann der Kompatibilist antworten: Es stimmt einfach nicht, dass eine Person, die überlegt, welche Entscheidung sie treffen soll, und nach reichlicher Überlegung eine Entscheidung trifft, nichts dafür kann, wie sie entschieden hat. Eine Person, die unter Drogen gesetzt wird, kann vielleicht nichts für die Entscheidungen, die sie unter Drogeneinfluss trifft. Es wäre nicht fair, diese Person für die Entscheidung verantwortlich zu machen. Jemand, der im ruhigen Moment nach reichlicher Überlegung im Normalzustand eine Entscheidung trifft, trägt aber die Verantwortung für seine Entscheidung. Alles andere wäre nicht fair. Selbst wenn beide Entscheidungen, der Person unter Drogeneinfluss und des vernünftig Überlegenden, determiniert sind, ändert dies nichts an den Unterscheidungen, die wir zwischen den beiden Fällen machen: Im einen Fall wäre eine Verantwortungszuschreibung unfair, im anderen nicht. Daher ist die erste Entscheidung unfrei, die andere aber nicht.[666]

Wir haben gesagt, dass der Vertreter der metaphysischen Interpretation solche Argumente in der Willensfreiheitsdebatte zulassen kann. Um klarzumachen, warum die metaphysische Interpretation abzulehnen ist, müssen wir ausführlicher erläutern, wie solche Argumente nach dieser Interpretation zu verstehen sind.

Die Kompatibilität bzw. die Inkompatibilität von Willensfreiheit und Determinismus ist nach der metaphysischen Interpretation ein Sachverhalt, der unabhängig von der Richtigkeit von Fairnessurteilen besteht. Das Verhältnis zwischen diesem Sachverhalt und dieser Richtigkeit ist dann wie das Verhältnis zwischen einem empirischen Sachverhalt, der unabhängig von menschlicher Wahrnehmung vorliegt, und menschlicher Wahrnehmung zu verstehen. Wenn die menschliche Wahrnehmung vorliegt und unter bestimmten Umständen stattgefunden hat, dann liefert dies starke Evidenz dafür, dass ein bestimmter Sachverhalt vorliegt. Es ist aber möglich, dass die Wahrnehmung täuscht und ein anderer Sachverhalt vorliegt.

Um klarzumachen, dass die metaphysische Interpretation die zwei Verhältnisse gleich versteht, nehmen wir als Beispiel das Urteil, dass es unfair sei, jemanden zur Verantwortung zu ziehen, wenn der Determinismus wahr ist. Wenn dieses Urteil richtig ist, dann wird es als Grund dafür verstanden, dass es Tatsache ist, dass Willensfreiheit und Determinismus inkompatibel sind. Da das Verhältnis der Richtigkeit des Fairnessurteils zu Sachverhalten bezüglich Willensfreiheit genauso wie das Verhältnis von Wahrnehmung zu empirischen Sachverhalten verstanden wird, kann es nach der metaphysischen Interpretation aber sein, dass die Richtigkeit dieses Fairnessurteils starke Evidenz dafür anbietet, dass Willensfreiheit und Determinismus inkompatibel sind, *obwohl* sie tatsächlich kompatibel sind. Die metaphysische Interpretation lässt also zu, dass die folgenden drei Sätze gleichzeitig wahr sein können:

(1) Die Determiniertheit einer Handlung macht es unfair, jemanden für diese Handlung zur Verantwortung zu ziehen.
(2) Willensfreiheit und Determinismus sind kompatibel.
(3) 1 ist starke Evidenz gegen 2.

Die metaphysische Interpretation behandelt 1 als einen Satz, der nur etwas über die Implikationen des Fairnessbegriffs sagt. Wenn man den Fairnessbegriff richtig verwendet, dann muss man es für unfair halten, Menschen für determinierte Handlungen zur Verantwortung zu ziehen. Satz 1 handelt nur von den logischen Voraussetzungen der Verwendung des Fairnessbegriffs. Es besteht keine logische Implikation zwischen Satz 1 und Satz 2, sondern nur eine Evidenzrelation.

Diese Interpretation vom Verhältnis zwischen 1 und 2 ist aber falsch. Wenn 1 wahr ist, dann lernt man daraus etwas über das richtige Verständnis des Freiheitsbegriffs: Da die Determiniertheit von Handlungen es unfair macht, Menschen für diese Handlungen zur Veranwortung zu ziehen, kann es nicht sein, dass sich Determiniertheit mit Willensfreiheit verträgt. Falls man anzweifelt, dass man dies daraus lernt, müssen diese Zweifel darauf beruhen, dass man die logischen Implikationsverhältnisse zwischen den Begriffen nicht richtig erfasst hat. Man kann das Argument aber nicht – wie es die metaphysische Interpretation tut – anzweifeln, indem man sagt, dass die logischen Implikationsverhältnisse zwischen den Begriffen nichts über die Wahrheit bezüglich der Kompatibilität von Willensfreiheit und Determinismus sagen, da das Verhältnis zwischen 1 und 2 eine Evidenzrelation sei. Es ist keine Evidenzrelation, sondern eine logische Relation – eine normative Relation, die für die Begriffe konstitutiv ist. Die metaphysische Interpretation des Verhältnisses zwischen den Begriffen *Willensfreiheit* und *faire Verantwortungszuschreibung* muss deshalb abgelehnt werden.

Fairnessargumente spielen in Wallaces Argumentation für seine Position bezüglich moralischer Verantwortung eine maßgebliche Rolle. Wallace schreibt:

> S ist dann und nur dann moralisch verantwortlich (für Handlung x), wenn es angemessen wäre, S moralisch zur Verantwortung zu ziehen (für Handlung x).[667]

Die notwendigen und hinreichenden Bedingungen dafür, dass jemand für x verantwortlich *ist*, liegen also darin, dass es *angemessen* ist, ihn für x *verantwortlich zu machen*. Wallace erklärt dann die Angemessenheit über den Fairnessbegriff.[668] Unser Thema ist Willensfreiheit, nicht moralische Verantwortung. Es geht hier auch nicht um die Interpretation von Wallace, sondern um unsere eigene Position. Trotzdem ist es vielleicht hilfreich, auf einige Gemeinsamkeiten und Unterschiede hinzuweisen, die bestehen, wenn man Wallaces Überlegungen auf Willensfreiheit überträgt.

Gemeinsam ist, dass auch wir die Frage, ob eine Person in ihrer Entscheidung frei ist, nicht als eine rein theoretische Angelegenheit betrachten. Die Gründe, die konstitutiv erklären, worin das Vorliegen der Tatsache besteht, dass eine determinierte Handlung frei oder unfrei ist, sind teilweise Fairnessgründe. Ein Unterschied besteht vielleicht darin, dass Wallace hier notwendige und hinreichende Bedingungen formuliert. Uns geht es eher darum, Gründe zu formulieren, die konstitutiv erklären, warum etwas wahr ist. Falls der Inkompatibilismus wahr ist, warum ist er wahr? Warum ist Willensfreiheit mit dem Determinismus unvereinbar? Antwort: weil es unfair wäre, eine Person, deren Entscheidungen determiniert sind, für diese Entscheidungen verantwortlich zu machen. Die Unvereinbarkeit von Willensfreiheit und Determinismus besteht teilweise darin, dass es unfair wäre, die betreffende Person für ihre determinierten Entscheidungen verantwortlich zu machen.

Unser Ziel ist übrigens nicht, einen philosophischen *Konsens* herbeizuführen. Wenn man versucht, die Frage um die Willensfreiheit rein theoretisch zu lösen, dann wird es ein argumentatives Patt zwischen Kompatibilismus und Inkompatibilismus geben, da jede der beiden Positionen kohärent ist. Sollten Fairnessargumente das rein theoretisch basierte Patt auflösen können, wird durch sie trotzdem natürlich kein Konsens unter Philosophen erzeugt werden, da sich die Philosophen über Fairnessargumente nicht einig sein werden. Der Sinn von Fairnessargumenten in der Willensfreiheitsdebatte besteht stattdessen in der Explikation der Gründe, die *konstitutiv zeigen, warum* Willensfreiheit mit dem Determinismus (un)vereinbar ist.

Ein weiterer Unterschied zu Wallace besteht darin, dass wir die nichttheoretischen Gründe, die die Wahrheit in der Kompatibilitätsdebatte konstitutiv erklären, nicht alleine in Fairnessgründen sehen. Wir denken, dass James Recht hat, wenn er den Inkompatibilismus deshalb favorisiert, weil es lächerlich wäre, determinierte Entscheidungen zu bedauern. Dabei geht es James nicht um Fairness. Es geht ihm um die Lächerlichkeit einer Emotion. Es geht uns in diesem Kapitel aber nicht darum, Partei in der Kompatibilitätsdebatte zu ergreifen. Wallaces Monografie ist eines von vielen Werken, die vom 1962 veröffentlichten Text von Peter F. Strawson »Freedom und Resentment« inspiriert sind. Strawson verteidigt in diesem Text den Kompatibilismus, indem er sich auf die Angemessenheit von bestimmten Empfindungen stützt.[669] James verteidigt hingegen den Inkompatibilismus, aber begründet seine Position ebenfalls mit Hilfe von Empfindungen. Wir wollen nicht Partei ergreifen. Wir haben dafür argumentiert, dass es zwischen Willensfreiheit und Fairness eine konstitutive Verbindung gibt. Wir könnten auch dafür argumentieren, dass es zwischen der Lächerlichkeit von

Bedauern und Willensfreiheit eine konstitutive Verbindung gibt. Um unsere Argumentation hier nicht in die Länge zu ziehen, verzichten wir auf dieses Argument. Wir erlauben uns also ohne dieses Argument die Schlussfolgerung zu ziehen, dass die metaphysische Interpretation nicht nur bezüglich des Verhältnisses von Willensfreiheit und Fairnessgründen abzulehnen ist, sondern auch für die Beziehung zwischen Willensfreiheit und empfindungsbezogenen Gründen.

Eine weitere Klärung unserer Position bezüglich der von Strawsons Text ausgehender Diskussion ist nötig. Wir haben Fairness und Angemessenheit von Bedauern als maßgebliche Elemente in der Erklärung der Wahrheit in der Debatte über den Kompatibilismus angeführt: Willensfreiheit verlangt, dass man freie Entscheidungen angemessener Weise auf eine bestimmte Art bedauern und den Handelnden fairerweise für seine Entscheidungen verantwortlich machen kann. Nun wird Strawsons »Freedom and Resentment« oft wie folgt verstanden: »Wir haben faktisch bestimmte Empfindungen. Diese Empfindungen verlangen, dass wir Willensfreiheit im Sinne des Kompatibilismus verstehen. Wir können diese Empfindungen nicht aufgeben. Deshalb müssen wir den Kompatibilismus für wahr halten.«[670] Es soll nicht entschieden werden, ob Strawson wirklich so verstanden werden soll. Es sollte aus unseren Anmerkungen in § 1 klar geworden sein, dass wir so nicht argumentieren. Unser Argument beginnt nicht mit der faktischen Annahme bestimmter Empfindungen oder der Behauptung, wir könnten ohne diese Empfindungen nicht leben. Wir fällen selbst Urteile darüber, unter welchen Bedingungen es angemessen ist, eine Entscheidung zu bedauern. Wir urteilen selbst darüber, unter welchen Bedingungen es fair wäre, jemanden für eine Entscheidung verantwortlich zu machen. Dies sind evaluative Urteile, keine Urteile über die faktische Gegebenheit und Unvermeidlichkeit von Empfindungen. Nach unserer Auffassung sind die Gründe, die konstitutiv erklären, warum (In)kompatibilismus wahr ist, *evaluativer* Art. Diese Gründe verweisen auf menschliche Empfindungen, aber maßgeblich ist die Angemessenheit der Empfindungen. Und Urteile über Angemessenheit sind evaluativ.

Aus diesen Gründen lehnen wir die metaphysische Interpretation nicht nur für das Verhältnis zwischen Willensfreiheit auf der einen Seite und Fairnessgründen und Empfindungen auf der anderen Seite ab, sondern auch allgemein für die Verbindung zwischen Willensfreiheit auf der einen Seite und moralischen, evaluativen, praktischen, emotionalen und empfindungsbezogenen Gründen auf der anderen Seite. Wir erlauben uns darüber hinaus eine Abstraktion unserer Überlegungen vom Thema Willensfreiheit: Es muss nicht nur die metaphysische Interpretation für Willensfreiheit abgelehnt werden, sondern auch der platonische Objektivismus für andere philosophische Themen. Stattdessen muss man den internen Objektivismus akzeptieren, den wir im letzten Kapitel ausführlich erklärt haben:

> *Interner Objektivismus*:
> Die Gründe, die philosophische Wahrheiten konstitutiv erklären, und menschliche Empfindungen sind begrifflich voneinander abhängig.

Fairnessüberlegungen bieten gute Gründe, um über die Wahrheit in der Kompatibilismusdebatte zu entscheiden. Wir haben dafür argumentiert, dass diese Gründe nur gute Gründe sein können, wenn die metaphysische Interpretation von der Verbindung zwischen Willensfreiheit und Fairnessgründen falsch ist. Wir haben dann zwei Verallgemeinerungen dieses Arguments vorgenommen: Erstens muss die metaphysische Interpretation im Allgemeinen abgelehnt werden. Zweitens darf man diese Überlegungen nicht auf Willensfreiheit beschränken. Dies bedeutet, dass man den internen Objektivismus akzeptieren sollte. Die tief liegende Erklärung, warum Fairnessüberlegungen gute Gründe in der Willensfreiheitsdebatte sein können, wird also vom internen Objektivismus artikuliert. In diesem Sinne können diese Überlegungen also nur gute Gründe sein, wenn der interne Objektivismus wahr ist.

Gegen diese Übertragung der Überlegungen zur Willensfreiheit auf andere philosophische Themen können zwei Einwände erhoben werden: Erstens könnte man einwenden, dass unsere Überlegungen eine sehr begrenzte Reichweite haben. Wir hätten dafür keinen Grund angegeben, dass sie nicht nur für die Frage nach Willensfreiheit gelten würden. Der zweite Einwand besteht darin, dass unsere Argumentation keinen Objektivismus begründen könne. Wenn es wirklich stimme, dass die Wahrheit in der Philosophie von evaluativen Urteilen abhänge, dann sei die Objektivität in der Philosophie unterminiert. Nach diesem Einwand haben evaluative Urteile keine objektive Gültigkeit. Deshalb würde unsere Argumentation philosophische Objektivität in Frage stellen. Dieser Einwand entspricht der Denkweise von Wolf und Tetens. Um auf diese beiden Einwände zu antworten, müssen wir untersuchen, wie philosophische Gründe über die Wahrheit in der Frage nach der Objektivität der Moral entscheiden können.

6.3 Welche Gründe entscheiden, ob die Moral eine Projektion unserer Empfindungen ist?

Wir haben uns in den letzten Kapiteln mit James' Auseinandersetzung mit dem Thema der Objektivität der Moral und der Werte beschäftigt. In diesem Abschnitt wenden wir uns einer gegenwärtigen Variation dieser Debatte zu. Wir wollen zeigen, dass der interne Objektivismus für das Thema der Objektivität der Moral und der Werte wahr ist. Damit hätten wir auch eine Antwort auf die beiden Einwände am Ende des letzten Abschnittes. Wir hätten gezeigt, dass der interne Objektivismus nicht nur für Willensfreiheit gilt, sondern auch für die Objektivität der Moral und der Werte. Außerdem hätten wir gezeigt, dass der evaluative Charakter philosophischer Gründe nicht ohne weiteres eine Bedrohung für die Objektivität philosophischer Theorien ist. Wenn der interne Objektivismus für die Objektivität der Moral und der Werte gilt, dann wird die Frage nach der Objektivität der Werte selbst mit Hilfe evaluativer Gründe entschieden. Es kann also nicht ohne die Auswertung dieser evaluativen Gründe vorentschieden werden, dass Werte nicht objektiv sind.

Die zeitgenössische Debatte, von der wir ausgehen, ist die Debatte um den sogenannten *Projektivismus* in der Ethik. Nach dem Projektivismus gibt es keine ethischen Werte in der Welt. Ethische Werte sind keine Bestandteile der Realität. Dies ist die grundlegende negative These des Projektivismus. Diese These ist die Grundlage für die Projektionsthese. Nach der Projektionsthese müssen ethische Werte als Projektionen von menschlichen Empfindungen auf die Welt verstanden werden. Menschen haben bestimmte Empfindungen und handeln dementsprechend. Sie empfinden z. B. manche Handlungsweisen als grausam und sind bestrebt, grausame Handlungen selbst nicht zu vollziehen und andere am Vollzug solcher Handlungen zu hindern. Grausamkeit und die moralische Falschheit von Grausamkeit sind aber keine Bestandteile der Welt oder der Realität. Sie sind *Projektionen* unserer Empfindungen auf die Welt. Weil wir so empfinden, behandeln wir Grausamkeit und die Falschheit von Grausamkeit als Bestandteile der Welt, obwohl sie es nicht sind. Wir behandeln sie als Bestandteile der Welt, aber sie sind eigentlich Projektionen unserer Empfindungen auf die Welt.[671] Die Projektionsthese basiert auf dieser Metapher der Projektion. Wie soll man jetzt entscheiden, ob die Projektionsthese wahr ist – ob die Projektionsmetapher richtig ist? Dies ist das Thema des vorliegenden Abschnitts.

Um dieser Frage nachgehen zu können, wenden wir uns einem der prominentesten gegenwärtigen Vertreter des Projektivismus zu, Simon Blackburn. Nach Blackburn beruht der Projektivismus auf zwei Annahmen: Nach der *ersten* Annahme sind ethische Einstellungen eigentlich keine Überzeugungen. Es mag am Ende des Tages vollkommen in Ordnung sein, sie als Überzeugungen zu behandeln, aber eigentlich sind sie keine Überzeugungen. Z. B. ist die Überzeugung, dass Ehrlichkeit eine wertvolle Charaktereigenschaft ist, eigentlich keine Überzeugung, sondern besteht in einer anderen mentalen Haltung, die im Gegensatz zu Überzeugungen keine Elemente der Realität repräsentiert. Es ist eine Haltung, die menschliches Handeln prägt. Die Handlungen von Menschen, die diese Haltung haben, entsprechen einem bestimmten Muster. *Zweitens* muss es eine naturalistische Erklärung für die Existenz solcher Haltungen geben. Mit einer »naturalistischen Erklärung« meint Blackburn eine Erklärung, die sich nur auf die Befunde der Naturwissenschaften stützt. Es soll erklärt werden, wie eine Haltung entsteht, die dem Verhaltensmuster einer ethischen Einstellung entspricht (z. B. dem Handlungsmuster der Ehrlichkeit), ohne in dieser Erklärung auf eine ethische Eigenschaft (z. B. Ehrlichkeit) in der Welt Bezug zu nehmen. Wenn es eine solche naturalistische Erklärung für die Entstehung ethischer Einstellungen gibt, dann ist die Projektionsthese bestätigt. Ethische Einstellungen sind nicht Überzeugungen über ethische Eigenschaften in der Welt, sondern Projektionen auf eine naturalistisch verstandene Welt, die keine solchen Eigenschaften beinhaltet.[672]

Blackburn will mit dem Projektivismus eine moderne Version von David Humes Auffassung der Ethik vertreten. Das originelle seiner Position soll darin bestehen, dass es sich um einen *quasi-realistischen* Projektivismus handelt.[673] Das Projektivistische an dem Quasi-Realismus besteht darin, dass ethische Einstellungen *nicht wirklich* Überzeugungen sind. Sie repräsentieren keine Bestandteile der Welt und es gibt keine ethischen Bestandteile der Realität. Nach dem Quasi-Realismus ist es aber ausgehend von diesen Annahmen möglich, Wahrheit für ethische Einstellungen zu »gewinnen« (»*earn*«).[674] Wahrheit für ethische Einstellungen zu gewinnen, heißt zu zeigen, dass man berechtigt ist, ethische Einstellungen für wahr oder falsch zu halten. Es handelt sich aber um Gewinnung oder Konstruktion, da man beim Nachweis, dass man ethische Einstellungen für wahr oder falsch halten darf, von der Annahme ausgeht, dass ethische Einstellungen keine Bestandteile der Realität repräsentieren und so nicht von der Realität wahr oder falsch gemacht werden können.[675]

Wie soll man jetzt vorgehen, um Wahrheit für ethische Einstellungen zu gewinnen? Ein Vorschlag wäre folgender: Man muss zwischen dem Ergebnis und dem Material der Konstruktion unterscheiden. Zum Ergebnis gehören das ganze ethische Vokabular und die Unterscheidungen, die man mit Hilfe dieses Vokabulars trifft. Man will z. B. zeigen, dass Aussagen darüber, dass eine Handlung ehrlicher ist als eine andere, und darüber, dass Ehrlichkeit erstrebenswert ist, wahrheitsfähig sind. Da Wahrheiten, die im ethischen Vokabular ausgedrückt werden, das Ergebnis der Konstruktion sind, darf man sich bei der Gewinnung des Ergebnisses aber keiner ethischen Empfindung bedienen. Ethische Empfindungen gehören zum gewonnenen Ergebnis der Konstruktion, nicht zum Material, aus dem die Konstruktion errichtet wird. In seiner Kritik an Blackburn behauptet John McDowell, dieses Vorgehen bei der Konstruktion sei konstitutiv für den Projektivismus. Wenn man sich bei der Gewinnung ethischer Wahrheiten erlauben würde, sich ethischer Empfindungen zu bedienen, dann würde man die Projektionsthese aufgeben. Die Projektionsmetapher würde in sich zusammenfallen. Die Projektionsmetapher würde davon leben, dass gewisse Empfindungen, die selbst keine bestimmten ethischen Empfindungen seien, auf die Realität projiziert werden würden. Erst *nach* der Projektion könne man von bestimmten ethischen Empfindungen sprechen. Das Ehrlichkeitsempfinden ist das Resultat der Projektion einer Empfindung, die selbst keine Empfindung der Ehrlichkeit ist.[676]

Blackburn denkt offenbar nicht, dass der Projektivist sich diesen Einschränkungen unterwerfen muss, um Wahrheit für ethische Einstellungen zu gewinnen. Um zu zeigen, dass Urteile über Ehrlichkeit wahrheitsfähig sind, darf sich der Projektivist direkt der Urteile über Ehrlichkeit bedienen. Blackburn unterscheidet zwischen internen und externen Fragen. Externe Fragen betreffen das Verhältnis von ethischen Einstellungen zur Realität. Bei diesen Fragen wirft man einen externen Blick auf ethische Einstellungen und fragt nach ihrem Verhältnis zur Realität. Blackburn beantwortet diese Fragen mit seinem quasi-realistischen Projektivismus. Interne Fragen sind ethische Fragen. Sie werden von einem ethischen Standpunkt beantwortet. Dazu zählt nach Blackburn die Frage, was mutwillige Grausamkeit moralisch falsch macht. Diese Frage darf nicht als eine externe Frage verstanden werden. Die Antwort auf diese Frage ist also *nicht*, dass Grausamkeit *deshalb* moralisch falsch ist, *weil* wir bestimmte ethische Empfindungen haben. Wenn wir diese Frage beantworten, dann drücken wir zwar ethische Empfindung aus, aber es ist eine interne Frage, auf die wir eine ethische Antwort geben müssen. Nach Blackburn wird Wahrheit teilweise oder gänzlich – seine Position ist in diesem Punkt nicht ganz klar – aus der Innenperspektive gewonnen. Die Frage nach der Wahrheitsfähigkeit von Fragen bezüglich Ehrlichkeit oder Grausamkeit wird mindestens teilweise als eine interne Frage behandelt, auf die man mit der Angabe von ethischen Gründen reagieren muss.[677]

McDowell teilt Blackburns Auffassung, dass Wahrheit für ethische Einstellungen von innen gewonnen werden muss. Er ist aber – wie bereits erwähnt – der Meinung, dass Wahrheitsgewinnung von innen mit dem Projektivismus nicht vereinbar ist. Er selbst vertritt eine *Nichtprioritätsauffassung* für ethische Einstellungen. Diese Auffassung ist als Ablehnung von zwei Prioritäten zu verstehen. Der Projektivismus steht für die eine Priorität. Nach dem Projektivismus sind ethische Begriffe wie *Ehrlichkeit* als Projektionen von Empfindungen zu verstehen, die unabhängig vom Begriff der Ehrlichkeit verständlich sind. Hier haben die Empfindungen Priorität: Eigenschaften wie Ehrlichkeit sind keine Bestandteile der Wirklichkeit, sondern Projektionen von Empfindungen. Der intuitionistische Realismus steht für die andere Priorität. Nach dieser Position sind ethische Eigenschaften wie Ehrlichkeit Bestandteile einer Realität, die von Empfindungen wie dem Ehrlichkeitsempfinden begrifflich unabhängig ist. Die Empfindungen haben die Rolle der Wahrnehmung der Bestandteile dieser begrifflich unabhängigen Realität. Hier haben die ethischen Eigenschaften Priorität.

Nach der Nichtprioritätsauffassung ist weder den Empfindungen noch den ethischen Eigenschaften Priorität zu geben. Der Realität kann nicht Priorität gegeben werden, da die Frage, ob etwas z. B. wirklich ehrlich sei, nicht beantwortet werden kann, ohne sich zu fragen, ob es angemessen wäre, es als ehrlich zu empfinden. Den Empfindungen kann aber ebenfalls nicht Priorität gegeben werden, da die Empfindungen, die bei der Beantwortung der Frage maßgeblich sind, ob etwas z. B. wirklich ehrlich sei, ohne Bezug auf den Begriff der Ehrlichkeit nicht verständlich sind. Beide Metaphern scheitern also: Die Projektionsmetapher und die Metapher von der Wahrnehmung vorgegebener ethischer Bestandteile der Wirklichkeit. Die Nichtprioritätsauffassung besteht in der Ablehnung dieser zwei Metaphern und in der Behauptung, dass menschliche Empfindungen und ethische Begriffe begrifflich voneinander abhängig sind.[678]

Bevor wir mit unserer Argumentation fortfahren, sollte angemerkt werden, dass die Nichtprioritätsauffassung menschlichen Empfindungen bezüglich *ethischer* Wahrheiten genau dieselbe Rolle zuschreibt, wie der interne Objektivismus den menschlichen Empfindungen bezüglich *philosophischer* Wahrheiten. Nach dem internen Objektivismus sind menschliche Empfindungen und philosophische Begriffe begrifflich voneinander abhängig. So sind z. B. der Begriff der Willensfreiheit und menschliche Empfindungen begrifflich voneinander abhängig. Dementsprechend entspricht der intuitionistische Realismus für ethische Wahrheiten dem platonischen Objektivismus bezüglich philosophischer Wahrheiten.

Ist die Projektionsthese wahr? Stellt die Projektionsmetapher die Verhältnisse richtig dar? Wenn Blackburns Position inkohärent wäre, dann müssten wir die Projektionsthese als falsch ablehnen. Wir denken, seine Position ist aber vollkommen kohärent. Dies gilt ebenfalls für McDowells Auffassung. Wie sollen wir dann über die Wahrheit der Projektionsthese entscheiden? Sowohl Blackburn als auch McDowell lassen ethische Gründe zu, wenn es um die Entscheidung darüber geht, ob bestimmte moralische Einstellungen wahrheitsfähig sind oder nicht. Blackburn tut dies unter dem Vorzeichen des Projektivismus, McDowell unter der Annahme der Nichtprioritätsauffassung. Jetzt geht es aber um die Wahrheit der Projektionsthese – um die Richtigkeit der Projektionsmetapher. Sind bei der Entscheidung über die Wahrheit dieser These evaluative Gründe zulässig? Wir denken, ja, und wollen so für den internen Objektivismus bezüglich der philosophischen Wahrheit über die Objektivität der Moral argumentieren. Wir beginnen unsere Argumentation bei Blackburns Beschäftigung mit einem Einwand gegen seine Position.

In dieser Kritik wird angenommen, dass in der Interpretation von ethischen Einstellungen eine gewisse Harmonie zwischen den Perspektiven des Theoretikers und des Teilnehmers bestehen muss. Der Einwand besteht darin, dass die theoretische Perspektive des Projektivismus der Perspektive des Teilnehmers nicht gerecht werden kann. Aus der Teilnehmerperspektive stellt die Moral Ansprüche an die Menschen, die unterminiert werden, wenn man sie aus der theoretischen Perspektive als bloße Projektionen von Empfindungen betrachtet. Blackburn verweist auf David Wiggins' »Truth, Invention, and the Meaning of Life« als Quelle einer solchen Kritik.[679] Diese Kritik am Projektivismus hat Ähnlichkeiten mit James' Kritik am Subjektivismus. Nach James folgt aus dem Subjektivismus, dass es für den Subjektivisten immer eine Option ist, seine Empfindungen so zu ändern (wenn er dies kann), dass sie nichts von ihm verlangen, was ihm nicht passt.[680]

Nach Blackburn läuft dieser Einwand gegen den Projektivismus in die Leere. Nach dem Projektivismus basieren ethische Urteile und Überlegungen auf menschlichen Empfindungen, aber diese Empfindungen sind nicht ihr Gegenstand. Menschen überlegen aus diesen Empfindungen heraus, aber nicht über sie. Unsere Verurteilung grausamer Handlungen geht von unseren ethischen Empfindungen aus. Wenn jemand also eine grausame Handlung verurteilt, dann drückt er seine Empfindungen gegenüber solchen Handlungen aus. Es ist für diese Person aber keine Option, seine Empörung über solche Handlungen abzustumpfen, um für sich selbst ein bequemeres Leben führen zu können. Die Empfindung, von der die Verurteilung solcher Handlungen ausgeht, verbietet der Person gleichermaßen, an der Abstumpfung seiner moralischen Empfindungen zu arbeiten. Die ethischen Einstellungen eines Menschen, der sich als Theoretiker als einen Projektivisten versteht, werden daher keineswegs vom Projektivismus aufgeweicht.[681]

Es geht hier dezidiert nicht darum, ob Blackburns Antwort erfolgreich ist oder nicht. Wir wollen also nicht diskutieren, ob Wiggins Recht damit hat, dass aus dem Projektivismus folgt, dass man an der Abstumpfung seiner ethischen Empfingungen arbeiten darf. Es geht darum, wie man entscheiden kann, ob die Projektionsthese wahr ist oder nicht. Wir wollen für drei Thesen argumentieren:

(1) *Wenn* aus dem Projektivismus folgt, dass man an der Abstumpfung seiner ethischen Empfingungen arbeiten darf, *dann* ist der Projektivismus falsch.
(2) Diese Schlussfolgerung – dass der Projektivismus falsch ist, wenn dies aus ihm folgt – ist nur gültig, wenn der interne Objektivismus wahr ist.
(3) Der interne Objektivismus für das Thema der Objektivität der Moral ist wahr (dies folgt aus Thesen 1 und 2).

ad 1: Zunächst muss festgehalten werden, dass Wiggins' Einwand auf ethischen Gründen beruht. Wiggins spielt nicht einfach eine faktisch gegebene Teilnehmer- bzw. Innenperspektive gegen die theoretische Perspektive aus. Der Einwand beruht auf ethischen Gründen: Es gibt *gute ethische* Gründe dagegen, seine ethischen Empfindungen abstumpfen zu lassen. Es werden hier also ethische Gründe verwendet, um eine metaethische Theorie (Projektivismus) als falsch zu erweisen.

Aber warum sollten diese ethischen Gründe zeigen, dass der Projektivismus *falsch* ist? Nach der Projektionsthese sind ethische Eigenschaften eine Projektion von Empfindungen auf die Realität. Nach Wiggins folgt aus der Projektionsthese, dass man an der Abstumpfung seiner ethischen Empfingungen arbeiten darf. Diese These ist also – wenn Wiggins Recht hat – moralisch korrumpierend. Aber warum sollte daraus folgen, dass die These falsch ist – dass ethische Eigenschaften nicht eine Projektion von Empfindungen auf die Realität sind? Selbst wenn es moralisch korrumpierend ist, an diese These zu glauben, warum sollte die These deshalb falsch sein?

Wir denken, dass diese ethischen Gründe zeigen, dass die Projektionsthese falsch ist. Der Projektivismus ist eine Theorie über die Moral. Eine Theorie über die Moral kann nur wahr sein, wenn aus ihr nicht folgt, dass man etwas tun darf, das die Moral verbietet. Sonst wird die Theorie ihrem Gegenstand nicht gerecht. Nach Wiggins folgt aus der Projektionsthese, dass man an der Abstumpfung der eigenen ethischen Empfindungen arbeiten darf. Diese Abstumpfung wird aber von der Moral verboten – die ethischen Gründe sprechen dagegen, dass man die eigenen moralischen Empfindungen abstumpfen lassen darf. Deshalb ist die Projektionsthese *falsch*, wenn aus ihr folgt, dass man an dieser Abstumpfung arbeiten darf.

Wir teilen mit Blackburn und McDowell die Annahme, dass es von der Angemessenheit von Empfindungen abhängt, ob etwas ein guter ethischer Grund ist. Deshalb sind es nicht einfach gute moralische Gründe, die eine maßgebliche Rolle bei der Entscheidung über die Wahrheit der Projektionsthese spielen, sondern auch die Angemessenheit von Empfindungen.

ad 2: Nach dem platonischen Objektivismus sind die Gründe, die philosophische Wahrheiten konstitutiv erklären, von menschlichen Empfindungen unabhängig. Wir haben gerade behauptet, dass die Angemessenheit von ethischen Empfindungen zeigen könnte, dass die Projektionsthese falsch sei. Wir habe ebenfalls gerade den Einwand gegen diese Behauptung abgewiesen, dass die Angemessenheit von ethischen Empfindungen nur zeigen könnte, dass der Projektivismus moralisch korrumpierend sei, nicht aber, dass er falsch sei. Wie wir jetzt zeigen möchten, muss dem Einwand aber stattgegeben werden, wenn der platonische Objektivismus wahr ist.

Wenn ethische Eigenschaften – so wie es die Projektionsthese besagt – eine Projektion von Empfindungen auf die Realität sind, dann ist dies nach dem platonischen Objektivismus ein Sachverhalt, der unabhängig von der Angemessenheit von menschlichen Empfindungen besteht. Dass es unangemessen ist, an der Abstumpfung seiner ethischen Empfindungen zu arbeiten, steht in keiner konstitutiven Relation zum Bestehen dieses Sachverhalts. Dies könnte höchstens in einer Evidenzrelation dazu stehen. Wenn die Projektionsthese moralisch korrumperiend ist, dann könnte man dies als Evidenz für ihre Falschheit betrachten. Die Projektionsthese könnte trotz dieser Evidenz aber wahr sein, da nach dem platonischen Objektivismus keine konstitutive Relation zwischen der Angemessenheit einer ethischen Empfindung und der Wahrheit der metaetischen These des Projektivismus besteht.

Unsere These 1 kann also nur wahr sein, wenn der platonische Objektivismus falsch ist. Damit These 1 wahr sein kann, muss stattdessen der interne Objektivismus für die Kontroverse um den Projektivismus wahr sein: Die Angemessenheit ethischer Empfindungen kann nur Gründe für die Falschheit des Projektivismus liefern, wenn die Gründe, die die Wahrheit über dieses kontroverse Thema konstitutiv erklären, und menschliche Empfindungen begrifflich voneinander abhängig sind.

ad 3: Wir haben oben für These 1 argumentiert – dafür, dass der Projektivismus falsch ist, wenn aus dem Projektivismus folgt, dass man an der Abstumpfung seiner ethischen Empfingungen arbeiten darf. Jetzt haben wir gezeigt, dass These 1 die Wahrheit des internen Objektivismus voraussetzt.

Wenn unser Argument für These 1 stimmt, dann dürfen wir schlussfolgern, dass der interne Objektivismus wahr ist.

Was folgt daraus für die Debatte um den Projektivismus? Wir sind der Meinung, dass die Positionen von Blackburn und McDowell beide kohärent sind und man daher die Kontroverse nicht rein theoretisch entscheiden kann. Mit unserem Argument für These 1 haben wir gezeigt, dass die Angemessenheit von Empfindungen in der Debatte berücksichtigt werden muss. Damit haben wir natürlich nicht entschieden, ob der Bezug auf die Angemessenheit von Empfindungen reicht, um zu zeigen, welche Theorie in dieser Kontroverse wahr ist. Wir haben z. B. nicht entschieden, ob Wiggins damit Recht hat, dass der Projektivismus erlaubt, dass man an der Abstumpfung der eigenen ethischen Empfindungen arbeitet. Wir haben aber gezeigt, dass Gründe, die auf der Angemessenheit von Empfindungen basieren, für diese Kontroverse genauso relevant wie theoretische Gründe sind.

In diesem Argument haben wir uns nur auf eine Kontroverse in der Metaethik konzentriert: Die Debatte über die Wahrheit der Projektionsthese. Unsere Argumentation ist aber allgemein: Eine metaethische These kann nur dann wahr sein, wenn sie nicht gegen angemessene ethische Empfindungen verstößt. Deshalb ziehen wir die Schlussfolgerung, dass der interne Objektivismus für das Thema der Objektivität der Moral im Allgemeinen wahr ist. Da die Debatte um den Projektivismus sich nicht nur auf Moral, sondern auch auf Werte bezieht, können unsere Überlegungen ebenfalls auf dieses Thema übertragen werden. Wir kommen daher zum allgemeinen Schluss, dass der interne Objektivismus auch für das Thema der Objektivität der Werte wahr ist.[682]

6.4 Konklusion

In diesem Kapitel ging es um die Erläuterung und Verteidigung unserer Philosophie der Philosophie. Dabei diente § 6.1 einem etwas anderen Zweck als § 6.2–6.3. In § 6.1 haben wir zentrale Elemente unserer Philosophie der Philosophie formuliert, indem wir sie innerhalb der Gegenwartsphilosophie verortet haben. Daher ging es in diesem Abschnitt größtenteils um die Erläuterung unserer Auffassung, nicht um deren Begründung. In § 6.2–6.3 wurden einige der Thesen aus § 6.1 begründet, aber auch weitere Thesen vertreten.

Im Schlussabschnitt wollen wir jetzt durch die Auflistung ausgewählter Thesen und die kurze Erläuterung der Begründung einiger Thesen rückblickend die wichtigsten Gedanken des Kapitels zusammenfassen. Wie wir betont haben, behaupten wir nicht, dass unsere Thesen für alle Fragen der Philosophie gelten, sondern nur für viele der zentralen Fragen. Um die Thesen einfacher zu halten, haben wir die Thesen hier aber für die Philosophie im Allgemeinen formuliert. In § 6.1 wurden folgende Thesen vertreten (Zusätze wie »mit Nozick« und »gegen den Wittgensteinschen Optimismus« bringen zum Ausdruck, ob die betreffende These mit einer anderen Position übereinstimmt oder ihr widerspricht):

These 1: In der Philosophie wird nach Antworten gesucht, nach denen man ein Leben bewusst führen kann. (*Mit* Nozick und Wolf)

These 2: Philosophische Grundfragen entstehen, wenn man nach dem Wert des Lebens fragt. (*Mit* Nozick und Wolf)

These 3: Die Philosophie hat nicht zum Ziel zu zeigen, *dass* das Leben lebenswert ist, sondern die Philosophie soll herausfinden, *ob* das Leben lebenswert ist. (*Gegen* Nozick)

These 4: In der Philosophie geht es nicht darum, andere von etwas zu überzeugen. (*Mit* Nozick, *gegen* die Zwangsphilosophie)

These 5: In der Philosophie geht es darum, dass ein Individuum für sich Gründe findet, die erklären, warum eine philosophische Position wahr ist. Eine zweite Person muss die Triftigkeit der Gründe aber im Prinzip einsehen können. (*Mit* der Zwangsphilosophie (teilweise), *gegen* Nozick)

These 6: Im Streit zwischen zwei philosophischen Positionen X und Y sind die Gründe, die die Wahrheit von X erklären, manchmal von Elementen abhängig, die zur Position X gehören und von Y abgelehnt werden. (*Gegen* die Zwangsphilosophie)

These 7: Philosophische Probleme haben ihre Quelle in der Spannung zwischen der subjektiven und der objektiven Perspektive. (*Mit* Nagel)

These 8: In der Philosophie geht es nicht unbedingt um die Integration der subjektiven und der objektiven Perspektive, sondern um die richtige Lösung der philosophischen Probleme. (*Gegen* Nagel)

These 9: Philosophische Fragen können nicht rein theoretisch gelöst werden. (*Mit* Tetens und Wolf)

These 10: Empfindungsbezogene Gründe können zeigen, warum eine philosophische Position im Gegensatz zu anderen wahr ist. (*Gegen* Tetens und Wolf)

These 11: In der Philosophie geht es um die Wahrheit und Falschheit von philosophischen Thesen. (*Gegen* den Wittgensteinschen Optimismus)

In § 6.1 ging es vor allem darum, diese und andere Thesen zu formulieren und von anderen Theorien der Gegenwartsphilosophie zu unterscheiden.

In § 6.2–6.3 konnten nicht all diese Thesen begründet werden. Es ging uns in erster Linie um den Nachweis von den Thesen 10 und 11.

Das Argument für These 10 war in den beiden Abschnitten strukturell gleich: Wir haben in beiden Fällen für diese These in zwei Schritten argumentiert. Erstens haben wir dafür argumentiert, dass es bestimmte Beispiele von empfindungsbezogenen Gründen gibt, die zeigen können, warum eine philosophische Theorie im Gegensatz zu anderen wahr ist. In § 6.2. ging es hauptsächlich um Fairnessgründe, die zeigen können, welche Position in der Kompatibilismusdebatte wahr ist. In § 6.3 ging es vorrangig um ethische Gründe, die gegen die Erlaubnis sprechen, die eigenen ethischen Empfindungen abstumpfen zu lassen. Diese Gründe können zeigen, welche Position in der Kontroverse um den Projektivismus wahr ist.

Im zweiten Schritt haben wir demonstriert, wie es möglich ist, dass empfindungsbezogene Gründe zeigen können, dass eine philosophische Position im Gegensatz zu anderen wahr ist. Es ist nur möglich, wenn der interne Objektivismus wahr ist. Der interne Objektivismus erklärt, weshalb empfindungsbezogene Gründe zeigen können, warum eine philosophische Position im Gegensatz zu anderen wahr ist. Wenn die empfindungsbezogenen Gründe wirklich zeigen können, welche Positionen in den Kompatibilismus- und Projektivismusdebatten wahr sind, dann muss der interne Objektivismus wahr sein:

These 12: Der interne Objektivismus ist für zwei zentrale philosophische Debatten wahr.

Der zweite Schritt im Argument für These 10 beinhaltet einen wichtigen argumentativen Zug gegen die Kritiker dieser These. Es wird eine mögliche *Diagnose* davon angeboten, warum die Kritiker These 10 ablehnen: Sie lehnen sie ab, weil sie fälschlicherweise annehmen, dass man Wahrheit in der Philosophie im Sinne des platonischen Objektivismus verstehen muss, wenn es in der Philosophie um Wahrheit geht. Wenn man hingegen den internen Objektivismus als Interpretation philosophischer Wahrheit akzeptiert, dann entfällt jeglicher Grund gegen These 10.

So ist unser Argument für These 11 auch zu verstehen: Die Kritiker von dieser These nehmen fälschlicherweise an, dass man Wahrheit für philosophische Thesen im Sinne des platonischen Objektivismus verstehen müsste. Wenn Wahrheit stattdessen im Sinne des internen Objektivismus aufgefasst wird, dann entfällt jeglicher philosophische Grund, These 11 abzulehnen. Da diese These für zentrale philosophische Fragen sowieso plausibel ist, hat man jeden Grund sie zu akzeptieren.

Thesen 10, 11 und 12 waren das Hauptargumentationsziel von § 6.2–6.3. Die Plausibilität von These 9 wurde in der Diskussion angenommen. Die Thesen 1–8 dienten vor allem dem Zweck, unsere Position innerhalb der Gegenwartsphilosophie einzuordnen. Der interne Objektivismus und These 10 geben aber darüber Auskunft, wie einige der anderen Thesen – z. B. Thesen 1, 5, 6 und 8 – weiter erläutert und verteidigt werden können.

Lieber Bill,

ich danke dir für deine Kapitel 5 und 6, die ich sehr gut finde. Während du diese Kapitel geschrieben hast, habe ich auch inhaltlich weiter gearbeitet. Ich habe auch viel über unser Projekt nachgedacht und über meine eigene Zukunft. Ich brauche aber etwas Zeit, bis ich dir mehr sagen kann.

Herzlichst grüßt dich dein Freund

Wilhelm

———— * ————

Lieber Wilhelm,

es freut mich sehr, dass dir die beiden Kapitel gefallen. Dann können wir hoffentlich bald damit anfangen, unsere Texte zu revidieren und dem Buch eine endgültige Form zu geben. Aber ich gebe dir natürlich die Zeit, die du brauchst. Ich habe zu tun.

Herzliche Grüße

Bill

———— * ————

Lieber Bill,

dies ist mein letzter Brief an dich. Ich denke bereits länger darüber nach und nun ist es so weit. Ich habe meine Professur gekündigt. Gestern habe ich mein letztes Seminar abgehalten. Ich lebe bereits im Hotel. Meine Wohnung habe ich verkauft. Den PC, auf dem ich diese Zeilen schreibe, werde ich heute Abend noch zerstören. Morgen verreise ich und beginne an einem anderen Ort ein neues Leben unter einem anderen Namen. Es ist alles vorbereitet.

Ich habe eine letzte Bitte an dich. Im Anhang findest du einen Text, den ich »Epilog« genannt habe, auch wenn es sich schlicht um ein weiteres Kapitel in unserem Buch handelt. Ich dachte, du könnest den Text aber eher mit dem Titel »Epilog« als Teil unseres Buchs akzeptieren. Nun zu meiner Bitte: Würdest du unser Buch veröffentlichen? Ich weiß, dass es aus deiner Sicht nicht fertig ist. Aus meiner auch nicht. Aber wir sind uns schlicht über das Vorgehen nicht einig. Und ich verlasse nun unsere gemeinsame Welt. Ich kann nicht mehr daran arbeiten. Da ich deine Teile stets habe übersetzen lassen, liegen alle Kapitel auf Deutsch vor. Ich würde daher anregen, dass du das Buch auf Deutsch veröffentlichst. Deine Kollegen in den USA würden es in dem Fall nicht lesen und du müsstest nicht befürchten, dass es deinen Ruf als professioneller Philosoph beschädigt. Deine eigenen Kapitel, die dafür geeignet sind, kannst du ja unabhängig davon als Aufsätze auf Englisch veröffentlichen. Du könntest zudem in der Veröffentlichung darauf hinweisen, wer welche Kapitel geschrieben hat. Dann wärest du vollkommen abgesichert. Von mir aus kannst du auch unsere Korrespondenz mitveröffentlichen. Es wäre mir aber wichtig, dass unsere Kapitel als Buch veröffentlicht werden. Daher meine Bitte an dich. In welcher Form du es tust, überlasse ich dir. Ich vertraue dir.

Ich kann mir vorstellen, dass mein Entschluss und meine Bitte für dich überraschend kommen. Daher will ich in diesem letzten Brief an dich erklären, warum ich diese Entscheidung in meinem Leben jetzt getroffen habe. Ich werde dich selbstredend nicht mit biografischen Details langweilen. Ich weiß nicht, ob du dich jemals gefragt hast, warum ich deine harsche Kritik an meinen Beiträgen zu unserem Buch stets ohne böses Blut schlicht hingenommen habe. Ich habe es getan, weil ich dich so gut verstanden habe. Ich war einmal wie du. Ich sehe dich wirklich wie meinen Seelenverwandten. Ich weiß nicht, ob du dich später so entwickeln wirst, wie ich es getan habe. Das solltest du vermutlich auch nicht. Aber ich erkenne in dir mein früheres Selbst. Möglicherweise irre ich mich. Ich will dir dennoch etwas über meine philosophische Entwicklung erzählen. Wenn du dich selbst in den früheren Phasen meiner Entwicklung erkennen solltest, wirst du unter Umständen nachvollziehen können, warum ich mich jetzt so entschieden habe.

Ich bin in einer lyrischen Umgebung aufgewachsen. Ich würde sogar so weit gehen, dass ich in einer lyrischen Kultur groß geworden bin. Mir wurden prägnante Sätze und Gedichte vorgelegt und mir wurde gesagt, man könnte es nicht besser sagen. Das würde alles sagen. Ich hatte diese lyrische Ader. Aber mir kamen diese Zeilen stets etwas zu kurz vor, um alles sagen zu können. Trotz meiner Liebe für die Lyrik habe ich also tiefes Misstrauen gegen sie entwickelt. Ich habe die Aussage »das sagt doch alles« als ein Verbot empfunden, ein Verbot, die lyrischen Zeilen auf den Prüfstein zu stellen, um herauszufinden, ob es nicht mehr zu sagen gebe. Ich hatte sogar die Vermutung, viele lyrische Zeilen würden mir nur vorgaukeln, überhaupt etwas zu sagen, aber in Wirklichkeit wären sie völlig inhaltsleer und würden mich nur in eine Stimmung versetzen. Oder wenn sie etwas sagen würden, wäre es unter Umständen nicht nur wenig, sondern auch falsch.

Die Umgebung meiner Kindheit war aber nicht nur lyrisch. Alle in meiner Umgebung schienen zu wissen, was richtig war. Ich dachte selbstredend auch, dass sie alle Recht hätten. Ich habe aber nie so richtig verstanden, woher sie es wirklich wussten. Sie schienen es irgendwie instinktiv zu wissen. Manchmal sagten sie, man müsste schlicht das Herz an der richtigen Stelle haben. Das dachte ich auch. Als ich Menschen traf, die anderer Meinung waren, musste ich schlussfolgern, sie hätten das Herz nicht an der richtigen Stelle. Das kam mir aber wiederum nicht ganz schlüssig vor. Es schien mir mit diesen Menschen nichts falsch zu sein, außer dass sie wohl nicht die richtigen Meinungen hatten. Um andere zu überzeugen, gaben die Menschen in meiner Umgebung manchmal Gründe für ihre Meinungen. Man müsste X glauben, weil A wahr sei. Da mir wohl der Instinkt und das Herz fehlten, setzte ich meine Hoffnungen in diese Argumente. Man müsste also mit A beginnen und sich damit beschäftigen, was aus A folgte. Das war möglicherweise mein erster philosophischer Gedanke überhaupt, auch wenn ich ihn nicht so benennen konnte. Mir kam es aber so vor, dass die Menschen in meiner Umgebung an den As und Bs, die X untermauern sollten, gar kein Interesse hätten. Sie schienen schlicht davon auszugehen, dass X wahr sei und man könnte in Disputen die As und Bs nehmen, die den jeweiligen Gesprächspartner von X überzeugen würden. Aber wahrscheinlich war es nicht so. Wahrscheinlich hatten sich die Menschen in meiner Umgebung längst auf der Grundlage von As und Bs für X entschieden. Ihre Meinung war also begründet, aber sie waren an den Gründen schlicht nicht mehr interessiert. Mein damaliges Gefühl war aber anders. Mir kam ihre Entscheidung für X irgendwie willkürlich vor. Ich wünschte mir, man könnte den Urgrund finden, der sogar tiefer als die As und Bs liegen würde. Erst dann könne man beurteilen, ob X wirklich wahr sei. Da mir der Instinkt und das Herz fehlten, setzte ich meine Hoffnung in den Urgrund.

Ich artikuliere das alles nachträglich so. Selbstredend habe ich es als Kind und Jugendlicher nicht in dieser Deutlichkeit gedacht. Aber irgendetwas dieser Art ging in mir vor. In diesem Zustand begegnete mir die Philosophie. In ihr entdeckte ich die Antwort auf die lyrische Färbung und auf die herzgesteuerte Meinungsbildung meiner Umgebung. Ich kam mir überlegen vor. Ich hatte nun Zugang zu einem Instrumentarium, das mir erlauben würde, die Lyrik auf ihren Wahrheitsgehalt zu prüfen und Meinungen von ihrem Urgrund abzuleiten – genau zu prüfen, welche Meinungen wahr seien und welche falsch.

Ich studierte also Philosophie. Ich war in der Schule in Mathematik gut gewesen, aber nicht sehr gut. Für mich war die Mathematik inhaltsleer. Ich konnte lernen, was man mir vorlegte. Aber ich kam selbst nicht weiter. In der Philosophie war es anders. Sie schien mir die perfekte Mischung aus dem Lebensinhalt, der der Mathematik fehlte, und der Präzision der Mathematik. Am besten gefiel mir die sogenannte Analytische Philosophie. (Ich denke, meine späteren Zweifel an der Philosophie richten sich gegen jede Art von Philosophie, aber meine Entwicklung vollzog sich weitgehend im Rahmen der Analytischen Philosophie.) Dort fühlte ich mich zu Hause und überlegen. Ich las Wittgenstein: »Was sich überhaupt sagen lässt, lässt sich klar sagen.« Ich las John Searle: »Was man nicht klar sagen kann, versteht man selbst nicht.« Ich liebte diese Sätze und ich wollte die klarsten Texte aller Texte schreiben.

Ich war süchtig nach Philosophie. Ich nahm mir stets wieder vor, mehr in die Sonne zu gehen oder mich ab und zu mit Leuten zu treffen. Aber stets schien mir das letzte Buch oder der neueste Artikel zu einer philosophischen Frage wichtiger zu sein. Ich sank tiefer und tiefer in die komplexen Debatten zu den philosophischen Fragen, die mich interessierten. Ich musste einfach die neuesten Unterscheidungen auf meinem Gebiet in Erfahrung bringen, sobald sie im Umlauf waren. Ich kannte mich mit allen Unterscheidungen und allen Positionen aus. Ich konnte meine Position unter den vielen Ansätzen genau lokalisieren, klar formulieren und die Gründe angeben, die zeigten, dass meine Position wahr sei: Die anderen Positionen würden nicht die Adäquatheitsbedingungen achten, die man berücksichtigen sollte.

Ich sah das Leben an mir vorbeiziehen, aber mir kam es nicht so vor. Ich fühlte mich wie Settembrini, als er einmal in Hans Castorps Krankenzimmer kam und das Licht anmachte (ich habe nicht im *Zauberberg* nachgeschlagen, ob ich mich richtig erinnere, da es darauf nicht ankommt). Settembrini wollte das Zimmer Castorps voll ausleuchten. Das ganze Zimmer sollte beleuchtet sein, nichts sollte im Dunkeln bleiben. So wollte ich auch vorgehen. Diese Mission hatte auf mich einen hypnotisierenden Effekt. Ich habe nicht gesehen, dass eine gleichzeitige Beleuchtung von jedem Eck auch verblendet. Viel Licht blendet. Klarheit als Selbstzweck verblendet. Als ich Klarheit hatte, glaubte ich stets die Wahrheit zu haben. Klarheit ist deswegen stets zu haben, weil man zu jedem Thema etwas Klares sagen kann. Es ist stets möglich, eine klare und komplexe Theorie zu bauen. Sie wird aber deswegen nicht der Sache gerecht, wovon die Theorie angeblich handelt. Wenn sie zum Selbstzweck wird, lenkt sie sogar von der Sache selbst ab. Man muss bei der Sache selbst anfangen. Man muss Geduld haben. Ich glaube immer noch daran, dass man jedes Thema vollständig beleuchten kann. Aber eben nicht auf einmal. Man muss die Schatten schätzen lernen und daran arbeiten, etwas aus jedem Winkel zu betrachten, aber eben nicht auf einmal. Das ist eine theoretische Trivialität, aber in der Praxis schwer.

Damals habe ich es aber noch nicht so gesehen. Ich habe geglaubt, durch meinen klaren – jedenfalls für mich klaren – Ansatz die Wahrheit in der Hand zu halten. Selbstredend war mir die unglaubliche Vielfalt der Theorien zu jedem Thema bewusst. Mir war auch bewusst, dass jede philosophische Theorie normalerweise genau einen Anhänger hat – den Erfinder selbst. Aber ich sagte mir – und das stimmt auch –, dass es nicht bedeuten würde, dass meine Theorie nicht wahr sei. Und ich glaubte fest daran, dass meine Theorie wahr sei und die ganzen anderen falsch.

Ich musste etwas älter werden, damit wirkliche Zweifel ansetzten. Ich musste beobachten, wie die Generation nach meiner Generation genauso vorging wie meine. Jeder in der Nachfolgegeneration glaubte, er würde die »gängigen Theorien« verwerfen und endlich das Richtige sagen. Das haben auch ich und die anderen Mitglieder meiner Generation geglaubt. Es erstaunt mich nun, aber ich musste erst älter werden, um zu sehen, dass es keine »gängigen Theorien« gibt, sondern dass sie immer eine Erfindung sind, die dem Zweck dient, sich selbst als Rebellen wahrnehmen zu können. Aber das hat nicht meine Zweifel geschürt. Ich habe beobachtet, wie die Nachfolgegeneration die Schritte meiner Generation wiederholt und mir wurde dadurch klar, dass meine Generation die Schritte der Generation davor wiederholt hatte. Die Nachfolgegeneration beschäftigt sich mit den philosophischen Problemen meiner Generation. Es liegen auch alle Typen der philosophischen Antworten wie in meiner Generation vor. Es werden aber andere Autoren als in meiner Generation besprochen. So wie meine Generation sich mit sich selbst beschäftigt hat (und sich von den »gängigen Theorien« der Vergangenheit abgrenzte!), beschäftigt sich die Nachfolgegeneration mit sich selbst. Ich hatte keine neuen Informationen. Ich bin nur älter geworden. Mir ist aufgegangen, dass meine Generation nur ein Spiel gespielt hat. Wir haben mit den Mitteln, die wir in unserem Philosophiestudium gelernt haben, unsere Theorien gegeneinander ausgespielt und darauf gehofft, mit der eigenen Theorie die anderen zu schlagen.

Ich gab zu diesem Zeitpunkt selbstredend nicht die Hoffnung auf die Wahrheit auf. Ich habe sie immer noch nicht aufgegeben. Aber ich fing an, Zweifel an den Mitteln zu haben, auf die die Philosophie begrenzt war. Wenn Philosophie uns nicht andere Mittel zur Verfügung stellt, werden wir mit Philosophie nie an die Wahrheit kommen. An dieser Stelle war es nicht nur James, aber auch James, der mir Hoffnung gegeben hat. Als wir uns, lieber Bill, zum ersten Mal getroffen haben, war ich noch in diesem Stadium. Ich habe gehofft – das hoffe ich immer noch, aber anders –, dass mit der Ausweitung der Mittel der Philosophie auf die ganzen Fähigkeiten des Menschen man die Wahrheit über philosophische Fragen herausfinden kann. Das war auch der Impuls für unser gemeinsames Projekt.

Mir wurde aber früh klar, dass im Versuch, diesen anderen philosophischen Weg zu gehen, die Gefahr eines performativen Widerspruchs steckt: die Gefahr, inhaltlich etwas zu sagen, dem man aber mit den eigenen Handlungen widerspricht. Ein solcher performativer Widerspruch ist selbstredend eine Art Verlogenheit. Unser hartnäckiger Streit über die Form eines philosophischen Werks war meinerseits Ausdruck dieses Unbehagens. Der Inhalt unserer Theorie – den wir mehr oder weniger von James übernommen haben – besteht darin, dass nichttheoretische Faktoren eine entscheidende Rolle in der Entscheidung über die Wahrheit einer philosophischen Theorie spielen: theoretische Überlegungen würden nicht reichen. Ich dachte, wenn wir unser Buch in der Form einer argumentativen Monografie vorlegen würden, würden wir performativ dem Inhalt unserer Theorie widersprechen. Wir würden rein theoretisch handeln und behaupten, auf diesem Weg einen nichttheoretischen Inhalt fassen und vermitteln zu können.

In letzter Zeit hatte ich aber immer stärker das Gefühl, dass unsere Lösung die Gefahr einer weiteren Verlogenheit – eines weiteren performativen Widerspruchs – mit sich bringt. Als ich deine letzten beiden Kapitel las – lieber Bill – wurde mir klar, dass es tatsächlich so ist. Du argumentierst unter anderem für 1) unsere metaphilosophische These, dass philosophische Theorien im Leben getestet werden müssen, indem man nach ihnen handelt und 2) für konkrete Thesen bezüglich Willensfreiheit und der Objektivität der Moral. Dein Text besteht aus Thesen und Argumenten. Du handelst im Text aber selbstredend nicht nach diesen Thesen. Das kann man nur im Leben tun. Woher willst du dann wissen, dass diese Thesen bezüglich Willensfreiheit und der Objektivität der Moral wahr sind? Woher willst du wissen, dass unsere metaphilosophische Theorie wahr ist? Du begehst einen performativen Widerspruch: Du behauptest, These X könne nur im Leben auf ihre Wahrheit getestet werden. Zugleich vertrittst du These X, ohne sie im Leben getestet zu haben. Das muss ich leider, lieber Bill, Verlogenheit nennen. Du behauptest, Theorien müssen im Leben getestet werden. Dieselben Theorien willst du aber deinem Leser als wahr verkaufen, ohne sie im Leben getestet zu haben.

Ich bin genauso verlogen wie du. Auch ich habe unsere metaphilosophischen Thesen und andere Thesen vertreten, ohne sie im Leben getestet zu haben. Damit will ich aber nun Schluss machen. Das ist der Grund für das Aufgeben meiner Professur. Ich will das akademische Leben verlassen und endlich so leben, wie unsere metaphilosophischen Thesen es vorschreiben: Theorien im Leben testen.

Du fragst dich sicher, warum ich dafür meine Professur aufgeben und ein neues Leben mit einer neuen Identität anfangen muss. Das hat sowohl mit der Aufgabe selbst (philosophische Theorien im Leben testen) zu tun als auch damit, wie mein bisheriger Beruf und bisheriges Leben das Lösen dieser Aufgabe verhindern würden. Zuerst zur Aufgabe selbst. Dazu muss ich auch auf den letzten Abschnitt des Epilogs verweisen, in dem ich die Schwierigkeiten dieser Aufgabe eingehend erörtere. Manche Schwierigkeiten sind eher praktischer und psychologischer Natur. Theorien im Leben zu testen, erfordert, dass man nach Theorien lebt, an die man genau genommen nicht glaubt. Man muss es aber schaffen, so weit an sie zu glauben, dass man sie wirklich im Leben testen kann. Das wird von mir ungeheure praktische Anstrengungen fordern. Andere Schwierigkeiten sind eher theoretischer bzw. epistemischer Natur. Wie man diese Schwierigkeiten lösen soll, weiß ich nicht genau. Im Epilog sage ich etwas dazu. Aber letztlich kann man diese Schwierigkeiten nur lösen, indem man die verschiedenen Lösungsansätze selbst im Leben testet. Das wird ebenfalls von mir einen großen Einsatz fordern.

Bezüglich der Anforderungen meines bisherigen Berufs könnte ich selbstredend auf die absurd hohe Lehrverpflichtung deutscher Professoren verweisen. Du – so wie andere Kollegen aus anderen Ländern – bist vom Hocker gefallen, als ich dir davon erzählt habe. Wir sind auch einer Meinung, dass durch die zunehmende Ökonomisierung und Bürokratisierung der Universitäten die Verwaltungsaufgaben ständig wachsen. Das alles will ich dir aber nicht als Gründe nennen, warum ich meine Professur aufgeben muss, um philosophische Theorien im Leben testen zu können. Ich will dir einen philosophischen Grund nennen. Das Forscherleben eines Philosophen an einer Universität besteht in der Teilnahme an einem professionalisierten Diskurs. Ich habe an diesem Diskurs sehr lange teilgenommen und ich weiß, wie es läuft. Ich brauche ihn gerade nicht. Und – das ist das Entscheidende – die Teilnahme an diesem Diskurs steht meinem Vorhaben im Weg, philosophische Theorien im Leben zu testen. Dieser Diskurs fordert von mir, mich auf philosophische Thesen und Argumente für diese Thesen zu konzentrieren. Das ist eine Einstellung, die ich loswerden muss. Ich muss mich in die Lage versetzen, ernsthaft nach Theorien zu leben, an die ich genau genommen nicht glaube, um bei dieser Lebensführung von den Erfahrungen überrascht zu werden, die ich dabei mache. Wenn ich jünger wäre, könnte ich es unter Umständen schaffen, mich abwechselnd an diesen sehr unterschiedlichen Unternehmungen zu beteiligen – dem professionellen philosophischen Diskurs und dem Testen von philosophischen Theorien im Leben. Ich traue mir das aber jetzt nicht zu. Deswegen muss ich meinen Beruf als professioneller Philosoph aufgeben.

Ich muss aber auch aus meinem jetzigen Leben komplett aussteigen. Ich brauche für das Testen philosophischer Theorien im Leben so viel innere Freiheit wie möglich. Es muss mir gelingen, mich auf Theorien einzulassen, an die ich nicht glaube. Eine der größten Bedrohungen der Freiheit sind die anderen mit ihren Erwartungen. Sie glauben mich zu kennen und legen mich für sich so fest, wie sie glauben, dass ich bin. Von ihren Annahmen, dass ich so bin, muss ich mich ständig befreien. Wenn ich ernsthaft philosophische Theorien im Leben testen will, kann ich diesen ständigen Kampf mit den anderen nicht gebrauchen. Ich muss an einem anderen Ort ein neues Leben anfangen, damit ich dort möglichst frei von den Erwartungen der anderen anfangen kann.

Ich weiß nicht, was mein neues Leben mit mir machen wird. Es wird ein philosophisches Leben sein. Ich weiß aber nicht, ob ich jemals wieder ein Buch schreiben werde. Deswegen bitte ich dich so inständig darum, unser gemeinsames Werk zu veröffentlichen. Ich bin davon überzeugt, dass wir Recht haben. Wir haben eine Botschaft an die philosophische Welt und sie sollte gehört werden. Ich kann das Buch aber nicht veröffentlichen. Ich muss mein Leben jetzt aufgeben. Es hat mich einerseits viel Mut gekostet, diesen Schritt zu tun. Wenn ich mit der Umsetzung noch warte, weiß ich nicht, ob ich meinen Mut noch aufrechterhalten kann. Andererseits muss ich mein neues Leben schlicht jetzt anfangen. Ich will es jetzt. Ich will es nicht verschieben. Und nachdem ich es angefangen habe, weiß ich nicht, ob es einen Weg für mich zurück in die Welt der professionellen Philosophie geben wird.

Es ist nicht lange her, lieber Bill, dass wir uns kennengelernt haben. Du bist aber derjenige, der am meisten in diese wichtigste Entscheidung meines Lebens verwickelt ist. Nach unserer ersten und einzigen gemeinsamen Zeit haben wir uns nur geschrieben. Aber es ist durch unsere gemeinsame Arbeit an diesem Projekt und durch unsere Korrespondenz, dass dieser Entschluss in mir gereift ist und nun praktisch in die Tat umgesetzt worden ist. Wenn ich mein neues Leben anfange, wirst du derjenige aus meinem alten Leben sein, an den ich am intensivsten denken werde. (Ich nehme meine Hündin Rosta selbstredend mit.) Wenn ich beim Testen unserer Theorie und anderer Theorien in meinem zukünftigen Leben philosophisch über mein Tun und die Ergebnisse reflektiere, wird mein erster Gedanke stets sein, was du darüber denken würdest. Aber auch von dir muss ich mich verabschieden. Ich muss mein Leben frei von Fremdzuschreibung beginnen. Das gilt auch für dich.

Ich erwarte, dass du wütend auf mich sein wirst. Aber ich hoffe, dass du mich eines Tages verstehen wirst. Ich wünsche dir beruflich viel Erfolg und mit deiner Familie ein glückliches Leben.

Vom Herzen grüßt dich zum letzten Mal dein Freund

Wilhelm

Epilog: Was ich bin, zeigt sich im Leben

Die Zeit ist gekommen, den letzten und entscheidenden Schritt zu tun. Im letzten Kapitel wurde demonstriert, dass nicht nur *theoretische*, sondern auch *praktische* Argumente notwendig sind, um die Richtigkeit einer philosophischen Position nachzuweisen. Dabei wurde nicht in Frage gestellt, dass *Argumente* für diesen Zweck ausreichend sind. Das sind sie aber nicht. In diesem Kapitel möchte ich zeigen, welcher Schritt über Argumente hinaus notwendig ist. Zudem möchte ich all die Vorbereitungen treffen, die für mich nötig sind, um diesen Schritt tatsächlich zu tun.

Im letzten Kapitel wurde viel vom *ganzen Menschen* gesprochen. Dabei wurden wichtige Wahrheiten zum Ausdruck gebracht: Um eine philosophische Frage entscheiden zu können, muss der Mensch auch seine praktischen und emotionalen Fähigkeiten einsetzen, nicht nur seine theoretischen. Der Mensch muss seine ganzen Fähigkeiten einsetzen. Dabei ging es aber ausschließlich um den Menschen als ein beurteilendes Wesen. Es war also gewissermaßen nur abstrakt vom Menschen die Rede. Man hätte auch sagen können, dass für die Beurteilung einer philosophischen Frage theoretische, praktische und emotionale Aspekte wichtig sind. Diese Aspekte kann man formulieren und mit Hilfe dieser Formulierungen die relevante philosophische Frage entscheiden. Die philosophische Frage wird also genau genommen rein abstrakt beantwortet: Der Verweis auf die relevanten theoretischen, praktischen und emotionalen Aspekte zeigt, warum eine bestimmte philosophische Antwort richtig ist.

Auch wenn es richtig und wichtig ist, dass all diese Aspekte eine Rolle spielen, muss nun in diesem Kapitel das Entscheidende, das im letzten Kapitel vorübergehend außer Acht gelassen wurde, erneut ins Spiel gebracht werden: der konkrete Mensch, der ein Leben führt. Ich werde zeigen, inwiefern nur der konkrete Mensch durch seine Lebensführung die Wahrheit oder Falschheit einer philosophischen Theorie nachweisen kann.

1. Selbst und Temperament

William James hat sich mit der Frage intensiv beschäftigt, ob es Leben nach dem körperlichen Tod gibt. Das tun heute noch Milliarden von Menschen. Viele glauben fest daran, dass sie den körperlichen Tod überleben können. Andere sind sich nicht sicher. Ich selbst glaube nicht daran. Ich bin davon überzeugt, dass mit dem Vergehen meines Körpers auch mein Ende gekommen ist. Dazu gehört aber stillschweigend die Annahme, dass ich bis zu meinem Tod weiterexistieren werde. Ich werde eventuell den Sterbeprozess erleben oder ich werde doch unerwartet im Schlaf oder durch einen Unfall sterben. Bis dahin bin ich aber da. Diese Annahme teilen – so möchte ich behaupten – die meisten Menschen. Jeder von diesen Menschen geht davon aus, er selbst sei einmal ein unbeholfenes Kind gewesen, später ein Jugendlicher, der danach erwachsen wurde und nun das Sterben vor sich hat. Diese Annahme wird von dem Philosophen Galen Strawson vehement abgelehnt. Er bezweifelt selbstredend nicht, dass Menschen geboren werden, die man »Galen Strawson« oder »Wilhelm Kornblum« nennt, und die später sterben werden. Er leugnet aber, dass es etwas wie ein Selbst gibt, worüber man fragen kann, ob es in zwanzig Jahren, wenn der Mensch letztlich stirbt, auch vergehen wird: ob ich, der dieses Selbst ist, mit meinem körperlichen Tod auch verenden werde. Strawson leugnet aber nicht, dass es Selbste gibt. Im Gegenteil: Er glaubt, dass im Leben eines Menschen ständig ein Selbst von einem neuen Selbst abgelöst wird, wobei die Lebensdauer von jedem Selbst sehr kurz ist, möglicherweise nur eine oder zwei Sekunden (siehe *Selves. An Essay in Revisionary Metaphysics*). Ich beginne dieses Kapitel mit einer Besprechung von Strawson.

Bevor ich damit anfange, bin ich meinem Leser eine Erklärung schuldig. Warum will ich plötzlich die Frage nach dem Selbst erörtern? Oder wenn ich unbedingt über dieses Thema schreiben will, warum beginne ich mit einer offensichtlich vollkommen verrückten Antwort auf diese Frage – nämlich Strawsons Antwort? Die Antwort auf die erste Frage besteht ganz einfach darin, dass diese Frage bisher kein Thema in diesem Werk war und sich gut eignet, um zu zeigen, inwiefern philosophische Fragen nur vom konkreten Menschen in seiner Lebensführung entschieden werden können. Zudem handelt es sich um ein eindeutig ontologisches bzw. metaphysisches Thema und ich möchte gerne zeigen, dass auch solche Themen auf diese Weise entschieden werden.

Aber warum Strawsons wahnwitzige Theorie? (Strawson behauptet übrigens, seine Theorie vom Selbst stehe der von James nahe, aber das möchte ich beiseite lassen.) Mir geht es um einen Aspekt von Strawsons philosophischer Vorgehensweise. Strawson stellt sich als konkreter Mensch hin und behauptet über sich, seine eigene Erfahrung von sich selbst sei stets (oder in der Regel) von einem Selbst mit kurzer Lebensdauer (auch wenn nicht unbedingt nur von ein paar Sekunden). Strawson gibt dabei gerne zu, dass sein eigenes Temperament sich in dieser Erfahrung ausdrückt; Menschen eines anderen Temperaments würden an sich selbst als Kind denken und fortblickend sich über den eigenen Sterbeprozess Gedanken machen. Strawson schreibt aber (und verweist in diesem Kontext auf James' *A Pluralistic Universe*) Folgendes über die Rolle dieser Temperamente: »Es gibt Tatsachen darüber, wie die Dinge in Wirklichkeit sind, und Menschen mit einer Art von emotional-intellektuellem Temperament könnten in einer besseren Position sein, einige Teile davon ausfindig zu machen als Menschen mit einem anderen.« Dabei meint Strawson, dass es eine metaphysische Wahrheit über das Selbst gibt – entweder sind Selbste von solch kurzer Lebensdauer oder sie sind es nicht – und dass manche Temperamente einem besser ermöglichen, dieser Wahrheit auf die Spur zu kommen. Er selbst stellt sich als konkreter Mensch hin und behauptet, dass er aufgrund seines Temperaments die Wahrheit erfahren habe: dass es nur Selbste von solch kurzer Lebensdauer gibt. Darum bin ich an Strawson interessiert und nicht aufgrund der detaillierten Argumente, die er auch für seine Theorie anbietet.

Um seine Theorie zu erläutern, zitiert Strawson gerne folgendermaßen eine Aussage von Henry James über eines seiner früheren Bücher: »Ich sehe dieses Meisterstück als Werk einer von mir gänzlich unterschiedenen Person an, [...] einer reichen [...] Verwandtschaft, die [...] es immer noch duldet, dass ich mich schüchtern als Cousin vierten Grades bezeichne« (»Against Narrativity«, vgl. *Selves* und »Episodic Ethics«). Strawson verwendet dieses Zitat, um eine für seinen Ansatz zentrale Unterscheidung zu ziehen: zwischen *Mensch* und *Selbst*. Henry James bezweifelt nach Strawson nicht, »dass er derselbe Mensch wie der Autor dieses Buchs ist, er fühlt sich jedoch nicht als dasselbe Selbst oder dieselbe Person wie der Autor dieses Buchs.« Die Erfahrung, um die es H. James nach Strawson an dieser Stelle geht, nennt Strawson »SELBST-Erfahrung«: »eine bestimmte Art von wesentlich kognitiv geprägter Erfahrung: Erfahrung, die durch die Vorstellung – den Begriff, die Konzeption, die Idee, das Postulat, das mentale Element, das kognitiv aufgeladene Gefühl – SELBST geprägt ist.« Diese »Erfahrung seiner selbst als Selbst« fehlt H. James bezüglich des Autors des früheren Werks, auch wenn James diesen Autor als denselben Menschen wie sich selbst betrachtet.

Strawson vertritt die deskriptive These, dass es zwei Typen von Menschen gibt: episodische und diachronische Individuen. *Diachronische* Individuen sind wie die Menschen, die ich am Anfang dieses Kapitels beschrieben habe: Das Selbstverständnis eines solchen Individuums beinhaltet, dass es selbst als Selbst in weiter Vergangenheit existiert hat und in ferner Zukunft existieren kann. Beispielsweise enthält dieses Selbstverständnis, dass man selbst als Selbst irgendwann kurz vor dem Tod stehen wird oder selbst als Selbst die Kindheit am Meer verbracht hat. Das Selbstverständnis eines *Episodikers* impliziert hingegen, dass er selbst als Selbst weder in weiter Vergangenheit noch ferner Zukunft zu finden ist. Von Ereignissen, die in weiter Vergangenheit liegen, hat der Episodiker daher keine SELBST-Erfahrungen. Er mag sich an sie erinnern, aber er erlebt sie nicht als etwas, was ihm selbst als Selbst widerfahren ist, sondern – so wie Henry James sein vergangenes Meisterwerk betrachtet – als etwas, worin ein anderes Selbst verwickelt war.

Über diese deskriptive These hinaus verteidigt Strawson die metaphysische Position, dass es nur Selbste von kurzer Lebensdauer gibt, wenn es Selbste überhaupt gibt. Mit anderen Worten: Der Diachroniker unterliegt einem metaphysischen Irrglauben, wenn er denkt, dass er selbst als Selbst in der weiten Vergangenheit existierte und in der fernen Zukunft existieren könnte.

Ich stimme Strawson zu, dass meine Existenz als Selbst später als die Existenz des Menschen, der mich als Selbst verkörpert, beginnt. In diesem Punkt sind wir uns einig, auch wenn man über den genauen Zeitpunkt streiten kann. Im Gegensatz zu Strawson denke ich aber, dass meine Existenz als Selbst, die zu diesem Zeitpunkt beginnt, meistens kontinuierlich mindestens andauert, bis ich den körperlichen Tod erleide. Es ist meines Erachtens keine Selbstverständlichkeit, dass man so zwischen den Identitätsbedingungen bzw. der Persistenz von Selbst und Mensch unterscheiden sollte. Diese Unterscheidung beinhaltet eine gewisse Antwort auf die philosophische Frage, was die Identitätsbedingungen vom Selbst sind: Bin ich eine Entität, deren Identitätsbedingungen mit den Identitätsbedingungen des menschlichen Wesens zusammenfallen, das mich verkörpert? Wenn man diese Frage verneint – also annimmt, dass sich die Identitätsbedingungen unterscheiden –, unterscheidet man zwischen Selbst und Mensch. Meine Existenz – die Existenz des Selbst – fängt später an als die Existenz des Menschen, der mich verkörpert. Die Existenz des Selbst könnte aber früher (oder unter Umständen sogar später) als die Existenz des Menschen, der es verkörpert, aufhören.

Damit will ich aber gar nicht abstreiten, dass H. James mit der von Strawson zitierten Behauptung eine wichtige Wahrheit zum Ausdruck bringt. Im Gegenteil: James drückt damit etwas Wichtiges aus. James' Aussage muss aber philosophisch anders ausgelegt werden, als Strawson es tut. Strawsons Theorie, die nur mit der Unterscheidung zwischen Mensch und Selbst arbeitet, zeichnet ein zu einfaches Bild. James hat eine Beziehung zum Autor dieses Meisterwerks, die darin besteht, dass sie ein und derselbe Mensch sind. Darüber hinaus hat James aber zwei Beziehungen zu diesem Autor, die beide als *Selbstverhältnisse* beschrieben werden müssen. Einerseits erinnert er sich unter Umständen daran, wie schwierig es war, den ersten Satz im Werk zu formulieren. Die Tatsache, dass er sich daran erinnert, ist aber nicht das Entscheidende. Diese Erfahrung ist eine SELBST-Erfahrung: Er erinnert sich, wie er – er selbst – mit diesen Schwierigkeiten gekämpft hat. Andererseits empfindet James eine Distanz zum Autor des Buchs. Es ist eine Art Entfremdungserfahrung: Der Autor von damals bin ich selbst, aber dennoch ist es ein Anderer. Henry James von heute fühlt sich nicht eins mit sich selbst von damals. Ihm fehlt also auch eine gewisse Art von SELBST-Erfahrung.

William James unterscheidet in *The Principles of Psychology* zwischen »ICH« (»*I*«) und »MICH« (»*ME*«). Darauf möchte ich an dieser Stelle nicht eingehen, aber man könnte eine mindestens verwandte Unterscheidung einführen, um ein komplexeres Bild als Strawson zu zeichnen: Analog zu James' Unterscheidung muss man zwischen zwei Bedeutungen von »Selbst« unterscheiden: zwischen dem Ich und den Selbsten eines Ichs (den *MICHs* eines *ICHs*). Beide muss man vom Menschen unterscheiden, der das Ich verkörpert. Ich – das Ich – beginnt später als der Mensch zu existieren, der das Ich verkörpert. Das Ich hat im Laufe seines Lebens möglicherweise unterschiedliche Selbste. Wenn Henry James vom Autor des Meisterwerks spricht, steht er in zwei Selbstverhältnissen zu dem Autor: Einerseits erfährt er den damaligen Autor als sich selbst. Man könnte es so ausdrücken, dass er in einem Ich-Verhältnis zum Autor des Buchs steht. Andererseits erfährt er den Autor als ein vergangenes Selbst seiner selbst, als ein Selbst, das nicht eins mit seinem jetzigen Selbst ist. In diesem Fall hat H. James also immer noch eine SELBST-Erfahrung im Sinne einer Ich-Erfahrung, aber nicht im Sinne der Erfahrung, die man nur von seinem jetzigen Selbst haben kann.

Wenn ich dieses im Vergleich zu Strawsons komplexere Bild zeichne, habe ich dabei schlicht seinem Bild ein weiteres Element hinzugefügt, das er ohne weiteres aufnehmen könnte? Sind seine Selbste schlicht als die Selbste zu denken, von denen das Ich in meinem Bild viele im Laufe der Zeit haben könnte? Offenkundig nicht. Mein Ansatz und seine Theorie sind nicht miteinander vereinbar. Ich bin mir nicht sicher, wie man den Widerspruch am besten formulieren sollte: Stellt Strawson eine These über William James' *ICH* auf, die darin besteht, dass es sich beim Ich letztendlich um nichts anderes als nacheinander existierende Selbste von kurzer Lebensdauer handeln kann? Fest steht aber auf jeden Fall, dass die Selbste in seinem Bild schlicht das Ich verdrängen, das in meinem Bild eine zentrale Rolle spielt. In Strawsons Bild gibt es nichts, wovon man eine SELBST-Erfahrung haben kann und das von langer Lebensdauer ist. Es gibt über den Menschen hinaus kein Ich, sondern nur Selbste von kurzer Lebensdauer. Der Diachroniker unterliegt einer metaphysischen Illusion.

Ich könnte viel mehr über meinen Ansatz sagen und ihn zu einer Theorie ausbauen. Dann würde ich mich an andere Autoren anlehnen (beispielsweise Logi Gunnarsson, *Philosophy of Personal Identity and Multiple Personality*). Ich habe auch Strawsons Ansatz nur grob skizziert. Wer von uns beiden hat nun Recht? Im letzten Kapitel wurde nicht über die Frage nach dem Selbst gesprochen. Ich gehe dennoch davon aus, dass auch für diese Frage gilt, dass man nicht mit rein theoretischen Argumenten zeigen kann, wer Recht hat. Dass es so ist, werde ich an dieser Stelle aber nicht demonstrieren. Was ist mit praktischen und emotionalen Argumenten? Können solche Argumente zeigen, dass ich Recht habe? Ich wende mich nun dieser Frage zu.

2. Praktische und emotionale Argumente

Im letzten Kapitel wurde eine gewisse Verteidigungsstrategie für unterschiedliche Positionen zu den Fragen der Willensfreiheit und der Objektivität der Moral mit Hilfe von praktischen und emotionalen Argumenten erläutert. Die Voraussetzung für diese Vorgehensweise war der sogenannte *interne Objektivismus* bezüglich philosophischer Wahrheiten, der dort folgendermaßen formuliert wurde: »Die Gründe, die philosophische Wahrheiten konstitutiv erklären, und menschliche Empfindungen sind begrifflich voneinander abhängig.« Wenn man den internen Objektivismus als Prämisse setzt, ist der Weg für eine solche Verteidigung derartiger Positionen prinzipiell offen. Da der interne Objektivismus vermutlich nicht für jede philosophische Wahrheit gilt, müsste stets für das jeweilige philosophische Thema geprüft werden, ob menschliche Empfindungen und die Gründe für die relevante philosophische Wahrheit begrifflich voneinander abhängig sind. An dieser Stelle werde ich aber schlicht voraussetzen, dass der interne Objektivismus für das Thema Selbst wahr ist. Ich denke, der interne Objektivismus ist für dieses Thema wahr. Wenn der interne Objektivismus für dieses Thema gilt, sind praktische und emotionale Argumente für dieses Thema von direkter Relevanz. Da es mir darum geht zu zeigen, dass praktische und emotionale Argumente die Frage nach dem Selbst nicht entscheiden können, werde ich schlicht die Wahrheit des internen Objektivismus für diese Frage annehmen. Wenn es mir in der Folge gelingt zu zeigen, dass solche Argumente nicht ausreichen, werde ich es unter der Annahme einer Prämisse gezeigt haben, die solche Argumente besonders relevant macht und meines Erachtens zudem wahr ist.

Auch wenn der Unterschied zwischen dem platonischen Objektivismus und dem internen Objektivismus bezüglich philosophischer Wahrheiten im letzten Kapitel besprochen wurde, muss ich an dieser Stelle kurz erläutern, worin dieser Unterschied besteht, wenn es um die philosophische Wahrheit über das Selbst geht. Der platonische und der interne Objektivismus sind in diesem Kontext als Theorien darüber zu verstehen, welche Gründe konstitutiv erklären, warum eine Theorie über das Selbst wahr ist und eine andere falsch. Theorien über das Selbst beantworten Fragen wie »Was ist das Selbst?«, »Sind Selbste von kurzer oder langer Lebensdauer?«, »Was sind genau die Identitätsbedingungen von Selbsten?«

Nach dem *platonischen* Objektivismus sind die Gründe, die philosophische Wahrheiten erklären, von menschlichen Empfindungen begrifflich unabhängig. Als Beispiel kann man Schuldgefühle nehmen. Auch ein platonischer Objektivist könnte die These vertreten, dass man sich nur für die eigenen Taten richtigerweise schuldig fühlen kann. Die Gründe, die erklären, warum eine gewisse Antwort auf die gerade gestellten Fragen richtig ist, haben aber logische Priorität gegenüber dem Thema der Angemessenheit solcher Gefühle. Das gilt beispielsweise für die Frage »Sind Selbste von kurzer oder langer Lebensdauer?« Man könnte argumentieren, dass Selbste von langer Lebensdauer sein müssen, da man sich richtigerweise für Taten schuldig fühlen kann, die lange zurückliegen. Der platonische Objektivist kann diese Argumentationsweise durchaus zulassen. Er muss aber darauf bestehen, dass solche Argumente nur den Status von Belegen haben, die keine konstitutive Verbindung zur Wahrheit einer der Antworten haben. Solche Argumente können nicht erklären, warum die eine Antwort im Gegensatz zu anderen richtig ist. Mit anderen Worten: Nach dem platonischen Objektivismus sind Selbste von kurzer oder langer Lebensdauer unabhängig davon, ob es angemessen ist, sich für die Taten von Selbsten schuldig zu fühlen oder nicht. Es steht unabhängig von der Angemessenheit solcher Gefühle fest, ob Selbste von langer oder kurzer Lebensdauer sind. Falls sie von kurzer Lebensdauer sind, unterliegt man einer Illusion, wenn man sich für Taten, die weit zurückliegen, schuldig fühlt, angenommen man kann sich richtigerweise nur für die Taten des eigenen Selbst schuldig fühlen.

Nach dem internen Objektivismus sind die Gründe, die erklären, warum eine Antwort auf die Frage »Sind Selbste von kurzer oder langer Lebensdauer?« richtig ist, und gewisse menschliche Empfindungen voneinander begrifflich abhängig. Zur Illustration kann man annehmen, Schuldgefühle seien ein Beispiel dieser Empfindungen. (Damit soll nicht gesagt werden, der interne Objektivismus gelte wirklich für Schuldgefühle.) Den internen Objektivismus könnte man in diesem Kontext auch so artikulieren, dass die Begriffe *Selbst* und *Schuldgefühl* voneinander begrifflich abhängig sind. Die eine Richtung der Abhängigkeit macht den Unterschied zum platonischen

Objektivismus deutlich: Ein Selbst ist als etwas zu verstehen, für dessen Taten sich das Selbst später möglicherweise schuldig fühlen sollte. Welche Lebensdauer ein Selbst hat, ist unter anderem durch Gründe zu erklären, die die Angemessenheit von Schuldgefühlen betreffen. Das bedeutet nicht, dass es eine einfache Verbindung zwischen der Lebensdauer von Selbsten und der Angemessenheit von Schuldgefühlen gibt. Es ist möglicherweise nicht angemessen, sich für die Taten, die man als Kind vollzogen hat, schuldig zu fühlen. Dennoch kann es sein, dass ein Selbst bereits im Kindesalter zu existieren beginnt. Die Lebensdauer eines Selbst und die Angemessenheit von Schuldgefühlen müssen nicht eins zu eins ineinander übersetzbar sein, damit eine konstitutive Verbindung zwischen den Begriffen *Selbst* und *Schuldgefühl* besteht. Es heißt nur, dass die Angemessenheit von Schuldgefühlen in der Erklärung der Lebensdauer von Selbsten konstitutiv relevant ist. Um zu erklären, warum Selbste eine gewisse Lebensdauer haben, muss auf die Angemessenheit von Schuldgefühlen verwiesen werden. Damit ist nicht gesagt, welche Rolle genau die Angemessenheit von Schuldgefühlen in dieser Erklärung spielt.

Ich möchte an dieser Stelle betonen, dass der interne Objektivismus ein *Objektivismus* ist. Wenn er für das Selbst gilt, gibt es über das Selbst objektive Wahrheiten. Diese betreffen beispielsweise die Lebensdauer von Selbsten. Kann ich meinen körperlichen Tod überleben? Wenn ich unter Demenz leide, kommt mit dem Fortschreiten der Demenz irgendwann ein Zeitpunkt, an dem ich nicht mehr existiere, auch wenn der körperliche Tod noch nicht eingetreten ist? Wenn der interne Objektivismus für das Selbst gilt, gibt es auf diese Fragen jeweils eine richtige Antwort: Entweder ist es möglich, den körperlichen Tod zu überleben, oder es ist es nicht. Entweder führt fortschreitende Demenz Änderungen mit sich, die als solche das Ende meiner Existenz bedeuten, oder sie tut es nicht. In beiden Fällen gilt, dass ich noch existiere, wenn gewisse Bedingungen erfüllt sind. Wenn sie nicht erfüllt sind, existiere ich nicht mehr. Allgemein gesagt: Nach dem internen Objektivismus ist es eine objektive Angelegenheit, wann meine Existenz beginnt und wann sie endet.

Um das deutlicher zu machen, möchte ich den internen Objektivismus von anderen Theorien unterscheiden, die die Frage nach der Existenz und Identität von Selbsten zu einer konventionellen bzw. kulturrelativen Angelegenheit machen. Ich nehme dafür als Beispiel den Ansatz von Marya Schechtman aus *Staying Alive. Personal Identity, Practical Concerns, and the Unity of a Life*. Schechtman stellt ihren Ansatz als eine Theorie über Personen dar. Da es mir aber ausschließlich darum geht, meine Position durch den Vergleich mit einer anderen deutlich zu machen, werde ich ihren Ansatz an dieser Stelle schlicht als eine Theorie über Selbste verstehen und zudem viele Aspekte ihres Ansatzes ignorieren. Nach Schechtman hängt die Antwort auf die Frage, ob eine Person weiterexistiert, davon ab, wie andere Menschen mit dieser Person umgehen. Dass jemand in einem rein vegetativen Zustand – einem Zustand, in dem alle kognitiven oder emotionalen Funktionen irreversibel ausgefallen sind – noch existiert, hängt damit zusammen, dass andere Menschen ihn noch als eine Person behandeln. Würden unsere kulturellen Praktiken sich so verändern, dass wir anfangen würden, jemanden in einem rein vegetativen Zustand wie eine Leiche zu behandeln, müssten wir sagen, dass unter diesen kulturellen Bedingungen niemand existiert, nachdem der rein vegetative Zustand eingetreten ist. Der interne Objektivist lehnt solche Positionen wie Schechtmans ab: Es ist eine objektive Angelegenheit, ob ich in einem rein vegetativen Zustand weiterexistieren kann. Es hängt nicht davon ab, wie andere mit dem Menschen in dem rein vegetativen Zustand umgehen. Nach dem internen Objektivismus gibt es in solchen Fällen eine philosophische Frage mit einer objektiv richtigen Antwort: Existiere ich noch, nachdem ein rein vegetativer Zustand eingetreten ist? Welche Antwort auf diese Frage richtig ist, hängt aber unter anderem davon ab, welche emotionalen Haltungen gegenüber einem Menschen in einem rein vegetativen Zustand richtig sind. Welche emotionalen Haltungen richtig sind, ist aber selbst eine objektive Angelegenheit.

Wenn der interne Objektivismus wahr ist, kann man mit Hilfe von praktischen oder emotionalen Argumenten zeigen, dass meine Auffassung vom Selbst im Gegensatz zu Strawsons wahr ist? Man könnte es mit Verweis auf das Gefühl der Selbstentfremdung versuchen. Bei Selbstentfremdung kann der Gegenstand der Empfindung unterschiedlicher Art sein, beispielsweise eine Handlung, ein Gedanke oder selbst eine Empfindung. Es ist aber gewissermaßen irreführend von Gegenständen der Empfindung zu sprechen. Es geht bei dieser Empfindung konstitutiv um *Selbst*erfahrung. Wenn ich beispielsweise von meiner eigenen Handlung entfremdet bin, empfinde ich den Vollzug der Handlung als etwas, was ich selbst tue. Zugleich schleicht sich in meine Empfindung ein anderes Gefühl hinein: In das Gefühl, mir selbst zu begegnen, mischt sich das Gefühl hinein, etwas mir Fremdem zu begegnen. Indem ich meine Handlung als meine eigene erfahre, empfinde ich sie zugleich als nicht meine eigene. Die Empfindung der Selbstentfremdung ist nicht einfach zu beschreiben, aber sie muss auf jeden Fall beide Aspekte beinhalten: Das Gefühl, gerade durch die Begegnung mit mir selbst etwas mir nicht Eigenem zu begegnen. So weit zum Charakter des Gefühls der Selbstentfremdung. (Vgl. Rahel Jaeggi, *Entfrem-*

dung. Zur Aktualität eines sozialphilosophischen Problems.) Nun ist die Frage: Zeigt dieses Gefühl, dass mein Ansatz im Gegensatz zu Strawsons richtig ist?

Ich denke, ja, aber nur, wenn zwei Annahmen gemacht werden. Erstens muss angenommen werden, dass ich eine richtige Beschreibung bzw. Artikulation eines Gefühls gegeben habe. Diese Annahme wird nachher eine wichtige Rolle spielen. Zweitens muss man annehmen, dass es das Gefühl der Selbstentfremdung auch über die Zeit hinweg geben kann. Ich habe vorher gesagt, dass Henry James' Beziehung zum Autor des Meisterwerks eine Erfahrung der Selbstentfremdung enthält. Sein Verhältnis zu diesem Autor ist nicht wie das Verhältnis zu anderen Autoren und Autorinnen wie Iwan Turgenjew oder Constance Fenimore Woolson, mit denen James befreundet war. Einem Schriftsteller wie James ist es zuzutrauen, sich sehr lebhaft vorstellen zu können, wie es wäre, sich wie Turgenjew oder Woolson beim Schreiben zu fühlen. Er hätte sich sicher vorstellen können, wie man den Schreibprozess erleben würde, wäre man Turgenjew oder Woolson. Diese Schreibprozesse wären ihm in der Imagination eventuell fremd gewesen. Es wäre aber eine inhaltlich erlebte Fremdheit gewesen: Er hätte in der Imagination erlebt, wie anders die anderen schreiben. James' Entfremdung vom eigenen früheren Schreibprozess ist anderer Natur. Wenn er an den Vollzug des eigenen Schreibprozesses zurückdenkt, denkt er dabei daran, wie er selbst gewisse Wörter und Sätze produziert hat. Wenn er sich dabei fühlt, als ob es ein Fremder gewesen wäre, der diese Sätze produziert hat, ist dieses Fremdheitsgefühl nur als ein Aspekt des von der Erinnerung hervorgerufenen Erlebnisses möglich, selbst diese Sätze zu produzieren. Es ist ein Gefühl der *Ent*fremdung von sich selbst, nicht bloß ein Gefühl der Fremdheit, wie es bei der Imagination der Schreibprozesse von Turgenjew oder Woolson gewesen wäre.

Nun mag es sein, dass Henry James beim Zurückdenken nicht ein solches Gefühl der Entfremdung gehabt hat. Darauf kommt es an dieser Stelle aber nicht an. Es geht um das Selbst des Menschen. Gibt es nur kurzlebige Selbste oder gibt es auch Selbste von langer Lebensdauer? Hat Strawson Recht oder habe ich Recht? Strawson bestreitet nicht, dass es Diachroniker gibt. Er denkt nur, dass Diachroniker einer metaphysischen Illusion unterliegen. Mit meiner Beschreibung von Henry James wollte ich nahelegen, dass manche Menschen, die Strawson als Episodiker interpretiert, womöglich doch besser als Diachroniker zu verstehen sind. Darauf kommt es aber nicht an. Für das Argument für meine Gegenposition zu Strawson ist nur entscheidend, dass es Diachroniker mit solchen Gefühlen wie einer diachron empfundenen Selbstentfremdung gibt. Eine diachron empfundene Selbstentfremdung ist eine SELBST-Erfahrung im Sinne Strawsons: Eine Erfahrung, die durch den Selbstbegriff geprägt ist. Wenn nun der interne Objektivismus für das Selbst wahr ist, muss das Selbst als etwas verstanden werden, das in gewissen Empfindungen erfahrbar ist. Das Selbst ist nicht als eine Entität zu verstehen, über die unsere Empfindungen keine Auskunft geben. Nach dem internen Objektivismus ist das Gegenteil der Fall: Es gibt eine konstitutive Verbindung zwischen dem Selbstbegriff und gewissen Empfindungen. Es liegt nahe, dass eine Empfindung, die eine SELBST-Erfahrung in Strawsons Sinne ist, zu diesen Empfindungen zählen muss. Wenn nun meine Position – die von einem dauerhaft existierenden Ich mit sich möglicherweise zeitlich ablösenden Selbsten ausgeht – besser als Strawsons das Gefühl der diachron empfunden Selbstentfremdung artikuliert, haben wir einen guten Grund, die Wahrheit meiner Position anzunehmen.

Dabei muss nicht bestritten werden, dass es Episodiker gibt. Meine Position beinhaltet nicht die Aussage, dass es ein dauerhaft existierendes Ich im Falle jedes Menschen geben muss. Nach meinem Ansatz gilt nur, dass es ein solches Ich gibt, wenn gewisse Bedingungen erfüllt sind. Diese Bedingungen sind möglicherweise nicht bei jedem Menschen erfüllt. Ich muss also nicht darauf beharren, dass Menschen, die sich als Episodiker verstehen, ihre eigenen Erfahrungen oder die von Henry James fehlinterpretieren. Es kann auch sein, dass es sich um Fälle handelt, in denen die Bedingungen für ein dauerhaft existierendes Ich nicht erfüllt sind.

Das Gefühl der Selbstentfremdung ist keineswegs die einzige Empfindung, die man ins Spiel bringen kann, um für meine Gegenposition zu Strawson zu argumentieren. In »Episodic Ethics« erörtert Strawson selbst folgende Emotionen und Beziehungen: Reue, Gewissensbisse, schlechtes Gewissen, Bedauern, Schuldgefühl, Verantwortungsgefühl, Treue, Rachsucht, Groll, Hass, Freundschaft, Dankbarkeit. Für all diese Emotionen könnte man gegen Strawson argumentieren, dass sie ein Selbst von langer Lebensdauer voraussetzen. Wenn ich mich für eine längst vergangene Handlung verantwortlich fühle oder jemandem für eine lang zurückliegende Tat dankbar bin, setzt das doch voraus, dass *ich* die Handlung, für die ich mich verantwortlich fühle, ausgeführt habe, und dass *ich* der Nutznießer der Tat war, für die ich dankbar bin. Strawson reagiert unterschiedlich auf diese Kritik für die verschiedenen Gefühle, aber ich möchte an dieser Stelle die Details nicht besprechen. Eine argumentative Strategie besteht darin, dass der Episodiker die betreffende Emotion oder eine hinreichend ähnliche Emotion auch haben kann. Beim Verantwortungsgefühl greift Strawson beispielsweise auf seine Unterscheidung zwischen *Mensch* und *Selbst* zurück: Um mich verantwortlich zu fühlen, muss ich nicht glauben, dass die Taten von mir selbst als

Selbst vollzogen wurden, sondern nur, dass der Mensch, der die Handlung vollzogen hat, ein und derselbe Mensch wie ich ist.

Der Episodiker erlebt die Realität anders als der Diachroniker. Seine Erfahrung der Realität ist von den Begrifflichkeiten *Mensch* und *Selbst* strukturiert, wobei ein Selbst stets nur eine kurze Lebensdauer hat. Der Diachroniker hingegen hat SELBST-Erfahrungen von lange zurückliegenden Ereignissen. Strawson denkt, die Erfahrungen des Episodikers entsprechen der Realität. Ich denke, die Erfahrungen des Diachronikers geben die Realität korrekt wieder. Wer hat Recht? Das soll in diesem Text nicht entschieden werden. Mir geht es um die metaphilosophische Frage, wie man zeigen kann, wer Recht hat. Ich habe gefragt, ob man mit Hilfe *emotionaler Argumente* zeigen kann, wer Recht hat. Ich habe behauptet, das Gefühl der Entfremdung würde zeigen, dass meine Gegenposition zu Strawson richtig sei. Das glaube ich auch. Das Problem ist nur, dass solange wir auf der Ebene der *argumentativen Rede* bleiben, die Frage tatsächlich nicht entschieden werden kann. Strawson thematisiert in »Episodic Ethics« nicht das Gefühl der Selbstentfremdung. Es wäre aber für ihn kinderleicht, ähnliche Behauptungen über dieses Gefühl aufzustellen wie für einige der Emotionen, die er erörtert: Ein Episodiker, dessen Erlebnisse in den Begrifflichkeiten *Mensch* und *Selbst* strukturiert sind, könnte bezüglich der Vergangenheit ein Gefühl haben, das dem oben beschriebenen Gefühl der Selbstentfremdung ähnlich ist. Der philosophische Text bleibt auf der Ebene der Artikulation von Gefühlen, über die behauptet wird, dass Menschen sie haben. Es bleibt unklar, welche Artikulation richtig ist. Es bleibt ebenfalls unklar, welche Gefühle uns tatsächlich ermöglichen, die Realität zu erfahren. Wenn die Kritiker von Strawson meinen zu wissen, er habe Unrecht, ohne selbst die Erfahrungen eines Eposodikers gemacht zu haben, enlarven sie sich als arrogante Dogmatiker. Woher wollen sie wissen, dass die Erlebnisse des Episodikers der Realität nicht entsprechen, wenn sie diese Erfahrungen nie gemacht haben? Ich ziehe also die Schlussfolgerung, dass emotionale *Argumente* nicht ausreichen, um an die Wahrheit über das Selbst heranzukommen. Die Frage ist, wie wir weiterkommen. Dieser Frage wende ich mich nun zu.

3. Theorie, Erfahrung, Leben

In den metaphilosophischen Intermezzos in seinem Buch *Das Handwerk der Freiheit. Über die Entdeckung des eigenen Willens* reflektiert Peter Bieri über die philosophische Methode seines Werks. Er sagt, bei der Frage »Was ist Freiheit?« würde es nicht darum gehen, das »Wesen« oder die »Essenz«

der Freiheit zu ergründen, sondern um die Frage »Welchen Beitrag leistet der Begriff der Freiheit zu unserer Erfahrung?« Deswegen ist ein zentrales Vorhaben seines Buchs, die *Erfahrung* von Freiheit und Unfreiheit zu artikulieren. Dabei geht es einerseits um die Explikation des begrifflichen Teils der Erfahrung. Die Methode der sprachlichen Formulierung von diesem Teil der Erfahrung besteht dementsprechend in begrifflicher Analyse. Andererseits haben wir nach Bieri ein »Vermögen der inneren Differenzierung« unserer Erfahrungen, wobei es nicht um die begriffliche Artikulation dieser Erfahrungen geht. Er nennt dieses Vermögen »innere Wahrnehmung«. In seinem Werk liegt ihm auch daran, diese Differenzierungen in Worte zu fassen. Dafür ist eine andere Methode als Begriffsanalyse notwendig. Deswegen enthält sein Buch zusätzlich zu den begriffsanalytischen Teilen auch erzählerische Passagen, die diese von der inneren Wahrnehmung getroffenen Differenzierungen zum Ausdruck bringen sollen.

Ich möchte nicht dazu Stellung nehmen, ob Bieri Recht hat, von inneren Differenzierungen zu sprechen, die nicht begrifflicher Art sind. Darum geht es mir nicht. Mir geht es um seine Verwendung von Erzählungen als einer philosophischen Methode, die es ermöglicht, Erfahrungen der Freiheit und Unfreiheit zum Ausdruck zu bringen. Am Ende des letzten Abschnitts wurde die Schlussfolgerung gezogen, emotionale *Argumente* würden nicht reichen, um zwischen meiner und Strawsons Auffassung vom Selbst zu entscheiden. Ich hatte zwar das Gefühl der diachronen Selbstentfremdung ins Spiel gebracht, um zu zeigen, dass meine Theorie des Selbst richtig sei. Ich hatte aber zugegeben, dass Strawson die Möglichkeit hätte, Gefühle der diachronen Selbstentfremdung mit Hilfe seiner Begrifflichkeit zu artikulieren. Man könnte nun argumentieren, dass es bisher nur deswegen nicht möglich gewesen wäre, eine Entscheidung zwischen mir und Strawson herbeizuführen, weil bisher nur Begriffsanalyse verwendet wurde. Man müsste – wie Bieri – auch erzählerisch vorgehen. Man müsste von der Erfahrung der diachronen Selbstentfremdung in einer Erzählung berichten. So könnte man diese Erfahrung genauer und feinkörniger artikulieren und auf diese Weise zeigen, dass sie nicht im Sinne Strawsons verstanden werden kann.

Ich denke, es ist richtig und wichtig auch die erzählerische Methode zu verwenden. Man kann mit Hilfe von Erzählungen Aspekte von Erfahrungen artikulieren, die eine reine Begriffsanalyse nicht zum Ausdruck bringen kann. Das Problem bleibt aber bestehen. Der Episodiker macht andere Erfahrungen als der Diachroniker. Dadurch, dass der Episodiker sich von anderen Begrifflichkeiten leiten lässt als der Diachroniker, werden die Erfahrungen der beiden dementsprechend unterschiedlich sein. Man wird über das Leben eines Episodikers erzählen können und diese Erzählung wird Unterschiede zwischen seinen Erfahrungen und den Erfahrungen eines Diachronikers artikulieren können, die man mit Hilfe einer reinen Begriffsanalyse nicht hätte ausdrücken können. Die Frage bleibt aber weiterhin offen, ob eher die Erfahrungen des Episodikers oder die Erfahrungen des Diachronikers der Realität entsprechen. Welcher der beiden macht Erfahrungen vom Selbst, die zeigen, wie das Selbst wirklich ist?

Aus dieser Frage ergeben sich entscheidende Konsequenzen für den Philosophen. Er kann sie nicht beantworten, wenn er sich damit begnügt, Texte zu schreiben. Egal wie viele und welche Texte er zur Verteidigung des Realitätssinns des Diachronikers schreibt, es wird stets Texte geben, die eine genauso gute Verteidigung des Realitätssinns des Episodikers liefern werden. Deswegen muss der Philosoph seinen Schreibtisch verlassen. Er muss leben. Er muss für die Philosophie den Schreibtisch verlassen. Dieser Schritt ins Leben ist ein entscheidender Teil seiner philosophischen Tätigkeit. Er muss – wenn es um diese Fragen des Selbst geht – wie ein Episodiker leben. Er muss sich in die Erfahrungswelt eines Episodikers begeben, um entscheiden zu können, ob der Episodiker unsere Erfahrung wirklich artikulieren kann. Er muss aber auch wie ein Diachroniker leben. Er muss sich Situationen aussetzen, die in ihm diachrone Selbstentfremdung auslösen könnten. Er muss sich dann fragen, ob es – wie er am Schreibtisch noch dachte – wirklich diachrone Selbstentfremdung gibt. Erfährt man in solchen Erfahrungen wirklich sich selbst auf eine zwiespältige Weise oder unterliegt man irgendeiner Selbsttäuschung, wenn man meint, solche Erfahrungen zu haben? Wenn es genuine Erfahrungen dieser Art gibt, muss er sich fragen, ob er diesen Erfahrungen als Diachroniker direkt ausgesetzt ist und ob dem Episodiker der Weg zu diesen genuinen Erfahrungen versperrt ist. Oder ist es umgekehrt? Diese Fragen kann er nur beantworten, indem er nach beiden Theorien lebt. Nur so kann er entscheiden, wer Recht hat. Er muss sich den Erfahrungen aussetzen, die entstehen, wenn man als Episodiker und als Diachroniker lebt. Nur die Erfahrungen, die das Leben ermöglicht, zeigen, wer Recht hat.

Diese Punkte werden beispielsweise von Martha Nussbaum in der Einführung zu *Love's Knowledge* übersehen, wenn sie für die Literatur gegen die Lebenserfahrung Partei ergreift. Selbstredend kann man selbst nicht jede Erfahrung machen. Und selbstredend gibt es keine reine Erfahrung, die nicht von menschlichen Kategorien geprägt ist. Aber genau deswegen muss man als Episodiker und als Diachroniker leben. Es gibt keinen Zugang zur Welt, der nicht von gewissen Vorstellungen geprägt ist. Die Vorannahmen des Episodikers prägen die Erfahrung auf eine gewisse Weise. Die Annahmen des Diachronikers färben sie anders. Deswegen muss man sich beiden Lebenserfahrungen aussetzen. Beide Theorien formen die Erfahrung, aber sie bestimmen nicht vollständig, welche Erfahrungen man macht. Man kann von der Erfahrung überrascht werden. Die unterschiedlichen Vorannahmen des Episodikers und des Diachronikers machen unterschiedliche Erfahrungswelten auf. Man muss sich in beide Erfahrungswelten begeben, um feststellen zu können, welche der beiden Theorien den Überraschungen der Erfahrung standhalten kann.

Das heißt selbstredend nicht, dass Dialog und anderer Austausch zwischen Menschen unwichtig wären. Die Erfahrung ist keine letzte Instanz, die alles entscheidet. Erfahrungen müssen artikuliert, gedeutet und kritisch erörtert werden. Aber das Problem der Diskursphilosophie und anderer Ansätze, die der Intersubjektivität Priorität geben, ist, dass sie die entscheidende Rolle individueller Erfahrungen aus den Augen verlieren. Kommunikation ist wichtig, aber man muss sich über etwas austauschen können. Damit man über die richtige Interpretation von Erfahrungen reden kann, muss man sie gemacht haben.

Im Gegensatz zur heutigen Modeerscheinung »experimentelle Philosophie«, die sich nur auf Umfragen stützen will, hat William James das alles klar und deutlich gesehen (Mill möglicherweise auch; vgl. Joachim Toenges-Hinn, *John Stuart Mills Philosophie der Sozialphilosophie*). Wie im vorletzten Kapitel erörtert, schreibt James in »Rationality, Activity and Faith« (meine Unterstreichungen):

> Und es scheint so, als dürften wir bei der Beantwortung einer solchen Frage genauso vorgehen wie der Physiker [*physical philosopher*], wenn er eine Hypothese testet. Er leitet aus der Hypothese eine experimentelle Handlung x ab; diese fügt er den bereits existierenden Tatsachen M hinzu. Sie passen zusammen, wenn die Hypothese wahr ist; wenn nicht, gibt es eine Dissonanz. Die Resultate der Handlung bestätigen oder widerlegen die Idee, in der sie ihren Ursprung hatte. Genauso hier: Die Theorie, die man zur moralischen Beschaffenheit der Welt haben mag, kann man nur dadurch verifizieren, dass die eigene Theorie, einmal nach ihr gehandelt, später nicht durch die Erträge der eigenen Taten umgestoßen wird; sie wird so gut mit dem gesamten Fluss der Erfahrung harmonieren, dass er sie sozusagen aufnimmt oder ihr sogar eine reichere Deutung verleiht, ohne dass man den Kern ihrer Formulierung in irgendeiner Hinsicht ändern müsste. Wenn dies ein moralisches Universum *ist*, dann werden alle Taten, die ich unter dieser Annahme vollbringe, alle Erwartungen, die ich auf dieser Grundlage habe, sich tendenziell immer mehr mit den bereits existierenden Phänomenen verflechten, um zu ihnen zu passen. M + x wird im Einklang stehen; und je länger ich lebe und je mehr Erträge meiner Tätigkeit zu Tage treten, desto mehr wird die Übereinstimmung zu-

> friedenstellend wachsen. Wenn es hingegen kein moralisches Universum ist und ich voreilig annehme, dass es ein solches ist, wird der Gang der Erfahrung mir immer neue Hindernisse in den Weg meiner Überzeugung legen und sich immer schwieriger in deren Sprache ausdrücken lassen. [...] wenn das Universum *nicht* moralisch ist, worin besteht dann die Verifikation? Darin, dass wir unsere moralischen Interessen auf die leichte Schulter nehmen, bestreiten wir, dass sie uns zu irgendetwas verpflichten [...] und sie deshalb über Bord werfen, wenn sie für uns tatsächlich schwer zu erfüllen sind – uns einer tragischen Einstellung verweigern und damit auf lange Sicht mit den Tatsachen des Lebens auf die zufriedenstellendste Weise umgehen.

Der M+x-Gedanke wurde in den beiden letzten Kapiteln philologisch und philosophisch eingehend erörtert. Es wurden aber bisher drei entscheidende Aspekte nicht ausreichend berücksichtigt: die Notwendigkeit nach einer Theorie zu *leben*, die Notwendigkeit nach *beiden der konkurrierenden* Theorien zu leben und die Rolle von *Erfahrung* in diesem Lebenstest.

Ich möchte an dieser Stelle nicht philologisch besprechen, inwiefern James' Ansatz sich von meiner Position unterscheidet. Ich werde schlicht so tun, als ob es keinen Unterschied gebe. Es ist hilfreich, meine Position mit Bieris metaphilosophischem Ansatz kurz zu vergleichen. Im zweiten Intermezzo in *Das Handwerk der Freiheit* betont Bieri, dass man auch auf die philosophische Position eingehen muss, die man ablehnt. Im ersten Teil seines Buchs hatte er die Position verteidigt, die er selbst akzeptiert: die Auffassung von Willensfreiheit als bedingter Freiheit. Im zweiten Intermezzo geht es um die metaphilosophische Erörterung der Besprechung der Gegenposition – Willensfreiheit als unbedingte Freiheit – aus dem zweiten Teil. Bieri schreibt, die Besprechung der Gegenposition hätte mindestens folgende Ziele: Erstens sollte gezeigt werden, dass die Idee von unbedingter Freiheit sich nicht stimmig denken lässt. Zweitens sollte nachgewiesen werden, dass die Beschreibung unbedingter Freiheit – wenn sie sich widerspruchsfrei beschreiben ließe – »nicht unserer *Erfahrung* von Freiheit« entsprechen würde. Drittens sollte diagnostiziert werden, was diese Idee dennoch so anziehend macht. Um das dritte Ziel zu erreichen, habe er – so Bieri – lange Passagen in »Rollenprosa« geschrieben. So würde man »den gedanklichen Widersacher erst einmal ausreden lassen«.

Meine Auffassung von Philosophie unterscheidet sich an dieser Stelle in drei Punkten von Bieris. Erstens wird es in der Regel nicht gelingen, der Gegenposition eine gedankliche Unstimmigkeit nachzuweisen. Die meisten interessanten Gegenpositionen lassen sich kohärent denken. Das gilt auch für Strawsons Position zum Selbst. Sie ist stimmig und muss im Leben getestet werden.

Zweitens geht es um die Art der Beschäftigung mit der Gegenposition. Es ist wichtig, sich so weit wie möglich auf diese Position einzulassen. Es greift aber zu kurz, sich gedanklich vorzustellen, wie der Gegner am besten seine Position verteidigen könnte. Es greift sogar zu kurz, den Gegner nicht nur in »Rollenprosa«, sondern in wirklich stattfindenden Diskursen »ausreden« zu »lassen«. Man muss selbst die Erfahrung des Gegners machen. Man muss sich darauf einlassen, nach seiner Theorie zu leben und so die Erfahrungen zu machen, die der Gegner macht. Diese Aufforderung kommt einer radikalen Neukonzeption der Philosophie gleich, die nicht nur von Bieris Auffassung abweicht, sondern mit der philosophischen Tradition bricht: Nach dieser Konzeption ist es ein wesentlicher Teil der philosophischen Tätigkeit, dass man sein eigenes konkretes Leben so ändert, dass man nach der Theorie des Gegners lebt.

Das bringt mich zum dritten Punkt. Bieri spricht davon, dass sein Gegner deswegen scheitern würde, weil des Gegners Beschreibung von Freiheit »unserer« Erfahrung von Freiheit nicht entsprechen würde. »Unsere« Erfahrung von Freiheit ist aber zu begrenzt, wenn wir uns nicht auf die Erfahrungswelt des Gegners einlassen. Erst wenn wir nach *beiden* Theorien *leben*, haben wir Erfahrungen, die uns ermöglichen, über die Theorien zu urteilen.

Ich habe im Vergleich mit Bieri – analog zu seiner Rede von Erfahrungen der Freiheit und Unfreiheit – vor allem die Erfahrung vom Selbst in Selbstentfremdung betont. Wenn es darum geht, Strawsons und meine Theorie des Selbst zu testen, indem man nach diesen Theorien lebt, sind andere Erfahrungen und Emotionen aber selbstredend auch wichtig. Es könnten Gefühle der Verantwortung und der Dankbarkeit sein, oder aber auch andere Gefühle. In den beiden letzten Kapiteln wurde durch den Nachweis der Wahrheit des internen Objektivismus für gewisse philosophische Themen gezeigt, dass Emotionen für die Entscheidung über die Wahrheit philosophischer Antworten konstitutiv relevant sein können. Im letzten Abschnitt habe ich schlicht angenommen, dass der interne Objektivisms für das Selbst gilt. Wenn diese Annahme richtig ist, wird die Wahrheit über das Selbst unter anderem über Emotionen erläutert. Der entscheidende Punkt, um den es nun geht, besteht darin, dass wir nach den relevanten Theorien leben müssen, um entscheiden zu können, welche Emotionen relevant sind und wie diese Emotionen zu verstehen sind. Das kann nicht am Schreibtisch entschieden werden.

Emotionen werden erlebt. Wenn ich von mir selbst entfremdet bin, fühle ich mich auch so. Um Selbstentfremdung zu verstehen, muss man daher wissen, inwiefern sich ein Episodiker über die Zeit hinweg von sich selbst entfremdet fühlen kann. Das kann man nur herausfinden, indem man sich als Episodiker Situationen aussetzt und so erfährt, ob man von Selbstentfremdung überwältigt wird oder nicht. Wenn man es nicht tut, wird man nicht wissen, ob einem Episodiker Selbstentfremdung widerfahren kann. Und wenn man es nicht weiß, hat man Selbstentfremdung nicht verstanden. Die Komplexität einer Emotion zeigt sich erst in unerwarteten Erlebnissen in neuen Situationen. Solche Erfahrungen sind möglicherweise für das Alltagsverständnis von Emotionen nicht nötig (vgl. Eva Weber-Guskar, *Die Klarheit der Gefühle. Was es heißt, Emotionen zu verstehen*), aber sie sind unverzichtbar, wenn mit Verweis auf das richtige Verständnis von Emotionen über die Wahrheit philosophischer Theorien entschieden werden soll. Deswegen muss der Philosoph seinen Schreibtisch verlassen und nach sich widersprechenden philosophischen Theorien leben. (Auch wenn es Fälle von nicht gefühlter Selbstentfremdung geben sollte, kann man Selbstentfremdung nur verstehen, wenn man die Emotion erlebt hat.)

Selbstentfremdung und den Emotionen der Verantwortung und Dankbarkeit ist gemeinsam, dass ihre mögliche Relevanz für das Selbstthema sogar vom Schreibtisch aus offensichtlich ist: Selbstentfremdung beinhaltet eine gewisse Art der Selbsterfahrung und Verantwortungsgefühl sowie Dankbarkeit setzen auf den ersten Blick einen Bezug auf ein langlebiges Selbst voraus. Ich denke, dass der Schritt des Philosophen ins Leben auch deswegen wichtig ist, weil das nicht für alle Erfahrungen und Emotionen offenkundig ist. Der Episodiker und der Diachroniker machen andere Erfahrungen, weil sie nach unterschiedlichen Begrifflichkeiten leben. Es kann aber im Voraus – ohne wirklich nach den Theorien zu leben – nicht gesagt werden, welche Erfahrungen sie tatsächlich machen werden. Welche Theorie gibt einem ein korrekteres und reichhaltigeres Bild der Wirklichkeit, meine Theorie oder die von Strawson? Diese Frage kann man nur beantworten, wenn man tatsächlich nach beiden Theorien lebt und somit erfährt, welche Erfahrungen diese Theorien einem bescheren.

Nach meiner Konzeption von Philosophie muss der Philosoph über die Wahrheit von philosophischen Fragen anhand der Erfahrungen entscheiden, die er macht, wenn er nach den jeweiligen Theorien lebt. Mache ich damit die Entscheidung über philosophische Fragen zu einer empirischen Angelegenheit? Einerseits ist die Antwort eindeutig nein. Willensfreiheit, moralische Richtigkeit und Selbste sind keine Gegenstände, die wir nur deswegen nicht mit unseren Sinnesorganen wahrnehmen können, weil sie zu klein sind. Die Untersuchung der Begriffe *Willensfreiheit*, *moralische Richtigkeit* und *Selbst* ist keine empirische Untersuchung. Der größte Teil der philosophischen Arbeit besteht darin, diese Begriffe theoretisch richtig zu fassen: die richtige Theorie darüber zu formulieren. Andererseits muss die philosophische Theorie einen empirischen Test bestehen können. Unser Handeln ist von philosophischen Annahmen geleitet: Wir nehmen im Handeln Willensfreiheit, moralische Richtigkeit und Selbste an. Wir gehen beispielsweise davon aus – wenn ich im Gegensatz zu Strawson Recht habe –, dass es Selbste von langer Lebensdauer gibt. Aber gibt es sie wirklich? Diese Frage kann am Ende nicht beantwortet werden, ohne dass man die Theorie im Leben der Erfahrung aussetzt.

Am Anfang vom ersten Kapitel von ihrem *The Sovereignty of Good* schreibt Iris Murdoch:

> Die Philosophie kennzeichnet sich durch gegenläufige Bewegungen, eine Bewegung zum Errichten von ausgeklügelten Theorien, und eine Bewegung wieder zurück zur Betrachtung der einfachen und offensichtlichen Tatsachen. McTaggart sagt, dass die Zeit unwirklich sei, Moore antwortet, dass er gerade sein Frühstück zu sich genommen habe. Beide sind notwendige Aspekte der Philosophie.

James schreibt in »The Sentiment of Rationality«:

> Wir kommen also zu dem Schluss, dass die einfache Klassifikation der Dinge auf der einen Seite die bestmögliche theoretische Philosophie ist, aber auf der anderen Seite ein äußerst erbärmlicher und unzureichender Ersatz für die Fülle der Wahrheit. Sie ist eine monströse Reduzierung des Lebens, die wie jede Reduktion durch den Totalverlust und Ausschluss echter Substanz erreicht wird. Darum begeistern sich so wenige Menschen für Philosophie.

Von James werden der Philosophie in dieser Passage mindestens zwei Attribute zugeschrieben: sie ist *allgemein* und sie ist *vereinfachend*. Das Leben im Gegenteil ist *konkret* und *reichhaltig*. Wenn eine philosophische Theorie im Leben getestet wird, muss sie sich der Konkretheit und Reichhaltigkeit der Erfahrung aussetzen. So stellt sich James die Widerlegung einer philosophischen Theorie in der vorher zitierten Passage aus »Rationality, Activity and Faith« vor: »Wenn es hingegen kein moralisches Universum ist und ich voreilig annehme, dass es ein solches ist, wird der Gang der Erfahrung mir immer neue Hindernisse in den Weg meiner Überzeugung legen und sich immer schwieriger in deren Sprache ausdrücken lassen.« Wenn die philosophische Theorie falsch ist, wird sie an der Wirklichkeit scheitern, wenn man nach ihr lebt. Es wird nicht mehr möglich sein, die Erfahrungen, die man macht, in der Sprache dieser Theorie zum Ausdruck zu bringen. Über den Fall der Bestätigung der Theorie äußert sich James folgendermaßen: Die Theorie »wird so gut mit dem gesamten Fluss der Erfahrung harmonieren, dass er sie sozusagen aufnimmt oder ihr sogar eine reichere Deutung verleiht, ohne dass man den Kern ihrer Formulierung in irgendeiner Hinsicht ändern müsste.« James stellt sich vor, dass die Erfahrung – wenn sie die Theorie bestätigt – der Theorie nur eine reichhaltigere Interpretation gibt, ohne die Formulierung der Theorie im Wesentlichen zu ändern.

Ich denke, James schreibt der philosophischen Theorie bei der Bestätigung der Theorie durch die Erfahrung eine zu große Unabhängigkeit zu. Ich möchte lieber einem Vorschlag von Murdoch aus dem ersten Kapitel von *The Sovereignty of Good* folgen. Murdoch geht es an dieser Stelle um moralische Begriffe, aber sie macht einen Vorschlag, den ich für philosophische Begriffe aufgreifen möchte:

> Meine Auffassung könnte so beschrieben werden: Moralische Begriffe müssen wie konkrete Universalien betrachtet werden. Und wenn jemand an dieser Stelle sagen würde, nun ja, warum bei moralischen Begriffen aufhören, warum nicht behaupten, dass alle Universalien konkret sind, würde ich antworten, warum eigentlich nicht? Warum nicht rot als idealen Endpunkt betrachten, als einen Begriff, den zu erlernen, eine unendliche Aufgabe ist, als ein individuelles Liebesobjekt? Ein Maler könnte sagen: »Du weißt nicht, was ›rot‹ bedeutet.«

So möchte ich die Begriffe *Willensfreiheit, moralische Richtigkeit* und *Selbst* und ihr Verhältnis zu philosophischen Theorien und zur Erfahrung verstehen. Eine richtige philosophische Theorie über diese Begriffe ist keine erschöpfende Erläuterung dieser Begriffe. Wenn die philosophische Theorie vom Selbst durch die Erfahrung bestätigt wird, wird die Theorie nicht zufälligerweise reichhaltiger interpretiert. Es gehört notwendigerweise zu philosophischen Begriffen, dass die philosophische Theorie stets nur eine unvollständige Interpretation dieser Begriffe sein kann. Die Bestätigung der Theorie in der Praxis ist also nicht bloß die Bestätigung von etwas Allgemeinem, sondern liefert auch selbst zugleich ein ständig komplexeres Verständnis des Begriffs selbst. Auch deswegen ist das Leben nach den philosophischen Theorien ein wesentlicher Bestandteil der philosophischen Tätigkeit. Nur so kann man zu einem ständig besseren Verständnis des jeweiligen Begriffs gelangen. Das denkt James selbstredend eigentlich auch.

4. Ein philosophisches Leben

Ich habe dieses Buch mit Wittgensteins Aussage über James angefangen: »Das ist es, was ihn zu einem guten Philosophen macht; er war ein wahrer

Mensch.« Am Ende unserer Reise müssen wir dazu zurückkehren. Was für ein Mensch ist es, der deswegen ein guter Philosoph ist, weil er ein echter Mensch ist? Und welches Leben führt er? Darum ging es in diesem Buch und dazu will ich nun einige abschließende Worte sagen. Dabei geht es nicht speziell um James, sondern allgemein um diese Fragen.

In dem Text »The James / Royce dispute and the development of James's ›solution‹« von James Conant geht es unter anderem um James' Reaktionen auf Josiah Royces Kritik an James' pragmatischer Wahrheitsauffassung. Conant schlägt vor, James hätte am Ende auf diese Kritik mit der Antwort reagiert, er würde keine *Theorie* der Wahrheit verteidigen wollen. Stattdessen würde es sich um eine »lebendige mentale Einstellung« handeln. (Conant stellt diesen Ansatz als Interpretation von James vor, nicht als eine Option, die er selbst akzeptiert.) Conant schreibt:

> James bietet keine Argumente, die uns logisch dazu zwingen sollen, einer bestimmten These zuzustimmen. Er schlägt den Pragmatismus nicht als Theorie vor (als etwas, das wahr oder falsch sein könnte), sondern als Handlungsanleitung (als etwas, das uns beim »Führen unserer Lebensgeschäfte« dienlich sein könnte oder nicht).

Conant stellt anschließend die Frage, welche Gründe nach James für eine »lebendige mentale Einstellung« sprechen könnten, wenn er ausschließt, dass es dabei um eine wahre oder falsche These geht. Nach Conant ist James' Antwort, dass die »lebendige mentale Einstellung« sich im Leben der Person bestätigt, die nach dieser »Einstellung« lebt. Es handelt sich dabei im Großen und Ganzen um die Antwort, die ich gerade verteidigt habe. Man muss nach der »Einstellung« leben, um sie zu bestätigen. Es besteht aber ein wesentlicher Unterschied zwischen meiner Konzeption und dem Ansatz, den Conant James zuschreibt (und den Sarin Marchetti im Anschluss an Conant in *Ethics and Philosophical Critique in William James* vertritt). Nach Conant war es für James entscheidend, dass es dabei – bei der pragmatischen Wahrheitsauffassung – nicht um eine Theorie geht. Nach meiner Konzeption sind es philosophische Theorien, die im Leben geprüft werden.

Habe ich mich dabei unvorsichtig ausgedrückt? Sind es doch nicht philosophische Theorien, die der Philosoph in seinem Leben testet, sondern »lebendige mentale Einstellungen«? Im Gegenteil: Bei den philosophischen Fragen wie den Fragen nach Willensfreiheit, moralischer Objektivität und Selbsten geht es um Wahrheit und Falschheit. Welche Position ist wahr, welche ist falsch? Da diese Fragen komplexe Antworten benötigen, bestehen die Antworten nicht in einzelnen Thesen, sondern kommen Theorien gleich. (Dabei sollte »wahr« nicht im Sinne einer pragmatischen Wahrheitsauffassung verstanden werden. Diese Wahrheitsauffassung ist falsch und wurde übrigens nicht vom frühen James akzeptiert, aber das ist ein anderes Thema.) Das gilt selbstredend auch für meine Auffassung von Philosophie – davon, wie philosophische Theorien bestätigt werden. Diese Auffassung ist meines Erachtens wahr und alle ihr widersprechenden Auffassungen der Philosophie sind falsch. Deswegen besteht eine wesentliche Aufgabe des Philosophen darin, Theorien zu formulieren. Wenn er ein guter Philosoph werden will, muss er darin gut werden, komplexe Theorien als Antworten auf komplexe Fragen zu entwickeln.

Es sind also Theorien, die der Philosoph in seinem Leben testen muss. Ich habe gesagt, dass er nach den konkurrierenden Theorien leben muss, um sie zu testen. Wie muss er leben, um das zu bewerkstelligen? Wie sieht ein solches philosophisches Leben aus? James schreibt in der Krisennotiz:

> Ich glaube, gestern war eine Krise in meinem Leben. Ich habe den ersten Teil von Renouviers zweitem Essay zu Ende gelesen und keinen Grund gesehen, warum seine Definition des freien Willens – einen Gedanken aufrechtzuerhalten, *weil ich mich dafür entscheide*, wenn ich andere Gedanken haben könnte – die Definition einer Illusion sein sollte. In jedem Fall werde ich erst einmal – bis nächstes Jahr – annehmen, dass es keine Illusion ist. Meine erste Tat aus freiem Willen sei dies: an den freien Willen zu glauben. Für den Rest des Jahres werde ich mich der bloßen Spekulation & der kontemplativen Grübelei [dt. im Orig.] enthalten, an denen meine Natur sich so erfreut, und vorsätzlich das Gefühl der moralischen Freiheit kultivieren, indem ich dafür förderliche Bücher lese und indem ich handle.

James nimmt sich vor, eine Theorie so zu testen, wie er es in der Passage aus »Rationality, Activity and Faith« propagiert. Er will nach Renouviers Theorie des freien Willens *leben*. Aber wie soll man das tun? Wie kann man eine Theorie im Leben testen? Ich sehe mindestens vier Typen von Schwierigkeiten, die damit verbunden sind: *praktische*, *psychologische*, *epistemische* und *moralische*. James deutet im Grunde selbst praktische und psychologische Schwierigkeiten an. Ein praktisches Problem besteht darin, wie man das Testen von Theorien im eigenen Leben einrichten soll. Die Krisennotiz ist vom 30. April. James will sich bis Ende des Jahres nehmen, um die Theorie zu testen. Ist das genügend Zeit? Das *praktische* Problem ist unter Umständen nicht so gravierend, wenn man sich vorstellt, jemand will nur Theorien über *ein* philosophisches Problem testen. In dem Fall kann er sich genügend Zeit nehmen, um nach den jeweiligen Theorien zum Thema zu leben. Ich habe aber eine philosophische Konzeption artikuliert, nach der ein wesentlicher Aspekt der philosophischen Tätigkeit darin besteht, philosophische Theorien im Leben zu testen. Nun kann ein guter Philosoph sich nicht nur mit einer philosophischen Frage beschäftigen. Er muss sich auch mit den diversen Verbindungen, die zwischen den einzelnen philosophischen Themen bestehen, auseinandersetzen. Das stellt den Philosophen, der die Theorien im Leben testen will, vor ein praktisches Problem: Wie soll er es überhaupt schaffen, nach den diversen Theorien zu handeln, die es zu den zahlreichen philosophischen Themen gibt?

Diese praktische Schwierigkeit verwandelt sich auch schnell in ein *epistemisches* Problem, wenn man eine mögliche Lösung der praktischen Schwierigkeit betrachtet. Diese Lösung des praktischen Problems würde darin bestehen, zugleich nach mehreren Theorien zu verschiedenen Themen zu leben. Beispielsweise könnte man zugleich nach dem weichen Determinismus und dem Subjektivismus in der Moral handeln. James selbst hat gedacht, dass diese Positionen zusammengehören. Dieser Vorschlag bringt aber ein epistemisches Problem ans Licht. Wenn man nach dem weichen Determinismus und dem Subjektivismus handelt, gewisse Erfahrungen macht und meint, diese Erfahrungen würden gegen den weichen Determinismus sprechen, wie will man wissen, dass sie gegen den weichen Determinismus und nicht gegen den Subjektivismus oder gegen andere Annahmen, die man im Leben macht, sprechen? Eine mögliche Lösung des Problems wäre die folgende: Man kennt die Erfahrungen, die man bisher im Leben gemacht hat. Man ändert sodann die Lebensführung nur in *einem* Punkt: Man handelt jetzt nach dem weichen Determinismus und nicht nach dem Inkompatibilismus. Wenn man nun Erfahrungen macht, die anscheinend gegen den weichen Determinismus sprechen, sprechen sie wirklich gegen ihn. Diese Lösung kann aber auch kritisiert werden: Woher will man wissen, dass man *als weicher Determinist* nicht andere Erfahrungen macht, je nachdem, ob man an den Subjektivismus oder den Objektivismus bezüglich der Moral glaubt? Könnte es mit anderen Worten nicht sein, dass es eine holistische Verbindung zwischen den Erfahrungen, die man als weicher Determinist macht, und dem Glauben an eine gewisse Auffassung der Objektivität der Moral gibt? Wenn es so ist, würde es für die Beurteilung des weichen Determinismus nicht reichen, die Lebensführung nur bezüglich der Willensfreiheitsfrage zu ändern, um über den weichen Determinismus zu urteilen.

Ich möchte dieses oder andere Probleme bezüglich des Testens von philosophischen Theorien im Leben in diesem Text nicht lösen. Mir geht es nur darum, auf die diversen Probleme und an manchen Stellen auch auf mögliche Lösungen hinzuweisen. Wie man diese Probleme löst, lässt sich, denke ich, genauso wenig wie die Fragen selbst, die im Leben getestet werden sollen, rein theoretisch beantworten. Man muss die Probleme und die möglichen Lösungen selbstredend theoretisch erörtern, aber letztlich muss man diese Lösungen auch im Leben testen. Beispielsweise muss man im Leben testen, ob es diese holistische Verbindung zwischen den Erfahrungen eines weichen Deterministen und seinen anderen Überzeugungen gibt oder nicht.

James deutet auch *psychologische* Schwierigkeiten beim Testen einer Theorie im Leben an. Für James wird es möglich, nach Renouviers Theorie des freien Willens zu handeln, weil die Lektüre von Renouviers Buch James so weit gebracht hat, dass er keinen Grund sieht zu denken, diese Theorie würde eine Illusion zum Ausdruck bringen. James ist aber nicht so weit, dass er wirklich an die Theorie glaubt. Er ist bereit, die Theorie bis Ende des Jahres anzunehmen. Während dieser Zeit will er seinen Glauben an die Theorie festigen, indem er sein »Gefühl von moralischer Freiheit« durch Handlungen und durch die Lektüre passender Bücher kultiviert.

Bei einem Philosophen, der zwei konkurrierende Theorien in seinem Leben testen will, ist eine von zwei Situationen sicher der Regelfall: Entweder ist er von der Wahrheit der einen Theorie überzeugt, will aber beide Theorien im Leben testen. Oder er hat sich keine feste Meinung gebildet, welche der Theorien wahr ist. Die erste Situation stellt den Philosophen sicher vor ein größeres psychologisches Problem. Er will die gegnerische Theorie testen, indem er danach lebt. Das Resultat des Tests soll aber offen sein. Er muss es daher schaffen, mindestens so weit an die Theorie zu glauben, dass er die für den echten Test notwendigen Erfahrungen machen kann. Das ist zunächst eine psychologische Schwierigkeit. Wie könnte sie gelöst werden? In diesem Kapitel bin ich von Strawsons und meiner Auffassung vom Selbst ausgegangen. Nun gibt es zwischen Strawsons Ansatz und dem Buddhismus gewisse Ähnlichkeiten. Es gibt verschiedene Versionen des Buddhismus und ihre Auslegungen sind auch kontrovers. Ich nehme schlicht für meine momentanen Zwecke an, dass manche Buddhisten den Glauben an das Selbst für eine Illusion halten. Es gibt kein Selbst. Das meint der Buddhist, mit Hilfe theoretischer Gründe nachweisen zu können. Diese theoretischen Gründe werden aber nicht reichen, damit der Mensch seinen Glauben an das Selbst wirklich verliert. Dafür ist Meditation notwendig. Ich zitiere aus dem Aufsatz »Nirvana and Ownerless Consciousness« von Miri Albahari zu diesem Thema:

> Ich schlage mit Hinblick auf diese Analyse vor, dass das Nirvana, als tiefe und transformierende Erkennnis des Nicht-Selbst, als der Höhepunkt eines Prozesses verstanden werden soll, bei dem der eingeübte Gebrauch vom beobachtenden Bewusstsein durch Meditation eine vollständige Entidentifizie-

> rung in Bezug auf alle mentalen und physischen Phänomene erzeugt. Das Ergebnis wird sein, die Selbst-Illusion ungeschehen zu machen.

Meditation ist möglicherweise geeignet, um die psychologische Schwierigkeit für das Testen von Strawsons Theorie im Leben zu lösen. Es gibt unter Umständen eine zur buddhistischen Meditation analoge auf Strawson zugeschnittene Meditation, die bei jemandem wie mir genügend Glauben an Strawsons Theorie erzeugt, um die Erfahrungen eines Episodikers wirklich zu machen und so Strawsons Theorie im Leben zu testen. Die mögliche Verwendung von Meditation macht aber auf ein *epistemisches* Problem aufmerksam, das ich nun kurz erörtern möchte.

Nehmen wir an, die Meditation bezüglich Strawsons Theorie wäre restlos erfolgreich gewesen. Mir wäre es gelungen, zu einem kompletten Episodiker zu werden. Ich würde die Erfahrungen eines Episodikers machen und nicht mehr verstehen, wie ich einmal Diachroniker sein konnte. Müssten wir in dem Fall sagen, dass ich beide Theorien im Leben getestet hätte und der Test wäre zugunsten von Strawsons Theorie ausgefallen? Nein, das müssten wir nicht sagen. Die epistemische Schwierigkeit besteht darin, zugleich zwei Bedingungen zu erfüllen: Einerseits muss der Mensch sich genügend auf beide Theorien einlassen, um wirklich die Erfahrungen machen zu können, die die Akzeptanz der Theorien möglich macht. Andererseits muss der Mensch genügend Abstand von beiden Theorien haben, um sich offen für alle Erfahrungen zu zeigen und somit beurteilen zu können, für welche Theorie die Erfahrungen sprechen. Falls Meditation dazu führt, dass die erste Bedingung erfüllt, die zweite aber verletzt wird, ist sie keine gute Methode für das Testen von Theorien im Leben. Die Kunst muss darin bestehen, sich abwechselnd und mit Offenheit auf beide Theorien einzulassen, um über sie letztlich im Vergleich urteilen zu können. Es gibt in der Regel keinen neutralen Standpunkt außerhalb der Theorien, der einem ermöglicht, über sie zu urteilen. Man wird stets in seiner Sichtweise von der einen oder anderen Theorie geprägt sein. Deswegen muss die Kunst des Urteilens in dem Wechseln der Perspektiven zwischen den Theorien bestehen. Nur so kann man die notwendige Unabhängigkeit von beiden gewinnen.

Diese epistemische Schwierigkeit macht auf ein viertes Problem aufmerksam: ein *moralisches*. James denkt, dass die metaethische Theorie des Subjektivismus den Charakter desjenigen, der daran glaubt, verdirbt. Auch wenn James für diese Theorie nicht Recht haben sollte, weist er damit auf ein allgemeines Problem hin: Wenn der Glaube an eine Theorie den Charakter verdirbt, wie soll derjenige, der diese Theorie im Leben testen will, damit umgehen? Ein Dauerthema der Doppelgängergeschichten der Weltliteratur besteht darin, dass man nicht leichtfertig mit dem Bösen experimentieren sollte. Es lässt sich nicht so leicht in einer zweiten Persönlichkeit isolieren, sondern verdirbt am Ende den ganzen Charakter. *The Picture of Dorian Gray* ist nur ein Beispiel dafür. Ich denke, man muss der Moral auf jeden Fall Priorität geben. Man darf anderen Menschen kein Unrecht tun, nur damit man im Leben eine philosophische Theorie testen kann. Allerdings sollte man nicht zu vorsichtig sein. James behauptet, dass der Subjektivismus den Charakter verdirbt. Ist das aber wirklich so? Man muss bereit sein, sich ausreichend auf den Subjektivismus einzulassen, um James' Behauptung im Leben zu testen. Für diesen Fall gilt Ähnliches wie vorher für die buddhistische Meditation: Wenn man die Theorie testen will, muss man sich genügend auf sie einlassen, aber man darf sich den Rückweg nicht abschneiden. Man darf es nicht so weit treiben, dass man den eigenen Charakter wirklich verdirbt.

»Wie wird man ein guter Philosoph?« habe ich in Kapitel 1 gefragt. Nun steht fest: Um ein guter Philosoph zu werden, darf man nicht nur philosophisch denken, man muss philosophisch leben. Ich habe gesagt, es würde sich bei meiner Antwort um eine Neukonzeption der Philosophie handeln. Jemand könnte dagegen behaupten, das Gegenteil wäre der Fall: Es wäre der Kern der Philosophie der Antike, dass die Philosophie in einem philosophischen Leben bestehen würde. Mir geht es nicht darum, eine originelle Konzeption zu verteidigen. Wenn andere vorher diese Konzeption verteidigt haben, soll es so sein. Ich denke aber, dass es zwischen meiner Konzeption und der Philosophie der Antike wichtige Unterschiede gibt, jedenfalls in einer gängigen Interpretation der Philosophie der Antike. Ich verwende zur Verdeutlichung meines eigenen Ansatzes eine prägnante Skizze der antiken Philosophie von Pierre Hadot in seinem Text »Die Philosophie als Lebensform«. Hadot schreibt:

> Die antike Philosophie schlägt dem Menschen eine Lebensform vor, die moderne Philosophie dagegen stellt sich vor allem als Konstruktion einer technischen Sprache dar, die Spezialisten vorbehalten bleibt.

Dieses Zitat ist ohne weitere Erläuterung nicht restlos verständlich, aber ich beginne damit, um vorausgreifend zu sagen, dass mein Ansatz in keine der beiden Kategorien passt, auch wenn er Elemente beider Philosophietypen beinhaltet. Um den Unterschied zwischen meiner Konzeption und der antiken Philosophie deutlich zu machen, beginne ich mit einigen Merkmalen, die nach Hadot für die Philosophie der Antike charakteristisch sind.

Hadot verwendet eine Unterscheidung der stoischen Philosophie, um die gesamte Philosophie der Antike zu charakterisieren: »zwischen dem Diskurs über die Philosophie und der Philosophie selbst«. Der Diskurs über die Philosophie – soweit in den verschiedenen Versionen der antiken Philosophie als Theorien über die Fragen der Philosophie vorhanden – soll der Philosophie selbst dienen: »Die philosophischen Theorien haben dem philosophischen Leben zu dienen.« Die Philosophie selbst hat das Ziel, den ganzen individuellen Menschen und sein Leben zu verändern. Die Philosophie besteht in einer Art und Weise zu leben, die die Weisheit (*sophia*) zum Ziel hat, auch wenn die Weisheit unerreichbar bleibt. Mit der Weisheit hat sie auch Seelenruhe (*ataraxia*) und innere Freiheit (*autarkeia*) zum Ziel.

Ich möchte besonders drei Charakterisierungen Hadots von der antiken Philosophie betonen, da die erste eine Gemeinsamkeit mit meiner Konzeption markiert, während die zweite und dritte entscheidende Unterschiede deutlich machen. Hadot sieht in der Entwicklung der Universität im Mittelalter eine entscheidende Abweichung von der Philosophie der Antike:

> Ein Charakteristikum der Universität besteht darin, dass sie sich aus Professoren zusammensetzt, die Professoren ausbilden, und aus Fachleuten, die wiederum Fachleute ausbilden. Der Unterricht richtet sich also nicht mehr an Menschen, die man zu Menschen erziehen möchte, sondern an Spezialisten, damit diese lernen, andere Spezialisten auszubilden.

Meine Konzeption der Philosophie ist an dieser Stelle auf der Seite der antiken Philosophie. Es ist zwar essentiell notwendig, dass ein Philosoph das technische Handwerk der Philosophie beherrscht. Eine philosophische Theorie kann er aber nur dann beurteilen, wenn er sein ganzes Wesen einsetzt. Zudem wird er nur philosophische Theorien überprüfen können, indem er die Seminarräume der Universitäten verlässt und die Theorien in seinem Leben testet. Die Bildung eines Philosophen an der Universität müsste an der Entwicklung der dafür notwendigen Fähigkeiten arbeiten.

Die zweite Charakterisierung der antiken Philosophie markiert einen bedeutenden Unterschied zu meiner Konzeption. Nach Hadot ist die Seelenruhe des Philosophen ein wesentliches Ziel seiner philosophischen Tätigkeit. Der Philosoph sucht eine Art und Weise zu leben, die ihm Seelenruhe bringt. Ich sehe es ganz anders. Der Philosoph ist ein doppelt zerrissener Mensch. Er ist vermutlich auch kein glücklicher Mensch – jedenfalls ist das nicht das Ziel seines Lebens als Philosoph. Das Ziel seines Lebens als Philosophen ist alleine, wahre Antworten auf die philosophischen Fragen zu finden, die sein Leben ihm stellt. Seine erste Zerrissenheit gründet auf der Notwendigkeit, die unbekannten Grenzen philosophischer Argumentation ständig in philosophischen Argumentationen ausloten zu müssen. Der Philosoph weiß und muss akzeptieren, dass nicht alle philosophischen Fragen rein mit Hilfe von Argumenten gelöst werden können. Er ist als Philosoph dazu verdammt, jede philosophische Frage rein mit Hilfe argumentativer Mittel lösen zu wollen, um die konkurrierenden Theorien im Leben letztlich weiter testen zu müssen. Seine Zerrissenheit besteht darin, als Philosoph auf etwas hoffen zu müssen und etwas versuchen zu müssen, von dem er weiß, dass es nicht eintreten wird.

Im Gegensatz zum dritten Charakteristikum der antiken Philosophie nach Hadot – philosophische Theorien sind Mittel zum Zweck des philosophischen Lebens – sind philosophische Theorien ein integraler Bestandteil des philosophischen Lebens. Erstens ist die rein argumentative Auseinandersetzung essentieller Bestandteil der philosophischen Tätigkeit. Zu philosophieren heißt, immer auch Argumente und Theorien zu bauen. Zweitens besteht das philosophische Leben über die Argumentation hinaus im Testen philosophischer Theorien, indem man nach ihnen lebt. Das Ziel des philosophischen Lebens ist, die wahren Theorien zu finden und nach ihnen zu leben.

Dies bringt mich zur zweiten Zerrissenheit des Philosophen. Er weiß, dass er nie in der Wahrheit leben wird. Er kann höchstens darauf hoffen, in seinem Leben durch das Testen der Theorien die Wahrheit über einige wenige philosophische Fragen herausgefunden zu haben, auch wenn er sich da nie sicher sein kann. Außerhalb seiner rein argumentativen Tätigkeit besteht sein philosophisches Leben darin, sich so weit auf sich widersprechende Theorien einzulassen, dass er nach ihnen abwechselnd leben und sie so testen kann. Er muss zwar darauf achten, moralisch richtig zu leben und so anderen Menschen kein Unrecht zu tun, aber ansonsten lebt er ein Leben in Widersprüchen. Das ist genau das Gegenteil der von der antiken Philosophie angestrebten Seelenruhe.

Philosophische Fragen lassen sich nicht innerlich im Geiste lösen. Ein Gedanke erhält erst die nötige Genauigkeit in der Artikulation. Das gilt nicht nur, wenn der Philosoph argumentiert, sondern genauso, wenn er Theorien in seinem Leben testet. Er kann es nicht dabei belassen, die Theorien im Leben zu testen. Er muss die Erfahrungen, die er beim Leben nach den Theorien macht, artikulieren und auf dieser Grundlage über die Theorien urteilen. Seine Untersuchungen und Ergebnisse lassen sich aber nicht allein in Form von Thesen und Argumenten zum Ausdruck bringen. Er muss daher seine philosophischen Gedanken in einem Werk artikulieren, das nicht die Form einer rein argumentativen Monografie hat. Welche Form es haben muss, kann er nicht in Thesenform formulieren oder mit Hilfe von Argumenten beweisen. Er muss die richtige Form suchen und seinem Leser zur Beurteilung vorlegen.

Endnoten [ix]

1 Ignas K. Skrupskelis u. Elizabeth M. Berkeley (Hg.), *The Correspondence of William James*, Bd. 4, Charlottesville u. London 1995, S. 370–371.

2 William James, Rezension zu *The Unseen Universe* von Peter Guthrie Tait und Balfour Stewart (1875), in: ders., *Essays, Comments, and Reviews*, Cambridge, Mass., u. London 1987, S. 294.

3 Man könnte auch sagen, das Buch präsentiere *eine Theorie* der Philosophie, da darin eine bestimmte Auffassung der Philosophie formuliert wird. Den Ausdruck »Philosophie der Philosophie« haben wir von Timothy Williamson übernommen, der zu Recht sagt, dass das Wort »Metaphilosophie« fälschlicherweise suggeriere, das Philosophieren über die Philosophie würde über der Philosophie stehen und nicht selbst ein Teil der Philosophie sein; vgl. Timothy Williamson, *The Philosophy of Philosophy*, Oxford 2007, S. ix-x. Indem wir sagen, das Buch sei eine *Philosophie* der Philosophie, wollen wir betonen, dass unsere Theorie der Philosophie selbst Philosophie ist.

4 Vgl. John McDowell, »Virtue and Reason«, *The Monist* 62 (1979), S. 331–350.

5 James, *Pragmatism*, S. 3.

6 James, *Essays, Comments, and Reviews*, S. 323.

7 Mill, *Autobiography*, S. 69–76 (NuVision Publications).

8 Mill, *Autobiography*, S. 92–93 (Cockshut-Ausgabe).

9 *Diary* 1 (30. April 1870). Ich habe versucht, die Erscheinungsform der Passage akkurat abzubilden. Dies wird nicht immer möglich sein, wenn ich mitten in Sätzen daraus zitiere. Dieses vollständige Zitat stellt aber die Erscheinungsform im Tagebuch dar. Vgl. H. James, Hg., *The Letters of William James*, Bd. 1, S. 147–148; dort wird die Erscheinungsform nicht aufrechterhalten. Der Einschub »gemacht werden aus« im letzten Satz stammt vom Herausgeber der *Letters*, der richtigerweise anmerkt, dass das Manuskript an dieser Stelle »zweifelhaft« sei. Das komplette *Diary* 1 ist als Anhang in B. Loerzers »*An Arch Built Only on One Side*« zu finden.

10 James, »Is Life Worth Living?«, S. 36, vgl. auch S. 39.

11 »Is Life Worth Living?«, S. 44. Er nennt sie auch »spekulative Melancholie« (S. 42).

12 »Is Life Worth Living?«, S. 39–40.

13 Die in den nächsten Sätzen im Haupttext gegebene Charakterisierung philosophischer Melancholie, die James in »Is Life Worth Living?« tatsächlich verwendet, muss von James' engeren Verwendung des Terminus im Essay unterschieden werden. Nach der engeren Ver-

---

ix Im vorliegenden Buch wurden an einigen Stellen Übersetzungen von Zitaten ins Deutsche verwendet, die bereits publizierten Übersetzungen der betreffenden Texte entstammen. Mit Ausnahme von den unvollständigen bibliografischen Angaben in den Endnoten Kornblums sind die bibliografischen Informationen und Anmerkungen zu diesen Übersetzungen von Alexander Mahldorf verfasst worden. Ansonsten sind die Endnoten zu unseren jeweiligen Beiträgen jeweils von Kornblum und mir geschrieben worden. Kornblums Angaben wurden von mir nicht redigiert. Deshalb sind die bibliografischen Referenzen in seinen Endnoten i. d. R. unvollständig.

wendungsweise bezieht sich philosophische Melancholie auf den »Widerspruch« zwischen einer gewissen Idee von Natur und einer »Sehnsucht des Herzens« (»Is Life Worth Living?«, S. 40–41; vgl. auch S. 42–44). Ich interessiere mich an dieser Stelle nur für die weitere Verwendungsweise.

14 Siehe »Is Life Worth Living?«, S. 34–35.

15 »Is Life Worth Living?«, S. 34.

16 »The Dilemma of Determinism«, S. 130.

17 »Is Life Worth Living?«, S. 41. »Weltschmerz« und »Unheimlichkeit« auf Deutsch im Original.

18 *Corr.*, Bd. 1, S. 215. Vgl. Brief an seinen Bruder Henry (24. Aug. 1872), *Corr.*, Bd. 1, S. 167.

19 *Corr.*, Bd. 4, S. 248.

20 Siehe Briefe an die Familie (Juli 1867), an seinen Vater (Sept. 1867), an O.W. Holmes, jun., (Mai 1868), Thomas Ward (Okt. 1868), *Corr.*, Bd. 4, S. 183, 194, 300, 347.

21 Brief an Ward (10. Sept. 1867), *Corr.*, Bd. 4, S. 198.

22 Brief an Holmes (3. Jan. 1868), *Corr.*, Bd. 4, S. 244. James zitiert auf Deutsch und schreibt den Text, wie er an dieser Stelle zitiert wird.

23 Brief an Ward (7. Jan. 1868), *Corr.*, Bd. 4, S. 250.

24 Brief an seine Schwester (16. März 1868), *Corr.*, Bd. 4, S. 265.

25 *Diary* 1 (1. April 1868).

26 *Diary* 1 (12. April 1868).

27 *Diary* 1 (22. Mai 1868).

28 Brief an seinen Bruder Henry (2. Okt. 1869), *Corr.*, Bd. 1, S. 100.

29 *Diary* 1. Das genaue Datum dieses Tagebucheintrags kann nicht ermittelt werden. Der Eintrag steht im Tagebuch unmittelbar vor dem Eintrag vom 21. Dezember 1869. Da die davorliegenden Seiten im Tagebuch fehlen, kann man nur mit Gewissheit sagen, dass der Eintrag im Zeitraum Februar bis 20. Dezember 1869 gemacht wurde.

30 *Diary* 1 (1. Feb. 1870).

31 Brief an Ward (14. März 1868), *Corr.*, Bd. 4, S. 404.

32 Brief an seinen Bruder Henry (7. Mai 1870), *Corr.*, Bd. 1, S. 158.

33 Damit ist selbstredend nicht gemeint, dass er an den Pessimismus als philosophische Position – beispielsweise den Pessimismus Schopenhauers – geglaubt hat, sondern nur, dass er in einer melancholischen Krise war.

34 Kursiv und auf Deutsch im Original.

35 Brief an Alice Howe Gibbens (7. Juni 1877), *Corr.*, Bd. 4, S. 572.

36 *The Varieties of Religious Experience*, S. 134.

37 *The Letters of William James*, Bd. 1, S. 147.

38 »Is Life Worth Living?«, S. 34.

39 Brief an seinen Bruder Henry (24. Aug. 1872), *Corr.*, Bd. 1, 167.

40 *Diary* 1 (10. April 1873).

41 *The Letters of William James*, Bd. 1, S. 170–171.

42 Siehe den weiteren Verlauf des Briefs: *Letters*, Bd. 1, S. 171.

43 *The Varieties of Religious Experience*, S. 20.

44 *Varieties*, S. 19.

45 Siehe *Varieties*, S. 17–20.

46 *Varieties*, S. 18.

47 *Varieties*, S. 16.

48 Siehe *Varieties*, S. 20–26.
49 *Varieties*, S. 28–29.
50 James, *Manuscript Lectures*, S. 63.
51 »Is Life Worth Living?«, S. 34.
52 »Is Life Worth Living?«, S. 54.
53 Carlyle, *Sartor Resartus*, S. 6.
54 *Sartor Resartus*, S. 9.
55 »Is Life Worth Living?«, S. 42.
56 *Sartor Resartus*, S. 142.
57 Man muss zwar zwischen dem Festhalten eines Gedankens und der Festlegung auf eine Meinung unterscheiden, aber dennoch sind die Punkte verwandt. Das Thema kann ich an dieser Stelle nicht weiter erörtern.
58 *Essays, Comments, and Reviews*, S. 325.
59 Siehe Henrich, *Werke im Werden*, S. 58–59.
60 *Werke im Werden*, S. 21.
61 Siehe *Werke im Werden*, S. 21.
62 *Werke im Werden*, S. 32.
63 *Werke im Werden*, S. 34.
64 *Werke im Werden*, S. 24–25, 30.
65 *Werke im Werden*, S. 25–26.
66 *Werke im Werden*, S. 27.
67 *Werke im Werden*, S. 30.
68 *Werke im Werden*, S. 79.
69 *Werke im Werden*, S. 80.
70 *Werke im Werden*, S. 80.
71 *Werke im Werden*, S. 80.
72 Siehe *Werke im Werden*, S. 80–81.
73 *Werke im Werden*, S. 22.
74 *Werke im Werden*, S. 169.
75 Siehe Sartre, *Der Ekel*, S. 9–15.
76 Siehe Suhr, *Jean-Paul Sartre zur Einführung*, Hamburg 2001, S. 29–32.
77 *Der Ekel*, S. 128–129.
78 Siehe *Jean-Paul Sartre zur Einführung*, S. 42.
79 *Der Ekel*, S. 124.
80 *Der Ekel*, S. 128–129.
81 *Der Ekel*, S. 150.
82 Siehe *Der Ekel*, S. 144–147.
83 Siehe *Der Ekel*, S. 144–153.
84 Henrich, *Werke im Werden*, S. 202.
85 Vgl. James Conant, »Philosophy and Biography«, in: James C. Klagge (Hg.), *Wittgenstein. Biography and Philosophy*, Cambridge 2001, S. 17–18.
86 Conant nennt sie »compartmentalism«, »Philosophy and Biography«, S. 17.
87 Ray Monk, »Philosophical Biography: The Very Idea«, in: Klagge (Hg.), *Wittgenstein. Biography and Philosophy*, S. 3.
88 Conant, »Philosophy and Biography«, S. 16.
89 Monk, »Philosophical Biography«, S. 14.

90 Robert D. Richardson, *William James. In the Maelstrom of American Modernism*, Boston u. New York 2006, S. xiii.
91 Conant, »Philosophy and Biography«, S. 16.
92 Conant, »Philosophy and Biography«, S. 20.
93 Monk, »Philosophical Biography«, S. 5.
94 Conant, »Philosophy and Biography«, S. 29.
95 Conant, »Philosophy and Biography«, S. 39.
96 Vgl. z. B. Linda Simon, *Genuine Reality. A Life of William James*, New York 1998, S. 132–133; Richardson, *William James*, S. 41, 145, 148.
97 *Diary*, 1868–73 (Diary 1), William James papers, Houghton Library, Harvard University, bMS Am 1092.9 (4550), Eintrag vom 10. April 1873.
98 Siehe die Diskussion vom »moralischen Geschäft« in § 4.5.
99 *Diary*, 1868–73 (Diary 1), Eintrag vom 30. April 1870.
100 James, *Essays, Comments, and Reviews*, S. 294.
101 Da es sich hier um sehr bekannte Fakten über James handelt, werden die Darstellungen nicht im Einzelnen mit Quellenverweisen nachgewiesen. Wir verweisen hier nur allgemein auf folgende Quellen: Henry James (Hg.), *The Letters of William James*, Boston 1920, Bd. 1; Skrupskelis u. Berkeley (Hg.), *The Correspondence of William James*, Bd. 1 u. Bd. 4; Ralph Barton Perry, *The Thought and Character of William James*, Bd. 1, Boston u. Toronto 1935; Simon, *Genuine Reality*; Howard M. Feinstein, *Becoming William James*, With a New Introduction, Itacha 1999; Richardson, *William James*.
102 *Diary*, 1868–73 (Diary 1), Eintrag vom 1. April 1868.
103 *Diary*, 1868–73 (Diary 1), Eintrag vom 12. April 1868.
104 Skrupskelis u. Berkeley (Hg.), *Correspondence*, Bd. 4, S. 304, vgl. S. 300.
105 Skrupskelis u. Berkeley (Hg.), *Correspondence*, Bd. 4, S. 303.
106 Vgl. Skrupskelis u. Berkeley (Hg.), *Correspondence*, Bd. 4, S. 292.
107 Skrupskelis u. Berkeley (Hg.), *Correspondence*, Bd. 4, S. 305.
108 Skrupskelis u. Berkeley (Hg.), *Correspondence*, Bd. 4, S. 306. Im Brief an Henry, Jr., vom 4. Juni 1868 schreibt er auch ausführlich über seine Neuentdeckung Goethes; vgl. *Correspondence*, Bd. 1, S. 49–51.
109 Skrupskelis u. Berkeley (Hg.), *Correspondence*, Bd. 4, S. 306–307.
110 William James, »The Sentiment of Rationality«, in: ders., *Essays in Philosophy*, Cambridge, Mass., 1978, S. 55.
111 William James, »The Sentiment of Rationality«, in: ders., *The Will to Believe and Other Essays in Popular Philosophy*, Cambridge, Mass., 1979, S. 61.
112 James, »The Sentiment of Rationality«, in: *Essays in Philosophy*, S. 56; »The Sentiment of Rationality«, in: *The Will to Believe*, S. 61. Im Text von 1879 wird »Life« großgeschrieben, ansonsten sind die Textstellen identisch.
113 Skrupskelis u. Berkeley (Hg.), *Correspondence*, Bd. 4, S. 308–309.
114 Skrupskelis u. Berkeley (Hg.), *Correspondence*, Bd. 4, S. 300.
115 Skrupskelis u. Berkeley (Hg.), *Correspondence*, Bd. 4, S. 248.
116 Skrupskelis u. Berkeley (Hg.), *Correspondence*, Bd. 4, S. 300.
117 Skrupskelis u. Berkeley (Hg.), *Correspondence*, Bd. 4, S. 301–302.
118 Skrupskelis u. Berkeley (Hg.), *Correspondence*, Bd. 4, S. 250; vgl. Brief an den Vater vom 5. September 1867, *Correspondence*, Bd. 4, S. 194.
119 Skrupskelis u. Berkeley (Hg.), *Correspondence*, Bd. 4, S. 249.

120 Vgl. William James, »Is Life Worth Living?«, in: ders., *The Will to Believe*, S. 45–48.

121 Vgl. William James, »The Dilemma of Determinism«, in: ders., *The Will to Believe*, S. 125.

122 Skrupskelis u. Berkeley (Hg.), *Correspondence*, Bd. 4, S. 308.

123 Vgl. William James, *Essays in Religion and Morality*, Cambridge, Mass., 1982, S. 216.

124 William James, »Introduction to *The Literary Remains of the Late Henry James*«, in: ders., *Essays in Religion and Morality*, S. 62.

125 James, »Introduction to *The Literary Remains of the Late Henry James*«, S. 62–63.

126 Für eine Diskussion des Problems des Bösen innerhalb der Gesamtphilosophie von James, s. Sami Philström, *»The Trail of the Human Serpent is over Everything«. Jamesian Perspectives on Mind, World, and Religion*, Lanham, Maryland, 2008.

127 James, »The Dilemma of Determinism«, S. 126.

128 Skrupskelis u. Berkeley (Hg.), *Correspondence*, Bd. 4, S. 572.

129 Skrupskelis u. Berkeley (Hg.), *Correspondence*, Bd. 4, S. 570.

130 Kursiv und auf Deutsch im Original.

131 Skrupskelis u. Berkeley (Hg.), *Correspondence*, Bd. 4, S. 572.

132 Zitiert nach Perry, *Thought and Character*, Bd. 1, S. 322–323; vgl. Paul J. Croce, *Young William James Thinking*, Baltimore 2018, S. 223–224, 307n; Daniel W. Bjork, *William James. The Center of His Vision*, Washington, D.C., 1997, S. 103.

133 Skrupskelis u. Berkeley (Hg.), *Correspondence*, Bd. 4, S. 305.

134 Skrupskelis u. Berkeley (Hg.), *Correspondence*, Bd. 4, S. 295.

135 Skrupskelis u. Berkeley (Hg.), *Correspondence*, Bd. 4, S. 295.

136 Louis Menand, »William James and the Case of the Epileptic Patient«, in: ders., *American Studies*, New York 2002, S. 22.

137 Croce, *Young William James Thinking*, S. 201–202; vgl. Skrupskelis u. Berkeley (Hg.), *Correspondence*, Bd. 4, S. 334–335.

138 Vgl. Perry, *Thought and Character*, Bd. 1, S. 247–248; Skrupskelis u. Berkeley (Hg.), *Correspondence*, Bd. 4, S. 212–214, 241–244.

139 Skrupskelis u. Berkeley (Hg.), *Correspondence*, Bd. 4, S. 299.

140 Skrupskelis u. Berkeley (Hg.), *Correspondence*, Bd. 4, S. 306.

141 Für eine ausführliche Diskussion der Beschäftigung des jungen James mit den Griechen, s. Croce, *Young William James Thinking*, Kap. 3.

142 Vgl. Skrupskelis u. Berkeley (Hg.), *Correspondence*, Bd. 4, S. 307–308.

143 Die Herausgeber der *Correspondence* verweisen in einer Fußnote auf die Diskussion von »Ich nehme das Universum an« in *The Varieties of Religious Experience* (vgl. Skrupskelis u. Berkeley (Hg.), *Correspondence*, Bd. 1, S. 45). Da es in dieser Monografie um den jungen James geht und wir daher *The Varieties of Religious Experience* nicht als Quelle für James' Denken verwenden, gehen wir hier nicht darauf ein.

144 Skrupskelis u. Berkeley (Hg.), *Correspondence*, Bd. 1, S. 42.

145 *Diary*, 1868–73 (Diary 1), Eintrag vom 3. April 1868; vgl. Skrupskelis u. Berkeley (Hg.), *Correspondence*, Bd. 1, S. 42–43.

146 Perry, *Thought and Character* (Bd. 1, S. 300–302), datiert sie auf 1869, Barbara Loerzer ebenso (vgl. Loerzer, *»An Arch Built Only on One Side«. Eine Studie zur werkgenetischen Relevanz der Ästhetik im Denken von William James (1842–1910)*, Berlin 2016, S. 315–320); Richardson, *William James* (S. 544n), hingegen aus bestimmten Gründen auf 1870, da James sowohl im Sommer 1869 als auch im Sommer 1870 in Pomfret war; Croce, *Young William*

James Thinking, lässt es offen und verweist auf die unterschiedlichen Datierungen von Perry und Richardson (S. 218–220, 306n).

147 Miscellaneous notes, William James papers, Houghton Library, Harvard University, bMS Am 1092.9 (4473).

148 Skrupskelis u. Berkeley (Hg.), *Correspondence,* Bd. 4, S. 299.

149 Vgl. Croces Interpretation von »vulgar« [*ordinär*]; Croce, *Young William James Thinking,* S. 201.

150 Vgl. Croces Interpretation dieses Tagebucheintrags; Croce, *Young William James Thinking,* S. 202–203.

151 *Diary,* 1868–73 (Diary 1), Eintrag vom 22. Mai 1868; vgl. Skrupskelis u. Berkeley (Hg.), *Correspondence,* Bd. 4 (Brief an Ward vom 24. Mai 1868), S. 305–306.

152 *Diary,* 1868–73 (Diary 1), Eintrag vom 13. April 1868; vgl. Skrupskelis u. Berkeley (Hg.), *Correspondence,* Bd. 1, S. 48: »[D]ieser furchtbare Hamlet [...] ächzt & stöhnt so über das Mysterium der Welt, über das Unfassliche«, dass er »den *Versuch* es auszudrücken, aufgibt, weil ihm eine Formulierung so irrelevant erscheint wie die andere [...]. Entsprechend müßig erscheint ihm das Handeln und nichts mit dem Punkt zu tun zu haben.«

153 William James, »Rationality, Activity and Faith«, *The Princeton Review* (1882), Heft 2 (Juli), S. 58–86, hier S. 82, vgl. S. 67–68.

154 Skrupskelis u. Berkeley (Hg.), *Correspondence,* Bd. 4, S. 306.

155 Skrupskelis u. Berkeley (Hg.), *Correspondence,* Bd. 4, S. 309.

156 *Diary,* 1868–73 (Diary 1), Eintrag vom 27. Mai 1868.

157 Vgl. *Diary,* 1868–73 (Diary 1), Eintrag vom 27. Mai 1868.

158 Skrupskelis u. Berkeley (Hg.), *Correspondence,* Bd. 4, S. 334–336.

159 Skrupskelis u. Berkeley (Hg.), *Correspondence,* Bd. 4, S. 369.

160 Vgl. Skrupskelis u. Berkeley (Hg.), *Correspondence,* Bd. 4, S. 596.

161 James William Anderson, »›The Worst Kind of Melancholy‹: William James in 1869«, *The Harvard Library Bulletin* 30 (1982), Heft 4 (Oktober), S. 369–386, hier S. 380.

162 Vgl. Simon, *Genuine Reality,* S. 156.

163 Skrupskelis u. Berkeley (Hg.), *Correspondence,* Bd. 4, S. 540; vgl. S. 537.

164 Skrupskelis u. Berkeley (Hg.), *Correspondence,* Bd. 1, S. 49.

165 Skrupskelis u. Berkeley (Hg.), *Correspondence,* Bd. 4, S. 328.

166 Skrupskelis u. Berkeley (Hg.), *Correspondence,* Bd. 4, S. 327.

167 Skrupskelis u. Berkeley (Hg.), *Correspondence,* Bd. 4, S. 226. Es handelt sich um Hermann Helmholtz und Wilhelm Wundt.

168 Skrupskelis u. Berkeley (Hg.), *Correspondence,* Bd. 4, S. 243.

169 Vgl. Skrupskelis u. Berkeley (Hg.), *Correspondence,* Bd. 4, S. 254–255.

170 Skrupskelis u. Berkeley (Hg.), *Correspondence,* Bd. 4, S. 327.

171 Vgl. Skrupskelis u. Berkeley (Hg.), *Correspondence,* Bd. 4, S. 342.

172 *Diary,* 1868–73 (Diary 1), Eintrag vom 22. Juli 1868. Richardson meint, es handle sich um James' »Selbstgespräch« (S. 93). Dies mag sein, aber James setzt das Ganze in Zitatzeichen. David E. Leary denkt offenbar, dies seien trotz der Zitatzeichen James' eigene Worte; vgl. Leary, »New Insights into William James' Personal Crisis in the Early 1870s: Part I. Arthur Schopenhauer and the Origin & Nature of the Crisis«, *William James Studies* 11 (2015), S. 1–27, hier S. 21n. Wir haben nicht klären können, ob es sich um ein Zitat handelt oder nicht.

173 Skrupskelis u. Berkeley (Hg.), *Correspondence,* Bd. 4, S. 347.

174 Skrupskelis u. Berkeley (Hg.), *Correspondence,* Bd. 4, S. 347.

175 Vgl. Skrupskelis u. Berkeley (Hg.), *Correspondence*, Bd. 4, S. 327, 336, 339, 340, 341–342.

176 Skrupskelis u. Berkeley (Hg.), *Correspondence*, Bd. 1, S. 53; vgl. *Correspondence*, Bd. 4, S. 328. Er hat seine finanzielle Scham bezüglich der anderen Brüder bereits im Januar 1868 zum Ausdruck gebracht; vgl. *Correspondence*, Bd. 4, S. 262.

177 Vgl. Skrupskelis u. Berkeley (Hg.), *Correspondence*, Bd. 4, S. 327, 328, 331, 340, 341.

178 Skrupskelis u. Berkeley (Hg.), *Correspondence*, Bd. 4, S. 348.

179 Vgl. Skrupskelis u. Berkeley (Hg.), *Correspondence*, Bd. 4, S. 349.

180 *Diary*, 1868–73 (Diary 1), Eintrag vom 10. April 1873.

181 Feinstein, *Becoming William James*, S. 223, 237.

182 William James, »Great Men and Their Environment«, in: ders., *The Will to Believe*, S. 171.

183 Feinstein, *Becoming William James*, S. 144–145.

184 Feinstein, *Becoming William James*, S. 310; vgl. S. 220, 315.

185 Feinstein, *Becoming William James*, S. 310; vgl. S. 315.

186 Vgl. Feinstein, *Becoming William James*, S. 155, 159, 182–184, 193–205, 206–230.

187 Feinstein, *Becoming William James*, S. 237; vgl. S. 236–241.

188 Feinstein selbst nimmt diese Anwendung nicht vor, aber sie besteht bloß in einer Übertragung seiner Äußerungen zur Korrespondenz zwischen Vater und Sohn aus dem Herbst 1867 auf James' oben zitierte Äußerungen aus dem Brief an Ward vom 24. Mai 1868, in dem er sich explizit vom Vater abgrenzt; vgl. Skrupskelis u. Berkeley (Hg.), *Correspondence*, Bd. 4, S. 308.

189 Über dem Wort »desires« (*Wünsche*) steht in der Notiz in Klammern das Wort »hope« (*Hoffnung*); Miscellaneous notes, William James papers.

190 Miscellaneous notes, William James papers.

191 Feinstein, *Becoming William James*, S. 221.

192 Miscellaneous notes, William James papers.

193 Feinstein, *Becoming William James*, S. 221–222.

194 Feinstein, *Becoming William James*, S. 156.

195 Skrupskelis u. Berkeley (Hg.), *Correspondence*, Bd. 4, S. 44.

196 Feinstein, *Becoming William James*, S. 156.

197 Feinstein, *Becoming William James*, S. 12–13.

198 Vgl. Feinstein, *Becoming William James*, S. 21–100, 182–205, 223–297.

199 Für weitere Nachweise dafür, s. Feinstein, *Becoming William James*, S. 155–158.

200 Skrupskelis u. Berkeley (Hg.), *Correspondence*, Bd. 4, S. 81.

201 Feinstein, *Becoming William James*, S. 158.

202 Skrupskelis u. Berkeley (Hg.), *Correspondence*, Bd. 4, S. 81; vgl. Feinstein, *Becoming William James*, S. 158.

203 Vgl. Feinstein, *Becoming William James*, S. 304.

204 Skrupskelis u. Berkeley (Hg.), *Correspondence*, Bd. 4, S. 87.

205 Vgl. Feinstein, *Becoming William James*, S. 304.

206 Skrupskelis u. Berkeley (Hg.), *Correspondence*, Bd. 4, S. 389–390.

207 *Diary*, 1868–73 (Diary 1), Eintrag vom 1. Februar 1870.

208 Vgl. Feinstein, *Becoming William James*, S. 305.

209 Feinstein sagt fälschlicherweise 1870; vgl. Feinstein, *Becoming William James*, S. 306.

210 Vgl. Skrupskelis u. Berkeley (Hg.), *Correspondence*, Bd. 4, S. 235.

211 Feinstein, *Becoming William James*, S. 306.

212 Skrupskelis u. Berkeley (Hg.), *Correspondence*, Bd. 4, S. 362; vgl. Feinstein, *Becoming William James*, S. 306.

213 Wir hatten in Kapitel 2 das methodologische Prinzip festgelegt, nicht aus Werken von James zu zitieren, die nach *The Will to Believe* verfasst wurden. Die *Varieties*-Passage stellt aber eine Ausnahme dar. Hier geht es nicht um James' Auffassung zur Zeit des Verfassens von *The Varieties*, sondern nach James selbst handelt es sich um die Beschreibung eines Erlebnisses, das er selbst früher hatte: ein »akuter neurasthenischer Anfall mit Angstzuständen« (vgl. Brief von William James an Frank Abauzit vom 1. Juni 1904, zitiert im Anhang zu James, *The Varieties of Religious Experience. A Study in Human Nature,* Cambridge, Mass., 1985, S. 508; Skrupskelis u. Berkeley (Hg.), *Correspondence*, Bd. 10, S. 619). Eine ähnliche Ausnahme machen wir für Äußerungen aus späteren Briefen von James, die wertvolle biografische Informationen von James über die Periode, die uns interessiert, enthalten.

214 Feinstein, *Becoming William James*, S. 241, 308.

215 James, *The Varieties of Religious Experience*, S. 134.

216 Feinstein, *Becoming William James*, S. 243.

217 Feinstein, *Becoming William James*, S. 309.

218 Vgl. Feinstein, *Becoming William James*, S. 309.

219 Cushing Strout, »William James and the Twice-Born Sick Soul«, in: *Daedalus* 97 (1968), Heft 3 (Sommer), Philosophers and Kings: Studies in Leadership, S. 1062–1082, hier S. 1066–1067. Feinstein sagt zwar im ursprünglichen Vorwort zu seinem Buch, die Idee zu seinem Buch wäre »während vieler lebhafter Gespräche mit Cushing Strout über das Verhältnis zwischen Mensch und Geschichte« (S. 17) geboren worden und Feinstein verweist hier u. a. auf diesen Aufsatz von Strout (vgl. S. 17, 349). Aber es findet sich kein Hinweis, dass Feinstein diese These zu Introspektion, Masturbation und Wahnsinn als Interpretation von James teilt.

220 So versteht Menand Strout; vgl. Menand, »William James and the Case of the Epileptic Patient«, S. 16. Dies ist auch eine plausible Lesart von »Introspektion« – jedenfalls in James' Verwendung von dem Terminus, wenn man seine Äußerungen zu »introspektiven Studien« im Brief an Henry vom 24. August 1872 betrachtet; vgl. Skrupskelis u. Berkeley (Hg.), *Correspondence*, Bd. 1, S. 167.

221 Vgl. S.P. Fullinwider, »William James's ›Spiritual Crisis‹«, in: *Historian* 38 (1975), Heft 1 (November), S. 39–57, hier S. 43; Croce, *Young William James Thinking*, S. 92–95, 124–126.

222 Skrupskelis u. Berkeley (Hg.), *Correspondence*, Bd. 1, S. 100.

223 Vgl. Richardson, *William James*, S. 119; Croce, *Young William James Thinking*, S. 124.

224 Skrupskelis u. Berkeley (Hg.), *Correspondence*, Bd. 1, S. 167.

225 Vgl. Fullinwider, »William James's ›Spiritual Crisis‹«, S. 48–51. Feinstein diskutiert Beard und die Diagnose der »Neurasthenie« ausführlich, aber nicht im Kontext seiner Diskussion von James' Angst vor dem Wahnsinn, sondern im Kontext seiner Ausführungen zu den Dynamiken innerhalb der James-Familie bezüglich Arbeit, Geld, Lust und psychosomatischen Erkrankungen; vgl. Feinstein, *Becoming William James*, S. 184–205.

226 In einem Brief aus dem Jahr 1895 schreibt James: »Ich bin ein Opfer der Neurasthenie und eines Gefühls der Leere und Unwirklichkeit, das damit einhergeht. Und philosophische Literatur scheint mir *tatsächlich* oft das Allerleerste zu sein« (Skrupskelis u. Berkeley (Hg.), *Correspondence*, Bd. 8, S. 57). Auch hier wird Philosophie mit »Neurasthenie« verbunden, obwohl die Verbindung nicht sehr klar ist. Hier wird aber nicht gesagt, seit wie langem James sich für ein Opfer von »Neurasthenie« hält.

227 Croce, *Young William James Thinking*, S. 51–52.

228 Croce, *Young William James Thinking*, S. 195.

229 Es sollte aber betont werden, dass Croce nicht als Vertreter der psychologischen Auffassung verstanden werden sollte, insbesondere nicht als Vertreter der psychologischen Interpretation der Krisennotiz, die wir nachher diskutieren werden.

230 Damit soll nicht gesagt werden, dass Croce ausschließen möchte, James' Wissen um die Diagnose »Neurasthenie« könne diese Angst erklären; vgl. Croce, *Young William James Thinking*, S. 124–125, 243–244.

231 Feinstein ist natürlich nur einer von vielen Interpreten, die im Konflikt mit dem Vater ein bestimmendes Element in James' Leben sehen.

232 Feinstein, *Becoming William James*, S. 309.

233 Wir präsentieren diese Interpretation unter Vorbehalt als Feinsteins Interpretation. Wie bereits erläutert, macht Feinstein die Verbindung zwischen philosophischer Spekulation und der Angst vor dem Wahnsinn nicht besonders klar. Da es uns hier aber nicht vorrangig darum geht, Feinstein in allen Details gerecht zu werden, sondern eine klare Version einer psychologischen Erklärung der Krisennotiz vorzustellen, lassen wir diese Komplikation beiseite.

234 Feinstein, *Becoming William James*, S. 309.

235 Vgl. Feinstein, *Becoming William James*, S. 307–310, 314–315.

236 Feinstein, *Becoming William James*, S. 308.

237 Vgl. Feinstein, *Becoming William James*, S. 307–310, 314–315.

238 James, »Is Life Worth Living?«, S. 40.

239 Dies gilt natürlich nicht nur für Feinsteins psychologische Erklärungen. Bjork schreibt: »James' Krise in den Sechzigern und den frühen Siebzigern war von einer starken und einfallsreichen Ambition befeuert, vom Wunsch, dem kreativen Akt Anmut zu verleihen« (Bjork, *William James*, S. 90). Wir haben betont, dass James den Wert seines Lebens damit verbunden hat, einen eigenen Beitrag zur Menschheitsgeschichte zu leisten. Es mag sein, dass Bjork Recht hat, diesen möglichen Beitrag für James in der Begrifflichkeit vom »Wunsch, dem kreativen Akt Anmut zu verleihen« zu verstehen. Dies soll hier nicht beurteilt werden. Wenn dies so sein sollte, dann könnte Bjorks psychologische Interpretation eine wertvolle Ergänzung zu unseren biografischen Erläuterungen sein. Wir müssen aber ablehnen, die Interpretation von James' Leben auf solche psychologischen Erklärungen zu reduzieren, da man dadurch James nicht verstehen kann.

240 Miscellaneous notes, William James papers.

241 Vgl. Richardson, *William James*, S. 124, 544. Die Pomfret-Notizen sind in einem Umschlag, auf dem sowohl »Pomfret« als auch »1869« steht (vgl. Miscellaneous notes, William James papers). Da aber vermutlich unterschiedliche Stifte benutzt wurden, ist nicht eindeutig, ob die Verortung und die Datierung von einer Person stammen oder gleichzeitig auf den Umschlag geschrieben wurden. Sowohl »Pomfret« als auch »1869« stammen, denken wir, von James selbst. Richardson bezieht sich nur auf den Abdruck der Notizen in Perry, *Thought and Character*, und sagt, Perry hätte sie auf 1869 datiert. Richardson datiert sie auf 1870 mit folgender Begründung: »Die Sprache des Widerstandes in den [Pomfret-]Prinzipien ist mit James' Denken und Schreiben im Frühjahr 1870 eng verbunden (siehe, zum Beispiel, *Corr.* 4:409)«; Richardson, S. 544. Richardsons Verweis bezieht sich auf einen Brief von James an seinen Bruder Robertson, der in Pomfret 1870 geschrieben wurde und in der Tat ähnliche Sprechweisen und Themen aufweist: »Aber sicherlich lernen wir durch Mangel

& Verlust Ressourcen in uns kennen, von denen wir sonst nichts gewusst hätten; von der Fähigkeit, Schmerzen auszuhalten, nur auf unser Herz zu hören, ohne Anteilnahme [*sympathy*] auszukommen und allgemein Haltung zu bewahren, wo uns nur noch blanker Mut hilft.« (Skrupskelis u. Berkeley (Hg.), *Correspondence*, Bd. 4, S. 409.) Wir geben Richardson einerseits dahingehend Recht, dass die Begrifflichkeiten aus diesem Brief denen aus der Pomfret-Notiz ähneln. Aber James hat sich lange mit solchen Themen beschäftigt. Wir sind also der Meinung, dass es sich nicht endgültig entscheiden lässt, ob die Pomfret-Notiz vom Sommer 1869 oder 1870 ist. Es ist immerhin denkbar, dass es sich auf dem Umschlag nicht um James' Handschrift handelt oder dass er sich im Jahr vertan hat.

242 Diese Teile aus der Pomfret-Notiz, die wir in § 4.5 diskutieren, werden von Perry nicht zitiert und Feinstein zitiert nach Perry, *Thought and Character*; vgl. Feinstein, *Becoming William James*, S. 221, 360.

243 Charlene Haddock Seigfried, *William James's Radical Reconstruction of Philosophy*, Albany 1990, S. 11.

244 Feinstein, *Becoming William James*, S. 308.

245 Croce, *Young William James Thinking*, S. 115–117.

246 Skrupskelis u. Berkeley (Hg.), *Correspondence*, Bd. 1, S. 159–160; vgl. Croce, *Young William James Thinking*, S. 116.

247 Vgl. Croce, *Young William James Thinking*, S. 201–202, 227–228.

248 Croce, *Young William James Thinking*, S. 118–119.

249 Skrupskelis u. Berkeley (Hg.), *Correspondence*, Bd. 4, S. 49.

250 Erik H. Erikson, *Identity: Young and Crisis*, New York u. London 1968, S. 151, vgl. S. 152.

251 Vgl. Bjork, *William James*, S. 320–327; Paul J. Croce, »A Mannered Memory and Teachable Moment: William James and the French Correspondent in the *Varieties*«, *William James Studies* 4 (2009), S. 36–69, hier S. 37–45.

252 Perry, *Thought and Character*, Bd. 1, S. 323–324.

253 Vgl. James, *Essays in Philosophy*, S. 247.

254 Vgl. Perry, *Thought and Character*, Bd. 1, S. 382.

255 William James, »Quelques Considérations sur la méthode subjective«, in: ders., *Essays in Philosophy*, S. 23–24.

256 James, »Quelques Considérations sur la méthode subjective«, S. 24.

257 James, »Quelques Considérations sur la méthode subjective«, S. 26.

258 James, »Quelques Considérations sur la méthode subjective«, S. 27.

259 Vgl. James, »Quelques Considérations sur la méthode subjective«, S. 29–30.

260 Vgl. Skrupskelis u. Berkeley (Hg.), *Correspondence*, Bd. 5, S. 208.

261 Skrupskelis u. Berkeley (Hg.), *Correspondence*, Bd. 5, S. 208.

262 Vgl. James, »Quelques Considérations sur la méthode subjective«, S. 27–29; »Rationality, Activity and Faith«, S. 81–86.

263 Vgl. James, »Quelques Considérations sur la méthode subjective«, S. 29–30.

264 James, »Quelques Considérations sur la méthode subjective«, S. 28–29.

265 Simon, *Genuine Reality*, S. 114.

266 Skrupskelis u. Berkeley (Hg.), *Correspondence*, Bd. 4, S. 353.

267 Skrupskelis u. Berkeley (Hg.), *Correspondence*, Bd. 4, S. 353.

268 Skrupskelis u. Berkeley (Hg.), *Correspondence*, Bd. 4, S. 352.

269 Vgl. Croce, *Young William James Thinking*, S. 97, 127.

270 Vgl. Skrupskelis u. Berkeley (Hg.), *Correspondence*, Bd. 4, S. 378, 381, 383, 385.

271 Vgl. Skrupskelis u. Berkeley (Hg.), *Correspondence*, Bd. 1, S, 61, 67; *Correspondence*, Bd. 4, S. 357, 361, 367, 370.

272 Skrupskelis u. Berkeley (Hg.), *Correspondence*, Bd. 4, S. 378; vgl. *Correspondence*, Bd. 1, S. 78.

273 Skrupskelis u. Berkeley (Hg.), *Correspondence*, Bd. 4, S. 357.

274 Skrupskelis u. Berkeley (Hg.), *Correspondence*, Bd. 4, S. 361.

275 Skrupskelis u. Berkeley (Hg.), *Correspondence*, Bd. 4, S. 361; vgl. S. 357.

276 Vgl. Skrupskelis u. Berkeley (Hg.), *Correspondence*, Bd. 4, S. 357, 358, 361.

277 Vgl. Skrupskelis u. Berkeley (Hg.), *Correspondence*, Bd. 4, 380; *Correspondence*, Bd. 1, S. 78.

278 Vgl. Menand, »William James and the Case of the Epileptic Patient«, S. 20. Loerzer weist darauf hin, dass ebenfalls Einträge vom April 1868 fehlen. Auf ihre Diskussion über die möglichen Gründe dafür können wir hier nicht eingehen; vgl. Loerzer, *»An Arch Built Only on One Side«*, S. 263–280. Da Loerzers zentrales Forschungsinteresse die Rolle von Ästhetik bei James ist, diskutiert sie ausführlich Tagebucheinträge vom April 1868, die wir aufgrund von unserem Fokus nicht beachten; vgl. *»An Arch Built Only on One Side«*, S. 233–299. Zu James' Ästethik s. auch Richard Shusterman, »The Pragmatist Aesthetics of William James«, *British Journal of Aesthetics* 51 (2011), S. 347–361.

279 Vgl. Strout, »William James and the Twice-Born Sick Soul«, S. 1066.

280 Vgl. Anderson, »›The Worst Kind of Melancholy‹«, S. 383.

281 Vgl. Menand, »William James and the Case of the Epileptic Patient«, S. 21.

282 Vgl. Skrupskelis u. Berkeley (Hg.), *Correspondence*, Bd. 4, S. 382–383.

283 Wie vorher angemerkt, ist es denkbar, dass die Notiz aus dem Jahr 1870 stammt. Wenn dies so wäre, dann müsste unser biografisches Narrativ anders erzählt werden. Die Punkte, die wir dadurch vermitteln wollen, würden sich aber nicht im Wesentlichen ändern.

284 Diese Passagen aus der Pomfret-Notiz sind in Perrys Wiedergabe der Notiz spurlos getilgt worden; vgl. Perry, *Thought and Character*, Bd. 1, S. 301–302.

285 Miscellaneous notes, William James papers.

286 Vgl. Menand, »William James and the Case of the Epileptic Patient«, S. 21.

287 Miscellaneous notes, William James papers.

288 Skrupskelis u. Berkeley (Hg.), *Correspondence*, Bd. 4, S. 248.

289 James verbindet die moralistische Haltung, wie sie in der Moralismusnotiz favorisiert wird, oft mit der Anerkennung der Grenzen unseres Wissens oder Verstehens: Wir ergreifen für das Gute gegen das Böse Partei, aber wir wissen nicht, ob sich dadurch am Ende alles zum Besseren wendet. Ein Teil der moralistischen Haltung besteht darin, diese Wissensgrenzen zu akzeptieren (vgl., »The Dilemma of Determinism«, S. 134, auch die Fußnote).

290 Skrupskelis u. Berkeley (Hg.), *Correspondence*, Bd. 4, S. 250.

291 Vgl. Feinstein, *Becoming William James*, S. 220; Lyndall Gordon, *A Private Life of Henry James. Two Women and His Art*, London 1998, S. 101.

292 Skrupskelis u. Berkeley (Hg.), *Correspondence*, Bd. 4, S. 384.

293 Feinstein, *Becoming William James*, S. 220; Simon, *Genuine Reality*, S. 116.

294 John Stuart Mills *The Subjection of Women* war zu diesem Zeitpunkt druckfrisch, veröffentlicht 1869.

295 Skrupskelis u. Berkeley (Hg.), *Correspondence*, Bd. 4, S. 384–385.

296 Vgl. James, *Essays, Comments, and Reviews*, S. 697.

297 William James, Rezension zu *Women's Suffrage* von Horace Bushnell und *The Subjection of Women* von John Stuart Mill (1869), in: ders., *Essays, Comments, and Reviews*, S. 255.

298 Vgl. James, Rezension zu *Women's Suffrage* und *The Subjection of Women*, S. 253–256.

299 James, Rezension zu *Women's Suffrage* und *The Subjection of Women*, S. 253.

300 Vgl. James, Rezension zu *Women's Suffrage* und *The Subjection of Women*, S. 254.

301 *Diary*, 1868–73 (Diary 1), Eintrag vom 27. Mai 1868.

302 Er spricht von »Besitz« und an anderer Stelle von »Eigentum«; *Diary*, 1868–73 (Diary 1), Eintrag vom 27. Mai 1868.

303 Skrupskelis u. Berkeley (Hg.), *Correspondence*, Bd. 4, S. 353–354.

304 Skrupskelis u. Berkeley (Hg.), *Correspondence*, Bd. 4, S. 353.

305 Skrupskelis u. Berkeley (Hg.), *Correspondence*, Bd. 4, S. 302.

306 Skrupskelis u. Berkeley (Hg.), *Correspondence*, Bd. 4, S. 389.

307 James, »Quelques Considérations sur la méthode subjective«, S. 23.

308 James, »Quelques Considérations sur la méthode subjective«, S. 27–28.

309 Vgl. Skrupskelis u. Berkeley (Hg.), *Correspondence*, Bd. 4, S. 147.

310 Skrupskelis u. Berkeley (Hg.), *Correspondence*, Bd. 4, S. 147.

311 James schreibt »Corruptio optimistorum pessima«; »corruptio optimi pessima« wird Gregorius Magnus zugeschrieben und heißt so viel wie »die Korrumpierung des Besten führt zum Schlimmsten« vgl. https://de.wikiquote.org/wiki/Lateinische_Sprichwörter, am 18. 9. 2019 aufgerufen.

312 James, »The Dilemma of Determinism«, S. 128, 129.

313 James, »The Dilemma of Determinism«, S. 132.

314 Skrupskelis u. Berkeley (Hg.), *Correspondence*, Bd. 4, S. 147.

315 Vgl. Skrupskelis u. Berkeley (Hg.), *Correspondence*, Bd. 4, S. 147.

316 Skrupskelis u. Berkeley (Hg.), *Correspondence*, Bd. 4, S. 245.

317 Perry, *Thought and Character*, Bd. 1, S. 503.

318 Miscellaneous Notes, William James papers.

319 Perry, *Thought and Character*, Bd. 1, S. 494.

320 Miscellaneous Notes, William James papers.

321 James, »Rationality, Activity and Faith«, S. 84–85.

322 Vgl. Perry, *Thought and Character*, Bd. 1, S. 535; Louis Menand, *The Metaphysical Club*, London 2002, S. 205–206; Richardson, *William James*, S. 128–133.

323 Vgl. Perry, *Thought and Character*, Bd. 1, S. 524.

324 Vgl. Perry, *Thought and Character*, Bd. 1, S. 524; William James, *Manuscript Essays and Notes*, Cambridge, Mass., 1988, S. 443. Wrights Anmerkungen sind in Perry, *Thought and Character*, Bd. 2, abgedruckt (S. 718–721).

325 Vgl. James, *Manuscript Essays and Notes*, S. 335.

326 Vgl. Perry, *Thought and Character*, Bd. 1, S. 525; James, *Manuscript Essays and Notes*, S. 335; Feinstein, *Becoming William James*, S. 298–299.

327 Skrupskelis u. Berkeley (Hg.), *Correspondence*, Bd. 4, S. 422.

328 William James, »19. Against Nihilism, 1873–1875, #4422«, in: ders., *Manuscript Essays and Notes*, S. 150, 153.

329 James, Rezension zu *The Unseen Universe*, S. 294.

330 Wenn man James' Argumentation in »Quelques Considérations sur la méthode subjective« bezüglich des Materialismus betrachtet, dann war seine Position aber nicht ganz stabil.

331 Vgl. Perry, *Thought and Character*, Bd. 1, S. 529–532.

332 Skrupskelis u. Berkeley (Hg.), *Correspondence*, Bd. 6, S. 163.

333 Vgl. James, »The Dilemma of Determinism«, S. 124–135.

334 Vielleicht sollte man dies nicht als »moralische Reaktion« bezeichnen. Hier geht es nur

um eine grobe Charakterisierung von James' Überlegungen. In § 5.5 präsentieren wir eine komplexere Rekonstruktion von James' Argument auf der Grundlage von »The Dilemma of Determinism« und der Korrespondenz mit Hodgson. Diese grobe Charakterisierung ist nicht falsch, aber sie stellt eine Vereinfachung dar, die z. B. einige wichtige Unterscheidungen nicht berücksichtigt.

335 James ist bereits zu dieser Zeit mit den verschiedenen historischen und zeitgenössischen Vertretern dieser Positionen bestens vertraut. Leary betont zurecht, dass James sich in den Jahren um 1870 auch intensiv mit Schopenhauer beschäftigt; vgl. Leary »New Insights«, S. 3. In der hier verwendeten Terminologie vertritt Schopenhauer einen monistischen und pessimistischen Determinismus. Leary will aber außerdem zeigen, dass der Krise, die in der *Varieties*-Passage beschrieben wird, »ihre einzigartige Form und Intensität von James' Schopenhauer-Lektüre verliehen wird« (S. 10). Wie wir weiter unten im Text erläutern, wollen wir nicht entscheiden, ob die *Varieties*-Passage wirklich ein bestimmtes Erlebnis beschreibt. Daher wollen wir uns auch nicht an Spekulationen über mögliche Ursachen eines solchen Erlebnisses beteiligen. Ebenso wenig nehmen wir Stellung zu Learys Hypothesen über James' Lösung der in der Varieties-*Passage* beschriebenen Krise; vgl. »New Insights into William James' Personal Crisis in the Early 1870s: Part II. John Bunyan and the Resolution & Consequences of the Crisis«, *William James Studies* 11 (2015), S. 28–45.

336 Skrupskelis u. Berkeley (Hg.), *Correspondence*, Bd. 4, 370–371.

337 Skrupskelis u. Berkeley (Hg.), *Correspondence*, Bd. 1, S. 102.

338 Skrupskelis u. Berkeley (Hg.), *Correspondence*, Bd. 1, S. 100.

339 Skrupskelis u. Berkeley (Hg.), *Correspondence*, Bd. 1, S. 120.

340 Vgl. Alfred Habegger, »New Light on William James and Minny Temple«, *The New England Quarterly* 60 (1987), Heft 1 (März), S. 28–53, hier S. 34, 37; Skrupskelis u. Berkeley (Hg.), *Correspondence*, Bd. 1, S. 127, 129, 131.

341 Vgl. Habegger, »New Light on William James and Minny Temple«, S. 30 und die genealogische Tabelle auf der Innenseite des Covers von Skrupskelis u. Berkeley (Hg.), *Correspondence*, Bd. 1.

342 Vgl. Habegger, »New Light on William James and Minny Temple«, S. 30; Richardson, *William James*, S. 96.

343 Gordon, *A Private Life of Henry James*, S. 4, 49; Richardson, *William James*, S. 97.

344 Das abgebildete Foto ist in James' Besitz gewesen (vgl. Habegger, »New Light on William James and Minny Temple«, S. 39), aber der Brief legt nahe, dass er zu diesem Zeitpunkt nicht das Foto von Temple mit dem Kurzhaarschnitt erhalten hat, sondern ein anderes Foto: »In der Photographie, die, wie du sagst, ein paar Tage vor der Krise aufgenommen wurde, erzählen die vertrauten, so oft zärtlich studierten Gesichtszüge die ganze Geschichte.« (Skrupskelis u. Berkeley (Hg.), *Correspondence*, Bd. 4, S. 49). Falls »Krise« sich hier auf das Ereignis des Haareschneidens bezieht und James nicht aus Versehen »vor« statt »nach« geschrieben hat, müsste das mitgeschickte Foto früher als das abgebildete Foto gemacht worden sein. Außerdem scheint er sich am Anfang besonders über das Foto gefreut zu haben, um dann im Brief die schlechten Nachrichten zu lesen: »Ellys Arm gebrochen & Minny verrückt geworden« (Skrupskelis u. Berkeley (Hg.), *Correspondence*, Bd. 4, S. 48).

345 Skrupskelis u. Berkeley (Hg.), *Correspondence*, Bd. 4, S. 49–50.

346 Vgl. Feinstein, *Becoming William James*, S. 157–158.

347 Skrupskelis u. Berkeley (Hg.), *Correspondence*, Bd. 4, S. 97.

348 Vgl. Gordon, *A Private Life of Henry James*, S. 46–47; Habegger, »New Light on William James and Minny Temple«, S. 32–33.

349 Der Brief ist vielleicht nicht ganz korrekt auf den 5. Dezember datiert (vgl. Skrupskelis u. Berkeley (Hg.), *Correspondence*, Bd. 1, S. 127, 131).

350 Skrupskelis u. Berkeley (Hg.), *Correspondence*, Bd. 1, S. 129.

351 Richardson, *William James*, S. 98–99, 109.

352 Habegger, »New Light on William James and Minny Temple«, S. 31–32.

353 Habegger, »New Light on William James and Minny Temple«, S. 32. Habegger schließt aber offenbar nicht aus, dass James Temple geliebt hat, da er schreibt: »*Falls* William Minny geliebt hat, hätte seine Ablehnung einer Heirat zwischen Cousin und Cousine zu seinem Elend beigetragen« (S. 42).

354 Vgl. Richardson, *William James*, S. 98; Habegger, »New Light on William James and Minny Temple«, S. 32–33.

355 Vgl. Skrupskelis u. Berkeley (Hg.), *Correspondence*, Bd. 4, S. 597. In *Correspondence* (Bd. 1, S. 121, 131) wird die Ankunft von Temple in Cambridge auf den 19. November datiert. Der Brief an Ward ist vom 19. November. Wir gehen aber davon aus, dass Temple am 19. November nicht angereist, sondern *abgereist* ist (vgl. den zitierten Brief von Temple in »New Light on William James and Minny Temple«, S. 34, der auf den 21. November datiert ist und in dem sie schreibt, sie wäre gerade von einem einwöchigen Besuch aus Cambridge gekommen).

356 Vgl. Wilhelm von Humboldt, *Briefe an eine Freundin*, Hg. von Joachim Lindner, Berlin 1986, S. 5, 15.

357 Simon, *Genuine Reality*, S. 117–118.

358 Simon zitiert diese Zeilen nach *Letters of William von Humboldt to a Female Friend*, 2 Bände, übersetzt von Catherine M.A. Couper, London 1849, S. 11; vgl. Simon, *Genuine Reality*, S. 118, 404. Wir haben aus dem deutschen Originaltext zitiert: *Briefe von Wilhelm von Humboldt an eine Freundin*, erster Teil, Leipzig 1847, S. xv.

359 Vgl. Humboldt, *Briefe an eine Freundin*, Berlin 1986, S. 13–14, 20.

360 Humboldt, *Briefe an eine Freundin*, Berlin 1986, S. 23–24.

361 Vgl. Humboldt, *Briefe an eine Freundin*, Berlin 1986, S. 13–14.

362 Simon, *Genuine Reality*, S. 118.

363 Richardson, *William James*, S. 109.

364 Skrupskelis u. Berkeley (Hg.), *Correspondence*, Bd. 4, S. 401; vgl. Habegger, »New Light on William James and Minny Temple«, S. 39–40.

365 Gordon, *A Private Life of Henry James*, S. 91–122.

366 Skrupskelis u. Berkeley (Hg.), *Correspondence*, Bd. 4, S. 389.

367 Vgl. Skrupskelis u. Berkeley (Hg.), *Correspondence*, Bd. 4, S. 401; Habegger, »New Light on William James and Minny Temple«, S. 43–46.

368 Vgl. Simon, *Genuine Reality*, S. 117; Richardson, *William James*, S. 108.

369 Zitiert nach Richardson, *William James*, S. 97–98.

370 Zitiert nach Habegger, »New Light on William James and Minny Temple«, S. 34.

371 Minny Temple, Brief an John Gray (25. Januar 1870), zitiert nach Habegger, »New Light on William James and Minny Temple«, S. 53.

372 Vgl. Habegger, »New Light on William James and Minny Temple«, S. 42; Richardson, *William James*, S. 109.

373 Vgl. Habegger, »New Light on William James and Minny Temple«, S. 42–43.

374 Skrupskelis u. Berkeley (Hg.), *Correspondence*, Bd. 1, S. 132.
375 Skrupskelis u. Berkeley (Hg.), *Correspondence*, Bd. 4, S. 396.
376 *Diary*, 1868–73 (Diary 1), Eintrag vom 21. Dezember 1869.
377 *Diary*, 1868–73 (Diary 1), Eintrag vom 21. Dezember 1869.
378 Habegger, »New Light on William James and Minny Temple«, S. 36.
379 *Diary*, 1868–73 (Diary 1), Eintrag vom 5. Januar 1870. Am 21. Dezember gibt James »Fichte Leben i 117« als Verweis an, und in der Leseliste am Ende des Tagebuchs steht am Anfang der zweiten Liste für 1870 »I.H. Fichte: J.G. Fichte's Leben, vol. i«. Tatsächlich ist das Zitat vor der Klammer aus Immanuel Hermann Fichte (Hg.), *Johann Gottlieb Fichtes Leben und literarischer Briefwechsel*, erster Teil, Sulzbach 1830, S. 128.
380 *Diary*, 1868–73 (Diary 1), Eintrag vom 1. Februar 1870.
381 Vgl. Habegger, »New Light on William James and Minny Temple«, S. 40.
382 Vgl. Richardson, *William James*, S. 111; Simon, *Genuine Reality*, S. 119–122; Feinstein, *Becoming William James*, S. 310; Croce, *Young William James Thinking*, S. 223–224; Menand, »William James and the Case of the Epileptic Patient«, S. 18–19; Leary, »New Insights«, S. 4, 7, 32n.
383 Bjork, *William James*, S. 88.
384 Vgl. Habegger, »New Light on William James and Minny Temple«, S. 46.
385 Skrupskelis u. Berkeley (Hg.), *Correspondence*, Bd. 4, S. 401–402.
386 Vgl. Habegger, »New Light on William James and Minny Temple«, S. 47; in Skrupskelis u. Berkeley (Hg.), *Correspondence* (Bd. 4, S. 402) wird gesagt, es fehlten hier vier Seiten.
387 Skrupskelis u. Berkeley (Hg.), *Correspondence*, Bd. 4, S. 402–403.
388 Vgl. Habegger, »New Light on William James and Minny Temple«, S. 37–38, 48–50.
389 Skrupskelis u. Berkeley (Hg.), *Correspondence*, Bd. 4, S. 403.
390 Vgl. *Diary*, 1868–73 (Diary 1), Eintrag vom 9. März 1870; Simon, *Genuine Reality*, S. 122–123.
391 *Diary*, 1868–73 (Diary 1), Eintrag vom 22. März 1870.
392 Simon, *Genuine Reality*, S. 123.
393 Gordon, *A Private Life of Henry James*, S. 124.
394 Richardson, *William James*, S. 112.
395 Henry James, *Notes of a Son and Brother*, London 1914, S. 479.
396 Siehe Abbildung 3; vgl. Habegger, »New Light on William James and Minny Temple«, S. 39–40.
397 Vgl. *Diary*, 1868–73 (Diary 1).
398 Vgl. Skrupskelis u. Berkeley (Hg.), *Correspondence*, Bd. 1, S. 160–161; *Correspondence*, Bd. 4, S. 421, 423, 682; Menand, »William James and the Case of the Epileptic Patient«, S. 22, 289.
399 Richardson, *William James*, S. 117.
400 Leary datiert die Erlebnisse auch so; vgl. Leary, »New Insights«, S. 10.
401 Vgl. Perry, *Thought and Character*, Bd. 2, 675; Perry sagt aber nur »im Jahr 1870, unmittelbar vor seiner Konversion zu Renouvier« und erwähnt in diesem Kontext nicht Temples Tod.
402 Vgl. Feinstein, *Becoming William James*, S. 241, 307–311, 328–329; Feinstein, »The ›Crisis‹ of William James: A Revisionist View«, *The Psychohistory Review* 10 (1981), Nr 2, S. 71–80, hier S. 80.
403 Vgl. Skrupskelis u. Berkeley (Hg.), *Correspondence*, Bd. 4, S. 490.
404 Siehe Menand, »William James and the Case of the Epileptic Patient« und Croce, »A

Mannered Memory and Teachable Moment« für kritische Diskussionen der verschiedenen Datierungsversuche.

405 Croce, »A Mannered Memory and Teachable Moment«, S. 54.

406 Zitiert nach Perry, *Thought and Character*, Bd. 1, S. 534 und Menand, *The Metaphysical Club*, S. 201.

407 Vgl. Perry, *Thought and Character*, Bd. 1, S. 534–535; Menand, *The Metaphysical Club*, S. 201.

408 Zitiert nach Perry, *Thought and Character*, Bd. 1, S. 535.

409 Vgl. Bjork, *William James*, S. 71.

410 Skrupskelis u. Berkeley (Hg.), *Correspondence*, Bd. 4, S. 299.

411 Zitiert nach Perry, *Thought and Character*, Bd. 1, S. 535.

412 Vgl. Skrupskelis u. Berkeley (Hg.), *Correspondence*, Bd. 4, S. 45.

413 Vgl. *The Peirce Edition Project*, http://www.iupui.edu/~peirce/, am 31. Januar 2015 aufgerufen.

414 Vgl. James, *Essays, Comments, and Reviews*.

415 Vgl. *The Peirce Edition Project*, http://www.iupui.edu/~peirce/, am 31. Januar 2015 aufgerufen.

416 Skrupskelis u. Berkeley (Hg.), *Correspondence*, Bd. 4, S. 144; vgl. S. 146.

417 Skrupskelis u. Berkeley (Hg.), *Correspondence*, Bd. 4, S. 398.

418 Vgl. Menand, *The Metaphysical Club*, S. 226–227.

419 Vgl. Perry, *Thought and Character*, Bd. 1, S. 536.

420 Zitiert nach Menand, *The Metaphysical Club*, S. 202–203.

421 Vgl. Skrupskelis u. Berkeley (Hg.), *Correspondence*, Bd. 4, S. 426, 428; Simon, *Genuine Reality*, S. 132–133; Richardson, *William James*, S. 140–141.

422 Skrupskelis u. Berkeley (Hg.), *Correspondence*, Bd. 1, S. 173.

423 *Diary*, 1868–73 (Diary 1), Eintrag vom 10. Februar 1873.

424 Skrupskelis u. Berkeley (Hg.), *Correspondence*, Bd. 1, S. 194.

425 Vgl. Skrupskelis u. Berkeley (Hg.), *Correspondence*, Bd. 1, S. 208.

426 Vgl. Skrupskelis u. Berkeley (Hg.), *Correspondence*, Bd. 1, S. 219.

427 Skrupskelis u. Berkeley (Hg.), *Correspondence*, Bd. 1, S. 219.

428 Vgl. Skrupskelis u. Berkeley (Hg.), *Correspondence*, Bd. 4, S. 446.

429 Shakespeare, übersetzt von Schlegel/Thiek.

430 Vgl. J.M. Coetzee et al., *The Lives of Animals*, hg. von Amy Gutmann, Princeton 1999; J.M. Coetzee, *Elizabeth Costello. Eight Lessons*, London 2004.

431 Vgl. Coetzee et al., *The Lives of Animals*, S. 3, 73; Stephen Mulhall, *The Wounded Animal. J.M. Coetzee and the Difficulty of Reality in Literature and Philosophy*, Princeton 2009, S. 1.

432 Coetzee et al., *The Lives of Animals*, S. 3.

433 Vgl. Coetzee et al., *The Lives of Animals*, S. 73.

434 Vgl. Coetzee, *The Lives of Animals*, S. 31; Coetzee, *Elizabeth Costello*, S. 75–76, 233; Stephen Mulhall, *The Wounded Animal*, S. 139, 185, 203, 214–215, 231.

435 Ian Hacking, »Deflections«, in: Stanley Cavell et al., *Philosophy and Animal Life*, New York 2008, S. 141.

436 Vgl. Coetzee, *The Lives of Animals*, S. 15–18.

437 J. M. Coetzee, *Das Leben der Tiere*, übersetzt von Reinhild Böhnke, 3. Aufl., Frankfurt am Main 2003, S. 9; vgl. *The Lives of Animals*, S. 16.

438 Coetzee, *The Lives of Animals*, S. 19–21.

439 Coetzee, *Das Leben der Tiere*, S. 15; vgl. *The Lives of Animals*, S. 21.

440 Cora Diamond, »Die Schwierigkeit der Wirklichkeit und die Schwierigkeit der Philosophie«, in: Christoph Ammann u. Andreas Hunziker (Hg.), *Menschen, Tiere und Begriffe*, übersetzt von Joachim Schulte, Berlin 2012, S. 29; vgl. Cora Diamond, »The Difficulty of Reality and the Difficulty of Philosophy«, in: Cavell et al., *Philosophy and Animal Life*, S. 49.

441 Vgl. Diamond, »The Difficulty of Reality and the Difficulty of Philosophy«, S. 47–51.

442 Diamond, »Die Schwierigkeit der Wirklichkeit und die Schwierigkeit der Philosophie«, S. 29; die Übersetzung wurde leicht modifiziert (vgl. »The Difficulty of Reality and the Difficulty of Philosophy«, S. 49).

443 Diamond, »The Difficulty of Reality and the Difficulty of Philosophy«, S. 46–47. Die deutsche Übersetzung (S. 26) wurde teilweise verwendet.

444 Vgl. Coetzee, *The Lives of Animals*, S. 18.

445 Coetzee, *Das Leben der Tiere*, S. 22; die Übersetzung wurde leicht modifiziert (vgl. *The Lives of Animals*, S. 26). Vgl. Diamond, »The Difficulty of Reality and the Difficulty of Philosophy«, S. 47.

446 Diamond, »The Difficulty of Reality and the Difficulty of Philosophy«, S. 51. Die deutsche Übersetzung (S. 31) wurde teilweise verwendet.

447 Coetzee, *Das Leben der Tiere*, S. 45; vgl. *The Lives of Animals*, S. 43. Vgl. Diamond, »The Difficulty of Reality and the Difficulty of Philosophy«, S. 72–73.

448 Coetzee, *Das Leben der Tiere*, S. 46; die Übersetzung wurde leicht modifiziert (vgl. *The Lives of Animals*, S. 44).

449 Vgl. Diamond, »The Difficulty of Reality and the Difficulty of Philosophy«, S. 51–53, 69–73, 80, 82–83.

450 Cora Diamond, »Anything but Argument?«, in: dies., *The Realistic Spirit. Wittgenstein, Philosophy, and the Mind*, Cambridge, Mass., 1991, S. 293; vgl. S. 291–307.

451 Jay. F. Rosenberg, *Philosophieren. Ein Handbuch für Anfänger*, übersetzt von Brigitte Flickinger, Frankfurt am Main 1986, S. 27.

452 Ted Honderich (Hg.), *The Oxford Companion to Philosophy*, zweite Ausgabe, Oxford 2005, S. 49.

453 Diamond, »Anything but Argument?«, S. 297.

454 Diamond, »Ausschließlich Argumente?«, in: Ammann u. Hunziker (Hg.), *Menschen, Tiere und Begriffe*, S. 68; die Übersetzung wurde leicht modifiziert (vgl. »Anything but Argument?«, S. 298). Dies ist sicher Diamonds Meinung, obwohl sie hier teilweise so schreibt, als ob es um die Interpretation von Wordsworth ginge.

455 Vgl. Diamond, »The Difficulty of Reality and the Difficulty of Philosophy«, S. 86.

456 Diamond, »Die Schwierigkeit der Wirklichkeit und die Schwierigkeit der Philosophie«, S. 35; die Übersetzung wurde leicht modifiziert (vgl. »The Difficulty of Reality and the Difficulty of Philosophy«, S. 55).

457 Diamond, »Die Schwierigkeit der Wirklichkeit und die Schwierigkeit der Philosophie«, S. 35; vgl. »The Difficulty of Reality and the Difficulty of Philosophy«, S. 56.

458 Coetzee, *Das Leben der Tiere*, S. 78–79; die Übersetzung wurde leicht modifiziert (vgl. *The Lives of Animals*, S. 69).

459 Coetzee, *Das Leben der Tiere*, S. 52–53; vgl. *The Lives of Animals*, S. 50.

460 Coetzee, *Das Leben der Tiere*, S. 52; vgl. *The Lives of Animals*, S. 49.

461 Diamond, »Die Schwierigkeit der Wirklichkeit und die Schwierigkeit der Philosophie«, S. 35–36; vgl. »The Difficulty of Reality and the Difficulty of Philosophy«, S. 55.

462 J.M. Coetzee, *Elizabeth Costello – Acht Lehrstücke*, übersetzt von Reinhild Böhnke, Frankfurt

am Main 2004, S. 250; die Übersetzung wurde leicht modifiziert (vgl. *Elizabeth Costello. Eight Lessons*, S. 200).

463 Vgl. Coetzee et al., *The Lives of Animals*, S. 85.

464 Vgl. Diamond, »The Difficulty of Reality and the Difficulty of Philosophy«, S. 48–59; Mulhall, *The Wounded Animal*, S. 61–68.

465 Coetzee et al., *The Lives of Animals*, S. 91.

466 Vgl. James, *Essays in Philosophy*, S. 247.

467 Vgl. James, *Essays in Philosophy*, S. 249.

468 Vgl. William James, *Essays in Psychology*, Cambridge, Mass., 1983, S. 399. Es wäre eine interessante Aufgabe zu prüfen, ob die Auffassung von Willensfreiheit, die James in diesem Aufsatz und anderen Texten verteidigt, in die gegenwärtige Debatte »übersetzt« werden kann. Hier wäre z. B. ein Vergleich mit einem Inkompatibilisten wie Geert Keil besonders spannend (vgl. Keil, *Willensfreiheit*, 3. vollständig überarbeitete und erweiterte Auflage, Berlin 2017). Dies ist aber nicht das Thema unseres Buchs.

469 Vgl. James, *The Will to Believe*, S. 333.

470 Vgl. James, *The Will to Believe*, S. 326.

471 Vgl. James, *The Will to Believe*, S. 334.

472 Aufgrund der Einschränkung dieses Buchs auf bestimmte Themen und Zeiten im Schaffen von James können leider einige bemerkenswerte Studien zu James nicht gebührend berücksichtigt werden. Hier sollen manche davon, die an anderer Stelle nicht erwähnt werden, genannt werden (der jeweilige Titel verrät i. d. R. zentrale Schwerpunkte des betreffenden Werks): Hans-Peter Krüger, »Die Semiosis lebendiger Augenblicke. Die pragmatische Transformation der Hegelschen Unterscheidung zwischen Substanz und Subjekt durch W. James und Ch.S.Peirce«, *Deutsche Zeitschrift für Philosophie* 49 (2001), S. 89–106 (vgl. ders., *Zwischen Lachen und Weinen. Band II. Der dritte Weg Philosophischer Anthropologie und die Geschlechterfrage*, Berlin 2001, S. 144–213); Helmut Pape, *Der dramatische Reichtum der konkreten Welt. Der Ursprung des Pragmatismus im Denken von Charles S. Peirce und William James*, Weilerswist 2002; Richard Shusterman, *Body Consciousness. A Philosophy of Mindfulness and Somaesthetics*, Cambridge 2008, S. 116–119, 135–189; Dennis Sölch, *Prozessphilosophien. Wirklichkeitskonzeptionen bei Alfred North Whitehead, Henri Bergson und William James*, Freiburg u. München 2014; Ana Honnacker, *Post-säkularer Liberalismus. Perspektiven auf Religion und Öffentlichkeit im Anschluss an William James*, Baden-Baden 2015; Marie-Luise Raters, »Don't worry – be happy? Das Problem des religiösen Zweifels bei William James«, in: dies. (Hg.), *Warum Religion? Pragmatische und pragmatistische Überlegungen zur Funktion von Religion im Leben*, Freiburg u. München 2015; Melanie Sehgal, *Eine situierte Metaphysik. Empirismus and Spekulation bei William James und Alfred North Whitehead*, Konstanz 2016; Hans Joas, *Die Macht des Heiligen. Eine Alternative zur Geschichte von der Entzauberung*, Berlin 2017 (u. a. relevant für James' Auseinandersetzung mit der Religion, insb. S. 61–109).

473 James, »Rationality, Activity and Faith«, S. 84–85.

474 James, »The Dilemma of Determinism«, S. 118.

475 James, »The Dilemma of Determinism«, S. 119.

476 James, »The Dilemma of Determinism«, S. 135–136.

477 Von diesem Aufsatz gibt es zahlreiche längere und kürzere Interpretationen und Kritiken. Hier sollen nur folgende genannt werden: Matthias Jung, *Erfahrung und Religion. Grundzüge einer hermeneutisch-pragmatischen Religionsphilosophie*, Freiburg u. München 1999,

S. 183–201; Michael Quante, »William James' Rechtfertigung religiöser Überzeugungen«, in: Claudia Bickmann et al. (Hg.), *Religion und Philosophie im Widerstreit?*, Nordhausen 2008; Christoph Seibert, *Religion im Denken von William James. Eine Interpretation seiner Philosophie*, Tübingen 2009, S. 143–184; Michael R. Slater, *William James on Ethics and Faith*, Cambridge u. New York 2009, S. 19–66; Scott F. Aikin, *Evidentialism and the Will to Believe*, London 2014.

478 William James, »The Will to Believe«, in: ders., *The Will to Believe*, S. 20 (die Hervorhebung im Original wurde nicht widergegeben).

479 James, »The Will to Believe«, S. 14–15.

480 Richard M. Gale, *The Divided Self of William James*, Cambridge 1999, S. 120.

481 Gale, *The Divided Self of William James*, S. 120.

482 Gale, *The Divided Self of William James*, S. 121.

483 Gale, *The Divided Self of William James*, S. 116.

484 James, »Rationality, Activity and Faith«, S. 75–76. Die Klammern und der Gedankenstrich wurden aus der 1896-Version übernommen (vgl. »The Sentiment of Rationality«, in: *The Will to Believe*, S. 81).

485 Die Bezeichnungen »Kausalinterpretation« und »Begründungsinterpretation« bedeuten nicht, dass es nach der ersten nicht um Begründung geht.

486 In »Considérations« heißt es »r«, nicht »x«, aber dies ist natürlich nur ein Unterschied in der Notation.

487 Vgl. James, »Quelques Considérations sur la méthode subjective«, S. 24; »Rationality, Activity and Faith«, S. 74–75.

488 James, »Rationality, Activity and Faith«, S. 76.

489 Vgl. James, »Rationality, Activity and Faith«, S. 76–79.

490 James, »Rationality, Activity and Faith«, S. 79.

491 Vgl. James, »Rationality, Activity and Faith«, S. 79–80; James, »Quelques Considérations sur la méthode subjective«, S. 25–26.

492 James, »The Sentiment of Rationality«, in: *The Will to Believe*, S. 84.

493 James, »Rationality, Activity and Faith«, S. 80; »The Sentiment of Rationality«, in: *The Will to Believe*, S. 84. James spricht an diesen Stellen in beiden Texten vom »moralischen Optimismus«, aber nur im Text in *The Will to Believe* vom »Meliorismus«.

494 James, »Rationality, Activity and Faith«, S. 80.

495 Vgl. James, »The Sentiment of Rationality«, in: *The Will to Believe*, S. 83–84; »Rationality, Activity and Faith«, S. 79–80; »Quelques Considérations sur la méthode subjective«, S. 25–27.

496 James, »Rationality, Activity and Faith«, S. 80.

497 James, »Quelques Considérations sur la méthode subjective«, S. 29–30.

498 Skrupskelis u. Berkeley (Hg.), *Correspondence*, Bd. 5, S. 208.

499 James, »Rationality, Activity and Faith«, S. 82. Unmittelbar vor der Passage in der 1896-Version von »The Sentiment of Rationality«, die mit dieser Passage aus »Rationality, Activity and Faith« ausgenommen kleiner Abweichungen identisch ist, fügt James eine Fußnote hinzu, die auf seine Ausführungen zum Sollen in »The Moral Philosopher and the Moral Life« verweist. (»The Moral Philosopher and the Moral Life« wurde ursprünglich 1891 veröffentlicht und in *The Will to Believe* wieder abgedruckt; vgl. *The Will to Believe*, S. 335.) In dieser Fußnote macht James klar, dass die Interpretation des Objektivisten vom Sollen mit folgender These aus »The Moral Philosopher and the Moral Life« vereinbar ist: Das Sollen,

das ein Individuum bindet, »muss« in den »Gefühlen« von »anderen Denkern oder einer Gruppe von Denkern« »wurzeln« (»The Sentiment of Rationality«, in: *The Will to Believe*, S. 85). Die Unterschiede zwischen Objektivismus und Subjektivismus, die hier zur Diskussion stehen, bleiben also trotz dieser These bestehen. Außerdem gibt es keinen Hinweis in *The Will to Believe*, dass diese These etwas am Test ändert, der über die Wahrheit von Objektivismus und Subjektivismus entscheiden soll. Aus diesen Gründen gehen wir nicht weiter auf »The Moral Philosopher and the Moral Life« ein.

500 James, »Rationality, Activity and Faith«, S. 82–83.

501 Vgl. Henry Jackman, »The Pragmatic Method«, in: Herman Cappelen et al. (Hg.), *The Oxford Handbook of Philosophical Methodology*, Oxford 2016, S. 202–206.

502 James, »Rationality, Activity and Faith«, S. 82.

503 James, »Rationality, Activity and Faith«, S. 83.

504 James, »Rationality, Activity and Faith«, S. 84.

505 James, »The Dilemma of Determinism«, S. 131–132.

506 Vgl. James, »The Dilemma of Determinism«, S. 128–135.

507 James, »Rationality, Activity and Faith«, S. 58–59.

508 James, »Rationality, Activity and Faith«, S. 59–60.

509 James, »Rationality, Activity and Faith«, S. 64–65.

510 Die Interpretation von Jeff Kasser und Nishi Shah von James als einem Expressivisten, die sich auf »The Will to Believe« begrenzt, macht aus James selbst einen Nihilisten in diesem Sinne; vgl. Kasser u. Shah, »The Metaethics of Belief: An Expressivist Reading of ›The Will to Believe‹«, *Social Epistemology* 20 (2006), S. 1–17, hier S. 1–5; Kasser, »Prospects for a Jamesian Expressivism«, *William James Studies* 10 (2013); Aikin, *Evidentialism and the Will to Believe*, S. 130–131. Deshalb lehnen wir diese Interpretation ab.

511 Miscellaneous Notes, William James papers.

512 James, »Rationality, Activity and Faith«, S. 68.

513 James, »Rationality, Activity and Faith«, S. 68.

514 Ralph Waldo Emerson, *Drei Ansprachen über Bildung, Religion und Henry David Thoreau*, Dieter Schulz (Hg.), Freiburg im Breisgau 2007, S. 27.

515 Vgl. William J. Wainwright, *Reason and the Heart. A Prolegomenon to a Critique of Passional Reason*, Ithaca u. London 1995, S. 95–100.

516 Wainwright, *Reason and the Heart*, S. 102.

517 James, »Rationality, Activity and Faith«, S. 84.

518 James, »Rationality, Activity and Faith«, S. 75–76.

519 James, »Rationality, Activity and Faith«, S. 85.

520 James, »The Dilemma of Determinism«, S. 135.

521 James, »The Dilemma of Determinism«, S. 118–122.

522 James, »Rationality, Activity and Faith«, S. 75–76.

523 Skrupskelis u. Berkeley (Hg.), *Correspondence*, Bd. 5, S. 260.

524 Vgl. Perry, *Thought and Character*, Bd. 1, S. 680; Skrupskelis u. Berkeley (Hg.), *Correspondence*, Bd. 5, S. 559.

525 Skrupskelis u. Berkeley (Hg.), *Correspondence*, Bd. 5, S. 208.

526 Zitiert nach Perry, *Thought and Character*, Bd. 1, S. 680.

527 James, »Rationality, Activity and Faith«, S. 80; in *The Will to Believe* erscheint diese Passage als Fußnote, vgl. »The Sentiment of Rationality«, in: *The Will to Believe*, S. 84.

528 Vgl. Perry, *Thought and Character*, Bd. 1, S. 680–681.

529 Skrupskelis u. Berkeley (Hg.), *Correspondence*, Bd. 5, S. 260.

530 Vgl. James, »The Dilemma of Determinism«, S. 128–137.

531 Da der M+x-Gedanke in der Forschungsliteratur nicht viel diskutiert wird, wird es vorrangig um allgemeine Interpretationen von James gehen, die aber auf den M+x-Gedanken angewendet werden können.

532 William James, *The Principles of Psychology*, 2 Bände, Cambridge, Mass., 1981, Bd. 2, S. 1176.

533 James, *The Principles of Psychology*, Bd. 2, S. 1176–1177. Für die Rolle von Postulaten in James' Auffassung von Psychologie als Wissenschaft, s. Michael Anacker, *Unterbestimmtheit und pragmatische Aprioris. Vom Tribunal der Erfahrung zum wissenschaftlichen Prozess*, Münster 2012, S. 63–83.

534 James, *The Principles of Psychology*, Bd. 2, S. 1179.

535 Vgl. Gale, *The Divided Self of William James*, S. 190–198; Robert Schwartz, *Rethinking Pragmatism. From William James to Contemporary Philosophy*, Walden, Mass., 2012, S. 124–139.

536 Vgl. Steven Levine, »Does James have a Place for Objectivity?: A Response to Misak«, *European Journal of Pragmatism and American Philosophy* 5 (2013), Heft 2, S. 121–130, hier S. 127. Henry Jackman unterscheidet zwischen der schwachen Pluralismus-Interpretation von Levine und einem stärkeren Pluralismus; es ist aber nicht ganz klar, ob mit der stärkeren Version der starke Perspektivismus gemeint ist, den wir gerade erläutert haben; vgl. Jackman »Intellectualism and Regulative Assumptions: Subjectivism about Truth and Misak's James«, Paper präsentiert auf dem »Meeting of the Society for the Advancement of American Philosophy« im März 2014 in Denver (zugänglich auf http://hjackman0.wixsite.com/jackman/william-james-and-american-pragmatism, am 14. August 2019 aufgerufen), S. 10–13. Für eine Diskussion des Themas der Perspektivität und Realität bei James, s. Felicitas Krämer, *Erfahrungsvielfalt und Wirklichkeit. Zu William James' Realitätsverständnis*, Göttingen 2006, S. 268–288; für eine Diskussion des Themas der Perspektivität und Wahrheit bei James speziell mit Blick auf einen Vergleich mit Nietzsche, s. Kai-Michael Hingst, *Perspektivismus und Pragmatismus. Ein Vergleich auf der Grundlage der Wahrheitsbegriffe und der Religionsphilosophien von Nietzsche und James*, Würzburg 1998.

537 Vgl. William James, »Professor von Giżycki and Determinism«, in: ders., *The Will to Believe*, S. 445: »Im Interesse moralischen Handelns treten wir für den Indeterminismus ein, wir behaupten, dass Dinge, die jetzt schlecht sind, zum Guten *hätten* gewendet werden *können*, genauso wie wir im Interesse wissenschaftlichen Handelns für den Determinismus eintreten.«

538 James, »The Dilemma of Determinism«, S. 118.

539 William James, »The Feeling of Effort«, in: ders., *Essays in Psychology*, S. 120; vgl. S. 110–121.

540 Vgl. James, *The Principles of Psychology*, S. 1175.

541 James, »The Dilemma of Determinism«, S. 117.

542 James, »The Dilemma of Determinism«, S. 117.

543 Vgl. Skrupskelis u. Berkeley (Hg.), *Correspondence*, Bd. 6, S. 98–101, 162–163.

544 Slater, *William James on Ethics and Faith*, S. 38.

545 Vgl. William James, »Reflex Action and Theism«, in: ders., *The Will to Believe*, S. 102–104.

546 James, »Quelques Considérations sur la méthode subjective«, S. 24.

547 James, »The Dilemma of Determinism«, S. 119.

548 James, »The Dilemma of Determinism«, S. 119.

549 James, »The Dilemma of Determinism«, S. 132.

550 James, »The Sentiment of Rationality«, in: *Essays in Philosophy*, S. 32–33.

551 Dies ist die Version der Rationalitätsinterpretation, gegen die Robert Stern sich hauptsächlich in »Round Kant or Through him? On James's Arguments for Freedom, and Their Relation to Kant's« wendet, in: Gabriele Gava u. Robert Stern (Hg.), *Pragmatism, Kant, and Transcendental Philosophy*, New York 2016, S. 152–176, und in: Robert Stern, *Kantian Ethics. Value, Agency, and Obligation*, Oxford 2015, S. 202–223.

552 James, »The Dilemma of Determinism«, S. 115.

553 James, »The Dilemma of Determinism«, S. 115. Diese und andere gerade zitierten Passagen werden von Stern angeführt, um die Rationalitätsinterpretation zu kritisieren.

554 In der Sekundärliteratur wird zugunsten einer Kausalinterpretation die Möglichkeit der Begründungsinterpretation i. d. R. einfach übersehen; Beispiele dafür sind James Campbell, *Experiencing William James. Belief in a Pluralistic World*, Charlottesville u. London 2017, S. 79–110 und Scott F. Aikin, »A Dilemma for James's Justification of Faith«, *William James Studies* 10 (2013); Aikin beschäftigt sich allerdings ausschließlich mit »The Will to Believe«.

555 Damit soll gesagt werden, dass sie nicht den M+x-Gedanken im Blick hat und daher nicht die Details unserer Interpretation formuliert.

556 Vgl. Cheryl Misak, *The American Pragmatists*, Oxford 2013, S. 60–76.

557 Misak, *The American Pragmatists*, S. 66–67.

558 Die Kritik, die Scott F. Aikin und Robert B. Talisse an James auf der Grundlage einer Interpretation von James' *Pragmatism* üben, wäre daher als Kritik an James' Vorgehen in seinem Frühwerk vollkommen unberechtigt (vgl. Aikin u. Talisse, *Pragmatism, Pluralism, and the Nature of Philosophy*, New York 2018, S. 152–155).

559 Zitiert nach Perry, *Thought and Character*, Bd. 2, S. 223.

560 Skrupskelis u. Berkeley (Hg.), *Correspondence*, Bd. 6, S. 99–100.

561 Vgl. Hodgsons Brief an James vom 3. Februar 1886, in: Skrupskelis u. Berkeley (Hg.), *Correspondence*, Bd. 6, S. 111–114.

562 James, »The Dilemma of Determinism«, S. 135.

563 Skrupskelis u. Berkeley (Hg.), *Correspondence*, Bd. 5, S. 260.

564 Skrupskelis u. Berkeley (Hg.), *Correspondence*, Bd. 6, S. 100.

565 Skrupskelis u. Berkeley (Hg.), *Correspondence*, Bd. 6, S. 163.

566 James, »The Dilemma of Determinism«, S. 128–129, 132–133.

567 Vgl. James, »The Dilemma of Determinism«, S. 128–129,132–133.

568 James, »The Dilemma of Determinism«, S. 132.

569 Vgl. James, »The Dilemma of Determinism«, S. 132.

570 James, »The Dilemma of Determinism«, S. 134.

571 James, »The Dilemma of Determinism«, S. 134 (unsere Kursivierung). Dies heißt aber natürlich keineswegs, dass Gefühle oder Stimmungen nach James unwichtig sind; vgl. Richard Shusterman, »Thought in the Strenuous Mood: Pragmatism as a Philosophy of Feeling«, *New Literary History* 43 (2012), S. 433–454.

572 Skrupskelis u. Berkeley (Hg.), *Correspondence*, Bd. 6, S. 99.

573 Vgl. James, »The Dilemma of Determinism«, S. 131–132.

574 Vgl. James, »The Dilemma of Determinism«, S. 128–135.

575 James, »The Dilemma of Determinism«, S. 133–134.

576 Skrupskelis u. Berkeley (Hg.), *Correspondence*, Bd. 6, S. 163.

577 Da James die Texte »On a Certain Blindness in Human Beings« und »What Makes a Life Significant«, die sich beide mit dem Sinn des Lebens beschäftigen, vermutlich erst 1898

geschrieben hat, werden sie hier nicht thematisiert (vgl. James, *Talks to Teachers on Psychology and to Students on Some of Life's Ideals*, Cambridge, Mass., 1983, S. 243).

578 James, »The Dilemma of Determinism«, S. 124–127, 135.

579 Vgl. James, »The Dilemma of Determinism«, S. 127.

580 Vgl. James, »The Dilemma of Determinism«, S. 125–126.

581 Skrupskelis u. Berkeley (Hg.), *Correspondence*, Bd. 6, S. 99–100.

582 Vgl. Skrupskelis u. Berkeley (Hg.), *Correspondence*, Bd. 6, S. 99–100, 111–113, 163.

583 Vgl. James, »The Dilemma of Determinism«, S. 124–125.

584 James, »The Dilemma of Determinism«, S. 125.

585 James, »The Dilemma of Determinism«, S. 125.

586 Vgl. James, »The Dilemma of Determinism«, S. 125–129.

587 Vgl. James, »The Dilemma of Determinism«, S. 124–126.

588 James, »The Dilemma of Determinism«, S. 126.

589 Vgl. James, »The Dilemma of Determinism«, S. 126–129.

590 Vgl. James, »The Dilemma of Determinism« S. 125–127.

591 James, »The Dilemma of Determinism«, S. 127.

592 James, »The Dilemma of Determinism«, S. 127.

593 Vgl. James, »The Dilemma of Determinism«, S. 128–129.

594 Vgl. James, »The Dilemma of Determinism«, S. 135–137.

595 James, »The Dilemma of Determinism«, S. 136.

596 James, »The Dilemma of Determinism«, S. 136.

597 Skrupskelis u. Berkeley (Hg.), *Correspondence*, Bd. 5, S. 260.

598 James, »The Dilemma of Determinism«, S. 137.

599 Skrupskelis u. Berkeley (Hg.), *Correspondence*, Bd. 6, S. 163.

600 In den Abschnitten aus der Kongruenzpassage aus »Rationality«, die wir in § 5.3 zitiert haben, wird die Unheimlichkeit dem Nihilismus zum Vorwurf gemacht.

601 Deshalb haben wir nicht mit einem gegenwärtigen Philosophen wie Richard Shusterman angefangen, der James näher steht; vgl. Shusterman, *Practicing Philosophy. Pragmatism and the Philosophical Life*, New York u. London 1997. Nozick bietet außerdem einen günstigen Ausgangspunkt für unsere Ausführungen in § 6.1.

602 Robert Nozick, *Philosophical Explanations*, Cambridge, Mass., 1981, S. 1–2.

603 Unsere Hervorhebungen.

604 Nozick, *Philosophical Explanations*, S. 2–3.

605 Nozick, *Philosophical Explanations*, S. 20, 21.

606 Nozick, *Philosophical Explanations*, S. 4.

607 Nozick, *Philosophical Explanations*, S. 4.

608 Vgl. Nozick, *Philosophical Explanations*, S. 4–5.

609 Vgl. Nozick, *Philosophical Explanations*, S. 15–17.

610 Vgl. Nozick, *Philosophical Explanations*, S. 6, 15–16.

611 Vgl. Logi Gunnarsson, *Making Moral Sense. Beyond Habermas and Gauthier*, Cambridge 2000, S. 192–195.

612 Vgl. Nozick, *Philosophical Explanations*, S. 8.

613 Vgl. Nozick, *Philosophical Explanations*, S. 8–11.

614 Nozick, *Philosophical Explanations*, S. 12.

615 J. J. C. Smart, »Why Philosophers Disagree«, *Canadian Journal of Philosophy*, Supplementary Volume 19 (1993), S. 67–82, hier S. 73–77.

616 Smart, »Why Philosophers Disagree«, S. 74.
617 Smart, »Why Philosophers Disagree«, S. 78.
618 Smart, »Why Philosophers Disagree«, S. 81.
619 Smart, »Why Philosophers Disagree«, S. 71.
620 Smart, »Why Philosophers Disagree«, S. 72.
621 Smart, »Why Philosophers Disagree«, S. 79.
622 Es ist nicht möglich, innerhalb der sogenannten »experimentellen Philosophie« einen einheitlichen Ansatz zu formulieren; vgl. Joshua Knobe u. Shaun Nichols, »Experimental Philosophy«, *The Stanford Encyclopedia of Philosophy* (Ausgabe vom Winter 2017), Edward N. Zalta (Hg.). In einer Ausprägung ist sie eine konsequente Umsetzung dieses in Anlehnung an Smart formulierten Gedankens: In der experimentellen Philosophie wird die menschliche Psychologie, die philosophischen Theorien zugrundeliegt, experimentell untersucht.
623 Thomas Nagel, *Der Blick von nirgendwo*, übersetzt von Michael Gebauer, Frankfurt am Main 1992, S. 11; vgl. ders., *The View from Nowhere*, Oxford 1986, S. 3.
624 In einem späteren Text diskutiert Nagel eine stärkere Vermittlung, die dem »religiösen Temperament« entspricht: »Secular Philosophy and the Religious Temperament«, in: ders., *Secular Philosophy and the Religious Temperament. Essays 2002–2008*, Oxford 2010, S. 5–6.
625 Vgl. Nagel, *The View from Nowhere*, S. 5–7, 13–15.
626 Nagel, *Der Blick von nirgendwo*, S. 12; vgl. *The View from Nowhere*, S. 4.
627 Vgl. Nagel, *The View from Nowhere*, S. 110–120.
628 Nagel, *Der Blick von nirgendwo*, S. 195; vgl. *The View from Nowhere*, S. 113.
629 Nagel, *The View from Nowhere*, S. 6.
630 Damit wollen wir natürlich nicht sagen, dass Nagel mit seiner Artikulation der subjektiven Perspektive und der Behauptung, der Inkompatibilismus sei inkohärent, Recht hat. Es geht darum, welchen Stellenwert eine Artikulation der subjektiven und der objektiven Perspektive in philosophischen Argumentationen hat.
631 Nagels Auffassung in *The View from Nowhere* könnte man aber auch so interpretieren, dass sie mehr mit unserer Position gemeinsam hat. Da es uns aber ausschließlich darum geht, unsere eigene Position durch den Kontrast mit dem Ansatz, den wir in *The View from Nowhere* finden und im Haupttext beschreiben, klarer zu machen, wollen wir hier nicht auf diese Auslegungsmöglichkeit eingehen. Eine weitere interessante Frage, die wir auch nicht diskutieren wollen, ist, ob Nagels Ansatz in *The View from Nowhere* zu seiner Auffassung in *The Last Word* in Spannung steht; vgl. Nagel, *The Last Word*, New York u. Oxford 1997.
632 Vgl. Nagel, *The View from Nowhere*, S. 3.
633 Vielleicht muss man Tetens so verstehen, dass die Erklärung der Spannungen durch existentielle Antinomien als *Ergänzung* einer anderen Erklärung, die viel mit Nagels Erklärung gemeinsam hat, fungiert; vgl. Holm Tetens, »Existenzphilosophie als Metaphilosophie. Versuch, die kontroverse Pluralität der Philosophie zu erklären«, *Allgemeine Zeitschrift für Philosophie* 35 (2010), Heft 3, S. 221–241, hier S. 224–227, 232–233, 236–237.
634 Ursula Wolf, »Warum sich die metaphysischen Fragen nicht beantworten, aber auch nicht überwinden lassen«, *Deutsche Zeitschrift für Philosophie* 48 (2000), Heft 3, S. 499–504, hier S. 501; vgl. dies., *Die Philosophie und die Frage nach dem guten Leben*, Hamburg 1999, S. 19.
635 Wolf, *Die Philosophie und die Frage nach dem guten Leben*, S. 21.
636 Tetens, »Existenzphilosophie als Metaphilosophie«, S. 232–234.
637 Tetens, »Existenzphilosophie als Metaphilosophie«, S. 228–229.
638 Tetens, »Existenzphilosophie als Metaphilosophie«, S. 234.

639 Vgl. Wolf, *Die Philosophie und die Frage nach dem guten Leben*, S. 191–205; Wolf, »Warum sich die metaphysischen Fragen nicht beantworten, aber auch nicht überwinden lassen«, S. 502; Tetens, »Existenzphilosophie als Metaphilosophie«, S. 239.

640 Tetens, »Existenzphilosophie als Metaphilosophie«, S. 234.

641 Wolf, »Warum sich die metaphysischen Fragen nicht beantworten, aber auch nicht überwinden lassen«, S. 503.

642 Tetens, »Existenzphilosophie als Metaphilosophie«, S. 235.

643 Wolf, »Warum sich die metaphysischen Fragen nicht beantworten, aber auch nicht überwinden lassen«, S. 503; vgl. Tetens, »Existenzphilosophie als Metaphilosophie«, S. 239.

644 Vgl. Wolf, *Die Philosophie und die Frage nach dem guten Leben*, S. 19–25, 173–186.

645 Peter F. Strawson, *Einzelding und logisches Subjekt. Ein Beitrag zur deskriptiven Metaphysik*, übersetzt von Freimut Scholz, Stuttgart 1972, S. 9. Die Übersetzung wurde leicht modifiziert (vgl. Strawson, *Individuals. An Essay in Descriptive Metaphysics*, London u. New York 1959, S. 9).

646 Die Aufgabe bleibt bestehen, selbst wenn wir nicht – wie Strawson – deskriptiv, sondern transzendentalphilosophisch vorgehen. Johannes Haag unterscheidet zwischen »deskriptiven« und »transzendentalphilosophischen Untersuchungen«: »Auf der deskriptiven Abstraktionsebene beschäftigen wir uns mit dem faktischen intentionalen Bezug auf die Welt, mit seinen faktischen Grenzen und Möglichkeiten. Auf der transzendentalphilosophischen Abstraktionsebene geht es uns um die Bedingungen der Möglichkeit jedes denkbaren intentionalen Bezugs auf eine Wirklichkeit, deren Teil das fragliche epistemische Subjekt ist.« (Haag, »Transzendentalphilosophie heute?«, Ms. (2015), S. 20.) Auf der transzendentalphilosophischen Ebene geht es um die Bedingungen der Möglichkeit von X. Wenn »X« für ein Thema steht, das uns hier interessiert (z. B. Willensfreiheit oder die Objektivität der Moral), dann entsteht für die transzendentalphilosophische Untersuchung ein ähnliches Problem wie für Strawson: Es wird zwei sich widersprechende Beschreibungen von X geben, deren Widerspruch / Spannung sich weder durch genauere Beschreibungen von X noch durch die Frage nach den notwendigen Bedingungen von X auflösen lässt. Damit wollen wir nicht sagen, dass die transzendentalphilosophische Vorgehensweise für bestimmte Themen nicht erfolgreich sein könnte. Im Zitat von Haags Text wird X auf jeden »denkbaren intentionalen Bezug auf eine Wirklichkeit, deren Teil das fragliche epistemische Subjekt ist« begrenzt. Wir bezweifeln nur, dass die transzendentalphilosophische Untersuchung für jedes philosophische Thema zeigen kann, welche These von zwei konkurrierenden philosophischen Thesen die richtige ist. Insbesondere stellen wir dies für die philosophischen Themen in Frage, die uns in diesem Werk interessieren. Die transzendentalphilosophische Untersuchung löst die Spannungen in unserem Denken für diese Themen nicht auf.

647 Vgl. Williamson, *The Philosophy of Philosophy*, S. 19–21.

648 Vgl. Lutz Wingert, »Wissen in der Philosophie zwischen Artikulation, Anschauung und Begründung«, Ms. (2019), S. 26–29.

649 Wingert, »Wissen in der Philosophie zwischen Artikulation, Anschauung und Begründung«, S. 27.

650 Wingert, »Wissen in der Philosophie zwischen Artikulation, Anschauung und Begründung«, S. 28–29.

651 Ludwig Wittgenstein, *Philosophische Untersuchungen*, in: ders., Werkausgabe, Bd. 1, Frankfurt am Main 1984, S. 303.

652 Die Interpretation der *Philosophischen Untersuchungen*, die wir anhand von den Versu-

chungen des Dualismus und Behaviorismus beispielhaft erläutert haben, soll der Auslegung von Cora Diamond und James Conant entsprechen; vgl. Diamond, »Realism and the Realistic Spirit«, in: dies., *The Realistic Spirit*; Conant, »A Prolegomenon to the Reading of Later Wittgenstein«, in: Ludwig Nagl u. Chantal Mouffe (Hg.), *The Legacy of Wittgenstein. Pragmatism or Deconstruction*, Frankfurt am Main 2001. Damit soll aber weder Diamond noch Conant Wittgensteinscher Optimismus zugeschrieben werden. Sebastian Rödl versteht Philosophie als »die Wissenschaft ohne Gegensatz« (Rödl, *Self-Consciousness and Objectivity. An Introduction to Absolute Idealism*, Cambridge, Mass., 2018, S. 40, vgl. S. 41–42, 72, 156–157). Wenn er damit auch meint, dass die philosophische Beschäftigung mit jedem Thema – u. a. mit den Fragen nach Willensfreiheit und der Objektivität der Moral – auf »die Wissenschaft ohne Gegensatz« hinausläuft, dann ist Rödl ein Wittgensteinscher Optimist.

653 Dieses Thema ist in den letzten Jahren relativ intensiv diskutiert worden, auch innerhalb der größeren epistemologischen Thematik, die *nicht* auf *philosophische* Dissense und Meinungen begrenzt ist; vgl. Peter van Inwagen, »We're Right. They're Wrong« und Richard Fumerton, »You Can't Trust a Philosopher« (beide in: Richard Feldman u. Ted A. Warfield (Hg.), *Disagreement*, Oxford 2010); Bryan Frances, »Philosophical Renegades« und Sanford Goldberg, »Disagreement, Defeat, and Assertion« (beide in: David Christensen u. Jennifer Lackey (Hg.), *The Epistemology of Disagreement. New Essays*, Oxford 2013); Thomas Grundmann, »Das Problem stabiler Dissense in der Philosophie«, in: Dirk Koppelberg u. Stefan Tolksdorf (Hg.), *Erkenntnistheorie – Wie und wozu?*, Münster 2015.

654 Vgl. Andrew Melnyk, »Philosophy and the Study of Its History«, *Metaphilosophy* 39 (2008), S. 203–219; David J. Chalmers, »Why Isn't There More Progress in Philosophy?«, *Philosophy* 90 (2015), S. 3–31; Thomas Grundmann, »Progress and Historical Reflection in Philosophy«, in: Marcel van Ackeren (Hg.), *Philosophy and the Historical Perspective*, Oxford 2018.

655 Chalmers, »Why Isn't There More Progress in Philosophy?«, S. 4.

656 Chalmers, »Why Isn't There More Progress in Philosophy?«, S. 4.

657 Vgl. Chalmers, »Why Isn't There More Progress in Philosophy?«, S. 16–18.

658 Indem Grundmann die methodologische Pluralität in der Philosophie als eine Ergänzung von Chalmers Erklärungen vorschlägt, argumentiert er – wie Chalmers – aus einer »soziologischen Perspektive«; vgl. Grundmann, »Progress and Historical Reflection in Philosophy«.

659 Vgl. R. Jay Wallace, *Responsibility and the Moral Sentiments*, Cambridge, Mass.,1996, S. 2–3.

660 Wallace, *Responsibility and the Moral Sentiments*, S. 87.

661 Vgl. Wallace, *Responsibility and the Moral Sentiments*, S. 87–88.

662 Vgl. Wallace, *Responsibility and the Moral Sentiments*, S. 93–96.

663 Diese Annahme ist nicht ganz unkontrovers, aber dies lassen wir hier beiseite.

664 Deshalb verzichten wir in den Endnoten weitgehend darauf, auf die unterschiedlichen Positionen in der Forschungsliteratur zur Willensfreiheit zu verweisen. Dies gilt aus demselben Grund ebenso für unsere Ausführungen zum Projektivismus in der Metaethik im nächsten Abschnitt.

665 Vgl. Wallace, *Responsibility and the Moral Sentiments*, S. 112–115, 195–199; Peter Bieri, *Das Handwerk der Freiheit. Über die Entdeckung des eigenen Willens*, Frankfurt am Main 2003, S. 207–211, 343–351. (Wie im Haupttext erwähnt, bezieht sich die Diskussion vom Thema Kompatibilismus / Inkompatibilismus bei Wallace auf moralische Verantwortung.)

666 Vgl. Wallace, *Responsibility and the Moral Sentiments*, S. 118–194; Bieri, *Das Handwerk der Freiheit*, S. 351–359.

667 Wallace, *Responsibility and the Moral Sentiments*, S. 91.

668 Vgl. Wallace, *Responsibility and the Moral Sentiments*, S. 93–117.

669 Vgl. Peter F. Strawson, »Freedom and Resentment«, *Proceedings of the British Academy* 48 (1962), S. 1–25. Die folgenden zwei Sammelbände illustrieren den kontinuierlichen Einfluss von diesem Text in der Forschungsliteratur: Michael McKenna u. Paul Russell (Hg.), *Free Will and Reactive Attitudes. Perspectives on P.F.Strawson's »Freedom and Resentment«*, Surrey u. Burlington 2008; David Shoemaker u. Neal A. Tognazzini (Hg.), *Oxford Studies in Agency and Responsibility*, Bd. 2, *»Freedom and Resentment« at 50*, Oxford 2014.

670 Für eine überzeugende Kritik an einem solchen Argument, siehe z. B. Galen Strawson, *Freedom and Belief*, Revision Edition, Oxford 2010, vor allem Kap. 5–6.

671 Vgl. Simon Blackburn, *Spreading the Word. Groundings in the Philosophy of Language*, Oxford 1984, S. 181–182, 195.

672 Vgl. Simon Blackburn, »How To Be an Ethical Anti-Realist«, in: ders., *Essays in Quasi-Realism*, New York u. Oxford 1993, S. 166–170; Blackburn, *Ruling Passions. A Theory of Practical Reasoning*, Oxford 1998, S. 48–51.

673 Vgl. Blackburn, »How To Be an Ethical Anti-Realist«, S. 167.

674 Blackburn, *Spreading the Word*, S. 171, 197.

675 Vgl. Blackburn, *Spreading the Word*, S. 171, 196–202.

676 Vgl. John McDowell, »Projection and Truth in Ethics«, in: ders., *Mind, Value, and Reality*, Cambridge, Mass., u. London 1998, S. 157–158.

677 Vgl. Blackburn, »How To Be an Ethical Anti-Realist«, S. 172–187; Blackburn, *Spreading the Word*, S. 217–220; Blackburn, *Ruling Passions*, S. 48–51, 256–261; McDowell, »Projection and Truth in Ethics«, S. 158–159.

678 Vgl. McDowell, »Projection and Truth in Ethics«, S. 157–162. McDowell arbeitet hier aber nicht mit dem Beispiel der Ehrlichkeit.

679 Vgl. Blackburn, »How To Be an Ethical Anti-Realist«, S. 176. Blackburn verweist auf eine ältere Ausgabe von »Truth, Invention, and the Meaning of Life« als diejenige, die in der zweiten Ausgabe von Wiggins' *Needs, Values, Truth* abgedruckt ist. Zu der von Blackburn diskutierten Kritik im Text der zweiten Ausgabe, s. David Wiggins, »Truth, Invention, and the Meaning of Life«, in: *Needs, Values, Truth. Essays in the Philosophy of Value*, zweite Ausgabe, Oxford u. Cambridge, Mass., 1991, S. 95–103. Wiggins' eigene Position hat natürlich mit McDowells Nichtprioritätsauffassung viele Gemeinsamkeiten. Man könnte auch erwägen, ob Wiggins' metaethische Position nicht auch mit unseren metaphilosophischen Überlegungen Gemeinsamkeiten hat, aber dies lassen wir hier beiseite (vgl. »Truth, Invention, and the Meaning of Life«, S. 108–116). Blackburn erwähnt übrigens Nagel, Williams und Foot als andere Vertreter der Kritik am Projektivismus, die er Wiggins zuschreibt (»How To Be an Ethical Anti-Realist«, S. 176; er meint sicher dabei Thomas Nagel, Bernard Williams und Philippa Foot).

680 Vgl. James, »Rationality, Activity and Faith«, S. 82.

681 Vgl. Blackburn, »How To Be an Ethical Anti-Realist«, S. 176–178; Blackburn, *Ruling Passions*, 256–261.

682 Unsere Argumentation bezüglich der Relevanz von evaluativen Gründen für Themen, die man üblicherweise der Metaethik zuordnet, hat Ähnlichkeiten mit anderen Argumentationen aus der Forschungsliteratur (vgl. z. B. Iris Murdoch, »Vision and Choice in Morality«, *Proceedings of the Aristotelian Society*, Supplementary Volume 30 (1956), *Dreams and Self-Knowledge*, S. 32–58; Gunnarsson, *Making Moral Sense*, S. 147–160, 183–196; Ronald

Dworkin, *Justice for Hedgehogs*, Cambridge, Mass., u. London 2011, S. 23–96). Wir können hier nicht ausführlich auf mögliche Unterschiede und Gemeinsamkeiten eingehen. Wir wollen nur Folgendes betonen: In diesen anderen Texten wird die maßgebliche Bedeutung des internen Objektivismus übersehen. Nur wenn der interne Objektivismus wahr ist, können evaluative Gründe über die Wahrheit von sogenannten metaethischen Thesen entscheiden.

Bildnachweise

Die Abbildungen sind mit Erlaubnis der Houghton Library der Harvard University abgedruckt. Sie werden in den *William James papers* der Houghton Library wie folgt geführt:

1. William James in Newport : portrait photograph, undated. MS Am 1092 (1185), 25
2. A.L.s.; Cambridge, 16 Sep 1861. MS Am 1092.9 (2500)
3. Mary Temple 1845–1870 : ambrotype (photograph); no place, 1861. MS Am 1092.9 (4597)
4. William James in Brazil after the attack of small-pox : portrait photograph, 1865. MS Am 1092 (1185), 9

5.–6. [Drawings by William James, reproduced by Jaffé]. Photographs; [n.p., n.d.]. MS Am 1092.9 (4564)

7. Hawes, J.B., photographer. William James in Boston with book and hat : portrait photograph, ca. 1869. MS Am 1092 (1185), 11
8. Balch (Boston), photographer. William James : portrait photograph, undated. MS Am 1092 (1185), 53

Anmerkungen des Herausgebers
Zur Abbildung 1: Feinstein datiert dieses Foto auf ca. 1861 (vgl. *Becoming William James*, S. 7, 139).

Zur Abbildung 5: Das Selbstbildnis wird in den *William James papers* auf ca. 1866 datiert, ebenfalls von Henry James (*Notes of a Son and Brother*, S. iv) und Richardson (*William James*, erste Fotoseite nach S. 174).

Zur Abbildung 6: Zu meiner Auslegung der Zeichnung in der Bildunterschrift vgl. Feinstein, *Becoming William James*, S. 249–250.

Zur Abbildung 8: Die Herausgeber von James' *Essays, Comments, and Reviews* datieren das Foto auf ca. 1873 (vgl. S. ii), Feinstein ebenso (vgl. *Becoming William James*, Seite vor S. 1 u. S. 7). Perry datiert das Foto offenbar auf ca. 1872 (vgl. *Thought and Character*, Bd. 1, die Fotos zwischen S. 506 u. S. 507).

Danksagung von Logi Gunnarsson

Die Umschlagabbildung zeigt den Kutter »Björn Ólafsson«, den mein Großvater 1903 in England erworben hatte. Die Zeichnung von Þórður Þórðarson war im Besitz meines Vaters Gunnar Ólafs, bis er 2003 verstarb. Im selben Jahr habe ich begonnen, über die Idee zu diesem Buch nachzudenken.

Seither habe ich immer wieder mit Eva Klingenstein über die Notwendigkeit diskutiert, einem philosophischen Werk die richtige Form zu geben. Dabei ging es vor allem um die Frage, welche Form ein Buch über das vorliegende Thema haben sollte. Ich muss natürlich nicht erklären, wie entscheidend der formale Aspekt für dieses Buch ist. Daher geht mein gewichtigster Dank an meine Frau. Ihr feines sprachliches Gespür half zudem bei der Endredaktion der Übersetzungen und bei der Überarbeitung an manch anderer Stelle.

Während meiner Zeit an der University of Liverpool zwischen 2005 und 2006 hatte ich mit Anglistikprofessor und Schriftsteller John Redmond interessante Unterhaltungen über einige Ideen, die zum vorliegenden Buch beitrugen. Er machte mich etwa auf Harold Bloom aufmerksam. Im Frühjahr 2007 hielten Róbert Haraldsson und ich an der Universität Island gemeinsam ein Seminar zu William James ab. Auch unsere lebhaften Gespräche außerhalb dieser Veranstaltung waren für die Entwicklung meines Projekts wichtig.

Im Juni 2008 habe ich meine Ideen in groben Zügen auf der Tagung »Philosophy as Therapeia: Perspectives from India and Europe« an der University of Liverpool vorgestellt. Daraus entstand der Aufsatz »The Philosopher as Pathogenic Agent, Patient and Therapist: The Case of William James« (veröffentlicht in: Clare Carlisle u. Jonardon Ganeri (Hg.), *Philosophy as Therapeia*, Royal Institute of Philosophy Supplement 66, Cambridge 2010, S. 165–186). Ich danke Jonardon Ganeri für seine Anmerkungen. Dieser Aufsatz wurde an verschiedenen Stellen des Buchs verarbeitet.

Die Abbildungen im Buch erscheinen mit Erlaubnis der Houghton Library der Harvard University. Dort konnte ich mich 2009 während eines von der TU Dortmund gewährten Forschungssemesters mit dem Nachlass von James vertraut machen. Ich danke diesen Institutionen und der Universität Potsdam, die mir später weitere Forschungssemester eingeräumt hat, für die Unterstützung.

Als Richard Gale als »William James Scholar-in-Residence« 2010 die TU Dortmund besuchte, hatte ich inspirierende Gespräche mit ihm und mit Sarin Marchetti, die freundlicherweise einen meiner Texte gelesen hatten. Richard schrieb ganz anders über James als ich, aber wir teilten die Liebe zu ihm.

Da ich all die Menschen, die mich im Laufe der Jahre zu Vorträgen und Diskussionen eingeladen oder bei diesen Gelegenheiten Gespräche mit mir geführt haben, nicht einzeln namentlich erwähnen kann, möchte ich an dieser Stelle meine Dankbarkeit kollektiv zum Ausdruck bringen. Seit 2010 habe ich in folgenden Kontexten Vorträge gehalten oder kürzere Texte zur Diskussion gestellt: Tagung »Revisioning Pragmatism: William James in the New Millenium« (Universität Hamburg 2010); Eröffnung des William James Centers (TU Dortmund 2010); Tagung »William James – Philosophie und Leben«, veranstaltet vom DFG-Graduiertenkolleg »Lebensformen + Lebenswissen« in Zusammenarbeit mit dem William James Center (Universität Potsdam 2011); Workshop zur Eröffnung des William James Centers (Universität Potsdam 2012); Tagung »Kreativität bei Alfred North Whitehead und im amerikanischen Pragmatismus«, gleichzeitig die 3. Jahrestagung der Deutschen Whitehead Gesellschaft (Hochschule für Philosophie München 2013); Tagung »Menschlicher Tod, pragmatistisch verstanden«, Veranstaltung im Rahmen der Kolleg-Forschergruppe »Religiöse Individualisierung in historischer Perspektive« (Max-Weber-Kolleg, Erfurt 2013); Tagung »Die Unergründlichkeit der menschlichen Natur« zu Ehren von Hans-Peter Krüger (Universität Potsdam 2014); Institut für Philosophie, Universität Potsdam (2016); Forschungskolloquium »Ethik und Ästhetik«, Universität Potsdam (2016 und 2107); Tagung »Wittgenstein and Pragmatism«, veranstaltet vom Helsinki Collegium of Advanced Studies, Nordic Wittgenstein Society und Nordic Pragmatism Network (Universität Helsinki 2016); Institut für Philosophie, Universität Jena (2016); Institut für Philosophie/Centre for Agency, Values and Ethics, Macquarie University, Sydney (2017); Tagung »Pragmatist Kant«, veranstaltet vom Berlin Practical Philosophy International Forum (Finnland Institut Berlin 2017); Hochschule für Philosophie München (2017); Institut für Philosophie, Universität Marburg (2018); Workshop »Realität und Widerstand« (Humboldt-Universität zu Berlin 2018); Ringvorlesung »Literarische Philosophie – Philosophische Literatur« (Universität Düsseldorf 2019); Arbeitsgruppe »Philosophie und Literatur« (TU Darmstadt 2019). Ich danke Michael Hampe für die wertvollen Bemerkungen, die er als Kommentator meines Textes beim Treffen dieser Arbeitsgruppe vorgebracht hat.

Der Potsdamer Vortrag von 2014 mündete in dem Aufsatz »Mein Vater, William James« (veröffentlicht in: Olivia Mitscherlich-Schönherr u. Matthias Schloßberger (Hg.), *Die Unergründlichkeit der menschlichen Natur*, Internationales Jahrbuch für Philosophische Anthropologie 5, Berlin u. Boston 2015, S. 73–85), der wiederum mit leichten Änderungen in Kapitel 1 Eingang fand.

Michael Hampe hat einen eintägigen Workshop im November 2015 an der ETH Zürich organisiert, in dem der erste Gesamtentwurf des Buchmanuskripts zur Diskussion stand. Für diese einmalige Gelegenheit danke ich ihm herzlich. Verschiedene Teile des Manuskripts wurden von ihm und folgenden Personen kommentiert: Nadja El Kassar, Martin Hurni, Nadia Mazouz, Martin Münnich, Arno Schubbach und Romila Storjohann. Ich bin ihnen und allen anderen Teilnehmer*innen des Workshops für ihre Zeit, die anregende Diskussion und die konstruktiven Kommentare dankbar, die mir bei späteren Ergänzungen und Revisionen des Manuskripts sehr geholfen haben.

Nicht nur bei diesem Workshop hat Lutz Wingert geist- und hilfreich zum Thema beigetragen. Bereits früher schon hatte ich Vorarbeiten mit ihm diskutiert und auch nach dem Workshop den Gesamtentwurf nochmals ausführlich besprochen. Dabei hat er mir mit seinen scharfsinnigen Anmerkungen und weiterreichenden Fragen sehr geholfen. Ihm und Johannes Haag danke ich außerdem für die Erlaubnis, aus ihren unveröffentlichten Schriften zu zitieren.

Ich danke zudem allen Teilnehmer*innen meines Forschungskolloquiums für die regen und ergiebigen philosophischen Gespräche zum Thema. Einigen von ihnen will ich darüber hinaus meinen besonderen Dank für ihre Mitarbeit bei der Fertigstellung des Manuskripts aussprechen: Alle Zitate von James sind aktuell von Joachim Toenges-Hinn ins Deutsche übertragen worden. Allein die Passagen aus James' französischem Text hat Ulrike Mürbe übersetzt. Lena Ljucovic hat die Zitate anderer Autor*innen übertragen und in den Fällen, in denen Übersetzungen bereits existierten, diese zusammengetragen. Ihnen allen danke ich herzlich für die exzellente Übertragungsarbeit. Ihnen und Dennis Wildfeuer danke ich für diverse Recherchen. Für das gründliche Korrekturlesen bin ich außerdem Thomas Hilgers, Gizem Kaya, Lena Ljucovic, Ulrike Mürbe und Joachim Toenges-Hinn dankbar.

Mein großer Dank gilt schließlich Michael Kienecker vom mentis Verlag. Es ist ein Glücksfall für jeden Autor, wenn er auf ein verlegerisches Gegenüber trifft, das mit so viel Sachverstand und Engagement dem Werk den Weg bereitet.